Geschichte

Geschichte

Herausforderungen der Moderne

Anton Egner,
Dr. Volker Frielingsdorf
Dr. Herbert Kraume
Dr. Bernhard Müller
Rudolf Renz
Dr. Beate Rosenzweig
Martin Vöhringer
Roland Wolf

Schroedel

Geschichte 12

Herausforderungen der Moderne

Anton Egner,
Dr. Volker Frielingsdorf
Dr. Herbert Kraume
Dr. Bernhard Müller
Rudolf Renz
Dr. Beate Rosenzweig
Martin Vöhringer
Roland Wolf

unter Mitarbeit der Verlagsredaktion

ISBN 3-507-36801-3

Druck A 5 4 3 2 1 / 2006 2005 2004 2003 2002

Alle Drucke der Serie A sind im Unterricht parallel verwendbar. Die letzte Zahl bezeichnet das Jahr dieses Druckes.

Grafik: Langner & Partner, Hannover
Kartographie: Güttler, Berlin
Satz: Schmiku Repro, Schwerte
Druck: KLR-mediapartner, Lengerich

INHALTSVERZEICHNIS

Das älteste noch erhaltene Hochhaus New Yorks, das „Flatiron Building". Stahlgerüstbau, errichtet 1902, Architekt: Daniel Burnham. Koloriertes Foto aus dem Jahr 1905.

1. Herausforderungen der Moderne

Revolutionen als Anstoß

Für den Umbruch zur modernen Welt gab im 18. Jahrhundert eine politisch-ökonomische Doppelrevolution die entscheidenden Anstöße. Auf der politischen Ebene förderten die französische und die amerikanische Revolution die Durchsetzung von Demokratie und Menschenrechten. Auf der ökonomischen Ebene löste die von England ausgehende industrielle Revolution einen tiefgreifenden sozialen Wandel aus, der das Leben der Menschen radikal veränderte.

Merkmale der Modernisierung

Die Modernisierung zeigt sich für den Soziologen Max Weber *ökonomisch* im Entstehen des hochentwickelten Industriekapitalismus, *soziologisch* in der Ausbildung großer, politisch handlungsfähiger sozialer Klassen, *politisch* in der Errichtung eines bürokratischen Regeln folgenden Staatsapparates, mit der die auf personalen Beziehungen basierende traditionale Herrschaftsweise überwunden wurde und *kulturell* im Siegeszug der empirischen Wissenschaften. Dieser Modernisierungsschub des ausgehenden 18. Jahrhunderts ist kein abgeschlossener epochaler Umbruch. Die ihn anstoßenden Revolutionen markieren vielmehr nur den Beginn eines zum Teil noch heute andauernden Prozesses ständiger Veränderung.

Modernisierung als Prozess

Wahrnehmung der Zeitgenossen

Der Historiker Thomas Nipperdey spricht im Zusammenhang mit der Modernisierung „vom reibungsvollen Aufeinandertreffen verschiedener Entwicklungstempos". Er macht diese Diskrepanzen an den Wahrnehmungen der Zeitgenossen fest. Der beschleunigte soziale Wandel habe viele Menschen in ihrer Identität erschüttert und in ihren Gewissheiten verunsichert. Er habe überkommene Weltbilder und bislang selbstverständliche Wertemuster ins Wanken gebracht. Anti-Modernitätsaffekte und Statusunsicherheiten seien die eine Folge, radikales Abstoßen des Bisherigen und Suche nach neuen Sinnstiftungen die andere gewesen. Diskrepanzen zeigten sich auch im Verhältnis von Staat und Gesellschaft in Kaiserreich und Weimarer Republik. Trotz des rapiden sozialen Wandels hätten die politisch weiterhin tonangebenden alten Eliten zäh am überkommenen Obrigkeitsstaat festgehalten und dadurch erhebliche Spannungen und Verwerfungen provoziert.

Modernisierung als Unterrichtsthema

Im ersten Schwerpunktthema dieses Buches wird beispielhaft an der amerikanischen, der englischen und der deutschen Geschichte die Herausbildung der modernen Gesellschaft seit dem 18. Jahrhundert untersucht. Das zweite Schwerpunktthema „Demokratie im Widerstreit" steht mit dem ersten in einem inneren Zusammenhang; es greift die Auseinandersetzung um die Demokratie in Deutschland zwischen 1848 und 1945 auf – ein besonders konfliktbeladener Aspekt des Modernisierungsprozesses.

Neue Unterrichtsformen

Weitere Teilaspekte der Modernisierung sind im Kapitel „Werkstatt Geschichte" als so genannte „Wahlmodule" ausgewiesen. Sie können als Projekte gestaltet und von den Kursmitgliedern weitgehend selbstständig erarbeitet werden. Das Schulbuch beschränkt sich daher für jedes der vier Wahlmodule auf notwendige Basisinformationen und einige Materialien, die vor allem die Projektarbeit anstoßen sollen. Dem Modulteil ist ein ausführliches Methodenkapitel zur Planung und Durchführung eines Projektes voran-

gestellt. Zahlreiche Querverweise verzahnen den Modulteil mit den Schwerpunktthemen, sodass je nach gewähltem Projekt die im Schulbuch enthaltenen Materialien leicht wechselseitig nutzbar gemacht werden können. Der Schroedel Verlag hat darüber hinaus einen auf dieses Schulbuch abgestimmten *Werkservice* entwickelt, über den weitere Materialien abgerufen werden können.
www.schroedel.de/schroedel-aktuell

MATERIAL

1 Jacob Burckhardt, Vorlesung zur Geschichte des Revolutionszeitalters (6. November 1871)

Zum Namen dieses Kurses ist zu bemerken, dass eigentlich alles bis auf unsere Tage im Grunde lauter Revolutionszeitalter ist, und wir stehen vielleicht erst relativ an den Anfängen oder im zweiten Akt; denn jene drei scheinbar ruhigen Dezennien von 1815 bis 1848 haben sich zu erkennen gegeben als einen bloßen Zwischenakt in dem großen Drama. Dieses aber scheint eine Bewegung werden zu wollen, die im Gegensatz zu aller bekannten Vergangenheit unseres Globus steht. [...]
Einige „Errungenschaften" verbreiteten sich mehr und mehr gleichartig durch Europa [...] und gelten als „Wohltaten" der französischen Revolution, so:

- Gleichheit vor dem Gesetz, Gleichheit der Steuern und Erbteilung, gleiche Ämterfähigkeit,
- Beweglichkeit des Grundbesitzes, [...]
- Freiheit der Industrie, Herrschaft von Erwerb und Verkehr; das unbewegliche Kapital wird durch das bewegliche überholt und selber mobil gemacht,
- Gleichberechtigung der Konfessionen [...],
- ein hoher Einfluss der öffentlichen Meinung auf alles Geschehende; ökumenische Strömungen derselben über alles Nationale hinaus,
- die moderne Presse.

Jetzt wissen wir, dass ein und derselbe Sturm, welcher seit 1789 die Menschheit erfasste, auch uns weiterträgt.
Das entscheidende Neue, was durch die Französische Revolution in die Welt gekommen, ist das Ändern-dürfen und das Ändern-wollen mit dem Ziel des öffentlichen Wohls. Dieses Neue geht hervor aus der Gleichheit, welche hier dem allgemeinen oder doch einem sehr ausgedehnten Stimmrecht den Entscheid darüber in die Hände gibt.
[...] Das allgemeine Stimmrecht ist der logische Gegenpol des göttlichen Rechtes und der alten Autorität. [...] Seine Grenzen sind unbestimmt, zu Wahlen geschaffen, kann es über alle Staatssachen und zuletzt über beliebige Sphären der Existenz ausgedehnt werden. [...]
Die Triebkraft bei diesem allen ist ein großer optimistischer Wille, womit die Zeiten seit Mitte des 18. Jahrhunderts erfüllt sind. Vorausgesetzt wird die Güte der menschlichen Natur, welche doch aus Gut und Böse gemischt ist. [...]

Aus: J. Burckhardt, Historische Fragmente, Stuttgart 1967, S. 269 f., S. 276–280.

1. Zeigen Sie, welche „Errungenschaften" Burckhardt zufolge die Revolution von 1789 gebracht hat, und erörtern Sie, warum sie als „Wohltaten" gelten.
2. Burckhardt nennt die Zeit nach 1789 Revolutionszeitalter. Womit begründet er seine Einschätzung? Erörtern Sie, ob der Sturm, der seit 1789 die Menschheit trägt, auch heute noch Kraft besitzt.
3. Der Soziologe Ralf Dahrendorf definiert „Moderne" als „Bürgerrechte und Wohlstand für alle Menschen, wo immer sie leben". Ordnen Sie die von Burckhardt genannten „Errungenschaften" von 1789 den Stichworten „Bürgerrechte" bzw. „Wohlstand" zu.
4. Dahrendorf zweifelt, ob das „Projekt der Moderne" gelingt.
   Womit könnte er seine Zweifel begründen?

Give me your tired, your poor,
Your huddled masses, yearning to breathe free, The wretched refuse of your teeming shore. Send these, the homeless, tempest-tost to me, I lift my lamp beside the golden door!

Schick mir Deine müden, deine armen und zusammengepferchten Massen, die frei atmen wollen, den elenden Abfall deiner übervollen Küsten. Schick diese, die Heimatlosen, die Sturmgepeitschten zu mir, ich halte meine Lampe hoch an der goldenen Tür.

(Inschrift am Sockel der Statue.
Aus dem Sonett „The New Colossus" von Emma Lazarus, 1883. Übers. R. Renz)

Die amerikanische Demokratie

MATERIAL

1 Des Amerikaners Glaubensbekenntnis – The American's Creed

Morgendlicher Fahneneid in einer Schule in Boston, USA. *Der Text des Fahneneides wurde im Jahr 1917 vom Schriftführer des Repräsentantenhauses William Tyler Page verfasst:*

Ich glaube an die Vereinigten Staaten von Amerika als eine Regierung des Volkes, durch das Volk, für das Volk, deren gerechte Machtbefugnisse der Zustimmung der Regierten entstammen;
als eine Demokratie in einer Republik;
als eine souveräne Nation von vielen souveränen Staaten;
als eine vollkommene Union, einzig und unteilbar, begründet auf jenen Grundsätzen der Freiheit, der Gleichheit, der Gerechtigkeit und der Humanität, für die amerikanische Patrioten ihr Leben und Gut opferten.
Ich erachte es daher für meine Pflicht meinem Lande gegenüber, es zu lieben, seine Verfassung zu unterstützen, seinen Gesetzen zu gehorchen, seine Flagge zu ehren und es zu verteidigen gegen alle seine Feinde.

MATERIAL

2 „I like to be in America" – Aus dem Musical „West Side Story"

I like to be in America.
O.K. by me in America.
Everything free in America –
For a small fee in America.

Buying on credit is so nice.
One look at us and they charge twice.
I'd have my own washing-machine.
What will you have though to keep clean?

Skyscrapers bloom in America.
Have a lot soon in America.
Industry boom in America
Twelve in a room in America.

Lots of new housing with more space.
Lots of doors slamming in our face.
I'll get a terraced apartment.
Better get rid of your accent!

Life can be bright in America –
If you can fight in America.
Life is all right in America –
If you are white in America.

Here you are free and you have pride –
Long as you stay on your own side.
Free to be anything you choose –
Free to wipe tables and shine shoes.

Everywhere grime in America.
Organized crime in America.
Terrible time in America.
You forget I'm in America.

Leonard Bernstein & Stephen Sondheim 1957. By Arr. with G. Schirmer Inc. New York, Universal Music Publ. GmbH, Hamburg. Die vorgerückten Zeilen werden von einer Einzelstimme gesungen, die eingerückten von einem Chor puertoricanischer Jugendlicher.

MATERIAL 3

Aus der 2. Inaugurationsrede Präsident Clintons vom 20. Januar 1997

Das Versprechen für Amerika wurde im 18. Jahrhundert aus der stolzen Überzeugung heraus geboren, dass wir alle gleich geschaffen sind; es wurde im 19. Jahrhundert erweitert und erhalten, als unsere Nation sich auf dem Kontinent ausbreitete, die Union rettete und die schreckliche Geißel der Sklaverei abschaffte. Dann katapultierte sich dieses Versprechen in Aufruhr und Triumph auf die Weltbühne, um dieses Jahrhundert zum Amerikanischen Jahrhundert zu machen. [...]

Jetzt liegt zum dritten Mal ein neues Jahrhundert vor uns – und wiederum eine Zeit der Entscheidungen. Wir begannen das 19. Jahrhundert mit der Entscheidung, unsere Nation von Küste zu Küste auszubreiten; wir begannen das 20. Jahrhundert mit der Entscheidung, die Industrielle Revolution für unsere Werte des freien Unternehmertums, des Naturschutzes und der Menschenwürde zu nutzen. Diese Entscheidungen bewirkten den Unterschied. Jetzt, bei Anbruch des 21. Jahrhunderts, muss ein freies Volk sich entscheiden, die Kräfte des Informationszeitalters zu formen, das unbegrenzte Potenzial all unserer Menschen freizusetzen und eine perfektere Union zu bilden. [...]

Jeder Einzelne von uns muss auf seine Weise persönliche Verantwortung übernehmen – nicht nur für uns und unsere Familien, sondern für unsere Nachbarn und unsere Nation. Unsere größte Verantwortung besteht darin, einen neuen Gemeinsinn für ein neues Jahrhundert zu entwickeln, und damit jeder von uns Erfolg haben kann, müssen wir als ein Amerika Erfolg haben. Die Herausforderung unserer Vergangenheit ist die Herausforderung unserer Zukunft. Werden wir eine Nation, ein Volk mit einem gemeinsamen Schicksal sein oder nicht? Werden wir alle zusammenkommen oder auseinander driften? Die Trennung der Rassen ist der ewige Fluch Amerikas, und jede neue Welle von Einwanderern ist ein neues Ziel für alte Vorurteile. [...]
Unser Gefüge rassischer, religiöser und politischer Vielfalt wird im 21. Jahrhundert ein Gottesgeschenk sein. Diejenigen, die zusammen leben, lernen und arbeiten sowie neue Bande knüpfen können, die zusammen schmieden, werden reichhaltig belohnt werden. [...]

Vor 34 Jahren hielt der Mann, dessen wir heute gedenken, am anderen Ende dieser Mall eine Rede, die die ganze Nation aufrüttelte. Wie ein Prophet aus alten Zeiten sprach er über seinen Traum, dass sich Amerika eines Tages erhebt und alle seine Bürger als gleichberechtigt vor dem Gesetz und im Herzen behandelt.
Der Traum Martin Luther Kings war der Amerikanische Traum, und sein Streben ist unser Streben – das endlose Streben, unseren wahren Glauben zu leben. Unsere Geschichte wurde auf solchen Träumen und Mühen aufgebaut, und mit unseren Träumen und Mühen werden wir im 21. Jahrhundert das Versprechen Amerikas erfüllen. [...]

Mögen die Generationen, deren Gesichter wir noch nicht sehen und deren Namen wir vielleicht nie kennen werden, von uns sagen können, dass wir unser geliebtes Land in ein neues Jahrhundert geführt haben, in dem der Amerikanische Traum für alle Kinder wahr wird – und in dem das amerikanische Versprechen einer perfekteren Union für alle Menschen Realität ist und Amerikas helle Flamme der Freiheit auf der ganzen Welt leuchtet.

Aus: Archiv der Gegenwart 67, Jahrgang 1997, S. 41731–41734.

1. Zeigen Sie, an welche amerikanischen Denk- und Verhaltensweisen Clinton appelliert.
2. Clinton nennt das 20. Jahrhundert das „Amerikanische Jahrhundert". Erörtern Sie diese von vielen Fachleuten geteilte Meinung.

1. Die Entstehung der USA

1.1 Der Kampf um die Unabhängigkeit – eine Revolution?

Die Amerikaner nennen ihren Kampf um die Unabhängigkeit „American Revolution" oder „Revolutionary War". Sie hatten nicht nur die britische Weltmacht herausgefordert und einen neuen Staat gegründet, die meisten „Gründerväter" waren sich bewusst, grundsätzlich Neues geschaffen zu haben. Warum standen die britischen Kolonien nach fast zweihundert Jahren gegen das Mutterland auf? Was war das revolutionär Neue, das sich daraus entwickelte?

Pilgerväter und Kaufleute

Für das amerikanische Selbstverständnis sind das 1607 gegründete Jamestown und die Ankunft der puritanischen Pilgerväter 1620 von großer Bedeutung. Die Gründer von Jamestown waren Kaufleute und Auswanderer, die sich 1606 zur Virginia Company von London zusammengeschlossen und einen königlichen Freibrief erhalten hatten. Wirtschaftsinteressen waren die Triebfeder des Unternehmens. Wenige Jahre später verließ eine Gruppe von Puritanern aus religiösen Gründen England. 1620 landete ihr Schiff, die „Mayflower", am Cape Cod. Mit dem „Mayflower Compact" legten sie entsprechend ihrem kalvinistischen Gemeindeverständnis die Regeln für ihr Zusammenleben fest. Sie wurden so Vorbild für andere Siedlungen und zeigten zukünftige Entwicklungslinien in den dreizehn Kolonien auf.

„Mayflower Compact"

Ursachen des Konflikts

Die britische Regierung übernahm im Laufe des 17. Jahrhunderts die Kontrolle über alle Kolonien, ließ diesen jedoch für ihre innere Ausgestaltung viel Freiraum. Eine genaue Aufgabenverteilung zwischen den Gouverneuren als Vertretern der britischen Krone und den Selbstverwaltungsorganen der Kolonien erfolgte nie. Dies kam den Wünschen der Siedler entgegen, legte aber auch den Keim für den späteren Konflikt. Die Ursachen des Konflikts zwischen Großbritannien und seinen amerikanischen Kolonien, in denen um 1750 rund eine Million Siedler lebten, waren politischer und wirtschaftlicher Natur. Der Siebenjährige Krieg in Europa und Übersee 1756–1763 hatte Englands Staatsschulden stark anwachsen lassen. Zahlungen der Kolonien sollten die Finanzlast verringern. Aus diesem Grunde wurde 1765 die Stempelsteuer eingeführt; sie besteuerte alle Arten offizieller Urkunden und Papiere sowie Zeitungen und sollte die Kosten für das britische Militär in den Kolonien zumindest teilweise decken. Dagegen erhob sich Widerstand. Besonders in Neuengland schlossen sich Bürger zu Geheimgesellschaften zusammen, die auch vor Gewalt nicht zurückschreckten. Die Bevölkerung übte weithin passiven Widerstand und boykottierte britische Waren.

„No taxation without representation"

Die Empörung war auch politisch und rechtlich begründet. Sie richtete sich gegen die Regierung und das Parlament in London, das Steuern bewilligte, ohne dass die Kolonien in ihm vertreten waren. Die Forderung nach eigener Vertretung im Unterhaus, der Grundsatz „no taxation without representation" fand aber kein Gehör. Zwar hob London schon 1766 die Stempelsteuer wieder auf, verschärfte die Lage jedoch ein Jahr

Aufständische Bürger stürzen in New York eine Reiterstatue Georgs III., 1776. In vielen Kopien verbreiteter Stich nach einem Gemälde von Johannes Oertel, 19. Jh.

später erneut, indem es Einfuhrzölle auf Güter erhob, die aus den anderen Kolonien nach Nordamerika importiert wurden. 1773 eskalierte der Konflikt: Als Indianer verkleidete Bürger versenkten im Bostoner Hafen die Teeladung von drei Schiffen und gaben das Signal zum offenen Kampf. Damals schrieb John Adams, der spätere zweite Präsident der USA, in sein Tagebuch: „Das Volk sollte niemals aufstehen, ohne etwas zu tun, was man nie vergisst – etwas Bemerkenswertes, etwas Eindrucksvolles. Diese Vernichtung des Tees ist so kühn, so gewagt, so eindeutig, unerschrocken und unabänderlich, und sie muss so bedeutsame und so andauernde Folgen haben, dass ich sie nur als Epoche machendes Ereignis der Geschichte bezeichnen kann." Großbritannien antwortete darauf mit dem Ausnahmezustand, der Schließung des Hafens von Boston und weiteren Repressalien. Gegen seine „Intolerable Acts" einigten sich die Kolonien auf eine gemeinsame Verteidigung ihrer Rechte.

Unabhängigkeitskrieg 1775–1783

1774 trat der 1. Kontinentalkongress in Philadelphia zusammen, die 55 Delegierten beschlossen den Abbruch der Handelsbeziehungen mit London. 1775 ernannte der 2. Kontinentalkongress George Washington zum Oberbefehlshaber der aufständischen Miliz. Mit den Gefechten bei Concord und Lexington begann ein achtjähriges Ringen mit den Truppen des Mutterlandes. Kurz darauf klagte Thomas Paine, ein republikanisch gesinnter und streitbarer Publizist, den englischen König Georg III. in seiner Flugschrift „Common Sense" als tierischen Tyrannen an und verwarf die Monarchie. Die Flugschrift wurde in mehr als einer halben Million Exemplaren verbreitet. Paines Einfluss ist es mit zuzuschreiben, dass der Kongress in Philadelphia am 4. Juli 1776 die Unabhängigkeitserklärung, das neben der Verfassung wichtigste Dokument der amerikanischen Geschichte, verkündete. Die Deklaration gab moralischen Halt. Sie rechtfertigte den Krieg als gerechten Krieg zur Herstellung der Freiheit. Frankreich, Spanien und die Niederlande unterstützten die Rebellion.

Unabhängigkeitserklärung

Frieden von Paris

Im Friedensvertrag von Paris am 3. September 1783 musste Großbritannien die amerikanische Unabhängigkeit anerkennen. Kanada, der amerikanische Nordwesten und Neuschottland blieben britisch. Die Westgrenze des neuen Staates wurde bis an den Mississippi vorgeschoben. Die Erringung der nationalen Unabhängigkeit war eine politische Revolution, sie schaffte die aristokratischen Privilegien ab. Die Meinung der Historiker über die soziale Dimension der Revolution ist jedoch unterschiedlich, für die einen war es ein „Einebnen der Statuspyramide", für andere verschwand nur die koloniale Verwaltung und sonst blieb alles beim Alten.

MATERIAL

1 Der Mayflower Compact (1620)

In Gottes Namen, Amen. Wir, deren Namen unterzeichnet sind, die getreuen Untertanen unseres erhabenen Herrschers König Jakob, durch Gottes Gnade König von Großbritannien, Frankreich und Irland, Hüter des Glaubens etc., die wir zum Ruhme Gottes, zur Ausbreitung des christlichen Glaubens und zur Ehre unseres Königs und Landes eine Fahrt unternommen haben, um die erste Kolonie in den nördlichen Teilen von Virginia zu gründen, kommen durch den gegenwärtigen Vertrag feierlich und gegenseitig vor Gottes Angesicht und untereinander überein und verbinden uns zu einem bürgerlichen Gemeinwesen, zu unserer besseren Ordnung, Bewahrung und Förderung der genannten Ziele, und Kraft dessen erlassen wir, setzen fest und entwerfen solche gerechten und billigen Gesetze, Verordnungen, Akte, Satzungen und Ämter, von Zeit zu Zeit, wie wir sie für am geeignetsten und zweckmäßigsten für das allgemeine Wohl der Kolonie halten; und welchen wir alle gebührende Unterwerfung und Gehorsam geloben. Zum Zeugnis dessen haben wir hier unsere Namen unterschrieben bei Cape Cod, am elften November ...
Anno Domini, 1620.

(Es folgten 41 Unterschriften.)

Aus: H. S. Commager (Hrsg.), Documents of American History, Band 1, New York 1973, S. 15 f., Übers. R. Renz.

1. **Erläutern Sie, wozu die Pilgerväter sich in diesem Vertrag verpflichten. Schaffen sie mit diesem „Gesellschaftsvertrag" nicht auch eine neue Staatsidee?**
2. **Erörtern Sie die Bedeutung dieser Ausgangslage für den Aufbau von Gesellschaft und Herrschaft in den amerikanischen Kolonien.**

MATERIAL

2 Die Unabhängigkeitserklärung vom 4. Juli 1776

Wenn es im Laufe der Geschichte der Menschen für ein Volk notwendig wird, die politischen Bande zu lösen, die es mit einem anderen verbunden haben, und unter den Mächten der Erde den selbstständigen und gleichberechtigten Rang einzunehmen, zu dem Naturrecht und göttliches Gesetz es berechtigen, so erfordert eine geziemende Rücksichtnahme auf die Meinung der Menschheit, dass es die Gründe darlegt, die es zu der Trennung veranlassen.

Folgende Wahrheiten erachten wir als selbstverständlich: dass alle Menschen gleich geschaffen sind; dass sie von ihrem Schöpfer mit gewissen unveräußerlichen Rechten ausgestattet sind; dass dazu Leben, Freiheit und das Streben nach Glück gehören; dass zur Sicherung dieser Rechte Regierungen unter den Menschen eingesetzt werden, die ihre rechtmäßige Macht aus der Zustimmung der Regierten herleiten; dass, wenn immer eine Regierungsform sich als diesen Zielen abträglich erweist, es das Recht des Volkes ist, sie zu ändern oder abzuschaffen und eine neue Regierung einzusetzen und diese auf solchen Grundsätzen aufzubauen und ihre Gewalten in der Form zu organisieren, wie es ihm zur Gewährleistung seiner Sicherheit und seines Glücks geboten zu sein scheint. [...]

So haben die Kolonien geduldig ausgeharrt und so stehen sie jetzt vor der zwingenden Notwendigkeit, ihre bisherige Regierungsform zu ändern. Die Regierungszeit des jetzigen Königs von Großbritannien ist von wiederholtem Unrecht und ständigen Übergriffen gekennzeichnet, die alle auf die Errichtung einer absoluten Tyrannei über diese Staaten abzielen. [...]

(Es folgt eine Aufzählung von Beschwerden.) Er hat sich mit anderen zusammengetan, um uns eine Form der Rechtsprechung aufzuzwingen, die unserer Verfassung fremd und von unseren Gesetzen nicht anerkannt war; und er hat ihren Maß-

nahmen seine Billigung erteilt, um starke Einheiten bewaffneter Truppen bei uns zu stationieren; um diese durch ein Scheingerichtsverfahren vor jeglicher Bestrafung für etwaige Morde zu bewahren, die sie an Einwohnern dieser Staaten verüben; um unseren Handel mit allen Teilen der Welt zu unterbinden; um uns ohne unsere Einwilligung Steuern aufzuerlegen; um uns in vielen Rechtsfällen des Anspruchs auf ein ordentliches Verfahren vor einem Geschworenengericht zu berauben; um uns zur Aburteilung wegen angeblicher Vergehen nach Übersee zu verschleppen; [...] um uns unsere Freibriefe zu entziehen, unsere wichtigsten Gesetze aufzuheben und unsere Regierungsform grundlegend zu ändern; um unsere eigene gesetzgebende Gewalt aufzuheben und sich selbst als mit der Gewalt betraut zu erklären, in allen Angelegenheiten die Gesetzgebung über uns zu übernehmen. [...] Ein Fürst, dessen Charakter durch jede seiner Handlungen in einer Weise gekennzeichnet ist, die einen Tyrannen ausmacht, ist nicht geeignet, über ein freies Volk zu herrschen. [...]
Wir, die in einem gemeinsamen Kongress versammelten Vertreter der Vereinigten Staaten von Amerika, tun daher unter Aufrufung des Obersten Richters über diese Welt als Zeugen für die Rechtschaffenheit unserer Absichten namens und im Auftrag der anständigen Bevölkerung dieser Kolonien feierlich kund und zu wissen, dass diese Vereinigten Kolonien freie und unabhängige Staaten sind und es von Rechts wegen bleiben sollen; dass sie jeglicher Treuepflicht gegen die britische Krone enthoben sind und dass jede politische Verbindung zwischen ihnen und dem Staate Großbritannien vollständig gelöst ist und bleiben soll; und dass sie als freie und unabhängige Staaten die volle Gewalt haben, Krieg zu führen, Frieden zu schließen, Bündnisse einzugehen, Handelsbeziehungen aufzunehmen und alles zu tun, was unabhängigen Staaten rechtens zusteht.

Aus: H. S. Commager (Hrsg.), Documents of American History, Band 1, New York 1973, S. 100ff., Übers. R. Renz.

MATERIAL 3

Das Erbe der Aufklärung – Der Brite John Locke über das Regieren, 1690

Obwohl es in einem verfassten Staat, der auf seiner eigenen Grundlage ruht und der eigenen Natur gemäß handelt, d. h. zur Erhaltung der Gemeinschaft, nur *eine* höchste Gewalt geben kann, nämlich die Legislative, der alle übrigen Gewalten untergeordnet sind und auch sein müssen, so ist doch die Legislative nur eine Gewalt, die auf Vertrauen beruht und zu bestimmten Zwecken handelt. Es verbleibt dem Volk dennoch, die höchste Gewalt, die Legislative abzuberufen oder zu ändern, wenn es der Ansicht ist, dass die Legislative dem in sie gesetzten Vertrauen zuwiderhandelt.
Denn da alle Gewalt, die im Vertrauen auf einen bestimmten Zweck übertragen wird, durch diesen Zweck begrenzt ist, so muss, wenn dieser Zweck vernachlässigt oder ihm entgegen gehandelt wird, dieses Vertrauen notwendigerweise verwirkt sein und die Gewalt in die Hände derjenigen zurückfallen, die sie erteilt haben und die sie nun von neuem vergeben können, wie sie es für ihre Sicherheit und ihren Schutz am besten halten.
Das große und hauptsächliche Ziel, weshalb Menschen sich zu einem Staatswesen zusammenschließen und sich unter eine Regierung stellen, ist also die Erhaltung ihres Eigentums. [...]
Mit ihrem Eintritt in die Gesellschaft verzichten nun die Menschen zwar auf die Gleichheit, Freiheit und exekutive Gewalt des Naturzustandes, um sie in die Hände der Gesellschaft zu legen, damit die Legislative so weit darüber verfügen kann, wie es das Wohl der Gesellschaft erfordert. Doch geschieht das nur mit der Absicht jedes Einzelnen, sich selbst, seine Freiheit und sein Eigentum besser zu erhalten. [...]
Wer immer daher die Legislative oder höchste Gewalt eines Staatswesens besitzt, ist verpflichtet, nach festen, stehenden Gesetzen zu regieren, [...] zum Frieden, zur Sicherheit und zum öffentlichen Wohl des Volkes.

Aus: W. Euchner (Hrsg.), John Locke, Zwei Abhandlungen über die Regierung, Frankfurt 1967, S. 283ff. und 301ff.

Die Arbeit mit Textquellen

Warum sind authentische Zeugnisse oder Quellen wichtig?

- Die Arbeit mit Quellen gehört zum Geschichtsunterricht, da wir so selbst tätig werden können, durch eigenes Entdecken lernen und mit Methoden des wissenschaftlichen Arbeitens vertraut werden.
- Quellen eröffnen einen authentischen und direkten Zugang zur Geschichte, sie „atmen" den Geist der Zeit, in der sie entstanden sind.
- Durch die Arbeit an Quellen erfahren wir, wie historisches Wissen zustande kommt und dass Geschichtsschreibung von deren Interpretation abhängt.
- Wir erfahren, dass auch Quellen von Standpunkten abhängig sind und Irrtümern unterliegen können, sie bedürfen daher der historischen Überprüfung.

Analyse

Die Frage nach dem WAS untersucht, was der Autor berichten konnte und wollte. Die Frage nach dem WIE versucht seine Betrachtungsweise zu erkennen.

1. **Paraphrase/Wiedergabe**
   Was ist das Thema der Quelle? (Überschrift) Was ist aus der Quelle zu erfahren? (Inhaltsangabe)
   Aus welchen Teilen besteht sie? (Gliederung)
2. **Inhaltsanalyse**
   Was ist der Kern, die Hauptaussage des Textes?
   Was wird behauptet oder widerlegt?
   Welche Teilaspekte sind behandelt?
3. **Begriffsanalyse**
   Welche Begriffe kommen mehrfach vor?
   Welches sind die Schlüsselbegriffe?
   In welchem Zusammenhang stehen die Begriffe zur Gesamtheit des Textes?
4. **Sachkritik**
   Ist der Text logisch oder enthält er Widersprüche?
   Was konnte der Verfasser der Quelle wissen, was nicht?
   Inwieweit ist der Text glaubwürdig?
   In welchem überlieferungsmäßigen und geschichtlichen Zusammenhang steht der Text?
   In welchem Verhältnis stehen die Aussagen des Textes über bestimmte Sachverhalte zu denen anderer Quellen?
5. **Ideologiekritik**
   Von welchem Interesse ist der Verfasser geleitet?
   Welchem Zweck sollte der Text (vermutlich) dienen?
   Versucht der Autor seine Leser zu manipulieren? Gibt er etwa Meinungen als Sachaussagen wieder?
   Um die Punkte 4 und 5 bearbeiten zu können, werden sie häufig Hilfsmittel wie Lexika, das Internet, historische Fachbücher benutzen müssen.

Untersuchen Sie den Text Material 2 entsprechend der hier vorgestellten Kriterien. Zur sachkritischen Analyse sind die Überlegungen von John Locke (Material 3) beigegeben. Die Unabhängigkeitserklärung gilt als die „Geburtsurkunde" der Vereinigten Staaten von Amerika. Sie ist eines der berühmtesten und in seiner Bedeutung kaum zu überschätzenden Dokumente der Weltgeschichte. Ein fünfköpfiger Ausschuss des 2. Kontinentalkongresses bereitete den Entwurf vor, Hauptautor war Thomas Jefferson, die Delegierten auf dem Kongress unterzeichneten und billigten die Erklärung, Gegenstimmen gab es keine. (Der hier abgedruckte Text ist um mehr als die Hälfte gekürzt.)

Britische Soldaten schießen auf die aufständischen Bürger von Boston, 1770. Zeitgenössische Zeichnung von Paul Revere.

MATERIAL 4

War der Unabhängigkeitskrieg eine Revolution? Die Meinung eines Fachhistorikers

Die amerikanischen Revolutionäre brauchten keine fest gefügte ständische Gesellschaftsordnung mit erblichen Vorrechten und Adelstiteln umzustürzen. Dennoch hatte der Unabhängigkeitskrieg über die bloße Abtrennung vom Mutterland hinaus auch eine auf innere Veränderungen gerichtete soziale Dynamik erzeugt.

Der Zwang zur Entscheidung für oder gegen bewaffneten Widerstand sprengte die koloniale Oberschicht, deren Repräsentanten bis in die 1770er Jahre hinein fast überall das politische Geschick der Kolonien bestimmt hatten, und katapultierte „Emporkömmlinge" in eine sich neu konstituierende Elite. Zusammen mit den königlichen Gouverneuren, Offizieren und Beamten wurden im Verlauf des Krieges nicht weniger als 80 000 bis 100 000 Loyalisten aus den dreizehn Staaten vertrieben bzw. verließen Amerika freiwillig in Richtung England oder Kanada. [...] In dem Jahrzehnt von 1774 bis 1783 verloren über 70 Prozent der kolonialen Amtsinhaber ihre Stellung und etwa die Hälfte der Oberschicht wurde ausgetauscht. [...]

Die Veränderungen beschränkten sich aber nicht auf die Umschichtung von Besitzverhältnissen innerhalb der Elite. Bewusstseins- und mentalitätsmäßig zertrümmerte die Revolution das auch in Amerika noch durchaus wirksame monarchisch-ständische Weltbild und stellte die Hierarchien und Statuszuweisungen der *deferential society* infrage. Die massenhafte Teilnahme am politischen Prozess, die Entstehung einer „öffentlichen Meinung" und der Abbau sozialer Schranken durch das Kriegserlebnis lösten eine generelle Autoritätskrise aus [...]. Vermögen und Bildung galten nicht mehr als unerlässliche Voraussetzung für ein politisches Amt, sondern die Fähigkeit zum Regieren wurde jedermann zugebilligt, der sich für das „größte Glück der größten Zahl von Menschen" einsetzte.

Aus: J. Heideking, Geschichte der USA, Tübingen/Basel 2. überarb. Aufl. 1999, S. 57 ff.

1. Überprüfen Sie anhand des Textes, ob der Unabhängigkeitskrieg und seine Folgen als eine Revolution bezeichnet werden kann.

1.2 Ein neuer Staat für eine neue Gesellschaft?

Das Abenteuer einer Republik

„Die Amerikaner sind das erste Volk, dem der Himmel die Gnade schenkte, sich über die Regierungsform Gedanken zu machen, mit der sie leben wollten und diese dann zu verwirklichen", so äußerte sich John Jay 1777, ein Mitglied des zweiten Kontinentalkongresses. Der neue Staat brauchte eine Grundlage, eine Verfassung, die das Zusammenleben regeln sollte. Um ein solches Werk zu schaffen, traten 1787 in Philadelphia 55 Abgeordnete der dreizehn Gründerstaaten zusammen. Diese „Verfassungsväter" hatten Vorbilder, als sie sich auf ein in ihrer Zeit einzigartiges Abenteuer einließen – das Abenteuer einer Republik. Sie fanden ihre Vorbilder in der Antike, in der griechischen und römischen Geschichte. Vorbilder, die fast zweitausend Jahre alt waren und die in der europäischen Geschichte nur in Stadtstaaten und immer nur vorübergehend funktioniert hatten. Die junge amerikanische Republik war sich bewusst, dass die Bildung der Vereinigten Staaten ein Experiment darstellte, das der Geschichte zum Trotz unternommen wurde, das voller Gefahren und in seinem Ausgang ungewiss war.

Verfassungsgrundsätze

Schon Ende 1776 waren in elf der dreizehn Kolonien neue Verfassungen angenommen worden. Volkssouveränität und Gewaltenteilung waren gemeinsame Merkmale. Sie sahen alle eine starke Legislative, die durch häufige Wahlen am Machtmissbrauch gehindert werden sollte, und eine schwache Exekutive vor. Das Wahlrecht blieb auf das Besitzbürgertum beschränkt. Die meisten der neuen Staaten nahmen Grundrechte in ihre Verfassung auf. Berühmtestes Beispiel und Vorbild wurden die Virginia Bill of Rights vom 12. Juni 1776. (→ *Modul Menschenrechte, S. 142 ff.*)

Bundesstaat

Die Verfassungsväter auf dem Konvent zu Philadelphia 1787 waren sich darüber einig, dass sie die seit 1777 bestehende lockere Konföderation ablösen wollten. In der damaligen Wirtschaftskrise (1784–1788) vertrat die Mehrheit die Auffassung, diese Krise könne nur durch eine gemeinsame politische Gewalt, einen einheitlichen Binnenmarkt und eine gemeinsame Außenhandelspolitik bewältigt werden. Unter den ausschließlich männlichen Delegierten auf dem Konvent fanden sich viele der bekanntesten Persönlichkeiten aus Politik und Wirtschaft. 31 waren Akademiker, nicht wenige davon Juristen, die übrigen Pflanzer und Kaufleute, die Unterschicht war nicht vertreten. In den geheimen, von George Washington geleiteten Verhandlungen setzten die zentralistischen „Federalists" ihr Konzept einer repräsentativen Demokratie mit bundesstaatlich-präsidentiellem Regierungssystem gegen die Anhänger eines lockeren Staatenbundes durch.

Am 17. September 1787 nahm der Konvent den Entwurf an. 1788 trat die Verfassung nach der Ratifizierung durch neun Bundesstaaten in Kraft. Der letzte Schritt zur Gründung der USA war getan, die nationale Revolution beendet. Mit der Wahl Washingtons zum ersten Präsidenten im Jahr 1789, dem Jahr der Französischen Revolution, begann der Aufbau einer Regierung. Zwei Jahre später, 1791, wurde die Verfassung durch Grundrechte, die Bill of Rights, ergänzt (Zusatzartikel I–X). Die Verfassung wollte ein möglichst hohes Maß an Freiheit der politischen Mitwirkung mit dem Schutz vor der „Tyrannei der Mehrheit" verbinden. Ihre Prinzipien beruhen auf der angelsächsischen liberalen Demokratietheorie John Lockes, der das Recht des Volkes auf

Der Verfassungskonvent in Philadelphia (1787). Howard Chandler Christy, 1940. George Washington (rechts stehend) leitet die Versammlung.

Widerstand und zur Abberufung der Legislative begründete, und der Gewaltenteilungslehre des Franzosen Charles Montesquieu.

Kennzeichen der Verfassung

Die wesentlichen Kennzeichen der neuen Staatsordnung sind:

- Die Besetzung der politischen Ämter durch Wahlen als Ausdruck der Volkssouveränität. Das Wahlrecht, ursprünglich ein Zensuswahlrecht, wurde schrittweise ausgeweitet. In den 40er Jahren fiel die Bindung an den Besitz, 1870 erhielten es, wenn auch vorerst nur formal, die Farbigen, 1920 die Frauen.
- Die Gewaltenteilung in Organe der Gesetzgebung, der Vollziehenden Gewalt und Rechtsprechung ist als System funktionellen Zusammenwirkens voneinander unabhängiger Organe nach dem Prinzip der „Checks and Balances" durchgeführt. Neben der horizontalen ist die vertikale Gewaltenteilung durch den Föderalismus gegeben. Zur bundesstaatlichen Kompetenz gehören die Außenpolitik, Verteidigung, Wirtschaft, Handel und Währung.
- Das Repräsentativsystem bedeutet, dass Kongress und Präsident ihre Legitimation und Autorität vom Volk ableiten. Beide Organe handeln im Namen des Volkes, jedoch ohne dessen bindenden Auftrag.
- Die Grundrechte garantieren einen Kanon persönlicher und politischer Freiheiten wie freie Religionsausübung, Presse- und Redefreiheit, Versammlungsfreiheit und das Petitionsrecht. Alle diese Rechte wollen dem Bürger die Teilhabe an der politischen Willensbildung ermöglichen und ihn als Abwehrrechte vor Übergriffen des Staates schützen.

Im frühen 19. Jahrhundert mit seinem raschen Bevölkerungswachstum, dem Ausbau des Verkehrswesens und der beginnenden Industrialisierung erfolgte auch der Übergang zur Parteiendemokratie. In den Einzelstaaten wuchs eine neue politische Elite heran, die mehr Demokratie durch Wahlrechtsänderungen forderte. Einige Staaten

We the People
Article 1

Die erste Seite der amerikanischen Verfassung

weiteten das Wahlrecht auf alle Steuer zahlenden Männer aus, andere gaben die traditionelle Bindung des Wahlrechts an den Besitz ganz auf. Die neuen Staaten im Westen hatten zumeist von Anfang an das allgemeine Wahlrecht für weiße Männer. Immer mehr Staaten führten auch die Volkswahl für ihre Gouverneure und Richter ein.

Die Präsidentschaftswahlen von 1828 ebneten den Weg für das Zweiparteiensystem der Whigs und Democrats, das die amerikanische Politik bis zur Jahrhundertmitte bestimmen sollte. Der neue Präsident Andrew Jackson, ein Democrat, belohnte verdiente Parteifreunde mit Staatsämtern. Er machte so das in den Einzelstaaten schon gebräuchliche „Beutesystem" (spoils system) zu einer nationalen Einrichtung. Jackson stärkte auch die Politik auf lokaler Ebene. Die Rolle des Bundes in innenpolitischen Fragen wollte er auf das Notwendigste beschränkt sehen. Er scheute sich nicht, häufig gegen Gesetzesinitiativen des Kongresses sein Veto einzulegen.

MATERIAL

5 Der Publizist Thomas Paine in seiner Kampfschrift „Common Sense" (1776)

Gesellschaft ist in jedem Zustand ein Gut, Regierung ist, selbst in ihrem besten Zustand, nur ein notwendiges, in ihrem schlimmsten Zustand aber ein unerträgliches Übel. Denn wenn wir leiden oder denselben Plagen ausgesetzt sind *durch eine Regierung*, welche wir in einem Land *ohne Regierung* erwarten könnten, so wächst unser Elend noch durch die Überlegung, dass wir die Mittel, wodurch wir leiden, selbst geliefert haben.

Regierung ist, gleich Kleidung, das Zeichen verlorener Unschuld. Die Paläste der Könige sind auf den Trümmern der Lusthütten des Paradieses erbaut. Denn würden die Triebe des Gewissens jederzeit klar, einheitlich und unwiderstehlich befolgt werden, so brauchte der Mensch keinen anderen Gesetzgeber.

Weil das aber nicht der Fall ist, so findet er es nötig, einen Teil seines Eigentums aufzugeben, um die Mittel zur Erhaltung des übrigen zu beschaffen. Und hierzu wird er durch dieselbe Klugheit bewegt, die ihm sonst rät, aus zwei Übeln das geringste zu wählen.

Da also Sicherheit die wahre Absicht und der Zweck aller Regierung ist, so folgt unwiderlegbar, dass diejenige Regierungsform allen anderen vorzuziehen ist, die uns am wahrscheinlichsten, mit den wenigsten Kosten und dem größten Vorteil Sicherheit zu bringen verspricht.

Aus: W. P. Adams/A. Meurer Adams (Hrsg.), Die amerikanische Revolution in Augenzeugenberichten, München 1976, S. 221 f.

1. Nennen Sie die Vorbehalte, die Paine gegen jede Regierung hat. Wie lässt sie sich seiner Meinung nach allenfalls rechtfertigen?
2. Vergleichen Sie Thomas Paines Haltung mit den Äußerungen des britischen Aufklärers John Locke (M 3).
3. Prüfen Sie, ob der Verfassungsaufbau (M 6) Paines Vorstellungen entspricht.

MATERIAL 6

Die Verfassung der USA

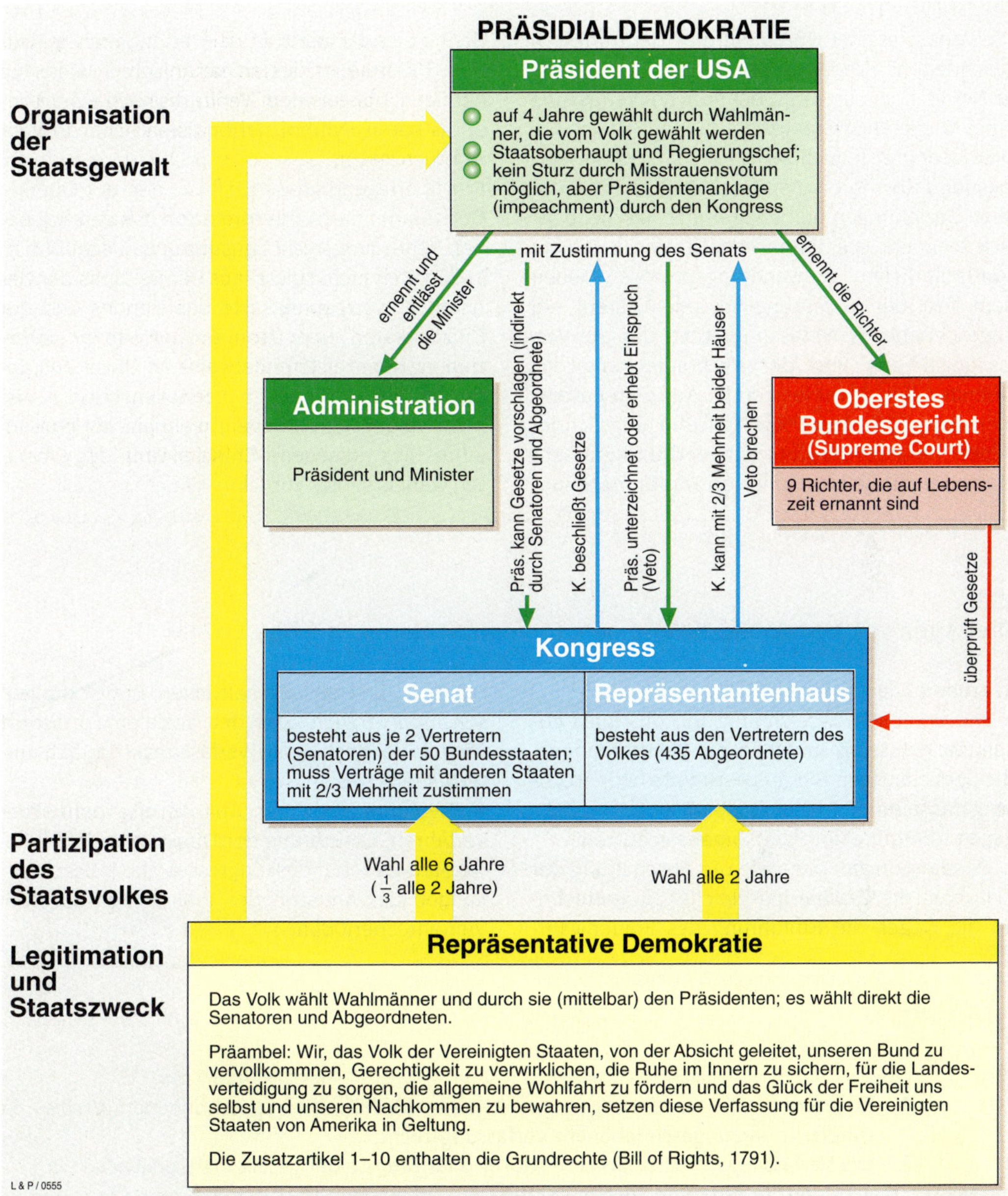

1. Beschreiben Sie die Verfassung. Was ist daran liberal, föderalistisch, demokratisch, republikanisch und zentralistisch?
2. Erörtern Sie das dieser Verfassung zugrunde liegende Prinzip der „Checks and Balances“.

MATERIAL
7 Der Politikwissenschaftler Ernst Fraenkel über die Verfassung der USA

Die Verfassung der USA stellt eine der frühesten geschriebenen Verfassungen dar. Sie ist die älteste heute noch in Kraft befindliche Verfassung eines souveränen Staates. [...]
Dies bedeutet jedoch keineswegs, dass die Verfassung selbst ihren ursprünglichen Charakter in allen Beziehungen beibehalten hat. Sie befindet sich vielmehr seit ihrem Inkrafttreten in einem kontinuierlichen Umwandlungsprozess. Neben dem Text der Verfassungsurkunde besteht ein ungeschriebenes Verfassungsrecht, das auf Verfassungsübung und der Rechtsprechung des Obersten Gerichtshofes beruht. Aus dem Zusammenwirken des geschriebenen und ungeschriebenen Verfassungsrechts entstand und entsteht eine einzigartige Mischung von Traditionsgebundenheit und Elastizität, die es möglich macht, dem Reformeifer des amerikanischen Volkes zu genügen, ohne seinem Bedürfnis nach einem unantastbaren Symbol nationalstaatlicher Einheit Abbruch zu tun.
Der überragend große Einfluss, den der Oberste Gerichtshof durch Interpretation des geschriebenen Verfassungsrechts ausübt und ausgeübt hat, erklärt sich nicht zuletzt aus der Befugnis der Gerichte, Gesetzgebungsakte des Bundes und der Einzelstaaten einer Normenkontrolle zu unterziehen. Kennzeichnenderweise ist diese Zuständigkeit der Gerichte im Verfassungstext selbst nicht vorgesehen. Sie geht vielmehr auf eine im Jahre 1803 ergangene Entscheidung des Obersten Gerichtshofes zurück.

Aus: E. Fraenkel, Das amerikanische Regierungssystem, Opladen 1976, S. 20ff.

MATERIAL
8 Drei Arten von Verfassungsänderungen (Amendments)

In groben Zügen kann man unterscheiden:
1. Die unter der Bezeichnung Bill of Rights zusammengefassten ersten zehn Bestimmungen, die dem einzelnen Bürger bestimmte Grundrechte garantieren und seine persönliche Freiheit gegen Übergriffe der Staatsorgane schützen;
2. Bestimmungen, die – wie die Abschaffung der Sklaverei, die Gewährung gleicher Bürgerrechte an die Neger, die Einführung des Frauenwahlrechts [...] – gesellschaftlichen Entwicklungen Rechnung tragen oder den sozialen Fortschritt breiter Volksschichten verfassungsrechtlich untermauern.
3. Bestimmungen zur Abänderung politischer Verfahren: Einführung der Direktwahl für die Senatoren des Bundeskongresses, [...] Beschränkungen der Amtszeit des Präsidenten auf zwei Vierjahresperioden.

Aus: W. Haseloff, Demokratie in den USA, Frankfurt/Main 1966, S. 9.

1. Erläutern Sie die Ausführungen Fraenkels zum Verhältnis von geschriebenem Verfassungstext und ungeschriebenem Verfassungsrecht.
2. Die Verfassungsgerichtsbarkeit – Motor oder Bremse der gesellschaftspolitischen Entwicklung? Informieren Sie sich in Literatur und Internet über den Supreme Court und seine Rolle bei bedeutenden Streitfragen.
3. Berufungsverfahren für Richter des Supreme Court sind weitaus häufiger strittig als die für das Kabinett. Erörtern Sie die Gründe.
4. Informieren Sie sich über die einzelnen Verfassungsänderungen und diskutieren sie darüber aus der Sichtweise von Tocqueville, der über die USA geschrieben hat: „Dieses Land überzeugt mich von der Überlegenheit der freien Regierungen über alle anderen."

2. „American Progress" – Demokratisierung der Gesellschaft?

2.1 Die Erschließung des Kontinents

Die Macht der „einfachen Leute"

„Die common people, die einfachen Leute, traten handelnd in die Geschichte ein, und wer politisch reüssieren wollte, konnte ihre Wünsche und Ängste nicht mehr außer Acht lassen, geschweige denn sie verächtlich behandeln." Und wie lauteten die Wünsche der weißen männlichen Bürger (denn nur sie hatten politischen Einfluss)? Sie wollten das eigene Los ohne Rücksicht auf traditionelle Rangordnungen und gesellschaftliche Konventionen verbessern. Die große Mehrheit der weißen Amerikaner machte optimistisch und resolut von den sich bietenden Chancen Gebrauch und setzte damit eine wirtschaftliche und gesellschaftliche Entwicklung in Gang, die nicht mehr zum Stillstand kommen sollte.

Territoriale Expansion

Die Besiedlung des Westens erfolgte schrittweise. Die entscheidende politische Weichenstellung für die territoriale Expansion traf schon der Verfassungskonvent. Seine „Northwest Ordinance" von 1787 bestimmte die Organisationsform des zur Konföderation gehörenden Indianerterritoriums zwischen dem Mississippi und den dreizehn Staaten. Drei bis fünf Einzelstaaten sollten hier entstehen; mit dem Erreichen von je 60 000 weißen Einwohnern sollten diese sodann in den Bund aufgenommen werden. Die Siedlungsgrenze, die „frontier", ging der politischen Grenze meist voraus. Die wichtigsten Antriebe für ihre ständige Verschiebung nach Westen waren die demografische Entwicklung sowie die erste Industrialisierungsphase des Ostens zwischen 1790 und 1830.

frontier

Die Amerikaner verstehen mit dem historischen Begriff der „frontier" das Gebiet, in dem die europäische Zivilisation endete und die von Indianern bewohnte Natur begann. 1870 wurde die „frontier" offiziell als das Gebiet bezeichnet, in dem nicht weniger als zwei und nicht mehr als sechs (weiße) Menschen auf einer Quadratmeile leben. In dieser oft breiten und „wandernden" Zone wurde gejagt und gerodet, wurden Blockhütten und einfache Siedlungen mit Handelsposten errichtet, erste Wege gebaut – die Landspekulation blühte. „Frontier" meint also nicht nur eine geografische Zone, sondern auch eine bestimmte Gesellschafts- und Wirtschaftszone. Große Bedeutung für die Expansion nach dem Westen besaß das Heimstättengesetz von 1862. Es erlaubte Siedlern auf bundeseigenem Land im Westen den Erwerb von 160 acres (1 acre = 40 Ar) für eine kleine Gebühr. Nach fünf Jahren gehörte das Land dem Siedler, sofern er darauf wohnte und es bebaute. Die Siedlungsgrenze hatte inzwischen den Mittleren Westen erreicht – Opfer dieser Ausbreitung waren die Indianer.

Vertreibung und Ermordung der Indianer

„Die Sioux-Indianer sind ein Haufen elender, schmutziger, verlauster, in Decken gehüllter, diebischer, verlogener, hinterlistiger, mörderischer, gottloser, gesichtsloser, Gedärme fressender STINKTIERE, die schlimmsten Wesen, denen der Herr je gestattet hat, die Erde zu verseuchen, und für deren sofortige und endgültige Ausrottung alle MENSCHEN, ausgenommen Agenten und Händler, die mit Indianern zu tun haben, beten sollten." Dieser Satz erschien 1869 in einer Wochenzeitung in Kansas. Er spiegelt in seiner Kernaussage die Vorstellungen der Mehrheit der weißen Amerikaner im 19. Jahrhundert wieder. Die Politik Präsident Jacksons gegen die Ureinwohner war von einer solchen Haltung geprägt. Wie die große Mehrheit der Weißen betrachtete er die Indianer als „Wilde", deren Lebensweise und Kultur missachtet werden durften. Sie waren der Errichtung des „Empire of Liberty" im Weg und sollten daher weichen. 1830 erzwang der „Indian Removal Act" die Vertreibung der Stämme des Südostens in ein im heutigen Staat Oklahoma errichtetes Indianerterritorium. Tausende kamen auf dem „Zug der Tränen" dorthin um. Auch die spätere Vertreibung der Prärieindianer ist eine „Geschichte der Vertragsbrüche" und grausamer Ausschreitungen. Schon im 17. und 18. Jahrhundert waren bei den Waldindianern des Ostens riesige Verluste durch deren Anfälligkeit für Krankheiten der Weißen eingetreten, die bei ihnen oft epidemisch gewirkt und tödlich geendet hatten. Jetzt kamen mit den Siedlern auch der Büffeljäger, die Eisenbahn – und der Whiskey in den Mittleren Westen. Die Ausrottung des Bisons entzog den Indianern ihre Lebensgrundlage. Ihr erbitterter Widerstand dagegen war selten erfolgreich. Während des ganzen 19. Jahrhunderts tobte der Kampf im Gebiet der „frontier" zwischen Indianern und Weißen. Im Jahr 1900 werden nur noch 237 000 Indianer gezählt

MATERIAL

1 „American Progress" – ein „Tourist's Guide" von 1878

1. Erläutern Sie den in M 1 dargestellten Ablauf der Erschließung des Westens und die Intention des Malers.

MATERIAL 2

Jahresbotschaft des Präsidenten Andrew Jackson an den Kongress, 6. Dezember 1830

Dem Kongress teile ich mit Freuden mit, dass die wohlwollende Politik der Regierung im Hinblick auf den Umzug der Indianer aus den weißen Siedlungsgebieten vor dem glücklichen Abschluss steht. [...]

Selbst Philanthropen könnten nicht wünschen, diesen Kontinent wieder in den Zustand zurückversetzt zu sehen, in dem er von unseren Vorfahren vorgefunden wurde. Welcher brave Mann würde ein mit Wäldern bedecktes und von ein paar tausend Wilden durchstreiftes Land unserer großen Republik vorziehen, [...] bewohnt von mehr als zwölf Millionen glücklichen Menschen und voll der Segnungen der Freiheit, Zivilisation und Religion? [...]

Bevölkerungswellen und die Zivilisation rollen nach Westen, und wir schlagen jetzt vor, die Gebiete, die von den Rothäuten des Südens und Westens bewohnt sind, in einem fairen Tausch zu erwerben und sie auf Kosten der Vereinigten Staaten in ein Gebiet zu schicken, wo ihre Existenz vielleicht dauerhaft gesichert werden kann. Zweifellos wird es schmerzlich für sie sein, die Gräber ihrer Väter zu verlassen; aber was tun sie mehr, als was unsere Vorfahren taten oder was unsere Kinder jetzt tun?

Um ihre Lebensverhältnisse in einem unbekannten Land zu verbessern, ließen unsere Vorfahren alles zurück, was ihnen an irdischen Dingen teuer war. Unsere Kinder verlassen Jahr für Jahr zu Tausenden ihre Geburtsorte, um in entfernten Regionen eine neue Heimat zu suchen. Weinen die Menschen über diese schmerzhafte Trennung [...]? Ganz und gar nicht. Es ist vielmehr eine Quelle der Freude, dass unser Land Raum bietet, in dem sich unser junges Volk frei von geistigen und körperlichen Zwängen entfalten kann. Es zieht hunderte, fast tausende von Meilen auf eigene Kosten um, kauft Grund und Boden und bestreitet vom Augenblick seiner Ankunft an selbst seinen Unterhalt. Kann es grausam von unserer Regierung sein, [...] dem Indianer eine neues und ausgedehntes Gebiet zu geben, ihm die Umzugskosten zu bezahlen und ihn ein Jahr lang in seiner Heimat zu unterstützen? Wie viele tausend unserer eigenen Leute würden freudig die Gelegenheit ergreifen, unter solchen Bedingungen in den Westen zu ziehen! Und ist anzunehmen, dass der umherziehende Wilde eine stärkere Bindung an seine Heimat hat als der sesshafte, zivilisierte Christ? [...] Er ist nicht willens, sich den Gesetzen der Einzelstaaten zu unterwerfen und sich mit deren Bevölkerung zu vermischen. Um ihn davor zu schützen – oder gar vor der völligen Vernichtung, bietet ihm die Zentralregierung großzügig eine neue Heimat an.

Aus: F. L. Israel, The State of the Union Messages of the Presidents 1790–1966, vol 1, New York 1966, S. 333 ff. Übers. R. Renz.

MATERIAL 3

Der amerikanische Historiker Turner über die Bedeutung der Grenze

Turner in einem Vortrag 1893:

Bis in unsere Tage war die amerikanische Geschichte in hohem Grade die Geschichte der Kolonisation des Großen Westens. Die Existenz des freien Landes, dessen fortwährendes Zurückdrängen und das Voranschreiten der amerikanischen Besiedlung nach Westen erklären die amerikanische Entwicklung. [...]

Die gesellschaftliche Entwicklung Amerikas hat an der Grenze stets wieder von vorn angefangen. Diese beständige Wiedergeburt, die hohe Mobilität des amerikanischen Lebens, diese Expansion nach Westen mir ihren neuen Möglichkeiten, ihrer andauernden Berührung mit der Einfachheit primitiver Gesellschaft, stellen die Kräfte bereit, die den amerikanischen Charakter beherrschen. Der wahre Kernpunkt in der Geschichte unserer Nation ist nicht die Atlantikküste, sondern der Große Westen. [...]

Der amerikanische Geist verdankt der Grenze seine hervorstechenden Eigenschaften. Jene Rauheit und Kraft, verbunden mit Scharfsinn und Wissbegier; jene praktische, erfinderische Denkungsart, rasch im Auffinden von Aushilfen; jenes meisterhafte Zupacken bei materiellen Din-

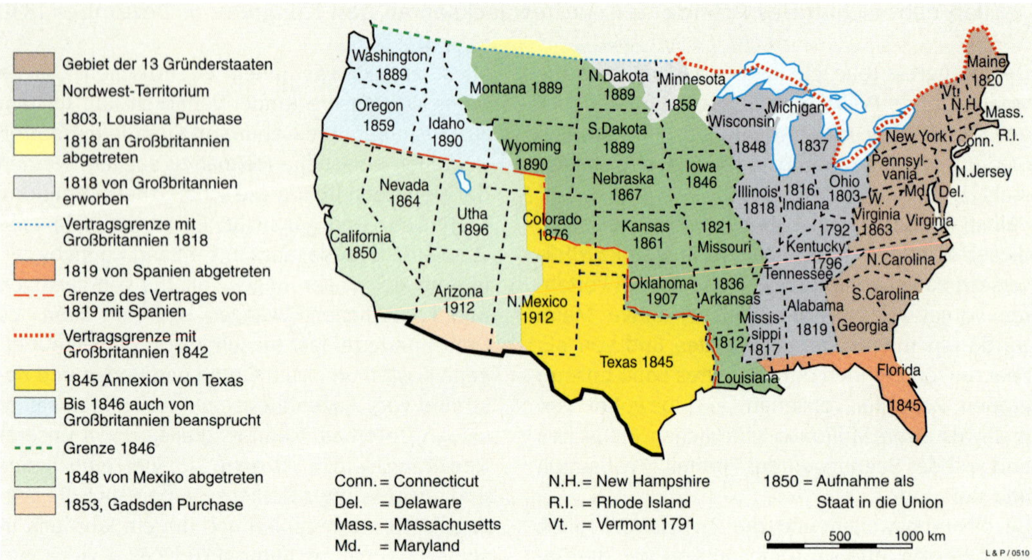

Das territoriale Wachstum der USA.

gen, dem es zwar am Sinn für Künstlerisches fehlt, das aber große Ziele mit Kraft verwirklicht, jene ruhelose, nervöse Energie; jener beherrschende Individualismus, zum Guten und zum Bösen wirkend, und zu allem die Lebenskraft und Ausgelassenheit, die mit der Freiheit entstehen – das sind Züge der Grenze oder Merkmale, die anderswo auf Grund des Daseins der Grenze hervorgerufen wurden.

1903 *in seinem Aufsatz „Der Beitrag des Westens für die amerikanische Demokratie“:*

Am wichtigsten wurde die Tatsache, dass ein Gebiet freien Landes an der Westgrenze des besiedelten Gebietes der USA gelegen hat. Immer wenn sich die sozialen Verhältnisse im Osten zuzuspitzen drohten, immer wenn das Kapital dazu neigte, die Arbeiterschaft zu bedrücken oder politische Hemmnisse die Freiheit der Massen einschränkten, gab es dieses Tor zur Flucht in die freien Verhältnisse der Grenze. Diese freien Gebiete förderten den Individualismus, die wirtschaftliche Gleichheit, die Freiheit zum sozialen Aufstieg und die Demokratie. Die Menschen waren nicht willens, niedrige Löhne zu akzeptieren und einen fortwährenden Status der gesellschaftlichen Unterordnung, wenn ihnen dieses versprochene Land der Freiheit und Gleichheit zur Verfügung stand.

Aus: F. J. Turner, The Frontier in American History, New York 1976 (Nachdruck), S. 1–3, 37, 269, Übers. R. Renz.

1. Zeigen Sie, wie Präsident Jackson die Indianer und ihre Situation (M 2) darstellt.
2. Arbeiten sie die Elemente des Selbstverständnisses der weißen Amerikaner heraus, mit denen Jackson seine Politik gegenüber den Indianern rechtfertigt.
3. Welche Eigenschaften verdanken nach Turner (M 3) die Amerikaner der Grenze? Erörtern Sie deren positive und negative Aspekte.
4. Diskutieren Sie Turners Einschätzung der Grenze als Sicherheitsventil.

2.2 Die Amerikaner – eine besondere Nation?

American way of life

Schlagworte zur Kennzeichnung bestimmter Lebensformen eines Volkes, zur Beschreibung einer angeblich allen gemeinsamen Denkweise sind immer Vergröberungen und oft Verzerrungen. Sind Bilder und Vorstellungen, die ein Volk von sich hat oder die sich andere von ihm machen, einmal zu Stereotypen fixiert, besteht die Gefahr, bestimmte Eigenschaften und Verhaltensweisen als allgemein gültig anzusehen. Dies gilt besonders für Selbstbilder, die wie „our American way of life", „americanism" oder „unamerican" nicht eindeutig zu definieren und auch einem ständigen Wandel unterworfen sind.

Auserwähltheitsglaube

Das amerikanische Selbstverständnis hat sich in der Unabhängigkeitserklärung und Verfassung Dokumente geschaffen, die auf die Bildung einer amerikanischen Identität großen Einfluss ausüben. Die ethnisch und religiös heterogene Nation hätte ohne sie kein Nationalgefühl entwickeln können. Seine Wurzeln liegen jedoch tiefer, denn mit den ersten Siedlern kam der puritanische Auserwähltheitsglaube, der die entstehenden Gemeinwesen als das neue „amerikanische Israel", das „Neue Zion" verstand. Im Unabhängigkeitskrieg waren die entschiedenen Gegner der britischen Herrschaft davon überzeugt, dass „Gott Amerika zur Verwirklichung seines besten Planes bestimmt habe" und sie daher siegen würden. Dieses religiöse Überlegenheitsgefühl wurde durch den Einfluss des Naturrechts und der Fortschrittsideen der Aufklärung bestärkt. Das amerikanische Nationalgefühl beruhe, so hat ein deutscher Historiker einmal geschrieben, „auf dem Bewusstsein der Verschiedenartigkeit von anderen Nationen, verschieden aber nicht darin, dass diese Nation eine einmalige und einzigartige Erscheinung darstellt, sondern dadurch, dass sie als erstes Volk den allgemeinen Zug der menschlichen Entwicklung zu einer besseren, vernunftgemäßen Ordnung, zu größerer individueller Freiheit und zur grundsätzlichen Gleichberechtigung mit größtmöglicher Annäherung an die Vollkommenheit verwirklicht hat".

Der Deutsche Hugo Münsterberg, der zu Beginn des 20. Jahrhunderts an der amerikanischen Harvard-Universität lehrte, hat von vier Grundrichtungen der „amerikanischen Seele" gesprochen:

Selbstbestimmung

- Der „Geist der Selbstbestimmung": Das Element der Freiheitlichkeit in der Ausformung der Gesellschaft, ja, eine geradezu antiautoritäre Haltung werden besonders deutlich bei Thomas Paine und Schriftstellern des 19. Jahrhunderts. Die Idee der Selbstbestimmung hat aber stets mehr als einen „negativen, auf Abwehr von Autorität gerichteten Freiheitsgedanken umschlossen", sie wollte sich auch in politischer Beteiligung, in der Verwirklichung des Prinzips der Volkssouveränität erfüllen. Der Wille der Amerikaner zur Selbstständigkeit und Initiative sind durch die Herausforderung der „offenen Grenze" im Westen stark geprägt worden.

Selbstbestätigung

- Der „Geist der Selbstbetätigung": Die Herausforderung der Grenze verlangte nach einem alles wagenden Pioniergeist. Dieser hat wesentlich zu Gestaltung einer spezifisch amerikanischen politischen Kultur beigetragen und lässt sich als ein Bündel von Wertvorstellungen verstehen, das harte und stetige Arbeit, Genügsamkeit, Selbstdisziplin, Spontaneität und Initiative, insgesamt ein erfolgs- und leistungsorientiertes

Verhalten als wesentliche Merkmale sinnvoller Lebensführung umfasst. Er ist von der grundsätzlichen Machbarkeit der Dinge und Verhältnisse überzeugt.

Selbstbehauptung

- Der „Geist der Selbstbehauptung": Trotz der objektiv anders verlaufenen Entwicklung ist der Glaube an die „equality", verstanden als Gleichheit der Chancen und der Bedingungen, ein Ideal des „amerikanischen Traums" geblieben. Trotz krasser Einkommensunterschiede, hervorgerufen durch die wirtschaftliche und soziale Entwicklung im 19. Jahrhundert, ist die Hoffnung des Einzelnen, bei Einsatz aller seiner Kräfte auch erfolgreich zu sein, noch weit verbreitet.

Selbstvervollkommnung

- Der „Geist der Selbstvervollkommnung" ist ursprünglich der puritanische Geist der Pilgerväter und hat als sittlicher Idealismus bis in die Gegenwart prägend gewirkt. Trotz strikter Trennung von Kirche und Staat sind Religion und Kirchengemeinschaft bedeutende Faktoren in der amerikanischen Gesellschaft. Sie üben auch in der Politik prägenden Einfluss auf Wertvorstellungen und Verhaltensweisen aus.

Manifest Destiny

Die Entwicklung zur Industriegesellschaft und die Expansion nach Westen riefen eine besondere, missionarisch-religiös begründete Form des amerikanischen Sendungsbewusstseins hervor. Es war der Glaube an die „offenkundige Bestimmung" (Manifest Destiny) der Vorsehung, den nordamerikanischen Kontinent in Besitz zu nehmen, zu entwickeln und auch innere Krisen dadurch zu meistern (→ M 5).

MATERIAL

4 Alexis de Tocqueville, Über die Demokratie in Amerika, 1835

Der Bewohner der Vereinigten Staaten lernt von Geburt an, dass man sich im Kampf gegen die Übel und Hemmnisse des Lebens auf sich selber verlassen muss; er schaut auf die Obrigkeit nur mit einem misstrauischen und unruhigen Blick, und er wendet sich an ihre Macht nur dann, wenn er es ohne sie nicht machen kann. [...]

Ein Hindernis liegt auf der Straße, der Durchgang ist versperrt, der Verkehr steht still; alsbald bilden die Nachbarn eine beratende Gesamtheit. Aus dieser Stegreifversammlung entsteht eine ausführende Gewalt, die dem Übel abhilft, bevor irgendeiner der Beteiligten an eine Obrigkeit dächte, die es außerhalb der hier gebildeten gibt. Geht es um ein Vergnügen, so schließt man sich zusammen, um dem Fest mehr Glanz und Ordnung zu verleihen. Endlich vereinigt man sich zur Abwehr rein geistiger Feinde: Man bekämpft gemeinsam die Trunksucht.

In den Vereinigten Staaten vereinigt man sich zu Zwecken der öffentlichen Sicherheit, des Handels und des Gewerbes, der Sittlichkeit und der Religion. Es gibt nichts, das der menschliche Wille nicht durch freies Handeln der vereinigten Macht Einzelner zu erreichen hoffte. [...]

Wie kommt es, dass in den Vereinigten Staaten, wo die Einwohner erst gestern den Boden betraten, den sie innehaben, wohin sie weder Bräuche noch Erinnerungen mitbrachten; wo sie sich als Fremde zum ersten Mal begegnen; wo es, mit einem Wort, ein ursprüngliches Vaterlandsgefühl kaum geben kann: Wie kommt es, dass jeder sich mit den Angelegenheiten seiner Gemeinde, seines Kantons und des ganzen Staates wie mit seinen eigenen beschäftigt? Weil jeder in seinem Lebensbereich tätigen Anteil an der Lenkung der Gesellschaft nimmt. Der Mann aus dem Volke hat in den Vereinigten Staaten den Einfluss des allgemeinen Wohlergehens auf sein eigenes Glück erkannt – ein so einfacher und doch vom Volk so wenig begriffener Gedanke. Er hat sich außerdem daran gewöhnt, dieses Gedeihen als sein eigenes Werk anzusehen. So findet er im öffentlichen Reichtum seinen eigenen wieder, und er arbeitet für das Wohl des Staates nicht bloß aus Pflicht oder aus Stolz, sondern ich möchte fast sagen, aus Begehrlichkeit. [...]

Die Natur des Landes, die Art selbst, wie die englischen Kolonien gegründet wurden, die Gewohnheiten der ersten Auswanderer – dies alles wirkte somit zusammen, um dort in einem ungewöhnlichen Ausmaß die Gemeinde- und Provinzfreiheiten zu entwickeln. [...]

„Die Vorsehung hat jedem Menschen, wer immer er sei, das nötige Maß von Vernunft gegeben, das er zur selbstständigen Führung der ihn allein angehenden Dinge braucht," das ist der große Leitsatz, der in den Vereinigten Staaten der bürgerlichen und politischen Gesellschaft zugrunde liegt: Der Familienvater wendet ihn auf seine Kinder an, der Herr auf seine Diener, die Gemeinde auf die Gemeindeangehörigen, die Provinz auf die Gemeinden, der Staat auf die Provinzen, die Union auf die Staaten. Auf das Ganze der Nation ausgedehnt, wird er zum Dogma der Volkssouveränität.

Aus: A. de Tocqueville, Über die Demokratie in Amerika, München 1976, S. 216.f, 272f., 460f., Übers. H. Zbinden.

MATERIAL 5

Der Glaube an die amerikanische Sendung: Manifest Destiny – Der Prediger Josiah Strong in „Our Country", 1885

Ich brauche denen, für die ich schreibe, nicht auseinander zu setzen, welches die zwei größten Bedürfnisse der Menschheit sind, deren Erfüllung alle Menschen in das Licht der höchsten christlichen Zivilisation emporheben würde: erstens ein reines, verinnerlichtes Christentum und zweitens die bürgerliche Freiheit. Ohne Zweifel liegen hier die Kräfte, die in der Vergangenheit so sehr zur Erhebung der Menschheit beigetragen haben; und sie müssen auch in Zukunft die besten Wegweiser zum Fortschritt sein. Daraus folgt, dass die Angelsachsen – die Hauptrepräsentanten dieser zwei Grundideen, die Bewahrer dieser zwei größten Segnungen – in besonderer Weise der Zukunft der Welt verbunden sind und im göttlichen Auftrag eine außerordentliche Verantwortung für ihre Mitmenschen tragen. Nimmt man dazu die Tatsache ihres rapiden Machtaufstiegs in der Gegenwart, so ist das fast ein Beweis für den höheren Auftrag.
Für mich besteht kein Zweifel, dass der Angelsachse die Hauptrolle in der Welt der Zukunft spielen soll, [...] Es ist noch ungewiss, wie materialistisch und atheistisch seine Zivilisation sein wird, [...] wie schnell er die Heraufkunft des Königreiches der Rechtschaffenheit bewirken kann. [...] Ist es offenkundig, dass der Angelsachse die Geschicke der Menschheit in den kommenden Jahrhunderten in der Hand hält? Ist es augenfällig, dass die Vereinigten Staaten die Heimat der Menschheit, der Hauptsitz seiner Macht, das große Zentrum seines Einflusses sein sollen? [...] Wir Angehörige dieser Generation und dieser Nation sitzen an der Schaltstelle der Jahrhunderte, wo über die Zukunft der Welt entschieden wird.

Aus: G. Moltmann, Die Vereinigten Staaten von Amerika von der Kolonialzeit bis 1917, Paderborn 1980, S. 78.

1. Stellen Sie die Faktoren zusammen, die Tocqueville für das Funktionieren der Demokratie in den USA anführt. (M 4)
2. Beschreiben Sie die Grundhaltung, die nach Tocqueville „das ganze Tun der Gesellschaft" in den USA beherrscht. Zeigen Sie, wie sich diese Grundhaltung laut Tocqueville im konkreten gesellschaftlichen und politischen Alltag auswirkt. (M 4)
3. Nach Strong sind in erster Linie die Angelsachsen berufen, die Geschicke der Menschheit zu gestalten: Untersuchen Sie seine Argumentation. (M 5)
4. Erörtern Sie den Charakter dieses Textes. Inwiefern ist er politisch? (M 5)

2.3 Frauenrolle und Frauenrechte – Anzeichen für mehr Demokratie?

Am 18. November 1872 wurde die Amerikanerin Susan B. Anthony verhaftet. Sie hatte den Wahlaufseher in ihrer Heimatstadt Rochester davon überzeugt, dass ihr als amerikanischer Bürgerin gemäß der Verfassung das Wahlrecht zustehe und sich zusammen mit 18 weiteren Frauen an den Präsidentschaftswahlen beteiligt. Doch nach der Auffassung der Richter war Frauen das Wählen nicht erlaubt. Susan B. Anthony wurde angeklagt und zu einer Geldstrafe verurteilt, die sie aber nie bezahlte. Um Aufsehen zu vermeiden, verfolgte das Gericht den Fall nicht weiter.

Neuordnung 1776

Bereits die Kolonisten gewährten den Frauen, ähnlich wie in der alten Heimat, nur eingeschränkte Rechte. In Plymouth und Massachusetts war es im Gegensatz zu vielen europäischen Ländern dem Mann unter Strafandrohung zwar verboten, seine Frau zu schlagen, dennoch wurde die Unterordnung der Frau unter die Vorherrschaft des Mannes als die Erfüllung eines göttlichen Gebots angesehen. 1776 wurde in einzelnen Kolonien im Zuge der politischen und verfassungsrechtlichen Neuordnung auch die rechtliche Stellung der Frau teilweise verbessert. In dieser Zeit durften Frauen, soweit sie bestimmte Besitz- und Wohnsitzbedingungen erfüllten, in einigen der neuen Einzelstaaten sogar wählen. Doch schon am Ende der revolutionären Phase wurde den Frauen das Wahlrecht überall wieder entzogen. Die Folge war, dass bis zum ersten Weltkrieg die Rechtsstellung der Frau ihrer gesellschaftlichen und wirtschaftlichen Bedeutung nicht entsprach.

Pionierfrauen

Gerade beim Aufbau der Siedlergesellschaft erfüllten die Pionierfrauen zentrale Aufgaben. Auf den Trecks mussten sie nicht nur wie alle anderen die Strapazen und Gefahren überstehen, sondern auch Kinder gebären und als Ehefrauen und Mütter für die Familien sorgen. Im Siedlungsgebiet richteten sie das von den Männern urbar gemachte Land bewohnbar ein. Die Frau war Bäuerin, Köchin, Näherin, Lehrerin und Krankenschwester in einem. Sie war physisch und psychisch stark gefordert; Energie, breites Wissen und die Fähigkeit zur Improvisation wurden ihr abverlangt.

Frauenrechtskonferenz 1848

Die erste amerikanische Frauenbewegung entstand im Zusammenhang mit dem Kampf für die Sklavenbefreiung. Frauen spielten in den Organisationen, die sich für die Abschaffung der Sklaverei einsetzten, eine große Rolle und sammelten politische Erfahrungen, die sie im Kampf um ihre Rechte nutzten. Im Jahr 1848 wurde eine Frauenrechts-Konferenz in Seneca Falls im Norden New Yorks einberufen, die eine „Declaration of Sentiments" verabschiedete, eine Erklärung der Rechte der Frauen. Die Forderung nach dem Frauenwahlrecht blieb aber unerfüllt, in der politischen Wirklichkeit musste sich die Frauenbewegung vorerst mit kleinen Verbesserungen im Bildungswesen und beim Eigentumsrecht zufrieden geben. Verheiratete Frauen erhielten das Recht, ihr Eigentum selbst zu verwalten. Doch schon wegen dieser bescheidenen Erfolge galten die USA aus europäischer Sicht als „Land des Matriarchats".

Mark Twain nannte 1873 die Epoche nach dem Bürgerkrieg mit ihrer rasanten wirtschaftlichen Entwicklung das „vergoldete Zeitalter" (gilded age), hinter dessen glän-

Für die Frauenrechtlerin Amelia Bloomer war die Kleider-Reform Teil der Emanzipationsbewegung. Der von ihr 1851 entworfene Hosenanzug („Bloomer") sollte es den Frauen ermöglichen, sich freier als in langen Kleidern zu bewegen. Links: Reklame für ein Bloomer-Kostüm, rechts: zeitgenössiche Karikatur von John Leech (1817 – 1864).

Frauenbewegung nach 1865

zender Fassade die geistig-moralischen Sitten verfielen und sich soziales Elend ausbreitete. Das raue politische Klima dieser Zeit war der Emanzipation der Frau nicht förderlich; der Kampf um die politische Partizipation geriet in den Hintergrund. Die Frauenbewegung zerfiel in konkurrierende Gruppen, die sich mit Problemen des Sozial- und Gesundheitswesens, der Erziehung, der öffentlichen Moral und des internationalen Friedens beschäftigten. Bei den Organisationen der Arbeiterinnen, die unter den Auswirkungen der Industrialisierung zu leiden hatten, stand der Kampf um bessere Arbeitsbedingungen im Zentrum. 1903 schlossen sich ihre kleinen Einzelgewerkschaften zur Women's Trade Union League zusammen. Als Teil der reformerischen Frauenbewegung trat sie für den Schutz der Frauen am Arbeitsplatz ein, förderte deren Bildung und kämpfte mit für das Frauenwahlrecht.

Erster Weltkrieg

1890 entstand ein neuer Dachverband der Frauenrechtsorganisationen, die National American Woman Suffrage Association (NAWSA) Sie wurde hauptsächlich von den Erwartungen und Zielen der Frauen der weißen Mittelklasse bestimmt. Erst als die NAWSA sich ab 1910 auch in den Einwanderer- und Arbeiterschichten für den Kampf um Frauenrechte einsetzte, konnten Fortschritte verzeichnet werden. Zunächst führten einzelne Staaten das Frauenwahlrecht ein; der erste Weltkrieg brachte den Durchbruch auf nationaler Ebene. Die Frauen wurden in die Kriegsanstrengungen einbezogen, im Sanitätswesen hinter der Front und auch in großer Zahl in der Industrie eingesetzt. Da sie wirtschaftlich gebraucht wurden, mussten sie auch politisch ernst genommen werden. Der 19. Zusatzartikel zur Verfassung gab den Frauen das Wahlrecht, er trat 1920 in Kraft. Doch die Hoffnung einzelner Frauenrechtlerinnen, dass dadurch ein grundsätzlicher Wandel der Politik eintreten würde, trog. Die Wahlbeteiligung der Frauen war gering, ihr Wahlverhalten unterschied sich nur unwesentlich von dem der Männer. Nicht das Geschlecht bestimmte die Wahlentscheidung, sondern die soziale oder wirtschaftliche Lage. (→ *Modul „Der Kampf um die Rechte der Frau", S. 154 ff.*)

MATERIAL

6 „Vergesst die Frauen nicht!“ Abigail Adams im Jahr 1776 an ihren Mann John Adams

Abigail Adams (1744–1818) stammte aus einer Familie, die in der Kolonie Massachusetts seit langem zur politischen und geistlichen Elite zählte. Ihr Mann John Adams war 1776 Mitglied des 2. Kontinental-Kongresses und maßgeblich an den Formulierungen der Unabhängigkeitserklärung beteiligt.

a) Abigail Adams an John Adams

31. März 1776

Ich sehne mich sehr danach, von Dir zu hören, dass ihr die Unabhängigkeit erklärt habt – und übrigens wünsche ich, dass ihr in dem zukünftigen Gesetzeskodex, den ihr vermutlich ausarbeiten müsst, die Frauen nicht vergesst. Seid ihnen gegenüber großzügiger und gewogener als eure Vorfahren. Legt nicht so grenzenlose Macht in die Hände der Ehemänner. Denkt daran, dass alle Männer Tyrannen wären, wenn sie nur könnten. Wenn uns Frauen nicht besondere Rücksicht und Aufmerksamkeit zuteil wird, sind wir entschlossen, eine Revolution zu machen, und wir werden uns dabei nicht an Gesetze gebunden fühlen, an deren Entstehung wir überhaupt nicht beteiligt sind.
Dass euer Geschlecht von Natur aus tyrannisch ist, ist eine Wahrheit, die so tief verankert ist, dass es darüber keinen Streit geben kann. Aber diejenigen von euch, die glücklich sein wollen, sind gern bereit, den schroffen Titel „Herr“ mit dem zarteren und liebenswürdigeren des Freundes zu vertauschen. Warum also sollte den Bösartigen und Gesetzlosen nicht die Macht genommen werden, uns ungestraft mit Grausamkeit und Demütigung zu behandeln? Vernünftige Männer in allen Zeiten verabscheuen jene üblichen Verhaltensweisen, nach denen wir nur als Untertanen eures Geschlechts behandelt werden. Betrachtet uns also als menschliche Wesen, die von der Vorsehung unter euren Schutz gestellt sind und nutzt diese Macht, das Höchste Wesen nachahmend, nur für unser Glück.

b) John Adams an Abigail Adams

14. April 1776

Über Deinen außergewöhnlichen Gesetzeskodex kann ich nur lachen. Man hat uns entgegengehalten, unser Kampf habe überall die Zügel der Regierung gelockert. Kinder und Lehrlinge seien ungehorsam, in Schulen und Hochschulen gäbe es Unruhe, die Indianer behandelten ihr Aufsichtspersonal geringschätzig und die Neger träten unverschämt gegen ihre Herren auf. Aber Dein Brief war das erste Anzeichen, dass ein anderer Stamm, zahlreicher und mächtiger als all die anderen, unzufrieden ist. – Das ist ein ziemlich grobes Kompliment, aber Du bist so frech, dass ich es nicht zurücknehmen will.
Verlass Dich drauf, dass wir Besseres zu tun haben, als unsere von Männern bestimmten Systeme zu ändern. Sie gelten zwar ungeschränkt, doch sie sind, wie Du wohl weißt, wenig mehr als Theorie. Wir wagen unsere Macht gar nicht voll auszuüben. Wir müssen uns fair und sanft verhalten, und in Wirklichkeit sind wir die Untertanen. Wir sind nur dem Namen nach die Herren, aber darauf zu verzichten, würde uns völlig der Tyrannei der Unterröcke ausliefern. Ich hoffe, dass General Washington und alle unsere tapferen Helden dagegen kämpfen würden.

c) Abigail Adams an John Adams

7. Mai 1776

Ich kann wahrhaftig nicht sagen, dass Du gegenüber den Frauen sehr großzügig bist, denn obwohl Du den Menschen Frieden und Wohlgefallen und allen Nationen die Befreiung verkündest, bestehst Du darauf, absolute Macht über die Ehefrauen zu behalten. Aber denke daran, dass willkürliche Macht wie die meisten Dinge, die schwer zu ertragen sind, Gefahr läuft, abgeschüttelt zu werden. Trotz aller eurer weisen Gesetze und Maximen besitzen wir die Macht, uns zu befreien und unsere Herrn und Meister uns untertan zu machen, und ohne Gewalt anzuwenden, können wir sowohl eure natürliche als auch eure gesetzliche Autorität uns unterwerfen.

Aus: L. T. Sargent (Hrsg.), Political Thought in the United States. A Documentary History, New York/London 1997, S. 66f., Übers. R. Renz.

1. Lesen Sie den Text M 6a und konzipieren Sie eine eigene Antwort aus der Perspektive von John Adams. Vergleichen Sie mit der tatsächlichen Antwort.
2. Stellen Sie die Forderungen und Reaktionen in dem Briefwechsel einander gegenüber.
3. Untersuchen Sie die Begründungen von Abigail Adams und setzen Sie sich mit der Argumentation von John Adams auseinander.

MATERIAL 7

Die Frauenrechtskonferenz in Seneca Falls: Die „Declaration of Sentiments"

1848 organisierten Elizabeth C. Stanton und Lukrezia Mott eine Frauen-Konferenz in Seneca Falls im Staat New York, an der ungefähr hundert Frauen teilnahmen. Dort wurde am 19. Juli 1848 ein Manifest über die Rechte der Frauen verabschiedet, die „Declaration of Sentiments" (sentiment = Ansicht, Einstellung). Elizabeth C. Stanton und Lukrezia Mott setzten sich auch für die Abschaffung der Sklaverei ein.

Wenn es im Laufe der Geschichte der Menschheit für die eine Hälfte der Menschen notwendig wird, einen gesellschaftlichen Rang einzunehmen, der von ihrem bisherigen verschieden ist, aber dieser einer ist, zu dem sie das Naturrecht und die göttlichen Gesetze berechtigen, dann erfordert eine geziemende Rücksichtnahme auf die Meinung der Menschheit, dass sie die Gründe darlegt, die sie zu solch einem Vorgehen veranlassen.

Folgende Wahrheiten erachten wir als selbstverständlich: Dass alle Männer und Frauen gleich geschaffen sind; dass sie von ihrem Schöpfer mit gewissen unveräußerlichen Rechten ausgestattet sind; [...] (Es folgt eine Aufzählung, die mit dem Text der Unabhängigkeitserklärung identisch ist.)
Die Frauen haben unter dieser Herrschaft der Männer gelitten und geduldig ausgeharrt und daher sehen sie es als dringend notwendig an, den gleichen Rang wie die Männer zu fordern, auf den sie ein Anrecht haben.
Die Geschichte der Menschheit ist eine Geschichte wiederholter Rechtsverletzungen und widerrechtlicher Übergriffe von Seiten des Mannes gegenüber der Frau, die ausschließlich zum Zweck haben, eine unumschränkte Tyrannei über sie zu errichten. [...]
Er hat ihr niemals erlaubt, ihren unveräußerlichen Anspruch auf das Wahlrecht wahrzunehmen.
Er hat sie gezwungen, sich Gesetzen zu unterwerfen, bei deren Abfassung sie keine Stimme hatte.
Er hat ihr Rechte vorenthalten, die den dümmsten Männern, auch solchen der untersten Schicht, gewährt werden, seien es Einheimische oder Ausländer.
Indem er sie des vornehmsten Rechts eines Bürgers, des Wahlrechts, beraubt hat und sie so ohne Vertretung in den Gesetzgebenden Körperschaften ließ, hat er sie auf allen Gebieten unterdrückt.
Er hat die verheiratete Frau, zivilrechtlich gesehen, zur toten Person gemacht.
Er hat ihr jegliche Eigentumsrechte genommen, sogar das Recht, über den von ihr verdienten Lohn zu entscheiden. [...]
Er hat alle Einrichtungen, die eine gute Bildung ermöglichen, alle Hochschulen vor ihr verschlossen. [...]

Angesichts dieser völligen Rechtlosigkeit einer Hälfte des Volkes in diesem Land, angesichts ihrer gesellschaftlichen und religiösen Degradierung, angesichts der schon erwähnten ungerechten Gesetze und weil wir Frauen uns geschädigt, unterdrückt und unserer heiligsten Rechte auf betrügerische Weise beraubt fühlen, fordern wir einen sofortigen Zugang zu allen Rechten und Privilegien, die uns als Bürgerinnen der Vereinigten Staaten zustehen.
(Es folgt ein Katalog von Beschlüssen, u. a.:)
Es wird die Entschließung angenommen, dass die Frau dem Manne gleichgestellt ist.

Aus: T. A. Bailey/D. M. Kennedy (Hrsg.), The American Spirit, vol. I, Lexington/Toronto 1994, S. 344 ff., Übers. R. Renz.

Frauenrechtlerin während einer Demonstration mit Trommel und Sprachrohr, 1913.

Demonstration vor dem Redaktionsgebäude der Los Angeles Times, 1975.

1. Vergleichen Sie das Manifest mit der Unabhängigkeitserklärung (S. 14 f.). Arbeiten Sie Gemeinsamkeiten und Unterschiede heraus.
2. Untersuchen Sie das hier beschriebene Rollenbild der Frau.

MATERIAL

8 Die Soziologin und Frauenrechtlerin Betty Friedan 1963: „Das Problem ohne Namen"

Viele Jahre lang lag das Problem den amerikanischen Frauen unausgesprochen im Sinn. Es war eine seltsame Erregtheit, ein Gefühl der Unzufriedenheit, eine Sehnsucht, worunter die Frauen in den Vereinigten Staaten um die Mitte des 20. Jahrhunderts litten. Jede der in den Vororten lebenden Ehefrauen kämpfte für sich allein dagegen an. Wenn sie Betten machte, einkaufen ging, Stoff für neue Schonbezüge ausmaß, mit ihren Kindern Erdnussbrote aß oder sie mit dem Auto zu ihren Pfadfindergruppen brachte, wenn sie nachts im Bett lag – immer scheute sie sich, die leise Frage zu stellen: „Ist das alles?"

Aber nicht ein Wort von dieser Sehnsucht fand sich seit fünfzehn Jahren unter den Millionen Wörtern in all den Zeitungsartikeln und Büchern, die über Frauen und für Frauen geschrieben worden waren, in denen Fachleute Frauen sagten, dass es ihre Rolle sei, Erfüllung als Ehefrauen und Mütter zu finden. Noch und noch hörten die Frauen die traditionellen […] Ansichten, dass sie sich kein schöneres Los wünschen könnten, als sich ihrer Weiblichkeit zu freuen. […]. Es wurde ihnen eingeschärft, dass wirklich weibliche Frauen nicht nach einem Beruf, höherer Bildung und politischen Rechten trachteten – nach jener Freiheit und jenen Rechten, für die die altmodischen Frauenrechtlerinnen gekämpft hatten. […]

Gegen Ende der fünfziger Jahre war das Durchschnittsheiratsalter der Amerikanerinnen auf zwanzig gesunken und fiel noch weiter. Vierzehn Millionen Mädchen waren mit siebzehn verlobt.

Während im Jahre 1920 noch 47% der Studenten Frauen waren, sank deren Anteil im Jahre 1958 auf 35%. Ein Jahrhundert früher hatten die Frauen um die höhere Bildung gekämpft. Jetzt besuchten die Mädchen ein College, um sich einen Mann zu angeln. [...]
Die Vorort-Hausfrau – das war das Traumbild der jungen Amerikanerinnen und die Wunschvorstellung, so wurde behauptet, der Frauen in aller Welt. Denn die amerikanische Hausfrau war dank der Wissenschaft und arbeitssparender Geräte von der täglichen Plackerei, den Gefahren des Gebärens und den Krankheiten der Großmütter erlöst worden. Sie war gesund, schön, gebildet und kümmerte sich nur um ihren Mann, ihre Kinder und ihr Heim. Sie hatte wahre weibliche Erfüllung gefunden. Als Hausfrau und Mutter wurde sie als voll gültige und gleichberechtigte Partnerin des Mannes in seiner Welt anerkannt. Sie konnte unter Automobilen, Kleidern, Elektrogeräten und Supermärkten wählen; sie hatte alles, wovon Frauen immer geträumt hatten.

Aus: B. Friedan, Der Weiblichkeitswahn oder die Selbstbefreiung der Frau, Reinbek bei Hamburg, 1982, S. 17ff., Übers. M. Carroux.

MATERIAL 9

Die Kongressabgeordnete Pat Schroeder am 15. Mai 1984

Es ist paradox – obwohl Frauen in ihrer Bildung und Ausbildung große Fortschritte erzielt haben, bleibt ihre wirtschaftliche Lage unverändert. Die Lücke zwischen Mann und Frau bei Lohn und Gehalt ist wegen unterschiedlicher Berufe und ungerechter Bezahlung breiter geworden. Entgegen unserer Erwartungen wird diese Lücke nicht vom Bildungsniveau der Frauen beeinflusst. Ob sie die High School vorzeitig verlassen oder einen Hochschulabschluss haben, Frauen verdienen nur knapp 60% von dem, was ein entsprechend ausgebildeter Mann verdient. Meiner Meinung nach ist das wichtigste Frauenthema in den 80er Jahren das der Gleichwertigkeit von Berufen – gleicher Lohn für gleiche Leistung. [...]
Es ist doch Tatsache, dass Berufe, die vor allem von Frauen ausgeübt werden, der Beruf der Krankenschwester, der Beruf der Lehrerin oder der Beruf der Sekretärin, im allgemeinen schlecht bezahlt werden.
Gleichwertigkeit heißt nicht, Männer schlechter und Frauen besser zu bezahlen. Es bedeutet, dass Personen für das, was sie wert sind, bezahlt werden. In vielen Fällen bedeutet das, dass Frauen mehr verdienen sollten. [...]
Nun argumentieren die Neinsager, dass es keine Maßstäbe gäbe, niemand könne den Wert eines Berufs genau bestimmen. Das ist, erlauben sie mir den Ausdruck, dummes Geschwätz. Jedes Unternehmen, jede Gewerkschaft und staatliche Behörde verfügt über Maßstäbe zur Kalkulation von Löhnen oder Gehältern. Großunternehmen haben sogar Regelungen zur Größe eines Büros und eines Schreibtisches oder zur Qualität eines Bodenteppichs.
Nein, das Problem ist nicht der Mangel an Maßstäben. Das Problem ist, dass es Maßstäbe gibt und dass diese falsch sind. Wenn eine Krankenschwester oder eine Mathematiklehrerin mit Hochschulabschluss weniger verdienen als ein männlicher Verkäufer mit High-School-Abschluss in einem Spirituosenladen, dann ist etwas falsch bei unseren Lohnmaßstäben und noch weit mehr bei unseren Wertmaßstäben.

P. Schroeder, Great Expectations: From Abigail Adams to the White House, Vital Speeches of the Day, May 15, 1984, in: T. A. Bailey/D. M. Kennedy (Hrsg.), The American Spirit, vol. II, Lexington/Toronto 1994, S. 670f., Übers. R. Renz.

1. Geben Sie den Inhalt der M 8 und 9 wieder und untersuchen Sie ihren Zusammenhang.
2. Erörtern Sie die amerikanischen Verhältnisse und vergleichen Sie diese mit denen in Deutschland.

2.4 Der Sezessionskrieg – Sklavenbefreiung oder Einheit der Union?

Die Sklavenfrage war eines der umstrittensten Probleme im 19. Jahrhundert. Der Republikaner Abraham Lincoln formulierte vor seiner Wahl zum Präsidenten 1860, die Union werde nicht auf Dauer „half slave und half free" bleiben können. 1619 waren die ersten Afrikaner nach Amerika gebracht worden. Vor allem auf den Plantagen der Großgrundbesitzer im Süden mussten sie als Sklaven arbeiten. Neben dem Arbeitskräftemangel führten anthropologische Vorurteile und die mangelnde Eignung der Indianer für die Plantagenarbeit zu dieser Entwicklung.

Sklaverei

Als die dreizehn Kolonien ihre Unabhängigkeit erkämpften und sich eine Verfassung gaben, war die Sklavenhaltung ein fest verankerter Teil der Wirtschafts- und Sozialstruktur der Südstaaten. Der Sklave wurde juristisch als Sacheigentum betrachtet. Daher erkannten ihm die Verfassungsväter auch keine Grundrechte zu. Sein Charakter als Ware bestimmte auch seine Lebensverhältnisse. Ein Sklave konnte gekauft, verkauft und verpfändet werden. Eigentum war ihm nicht erlaubt, er durfte das Grundstück seines Herrn nicht ohne Erlaubnis verlassen und bei Dunkelheit nicht mehr auf der Straße sein. Auch in Notwehr durfte er einen Weißen nicht schlagen und selbstverständlich keine Waffe tragen. Vor Gericht konnte er nicht gegen einen Weißen aussagen. Bei einfacheren Vergehen besaß sein Herr die Gerichtsbarkeit. Sklavenehen waren vor dem Gesetz ungültig. Lesen und Schreiben durfte der Sklave nicht lernen. Die Arbeitsbedingungen waren zwar meist nicht schlimmer als die in den Fabriken des Nordens, doch der Sklave war schutzlos und unfrei.

Sonderentwicklung des Südens

1804 wurde die Sklaverei in allen Nordstaaten abgeschafft, 1807 untersagte der Kongress die Einfuhr von Sklaven in die Union. Das Verbot konnte aber den illegalen Handel nicht verhindern, der bis 1860 noch weitere 250 000 Schwarze ins Land schleuste. Die Sklaverei wurde im Süden besonders mit wirtschaftlichen Argumenten begründet und als „besondere Einrichtung" (peculiar institution) verteidigt. So waren 1815 unter den 8,5 Millionen Einwohnern der USA 1,5 Millionen Schwarze, davon 1,3 Millionen Sklaven. Rund die Hälfte der freien Schwarzen wohnte in den Nordstaaten, alle Sklaven im Süden. Dort machten sie ein Viertel bis ein Drittel der Bevölkerung aus.

Entfremdung zwischen Nord und Süd

Bei dem Konflikt zwischen den Nord- und Südstaaten ging es aber nur vordergründig um die Sklavenfrage. Die Gründe für die Entfremdung reichten tiefer; sie waren wirtschaftlicher und politischer Natur. Ein wichtiger Konfliktstoff war die Zollfrage: Der Norden forderte für seine junge Industrie Schutzzölle, der Süden brauchte für seinen bedeutenden Baumwollexport Freihandel. Dieser Gegensatz wurde durch die Aufnahme neuer Staaten im Zuge der Westexpansion zusätzlich verschärft. Die Verfassung hatte die Entscheidung über die Beibehaltung der Sklaverei den Einzelstaaten überlassen (Art. I, Abs. 9), durch die Northwest Ordinance war aber deren Einführung im Nordwestterritorium nördlich des Ohio verboten worden. Im Jahre 1819 standen sich in der Union je elf sklavenfreie und sklavenhaltende Staaten gegenüber. Die Produktivität des Nordens wuchs durch die Industrialisierung schneller als die des Südens, und viele Schwarze hofften dort bessere Lebens- und Arbeitsverhältnisse vorzufinden.

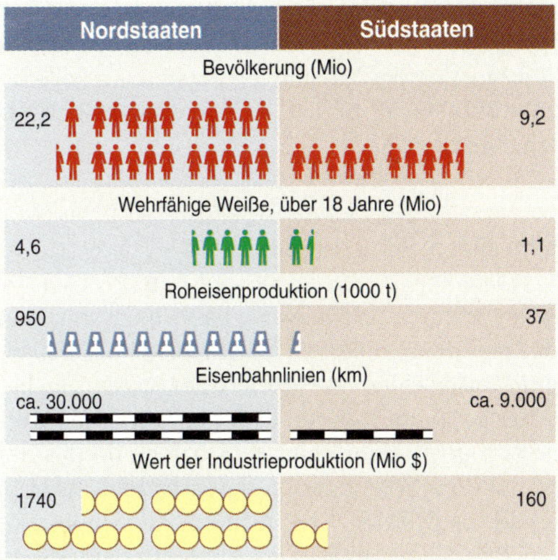

Bevölkerung und Wirtschaft um 1861.

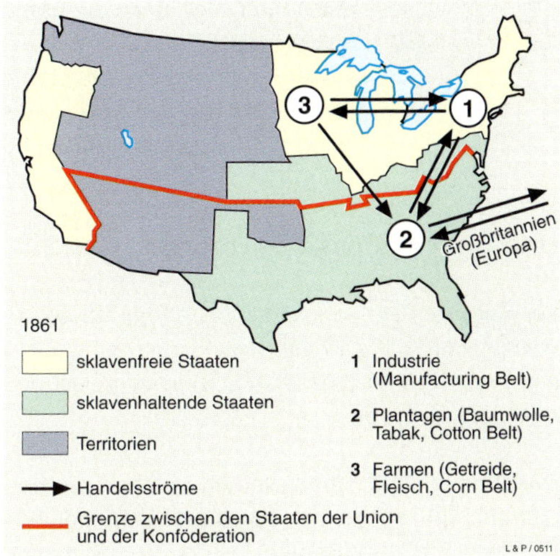

Produktionsdreieck in den USA.

Von 1830 bis 1860 flüchteten rund 50 000 Sklaven, unterstützt von der illegalen „underground railroad", die von der 1833 gegründeten „American Antislavery Society" organisiert wurde. Die Mitglieder dieser Gesellschaft, unter ihnen viele Frauen, agitierten nicht ohne Erfolg gegen die „besondere Einrichtung" des Südens, obwohl auch sie im von Rassendiskriminierung bestimmten Norden nur für eine Minderheit sprechen konnten.

Sezession und Bürgerkrieg

Bis 1850 hielten sich bei der Aufnahme neuer Staaten in die Union Norden und Süden die Waage. 1850 veränderte die Aufnahme Kaliforniens als sklavenfreier Staat dann das Gleichgewicht zwischen den nun 16 sklavenfreien und 15 sklavenhaltenden Staaten. Die Institution der Sklaverei wurde jetzt zur politischen Machtfrage. Kompromissversuche im Kongress scheiterten. Die Whig-Partei, die Vertretung des Establishments, löste sich auf, ein Teil ihrer Anhänger und andere Gegner der Sklaverei gründeten 1854 die Republican Party. Auch die Democrats brachen in eine nördliche und eine südliche Gruppierung auseinander. Der Wahlsieg Abraham Lincolns spaltete schließlich die Union. 1861 bildeten die elf Südstaaten, die nicht vom „black Republican" Lincoln regiert werden wollten, die „Konföderierten Staaten von Amerika".

Im April 1861 beschossen konföderierte Truppen das vor der Hafeneinfahrt von Charleston, South Carolina, gelegene Fort Sumter, dessen Truppen auf Seiten der Union standen. Damit begann der Krieg; er sollte bis 1865 dauern. Es war der erste moderne Krieg mit dem kombinierten Einsatz von Massenheeren und Seestreitkräften. Beide Seiten hatten große Verluste zu beklagen: der Norden 360 000, der Süden 258 000 Tote, 400 000 Menschen wurden verwundet. Der Krieg zerstörte weitgehend die Infrastruktur der Südstaaten, deren Landwirtschaft große Einbußen erlitt, während die Industrie des Nordens kräftig expandieren konnte. Der Norden hatte den Krieg primär zur Wiederherstellung der Union geführt – „they fought to save the Union not to free the slaves". 1862 war aber die Forderung nach Befreiung der Sklaven erhoben worden und Lincoln hatte 1863 die Aufhebung der Sklaverei proklamiert. Der Sieg der Unionsstaaten stellte nicht nur die Einheit wieder her, sondern festigte auch die Vorherrschaft des Bundes über die Einzelstaaten. Er schuf so die Voraussetzung für den weltgeschichtlichen Aufstieg der Vereinigten Staaten. Im kollektiven Gedächtnis der Amerikaner lebt der Bürgerkrieg bis in die Gegenwart fort als das einschneidendste Ereignis in der Geschichte der USA.

MATERIAL
10 Urteilsbegründung des Obersten Gerichtshofes im Dred-Scott-Prozess, 1857

Der Supreme Court behandelte den Antrag des Negersklaven Dred Scott auf Freilassung. Scott berief sich darauf, längere Zeit bereits in einem sklavenfreien Staat (Illinois) gelebt zu haben.

Die Wörter „Volk der Vereinigten Staaten" und „Bürger" sind synonyme Begriffe und meinen das Gleiche. Sie beschreiben beide die politische Körperschaft, die, gemäß unseren republikanischen Institutionen, die Souveränität bilden und die Macht ausüben und die Regierung durch ihre Vertreter führen. Sie sind, was wir bekanntermaßen den „Volkssouverän" nennen [...]
Die uns vorliegende Frage lautet: ob die Klasse von Personen, die in der Klageschrift beschrieben ist, ein Teil dieses Volkes ist und konstituierende Mitglieder dieser Souveränität sind. Wir meinen, sie sind es nicht, und sie sind nicht inbegriffen, und es war nicht die Absicht, sie unter dem Wort „Bürger" in der Verfassung einzubegreifen. Sie können daher keine Rechte und Privilegien beanspruchen, die dieses Verfassungsinstrument den Bürgern der Vereinigten Staaten garantiert. Im Gegenteil, sie (die Schwarzen) wurden zu jener Zeit als eine untergeordnete und niedere Klasse von Lebewesen betrachtet, die von der herrschenden Klasse unterworfen worden waren und die, ob emanzipiert oder nicht, dennoch ihrer Autorität unterworfen blieben und keine Rechte oder Privilegien hatten, außer denen, die ihnen von ihren Herren und der Regierung gewährt worden sein können. [...]

Man nimmt anscheinend an, dass es einen Unterschied zwischen Eigentum an einem Sklaven und anderem Eigentum gibt und dass unterschiedliche Regeln in der Auslegung der Verfassung der USA angewendet werden können. [...]
Aber wenn die Verfassung das Eigentumsrecht des Herren an einem Sklaven anerkennt und keinen Unterschied zwischen jener Eigentumsbeschreibung und anderem Eigentum eines Bürgers macht, dann hat kein Tribunal, das im Namen der Vereinigten Staaten handelt, gehöre es der Legislative, Exekutive oder der Judikative an, das Recht, eine solche Unterscheidung zu machen oder jemandem den Vorteil jener Vorschriften und Garantien zu verweigern, die zum Schutz des Privateigentums gegen Eingriffe der Regierung vorgesehen sind. Nun ist das Eigentumsrecht an einem Sklaven klar und ausdrücklich in der Verfassung bestätigt*. [...] Und die Regierung ist ausdrücklich verpflichtet, es in alle Zukunft zu schützen, wenn der Sklave seinem Besitzer entkommt. [...]
Kein Wort ist in der Verfassung zu finden, das dem Kongress eine größere Macht über das Eigentum an einem Sklaven [...] als an sonstigem Eigentum gibt. Bei diesen Betrachtungen ist es die Auffassung des Gerichts, dass das Gesetz des Kongresses, das einem Bürger verbot, Eigentum dieser Art in dem Territorium der Vereinigten Staaten nördlich der darin erwähnten Linie zu besitzen, nicht durch die Verfassung gestützt wird und darum nichtig ist**. Weder Dred Scott selbst noch irgendein Mitglied seiner Familie sind frei geworden, indem man sie in dieses Territorium gebracht hat, sogar wenn sie von ihrem Besitzer dorthin gebracht worden wären, um dort dauernd zu wohnen.

* Das Gericht bezieht sich auf den Satz im 5. Zusatzartikel „... noch soll jemandem Leben, Freiheit oder Eigentum genommen werden, außer im ordentlichen Gerichtsverfahren ...".
** Im sog. Missouri-Kompromiss 1820 wird Missouri als Sklavenstaat zugelassen, Maine als sklavenfreier Staat. Die Sklaverei wird außerdem nördlich des Breitengrades 36°30' verboten.

Aus: H. S. Commager (Hrsg.), Documents of American History, Bd. 1, New York 1973, S. 339–345, Übers. R. Renz.

MATERIAL

Vor dem Bürgerkrieg: Verdammung und Verteidigung der Sklaverei 11

William L. Garrison, Herausgeber der Zeitschrift „Liberator" und Mitbegründer der „American Antislavery Society" (1852):

Weg mit all den Wortklaubereien, dem juristischen Geschwätz [...], um zu beweisen, dass die Verfassung der Vereinigten Staaten ein Dokument der Antisklavereibewegung sei. [...] Lassen wir uns auf keine Winkelzüge, keine Umwege, keine Ausflüchte ein. Stehen wir zu den Sünden unserer Väter und zu unserer eigenen Sünde als Volk, indem wir die Erniedrigung und Versklavung der farbigen Rasse gemeinsam betrieben haben. Seien wir ehrlich im Blick auf die Tatsachen der Geschichte und leugnen wir nicht die Kompromisse, die eingegangen worden sind, um die Annahme der Verfassung und die darauf folgende Errichtung der Union sicherzustellen. Wir, die wir bekunden die Sklaverei zu verachten und die wir beanspruchen freie Bürger zu sein, sollten alle Bande lösen, die uns mit der Macht der Sklaverei verbinden, im Religiösen wie im Politischen (vgl. 1. Mose 9, 18–27). [...]

Drei Millionen Amerikaner werden in der Union unterdrückt! Sie werden als Sklaven gehalten, als Ware gehandelt, wie Gut und Vermögen registriert! Die Regierung gewährt ihnen keinen Schutz, die Regierung ist ihr Feind, die Regierung hält sie in Ketten! Aber: Wo sie blutend liegen, liegen auch wir an ihrer Seite; [...] ihre Fesseln umschlingen auch unsere Glieder, ihre Sache ist auch die unsere! Die Union, die sie zu Staub zermalmt, lastet auch auf uns, und gemeinsam mit ihnen werden wir kämpfen, um sie zu zerbrechen. Auf die Verfassung, die diese Menschen in hoffnungsloser Abhängigkeit hält, könnten wir keinen Eid mehr leisten. Unser Wahlspruch lautet: *„Keine Union mit Sklavenhaltern"*, weder im religiösen noch im politischen Bereich. Sie sind die grimmigsten Feinde der Menschheit und die schlimmsten Widersacher Gottes! Wir trennen uns von ihnen, [...] um den Niedergang der Sklaverei in Amerika und in der ganzen Welt zu beschleunigen.

Der Südstaatler George Fitzhugh, Rechtsanwalt und Publizist in seinem Buch „Cannibals All! Or Slaves without Masters" (1857):

Was man fälschlich „Freie Gesellschaft" nennt, ist eine ganz neue Erfindung. In ihr sollen die Schwachen, Unwissenden und Armen frei werden. Sie sollen in eine Welt freigelassen werden, die nur wenigen Menschen gehört (denen Natur und Erziehung Stärke verliehen haben und die durch Besitz stärker geworden sind). Hier sollen diese Befreiten ihren Lebensunterhalt verdienen.

Im eingebildeten Naturzustand, wo kein Eigentum zugeteilt ist, haben die Starken außer überlegenen körperlichen und geistigen Kräften keine Waffen, um die Schwachen zu unterdrücken. Ihre Fähigkeit zur Unterdrückung verstärkt sich tausendfach, sobald sie allein die Herren der Erde und aller Dinge darauf werden. Sie werden zu Herren, ohne die Verpflichtung dieser Stellung zu haben, und die Armen werden zu Sklaven, ohne die Rechte von Sklaven zu haben.

Es ist eine sogar von den Gegnern der Sklaverei anerkannte Tatsache, dass die europäischen Leibeigenen befreit wurden, weil eine Vielzahl von Arbeitern als freie Leute auf dem Arbeitsmarkt die freie Arbeitskraft billiger als die Sklavenarbeit gemacht haben. Seltsamerweise scheinen aber nur wenige erkannt zu haben, dass daraus tatsächlich folgt, dass die ehemaligen Leibeigenen nach ihrer Befreiung eigentlich viel unfreier als vorher waren. Der Zwang zur Arbeit war für sie größer geworden; denn sie mussten nun mehr arbeiten als vorher, um ihren Lebensunterhalt zu verdienen, sonst wäre ihre freie Arbeit nicht billiger gewesen als ihre Sklavenarbeit. Sie verloren einen Teil ihrer Freiheit und alles, was sie an Rechten gehabt hatten; denn die Aufhebung der Leibeigenschaft befreite oder entband auch die Herren von all ihren Bürden, Fürsorgepflichten und Verantwortungen, während sie den ehemaligen Leibeigenen mehr Arbeiten und Verpflichtungen auferlegte.

Aus: G. Moltmann, Die Vereinigten Staaten von Amerika von der Kolonialzeit bis 1917, Paderborn 1980, S. 46 ff.

MATERIAL

12 Zwei Äußerungen Abraham Lincolns während des Bürgerkriegs

a) Die „Gettysburg Address": In Gettysburg hatten die Truppen der Union im Juli 1863 einen entscheidenden Sieg errungen. Bei der Einweihung des Nationalfriedhofes in der in der Nähe des Schlachtfeldes hielt Lincoln eine kurze Rede:

Vor 87 Jahren gründeten unsere Väter auf diesem Kontinent eine neue Nation, gebildet in Freiheit und der Idee verpflichtet, dass alle Menschen gleich geschaffen sind. Heute führen wir einen großen Bürgerkrieg, in dem sich erweisen wird, ob diese Nation oder irgendeine geschaffene und solchen Gedanken verpflichtete Nation lang bestehen kann. Wir versammeln uns hier auf einem großen Schlachtfeld dieses Krieges. Wir sind hierher gekommen, um einen Teil dieses Schlachtfeldes denen als letzte Ruhestätte zu weihen, die hier ihr Leben gaben, damit diese Nation leben könne. Dies zu tun ist nicht mehr als recht und billig.

Aber in einem höheren Sinne können wir diesen Boden gar nicht weihen, nicht segnen, nicht heiligen. Die tapferen Männer, die lebenden und die toten, die hier kämpften, gaben ihm eine Weihe, die weit über das hinausgeht, was unsere armselige Kraft hinzufügen oder wegnehmen kann. Was wir hier sagen, wird die Welt wenig beachten und nicht lange in Erinnerung behalten; aber was jene hier taten, kann sie nicht vergessen.
An uns, den Lebenden, liegt es vielmehr, uns an dieser Stätte dem noch unvollendeten Werk zu weihen, das jene, die hier kämpften, in ihrem Edelmut so weit vorangebracht haben. An uns ist es vielmehr, uns an dieser Stätte der verbleibenden großen Aufgabe zu widmen, damit wir von diesen ehrenhaften Toten lernen, uns noch stärker für jene Sache einzusetzen, für die sie das höchste Maß an Hingabe geleistet haben, damit wir feierlich geloben, dass diese Toten nicht vergeblich gefallen sein sollen; damit diese Nation, mit Gottes Hilfe, eine Wiedergeburt der Freiheit erfahren werde – und damit die Regierung von dem Volk, durch das Volk und für das Volk auf dieser Erde nicht untergehe.

b) Aus einem Brief an den Herausgeber der New Yorker Tribune (1862):

Mein höchstes Ziel in diesem Ringen ist die Rettung der Union; nicht die Bewahrung oder Abschaffung der Sklaverei.
Wenn ich die Union retten könnte, ohne einen einzigen Sklaven zu befreien, dann würde ich es tun; und wenn ich sie dadurch retten könnte, dass ich alle Sklaven befreite, dann würde ich es tun; und wenn ich sie retten könnte, indem ich einige Sklaven befreite und andere nicht, dann würde ich auch das tun.

Aus: H. S. Commager (Hrsg.) Documents of American History, Bd. 1, New York 1973, S. 428f. Übers. R. Renz; und aus: W. P. Adams/M. Meurer Adams (Hrsg.), Die amerikanische Revolution in Augenzeugenberichten, München 1976, S. 113f.

1. Wie interpretiert das Gericht die Begriffe „Bürger", „Eigentum" und „Volk" in der amerikanischen Verfassung? (M 10)
2. Vergleichen Sie das Urteil mit den in der Unabhängigkeitserklärung formulierten Prinzipien. (M 10)
3. Erörtern Sie: Welche Rolle könnte das Urteil bei der Entstehung des Sezessionskrieges gespielt haben?
4. Untersuchen Sie die Argumente für und gegen die Sklaverei (M 11). Welche politischen Konsequenzen strebt Garrison an?
5. Stellen Sie die von Lincoln (M 12) angeführten amerikanischen Ideale zusammen. Worin besteht nach ihm die historische Bedeutung des Krieges?
6. Erörtern Sie, ob zwischen diesen beiden Äußerungen Lincolns ein Widerspruch besteht.

2.5 „No negroes, no dogs" – *Rassenfrage und Bürgerrechtsbewegung*

In den Südstaaten bestimmten weiterhin die Rassenfrage und die schlechte Wirtschaftslage Politik und Gesellschaft. Die Kontrolle des siegreichen Nordens wurde als Bevormundung und Demütigung empfunden. Die unmittelbare Reaktion darauf war die Ermordung Lincolns im April 1865 durch einen fanatischen Südstaatler. Der 13. Zusatzartikel (amendment) zur Verfassung hob in diesem Jahr die Sklaverei auf. Ein Jahr später erhielten die früheren Sklaven, 4,5 Millionen Schwarze, durch den 14. Zusatzartikel formal die Bürgerrechte.

Black codes

Doch die Gleichberechtigung blieb in Wirklichkeit aus, die Südstaaten erließen Sondergesetze zur Diskriminierung der Schwarzen, die „black codes". Sie durften zwar Landeigentum erwerben, waren aber dazu finanziell selten in der Lage. Ihre soziale und rechtliche Situation änderte sich gegenüber früher, als sie rechtlos gewesen waren, nur unwesentlich. Schwarze Landarbeiter mussten sich auf ein Jahr verdingen, durften ihren Arbeitgeber in dieser Zeit nicht verlassen, nicht streiken. Es blieb ihnen in der Hauptsache nur das Recht, vor Gericht klagen zu dürfen, untereinander zu heiraten und für ihre Arbeit, meist schlecht, bezahlt zu werden. Auch der 15. Zusatzartikel von 1870, der allen Bürgern ohne Unterschied von „Rasse, Farbe oder vormaliger Unfreiheit" das Stimmrecht gab, konnte die Rassentrennung nicht aufheben. Die Südstaaten erließen Gesetze, die durch Steuerauflagen, Lesetests und Bestimmungen über den Wohnsitz die meisten Schwarzen von den Wahlen ausschlossen. Hatten sie nach 1865 einige politische Ämter besetzen können, so verloren sie diese nun. 1896 erhielt die Rassentrennung sogar die offizielle Rechtfertigung durch die Entscheidung des Gerichts, das nach Rassen „getrennte, aber gleiche" Einrichtungen verfassungsgemäß seien. Diese „separate, but equal"-Doktrin galt bis 1954, sie wurde im Süden konsequent angewandt: Die Rassentrennung herrschte in Schulen und Krankenhäusern, in Gasthäusern, Hotels und Parks, in Eisenbahnwaggons und später in Bussen, ja sogar in Kirchen und Gefängnissen.

seperate but equal-Doktrin

Kampf um die Bürgerrechte

In den 50er Jahren des 20. Jahrhunderts nahm der Kampf um Bürgerrechte, gegen Rassentrennung und Diskriminierung der 15 Millionen Afro-Amerikaner, von denen gut die Hälfte in den Südstaaten lebte, einen sichtbaren Aufschwung. Die Bürgerrechtsbewegung wurde die bedeutendste soziale Bewegung der gesamten amerikanischen Geschichte. Es ging ihr um den fundamentalen Widerspruch zwischen den amerikanischen Idealen der Freiheit und Gleichheit und der durch die alltägliche politische, rechtliche und soziale Diskriminierung geprägten Wirklichkeit der Schwarzen. Ein Zehntel der Bevölkerung blieb aufgrund seiner Hautfarbe vom amerikanischen Traum ausgeschlossen. Der weiße Rassismus führte bei ihm zu einer Radikalisierung, die in den sechziger Jahren schwere Unruhen auslöste.

Der Kampf gegen die Rassentrennung wurde vor den Gerichten geführt. Es gab Akte des zivilen Ungehorsams und Versuche, auf Legislative und Exekutive der Union und der Einzelstaaten Einfluss zu gewinnen. Die wichtigste Organisation der Schwarzen, die NAACP (National Association for the Advancement of Colored People), stritt vor

Der Marsch nach Washington. Im August 1963 kamen ca. 250 000 schwarze und weiße Amerikanerinnen und Amerikaner zu der Abschlusskundgebung nach Washington. Martin Luther King hielt dort seine berühmt gewordene Rede „I have a Dream".

Supreme Court-Entscheidung 1954

Gericht gegen die „separate but equal-Doktrin" aus dem Jahr 1896. Der Supreme Court erklärte daraufhin 1954 die Rassentrennung in öffentlichen Schulen für verfassungswidrig. Dieser Entscheidung kam grundsätzliche Bedeutung zu. Ein zweites Urteil im Jahr 1955 verpflichtete die Südstaaten, die Integration der Schulen durchzuführen. Diese wehrten sich und 1957 kam es in Little Rock, Arkansas zu einer spektakulären Aktion: Im Auftrag des Gouverneurs verwehrten Soldaten der Nationalgarde schwarzen Schulkindern den Zutritt zur High-School. Schließlich musste Präsident Eisenhower Bundestruppen einsetzen, um den Schülern das Betreten der Schule zu ermöglichen.

Boykott und Demonstrationen

Ende 1955 begann in Montgomery, Alabama, unter Führung Martin Luther Kings ein 381 Tage dauernder Busboykott der schwarzen Bevölkerung gegen die Rassentrennung im städtischen Verkehrswesen. Diese Massenaktion war durch die Verhaftung von Rosa Parks, einer Schwarzen, ausgelöst worden, die sich geweigert hatte, ihren Sitzplatz im Bus für einen Weißen zu räumen. Der Boykott war erfolgreich, er stärkte den Grundsatz der Gewaltlosigkeit, den King und seine Anhänger verkündeten und zukünftig in vielen Aktionen wie Sit-ins und Massendemonstrationen praktizieren sollten. Sie stießen immer wieder auf heftigen Widerstand der Polizei und bei Teilen der weißen Bevölkerung, Martin Luther King wurde häufig zu Gefängnisstrafen verurteilt.

Die Erfolge vor Gericht und die Wirkung des gewaltlosen Widerstands blieben unzureichend, solange in den Machtzentren der politische Wille zur Beendigung der Rassendiskriminierung fehlte. Die Bürgerrechtsbewegung musste Einfluss auf das Weiße Haus, den Kongress und die Einzelstaaten gewinnen, um die notwendigen gesetzlichen und administrativen Maßnahmen zu erzwingen. Die von Eisenhower 1957 und 1960 unterzeichneten Bürgerrechtsgesetze waren jedoch so unverbindlich formuliert, dass sie wirkungslos blieben. Erst der noch von den Präsidenten John F. Kennedy eingebrachte und unter Lyndon B. Johnson verabschiedete Civil Rights Act von 1964 und das Wahlrechtsgesetz von 1965 erzielten einen Durchbruch. Sie hoben die Rassentrennung in öffentlichen Einrichtungen wie Krankenhäusern, Hotels, Restaurants, Parks, im Schulwesen sowie bei Wahlen auf und verboten Eignungstests und Wahlsteuern.

Civil Rights Act 1964

MATERIAL

Das Urteil des Obersten Gerichts im Prozess Plessy versus Ferguson, 1896 **13**

Plessy hatte sich während einer Eisenbahnfahrt geweigert, in einem für Schwarze bestimmten Abteil Platz zu nehmen. Er berief sich dabei auf das 14. Amendment, das den Einzelstaaten verbietet, Gesetze zu erlassen, die die Vorrechte und Freiheiten von Bürgern beschneiden.

Richter Brown: Dieser Fall bezieht sich auf die Verfassungsmäßigkeit eines Gesetzes des Parlaments von Louisiana vom Jahr 1890, das getrennte Einsenbahnwaggons für Weiße und Farbige vorsieht. [...]
Das Ziel des (14.) Verfassungszusatzes war ohne Zweifel, die absolute Gleichheit beider Rassen von dem Gesetz zu erzwingen, aber der Natur der Sache nach konnte damit nicht beabsichtigt sein, Unterschiede, die auf der Hautfarbe beruhen, auszumerzen oder soziale Gleichheit, die von der politischen zu unterscheiden ist, durchzusetzen oder gar eine Vermengung der Rassen unter für beide Seiten unbefriedigenden Bedingungen. Gesetze, die die Rassentrennung dort erlauben oder sogar verlangen, wo beide Seiten in Kontakt kommen müssen, besagen nicht notwendigerweise auch, dass eine Rasse der anderen unterlegen sei. [...]
Wir sehen den entscheidenden Fehler der Beweisführung des Klägers darin, dass er annimmt, die vorgeschriebene Trennung der beiden Rassen versehe die Farbigen mit dem Makel der Unterlegenheit. Sollte dies so sein, dann nicht, weil es im Gesetz steht, sondern allein, weil die farbige Rasse diese Konstruktion willkürlich in das Gesetz hineinliest.
Die Beweisführung unterstellt ferner als zwingend, dass dann, wenn die Farbigen die Vormacht in der Staatslegislative erhielten [...], die weiße Rasse dadurch auf eine untergeordnete Position verwiesen wäre. Wir könnten uns vorstellen, dass die weiße Rasse sich, gelinde gesagt, mit dieser Annahme nicht abfinden würde.
Die Beweisführung unterstellt auch, dass man soziale Vorurteile mit Hilfe der Gesetzgebung überwinden könnte und dass die Gleichberechtigung des Negers nur hergestellt werden könne durch eine Vermengung der zwei Rassen. Wir können dieser Auffassung nicht zustimmen. [...]
Die Gesetzgebung kann nicht rassische Instinkte auslöschen oder Unterschiede aufgrund physischer Merkmale aufheben; jeder Versuch, dies zu tun, kann nur die Schwierigkeiten der gegenwärtigen Situation unterstreichen. Wenn bürgerliche und politische Gleichberechtigung für beide Rassen besteht, kann die eine gegenüber der anderen weder bürgerlich noch politisch niedriger gestellt sein. Wenn die eine Rasse gegenüber der anderen Rasse jedoch sozial niedriger steht, kann die Verfassung der Vereinigten Staaten sie auch nicht auf eine gemeinsame Ebene heben.

Aus: G. Moltmann (Hrsg.), Die Vereinigten Staaten von Amerika von der Kolonialzeit bis 1917, Paderborn 1980, S. 58 f.

1. Zeigen Sie, was der Kläger in diesem Prozess erreichen wollte.
2. Erläutern Sie das in dem Urteil zum Ausdruck kommende Verfassungs- und Politikverständnis des Obersten Gerichtshofes.

MATERIAL
14 Das Oberste Gericht macht erneut Geschichte: Das Urteil von 1954

Wir müssen die öffentliche Erziehung im Licht ihrer gesamten Entwicklung sehen, und auch im Blick auf die Stellung, die sie gegenwärtig im amerikanischen Leben einnimmt. Nur so können wir entscheiden, ob die Rassentrennung in öffentlichen Schulen den Klägern ihre gesetzlichen Rechte nimmt.

Heutzutage ist die Erziehung wohl die wichtigste Aufgabe der Einzelstaaten und Kommunen. Sowohl die Schulpflichtgesetze als auch die hohen Ausgaben für das Erziehungswesen zeigen, dass wir der Schulbildung große Bedeutung für unsere demokratische Gesellschaft zuerkennen. Erziehung ist notwendig für die Erfüllung fundamentaler öffentlicher Verpflichtungen, sogar für den Dienst in den Streitkräften. Sie ist die entscheidende Grundlage für ein gutes Staatsbürgertum. Schulbildung ist heute das wichtigste Mittel, um dem Kind Kulturwerte zu vermitteln, es für seine spätere Berufsausbildung vorzubereiten und ihm bei der normalen Anpassung an seine Umwelt zu helfen. Es ist heute zweifelhaft, ob man von einem Kind Erfolg im Leben erwarten kann, wenn man ihm die Chance einer Schulbildung nicht gibt. Wo es sich der Staat zur Aufgabe gemacht hat, diese Chance zu gewähren, da muss sie auch allen in gleicher Weise angeboten werden.

Damit kommen wir zu der Frage, die uns vorgelegt wurde: Nimmt die Trennung von Kindern in öffentlichen Schulen allein nach dem Kriterium der „Rasse" den Kindern der Minderheitsgruppen die Chance gleicher Schulbildung, auch wenn die Schuleinrichtungen und andere materielle Faktoren gleich sind? Wir glauben, dass es so ist. [...]

Die Trennung von weißen und farbigen Kindern in öffentlichen Schulen hat eine nachteilige Wirkung auf die farbigen Kinder. Diese Wirkung ist noch größer, wenn die Trennung gesetzlich verankert ist; denn die Politik der Rassentrennung wird gewöhnlich so interpretiert, als bedeute sie die Minderwertigkeit der schwarzen Rasse. Ein Gefühl der Minderwertigkeit beeinträchtigt die Lernmotivation eines Kindes. Gesetzlich verankerte Rassentrennung tendiert deshalb dazu, die schulische und geistige Entwicklung schwarzer Kinder zu verzögern und ihnen einige der Vorteile, die sie in einem rassisch integrierten Schulsystem hätten, zu nehmen. [...]

Getrennte Schuleinrichtungen sind ihrem Wesen nach ungleich. Daher entscheiden wir, dass den Klägern [...] aufgrund der von ihnen beanstandeten Rassentrennung die im Vierzehnten Verfassungszusatz* garantierte Gleichheit vor dem Gesetz vorenthalten worden ist.

Protest gegen die Rassentrennung in Schulen, 1975, 21 Jahre nach dem Urteil des Supreme Court.

* Der 14. Verfassungszusatz verbietet es den Einzelstaaten, Gesetze zu erlassen, die die Vorrechte und Freiheiten von Bürgern beschneiden.

Aus: G. Moltmann (Hrsg.), Die Vereinigten Staaten von Amerika von 1917 bis zur Gegenwart, Paderborn 1987, S. 67f.

1. Erläutern und beurteilen Sie die sozialen, pädagogischen, politischen und rechtlichen Argumente des Urteils.

MATERIAL 15

Brief Martin Luther Kings aus dem Stadtgefängnis von Birmingham, Alabama 1963

1963 führte King eine unangemeldete Demonstration gegen die Rassentrennung an und wurde daraufhin ins Gefängnis geworfen. Einige Geistliche verschiedener Konfessionen richteten den Appell an ihn, mit den Protestmärschen aufzuhören. Der Text ist ein Auszug aus seinem langen Antwortbrief, den King auf Zeitungsränder und Toilettenpapier geschrieben und so aus dem Gefängnis herausgeschmuggelt hatte.

Ihr mögt fragen: Warum direkte Aktion? Warum Sit-ins, Märsche und so weiter?
Ihr habt ganz Recht, wenn Ihr zu Verhandlungen aufruft. In der Tat sind Verhandlungen ja der Zweck der direkten Aktion. Gewaltfreie direkte Aktion sucht solch eine Krise zu schaffen und solch kreative Spannung auszulösen, dass eine Gemeinde, die sich Verhandlungen ständig verweigert hat, gezwungen wird, sich dem Problem zu stellen. Sie sucht das Problem so zu dramatisieren, dass es nicht länger ignoriert werden kann. [...]

Ich habe ernsthaft gegen gewaltsame Spannung gearbeitet und gepredigt, aber es gibt eine Art konstruktiver, gewaltfreier Spannung, die notwendig ist zum Wachsen. [...]

Wir haben über 340 Jahre auf unsere verfassungsmäßigen und gottgegebenen Rechte gewartet. [...] „Wartet doch ab" – das können jene leicht sagen, die nie die sengenden Pfeile der Segregation gespürt haben. Aber wenn man bösartige Mobs erlebt hat, wie sie nach Lust und Laune unsere Mütter und Väter lynchten und unsere Schwestern und Brüder ertränkten; wenn man erlebt hat, wie hasserfüllte Polizisten die schwarzen Brüder und Schwestern straflos verfluchen, treten, brutal misshandeln und sogar töten; wenn man zusieht, wie die übergroße Mehrheit unserer zwanzig Millionen Negerbrüder inmitten der Wohlstandsgesellschaft in einem luftdicht abgeschlossenen Käfig der Armut am Ersticken ist; wenn man plötzlich einen Knoten in der Zunge hat und zu stottern beginnt, weil man seiner sechsjährigen Tochter erklären soll, warum sie nicht in den öffentlichen Vergnügungspark darf, für den doch eben im Fernsehen Reklame gemacht worden ist, und Tränen ihr in die Augen steigen, wenn man ihr sagen muss, dass *Funtown* für farbige Kinder verboten ist; wenn man merkt, wie niederdrückende Wolken der Inferiorität sich an ihrem kleinen geistigen Horizont bilden; wenn man sich rasch eine Antwort auf die Frage des fünfjährigen Sohnes zusammenflunkern muss: „Daddy, warum sind die Weißen so gemein zu den Schwarzen?"; wenn man über Land fährt und Nacht um Nacht in den unbequemen Ecken seines Automobils schlafen muss, weil kein Motel einen aufnimmt; wenn man Tag für Tag gedemütigt wird durch stichelnde Schilder „Weiße" und „Farbige"; wenn man mit Vornamen nur noch „Nigger" heißt, mit Mittelnamen „Junge" (gleichgültig wie alt man ist) und mit Nachnamen „John"; wenn der Ehefrau, der Mutter niemals der Respektstitel „Mrs." zuerkannt wird, wenn einen die Tatsache, dass man Neger ist, bei Tag plagt und bei Nacht verfolgt, sodass man dauernd auf den Zehenspitzen steht und nie ganz genau weiß, was als Nächstes auf einen zukommt und stets nach innen Furcht und nach außen Ressentiments empfindet – dann muss doch zu begreifen sein, warum uns das Warten schwer fällt.

Es kommt eine Zeit, da der Becher der Duldsamkeit überläuft und die Menschen nicht länger gewillt sind, sich in einen Abgrund der Ungerechtigkeit stürzen zu lassen, wo sie bloß die Finsternis nagender Verzweiflung erfahren. [...]

Zitiert nach: Die Zeit, 18.10.1983, Übers. Theo Sommer.

1. Mit welchen Erfahrungen und Argumenten begründet King „gewaltfreie direkte Aktionen"?

MATERIAL

16 Wenn Rassenruhe ausbricht: Kalifornien erlebt das größte Sozialexperiment aller Zeiten

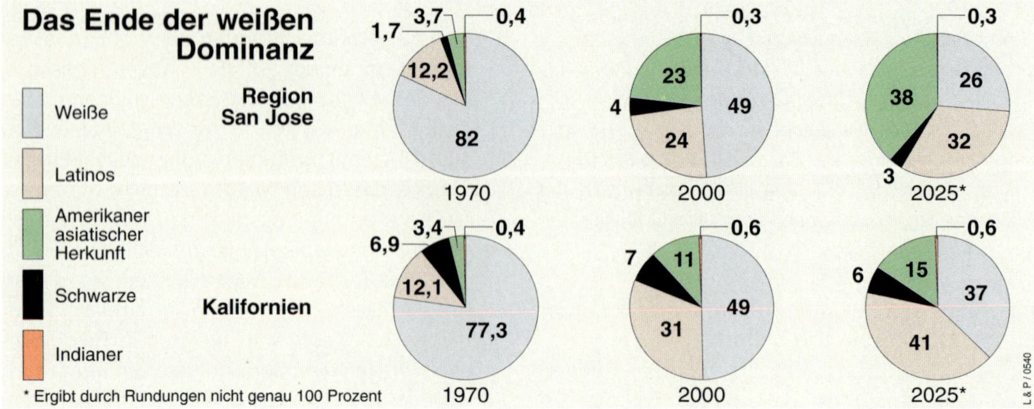

Ganz Amerika hat im vergangenen Jahrzehnt mit zwölf Millionen Menschen mehr Einwanderer aufgenommen denn je. Sogar mehr als in der Zeit von Planwagen und Westeroberung, mehr als in den Jahrzehnten vor dem Ersten Weltkrieg, die als große Einwanderungsphase in die Geschichtsbücher eingingen. Damals kehrten fast ein Drittel der Neuankömmlinge auf dem Fuße um, als Amerika sich vor ihnen auftat, heute bleiben fast alle. Die amerikanischen Versprechen kennen sie aus dem globalen Fernsehen. [...] Wie die jüngste Volkszählung zeigt, ist im vergangenen Jahrzehnt die Zahl der Latinos um 58 Prozent, die der Asiaten um 48 Prozent angewachsen. Die meisten lassen sich im Südwesten und an der Westküste nieder. San José, 1970 noch zu gut 80 Prozent weiß, wird deshalb in einigen Jahren zur Drittelgesellschaft aus Weißen, Asiaten und Latinos. Der kleine Rest sind Schwarze. [...]

Ein paar Monate ist es her, da schlug das Magazin Mother Jones Alarm. Die Zahl schwarzer Politiker im Staate sinke dramatisch. Kein einziger Schwarzer bekleide noch ein kalifornisches Wahlamt. Im Staatsparlament seien von 120 Abgeordneten nur noch sieben schwarz – so wenige wie seit dreißig Jahren nicht mehr. [...] Viele Schwarze in Kalifornien haben sich auf den Weg in die Mittelklasse und in die Vororte gemacht. Zurück ließen sie politisches Engagement und jene innerstädtischen Viertel, in denen Schwarze einst Wahlen gewinnen konnten. [...]

Um politisch etwas zu erreichen, helfen nur noch Koalitionen. Bloß welche? Längst sind die einzelnen Einwandergruppen von natürlichen Verbündeten zu natürlichen Konkurrenten um Macht und Mandate geworden. Besonders die Latinos wollen von einer Sonderrolle der Schwarzen, von Sklaverei und Apartheid, nichts mehr wissen. [...]

Die einzige Gruppe, die heute Verständnis hat für das Epochale der schwarzen Erfahrung, sind die früheren Unterdrücker. Es ist das Verständnis derer, die selbst auf verlorenem Posten stehen. [...]

So zählt zu den kalifornischen Kuriositäten dieser Tage, dass Bündnisse zwischen den beiden Verlierern der Völkermischung immer plausibler werden. Weiße stellen zwar heute noch drei Viertel aller Wähler, aber auch drei Viertel aller Verstorbenen und nur noch ein Drittel aller Schüler. Die Weißen brauchen Partner.

Aus: T. Kleine-Brockhoff, in: Die Zeit, 28. Juni 2001, S. 9 ff.

1. Erörtern Sie, was die geschilderte demografische Entwicklung in Kalifornien für die einzelnen Bevölkerungsgruppen und die amerikanische Gesellschaft bedeuten kann.

2.6 Die USA – Vorbild für Europa?

1987, während der Zweihundertjahrfeiern der Verfassung der USA, meinte ein amerikanischer Verfassungshistoriker: „Die Verfassung der Vereinigten Staaten kann man als unser wohl wichtigstes Exportgut betrachten. Von Anbeginn ist ihr Einfluss in der ganzen Welt spürbar gewesen, und dort, wo er nicht zur Demokratie und Freiheit geführt hat, hat er nach Abraham Lincolns Worten immer noch die Hoffnung auf die ‚Herrschaft des Volkes durch und für das Volk' geweckt. ... Die Gründerväter waren überzeugt, einen neuen Garten Eden anzulegen, nicht nur für Amerika, sondern für die ganze Menschheit."

Die Fernwirkung der amerikanischen Verfassung

Mit der Unabhängigkeitserklärung war Amerika als politische Realität in das Blickfeld der europäischen Öffentlichkeit gerückt. Die amerikanische Revolution bildete den Auftakt der Französischen Revolution und spielte so eine große Rolle bei der Umgestaltung des europäischen Staats- und Gesellschaftslebens. Der Franzose Lafayette hatte am Unabhängigkeitskrieg teilgenommen und die Ziele der amerikanischen Revolutionäre in sein Heimatland zurückgebracht, der Amerikaner Jefferson half im August 1789 den Verfassern der französischen „Erklärung der Menschen- und Bürgerrechte" bei deren Formulierung. Nach dem Vorbild der amerikanischen „Bill of Rights" von 1791 wurden im 20. Jahrhundert Grundrechte in europäische Verfassungen und Verträge aufgenommen, so in die Weimarer Reichsverfassung 1919, in das Grundgesetz der Bundesrepublik Deutschland 1949, in die „Erklärung der Menschenrechte" der UNO 1948 und die „Europäische Konvention zum Schutz der Menschenrechte und Grundfreiheiten" des Europarats von 1950.

Faszination und Vorbehalte in Deutschland

Auch in Deutschland war das Interesse an der amerikanischen und französischen Revolution groß. Die Revolutionen hatten das Vertrauen in die „Alte Welt" und in deren Lebensverhältnisse erschüttert und gleichzeitig die Neugier für die „Neue Welt" geweckt. Goethe sandte 1819 der Harvard University seine gesammelten Werke mit der Widmung „Möge mir hierdurch das Vergnügen und der Vorteil werden, immer näher mit dem wundervollen Land bekannt zu werden, welches die Augen aller Welt auf sich zieht, durch einen feierlichen gesetzlichen Zustand, der ein Wachstum befördert, welchem keine Grenzen gesetzt sind." Die kulturelle Epoche des „Sturm und Drang" in Deutschland begeisterte sich für die Wildheit der nordamerikanischen Wälder wie für die politische Freiheit der jungen Republik. Auch die deutsche Romantik bewunderte die großartige Natur, die Unbeugsamkeit des amerikanischen Indianers, doch der amerikanische Verfassungsstaat widersprach dem politischen Denken vieler Romantiker. Die Entwicklung in Frankreich von der Revolution zu Anarchie und Despotie hatte bei ihnen die Vorbehalte gegen die republikanischen und demokratischen Regierungsformen bestärkt.

Vormärz

In liberalen Kreisen dagegen wurde die als „gebändigt" bezeichnete Freiheit der USA zum Vorbild. Als im Vormärz das Pressewesen kräftig wuchs, Lesegesellschaften und Debattierclubs eine Blüte erlebten, informierten sich viele Menschen in Deutschland über die Vorgänge in Nordamerika. Die politische Führungsschicht kannte Tocquevilles Werk „Über die Demokratie in Amerika". In den Jahrzehnten vor der Revolution 1848/49 befassten sich deutsche Politiker und Wissenschaftler mit den USA, sie ver-

„Das Wunder unserer Zeit"

suchten, das „Wunder unserer Zeit", wie es der Staatsrechtler Robert von Mohl nannte, zu verstehen und darzustellen. Die Vorteile der freien Verfassung und der Wohlstand des aufstrebenden Landes wurden immer wieder gelobt. Die große Macht der Einzelstaaten in innenpolitischen Fragen wurde von manchen Beobachtern jedoch auch als Schwäche gesehen. Journalisten schilderten das Rassenproblem, die Bankkrisen und Tarifkonflikte. Sie beobachteten kritisch Mängel der Demokratie, Korruption in der Beamtenschaft, Zügellosigkeit der politischen Presse, Auswüchse der Wahlkämpfe und Übergriffe der Lynchjustiz.

Reaktion der Paulskirche

1848, bei Ausbruch der Revolution, waren die Grundzüge der amerikanischen Verfassung wohl auch weiteren Kreisen der deutschen Bevölkerung bekannt. Die Reden der Paulskirche zeugen von einer erstaunlich genauen Kenntnis nicht nur der amerikanischen Verfassung, sondern der gesamten politischen, sozialen und wirtschaftlichen Zustände. In ihren Plänen für einen deutschen Bundesstaat suchten die gemäßigte Mehrheit der Nationalversammlung und die Linke der Verfassung der USA als dem einzigen Modell eines echten Bundesstaates zu folgen.

Amerikanische Wirtschaft

Das deutsche Amerikabild des 19. Jahrhunderts ist aber nicht nur von der politischen und verfassungsrechtlichen Betrachtungsweise geprägt. Auch die wirtschaftliche Entwicklung fand früh das Interesse deutscher Beobachter. Viele fanden in der marktwirtschaftlichen Ordnung der USA Vorbilder für den wirtschaftlichen und technologischen Fortschritt in Deutschland. Und Karl Marx gratulierte Abraham Lincoln zu dessen Wiederwahl 1864 mit den Worten: „Die Arbeiter Europas sind von der Überzeugung durchdrungen, dass, wie der amerikanische Unabhängigkeitskrieg eine neue Epoche der Machtentfaltung für die Mittelklasse einweihte, so der amerikanische Krieg gegen die Sklaverei eine neue Epoche der Machtentfaltung für die Arbeiterklasse einweihen wird."

MATERIAL

17 Zwei Stimmen aus dem 19. Jahrhundert

a) Friedrich List, 1846:

List wurde aufgrund seiner Kritik an den politischen Zuständen in Württemberg 1824 inhaftiert. Unter der Auflage, das Land zu verlassen, wurde er 1825 freigelassen und wanderte in die USA aus. 1832 kehrte er als amerikanischer Konsul nach Deutschland zurück.

Wer je das Land mit eigenen Augen gesehen und über den Geist seiner Einigung auf eigene Faust nachgedacht hat, muss unwillkürlich lachen über das Unterfangen der Liliputaner, über die Bauwerke der Riesen ein Urteil zu fällen. Das nordamerikanische Föderativsystem, verglichen mit der Schweiz, erscheint als eine Vervollkommnung ungefähr wie die Lokomotive dem Schubkarren gegenüber. Die Grundlage der nordamerikanischen Union ist ebenso gut darauf eingerichtet, Hunderte und Tausende von Millionen Menschen zu vereinigen als nur wenige Millionen, denn nur so weit geht die Einigung, als die Zwecke gemeinschaftlich sind und als sie ohne vereinigte Kraft nicht erreicht werden können. Deshalb lehnt die Generalgesetzgebung und die Generalverwaltung alles von sich ab, was jede Korporation und jeder einzelne Staat durch sich selbst zu besorgen vermag, und je größer die Union wird, desto mehr muss sie trachten sich zu erleichtern. [...]
Die neu erstehende Riesenmacht des Westens, weder durch das Schwert gegründet noch ein Werkzeug in den Händen Einzelner, sondern ein reines Produkt der Zivilisation und der Arbeit, ein Gemeinwesen, das lediglich die Wohlfahrt seiner Angehörigen zum Zweck hat, kann nur befruchtend und belebend auf die gesunden und lebenskräftigen Nationalitäten der alten Welt zurückwirken.

b) Reisebericht Walther Rathenaus, Unternehmer, 1898:

Man hat Amerika das Land der unbegrenzten Möglichkeiten genannt; eine Bezeichnung, die zutrifft, wenn man den Erdteil mit Blicken betrachtet, die auf das Handgreifliche gerichtet sind. In Wahrheit ist in diesem Land, solange die Rasse sich gleich bleibt, alles Wichtige unmöglich: Unmöglich ist eine amerikanische Kultur, unmöglich eine amerikanische Geistesführung, unmöglich eine amerikanische Philosophie, Wissenschaft, Kunst oder Religion, unmöglich selbst eine amerikanische Geschichte. Möglich ist lediglich Erwerb, Technik und Politik; diese drei in großen, selbst größten Abmessungen, aber ohne Individualität des Gedankens.

Die großen Erfolge Amerikas auf dem Gebiet des Erwerbes beruhen weder auf der Stärke der Bildung noch des Fleißes noch der Zucht. Dennoch sind sie zum größten Teil Verkörperungen ideeller Werte von hoher Bedeutung. Jeder Amerikaner ist ein geborener Unternehmer. Er fürchtet Verantwortung nicht, sondern sucht sie auf; er strebt nicht nach Universalität, sondern nach Spezialisierung; er ruht nicht, bis er ein für ihn geeignetes Projekt gefunden hat, hängt ihm an mit Konsequenz, Rücksichtslosigkeit, fast mit Leidenschaft; er handelt entschlossen, kühn, kraftvoll und optimistisch. Unternehmer ist er als Stiefelputzer und als Arbeiter, als Kellner, Pastor, Arzt oder Künstler. Er dient nie und will sein eigenes Schicksal führen. Bricht er nieder, so ist er weder erstaunt noch entmutigt: Er beginnt von neuem. Auch fürchtet er weder Niederbruch noch Ruin; und dieser Mut (der freilich tausende Existenzen vernichtet), trägt Früchte, die kein zweites Land kennt.

Aus: E. Fraenkel, Amerika im Spiegel des deutschen Denkens, Köln – Opladen 1959, S. 96 f. und 258 f.

1. **Stellen Sie die Beobachtungen und Wertungen Friedrich Lists und Walter Rathenaus zusammen. Setzen Sie sich mit ihrer Meinung auseinander.**

MATERIAL

Der Amerikanismus am Ausgang des 20. Jahrhunderts 18

Der Amerikanismus – die Botschaft von Individualität, Freiheit, Kommerz und Konkurrenz – ist längst in alle Weltwinkel vorgedrungen. Er eroberte die Sowjetunion und den früheren Ostblock, gehört zum Alltag Europas und Südamerikas und erstürmt mit Macht Asien. Seit Anfang 1995 sendet die asiatische Tochter des amerikanischen Pop-Kanals MTV auch in der chinesischen Sprache Mandarin. In Malaysia imitieren Teenager in Kleidung, Haartracht und Habitus ihre Altersgenossen in amerikanischen Großstädten, in China und Japan nutzt die junge Generation Computer und Software aus Amerika. Asiatische Politiker beschwören zwar den eigenen asiatischen Weg in die Zukunft. Aber ihr Ruf nach der Erhaltung traditioneller Werte wirkt manchmal wie ein letztes Aufbäumen, bevor die Moderne made in America auch in Asien das Zepter übernimmt. [...]

Kinofilme, TV-Shows, CNN, der Rock'n'Roll und Michael Jackson tragen die Botschaft Amerikas in alle Welt. Englisch ist die einzige globale Sprache. Kurz vor der Schwelle zum nächsten Jahrtausend wird der Globus nun zusätzlich von neuen Medien- und Informationssystemen überzogen, deren Gurus, Geburtshelfer und kreative Geister ebenfalls überwiegend in den USA zu Hause sind. Die Wissensökonomie hat in Amerika ihren Ausgang genommen; die Vereinigten Staaten werden sie bestimmen, von ihr profitieren, an ihr verdienen – und zwar weltweit.

Aus: C. Tenbrock, Amerika – wohin?, Stuttgart 1996, S. 241 f.

MATERIAL

19 Jedediah Purdy: Die Zeit der Unschuld ist zu Ende – der 11. September 2001

Seit 1814, als die Briten Washington niederbrannten, haben es die Vereinigten Staaten nicht mehr mit einem äußeren Feind in ihrem eigenen Land zu tun gehabt.

Seit jener Zeit glauben die Amerikaner, sie lebten abseits des Grauens der Welt – abseits der Bomben in Irland und Israel, der Kriege auf dem Balkan, der Kulturkämpfe in der islamischen Welt, abseits der Gewalt und Verelendung in Afrika. Es ist unser nationaler Mythos, dass wir zwar zuweilen ausziehen, um die Welt zu retten, dann aber unsere Türen wieder schließen. Doch immer erschien uns unser riesiges, reiches Land völlig sicher zwischen seinen Ozeanen und friedlichen Nachbarn. Dieser Glaube ist jetzt nicht mehr möglich.

Am 11. September 2001 brachten Terroranschläge das World Trade Center in New York zum Einsturz. Über 3000 Menschen starben.

Die Frage ist, was die Amerikaner nach dem Ende ihrer Unschuld tun werden. Die Angriffe auf New York und Washington waren Kriegshandlungen – nicht gegen Amerika, sondern gegen unsere Zivilisation. Die zentrale Erfahrung der Zivilisation, wie wir sie in der modernen Welt verstehen, ist die kostbare Verbindung von Freiheit und Sicherheit, das Vertrauen darauf, dass wir uns frei bewegen, dass wir Güter, Kultur und Ideen teilen können. [...]

Amerikas immense Macht hat ihren Ursprung weniger in militärischer Überlegenheit als darin, dass amerikanisches Fernsehen und amerikanische Filme weltweit per Satellit ausgestrahlt werden.

Und darin, dass die Regeln der Weltwirtschaft amerikanische Regeln sind. Was Amerikaner „Globalisierung" nennen und sich als selbstverständlichen Prozess ökonomischer und kultureller Integration vorstellen, erscheint vielen Menschen anderswo als imperiale Herrschaft. Eine der Grundlagen dieser Herrschaft ist die Macht, die Prinzipien zu bestimmen, nach denen andere sich ausrichten müssen, wenn sie nicht aus der Weltwirtschaft herausfallen wollen.

Die andere Grundlage amerikanischer Herrschaft ist die Fähigkeit, Begierden zu beeinflussen. Bilder amerikanischen Wohlstands und amerikanischer Schönheit wirken weltweit auf die Wünsche der Menschen ein. Der Börsenhändler aus Manhattan und der junge Mann von der Westbank – beide tragen dieselbe Baseballmütze mit dem Logo von Nike.

* Jedediah Purdy lehrt an der New America Foundation in Washington, D. C.

Aus: J. Purdy, Die Zeit der Unschuld ist zu Ende, in: Die Zeit vom 20.09.2001, S. 3, Übers: Tobias Dürr.

1. Nennen und erläutern Sie die Kennzeichen der amerikanischen Macht und des „American way of life", die – gemäß M 18 und 19 – Vorbild für Menschen außerhalb der USA sind.
2. Erörtern Sie: Welche Art von Macht könnte wo und bei wem Vorbehalte auslösen?

ZEITTAFEL

1497: Der italienische Seefahrer Giovanni Caboto, engl. John Cabot, sucht im Auftrag des englischen Königs Heinrich VII. einen nördlichen Seeweg nach Indien. Er entdeckt so Labrador/Neufundland und begründet damit den englischen Anspruch auf Nordamerika.

Seit 1513: Spanisches Vordringen in Florida.

Seit 1524: Französische Entdeckungsreisen führen zur Erkundung der Ostküste Nordamerikas.

1585: Sir Walter Raleigh gründet die erste britische Kolonie „Virginia". Dieser erste Versuch einer Ansiedlung scheitert jedoch bis 1590 am Widerstand der dortigen Indianer.

1604: Erste französische Kolonialgründung in Neuschottland/Kanada.

1607: Englische Kolonisten der privaten Virginia Company of London gründen Jamestown in Virginia. Dies wird die erste lebensfähige Dauersiedlung der britischen Krone in Nordamerika. Virginia erlangt Wohlstand durch den Tabakanbau.

1620: 102 puritanische Pilgerväter erreichen mit der „Mayflower" Cape Cod/Massachusetts und gründen ihre erste Siedlung. Sie geben sich mit dem „Mayflower Compact" eine beispielhafte demokratische Verfassung, die zum Vorbild der Selbstverwaltung der Kolonien Neuenglands wird.

1626: Holländer gründen in Manhattan Neu-Amsterdam, das spätere New York.

1682: Erforschung und Inbesitznahme der Gebiete am südlichen Mississippi durch Frankreich. Zu Ehren des französischen Königs Ludwig XIV. erhält die neue Kolonie den Namen Louisiana.

1756–1763: Im Rahmen des Siebenjährigen Kriegs kommt es seit 1755 in Nordamerika zum britisch-französischen Kolonialkrieg, der 1759/1760 zum vollständigen Sieg Englands führt.

1763: Im Frieden von Paris erhält Großbritannien Kanada und große Gebiete östlich des Mississippi.

Seit 1764: Ständige Konflikte der englischen Kolonien mit der britischen Krone, die immer wieder neue Zölle und Steuern erhebt.

1765: Das „Stamp Act" (Stempelgesetz) empört die Siedler, die energisch gegen diese neue Steuer protestieren. Trotz der Rücknahme der Stempelsteuer 1766 kommt nun die Forderung „No taxation without representation" auf.

1767: Das britische Parlament beschließt mit den „Townshend Acts" erneut Einfuhrzölle, u. a. auf Tee und Papier.

1773: In der „Boston Tea Party" revoltieren Bostoner Bürger gegen die britische Teesteuer.

1774: Auf dem 1. Kontinentalkongress der 13 Neu-England-Kolonien weisen die Delegierten die britischen Zollgesetze zurück und rufen zum Boykott englischer Waren auf.

1775–1783: Unabhängigkeitskrieg der Siedler unter ihrem 1775 ernannten Oberbefehlshaber George Washington gegen Großbritannien.

4. 7. 1776: Auf dem 2. Kontinentalkongress in Philadelphia unterzeichnen die aufständischen Kolonien die Unabhängigkeitserklärung, in der die Menschenrechte und das Widerstandsrecht verankert werden.

1783: Nach dem Sieg der amerikanischen Truppen wird im Frieden von Paris die Unabhängigkeit der Kolonien von Großbritannien anerkannt.

17. 9. 1787: Die Verfassung der Vereinigten Staaten von Amerika mit strikter Gewaltenteilung und einem System wechselseitiger Kontrolle wird verabschiedet. In zehn Ergänzungsartikeln werden 1789 die zentralen Grundrechte garantiert, 1791 tritt diese sog. „Bill of Rights" in Kraft.

1790–1830: Erste Industrialisierungsphase des Ostens der Vereinigten Staaten von Amerika.

1793: Die Stadt Washington wird Hauptstadt der USA. Ab 1800 befinden sich dort der Sitz des Präsidenten und des Kongresses.

1801–1809: Thomas Jefferson wird Nachfolger des Föderalisten John Adams als dritter Präsident. Obwohl er nach der Devise „möglichst wenig Staat und Regierung" handelt, kann er die jungen USA nach innen und außen festigen.

1803: Die USA erwerben von Napoleon Louisiana für 15 Millionen Dollar.

1804: Die Nordstaaten schaffen die Sklaverei ab.

1808: Sklaveneinfuhrverbot durch den Kongress.

1823: In der nach ihm benannten Monroe-Doktrin fordert der US-Präsident die strikte Nichteinmischung der europäischen Staaten in amerikanische Angelegenheiten.

1830: Der „Indian Removal Act" führt zur Umsiedlung und Vertreibung der Indianer nach Südosten.

1845: Annexion von Texas durch die USA.

1846–1848: Krieg und Sieg der Vereinigten Staaten gegen Mexiko, das alle Gebiete nördlich des Rio Grande verliert.

1848: Mit der Einverleibung Kaliforniens erreichen die USA den Pazifik. Goldfunde in Sacramento locken Abenteurer aus aller Welt in den neuen, noch kaum besiedelten Bundesstaat.Eine Frauen-Konferenz in Seneca Falls, New York, fordert politische, gesellschaftliche und wirtschaftliche Gleichberechtigung der Frauen. Sie verabschiedet die „Declaration of Sentiments".

1854: Die Amerikaner erzwingen die Öffnung zweier japanischer Häfen für den eigenen Handel. Aus Empörung über die Zulassung der Sklaverei in den Weststaaten wird die Republikanische Partei gegründet.

1861–1865: Präsidentschaft des Republikaners Abraham Lincoln, der für den Erhalt der Union und gegen die Sklaverei kämpft.

1861: Elf Südstaaten erklären wegen der sklavenfeindlichen Haltung der Nordstaaten die Sezession und proklamieren die „Konföderierten Staaten von Amerika" mit eigener Verfassung.

1861–1865: Der US-Bürgerkrieg führt nach der Entscheidungsschlacht bei Gettysburg 1863 zum überlegenen Sieg der Nordstaaten.

1865: Im 13. Verfassungszusatz wird die Sklaverei in den Vereinigten Staaten abgeschafft. 1866 erhalten die ehemaligen Sklaven die Bürgerrechte, 1869 werden Wahlrechtsbeschränkungen aufgrund von Rasse und Hautfarbe aufgehoben.Der Süden wird besetzt, Beginn der Wiederaufbauperiode („Reconstruction").

1869: Erste Eisenbahnverbindung zum Pazifik.

Seit 1870: Beginn der Hochindustrialisierung und Entstehung von riesigen Konzernen und Trusts.

1870/71: Der Kongress verabschiedet Gesetze gegen den rassistischen Ku Klux Klan.

1873: Spekulation und Überproduktion führen zum Börsencrash. Trotz einer lang anhaltenden Abschwungphase (1873–1896) setzt sich die Expansion von Industrie und Großkapital fort.

1886: Gründung der American Federation of Labor (AFL) als Dachverband der Gewerkschaften.

1890: Sherman-Antitrust-Gesetz. Erhöhung der Einfuhrzölle (McKinley-Tarif).
Der letzte Widerstand der Indianer wird in der Schlacht am Wounded Knee gebrochen. Offizielle Schließung der „frontier".

1896: „Separate-but-equal-Urteil" des Supreme Court legalisiert die Rassentrennung. Die Aufhebung erfolgt erst 1954 bzw. 1964/65.

1920: Die Frauen in den USA erhalten das Wahlrecht.

„Zwei Motive begeistern mich,
Ihnen meine Hilfe anzubieten,
und zwar meine Zuneigung zu
nen und zu einem lukrativen,
vollen Projekt. … Um den
ßtmöglichen Gewinn zu
zielen, dachte ich, eine
der Nähe der meinen
einem Kanal,
Herstellung
vendigen
llen würde
die ganze
nen aller
nnten. Ich
nd, nur für
schaften zu
produzieren, wohl aber, die
ganze Welt zu beliefern.

Industrialisierung und soziale Frage

1. Das westliche Wohlstandsmodell – ein zukunftsfähiges globales Leitbild?

Stadien des Wirtschaftswachstums

Der Historiker Walt W. Rostow deutet die europäisch-nordamerikanische Wirtschaftsgeschichte der letzten zweihundert Jahre als eine Abfolge von fünf Phasen des Wirtschaftswachstums. Er unterscheidet:

- Die *vorindustrielle Gesellschaft*, die durch wirtschaftliche Stagnation gekennzeichnet sei. Infolge geringer wissenschaftlich-technischer Kenntnisse seien die Chancen gering gewesen, die Pro-Kopf-Produktion auszuweiten und den Lebensstandard zu erhöhen.
- Die *Anlaufperiode*, in der mit der Aneignung technisch-naturwissenschaftlicher Kenntnisse, der Herausbildung eines neuen Unternehmertyps und dem Aufbau eines effizienten Staatsapparates die Voraussetzungen für den wirtschaftlichen Aufschwung geschaffen worden seien.
- Die *Take-off-Phase*, in der wie bei einem Flugzeugstart gewaltige Antriebskräfte die wirtschaftliche Entwicklung plötzlich so beschleunigt hätten, dass ein dynamisches Wachstum entstanden sei. Rostow begreift diese Aufstiegsphase als eine kurze Zeitspanne von zwanzig bis dreißig Jahren, die im letzten Drittel des 18. Jahrhunderts in England eingesetzt und dann im 19. Jahrhundert von West nach Ost fortschreitend die meisten Länder Europas und vor allem auch Nordamerika erfasst habe. Diese Phase sei durch eine sprunghafte Steigerung der Investitionstätigkeit gekennzeichnet, welche sich auf einen oder wenige Industriezweige, die Schrittmacherindustrien, konzentriert und dort die Herstellungsmethoden radikal verändert habe. Nach Rostow ist der „take-off" die eigentliche Phase der industriellen Revolution.
- Das *Reifestadium*, in der der Wachstumsprozess auf weitere Teile der Wirtschaft übergegriffen und so eine breite Basis für ein sich selbst tragendes Wirtschaftswachstum geschaffen habe.
- Das *Zeitalter des Massenkonsums*, das erstmals in der Menschheitsgeschichte weiten Teilen der Bevölkerung einen Lebensstandard über dem Existenzminimum beschert habe.

Europas Wohlstandsmodell – globales Leitbild ...

Rostow fragte, ob sich diese Abfolge der Wachstumsphasen auch in den heutigen Entwicklungsländern wiederhole, ob also der europäisch-nordamerikanische Industrialisierungsprozess ein globales Leitbild sei. Diese Frage wurde bis in die siebziger Jahre des 20. Jahrhunderts hinein allgemein bejaht. Unterentwicklung wurde als Rückstand gesellschaftlicher, ökonomischer und politischer Modernität aufgefasst, Entwicklung mit Übernahme der in Europa und Nordamerika gültigen technischen, wirtschaftlichen und zivilisatorischen Standards gleichgesetzt. Entwicklungspolitik sollte sich daher vom Ziel des Aufholens westlicher Industrieländer leiten lassen.

... oder Sackgasse?

Seit den siebziger Jahren erheben sich jedoch auch zunehmend Gegenstimmen. Es wird bezweifelt, dass die Konsum- und Lebensgewohnheiten der Bewohner der Industrieländer auf die gesamte Weltbevölkerung ausgedehnt werden können. Ja es wird gefragt, ob das westliche Wohlstandsmodell auf Dauer überlebensfähig ist. Solche Einwürfe sind begreiflicherweise nicht populär. Die Armen dieser Erde wollen ein besseres Leben führen und fordern einen größeren Anteil an den Gütern dieser Welt.

Die Reichen indes wollen ihren Wohlstand erhalten und möglichst mehren. Inzwischen hat man sich international auf das Ziel einer *nachhaltigen Entwicklung* verständigt, einer Entwicklung, die den Bedürfnissen der Lebenden entspricht, ohne die Möglichkeiten zukünftiger Generationen zu gefährden. Ist das die Zauberformel für eine zukunftsfähige Perspektive?

MATERIAL 1

Die industrielle Revolution in der Weltgeschichte

Zwischen 1780 und 1850 wandelte eine weitreichende Revolution das Gesicht Englands. Von da an war die Welt nicht mehr die gleiche. Die Historiker haben das Wort Revolution oft gebraucht und missbraucht, um eine radikale Veränderung zum Ausdruck zu bringen, aber keine Revolution war je so dramatisch revolutionär wie die „industrielle Revolution" – ausgenommen vielleicht die Neolithische.

Die Neolithische Revolution formte die Menschheit von einem zersplitterten Haufen wilder Jägertrupps, „garstig, viehisch und gedrungen" (Hobbes), in mehr oder weniger gegenseitig voneinander abhängige landwirtschaftliche Gesellschaften um. Die industrielle Revolution verwandelte die Menschen von Bauern und Schafhirten in Betätiger von Maschinen, welche mit lebloser Energie angetrieben wurden. [...]

Die Neolithische Revolution entwickelte sich im Laufe Tausender von Jahren. Der Mensch hatte Zeit, sich nach und nach anzupassen. Die industrielle Revolution hingegen hat die Welt überfallen, unsere ganze Existenz umgekrempelt, die Strukturen aller bestehenden menschlichen Gesellschaften über den Haufen geworfen – und das innerhalb von nur acht Generationen. Und heute beginnt sie mit größter Eile, neue Probleme von solcher Ungeheuerlichkeit aufzuzwingen, dass der menschliche Geist in seinem gegenwärtigen Zustand sie kaum zu erfassen vermag: den unkontrollierten Bevölkerungszuwachs; die Wasserstoffbombe; die Verpestung der Luft und der natürlichen Umgebung durch Industriemüll; die Notwendigkeit der Massenerziehung; die stetige Zunahme von alten Menschen, die zwar am Leben erhalten, aber von der restlichen Gesellschaft zurückgewiesen werden; das Ende des traditionellen Staates; die wissenschaftliche Organisation unkontrollierbarer Machtzentren; die unbegrenzten Möglichkeiten, die Genetiker und Biologen besitzen, um die Natur und das Verhalten der Menschen zu beeinflussen.

Unter dem Gewicht dieser Probleme brechen die alten Strukturen zusammen. Die Konservativen beklagen sich, sie verstünden nicht mehr, was vor sich geht, und täuschen sich selbst, indem sie eine Vergangenheit am Leben zu erhalten suchen, die längst tot ist. Diejenigen, die verstehen, was vor sich geht, aber nicht wissen und sich nicht vorstellen können, wie derart ungeheuerliche Probleme zu lösen sind, leiden. Die jungen Leute protestieren, wenn sie merken, wie überholt die alten Institutionen sind, aber auch sie haben keine besseren Heilmittel und machen ihrer Enttäuschung in Wogen leidenschaftlicher Anarchie und wütenden Hasses gegen ihr Erbe Luft. Alle sind überrumpelt worden. Es ist die Geschichte des „Zauberlehrlings", über die man lachen könnte, wenn sie nicht so tragisch wäre.

Aus: C. M. Cipolla/K. Borchardt (Hrsg.), Europäische Wirtschaftsgeschichte, Bd. 3, Stuttgart/New York 1976, S. 1–10.

1. „Keine Revolution war je so dramatisch revolutionär wie die industrielle Revolution." Womit begründet Cipolla diese Aussage?
2. Cipolla nennt „neue Probleme" als Folge der industriellen Revolution. Erläutern Sie.
3. Cipolla beschreibt verschiedene Reaktionsweisen auf den Wandel. Setzen Sie sich mit dieser Beschreibung auseinander.

MATERIAL
2 Stadien wirtschaftlichen Wachstums nach Rostow

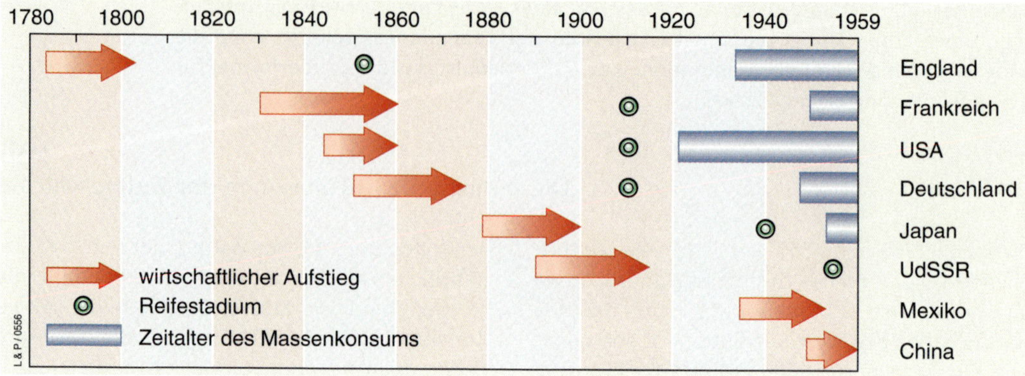

MATERIAL
3 Die Industrieländer kopieren? – Eine entwicklungspolitische Kontroverse

Knut Borchardt:
Hunger war auch in der Geschichte Europas bittere Wirklichkeit. Wir wissen von riesigen Bevölkerungskatastrophen. In wichtigen Aspekten sind die vorindustriellen Verhältnisse Europas den Zuständen heutiger Entwicklungsländer vergleichbar. Wir kennen das Bild einer „gesunden" Entwicklung, das heißt das System wachsender Wirtschaften. Was „gesund" ist, zeigt uns nicht zuletzt die europäische Geschichte als Modell. Es ist sicher, dass die Entwicklungsländer, wollen sie den Zustand der Stagnation überwinden, *dieses* Modell kopieren müssen.

Ernst-Ulrich von Weizsäcker:
Natürlich ist das europäisch-amerikanische Entwicklungsmodell für jeden Bewohner eines Entwicklungslandes bestechend. Aber die unveränderte Übernahme dieses Entwicklungsmodells durch heute sechs und eines Tages acht bis zehn Milliarden Menschen wäre rein quantitativ-ökologisch vollkommen illusorisch bzw. zerstörerisch. Für die Entwicklungsländer ist die Abkehr von der Verschwendungskultur des Nordens nötig! In erster Linie sollte der Norden selbst sein Wohlstandsmodell ändern. Dann – und nur dann – haben wir das Recht, Gleiches vom Süden zu verlangen.

Aus: K. Borchardt, Europas Wirtschaftsgeschichte – ein Modell für Entwicklungsländer? in: R. Braun u. a. Gesellschaft in der industriellen Revolution, Köln 1973, S. 343–366, und E.-U. von Weizsäcker, Erdpolitik, Darmstadt 1992, S. 121 f., gek.

1. Recherchieren Sie (z. B. mithilfe der Internetadressen http://www.worldbank.org und www.undp.org) Daten zur wirtschaftlichen Entwicklung der Länder der Dritten Welt.
2. Erörtern Sie, ob aufgrund Ihrer Recherchen die 1959 durch Rostow vorgenommene Einordnung Mexikos und Chinas (Schaubild M 2) inzwischen revidiert werden muss.
3. Ergänzen Sie dieses Schaubild von Rostow für weitere Entwicklungsländer (aktueller Stand).
4. Prüfen Sie, welche Entwicklungsländer auch heute noch nicht im Schaubild von Rostow verzeichnet sein würden, weil sie noch nicht die Phase „wirtschaftlicher Aufstieg" erreicht haben. Stellen Sie diese Länder in einer eigenen Liste zusammen und erweitern Sie für diese Ihre Recherchen (z. B. Bevölkerungsdaten, Bildung, Ernährung).
5. Europas Wohlstandsmodell – ein Vorbild für die Entwicklungsländer? Setzen Sie sich mit den Positionen der beiden Autoren (M 3) auseinander.

2. „Workshop of the world" – warum England?

MATERIAL 1

Wirtschaft und Gesellschaft Englands im 17. Jahrhundert

Es ist eine Wirtschaft mit einfachen Produktionstechniken in kleinen Betriebsstätten; kleine Kaufleute und Wucherer werden ebenso gehasst, wie sie notwendig sind. Der Fortschritt in der Landwirtschaft wird durch eine veraltete Agrarverfassung ernstlich behindert. Die chronische Unterbeschäftigung der Arbeitskräfte ist eines der Hauptprobleme, und trotz moralischer Einwirkung wird in den Massen kaum gespart. [...]
Die Wirtschaft hängt in erheblichem Umfang vom Ausland ab, von wo bessere gewerbliche und landwirtschaftliche Techniken und auch etwas Kapital eingeführt werden. Ausländischen Arbeitskräften und Unternehmern wird aber mit Feindschaft begegnet.
Ehrgeizige junge Männer ziehen oft Karrieren in den freien Intelligenzberufen und in der Verwaltung der privaten Wirtschaft vor und einmal erworbenes Unternehmervermögen wird allzu gern in Landbesitz angelegt. Die monetäre Stabilität ist periodisch bedroht und manchmal ist die Währung schon durch törichte Regierungsmaßnahmen gänzlich ruiniert worden. [...]
Fortschrittliche Menschen setzen ihre Hoffnung zunehmend auf die Industrialisierung und Maßnahmen wirtschaftlichen Nationalismus, um die Probleme der wachsenden Bevölkerung aufzufangen; aber die Industrialisierung geht zu langsam voran und die Segnungen des wirtschaftlichen Nationalismus (der Abschließung vom Weltmarkt und der Wirtschaftslenkung) erweisen sich als umstritten.

Aus: F. J. Fisher, The Sixteenth and Seventeeth Centuries: The Dark Ages in English Economic History? Economia XXIV (1957), S. 17 f., in: K. Borchardt, Europas Wirtschaftsgeschichte – ein Modell für Entwicklungsländer?, → S. 56, M 3, S. 343 ff.

MATERIAL 2

Die Wirtschaftshistorikerin Phyllis Deane zur Situation Englands im 18. Jahrhundert

It is fair to say that before the second half oft the eighteenth century people had no reason to *expect* growth. [...] Population, prices and productivity could fluctuate upwards as readily as downwards and there was no reason to expect them to go in one direction rather than the other.
So far as we can judge they were broadly right in their assumptions.
Population, for example, fluctuated between about 5.8 and 6.0 millions in the first four or five decades of the eighteenth century and was only about 5.9 million in 1741. Recent attempts to measure the rate of growth in output per head suggest that there was some improvement in the first half of the century but it was so slow that it would have taken about a century and a half to double the standard of living. The ordinary man saw little evidence of economic growth within his own lifetime and no improvement that could not be eliminated within a single year by the incidence of a bad harvest or a war or an epidemic.

Aus: Ph. Deane, The First Industrial Revolution, Cambridge 1965, S. 11.

1. Erarbeiten Sie aus den Texten Merkmale von Wirtschaft und Gesellschaft in England am Vorabend der industriellen Revolution.

2.1 Bevölkerungsexplosion, Agrar- und Verkehrsrevolution – Triebkräfte für wirtschaftliches Wachstum?

„Ein Mensch, der in einem bereits überbevölkerten Land geboren wird, ist überflüssig in der Gesellschaft. Es gibt für ihn kein Gedeck an dem großen Gastmahl der Natur."

Bevölkerungsprognosen

In seinem berühmten *Essay on the Principle of Population* von 1798 hatte der englische Geistliche und Sozialforscher Th. R. Malthus, der den oben zitierten Satz äußerte, prophezeit, die Bevölkerung werde sich alle 25 Jahre verdoppeln, wenn die Menschen sich ungebremst vermehrten. Mit einem solchen Zuwachs könne die landwirtschaftliche Produktion nicht mithalten. Hungersnöte, Seuchen und Kriege seien die notwendigen Ventile gegen Überbevölkerung. Malthus hatte einigen Anlass für seinen Pessimismus. Etwa ab Mitte des 18. Jahrhunderts kam es in England zu einem starken Bevölkerungswachstum. Zwischen 1750 und 1830 stieg die Zahl der Menschen fast um das Dreifache an. In der Vergangenheit hatte es immer wieder Hungerkatastrophen gegeben – im langjährigen Durchschnitt jedes zweite Jahr irgendwo in Europa. Sie nahmen zum Teil riesige Ausmaße an. Noch um 1700 starb in einigen Gebieten Frankreichs bis zu einem Drittel der Bevölkerung bei Missernten infolge von Hunger und Seuchen. Deshalb wurde das schnelle Bevölkerungswachstum, das im 19. Jahrhundert auch den Kontinent erfasste, als Bedrohung empfunden.

Ernährungslage

Auswanderung als Ventil

Zum Glück für England irrte sich Malthus. Trotz zunächst unvermindert hoher Geburtenraten blieb die prognostizierte Katastrophe aus. Die Auswanderung nach Übersee wurde zum Ventil für den Bevölkerungsdruck. Außerdem konnte die landwirtschaftliche Produktion eindrucksvoll erhöht werden. Die Erfolge in der Nahrungsmittelversorgung sind vor allem auf die Einführung neuer Anbaumethoden und eine Reform der Agrarverfassung zurückzuführen. Diese Modernisierungsmaßnahmen werden als Agrarrevolution bezeichnet, obwohl sie nicht schlagartig erfolgten und auch nicht flächendeckend durchgesetzt wurden.

Agrarrevolution

Neue Anbaumethoden

Der Fortschritt in den Anbaumethoden beruhte vor allem in der Ablösung der alten Dreifelderwirtschaft durch die Fruchtwechselwirtschaft nach niederländischem Vorbild. Das Gelingen dieser Umstellung ist wesentlich dem 1793 gegründeten Board of Agriculture zu verdanken, der in zahlreichen Publikationen dafür warb. Während bei der Dreifelderwirtschaft jeweils ein Drittel der Ackerfläche zur Regenerierung des Bodens brachliegen musste, konnten durch den wechselnden Anbau von Getreide, Futterpflanzen (vor allem Klee) und Hackfrüchten (vor allem Kartoffeln und Rüben) Brachezeiten vermieden werden, da der Bedarf an und die Wiederzufuhr von Nährstoffen bei diesen Pflanzenarten unterschiedlich ist. Die Kultivierung von Futterpflanzen ermöglichte es zudem, die Viehzucht auszuweiten.

Enclosure Movement

Die steigende Nachfrage nach Agrarprodukten verhieß gute Gewinne. Auf Initiative des Landadels und wohlhabender Stadtbürger verabschiedete daher das Parlament Gesetze, die zur Privatisierung von dörflichem Gemeindeland und von Ödland führten. Das privatisierte Land wurde durch Heckenzäune „eingehegt", um den individuellen Nutzungsanspruch zu unterstreichen und zu verhindern, dass Bauern unberechtigt ihr Vieh dort weiden ließen. Solche Einhegungen (enclosures) hatte es schon

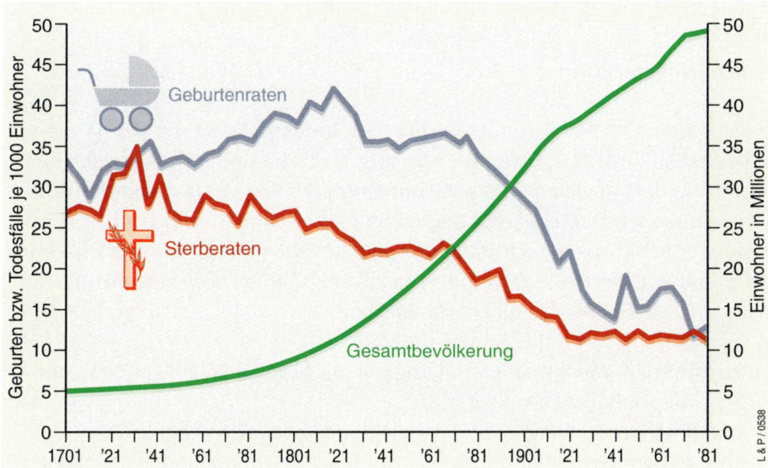

Bevölkerungsentwicklung in England und Wales 1701–1981.

in früheren Jahrhunderten gegeben, doch erreichten sie zwischen 1760 und 1850 mit ca. 700 000 Hektar einen Rekord. Ergänzt wurden die Einhegungen durch Flurbereinigungen, um das in viele Kleinparzellen zersplitterte Ackerland zu größeren und damit wirtschaftlicher nutzbaren Betriebseinheiten zusammenzufassen.

Ökonomische und soziale Folgen der Enclosure Acts

Die enclosures haben ein ökonomische und eine soziale Seite. Ökonomisch waren sie ein wichtiger Schritt hin zur Entwicklung einer gewinnorientierten Landwirtschaft. Dass in diesem größten Wirtschaftszweig die Voraussetzungen für die Bildung von Kapital geschaffen wurden, war für die weitere Entwicklung von erheblicher Bedeutung. Sozial führte das enclosure movement zu massiven Veränderungen in der Besitzstruktur. Mit der Umwandlung bisherigen Gemeinbesitzes in individuell genutzten Besitz verloren viele Kleinbauern ihre alten Nutzungsrechte am Gemeindeland. Trotz steigender Agrarpreise sanken ihre Einkommen oft bis unter das Existenzminimum. Sie sahen sich daher vielfach gezwungen, ihr Land zu verkaufen und als Land- bzw. als Industriearbeiter auf den neu entstandenen Gütern bzw. in den Fabriken ihr Auskommen zu suchen. So hat der Übergang zum Agrarkapitalismus soziologisch betrachtet das Entstehen einer neuen Klasse von Lohnabhängigen gefördert.

Verkehrsrevolution

Viele der wohlhabenden großen Grundbesitzer investierten einen Teil ihrer Gewinne in Maßnahmen zur Bodenverbesserung (z. B. durch Trockenlegung von Sumpfgelände), in die Errichtung von Gebäuden oder, besonders wichtig, in den Aufbau eines funktionstüchtigen Wegenetzes. So legten sie ganzjährig nutzbare Verkehrswege an, um eine ständige Verbindung zu den städtischen Märkten zu gewährleisten. Da der Transport zu Lande mit Pferdefuhrwerken sehr beschwerlich und teuer war, wurden auch Wasserwege ausgebaut, was sich aufgrund der verkehrsgeografischen Gegebenheiten geradezu anbot. Die Schiffbarmachung von Flüssen und der Bau von Kanälen waren Privatangelegenheit und wurden auch von der gewerblichen Wirtschaft vorangetrieben. Einer der Pioniere war der Herzog von Bridgewater. Der Ausbau der Infrastruktur war direkt und indirekt ein wichtiger Impuls für das Wirtschaftswachstum – direkt wegen der hohen Investitionssummen und indirekt, weil er das Entstehen eines nationalen Binnenmarktes förderte.

Arbeiten mit Statistiken und Diagrammen

Statistiken sind eine der wichtigsten Quellen zur Geschichte der Industrialisierung. Als Wissenschaftsdisziplin bildete sich die Statistik im 18. Jahrhundert heraus, amtliche Statistiken wurden seit der Wende vom 18. zum 19. Jahrhundert in vielen Staaten erhoben und in Registraturbehörden festgehalten; die Zahl der weltweit erhobenen Daten wächst heute von Jahr zu Jahr. Dennoch gibt es Entwicklungen, die über das Studium von Statistiken nicht oder nur unvollständig erfasst werden können: So liegen beispielsweise für die Zeit vor dem 19. Jahrhundert nur wenig Zahlen vor, dasselbe gilt für bestimmte Fragestellungen wie z. B. die Entwicklung der Frauenarbeit.

Um zu tragfähigen Aussagen zu kommen, muss man beim Umgang mit Statistiken einiges beachten:
- Eine Leitfrage sollte die Arbeit mit Statistiken strukturieren.
- Liegen bei Statistiken, die man miteinander vergleicht, vergleichbare Kategorien zugrunde? Ist beispielsweise der untersuchte geografische Raum derselbe oder der Zeitraum, in dem gemessen wurde, gleich lang? Ist die Erhebungsmethode vergleichbar?
- Wer hat die Statistik erhoben?
- Gibt es Indizien zu ihrer Zuverlässigkeit?
- Reichen die Angaben der Statistik zu Beantwortung der Leitfrage aus oder müssen noch andere Materialien herangezogen werden?

MATERIAL

3 Daten zur landwirtschaftlichen Produktion in England und Wales 1700–1850

a) Landwirtschaftliche Produktion

Jahr	1700	1750	1800	1850
Getreide (in Mio. bushel)	65	88	131	181
Fleisch (in Mio. lb.)	370	665	888	1356
Wolle (in Mio. lb.)	40	60	90	120

Produktionsvolumen in Preisen von 1815 in Mio. £

Getreide und Kartoffeln	19	25	37	56
Tierische Produkte	21	34	51	79
Gesamt	40	59	88	135

b) Entwicklung der Hektarerträge, 1700–1850 (in bushel je acre)

Jahr	1700	1750	1800	1850
Weizen	16,0	18,0	21,5	28,0
Roggen	17,0	18,0	26,0	28,0
Hafer	24,0	28,0	35,0	40,0
Bohnen und Erbsen	20,0	28,0	28,0	30,0

c) Nutzung des Ackerlandes

Jahr	1700	1750	1800	1850
Weizen	1,4	1,8	2,5	3,6
Roggen	0,9	0,5	0,3	0,1
Gerste	1,9	1,4	1,3	1,5
Hafer	1,2	2,0	2,0	2,0
Bohnen u. Erbsen	1,3	1,0	1,2	1,0
Steckrüben	0,4	1,0	1,3	2,0
Kartoffeln	0,1	0,2	0,3	0,4
Klee	0,5	1,0	1,2	2,2
Brache	3,3	2,5	1,5	1,8
Gesamt	11,0	11,4	11,6	14,6

Netto-Erträge, d. h. ohne Saatgut und den an Ackerpferde verfütterten Hafer.
1 bushel (engl. Scheffel) = 33,35 Liter
1 lb (engl. Pfund) = 453,592 g
1 acre = 1 engl. Morgen = 0,40467 Hektar = 4046,7 qm
£ = Pfund Sterling (engl. Währungseinheit)

Aus: The Economic History of Britain since 1700, vol. 1 1700–1860, Cambridge 1994, S. 102, 112.

MATERIAL

4 Weizenpreise 1700–1850

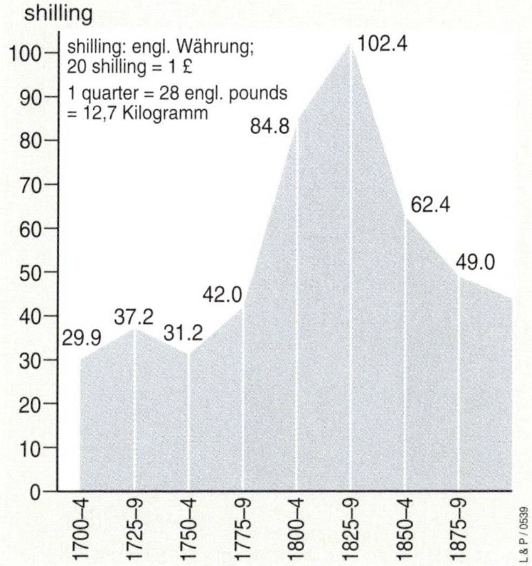

Aus: C. Cook/J. Stevenson, Longman Atlas fo Modern British History, London 1978, S. 21.

MATERIAL

Einhegungen 1727–1845 5

Die Einhegungen (enclosures) mussten, da sie in der Regel auch in Eigentumsverhältnisse der Gesamtgemeinde (z. B. Allmende) eingriffen, durch Gesetze des Parlaments geregelt werden. Daher sind wir über sie gut informiert. Die folgende Tabelle gibt Aufschluss über die Häufigkeit der Gesetze.

Zeitraum	*Gesetze*	*Eingehegte Fläche in Acres*
1727–1760	56	74,518
1761–1792	339	478,259
1793–1801	182	273,891
1802–1815	564	739,743
1816–1845	244	199,300

1 acre = 1 engl. Morgen = 0,40467 Hektar = 4046,7 qm

Aus: G. Seater, The English Peasantry and the Enclosure of Common Fields, London 1907, S. 267.

1. Bevölkerungswissenschaftler gehen davon aus, dass die Entwicklung des Bevölkerungswachstums in vier Phasen verläuft. Diese sind durch das unterschiedliche Verhältnis von Geburten- und Sterberaten zueinander gekennzeichnet. Grenzen sie die vier Phasen für England und Wales zeitlich voneinander ab und charakterisieren Sie diese (Abb. S. 59).
2. Mehr Menschen bedeuten mehr und billigere Arbeitskraft. Es ist häufig behauptet worden, dies reize das Wirtschaftswachstum automatisch an. Ist also die im 18. Jahrhundert einsetzende Bevölkerungsexplosion der Treibsatz für die industrielle Revolution?
3. Beschreiben und erläutern Sie die Entwicklung der Agrarproduktion (M 3). Vergleichen Sie die Entwicklungen. Hält die Agrarproduktion mit der Bevölkerungsentwicklung Schritt, hinkt sie nach oder eilt sie ihr voraus?
4. 1720 beobachte ein Zeitgenosse, dass „viele Londoner Kaufleute und Händler beträchtliche landwirtschaftliche Grundstücke erwerben". Erläutern Sie mögliche Gründe und erörtern Sie, was es bedeuten könnte, wenn sich Kaufleute der Landwirtschaft annehmen. Berücksichtigen Sie die Abb. S. 59 und die Materialien 3 bis 5.
5. 1770 bezeichnete Arthur Young, Sekretär einer Gesellschaft, die sich die Modernisierung der Landwirtschaft zum Ziel gesetzt hatte, viele Bauern als „schlechte Landwirte". Er verband diese Kritik mit der Forderung: „Erhöht ihre Abgaben." Seine Motive dafür machte er auch deutlich: „Wenn man eine erfolgreiche und fortschrittliche Landwirtschaft haben will, werfe man 15 oder 20 Höfe zusammen, sobald ihre jetzigen Inhaber aufgeben." Setzen Sie sich mit dieser Äußerung von Arthur Young auseinander.
6. Erörtern Sie mögliche Zusammenhänge zwischen der Modernisierung des Agrarsektors und der industriellen Revolution.

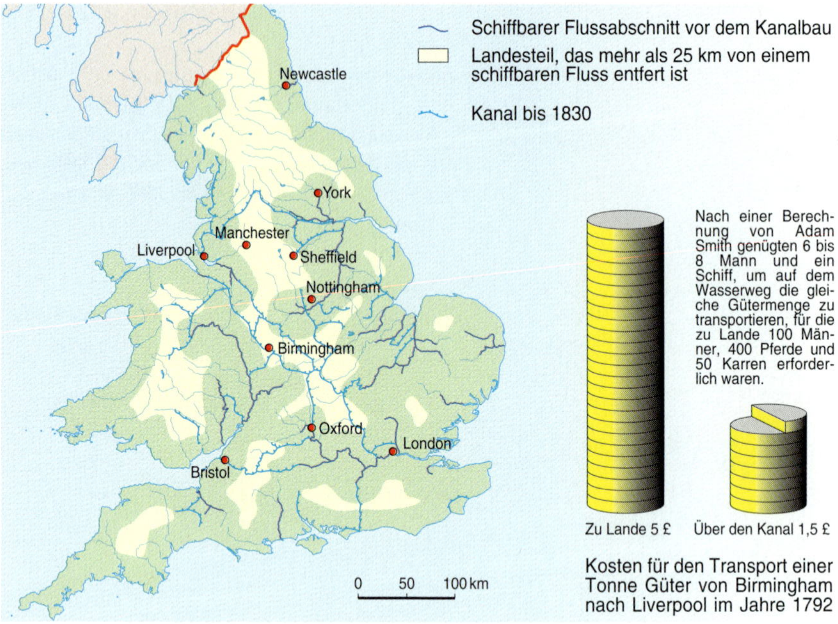

Der Ausbau des britischen Kanalsystems bis 1830.

MATERIAL

6 Francis Egerton, Herzog von Bridgewater, Pionier des Kanalbaus (1761)

Das Bild zeigt den Herzog von Bridgewater vor einem der in seinem Auftrag erbauten Kanäle.
Der Kanal im Hintergrund ist zehn Kilometer lang und verband das Kohlebergwerk des Herzogs in Worsley mit Manchester. Der Kanalbau war wegen des Flusses Irwell technisch sehr aufwändig und kostete etwa 250 000 Pfund. Der Kanal wurde 1776 bis Liverpool fortgeführt.

1. Beschreiben Sie die Abbildung. Zeigen Sie, wie die technischen Probleme des Kanalbaus bewältigt wurden. Woran ist zu erkennen, dass die Abbildung in der Frühphase der industriellen Revolution entstanden ist?
2. Das Kanalnetz wurde zwischen 1730 und 1830 von 165 km auf mehr als 3000 km erweitert. Erläutern Sie die volkswirtschaftliche Bedeutung der Kanalbautätigkeit.

Kohlenzeche, um 1790. Einsatz einer frühen Dampfmaschine zum Antrieb von Pumpen in einem englischen Kohlebergwerk, Gemälde. Liverpool, Walker Art Gallery.

2.2 Erfindergeist und unternehmerischer Wagemut – entfesseln sie die industrielle Revolution?

„Zwei Motive begeistern mich, Ihnen meine Hilfe anzubieten, und zwar meine Zuneigung zu Ihnen und zu einem lukrativen, sinnvollen Projekt. ... Um den größtmöglichen Gewinn zu erzielen, dachte ich, eine Fabrik in der Nähe der meinen zu errichten, an meinem Kanal, wo ich alle für die Herstellung von Maschinen notwendigen Einrichtungen erstellen würde und von wo aus wir die ganze Welt mit Maschinen aller Größen versorgen könnten. Ich finde es nicht lohnend, nur für drei Grafschaften zu produzieren, wohl aber, die ganze Welt zu beliefern."

Erfinder und Unternehmer

Als der Eisenfabrikant Matthew Boulton 1769 diese Zeilen an den Feinmechaniker James Watt schrieb, hatte dieser gerade sein erstes Patent auf eine Dampfmaschine erhalten. Mit seinem Brief erwies sich Matthew Boulton als ein weitsichtiger Unternehmer, der den wirtschaftlichen Nutzen einer bahnbrechenden Erfindung klar erkannt hatte. Aus seinem Vorstoß entwickelte sich eine Geschäftsverbindung mit James Watt, der nach eigenem Bekunden selbst über kein kaufmännisches Gespür und keinen unternehmerischen Wagemut verfügte. Fünf Jahre danach kam es in Birmingham zur Gründung der Firma Boulton & Watt; 1782 finanzierte Boulton Watts Konstruktionsarbeiten für eine verbesserte Dampfmaschine.

Industrieproduktion

Entscheidend für den Übergang von der Manufakturfertigung zur industriellen Massenproduktion war die Kombination der Dampfmaschine als Antriebsmaschine mit Arbeitsmaschinen, wie z. B. mit der 1767 durch James Hargreaves erfundenen Spinnmaschine oder dem 1785 durch Edmund Cartwright gebauten mechanischen Webstuhl. Die mit Steinkohle betriebene Dampfmaschine bot ungeahnte Möglichkeiten der Kraftgewinnung; sie machte vom Antrieb der Wasserkraft unabhängig und ermöglichte Betriebsansiedlungen in der Nähe von Märkten und Häfen.

Die Dampfmaschine auf Rädern: die Eröffnung der Eisenbahnstrecke von Stockton nach Darlington (Mittelengland) am 27. 9. 1825. London, Naturwissenschaftliches Museum.

Selbstverstärkung des industriellen Wachstums

Die kostengünstigere industrielle Fertigung bewirkte, dass die Textilindustrie sich bald zur größten englischen Einzelindustrie entwickelte. Ihr großer Bedarf an Antriebs- und Arbeitsmaschinen regte zugleich den Bergbau wie die Eisen erzeugende und verarbeitende Industrie an. Aber auch diese Wirtschaftszweige trieben sich gegenseitig zu immer höherer Produktion an: Durch den Einsatz von Dampfmaschinen, z. B. zur Entwässerung in Kohlengruben konnte die Steinkohleförderung gesteigert werden, was wiederum eine Ausweitung der Eisenerzeugung ermöglichte. Von großem Vorteil war, dass England reichlich über Steinkohle und Eisenerz verfügte und beide Rohstoffvorkommen räumlich benachbart lagerten.

Revolution des Verkehrswesens durch Eisenbahn und Dampfschiff

Einen neuen Schub in der industriellen Entwicklung brachte die Erfindung der Lokomotive Anfang des 19. Jahrhunderts, der bald die des Dampfschiffs folgte. Mit beiden Innovationen standen Anfang der vierziger Jahre des 19. Jahrhunderts zwei leistungsfähige Verkehrsmittel zur Verfügung. Die von Pferden gezogenen Kähne sollten deshalb bald von den Kanälen verschwinden. Mit dem Aufbau eines Eisenbahnnetzes kam der Kanalbau schlagartig zum Erliegen. Eisenbahn und Dampfschiff waren zwei wichtige Meilensteine auf dem Weg zu einer globalen Wirtschaft, wie sie Matthew Boulton in seinem Brief an James Watt visionär beschrieben hatte.

Kapitalbildung durch Kolonialhandel

Englands Insellage und sein direkter Zugang zu den Weltmeeren hatte schon früh die Entwicklung des Landes zu einer global agierenden Handelsnation begünstigt. Im 17. und 18. Jahrhundert dominierte der Handel mit Kolonialwaren. Er erfolgte ausschließlich auf englischen Schiffen; zudem lief der gesamte Güterverkehr zwischen Kolonien und Drittländern aus Zollgründen über englische Häfen. Daher war der Überseehandel für England sehr gewinnbringend und begünstigte die Kapitalbildung.

England als Welthandelsmacht

In der 2. Hälfte des 18. Jahrhunderts änderte sich die Struktur des englischen Außenhandels. Zunehmend wurden heimische Produkte, insbesondere Textilwaren, für den Export wichtig. Zugleich vergrößerte sich das Außenhandelsvolumen. Aufgrund seiner Kolonialpolitik kam England billig an den Rohstoff Baumwolle; in England fabrizierte Baumwollwaren wurden nach Kontinentaleuropa und in die überseeischen Kolonien geliefert. Auf den überseeischen Märkten verschaffte sich die Kolonialmacht England bald eine Monopolstellung, so z. B. in Indien, dessen hoch entwickelte Textilmanufaktur systematisch durch Zoll- und Steuergesetze ruiniert wurde.

MATERIAL 7

Geschichte der Familie von Sir Robert Peel (1750–1830)

Der größte der ersten Baumwollfabrikanten war Sir Robert Peel (1750–1830), ein Mann, der bei seinem Tod fast anderthalb Millionen Pfund (für die damalige Zeit eine ungeheure Summe) hinterließ – sowie einen Sohn, der sich gerade anschickte, Premierminister von Großbritannien zu werden. Die Peels waren eine mittelständische Freibauernfamilie, die, wie andere, in den Hügeln von Lancashire die Landwirtschaft mit häuslicher Textilherstellung verbanden, jedenfalls seit der Mitte des 17. Jahrhunderts. Sir Roberts Vater (1723–1795) ging noch mit seinen Waren über Land hausieren und zog erst 1750 in die Stadt Blackburn. Selbst zu dieser Zeit hatte er die Landwirtschaft noch nicht ganz aufgegeben. Er besaß ein wenig – nichttechnische – Bildung, ein wenig Begabung für einfache Erfindungen (oder zumindest Sinn für Erfindungen, wie die James Hargreaves, seines Mitbürgers, der Weber, Zimmermann und Erfinder der „Jennymaschine" war) sowie Land im Wert von vielleicht 2 000 bis 4 000 Pfund, auf das er zu Beginn der 1760er Jahre eine Hypothek aufnahm. Damit gründete er eine Baumwolldruckereifirma, zusammen mit seinem Schwager Haworth und einem gewissen Yates, der die gesamten Ersparnisse seiner Familie aus der Gastwirtschaft im „Schwarzen Stier" ins Geschäft einbrachte.

Die Familie Peel besaß einige Erfahrung in Geschäften: Mehrere ihrer Mitglieder arbeiteten in der Textilbranche, und die Aussichten für eine Baumwolldruckerei, bis dahin hauptsächlich eine Londoner Besonderheit, schienen ausgezeichnet. Sie waren es auch. Drei Jahre später – Mitte der sechziger Jahre – war der Bedarf der Firma an unbedruckter Baumwolle so gestiegen, dass sie auch mit der Herstellung von Stoffen begann, ein Umstand, der, wie ein Lokalhistoriker später feststellte, „den Beweis erbringt, für die Leichtigkeit, mit der damals Geld zu machen war".

Das Geschäft gedieh und wurde geteilt: Peel blieb in Blackburn, während seine beiden Teilhaber nach Bury gingen, wo sich ihnen 1772 der künftige Sir Robert als Teilhaber anschloss, zu Beginn mit beträchtlicher, später mit nur noch geringfügiger finanzieller Unterstützung seines Vaters. Die wurde auch kaum gebraucht. Der junge Peel, ein Unternehmer von außerordentlicher Energie, hatte es nicht schwer, zusätzliches Kapital zu beschaffen, indem er Ortsansässige zu Teilhabern machte, die ihr Geld in der größer werdenden Industrie investieren wollten oder die deshalb von Nutzen waren, weil sie die Firma in neuen Städten und anderen Zweigen der Baumwollindustrie etablieren halfen. Da der Druckereibetrieb der Firma allein regelmäßige Gewinne von 70 000 Pfund pro Jahr über längere Zeit erbrachte, gab es keinen Kapitalmangel.

Um die Mitte der 1780er Jahre war es bereits ein äußerst ansehnliches Geschäft, das sich die Anschaffung aller neuen, nützlichen und arbeitssparenden Geräte wie beispielsweise Dampfmaschinen leisten konnte. 1790 war Robert Peel bereits zum Baronet ernannt, Parlamentsmitglied und anerkannter Vertreter der neuen Klasse der Industriellen. Von anderen nüchternen Vertretern seiner Art in Lancashire, einige seiner Geschäftspartner eingeschlossen, unterschied er sich dadurch, dass er sich nicht mit Reichtum und Bequemlichkeit begnügte und zur Ruhe setzte – was er spätestens 1785 leicht hätte tun können –, sondern dass er mit seinen Möglichkeiten und Talenten wucherte. Mit einigem Geschäftsverstand und etwas Energie musste jedermann aus der ländlichen Mittelklasse in Lancashire, wenn er zur gleichen Zeit wie Peel ins Baumwollgeschäft einstieg, zwangsläufig in kurzer Zeit zu sehr viel Geld kommen.

Vielleicht illustriert es die vergleichsweise hohen Geschäftschancen, dass die Firma, viele Jahre nachdem sie mit dem Bedrucken von Baumwollstoffen begonnen hatte, noch keine Zeichenwerkstatt besaß, d. h., dass sie nur die primitivsten Vorkehrungen zum Entwerfen jener Muster traf, auf die sich ihr Reichtum gründete. Tatsächlich verkaufte sich in diesem Stadium praktisch alles, vor allem an den gewöhnlichen Kunden im In- und Ausland.

Aus: E. Hobsbawm, Industrie und Empire 1, Britische Wirtschaftsgeschichte seit 1750, Frankfurt/Main 1969, S. 61 ff.

MATERIAL

8 Bericht einer Parlamentskommission von 1806 über das Wirtschaftswachstum

Das schnelle erstaunliche Wachstum in der Fabrikation und im englischen Handel der letzten Jahre ist allgemein bekannt, ebenso auch die Wirkungen dieses Wachstums auf die Staatseinnahmen und auf die Stärke als Nation.
Wenn man nach den unmittelbaren Gründen für dieses Wachstum fragt, so scheint es, dass dieses vor allem dem englischen Unternehmungsgeist und Gewerbefleiß in einem freien und aufgeklärten Volk zuzuschreiben ist, das seine Fähigkeiten beim Einsatz großer Kapitalien ungehindert ausüben kann. Ferner ist das Prinzip der Arbeitsteilung bis zur äußersten Möglichkeit durchgeführt. Wissenschaftliche Forschung und technischer Erfindergeist werden, soweit es nur geht, zu Rate gezogen. Schließlich haben die Engländer sich alle Vorteile verschafft, die aus dem Besuch fremder Länder hergeleitet werden können, nicht nur bei der Anknüpfung neuer und der verstärkten Pflege alter Handelsbeziehungen, sondern auch durch den Erwerb persönlicher Kenntnis der Wünsche, des Geschmacks, der Gewohnheiten, der Entdeckungen und Verbesserungen und der Herstellungsverfahren anderer zivilisierter Völker. Auf diese Weise wurden uns Tatsachen bekannt und Anregungen gegeben, unsere schon vorhandenen Fabrikationsanlagen wurden vervollkommnet, und neue Produktionsanlagen wurden dem eigenen Bestand eingefügt. Zu gleicher Zeit wurden neue Märkte für die Produktion unserer Fabriken und für unseren Handel eröffnet, und wir waren in der Lage, auch diese Märkte zu bedienen.

Allein durch diese Mittel und vor allem durch einen wirkungsvollen Einsatz von Maschinen für die Verbesserung der Qualität und Verbilligung der Herstellung unserer verschiedenen Exportartikel geschah es, dass trotz stetig steigender Steuerlast und allmählich steigender Preise für die Güter des täglichen Bedarfs und für die Luxusgüter, deren Wirkung auf die Löhne notwendigerweise beträchtlich war, unser Handel und unsere Fabrikation in solchem Grade gewachsen sind, dass sie die optimistischsten Schätzungen der fähigsten Nationalökonomen übertrafen, die über Verbesserungen in einem zukünftigen Zeitalter nachgedacht haben.

MATERIAL

9 Entwicklung des Außenhandels

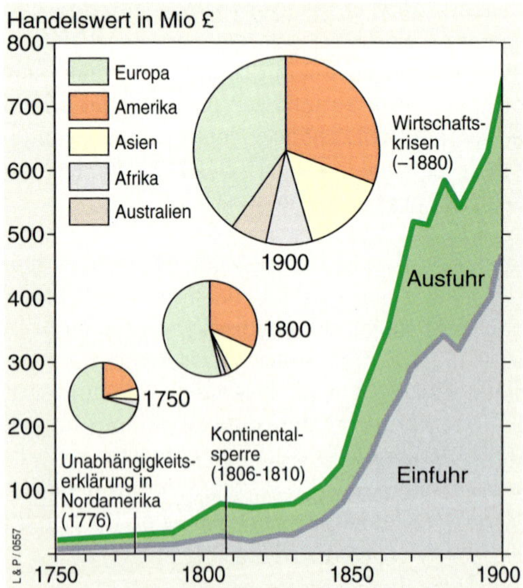

1. Welche Bedingungen und Ursachen für den ab 1750 einsetzenden Aufschwung in der Volkswirtschaft lassen sich aus der Familiengeschichte der Peels (M 7) erkennen?
2. Welche zusätzlichen Informationen liefert der Parlamentsbericht von (M 8)?
3. Welche Einwände könnte man gegen den Parlamentsbericht vorbringen? (Lücken, Tendenz der Darstellung)
4. Beschreiben sie die aus der Grafik (M 9) ersichtlichen Veränderungen und versuchen Sie, Ihre Feststellungen zu erklären.
5. Messen Sie den Anspruch von Matthew Boulton, die gesamte Welt zu beliefern, an den Außenhandelsdaten.

2.3 „Weniger Staat, mehr privat" – Zauberformel für eine dynamische Wirtschaft?

Adam Smith (1723–1790)

Adam Smith: Egoismus und Gemeinwohl

Im Jahre 1176 veröffentlichte der schottische Moralphilosoph und Nationalökonom Adam Smith (1723–1790) sein Werk „An Inquiry into the Nature and Causes of the Wealth of Nations"; auf Deutsch ist es meist unter dem Titel „Der Reichtum der Nationen" erschienen. Smith entwickelte darin die Prinzipien des Wirtschaftsliberalismus, gab eine theoretische Begründung der Marktwirtschaft und setzte sich mit dem Merkantilismus, der dirigistischen Wirtschaftspolitik des Absolutismus, auseinander. Nach der Lehre von Adam Smith wird der Reichtum eines Landes durch produktive Arbeit geschaffen. Arbeitsteilung, national wie international, begünstige die Produktivität. Eingriffe des Staates in das Wirtschaftsgeschehen seien generell abzulehnen. Jeder sollte das Recht haben, seine Wirtschaftsinteressen frei zu verfolgen. Indem jeder sich nur für seine eigenen Interessen und seinen eigenen Gewinn interessiere, verfolge er – wie von einer unsichtbaren Hand gesteuert – das Gemeinwohl auf das Wirksamste. Das gelte auch für die Wirtschaftsbeziehungen zwischen den Staaten. Auch hier gleiche das freie Spiel der Marktkräfte die Vielzahl der unterschiedlichen Interessen aus und führe zu einem optimalen Ergebnis für alle. Deshalb solle der internationale Handel als Freihandel organisiert werden.

Günstige Rahmenbedingungen für Unternehmer

Diese wirtschaftsliberalen Prinzipien sind nicht von ungefähr in England formuliert worden. Hier war seit der Glorious Revolution von 1688, in der sich das Parlament gegenüber den absolutistischen Bestrebungen der Krone durchgesetzt hatte, eine neue Klasse politisch tonangebend – eine Grund und Kapital besitzende Schicht, die aus der Verbindung des kleinen Landadels mit dem aufstrebenden städtischen Handelsbürgertum entstanden war. Unter deren Einfluss hielt sich die Regierung weitgehend aus dem Wirtschaftsgeschehen heraus. Die Privatinitiative konnte sich frei entfalten, eine Unternehmerschicht entstand. Privates Kapital konnte, unterstützt durch ein schon gut entwickeltes Bank- und Kreditwesen, ungehindert in Gewinn versprechende Unternehmungen, z. B. die Textilindustrie, investiert werden. Darin unterschied sich England grundlegend von Frankreich und anderen absolutistischen Staaten des Kontinents, wo die dirigistische Wirtschaftspolitik des Staates das Kapital vor allem in Manufakturen lenkte, die dem Luxusbedarf des Hofes dienten. Begünstigt wurde die private Kapitalbildung in England auch dadurch, dass kein stehendes Heer unterhalten werden musste und die finanziellen Ansprüche der Krone durch das Parlament unter Kontrolle gehalten werden konnten.

Puritaner als Unternehmer

Die Herausbildung eines gewinnorientierten privaten Unternehmertums wurde in England durch zwei weitere Faktoren gefördert. Erstens waren die Zünfte hier weniger bedeutend als auf dem Kontinent, wo sie sich als Fesseln für die freie Entfaltung der Einzelinitiative erwiesen. Zweitens war den Puritanern in England der Zugang zum Staats- und Militärdienst zunächst ganz verwehrt, später erschwert. Sie waren damit auf das Geschäftsleben verwiesen. Da sie zudem keinen Zugang zu den Universitäten und den dort dominierenden, theologischen, philosophischen und juristischen Disziplinen hatten, gründeten sie im 18. Jahrhundert eigene Akademien. Diese legten besonderen Wert auf praktische Fächer wie Fremdsprachen, Mathematik, Buchführung und Naturwissenschaften und begünstigten dadurch die Entfaltung unternehmerischer Talente unter ihren Absolventen. Fast die Hälfte der bekannten Erfinder, Kaufleute und Unternehmer im 18. Jahrhundert waren Puritaner, obwohl diese nur eine Minderheit in der britischen Bevölkerung darstellten.

Kapitalistische Wirtschaftsgesinnung

Im Glauben dieser Minderheit hatten Tugenden wie Fleiß und Sparsamkeit einen hohen Stellenwert. Der Soziologe Max Weber hat für diese Einstellung den Ausdruck „innerweltliche Askese" geprägt. Folgt man der freilich nicht unumstrittenen These Max Webers über die Zusammenhänge von protestantischer Ethik und kapitalistischem Geist, dann war der Einfluss calvinistischer Lehren im Glauben der Puritaner von großer Bedeutung für das Entstehen einer neuen Wirtschaftsgesinnung. Nach Calvins Prädestinationslehre ist das ewige Heil des Einzelnen von Gott unabänderlich vorherbestimmt. Gottes unerforschlicher Ratschluss offenbare sich jedoch im wirtschaftlichen Erfolg. Der calvinistische Gläubige sah sich so herausgefordert, „mit seinen Talenten zu wuchern", jedoch nicht, um später auf den Früchten des Erfolges auszuruhen und sie zu genießen, sondern um sie weiter zu mehren. In diesen Einstellungen sind Elemente enthalten, die auch Kennzeichen der modernen Industriegesellschaft sind, etwa das Leistungsprinzip, die Kapitalbildung oder die Gewinnorientierung wirtschaftlicher Tätigkeit.

MATERIAL

10 Adam Smith über Prinzipien der Wirtschaft

Da nun aber der Zweck jeder Kapitalanlage Gewinnerzielung ist, so wenden sich die Kapitalien den rentabelsten Anlagen zu, d. h. denjenigen, in denen die höchsten Gewinne erzielt werden. Indirekt aber wird auf diese Weise auch die Produktivität der Volkswirtschaft am besten gefördert. Jeder glaubt nur sein eigenes Interesse im Auge zu haben, tatsächlich aber erfährt so indirekt auch das Gesamtwohl der Volkswirtschaft die beste Förderung. […] Verfolgt er nämlich sein eigenes Interesse, so fördert er damit indirekt das Gesamtwohl viel nachhaltiger, als wenn die Verfolgung des Gesamtinteresses unmittelbar sein Ziel gewesen wäre. Ich habe nie viel Gutes von denen gesehen, die angeblich für das allgemeine Beste tätig waren.

Welche Kapitalanlage wirklich die vorteilhafteste ist, das kann jeder Einzelne besser beurteilen als etwa der Staat oder eine sonstwie übergeordnete Instanz. Jeder kluge Familienvater befolgt den Grundsatz, niemals etwas zu Hause anzufertigen, was er billiger kaufen kann. Dem Schneider fällt es nicht ein, sich Schuhe selbst zu machen, sondern er kauft sie vom Schuhmacher, dem Schuhmacher andererseits fällt es nicht ein, sich die Kleider selbst herzustellen, sondern er gibt sie beim Schneider in Auftrag, und dem Landwirt kommt es nicht in den Sinn, sich dies oder jenes selbst zu machen, sondern auch er setzt die einzelnen Handwerker in Nahrung. Alle sehen den Vorteil darin, ihre Arbeitskraft ganz in der Weise zu betätigen, in der sie etwas von ihrem Nachbarn voraus haben und sich mit einem Teil des Ertrages oder, was dasselbe ist, mit dem Preis dafür das zu kaufen, was sie darüber hinaus brauchen. Was aber in der Wirtschaftsführung eines Familienhaushaltes klug ist, das kann auch im Ganzen einer großen Volkswirtschaft kaum Torheit sein.

Wenn uns nämlich ein anderes Land mit einer Ware billiger versorgen kann, als wir sie selbst herzustellen imstande sind, so ist es vorteilhafter, dass wir dem betreffenden Lande diese Ware gegen Produkte unseres eigenen Gewerbefleißes, in denen wir vor dem Auslande etwas voraus haben, abkaufen. Die natürlichen Produktionsvorteile, die ein Land hinsichtlich bestimmter Waren vor einem anderen Land voraus hat, sind mitunter so groß, dass es, wie alle Welt weiß, vergeblich sein würde, dagegen ankämpfen zu wollen. [...] Der Jahresertrag einer Volkswirtschaft ist höher, wenn sie sich auf die Erzeugung derjenigen Waren beschränkt, in denen sie vor anderen Ländern Kostenvorteile voraus hat, und sie ihrerseits von anderen Ländern diejenigen Waren kauft, die dort billiger sind.

Die Regelung dieser Austauschverhältnisse aber muss dem freien Spiel der wirtschaftlichen Kräfte überlassen bleiben. Es ist zwar möglich, dass durch wirtschaftspolitische Maßnahmen,vor allem durch Einfuhrverbote und hohe Zölle auf fremdländische Waren, sich im Lande selbst eine Industrie entwickelt oder schneller entwickelt, als es ohne solche staatlichen Maßnahmen der Fall gewesen wäre; es ist sogar möglich, dass die die betreffende Ware nach gewisser Zeit im Inland ebenso billig hergestellt werden kann, aber daraus folgt keineswegs, dass die Gesamtsumme der gewerblichen Produktion oder des Volkseinkommens des betreffenden Landes durch solche Eingriffe vermehrt werden kann.

Die Industrie eines Landes kann sich nur in dem Maße vermehren, als das Kapital zunimmt, und das Kapital nimmt nur in dem Maße zu, als nach und nach aus dem Einkommen gespart wird. Kapitalbildung und Industrieentfaltung müssen in einem Lande dem natürlichen Gang der Entwicklung überlassen bleiben. Jede künstliche wirtschaftspolitische Maßnahme lenkt die produktiven Kräfte der Arbeit und auch die Kapitalien in eine falsche Richtung. [...]

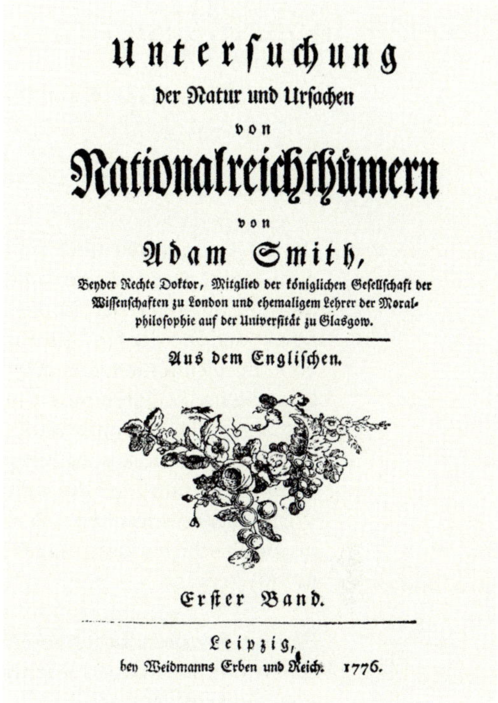
Untersuchung
der Natur und Ursachen
von
Nationalreichthümern
von
Adam Smith,
Beyder Rechte Doktor, Mitglied der königlichen Gesellschaft der Wissenschaften zu London und ehemaligem Lehrer der Moralphilosophie auf der Universität zu Glasgow.

Aus dem Englischen.

Erster Band.

Leipzig,
bey Weidmanns Erben und Reich. 1776.

Titelblatt des Buches von Adam Smith aus dem Jahr 1776.

Das natürliche Bestreben jedes Menschen, seine Lage zu verbessern, ist, wenn es sich mit Freiheit und Sicherheit geltend machen darf, ein so mächtiges Prinzip, dass es nicht nur allein und ohne alle Hilfe die Gesellschaft zu Wohlstand und Reichtum führt, sondern auch hundert unverschämte Hindernisse überwindet, mit denen die Torheit menschlicher Gesetze es nur allzu oft zu hemmen suchte.

Aus: Adam Smith, Der Reichtum der Nationen, in: W. Treue u.a., Quellen zur Geschichte der industriellen Revolution, Göttingen 1966, S. 163 ff.

1. Stellen Sie die Aussagen von Adam Smith zu folgenden Begriffen zusammen: Arbeitsteilung, Freihandel, Kapitalbildung, Markt, Verhältnis von Staat und Wirtschaft sowie von Eigeninteressen und Gemeinwohl.
2. Lesen Sie noch einmal die Beschreibung der Wirtschaft Englands im 17. und 18. Jahrhundert (S. 57, M 1 und 2). Zeigen Sie, welche Veränderungen im 18. Jahrhundert die Modernisierung Englands begünstigten.

3. Die Industrialisierung in den USA – Triumph der freien Marktwirtschaft

Marktrevolution

„In der Neuen Welt fand die Idee der Entfaltung der Persönlichkeit ihren Platz auf dem Markt. Der Held der amerikanischen Individualität war nicht der Künstler, sondern der Erfinder, der Pionier, besonders der Unternehmer. Für Amerikaner ist der Markt der Ort der Freiheit. Hier finden wir unsere Helden, ja selbst unsere Heiligen." So kennzeichnet im Jahr 2001 ein amerikanischer Politikwissenschaftler die Mentalität, die im 19. Jahrhundert in den USA einen rasanten Aufschwung der Wirtschaft begünstigte: Der Binnenmarkt wuchs stetig durch die Verschiebung der Grenze nach Westen, die Bevölkerung stieg rasch an, die Landwirtschaft wurde modernisiert und kommerzialisiert, und die Industrialisierung der USA setzte ein. In allen Sektoren der Wirtschaft entwickelten sich marktwirtschaftliche Strukturen. Die moderne amerikanische Geschichtswissenschaft hat dafür den Begriff „Marktrevolution" (market revolution) geprägt.

Welche Faktoren bestimmten die amerikanische Industrialisierung? Welche Rolle spielte der Staat dabei? Wie wirkte sich die Industrialisierung auf die Wirtschaftsordnung und Gesellschaft aus?

Schlüsselindustrien

Wie in Europa spielte die Textilindustrie eine bahnbrechende Rolle. Die besonders in den Neuenglandstaaten errichteten Baumwollfabriken holten bis 1830 den technischen Vorsprung Englands schnell auf. Die Verbindung von Textilindustrie und Maschinenbau ließ im Nordosten die erste amerikanische Industrieregion entstehen. Der zweite Industrialisierungsschub setzte etwa um 1830 mit dem Ausbau des Verkehrswesens ein. Das Sozialprodukt stieg in der Folgezeit oft um mehr als 10 % pro Jahr. Nach dem Bürgerkrieg entfaltete sich der Industrialisierungsprozess mit erstaunlicher Dynamik und machte die USA bis 1890 zum führenden Industriestaat der Erde.

Faktoren der Industrialisierung

Verschiedene Faktoren wirkten dabei zusammen:

- Rohstoffe wie Kohle, Eisenerz, Holz und Öl waren ausreichend vorhanden und leicht verfügbar; dasselbe galt für die Wasserkraft als Energieträger.
- Vor allem in den alten Handelsplätzen an der Ostküste gab es kapitalkräftige Anleger, hinzu kam Auslandskapital aus England, Deutschland und Holland.
- Es standen viele gelernte und ungelernte Arbeitskräfte zur Verfügung, ein Angebot, das durch die Einwanderung und die Freisetzung von Arbeitskräften in der zunehmend mechanisierten Landwirtschaft schnell anstieg.
- Eisenbahn und neue Schifffahrtswege verbesserten die Verkehrsstruktur.
- Technische Neuerungen, u.a. bei der Stahlherstellung in den 60er Jahren oder die Erfindung des Telefons durch Alexander Bell 1876 und der Glühlampe durch Thomas A. Edison 1879, gaben der Industrie Impulse.
- Der Beginn der Massengüterproduktion für den schnell wachsenden Markt zwang die Industrie zur Rationalisierung.
- Die puritanische Tradition mit ihrem Leistungsbewusstsein förderte die Herausbil-

Arbeiter beim Bau eines Ölbohrturms in Texas, 1891. John D. Rockefeller war 1865 in das Ölgeschäft eingestiegen, allerdings nicht in die Förderung, die ihm zunächst zu riskant erschien, sondern in den Transport des Öls. Bald beherrschte seine Standard Oil Company das gesamte amerikanische Ölgeschäft.

dung eines liberal-individualistischen, kapitalistischen Denkens in Wirtschaft und Gesellschaft.

- Es fehlte eine staatliche Sozialpolitik, gleichzeitig wurden die entstehenden Großunternehmen durch hohe Schutzzölle und billige Kredite gefördert.

Bevölkerungsentwicklung

Die Bevölkerung der USA wuchs zwischen 1860 und 1900 von 31 auf 76 Millionen an. Dieser enorme Zuwachs bedeutete nicht nur ein großes Arbeitskräftereservoir für die Wirtschaft, sondern schuf den größten Binnenmarkt im 19. Jahrhundert. Die Bevölkerungszunahme ist nicht zuletzt ein Resultat des unaufhörlichen Zustroms von Einwanderern. Im 19. Jahrhundert kamen die meisten Einwanderer aus Mittel-, West- und Nordeuropa, bis 1921 aus Süd- und Osteuropa. (→ Modul Migration, S. 171 ff.)

Landwirtschaft

Die fortschreitende Besiedlung des Westens nach dem Bürgerkrieg führte zur Erschließung der Great Plains durch Viehzüchter und Farmer; gleichzeitig wurde die Landwirtschaft mechanisiert. Zwischen Minnesota und Kansas entstand der Getreidegürtel (Corn Belt). Bundesweit erhöhte sich von 1860 bis 1900 die Zahl der Farmen von zwei auf sechs Millionen. Diese Expansion führte zu einer lang anhaltenden Überproduktionskrise bei Getreide, dessen Preis verfiel. Viele Farmer gerieten dadurch in wirtschaftliche Not, die Entwicklung begünstigte aber die Industrialisierung, indem sie niedrige Löhne ermöglichte. Viele der verschuldeten Farmer sammelten sich in der genossenschaftlichen Granger-Bewegung und kämpften gegen den Einfluss von Industrie und Finanzkapital in der Politik.

Industrielles Wachstum

Das industrielle Wachstum nahm insgesamt einen schnellen Aufschwung, Bis zum Jahr 1900 bildete sich auch das industrielle Kerngebiet heraus. Es umfasst knapp $1/8$ der Gesamtfläche, seine wichtigsten Zentren sind New York, Philadelphia, Baltimore, Pittsburgh, Cleveland und Detroit. An der Wende vom 19. zum 20. Jahrhundert wurde die Industrie zum wichtigsten Wirtschaftssektor; die Schlüsselrolle spielte jetzt die Eisen- und Stahlindustrie. Aktiengesellschaften entstanden; die Wall Street, der New Yorker Finanzmarkt, entwickelte sich um 1895 zum Geldgeber der expandierenden Großunternehmen. Bereits vor dem Ersten Weltkrieg nahm auch die Autoindustrie einen starken Aufschwung; 1909 wurden 100 000, 1914 schon eine halbe Million Autos gebaut. Henry Ford gründete 1903 die Ford Company. Diese begann 1908 mit dem Bau des T-Modells, von dem bis 1927 15 Millionen gebaut wurden. Durch die Einführung des Fließbandes 1913 war Ford eine kostensenkende Rationalisierung und spürbare Preissenkung gelungen.

Im letzten Viertel des 19. Jahrhunderts wurde der Aufschwung jedoch durch drei schwere Wirtschaftskrisen unterbrochen. Ein Preisverfall führte zum Ansteigen der Bankrotte und zu erhöhter Arbeitslosigkeit. 1877 kam es zum ersten nationalen Eisenbahnerstreik, der durch Militär niedergeschlagen wurde und 55 Todesopfer forderte. Die Ungleichheit der Einkommensverteilung nahm in dieser Zeit zu.

Konzentration

Der Einfluss der Großindustrie stieg überdies durch die zunehmende ökonomische Konzentration. Es entstanden horizontale Konzerne aus Firmen gleicher Produktion (z. B. Stahl) und vertikale Zusammenschlüsse zwischen Zulieferern und Abnehmern (z. B. Kohle und Stahl), die den Markt unter wenigen Konkurrenten aufteilten. Bereits in den 80er Jahren entstanden die Wirtschaftsimperien der Rockefeller, Carnegie, Morgan und anderer. Diese oft rücksichtslosen Unternehmergestalten beherrschten die Wirtschaft immer mehr, man nannte sie die „Robber Barons". Allein 1899 wurden über 1 200 Zusammenschlüsse von Unternehmen durchgeführt. Den größten Zusammenschluss in der Stahlindustrie vollzog der Bankier John P. Morgan 1901 mit der Errichtung der U.S. Steel Corporation. Diese Holdinggesellschaft kontrollierte etwa 60 % der amerikanischen Stahlproduktion. John D. Rockefeller gründete bereits 1869 die Standard Oil Company of Ohio, die als erstes Industrieunternehmen eine horizontal und vertikal gegliederte Struktur aufwies. Schon 1875 kontrollierte er 90 % der Raffineriekapazität in den USA und 1900 75 % des ganzen Weltrohölmarktes. Der Staat griff in diese zunehmende Oligopolisierung oder gar Monopolisierung der Märkte auf der Basis des radikalen Laissez-faire-Kapitalismus praktisch nicht ein.

Karikatur des Großindustriellen William Tweed, der stets eine diamantene Krawattennadel trug. Thomas Nast, 1875.

Die Periode der ökonomischen Konzentration war nicht zufällig auch der Anfang einer imperialistischen Außenpolitik. Die Wirtschaftskrise in den 90er Jahren und deren soziale Spannungen machten die Gewinnung neuer Absatz- und Rohstoffmärkte zum Gebot der Stunde. Das Zeitalter des Big Business wurde auch die Ära des Dollarimperialismus.

MATERIAL 1

Die größten Industriezweige in den USA 1860 und 1910

	Wertschöpfung in Mio. $ 1860	1910	*Beschäftigung (in Tsd.)* 1860	1910	*Haupt-standorte*
Baumwollerzeugnisse	55 (1)	260 (7)	115 (2)	380 (3)	Neuengland
Holz	54 (2)	650 (2)	76 (4)	700 (1)	verstreut
Stiefel und Schuhe	49 (3)	180 (10)	123 (1)	200 (8)	Neuengland
Getreideprodukte	40 (4)	–	28 (9)	–	verstreut
Herrenbekleidung	37 (5)	270 (6)	115 (2)	240 (6)	Nordosten
Eisen und Stahl	36 (6)	330 (4)	50 (6)	240 (6)	Pennsylvania
Maschinenbau	33 (7)	690 (1)	41 (7)	530 (2)	Nordosten

Die Zahlen in den Klammern bezeichnen die Rangfolge.

MATERIAL 2

Der amerikanische Außenhandel 1800 bis 1900

	1800	1820	1840	1860	1880	1900
1. a) Gesamtausfuhr der USA	32	52	112	316	824	1371
b) Baumwollexporte	4	22	64	192	212	242
2. Anteil des Außenhandels am BSP (in %)	14	9	8	7	6	6

M 1 und M 2 aus: W. P. Adams (Hrsg.), Die Vereinigten Staaten von Amerika, Frankfurt 1977, S. 135 und 140.

1. Untersuchen Sie Steigerungsraten und Veränderungen der Wertschöpfung der wichtigsten Industriezweige. Zeigen Sie die Folgen für den Arbeitsmarkt auf.
2. Beschreiben Sie die Entwicklung des Außenhandels. Welche Rückschlüsse lässt diese auf die gesamtwirtschaftliche Entwicklung zu?

1885 erfand Georg Eastman den biegsamen Rollfilm, der mithilfe der ebenfalls von seiner Firma entwickelten Handkamera „Kodak" belichtet werden konnte. So wurde es erstmals möglich mehrere Bilder hintereinander zu schießen. Innovativ war auch, dass er die Filmentwicklung vom Labor des Kunden in die Firma verlagerte; fotografieren war nun auch ein Hobby für die breite Masse.

Massenkonsum: Neue Produkte müssen vermarktet werden, Anzeige 1890.

MATERIAL
3 Einwanderung in die USA 1820–1960

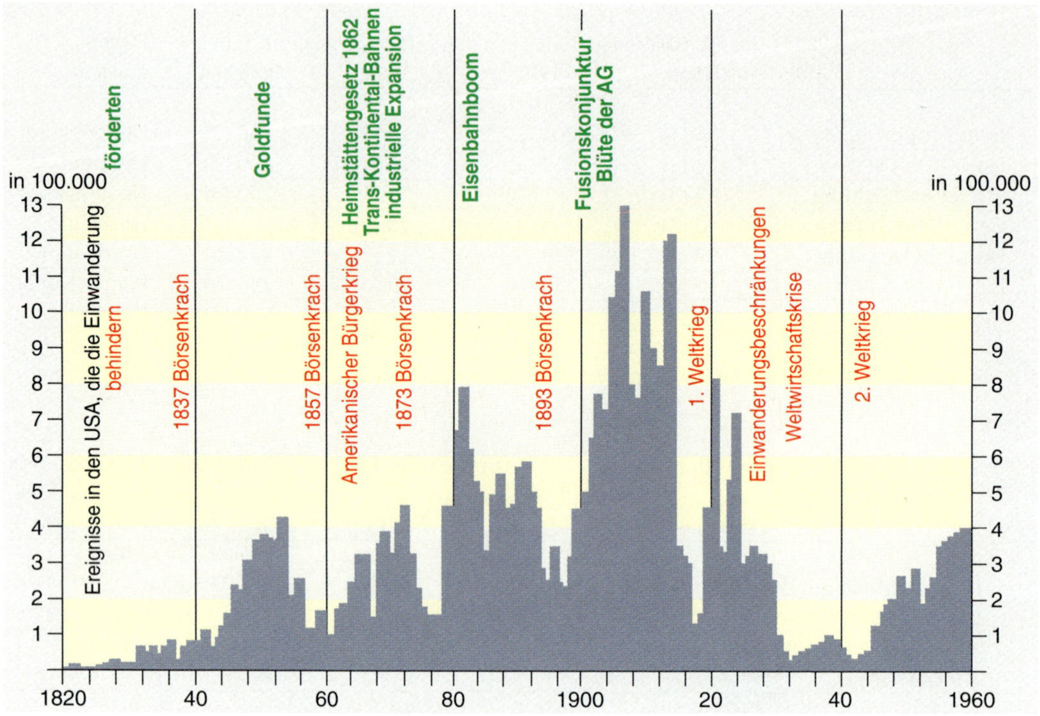

Aus: Historical Statistics of the United States, Washington 1993, S. 67 ff.

MATERIAL
4 Bevölkerung der USA 1790–2000

Jahr	*Gesamt Tausend (gerundet)*	*Weiße Tausend*	*Afro-amerikaner Tausend*	*Sonstige Tausend*	*Bevölkerungs-dichte pro km²*	*Anteil der Stadtbevöl-kerung in %*
1790	3 929	3 172	k. A.	757	1,7	5,1
1810	7 240	5 862	k. A.	1 378	1,7	7,3
1830	12 866	10 537	k. A.	2 329	2,9	8,8
1850	23 192	19 553	k. A.	3 639	3,1	15,3
1870	39 818	34 337	5 392	89	5,2	25,7
1890	62 948	55 101	7 489	358	8,2	35,1
1910	91 972	81 732	9 829	411	12,0	45,7
1930	122 775	110 287	11 891	597	15,9	56,2
1950	150 697	134 943	15 043	711	19,6	64,0
1970	203 302	177 749	22 580	2 973	22,2	73,5
1990	248 710	209 000	30 000	9 310	27,0	78,0
2000	281 422	205 848	35 589	39 989	28,0	77,0

Aus: H. Ott/H. Schäfer (Hrsg.), Wirtschafts-Ploetz, Freiburg 1984, S. 447; Fischer Weltalmanach 92, Sp. 586; 2002, Sp. 843.

1. Untersuchen Sie den Zusammenhang zwischen Einwanderung, Bevölkerungs- und Wirtschaftsentwicklung.
2. In welchem Zusammenhang stehen Urbanisierung und Industrialisierung.

MATERIAL 5

Die Welt nach 1865 – eine Welt der Millionäre?

Der amerikanische Kontinent enthielt mehr Bodenschätze als jedes andere Land, mit Ausnahme Russlands. Sie auszubeuten trug dem tüchtigen und energischen Unternehmer Gewinne ein, wie man sie sich kaum vorstellen konnte. Carnegies jährliche Einkünfte überstiegen 12 $1/2$ Millionen Dollar. Sein Gesamtvermögen belief sich zuletzt auf eine Milliarde Dollar. Der Scheck, den er für seinen Anteil an „United States Steel" erhielt, lautete auf eine Summe, die noch größer war als der Gesamtwert der Vereinigten Staaten zu Washingtons Zeit. Rockefeller raffte etwas mehr als 1500 Millionen zusammen. Die Guggenheims holten aus den Kupfergruben Montanas zwei Milliarden heraus. Vanderbilt II erbte 100 Millionen Dollar und fügte im Laufe von sechs Jahren 90 weitere Millionen hinzu. Morgan war ebenso reich wie Carnegie. [...] 1890 berechnete ein Nationalökonom, dass etwa 125 000 Personen gemeinsam mindestens die Hälfte des Volksvermögens beherrschten.

Die bedeutsamste und folgenschwerste Entwicklung innerhalb der amerikanischen Wirtschaft Ende des 19. Jahrhunderts und der wichtigste Faktor bei der Anhäufung riesiger Privatvermögen war die Entstehung des Monopols. Im scharfen Konkurrenzkampf hatten die Unternehmer bald gemerkt, die beste Art, einen gefährlichen Rivalen loszuwerden, sei, sich mit ihm zusammenzutun.

Dadurch, dass man die Zusammenarbeit an die Stelle der Konkurrenz setzte, konnte man die Herstellungskosten senken, die Preise kontrollieren, die Gewinne festsetzen und den Markt monopolisieren. „Zu behaupten, der Wettbewerb sei der Lebensnerv der Wirtschaft", bemerkte ein Geschäftsmann im Jahre 1880, „heißt einen muffigen alten Spruch herleiern." Also entstanden durch Gentleman's Agreements Unternehmerverbände, lose Syndikate, welche die Produktionsquoten verteilten und die Preise festsetzten.

Aus: R. B. Nye/J. E. Morpurgo, Geschichte der USA, München 1964, S. 556 f.

MATERIAL 6

Andrew Carnegie, Rezept für den geschäftlichen Erfolg, 1885

Dies ist die erste Voraussetzung für den Erfolg, den großen Erfolg: Konzentriere Deine Kraft, Deine Gedanken und Dein Kapital ausschließlich auf das Geschäft, in dem Du tätig bist. Hast Du in einer Branche angefangen, sei auch entschlossen, sich in ihr durchzusetzen und dort Erster zu werden; nutze jede technische Neuerung, verwende die besten Maschinen und sorge, dass Du Dich mit ihnen besser auskennst als andere.

Erfolglos sind diejenigen Konzerne, die ihr Kapital zu sehr gestreut haben; denn das bedeutet, dass sie ihren Verstand auch verzettelt haben. Sie haben investiert in dieses und jenes und noch was anderes, hier und dort und anderswo. Die Devise „Lege alle Deine Eier in einen Korb" ist ganz falsch. Ich sage Dir: Lege alle Deine Eier in einen Korb und kümmere Dich nur um diesen." Sieh Dich um und stelle fest: Menschen, die so handeln, verfehlen selten ihr Ziel. Es ist einfach, nur einen Korb zu behüten und zu tragen. Man ist immer versucht, viele Körbe zugleich zu benutzen, aber dabei gehen in diesem Lande die meisten Eier kaputt. Ein Mensch, der drei Körbe auf einmal tragen will, muss einen auf seinen Kopf setzen, und dieser kann leicht ins Wanken kommen und den Träger zum Straucheln bringen. Eine Schwäche der amerikanischen Unternehmer ist ihre Unfähigkeit, sich auf eine Sache zu konzentrieren.

Ich fasse das Gesagte zusammen: Strebe nach dem Höchsten; gehe nie in eine Bar; rühre keinen Alkohol an, es sei denn bei Mahlzeiten; spekuliere nie; investiere nie mehr als das, was Dir an überschüssigem Geld zur Verfügung steht; identifiziere Dich mit den Interessen Deiner Firma; missachte Anordnungen immer dann, wenn dadurch Unternehmer gerettet werden; konzentriere dich auf eine Sache; lege alle Eier in einen Korb und hüte diesen allein; halte Deine Ausgaben immer im Rahmen Deiner Einkünfte; und schließlich: sei geduldig, denn keiner kann Dich um den letzten Erfolg bringen als Du selbst.

Aus: G. Moltmann (Hrsg.), Die Vereinigten Staaten von Amerika von der Kolonialzeit bis 1917, Paderborn 1980, S. 67.

MATERIAL

7 Karikatur von Joseph Keppler „Bosses of the Senate", 1890

1. Die Welt nach 1865 – wirklich eine Welt der Millionäre? Welche Entwicklung wird im Text (M 5) dargestellt und wie ist diese zu bewerten?
2. Informieren Sie sich anhand eines Lexikons oder im Internet über die im Text genannten Millionäre. Zeigen Sie Gemeinsamkeiten auf.
3. Erläutern Sie Carnegies Denken (M 6) und erörtern Sie seine wirtschaftspolitischen Folgerungen.
   Vergleichen Sie die Grundsätze Andrew Carnegies mit M 5.
4. Beschreiben und erläutern Sie die Karikatur M 7.

4. Spät – schnell – gründlich: Die Industrialisierung in Deutschland

4.1 Deutschland am Vorabend der Industriellen Revolution

Pauperismus

Unvorstellbare Armut, Hunger und Scharen von Bettlern gehörten vor über 200 Jahren in den deutschen Staaten zum Alltagsbild. Kaum vorstellbar, wenn wir uns den heutigen Wohlstand in Deutschland vor Augen führen. Und doch waren diese typischen Merkmale eines heutigen Entwicklungslandes um 1800 in der Mitte Europas weit verbreitet. Ganz besonders dramatisch spitzte sich die soziale und wirtschaftliche Lage ab etwa 1830 zu. Armut wurde im unterentwickelten, noch kaum industrialisierten Deutschland zu einem Massenphänomen, von dem bis zur Jahrhundertmitte etwa 50 Prozent der Gesamtbevölkerung erfasst wurden. Pauperismus nannten die Zeitgenossen diese Massenarmut. Wir fragen: Welches sind die Ursachen für die Rückständigkeit Deutschlands in der ersten Hälfte des 19. Jahrhunderts?

Bauernbefreiung und Bevölkerungswachstum

Eine der Ursachen für dieses kollektive Schicksal war die zu geringe Zahl von gewerblichen und industriellen Arbeitsplätzen angesichts der ständig steigenden Zahl der Arbeitsuchenden. Die Bevölkerung hatte sich nämlich seit den preußischen Reformen im ersten Drittel des Jahrhunderts erheblich vermehrt. Die „Bauernbefreiung" setzte eine große Zahl von Leibeigenen frei, lieferte sie dem ungewissen Schicksal eines saisonabhängigen Erntehelfers und Landarbeiters aus oder drängte sie in die Städte, wo lohnende Arbeit zunächst kaum zu finden war. Die Aufhebung von gutsherrlichen Einschränkungen der Eheschließung bei den Dorfbewohnern führte in Preußen zudem zu einem Anstieg der frühen Heiraten. In Folge dessen nahm auch die Geburtenrate deutlich zu. Gleichzeitig sank die Sterberate, weil sich die Ernährung durch den Anbau von Kartoffeln verbesserte und Seuchen wie Typhus, Paratyphus und Blattern bekämpft wurden. Außerdem begünstigte eine relativ lange Friedenszeit das Bevölkerungswachstum.

Konkurrenz aus England

Darüber hinaus ließ die Konkurrenz billiger englischer Industriewaren, die den Markt überschwemmten, die Löhne in der unproduktiven Heimarbeit weiter sinken. Besonders trostlos war die Lage der Spinner und Weber in Westfalen, Sachsen und Schlesien, deren Erlöse aus der Heimarbeit häufig unter dem Existenzminimum lagen. Durch Verlängerung der Arbeitszeit und vermehrten Einsatz von Familienmitgliedern – meist Frauen und Kindern – suchten die bedrohten Heimarbeiter der industriellen Übermacht zu widerstehen, verstärkten dadurch aber nur den existenzvernichtenden Preisdruck.

Missernten

Die existenzielle Not vieler Menschen verschlimmerte sich bei Missernten, die zu extremer Nahrungsmittelknappheit und enormen Preissteigerungen führten. So traten in den vierziger Jahren in ganz Europa Missernten im Kartoffel- und Getreideanbau auf. Höhepunkt war die Kartoffelfäule der Jahre 1845 bis 1847. Da auch die Getreidepreise stiegen, brachen in vielen deutschen Städten Hungerrevolten aus.

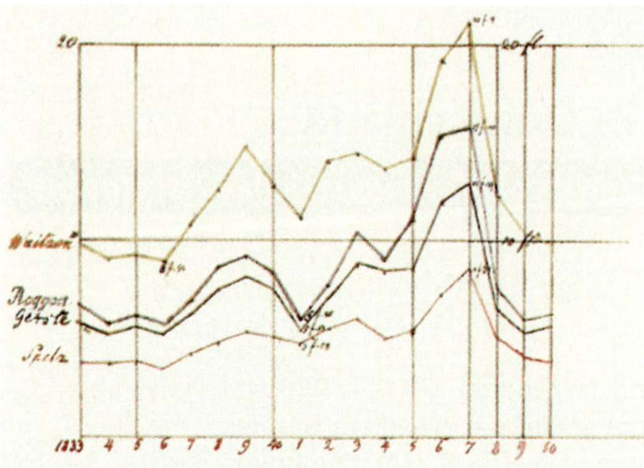

Tabelle aus dem Jahr 1850 über die Entwicklung der Getreidepreise in Baden. Universitätsarchiv Heidelberg.

Als geeignete Antworten auf den Pauperismus betrachtete man Auswanderung in die USA (→ Modul Migration S. 171 ff.), Produktivitätsfortschritte in der Landwirtschaft – z. B. durch chemische Düngung oder durch den Einsatz von Maschinen – und Verkehrserschließungen durch den Bau von Eisenbahnlinien. Vor allem das liberale Bürgertum erhoffte sich von zunehmender Industrialisierung die Überwindung des Pauperismus. Dazu mussten jedoch zuerst eine ganze Reihe von politischen, wirtschaftlichen, sozialen und mentalitätsbedingten Hemmnissen überwunden werden, die die wirtschaftliche Entwicklung in Deutschland besonders stark behinderten:

Hemmnisse der Industrialisierung

- Deutschland war wirtschaftlich und politisch zersplittert. Im Deutschen Bund mit seinen 39 souveränen Staaten behinderten zahlreiche Binnenzölle und unterschiedliche Währungen die Entstehung eines großen nationalen Marktes.
- Es fehlten die für einen Güteraustausch notwendigen Verkehrswege, im Winter und bei Nässe benutzbare Steinchausseen und Kanäle.
- Deutschland war keine See- und Handelsmacht; ihm fehlten Kolonien als Außenmärkte und billige Rohstoffquellen.
- Das spätabsolutistische und nur zögernd durch Verfassungen ansatzweise reformierte Herrschaftssystem der deutschen Staatenwelt beruhte immer noch weitgehend auf einer vorindustriellen Sozialstruktur, die eine Mobilität zwischen den Ständen kaum erlaubte.
- Ein ertragsorientiertes, risikofreudiges Bürgertum konnte sich nur schwer gegen die traditionellen Einstellungen von Adel, Bauerntum und Handwerkerschaft durchsetzen.
- Hohe Feudallasten und Steuern minderten die ohnehin niedrige Kaufkraft der Bevölkerung und hatten den verhängnisvollen Kreislauf von „Armut – fehlende Nachfrage – fehlende Industrie" zur Folge.

Phasen der deutschen Industrialisierung

Deutschland war im Vergleich zu England, dem Mutterland der Industrie, und auch im Vergleich zum Osten der USA oder zu Frankreich ein „Entwicklungsland". Erst über ein halbes Jahrhundert später als in England setzte in Deutschland die Industrialisierung ein. Nach der Lehre von Walt Rostow (→ S. 54 – 56) können dabei drei Phasen im deutschen Industrialisierungsprozess während des 19. Jahrhunderts ausgemacht werden:

- die Anlaufperiode bis etwa 1850,
- die Take-off-Phase bis etwa 1873,
- das Reifestadium, in dem Deutschland die führenden Industrieländer England und die USA einholte, ja in wichtigen Produktionsbereichen England sogar überholte.

Welche Modernisierungsimpulse leiteten die Industrialisierung ein? Mit welchen Methoden wurde die industrielle Aufholjagd durchgeführt? Welche Auswirkungen in Politik, Wirtschaft und Gesellschaft wurden spürbar?

MATERIAL

Ein Blick in das Deutschland des 18. Jahrhunderts 1

Würden wir einen Stab von Entwicklungshelfern in das Deutsche Reich des 18. Jahrhunderts entsenden können, er würde sich wie heute ein Reisender nach Indien über die großen Bettlerscharen wundern. Er würde bemerken, daß die meisten unserer Voreltern nicht regelmäßig arbeiteten, ja dass sie – an heutigen Maßstäben gemessen – wohl auch faul waren und jede Gelegenheit zum Festefeiern und beschaulichen Leben genützt, im übrigen aber dem Glück und der Magie mehr vertraut haben als der Ratio.
Höhere Löhne haben sie kaum dazu anregen können, in Manufakturen zu arbeiten und sich mehr als zuvor anzustrengen. Unsere Entwicklungshelfer würden berichten müssen, dass es an unternehmerischem Geist fehlte, da die Reichen sich weigerten, ihre Gelder in Manufakturen, Bergwerken und anderen gewerblichen Großprojekten anzulegen, wenn diese nicht erheblich subventioniert wurden. Lieber haben sie, wie heute orientalische Kaufleute, in Grundstücken spekuliert, Warenhandel betrieben und Geld zu hohem Zins an Fürsten ausgeliehen. Mit diesem Geld, so würden wir erfahren, finanzierten die Fürsten dann kostspielige politische Abenteuer und einen bemerkenswerten Luxus. [...]

Unser Stab von Entwicklungsländern hätte uns zu allem Überfluss von den Schwierigkeiten zu erzählen, der Staatsautorität gegenüber den partikularen Interessen traditioneller Kräfte Geltung zu verschaffen, und er müsste von unglaublichen Korruptionsfällen Meldung erstatten.
Am erschreckendsten fände er aber vielleicht die schreiende Ungerechtigkeit der Einkommensverteilung mit einer ganz schmalen, sehr hohen Spitze der Pyramide und einer breiten Basis der Massenarmut.

Aus: K. Borchardt, Europas Wirtschaftsgeschichte – ein Modell für die Entwicklungsländer? in: → S. 56, M 3, S. 343 ff.

MATERIAL

Hungerrevolte in Stettin (1847) 2

MATERIAL

3 Schusterwerkstatt am Sonntagmorgen (1845)

MATERIAL

4 Kaufkraftschwankungen der Zimmergesellenlöhne in Leipzig

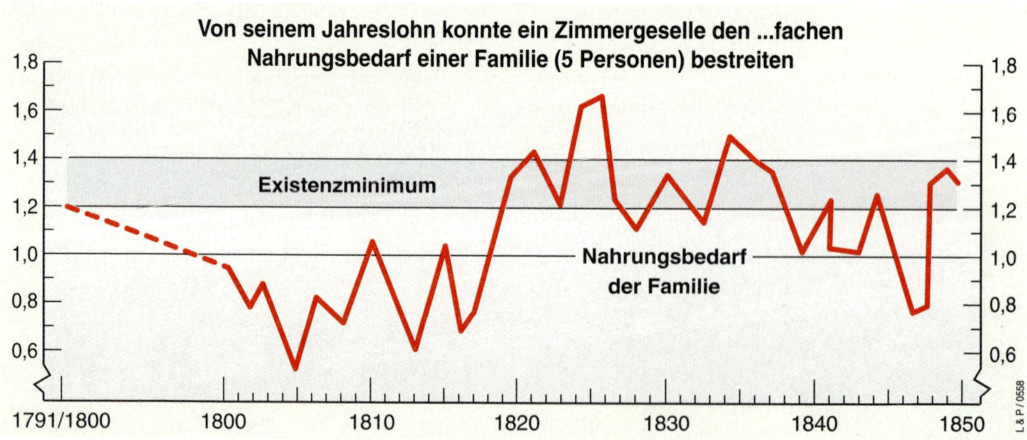

Aus: H. Aubin/W. Zorn, Handbuch der deutschen Wirtschafts- und Sozialgeschichte, Stuttgart 1976, Bd. 2, S. 349.

1. Zeigen Sie Erscheinungsformen und mögliche Ursachen der vorindustriellen Massenarmut mithilfe der Materialien 1–4 auf.
2. Worauf führen Sie die unzureichende Kaufkraft, worauf die Kaufkraftschwankungen zurück?

4.2 Die Eisenbahn – Schrittmacher für die Industrialisierung Deutschlands?

Unter den Kapitalgebern für den Bau einer Eisenbahnlinie nach Hamm in Westfalen befand sich nur ein einziger Adeliger. Der dortige Adel vertrat nämlich die Meinung, es könnte mit der Eisenbahn künftig jeder Bauer so schnell fahren wie die Adeligen. Und das wollten sie nicht. Der deutsche Industrielle F. W. Harkort (1793–1880) bemerkte hierzu: „Die Junker haben von ihrem Standpunkt aus Recht; sie fühlen instinktiv, dass die Lokomotive der Leichenwagen ist, auf welchem Absolutismus und Feudalismus zum Kirchhofe gefahren werden." Zwar schlug ihr Totenglöcklein endgültig erst 1918/19 mit der Gründung der Weimarer Republik. Doch Harkort hatte Recht, wenn er den Eisenbahnbau als wichtigen Bestandteil des sozialen Wandels und der Mobilitätszunahme hervorhebt, die ihrerseits eine Voraussetzung der Industrialisierung bildeten.

Motor der Industrialisierung

Was in England nämlich der Textilindustrie zukam, sollte bei der deutschen Industrialisierung der Eisenbahnbau übernehmen: die Schrittmacherfunktion. Die Erbauer der ersten deutschen Eisenbahnstrecke von Nürnberg nach Fürth (1835) waren noch auf englische Unterstützung angewiesen; Lokomotive und Bedienungspersonal waren englischer Herkunft. Auch war die Akzeptanz in der Bevölkerung für dieses neue Verkehrsmittel anfangs noch vergleichsweise gering: Das Bayerische Obermedizinalkollegium warnte in einem Gutachten vor der rasenden Geschwindigkeit der Eisenbahn, die „unfehlbar eine Gehirnkrankheit, eine besondere Art des delirium furiosum, erzeuge". Dennoch wurde der Ausbau des deutschen Streckennetzes zügig und aus eigener Kraft fortgeführt. Schon um die Jahrhundertmitte waren aus den sechs Kilometern des Jahres 1835 an die 6 000 Kilometer geworden. Allein die erst 1835 gegründete Berliner Maschinenfabrik Borsig stellte zwischen 1850 und 1860 mehr als 1 600 Lokomotiven her.

Transportrevolution

Neue Verhüttungstechniken befriedigten den stark steigenden Bedarf an Roheisen. Die Eisen- und Stahlindustrie suchte die räumliche Nähe zur Kohle im Ruhrgebiet, im Saarland und in Oberschlesien. Die Eisenbahn ermöglichte den schnellen Transport schwerlastiger Massengüter wie Erze und Eisen zu niedrigen Preisen; sie begünstigte so die regionale Arbeitsteilung, erleichtere die regionale wie die überregionale Mobilität der Arbeiterschaft und förderte die Entwicklung großräumiger Märkte. Eine „Transportrevolution" ging – überspitzt formuliert – der industriellen Revolution voraus.

Eisenbahnen veränderten aber nicht nur den Alltag der Menschen und die wirtschaftlichen Möglichkeiten, sie waren auch politisch bedeutsam. Aus der Sicht der Ökonomen und Techniker nämlich bildeten die deutschen Klein- und Mittelstaaten mit ihren Grenzen, ihren unterschiedlichen Münz-, Maß- und Zollsystemen, die sie als Symbole ihrer staatlichen Souveränität eifersüchtig verteidigten, nichts anderes als Hindernisse vor einer rationellen Nutzung von Raum und Zeit. Das Streben nach nationaler Einigung, das 1848 noch vorwiegend eine ideelle Kraft war, sollte mit wachsenden Transportkapazitäten und zunehmender Industrialisierung aus wirtschaftlichen Vernunftgründen neue Nahrung erhalten.

Friedrich List

Einer der publizistischen Wegbereiter eines gemeinsamen deutschen Marktes war der Reutlinger Nationalökonom Friedrich List, der schon 1819 die Aufhebung der Binnenzölle im Deutschen Bund gefordert hatte. Er setzte sich zudem für Demokratie sowie nationale Einheit ein und wandte sich gegen den monarchischen Obrigkeitsstaat. Er verlor daraufhin seine Tübinger Professur sowie sein Mandat für die Stadt Reutlingen im württembergischen Landtag und musste, um einer langen Haftstrafe zu entgehen, in die USA auswandern. In Amerika beteiligte er sich so erfolgreich am Bau von Eisenbahnlinien, dass er die Bekanntschaft des amerikanischen Präsidenten Andrew Jackson machte, der ihn 1832 als amerikanischen Konsul nach Leipzig entsandte. Hier nahm Friedrich List in zahlreichen Veröffentlichungen seinen Kampf um die Schaffung eines deutschen Zollvereins und Eisenbahnnetzes, die er „siamesische Zwillinge" nannte, wieder auf. Auf preußische Initiative kam es schließlich zu Handelsverträgen mit den süd- und mitteldeutschen Staaten. Am 1. Januar 1834 wurde der Deutsche Zollverein gegründet, in dem sich 18 Staaten zu einem einheitlichen Zollgebiet zusammenschlossen. Bis 1854 traten auch die übrigen deutschen Staaten mit Ausnahme Österreichs, Mecklenburgs sowie der drei Hansestädte Hamburg, Bremen und Lübeck bei.

Deutscher Zollverein

Staatliche Maßnahmen

Die Schaffung eines einheitlichen Zollgebietes war eine wesentliche Voraussetzung der Industrialisierung. Um den Rückstand gegenüber England oder Frankreich aufzuholen, griffen die deutschen Staaten neben der Gründung des Zollvereins noch zu zahlreichen weiteren Maßnahmen, die direkt oder indirekt den Prozess der Industrialisierung ankurbeln sollten. So veränderten z. B. die Stein-Hardenberg'schen Reformen schon im ersten Viertel des 19. Jahrhunderts durch die Einführung der Gewerbefreiheit und durch die Bauernbefreiung die wirtschaftlichen und sozialen Rahmenbedingungen in Preußen entscheidend. Deutsche Staaten gründeten in den 20er Jahren gewerbliche und technische Fachschulen. Staatliche Banken vergaben Kredite an Handelsgesellschaften und kapitalschwache Gewerbebetriebe; sie gaben Zinsgarantien beim Bau privater Eisenbahnlinien. Die Staaten ließen Flüsse begradigen und schiffbar machen, Kanäle anlegen und Straßen aus Steinen (Chausseen) bauen. Die großherzoglich badische Regierung beispielsweise beauftragte 1817 den Bauingenieur Tulla mit der Regulierung des Rheins. Um 1800 gab es in Deutschland knapp 1300 km schiffbare Wasserstraßen, in der Mitte des 19. Jahrhunderts waren es im Gebiet des späteren Deutschen Reiches schon mehr als 35 000 km.

Banken

Woher stammte das Kapital für die Industrialisierung in Deutschland? Da trotz großer Risiken in Deutschland hohe Gewinne erzielt wurden, floss auch ausländisches Kapital in Form von Krediten nach Deutschland. Als mit fortschreitender Industrialisierung der Kapitalbedarf erheblich zunahm, war der einzelne Unternehmer oder Privatbankier mit der Finanzierung jedoch überfordert. Einen Ausweg bot der Zugriff auf kleine und mittlere Vermögen mithilfe der Aktie. Durch die Ausgabe von Anteilscheinen an Unternehmungen konnte das bis dahin in Sparstrümpfen brachliegende Geld zusammengefasst und in Gebäude und Maschinen, also in renditeträchtiges Sachkapital, umgewandelt werden. Aktien spielten bei der Finanzierung von Eisenbahnen erstmals eine wichtige Rolle. Die Banken, die sich bis dahin vor allem mit Staatsanleihen sowie Geldwechsel betätigt hatten, übernahmen die Funktion einer Kapitalsammelstelle auch für relativ kleine Geldanleger. Eine Folge dieser Entwicklung war auch, dass das Kredit- und Aktiengeschäft es ihnen erlaubte, zunehmend selbst Einfluss auf industrielle Vorhaben zu nehmen.

MATERIAL 5

Aus der Debatte im badischen Landtag über den Bau der Rheintal-Bahn (1838)

Abg. Merk: Die Anwendung der Dampfkraft auf die Rotation der Fuhrwerke und deren Bewegung auf einer Eisenschienenfläche ist eine Erfindung des menschlichen Geistes, [...] welche große Folgen auf den Entwicklungsgang der Civilisation haben wird, [...] und sie wird selbst jener der Buchdruckerkunst nicht weit nachstehen. [...]

Allein, indem alles leicht und mit geringem Aufwand mitgeteilt und gesehen wird, folglich Welt- und Menschenkenntnis in einem hohen Grade sich verbreitet, so muss natürlich alles Vorurteil, alle Einseitigkeit schwinden, und das Engherzige, Kleinliche nach und nach aus dem Leben sich verlieren. [...] In dem Ideenaustausch liegt ein großes Gegengewicht gegen die Censur. [...] Ich sehe darin eine große Garantie für die bürgerliche Freiheit und eine mächtige Stütze des allgemeinen Friedenszustandes in Europa; denn indem dadurch eine Verbindung der Interessen aller benachbarten Völker entsteht [...] und eine wechselseitige Befreundung hergestellt wird, so kann dies keine andere Folge haben, als dass jedem an der Erhaltung des Friedens gelegen ist. [...]

Abg. Sander: Ich bin kein Feind der Eisenbahnen, obschon ich [...] die Meinung hege, dass auf Deutschland, ja ganz Europa, hinsichtlich der geistigen Interessen die Freiheit der Presse mehr wirken werde, als alle Eisenbahnen welche ganz Europa durchschneiden. [...]

Wenn ich bedenke, dass die Dampfschifffahrt diesen Sommer bis nach Basel sich ausdehnt und dass im Elsass noch eine zweite Wasserstraße, der Canal von der Rhone in den Rhein, besteht, wenn ich sehe, dass jenseits im Rheintal drei Landstraßen der Länge nach ziehen [...] und dass wir im Rheintal zwei große Landstraßen, die Berg- und Rheinstraße, besitzen, wenn ich bedenke, dass also in einem Tale von höchstens fünfzehn Stunden Breite mit den zwei Eisenbahnen neun Straßen nebeneinander herziehen, so muss ich glauben, dass das Erträgnis der Eisenbahn nicht groß sein wird. [...]

Die Ackerbau treibende Classe [...] ist die Masse der Bevölkerung, und nun frage ich, glauben Sie, dass dem Landmanne auch wirklich die Eisenbahn zugute komme? Nein, er führt ein sesshaftes, nicht dem Handel und Erwerb auf den Straßen nachjagendes Leben. [...] Die paar Butterweiber, die auf den Markt, und die paar Processkrämer, die zum Hofgericht fahren, machen aber nicht viel aus. Die Eisenbahn kommt niemanden zugut, als den alsdann schnell durchfahrenden Reisenden, niemanden als den verhältnismäßig unbedeutenden Handel Treibenden, [...] den Vergnügungssüchtigen, die schnell in einen Ball oder ins Theater dahier zu fahren wünschen. [...] Sind nun dieses die Classen der Bevölkerung, welche verlangen können, dass eine so ungeheure Summe auf Staatskosten aufgewendet werde, als die Eisenbahn kosten wird? Nimmermehr!

Aus: Verhandlungen der II. Kammer am außerordentlichen Landtag 1838.

Der Heidelberger Bahnhof um 1845. Lithographie.

1. **Stellen Sie die Argumente des Gegners und des Befürworters der Rheintalbahn gegenüber. Nehmen Sie Stellung dazu.**
2. **Welche politischen und gesellschaftlichen Gruppierungen könnten ein Interesse am Bau der Bahnlinie gehabt haben, welche nicht?**

„Sie sehen, Herr Gränzwächter, daß ich nix zu verzolle hab', denn was hinte auf'm Wagen ist, hat die Lippische Gränz noch nit überschritten, in der Mitt' ist nix, und was vorn drauf is', ist schon wieder über der Lippischen Gränze drüben."

MATERIAL

6 Wie Industrie entsteht – und was sie bewirkt: eine Fallstudie aus der Zeit der württembergischen Frühindustrialisierung

Als auf dem Landtag von 1842/43 der Eisenbahnbau auf die Tagesordnung gesetzt wurde, hatte Bayern bereits 65 km und Baden 19 km Bahn gebaut. Württemberg und seine Industrie drohten in Isolation zu geraten, da der Transitverkehr über das Rheintal immer mehr am Königreich vorbeilief und die hohen Transportkosten auf Straßen und Flüssen die württembergische Wirtschaft übermäßig belasteten. [...]

Es waren vor allem die Vertreter des industriellen und Handel Treibenden Bürgertums, die schon früh (1835/36) energisch auf den Bau eines zeitgemäßen und konkurrenzfähigen Verkehrsnetzes drängten. Wegen des niedrigen Entwicklungsstandes privater Kapitalakkumulation in Württemberg und der Unmöglichkeit, derart aufwändige infra-strukturelle Grundlageninvestitionen privat zu organisieren, sollte der Staat finanziell in die Bresche springen. Denn eines der größten Probleme bei fast jedem württembergischen Industrieprojekt war die Frage der Kapital- und Kreditbeschaffung. Die höchste Sachwertkonzentration fand sich immer noch in den Händen der feudalen Oberschicht, zum überwiegenden Teil in Form von Grundbesitz und Nutzungsrechten. Flüssige Geldmittel wurden in der Regel in das landwirtschaftliche Hypothekar- und Kreditwesen oder in risikolose Staatspapieranlagen investiert. Der bürgerliche Kapitalbesitz lag dekonzentriert in den Händen vieler Kleinunternehmer und Gewerbetreibender, veraltete Anlageformen wurden bevorzugt, und Kredit- und Kapitalbeschaffung über den Rahmen der eigenen Familie hinaus eher als Zeichen von Unsolidität denn als unternehmerische Initiative gewertet. Ein kreditvermittelndes und Anlagekapital organisierendes Banksystem fehlte ebenso wie die Regelung allgemein verbindlicher Kreditbedingungen und ein Sicherheit bietendes Pfandrecht. [...]

Hinzu kamen andere Startnachteile. Es fehlten einmal die Rohstoffe – vor allem die Kohle –, die eine Schwerindustrie hätten entstehen lassen können; die Wasserkraft der Flüsse war anfangs noch für viele Jahrzehnte die einzige oder hauptsächliche Energiequelle – dies wiederum brachte eklatante Standortnachteile. Zum anderen stellte sich das Problem der Qualifikation der Arbeitskraft und ihrer Mobilität.

Für die Städte des dicht besiedelten Neckarraumes, deren Industrialisierungsgrad vergleichsweise fortgeschritten war, wurde die Eisenbahnfrage angesichts dieser Verhältnisse zunehmend zur Lebensfrage. Heilbronn und Esslingen zum Beispiel gehörten zu den Städten mit der größten Gewerbedichte und mit den höchsten betrieblichen Gewerbesteuersätzen in Württemberg. Anfang der dreißiger Jahre verfügte Heilbronn über 20 Fabriken mit rund 500 Arbeitern und Esslingen über 8 Fabriken mit insgesamt 676 Arbeitern. Ähnlich große Fabrikanlagen fanden sich damals in Württemberg nur noch in Stuttgart, Ulm und Heidenheim. [...]

Am 18. Abril 1843 wurde in Württemberg das erste grundlegende Eisenbahngesetz erlassen, nach dem „auf Staatskosten Eisenbahnen erbaut" werden sollten, „welche den Mittelpunkt des Landes, Stuttgart und Cannstatt, auf der einen Seite durch das Filsthal mit Ulm, Biberach, Ravensburg und Friedrichshafen, auf der anderen Seite mit der westlichen Landesgrenze sowie in nördlicher Richtung mit Heilbronn verbinden". Am 3. Oktober 1845 fand zwischen Cannstatt und Untertürkheim die erste Probefahrt unter Anwesenheit des Königs statt. [...] Der Anschluss an das badische und bayerische Eisenbahnnetz beendete 1853/54 die wichtigste Etappe der ersten Eisenbahnbauperiode. [...] Der Güterverkehr nahm rasch zu. [...]

In England hatte die Industrie die Eisenbahn hervorgerufen, in Württemberg sollte die Eisenbahn Geburtshelfer der industriellen Entwicklung sein. Sie machte auf breiter Grundlage mit moderner Technik vertraut, begünstigte die Entstehung industrieller Mentalität und war selbst ein realer Wirtschaftsfaktor, ein Investitionsobjekt bisher nie dagewesener Größe, das den Kapitalmarkt in Württemberg grundlegend veränderte. Zum ersten Mal wurden größere Kapitalmengen, angelockt durch staatlich abgesicherte Rendite, aus dem bevorzugten Anlagesektor Landwirtschaft abgezogen und in ein industrielles Projekt investiert. [...]

Ein Produkt dieser Klimaveränderung und gleichzeitig eine nationalökonomisch logische Ergänzung des Eisenbahnkonzeptes war dann 1846 die Gründung der Maschinenfabrik Esslingen. Aufgabe der Fabrik war die Herstellung der von der Staatsbahn benötigten „Lokomotiven, Eisenbahnwagen und anderer Requisiten". Die Maschinenfabrik Esslingen brachte von der Art und Weise ihres Entstehens (als Objekt gezielter Investitionspolitik) als auch im Umfang ihres Kapitals und dem erreichten technologischen Standard her neue Dimensionen in die württembergische Wirtschaft. [...] Staatliche Zuschüsse und langfristige staatliche Absatzgarantien auf 15 Jahre sowie das Monopol für den Eisenbahnmaschinenbau in Württemberg schufen erst die Voraussetzungen für private Kapitalakkumulation in diesem Sektor. [...]

Der Beginn industriellen Wachstums ist aber nicht alleiniges Ergebnis der Veränderungen der materiellen Infrastruktur. Eine direkte Kausalbeziehung lässt sich am ehesten herstellen zu den Veränderungen auf dem Sektor der Energieversorgung, wo die neuen Transportmöglichkeiten den Einsatz des effektiveren Energieträgers Steinkohle für die industrielle Nutzung der Dampfkraft auch in Württemberg rentabler machten. Steinkohle begann deshalb seit den 40er Jahren zu den wichtigsten Einfuhrgütern der württembergischen Industrie zu zählen, in der bis dahin aus Kostengründen die Wasserkraft fast alleinige Energiebasis der Maschinisierung war.

W. Kaschuba, C. Lipp u. M. Scharfe in: Der Bürger im Staat, Heft 1/1977, S. 45–49.

1. Untersuchen Sie die Fallstudie zur Industrialisierung Württembergs unter folgenden Gesichtspunkten: entwicklungsfördernde und -hemmende Faktoren; Kapitalbildung; Schrittmacherindustrie; Rolle des Staates. Berücksichtigen Sie dabei auch die Karikatur Seite 84.

4.3 Vom „Gründerboom" zur Hochindustrialisierung – ein geradliniger Weg?

„Spät, schnell, gründlich"

Ab etwa 1850 begann in Deutschland – ausgelöst durch den Eisenbahnboom – ein rasches Wirtschaftswachstum. Die eigentliche Hochindustrialisierung, das Reifestadium der Industrialisierung, entwickelte sich jedoch erst im letzten Drittel des Jahrhunderts. „Spät, schnell und gründlich" erfolgte die deutsche Industrialisierung im Vergleich zu England nach einer griffigen Formel des Soziologen Dahrendorf, und er fragt, ob nicht gar „zu spät, zu schnell und zu gründlich".

Während die Industrialisierung in England zeitlich gestreckter war, wurde der Prozess in Deutschland auf einen vergleichsweise kurzen Zeitraum zusammengedrängt. Zugleich erfasste er alle Bereiche der Gesellschaft. Als industrieller Nachzügler konnte sich Deutschland den Luxus einer allmählichen kapitalistischen Entwicklung nicht leisten. Weil es spät industrialisierte, musste es schnell und gründlich industrialisieren. Dennoch verlief das Wirtschaftswachstum – wie z.B. auch in den USA in diesem Zeitraum – nicht gradlinig und stetig; Phasen des wirtschaftlichen Aufstiegs wurden von Phasen der Stagnation und der Krisen unterbrochen.

Gründerboom und Gründerkrach

Ein markanter Entwicklungsschritt in der Folge des deutsch-französischen Krieges (1870–1871) und der anschließenden Reichsgründung war der Gründerboom in Deutschland. Rüstungsaufträge und die von Frankreich bar zu leistende Kriegsentschädigung von fünf Milliarden Francs blähten die Wirtschaft gewaltig auf. Doch zu schnell wie sich herausstellte: Denn Börsenmanipulationen, fragwürdige Finanzierungsmethoden, Fehlinvestitionen und übereilte Firmengründungen ließen das Wirtschaftswunder bald wie ein Kartenhaus zusammenfallen: 1873 kam es zum „Gründerkrach". Damit wurde eine Periode der Verlangsamung des wirtschaftlichen Wachstums eingeleitet, die – zumindestens zeitweise – von Produktionsrückgang und Preisverfall gekennzeichnet war. Wirtschaftswissenschaftler nannten diese bis Mitte der 90er Jahre des 19. Jahrhunderts Jahre dauernde Periode „Große Depression". Angesichts der mittlerweile internationalen Verflechtung der Wirtschaft begann ein gnadenloser Existenzkampf um in- und ausländische Märkte. In manchen Branchen ging man sogar dazu über, die Konkurrenz mit Dumpingpreisen, d.h. dem Verkauf unter dem Selbstkostenpreis, auszustechen.

Unternehmenskonzentration

Lohnsenkungen und Massenentlassungen führten zu einem Kaufkraftschwund, sodass sich trotz sinkender Preise die Absatzmöglichkeiten in engen Grenzen hielten. Zudem wurden neue und oft kostspielige Produktionsverfahren und -techniken eingeführt, z.B. in der chemischen und elektrischen Industrie, die Rationalisierungen ermöglichten. Sie ebneten gleichzeitig aber auch den Weg zu Unternehmenskonzentrationen: Je mehr Kapital nämlich die Investitionen erforderten, desto größer (und damit kapitalkräftiger) musste das Unternehmen sein. Und je größer das Unternehmen war, umso eher waren Banken bereit, Kredite zu gewähren. Auf diese Weise kam es häufig zu einer engen Zusammenarbeit zwischen Banken und Großbetrieben, wobei die Banken über Kreditvergabe, Aktienkauf und -verkauf Einfluss auf die Geschäftspolitik der Konzerne und Betriebe nehmen konnten.

Kartelle

Charakteristisch für die kapitalistische Wirtschaft in der Hochindustrialisierung war auch die Zunahme von Kartellen. „Kinder der Not" wurden sie damals genannt, denn viele Politiker und Wirtschaftstheoretiker waren der Ansicht, dass ohne Absprachen über Preise, Produktionsmengen, Absatzgebiete die brisante Mischung aus Überproduktion und Preisverfall möglicherweise zu noch bedrohlicheren Wirtschaftskrisen geführt hätte, die hauptsächlich auf dem Rücken der Arbeiterschaft ausgetragenen worden wären.

Landwirtschaft

Ungefähr zur gleichen Zeit geriet die Landwirtschaft in eine viel tiefer greifende Strukturkrise. Sie erfasste vor allem die Großagrarier östlich der Elbe, die sich nicht wie die Masse der Kleinbauern auf Veredelungsprodukte wie Obst, Gemüse, Tabak oder Wein umstellen konnten, sondern – auf relativ schlechten Böden zu hohen Zentnerkosten – Getreide anbauen und über den Markt absetzen mussten. Doch dieser war immer härter umkämpft. Nach dem Ende des amerikanischen Sezessionskrieges (1861–1865; → S. 36–40) wurde das Eisenbahnnetz in den Mittleren Westen der USA zügig ausgebaut. Dort erzielten die Farmer im feuchtheißen Sommerklima bei niedrigem Kapitaleinsatz hohe Erträge im Getreideanbau. Da zugleich die Zahl der Schiffe, die den Atlantik überquerten, anstieg und die Weltschifffahrtslinien die Frachtraten ihrer Dampfer und Klipper erheblich reduzierten, konnte billiges amerikanisches Getreide den europäischen Markt überschwemmen. Die deutsche Landwirtschaft war auf dem Weltmarkt nicht mehr konkurrenzfähig und auf den deutschen Markt angewiesen. Dieser stand aber infolge der liberalen Wirtschaftspolitik ebenfalls den amerikanischen Getreideexporten offen.

Schutzzollpolitik

Den Großagrariern gelang es, ihre seit 1875/76 spürbar schlechtere Ertragslage als Sorge der gesamten Landwirtschaft, ja als nationales Überlebensproblem darzustellen. Organisiert in kampfstarken Interessenverbänden forderten sie die Abkehr von der bis dahin auch von ihnen hochgehaltenen – weil ihren Getreideexporten förderlichen – Freihandelspolitik und die Hinwendung zur Schutzzollpolitik. Unterstützung in ihrem plötzlichen Bekenntnis zum Protektionismus fand die Landwirtschaft bei der traditionellerweise auf außenwirtschaftliche Absicherung bedachten Textil- und Schwerindustrie. Der Druck von „Roggen und Eisen" auf die Reichsregierung wuchs, und trotz des Widerstands der Nationalliberalen, der Außenhandelswirtschaft und vieler anderer Befürworter des Freihandelsprinzips setzte Reichskanzler Bismarck 1878/79 eine Schutzzollpolitik durch. Er war wohl davon überzeugt, mit Schutzzöllen den Absatz deutscher Produkte innerhalb des Reiches sichern und zugleich die geringen Steuereinnahmen des Deutschen Reiches aufbessern zu können. Landwirtschaft und Schwerindustrie konnten nun – durch entsprechend angehobene Außenzölle geschützt – dazu übergehen, die Inlandspreise herauf- und die Exportpreise herunterzusetzen. Auf diese Weise blieben sie auf dem Weltmarkt wettbewerbsfähig und sicherten sich ihren Gewinn auf dem Inlandsmarkt.

Die Schutzzollpolitik im Agrarbereich, in dem noch immer mehr als 40 Prozent aller Beschäftigten arbeiteten, war auch eine Art praktischer Sozialpolitik und federte den einsetzenden Strukturwandel in der Landwirtschaft ab. In abgeschwächter Form galt das auch für die immer wieder von Krisen geschüttelte gewerbliche Industrie, die Schutz im Schatten des Protektionismus fand und sich erst gegen Ende des Jahrhunderts wirklich stabilisierte und zugleich die Landwirtschaft aus ihrer führenden Stellung verdrängte.

MATERIAL

7 Die Debatte über Schutzzoll- oder Freihandelspolitik im Reichstag vom 2. bis 9. Mai 1879

Reichskanzler Fürst von Bismarck:

Einen mäßigen Schutz der einheimischen Arbeit verlangen wir. Wir sind weit entfernt von irgendeinem System der Prohibition, wie es in den meisten Nachbarländern stattfindet, wie es in unserem früheren Hauptabnehmer Amerika stattfindet, Zölle von 60–80 Prozent im Durchschnitt. Alles das, was wir Ihnen geben als Schutzzoll, bleibt innerhalb der Grenzen der finanziellen Besteuerung, mit Ausnahme derjenigen, wo das Unterlassen eines höheren Schutzes erhebliche augenblickliche Nachteile für zahlreiche Klassen unserer Mitbürger nach sich ziehen würde. [...] Wir sind bisher durch die weit geöffneten Tore unserer Einfuhr die Ablagerungsstätte aller Überproduktion des Auslandes geworden; und das ist es, was unsere Preise und den Entwicklungsgang unserer Industrie [...] am allermeisten drückt. Schließen wir unsere Türen einmal, errichten wir die etwas höhere Barriere und sehen wir zu, dass wir mindestens den deutschen Markt, wo die deutsche Gutmütigkeit jetzt ausgebeutet wird, der *deutschen* Industrie erhalten. [...] Wenn die Gefahr des Schutzzolles so groß wäre, müsste Frankreich seit Colbert ein ruiniertes Land sein.

Abgeordneter Eugen Richter (Hagen):

Wir sind ein Land, das auf einer ganz anderen und höheren Stufe steht als diejenigen Länder, die man zum Vergleich anruft. [...] Was würde denn sein, wenn der geschlossene Handelsstaat sich verwirklichte, wenn die 300 Millionen Fabrikate, die jetzt eingeführt werden, dann allerdings vielleicht teilweise im Land gemacht werden könnten – aber nicht mehr im Land hergestellt werden könnten jene 800 bis 900 Millionen Mark Fabrikate, die wir ausführen? Dann würden wir für 500 bis 600 Millionen Mark Fabrikate im Land weniger herstellen können. [...]

Wessen Interesse steht aber auch mehr gegen diese Zollpolitik [...] als das Interesse des deutschen Handwerkers? Was bringen Sie Ihnen durch diesen Zolltarif? Verteuerung aller ihrer Stoffe, Werkzeuge und Materialien. [...] Auch muss die Verteuerung auf die Konsumtion einschränkend wirken; je mehr man für etwas ausgeben muss, umso weniger hat man übrig für etwas anderes, je weniger dadurch Nachfrage nach anderen Artikeln entsteht, desto weniger ist Gelegenheit für diese anderen Zweige, Arbeiter zu beschäftigen. Also auch in dieser Beziehung muss diese Politik zur Entlassung führen, und diese entlassenen Arbeiter werden dann wieder auch auf den Lohn in den Zweigen drücken, die durch die Zollpolitik angeblich geschützt sind.

Und dann noch eins: Wenn wirklich die Löhne steigen, hat da nicht der Arbeitgeber die Möglichkeit, von auswärts Arbeiter hinzuzuziehen und durch die freie Konkurrenz der Arbeiter unter sich die Löhne wieder niederzudrücken? Wenn einmal Schutzzoll, dann auch Schutzzoll gegen ausländische Arbeiter. [...] Wer hat denn (außer der Großindustrie) Nutzen von diesem Zollsystem? Man spricht von den Landwirten: Sind es etwa die kleinen Landwirte, wie wir sie namentlich auch im Westen kennen? [...] Ihr Gemüse, ihre Milch, ihre Kartoffeln können Sie ihnen durch keinen Zolltarif schützen. Der Schwerpunkt liegt in dem Kornzoll, wie Sie sagen. [...] So viel wissen wir doch, daß die Zahl der Besitzer unter 30 Morgen in Preußen 80 Prozent beträgt und dass die Zahl in der Rheinprovinz sogar 96 beträgt, dass also dort nur 4 Prozent der Besitzer in der Lage sind, über 30 Morgen zu bewirtschaften – eine Ziffer, die bisher als diejenige bezeichnet worden ist, wo es erst möglich ist, mehr Korn zu produzieren, als die Haushaltung gebraucht, wo also erst der Nutzen anfängt.

Aus: W. Steitz, Quellen zur deutschen Wirtschafts- und Sozialgeschichte von der Reichsgründung bis zum Ersten Weltkrieg, Darmstadt 1985, S. 94–115.

1. Stellen Sie die Argumente gegenüber und kommen Sie zu einem eigenen Urteil.

MATERIAL 8

Wachstumsraten des Nettoinlandsprodukts in Preisen von 1913

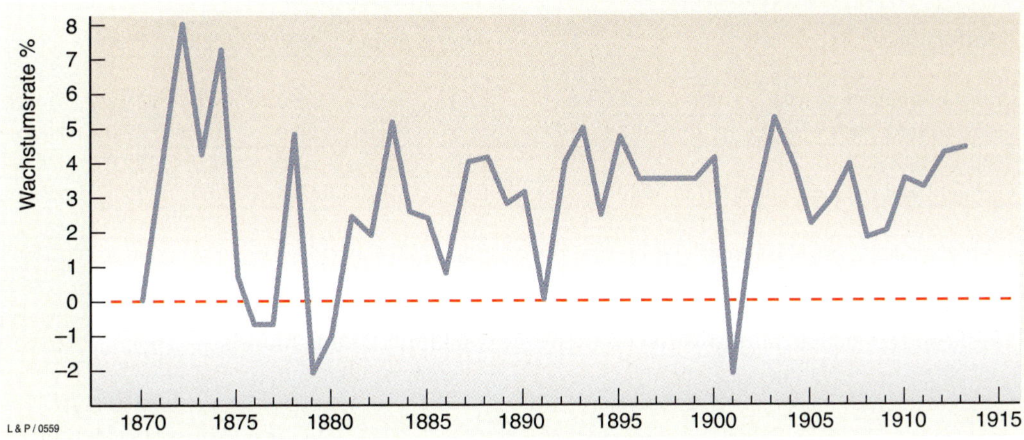

Aus: G. Hohorst u. a., Sozialgeschichtliches Arbeitsbuch II, München 1978, S. 92.

MATERIAL 9

„Die neuen schutzzöllnerischen ‚Freunde' in Friedrichsruh" Karikatur aus der Zeitschrift „Schalk", 19. Januar 1879

Friedrichsruhe = Gut Bismarcks; Lotharchen = Lothar Bucher (1817–1892), Publizist und Diplomat, 1864–1886 enger Mitarbeiter Bismarcks im Auswärtigen Amt. „Lotharchen, halten Sie mir diese Leute vom Halse! Ich soll alle diese Freunde schützen, aber wer schützt mich vor diesen Freunden?"

MATERIAL
10 Anteile der Wirtschaftssektoren an der Beschäftigung

Beschäftigte im	1780	1800	1825	1850	1875	1900	1914
primären Sektor (in %)	65,0	62,0	59,0	55,0	49,0	38,0	34,0
sekundären Sektor (in %)	19,0	21,0	22,0	24,0	30,0	37,0	38,0
tertiären Sektor (in %)	16,0	17,0	19,0	21,0	21,0	25,0	28,0
Gesamtzahl der Beschäftigten in Mio.	10,0	10,5	12,6	15,8	18,6	25,5	31,3

Aus: F. W. Henning, Die Industrialisierung in Deutschland 1800–1914, Paderborn 1978, S. 30.

MATERIAL
11 Bevölkerungswachstum und wirtschaftliche Entwicklung Deutschlands

	Bevölkerung in 1 000				*Zuwachs in %*		*Pro-Kopf-Einkommen 1913*	
	1816	1855	1871	1910	1816 *bis* 1855	1871 *bis* 1910	*Mark*	*in % des Reichsdurchschnitts*
Dtl. insgesamt	23 522	34 561	41 014	64 929	46,9	58,2	748,0	100,0
Preußen	13 679	21 316	24 655	40 165	56,6	62,9	747,0	99,9
Ostpreußen	1 457	2 637	1 823	2 064	81,0	13,2	486,0	65,0
Westpreußen			1 315	1 703		29,5	480,0	64,2
Berlin	198	461	826	2 071	132,8	150,8	1 254,0	167,7
Brandenburg	1 086	1 793	2 037	4 093	65,1	103,6	962,0	128,6
Rheinprovinz	1 965	3 070	3 645	7 192	56,2	97,3	832,0	111,2
Bayern	3 607	4 508	4 852	6 887	25,0	41,8	629,0	84,1
Kgr. Sachsen	1 194	2 039	2 556	4 807	70,8	88,2	897,0	119,9
Württemberg	1 411	1 670	1 819	2 438	18,4	34,6	672,0	89,9
Baden	1 006	1 320	1 462	2 143	31,2	46,6	710,0	94,9
Hamburg	154	244	339	1 015	58,4	199,3	1 313,0	175,5

Aus: Telekolleg II, Geschichte, Frankfurt, Bd. 1, S. 83; spezifiziert für einige preußische Provinzen.

1. Welche Aussagen zur sozialen Lage der Bevölkerung lassen sich aus der wirtschaftlichen Entwicklung (M 8) ableiten? Untersuchen sie mögliche Zusammenhänge zwischen Wachstumsraten und Schutzzollpolitik.
2. Erläutern Sie die Aussage der Karikatur zu Bismarcks Zollpolitik (M 9).
3. Beschreiben Sie die Veränderungen zwischen den drei Wirtschaftssektoren (M 10).
4. Erörtern Sie mögliche Auswirkungen dieser Umschichtungen auf Familie, Verhaltensweisen, Wertorientierungen, soziale Beziehungen.
5. Untersuchen Sie die Tabelle (M 11) auf Zusammenhänge zwischen Bevölkerungsentwicklung und Pro-Kopf-Einkommen. Erklären Sie die regionalen Unterschiede.

MATERIAL

Daten zur wirtschaftlichen Entwicklung der Industriestaaten 12

a) Die industrielle Produktion (in Mio. britischen Pfund Sterling)

	GB	Frankreich	Belgien	Deutschland	Russland	USA	Welt
1800	230	190	k. A.	60	15	25	650
1820	290	220	k. A.	85	20	55	865
1840	387	264	60	150	40	96	1 314
1860	577	380	90	310	155	392	2 404
1888	820	485	102	583	363	1 443	4 618
1896	876	596	118	690	380	1 980	5 710

Aus: M. G. Mulhall, The Dictionary of Statistics, London 1899, S. 365

b) Beschäftigte in verschiedenen Wirtschaftsbereichen um 1850/1910 (Prozentanteile)

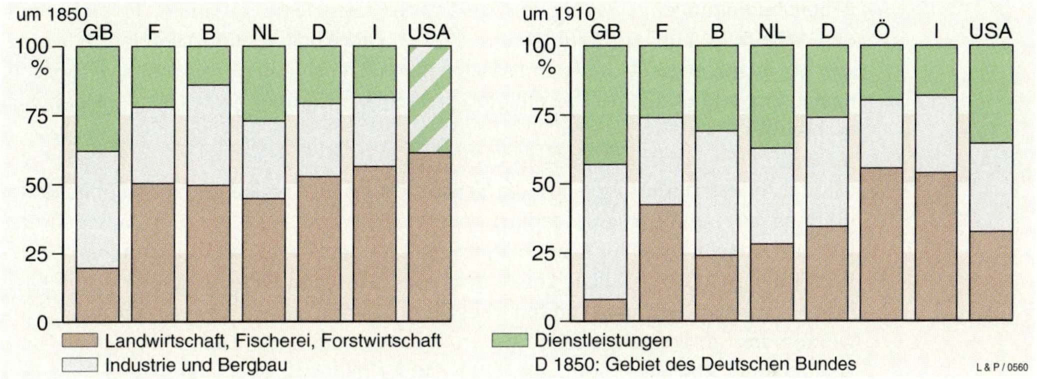

c) Der Export 1870–1910 (in Mrd. Mark)

	1870	1880	1890	1900	1910
Großbritannien	9,2	12,0	14,0	16,6	20,5
Brit. Kolonien	4,8	7,2	6,5	10,7	15,2
Frankreich	4,5	7,4	6,6	7,1	10,7
Deutschland	4,2	6,0	7,5	10,4	16,4
USA	3,4	6,2	7,0	8,6	13,7

Aus: R. Buchner, Deutsche Geschichte im europäischen Rahmen, Darmstadt 1975, S. 380.

1. Vergleichen Sie die Entwicklung der industriellen Produktion. Übertragen Sie dazu die Tabellen in Kurvendiagramme. Stellen Sie Zeiträume beschleunigter oder verlangsamter Entwicklung fest und erklären Sie mögliche Ursachen.
2. Erörtern Sie, welcher Staat als Industriestaat bezeichnet werden könnte.

5. Die soziale Frage und Ansätze zu ihrer Lösung

5.1 Die soziale Frage – eine Arbeiterfrage?

„Wie schön muss einst die Zukunft werden, wenn die Enkel dieser lumpenumhüllten Arbeiter für das Elend der Gegenwart entschädigt werden!"

Arbeitsbedingungen

Dieser um 1850 vom rheinischen Industriellen Gustav Mevissen geäußerte Satz bot den Arbeitern in Deutschland, England, Frankreich oder in den USA wenig Trost. Sie alle hatten nicht nur Anlass zur Klage über niedrige und unsichere Löhne. Miserable Arbeitsbedingungen, einseitig von Fabrikanten festgelegte, bis zu 14, 16, ja 17 Stunden Arbeitszeit am Tag, staubige und stickige Fabrikhallen und mangelhafte Schutzvorrichtungen gegen Unfälle an Maschinen kennzeichneten ihre Arbeitswelt. Besonders in England und in den Vereinigten Staaten war darüber hinaus Kinderarbeit weit verbreitet.

Lebensbedingungen

Mit der Industrialisierung nahm die Verstädterung zu, und auf dem Land übliche Traditionen, wie familiäre Fürsorgepflicht oder nachbarliche Hilfe, verloren an Bedeutung. Die fehlende Vorsorge für Krankheit, Invalidität oder Alter wirkte sich nun immer verheerender aus. Das häusliche Leben der großstädtischen Arbeiter spielte sich in hässlichen, lichtlosen und ungesunden Mietskasernen und Hinterhöfen ab, die in der Umgebung der Fabriken angesiedelt waren. Oft wohnten sogar zwei mehrköpfige Familien in einem winzigen Raum, nur durch einen Kreidestrich getrennt.

Soziale Frage

Die Neuartigkeit des Arbeiterelends, die unmenschlichen Lebens- und Arbeitsbedingungen machten viele Zeitgenossen zumal in Europa sensibel für die soziale Ungerechtigkeit. Bereits in den 40er Jahren war in Deutschland der Begriff „soziale Frage" aufgekommen, als Übervölkerung und fehlende Arbeitsmöglichkeiten zum Pauperismus geführt hatten. Man sprach nun auch nicht mehr abfällig vom „Pöbel", sondern vom „Proletariat". Mit dem Scheitern der Revolution von 1848 trat die Suche nach den Ursachen der Massenarmut und nach Abhilfemöglichkeiten allerdings zunächst zurück. Erst die beginnende Industrialisierung in den deutschen Staaten, vor allem aber die Auswanderung nach Amerika (→ S. 171 ff.) linderten die schlimmsten Auswirkungen des Massenelends.

Arbeiterfrage

In der Zeit der Frühindustrialisierung verdichtete sich in den neuen Industriegesellschaften die soziale Frage zur „Arbeiterfrage". Die weitgehende Rechtlosigkeit der Arbeiter gegenüber den Unternehmern, ihre menschenunwürdigen Arbeits- und Wohnverhältnisse, die überlangen Arbeitszeiten sowie die niedrigen Löhne wurden als zentrale Probleme benannt. Die Vorschläge zur Lösung dieser und anderer sozialer Probleme, wie z. B. der Alters- und Krankenversorgung, fielen von Staat zu Staat und je nach wirtschaftlicher Interessenlage und gesellschaftspolitischer Vorstellung unterschiedlich aus.

MATERIAL

Erinnerungen des Arbeiters Hermann Enters 1

Der 36-jährige Hermann Enters wanderte 1882 nach Amerika aus, um dem armseligen Leben eines Arbeiters in Deutschland zu entfliehen. In hohem Alter blickt er in einem langen Brief an seine Geschwister in Deutschland auf die Lage der Arbeiterklasse in Wuppertal um die Mitte des 19. Jahrhunderts zurück und schildert seine Jugendzeit bis zu seiner Lehrzeit beim Schlosser Vogel:

Blick in die Küche einer Berliner Arbeiterwohnung.

Unsere Mutter hatte einen schweren Stand, da sie nebst dem Haushalt für die zwei Webstühle spulen musste. Auf einem Webstuhl arbeitete sein Bruder (Ohm Karl), auf dem anderen mein Vater selbst. Ich erinnere mich, dass ich da auch schon auf das Spulrad gesetzt wurde und es lernen musste. [...] Wir führten ein armseliges Leben, Holzschuhe waren unsere Fußbekleidung und dementsprechend auch unsere übrigen Kleider. Vater machte mein Kamisol (Wams) und Hosen selbst vom alten Zeug, und nichts passte recht, sodass die besser Situierten sich immer lustig über meine Kleider machten. [...] Aber Vater verdiente sehr wenig, und Mutter musste in Tagelohn gehen, waschen und schrubben, und bald wurde unser Bruder Wilhelm geboren.

Die Not war groß, und es wurde davon gesprochen, wenn ich 12 Jahre alt wäre, wollte Mutter zu dem Pastor gehen und bitten, dass ich einen halben Tag aus der Schule käme, ich müsste mithelfen, verdienen. Ich konnte ja gut spulen für Bandstühle, sie würde schon einen Platz für mich finden. Ich war aber noch keine 12 Jahre und so musste dieses Vorhaben auf die lange Bank geschoben werden. [...] Der einzige Lichtstrahl im Dunkel war, wenn Vater ein Kaninchen schlachtete, dann lebten wir in Saus und Braus. Ich musste immer die Kartoffeln schälen. Mutter sah die Schalen nach. Wenn sie nicht so dünn waren, dass man durch die Schalen sehen konnte, schlug sie mir immer links und rechts auf den Kopf und ins Gesicht und sagte: „Sind dat Ärpel geschält?" [...] Dann kam Otto auf die Welt, unser waren jetzt 6 Kinder. Eine alte, zweischläfrige Bettstelle, die vor Altertum zusammen mit Stricken gebunden war, und eine kleine Bettstelle, wo wir Kinder drin schliefen. Die Hälfte schlief mit dem Kopf nach oben, die andere Hälfte mit dem Kopf nach unten in beiden Betten. Der Bettraum diente auch als Vaters Arbeitsraum. Die andere Stube diente als Küche und Wohnstube. Beides waren Dachstuben. Kein Wunder, dass unter solcher armseliger Behausung wir körperlich zurückblieben und dass die Nachbarskinder mich einen Schwindsüchtigen nannten. [...]

Mein erster Arbeitsplatz war in der Straße. Im Springen bei einem Bandwirker. Sein Name war Winkelströter. Es waren junge Leute mit 2 kleinen Kindern. Gleich wenn ich aus der Schule kam und Mittag gegessen hatte, ging ich vom Böckmannsbusch über den Kothen, längs dem Waisenhaus nach dem Springen aufs Spulrad. Zwei Bandstühle hatten die Leute. Ich machte Spulen den ganzen Nachmittag bis abends 7 Uhr, manchmal noch länger, kam dann abends zwischen 8 und 9 Uhr nach Hause, aß und machte meine Schulsachen und ging gegen 10 Uhr zu Bett. Was ich dort verdient habe, weiß ich nicht, aber bestimmt nicht mehr wie 15 oder 20 Groschen, das war das Erste, was meine Eltern von mir ernten taten. [...] Ich ging in die Kinderlehre und wurde 14 Jahre alt, dann kam die Prüfung in der Schule und ich konnte ganze Tage nach der Arbeit gehen. Das war im Herbst. Nun wäre es Zeit gewesen für eine Stelle aufs Kontor, allein da [ge]hörten Kleider zu und Eltern, die die Fähigkeit hatten und Mut dazu, mir solche Stelle zu suchen. [...]

Das erste Jahr [der Lehrzeit] ging so herum, ohne dass ich eigentlich was lernte. Ich musste die meiste Zeit laufen und holen alles zusammen, was gebraucht wurde, nach Elberfeld, nach der Gemarke, und auch für die Frau musste ich laufen. Wenn mich meine Kameraden fragten, was ich machen müsste, musste ich gestehen, dass das nicht weit her war. Dagegen taten sie an der Dreh- und Hobelmaschine und Schraubstock arbeiten oder an der Bohrmaschine. [...] Der Vogel hatte keine Dampfkraft, die Maschine musste getreten werden oder gedreht, und dazu gebrauchten sie mich. Ich musste auch Porzellanaugen in die Spulen setzen, und ebenso musste ich hinterm Amboss stehen und darauf schlagen, nämlich aufs Eisen. Diese Arbeit war alle zu schwer für mich, sodass ich vor Elend und Müdigkeit zusammenbrach, wenn ich die Drehbank treten musste. Meine Knochen bogen sich; draufschlagen musste ich so lange, bis ich den Hammer nicht mehr heben konnte. Die Gesellen hatten ihre helle Freude daran und taten mich fuchsen den Weg, wo und wie sie konnten. So wurde ich bei dem Vogel gebraucht oder besser missbraucht. Ich musste alles in stummer Resignation dulden und über mich ergehen lassen, denn es war eine niedrig denkende Gesellschaft, wo ich an verkauft war. [...]

Im Anfang der sechziger Jahre war Lassalle aufgetreten, und das ganze Arbeitervolk des Wuppertales wurde aus seiner Lethargie aufgerüttelt. Es hieß, ein neuer Christus wäre aufgestanden. Große Volksversammlungen wurden abgehalten, und es wurde der Allgemeine Deutsche Arbeiterverein gegründet. Unsere Eltern wurden auch gleich aktiv und tätige Mitglieder desselben. Dieses rechne ich ihnen im besten Sinne hoch an. [...]

Dann war nach dem Dänischen Krieg, 1864, und dem Österreichischen Krieg, 1866, der Norddeutsche Bund gegründet worden und das allgemeine gleiche Wahlrecht freigegeben. Es war eine Forderung Lassalles. Das Resultat war, dass die Wuppertaler ihren ersten Abgeordneten in den Norddeutschen Reichstag sandten, Dr. von Schweitzer. [...] Nun als Dr. Schweitzer* in den Reichstag kam, deckte er gleich die größten Übelstände in seinem Wahlkreis Elberfeld-Barmen auf, vor allem die unmenschlich langen Arbeitstage in den Riemendrehereien, 15 Stunden täglich ohne Mittagspause.

Er hatte Erfolg damit; der Arbeitstag wurde gesetzlich gekürzt. Von da an wurde Schweitzer der Abgott der Wuppertaler Arbeiter, umso mehr hassten ihn die Fabrikanten.

* Johann Baptist von Schweitzer (1833–1875), Nachfolger Lassalles als Präsident des Allgemeinen Deutschen Arbeitervereins.

Aus: K. Goebel, G. Voigt (Hrsg.), Die kleine, mühselige Welt des jungen Hermann Enters, Wuppertal 4. Aufl. 1984, S. 30ff.

In den Erinnerungen des Arbeiters Hermann Enters spiegelt sich die alltägliche Lebenswelt einer Arbeiterfamilie in den Frühphasen der Industrialisierung.

1. Nennen Sie typische Merkmale dieser Lebenswelt.
2. Inwiefern handelt es sich nicht nur um eine individuelle, sondern auch um eine soziale Biografie?
3. Versuchen Sie, diesen Lebenslauf und die Lebenslage des Arbeiters auf die Sozialdaten in den Materialien auf S. 87–89 anzuwenden.
4. Erläutern Sie, wie der Arbeiter politisch bewusst wird.

Familie Hermann Enters um 1884 in Milwaukee.

MATERIAL 2

Hermann Enters in einem Brief aus Amerika

Es ist auch hier, in diesem Land, nicht ohne harten Kampf gegangen. Allein, bei diesem Kampf habe ich nicht um Nahrungssorgen gekämpft, sondern ums Vorwärtskommen. [...]
Wohl war es auch hier Sitte, dass Arbeiterkinder, wenn sie durch die Schule waren, arbeiten mussten. So auch bei uns. Als unsere Tochter Emma 14 Jahre alt war, konnte sie die Schule nicht mehr besuchen, weil sie immer über Kopfweh klagte. Sie ist darum auch nicht durch den letzten Grad der Schule gegangen. Da haben wir sie auch zur Arbeit geschickt, und zwar in eine Strumpffabrik. Als sie des Abends nach Hause kam und sagte, sie wäre so müde, sie musste dort eine Spulmaschine treten, habe ich gleich gesagt, sie solle zu Hause bleiben. Die Arbeitszeit war aber 10 statt 15 Stunden. Dann hat sie sich einen Platz als Dienstmädchen gesucht bei einem Doktor, wo ich dachte, das wäre ein humaner Platz. Doch wurde sie dort zum Kohleaussieben gebraucht. Da haben wir sie deshalb auch gleich wieder fortgenommen. Dann ist sie bei einem Handelsgärtner aufs Land als Kindermädchen gekommen, und hier war es nach ihrem Geschmack. Ebenso hat Auguste ihren ersten Arbeitsplatz als Dienstmädchen ausgefüllt. Doch Auguste hatte bessere Anlagen zum Lernen. Da habe ich sie wieder fortgenommen und wieder zur Schule geschickt, um sich mehr auszubilden. Hat sie auch getan. Dann ist sie Kindergärtnerin geworden, aber sie kam auf den unrichtigen Platz, wo es keinen Lohn gab, und dafür gaben wir sie nicht her. Dieser Platz hieß Missions-Kindergarten, wo aus Christenliebe für nichts gearbeitet wurde. Weil wir hier eben noch Fremde waren und uns niemand kannte und von keiner Seite Protektion hatten, was man hier im Allgemeinen „Pull" nennt, so kam sie nicht unter, wo es Bezahlung gab. Da ging sie wieder dienen.

Ihr glaubt nicht, wie schwer es für den Mann ist, hier eine Wohnung zu bekommen, der viele Kinder hat, so auch bei uns. Wenn nun zwei dienen taten, so war die Familie auch äußerlich kleiner. Wenn ich Wohnung suchte, so waren die Landlords gleich willig, mir zu vermieten. Sobald sie aber hörten, dass wir 8 Kinder hatten, dann winkten sie ab. Da gab es anders kein Mittel, als den

Kampf zu verschärfen und sehen, dass wir unter unser eigenes Dach kamen. Wir haben uns dann ein Grundstück gekauft für 200 Dollar. Ein Freund von uns verunglückte und starb plötzlich. Seine Familie borgte uns das Geld zum Bauen, und so bekamen wir September 1886 ein eigenes Dach über den Kopf.

Hermann Enters starb 1940 in Milwaukee.

Aus: Ebd. S. 78 f.

MATERIAL

3 Karikatur aus dem Jahr 1905

„Das gestörte Gleichgewicht".

Kinderarbeit in einer amerikanischen Baumwollspinnerei, um 1910.

1. Vergleichen Sie die geschilderten Lebenswelten in Wuppertal und Milwaukee. Worin sehen Sie Gemeinsamkeiten, worin Unterschiede?
2. Erörtern Sie, ob Hermann Enters seine Auswanderung bereut haben könnte.
3. Im Bericht von Enters (M 1) dokumentiert sich die Geschichte der Industrialisierung als eine Geschichte der körperlichen Belastungen, Entbehrungen und sozialer Not. Erörtern Sie folgende Stellungnahmen dazu:
   a) „Auch die kapitalistische Entwicklung hatte ihre ‚Kinderkrankheiten'; sie waren unvermeidlich."
   b) „Die Durststrecke musste wohl oder übel im Interesse des wirtschaftlichen Fortschritts in Kauf genommen werden; sie war objektiv notwendig."
   c) „Die Entwicklungsländer sollten sich daran ein Beispiel nehmen; auch uns fiel der Wohlstand nicht in den Schoß."
4. Erläutern Sie die Darstellungsabsicht der Karikatur (M 3).
5. Ist die soziale Frage nur eine Störung des sozialen Gleichgewichts?

5.2 Sozialismus statt Kapitalismus? – Die revolutionäre Botschaft von Karl Marx

„Die Kommunisten verschmähen es, ihre Ansichten und Absichten zu verheimlichen. Sie erklären offen, dass ihre Zwecke nur erreicht werden können durch den gewaltsamen Umsturz aller bisherigen Gesellschaftsordnung. Mögen die herrschenden Klassen vor einer kommunistischen Revolution zittern. Die Proletarier haben nichts zu verlieren als ihre Ketten. Sie haben eine Welt zu gewinnen. Proletarier aller Länder vereinigt euch!"

Kommunistisches Manifest

Mit diesen Sätzen endet das Kommunistische Manifest von 1848, in dem Karl Marx (1818–1883) und Friedrich Engels (1820–1895) die Kerngedanken ihrer Lehre zusammengefasst haben. Es wurde im 20. Jahrhundert in zahlreichen Staaten zur herrschenden Ideologie erhoben. Warum war die revolutionäre Botschaft des Manifests so zündend?

Einheit von Theorie und Praxis

„Die Philosophen haben die Welt nur verschieden interpretiert, es kommt darauf an, sie zu verändern." Mit diesen Worten begründete Marx die Maxime seines Wirkens. Theorie und politische Praxis bildeten für ihn eine Einheit: Seine Analysen des Kapitalismus ergaben, dass die ökonomischen und sozialen Krisen seiner Zeit aus Gesetzmäßigkeiten des kapitalistischen Wirtschaftssystems entstehen, daher nicht wie Naturkatastrophen als unabänderliches Schicksal hingenommen werden müssen, sondern durch die Umgestaltung dieses Systems aufgehoben werden können. Die Eigentumsfrage erlangte in seiner Lehre eine zentrale Bedeutung. Marx erblickte in der Abschaffung des Privateigentums an Produktionsmitteln den Schlüssel zur Lösung der systembedingten sozialen und ökonomischen Krisen der modernen bürgerlichen Gesellschaft. Diese Grunderkenntnis wollte er den Arbeitern vermitteln, um deren politisches Bewusstsein zu wecken. Als politisch selbstbewusste Klasse sollte das Proletariat den Sturz des Kapitalismus erkämpfen.

Kapitalismuskritik

In seinem Hauptwerk „Das Kapital" entwickelte Marx seine radikale Gegenposition zur herrschenden liberalen Wirtschafts- und Gesellschaftstheorie. Ihr Begründer Adam Smith (→ S. 65ff.) wollte dem individuellen Streben nach Profitmaximierung freien Lauf lassen, weil dadurch das Wohl der Allgemeinheit auf das Wirksamste gefördert werde. Marx bestritt diese Ansicht: Auf dem Arbeitsmarkt stünden sich zwei Klassen von sehr unterschiedlichem Gewicht gegenüber: die Kapital oder Produktionsmittel besitzende Bourgeoisie und das lohnabhängige Proletariat. Um zu überleben, müssten die Proletarier ihre Arbeitskraft an die Bourgeoisie verkaufen – zu einem Preis (Lohn), der eben ausreiche, den Wert ihrer Arbeitskraft zu erhalten. In seiner Arbeitszeit schaffe der Arbeiter jedoch weitaus mehr Werte. Diese zusätzliche Wertschöpfung, von Marx als Mehrwert bezeichnet, eigne sich der Kapitalist unentgeltlich und damit ausbeuterisch an. Die Lohnarbeit begründet nach Marx das Ausbeutungsverhältnis zwischen den Kapitalisten und Proletariern. Die Lohnarbeit, nicht die Lohnhöhe, war daher der Ansatzpunkt seiner Kapitalismuskritik.

Mehrwerttheorie

Krisenanfälligkeit des Kapitalismus

Nach Adam Smith führt das freie, staatlich unbeeinflusste Spiel der Marktkräfte „wie von unsichtbarer Hand gesteuert" stets aufs Neue zu deren Ausgleich und damit zu einer stetigen und letztlich vernünftigen Wirtschaftsentwicklung. Unter Verweis auf

Plakat zur ersten Proklamation des 1. Mai als „Tag der Arbeit", Juli 1889. Der 1. Mai wird heute in über 110 Staaten als Feiertag eingehalten.

Das Neujahrsblatt der deutschen Zeitschrift „Der wahre Jacob" zum 1.1.1895.

die periodisch wiederkehrenden Überproduktionskrisen des 19. Jahrhunderts spricht Marx dem Markt solche Selbstheilungskräfte ab. Für ihn sind diese Krisen vielmehr systembedingt: Der unerbittliche Konkurrenzkampf zwinge die einzelnen Unternehmen zu immer höheren Rationalisierungsinvestitionen. Nur die Leistungsstärksten könnten wegen ihrer Fähigkeit zu größerer Kapitalakkumulation in diesem Kampf überleben. Die Konzentration in der Wirtschaft schreite daher unaufhörlich voran. Der höhere Investitionsaufwand bedinge ein Sinken der Profitrate, das die Unternehmen durch eine Ausweitung der Produktion aufzufangen suchten. Sie bereiteten damit aber nur die nächste, noch schärfere Krise vor. Als Krisenerscheinungen machte Marx eine fortschreitende Proletarisierung und Verelendung aus.

Klassenbewusstsein

Die Verelendung allein führt nach Marx jedoch noch nicht zu Revolution. Diese setze ein Klassenbewusstsein voraus, das sich als Ergebnis der anonymer werdenden Produktion in Großbetrieben entwickle. Mehr und mehr erkenne das Proletariat aufgrund der industriellen Produktionsweise den Grundwiderspruch des Kapitalismus, nämlich die private Aneignung des in gemeinschaftlicher Arbeit hervorgebrachten Mehrwerts. Das in dieser Erfahrung sich herausbildende Klassenbewusstsein befähige das Proletariat, sich im Kampf gegen die Bourgeoisie zu solidarisieren.

Marx war zutiefst davon überzeugt, dass die Arbeiterklasse den Kapitalismus überwinden werde. Diese die politische Kampfbereitschaft des Proletariats beflügelnde

Zukunftsgewissheit erklärt sich aus seinem Geschichtsverständnis. Ihm zufolge nimmt die Geschichte einen gesetzmäßigen Verlauf, den er als eine Veränderung vom Niederen zum Höheren deutete. Die Triebkräfte der geschichtlichen Entwicklung erblickte er in der Lösung immer wieder aufs Neue auftretender sozio-ökonomischer Widersprüche. Wie die Bourgeoisie zu Beginn des Industriezeitalters die Auflösung der Widersprüche zwischen den Erfordernissen der modernen industriellen Produktionsweise und den überkommenen Feudalstrukturen erzwungen habe, werde das Proletariat in der sozialistischen Revolution den Grundwiderspruch des Kapitalismus lösen.

Staatsverständnis

Die Veränderungen in der ökonomischen Basis führen nach Marx auch zu einer Umwälzung des gesellschaftlichen Überbaus, also auch des Staates, seiner Einrichtungen und Gesetze und damit einhergehend zur Ablösung der bisher herrschenden Klasse. Denn der Staat sei nichts anderes als ein Unterdrückungsinstrument der jeweils ökonomisch herrschenden Klasse, die als Inhaber der Staatsmacht auch zur politisch herrschenden Klasse werde. In der sozialistischen Revolution werde die Bourgeoisie als herrschende Klasse gestürzt, die Produktionsmittel vergesellschaftet und die Diktatur des Proletariats errichtet.

Kommunistische Zukunftsgesellschaft

Die sozialistische Revolution soll nach Marx aber nicht nur die in der unterschiedlichen Verfügungsgewalt über die Produktionsmittel begründeten Klassenunterschiede aufheben und damit die soziale Frage lösen. Er verbindet mit ihr vielmehr einen umfassenden humanistischen Anspruch: Der Sozialismus bereite die kommunistische Zukunftsgesellschaft vor, in der die Menschen ohne Unterdrückung, Ausbeutung und Entfremdung sich selbst verwirklichend in einer Welt ewigen Friedens zusammenlebten.

MATERIAL

Das Kommunistische Manifest über die moderne bürgerliche Gesellschaft **4**

Die moderne bürgerliche Gesellschaft [...] spaltet sich mehr und mehr in zwei große, einander direkt gegenüberstehende Klassen: Bourgeoisie und Proletariat. [...]
In demselben Maße, worin sich die Bourgeoisie, d. h. das Kapital, entwickelt, in demselben Maße entwickelt sich das Proletariat, die Klasse der modernen Arbeiter. [...] Die bisherigen kleinen Mittelstände, die kleinen Industriellen, Kaufleute und Rentiers, die Handwerker und Bauern, alle diese Klassen fallen ins Proletariat hinab, teils dadurch, dass ihr kleines Kapital für den Betrieb der großen Industrie nicht ausreicht und der Konkurrenz mit den größeren Kapitalisten erliegt, teils dadurch, dass ihre Geschicklichkeit von neuen Produktionsweisen entwertet wird. So rekrutiert sich das Proletariat aus allen Klassen der Bevölkerung. [...]
Mit der Entwicklung der Industrie vermehrt sich nicht nur das Proletariat; es wird in größeren Massen zusammengedrängt, seine Kraft wächst, und es fühlt sie mehr. Die Interessen, die Lebenslagen innerhalb des Proletariats gleichen sich immer mehr aus, indem die Maschinerie immer mehr die Unterschiede der Arbeit verwischt und den Lohn fast überall auf ein gleich niedriges Niveau herabdrückt. Die wachsende Konkurrenz der Bourgeois unter sich und die daraus hervorgehenden Handelskrisen machen den Lohn der Arbeiter immer schwankender; die immer rascher sich entwickelnde, unaufhörliche Verbesserung der Maschinerie macht ihre ganze Lebensstellung immer unsicherer; immer mehr nehmen die Kollisionen zwischen dem einzelnen Arbeiter und dem einzelnen Bourgeois den Charakter von Kollisionen zweier Klassen an. Die Arbeiter beginnen damit, Koalitionen gegen die Bourgeoisie zu bilden.

Aus: K. Marx/F. Engels, Manifest der Kommunistischen Partei 1847/48, MEW Bd. 1, Berlin 1974, S. 464–474.

MATERIAL

5 Protest eines Arbeiters

Der Kapitalist beruft sich also auf das Gesetz des Warenaustausches. Er wie jeder andere Käufer sucht den größtmöglichen Nutzen aus dem Gebrauchswert seiner Ware herauszuschlagen. Plötzlich aber erhebt sich die Stimme des Arbeiters, die im Sturm und Drang des Produktionsprozesses verstummt war.

Die Ware, die ich dir verkauft habe, unterscheidet sich von dem anderen Warenpöbel dadurch, dass ihr Gebrauch Wert schafft und größeren Wert, als sie selbst kostet. Dies war der Grund, warum du sie kauftest. Was auf deiner Seite als Verwertung von Kapital erscheint, ist auf meiner Seite überschüssige Verausgabung von Arbeitskraft. Du und ich kennen auf dem Marktplatz nur ein Gesetz, das des Warenaustausches. Und der Konsum der Ware gehört nicht dem Verkäufer, der sie veräußert, sondern dem Käufer, der sie erwirbt. Dir gehört daher der Gebrauch meiner täglichen Arbeitskraft.

Aber vermittelst ihres täglichen Kaufpreises muss ich sie täglich reproduzieren und daher von neuem verkaufen können. Abgesehen von dem natürlichen Verschleiß durch Alter usw. muss ich fähig sein, morgen mit demselben Normalzustand von Kraft, Gesundheit und Frische zu arbeiten wie heute. Du predigst mir beständig das Evangelium der Sparsamkeit und Enthaltung. Nun gut! Ich will wie ein vernünftiger sparsamer Wirt, mein einziges Vermögen, die Arbeitskraft, haushalten und mich jeder tollen Verschwendung derselben enthalten. Ich will täglich nur so viel von ihr flüssig machen, in Bewegung, in Arbeit umsetzen, als sich mit ihrer Normaldauer und gesunden Entwicklung verträgt.

Durch maßlose Verlängerung des Arbeitstages kannst du in einem Tage eine größeres Quantum meiner Arbeitskraft flüssig machen, als ich in drei Tagen ersetzen kann. Was du so an Arbeit gewinnst, verliere ich an Arbeitssubstanz. Die Benutzung meiner Arbeitskraft und die Beraubung derselben sind ganz verschiedene Dinge. Wenn die Durchschnittsperiode, die ein Durchschnittsarbeiter bei vernünftigem Arbeitsmaß leben kann, 30 Jahre beträgt, ist der Wert meiner Arbeitskraft, den du mir einen Tag in den anderen zahlst $\frac{1}{365 \times 30}$ oder $\frac{1}{10950}$ ihres Gesamtwertes. Konsumierst du sie aber in 10 Jahren, so zahlst du mir täglich $\frac{1}{10950}$ statt $\frac{1}{3650}$ ihres Gesamtwertes, also nur ein Drittel ihres Tageswertes und stiehlst mir daher täglich zwei Drittel des Wertes meiner Ware. Du zahlst mir eintägige Arbeitskraft, wo du dreitägige verbrauchst.

Ich verlange also einen Arbeitstag von normaler Länge, und ich verlange ihn ohne Appell an dein Herz, denn in Geldsachen hört die Gemütlichkeit auf. Du magst ein Musterbürger sein, vielleicht Mitglied des Vereins zur Abschaffung der Tierquälerei und obendrein im Geruch der Heiligkeit stehen, aber dem Ding, das du mir gegenüber repräsentierst, schlägt kein Herz in seiner Brust. Was darin zu pochen scheint, ist mein eigner Herzschlag. Ich verlange den Normalarbeitstag, weil ich den Wert meiner Ware verlange, wie jeder andere Verkäufer.

Aus: K. Marx, Das Kapital, Werke, Bd. 23, Berlin 1956ff., S. 274f.

1. Erläutern Sie das im Kommunistischen Manifest (M 4) entworfene Bild der modernen bürgerlichen Gesellschaft.
2. Welche Vorhaltungen macht der Arbeiter in seiner Rede dem Unternehmer? (M 5)
3. Was könnte der angesprochene Unternehmer aus seinem wirtschaftlichen und gesellschaftlichen Rollenverständnis dem Arbeiter antworten?
4. Diese fiktive Rede des Arbeiters wurde auch als Flugblatt verwendet. Beurteilen Sie seine Wirkung.
5. Ist die Botschaft des Flugblattes revolutionär?

MATERIAL

Wie Metallarbeiter um 1910 ihre Arbeit empfanden 6

Sozialdemokratisch organisierte Metallarbeiter wurden in einer Enquète in den Jahren 1907–11 gefragt: „Macht Ihnen Ihre Arbeit Vergnügen oder haben sie kein Interesse an derselben?" – Einige Antworten (nach dem Semikolon immer die tägliche Arbeitszeit und der durchschnittliche Wochenverdienst):

Ein 20-jähriger Schlosser; 10 *Std.*, 20 M.:
„Diese Frage unterliegt einer schwankenden Antwort. Vergnügen macht sie insofern, wenn sie fertig ist und auf mich einen wohlgefälligen Eindruck macht. Interesse habe ich daran keins, wenn ich an den Zweck und Nutzen dieses meines Produkts in seiner jetzt beginnenden Funktion denke."

Ein 24-jähriger Schlosser; 9 *Std.*, 35 M.:
„Diese Frage kann ich mit einem glatten Nein beantworten. Der privatkapitalistische Produktionsprozess hat mir das Interesse an der Arbeit gründlich ausgetrieben, da ich nur eine Bruchteil des mir von Rechts wegen zustehenden wirklichen Wertes meiner Arbeit in der Form von Lohn erhalte."

Ein 25-jähriger Stanzer; 9 *Std.*, 31 M.:
„Ich gleiche der Maschine, die durch Kraft angetrieben wird."

Ein 26-jähriger Dreher; 9 1/2 *Std.*, 43 M.:
„Interesse habe ich an der Arbeit wohl nur aus dem Bestreben, Geld zu verdienen."

Ein 32-jähriger Werkzeugschlosser; 9 3/4 *Std.*, 36 M.:
„Die Arbeit an sich macht mir sehr viel Freude. Ich glaube sogar, sie zur Erhaltung meines Gleichgewichts zu bedürfen. Es ist dies allerdings nicht der Fall, wenn ich anhaltende monotone Arbeit verrichten muss. Dann kann sich die Unlust bis zum Ekel steigern."

Ein 36-jähriger Dreher; 10 *Std.*, 32 M.:
„Ja, solange ich nicht daran denke, für wen ich arbeite und dass ich als Entgelt nur eine Entschädigung erhalte. Gern würde ich nur für die Allgemeinheit arbeiten."

Ein 35-jähriger Eisendreher; 8 *Std.*, 40 M.:
„Meine Arbeit bereitet mir kein Vergnügen, da mich stets der Gedanke dabei plagt, dass ich nur soweit besoldet werde, um meine körperliche Energie in Harmonie zu halten. Also bin ich ein Sklave. Folglich geht mir das Interesse an der Arbeit verloren."

Ein 39-jähriger Dreher; 8 *Std.*, 40 M.:
„Interesse habe ich an der Arbeit, aber Vergnügen macht sie schon lange nicht mehr, wenn man mit ansehen muss, wie schwache Kollegen von minderwertigen Meistern schikaniert werden."

Ein 47-jähriger Metallarbeiter; 9 1/2 *Std.*, 21 M.:
„O ja. Aber man müsste als Arbeiter nur bessere Behandlung haben, aber die meisten Chefs grüßen ihre Arbeiter morgens und mittags nicht, wenn sie in den Arbeitsraum treten."

Aus: A. Levenstein, Die Arbeiterfrage mit besonderer Berücksichtigung der sozialpsychologischen Seite des modernen Großbetriebes und der psychophysischen Einwirkungen auf die Arbeiter, München 1912, S. 68–75.

Marx erblickt in der Arbeit einen Akt freier Selbstverwirklichung des Menschen; der Kapitalismus behindere jedoch die Selbstverwirklichung. Marx nennt diesen Vorgang „Entfremdung", die sich als „Entfremdung des Arbeiters vom Produkt seiner Arbeit", als „Entfremdung des Arbeiters von seiner Arbeit selbst", als „Entfremdung des Menschen von sich in der Lohnarbeit" und als „Entfremdung vom Mitmenschen" äußere.

1. Konkretisieren Sie Marxens Lehre der Entfremdung an den Meinungsäußerungen der Industriearbeiter.

MATERIAL
7 Die kommunistische Zukunftsgesellschaft

Friedrich Engels (1847):

Der gemeinsame Betrieb der Produktion kann nicht durch Menschen geschehen wie die heutigen, deren jeder einem einzigen Produktionszweig untergeordnet, an ihn gekettet, von ihm ausgebeutet ist, deren jeder *eine* seiner Anlagen auf Kosten aller anderen entwickelt hat, nur *einen* Zweig oder nur den Zweig eines Zweiges der Gesamtproduktion kennt. [...]
Die kommunistisch organisierte Gesellschaft wird ihren Mitgliedern Gelegenheit geben, ihre allseitig entwickelten Anlagen allseitig zu betätigen.

Karl Marx (1875):

In einer höheren Phase der kommunistischen Gesellschaft, nachdem die knechtende Unterordnung der Individuen unter die Teilung der Arbeit, damit auch der Gegensatz geistiger und körperlicher Arbeit, verschwunden ist:
nachdem die Arbeit nicht nur Mittel zum Leben, sondern selbst das erste Lebensbedürfnis geworden;
nachdem mit der allseitigen Entwicklung der Individuen auch ihre Produktivkräfte gewachsen und alle Springquellen des genossenschaftlichen Reichtums voller fließen –
erst dann kann der enge bürgerliche Rechtshorizont ganz überschritten werden und die Gesellschaft auf ihre Fahne schreiben: Jeder nach seinen Fähigkeiten, jedem nach seinen Bedürfnissen!

Karikatur auf das Ende des „real existierenden" Sozialismus, 1990.

Aus: a) F. Engels, Grundsätze des Kommunismus: eine gemeinverständliche Darlegung, Berlin 1919, S. 20.
b) K. Marx, Kritik des Gothaer Programms, 1875, Werke Bd. 19, Berlin 1956 ff., S. 21.

1. Die Entfremdung des Arbeiters im Kapitalismus wird in der kommunistischen Zukunftsgesellschaft aufgehoben. Erläutern und beurteilen Sie diese Annahme mit Hilfe von Material 7.
2. „Jeder nach seinen Fähigkeiten, jedem nach seine Bedürfnissen." Setzen Sie sich mit dem in dieser Losung sich ausdrückenden Menschen- und Gesellschaftsbild auseinander.
3. Erörtern Sie, worin die historisch-politische Bedeutung der von Marx und Engels gefundenen Antworten auf die soziale Frage ihrer Zeit bestehen könnte.

5.3 Die Sozialdemokratie: revolutionär, nicht aber Revolution machend?

Mann der Arbeit, aufgewacht
Und erkenne deine Macht!
Alle Räder stehen still,
Wenn dein starker Arm es will.

Brecht das Doppeljoch entzwei!
Brecht die Not der Sklaverei!
Brecht die Sklaverei der Not!
Brot ist Freiheit, Freiheit Brot!
(Georg Herwegh, 1863)

Allgemeiner Deutscher Arbeiterverein

Mit diesen Versen endet das Bundeslied des 1863 von Ferdinand Lassalle gegründeten Allgemeinen Deutschen Arbeitervereins (ADAV). Lassalle (1825–1864), ein Anwalt bürgerlicher Herkunft, hatte sich als radikaler Demokrat während der Revolution von 1848/49 engagiert. Nach deren Scheitern setzte er, enttäuscht vom Kleinmut und Versagen des Bürgertums, seine politischen Hoffnungen auf die heranwachsende Arbeiterschaft. Mit den Arbeitern wollte er die Demokratie voranbringen, indem er ihnen die Überzeugung vermittelte, die soziale Frage könne nur in einem demokratischen Staat gelöst werden. Diese sozialdemokratische Grundüberzeugung drückt der letzte Vers des Herwegh'schen Arbeiterkampfliedes aus.

Zielsetzung des ADAV

Lassalle wollte die privatkapitalistisch bedingte Ausbeutung durch Gründung von Produktionsgenossenschaften, in denen die Arbeiter zugleich Unternehmer sind, überwinden. Bei deren Aufbau sollte der Staat helfen. Um den Staat zu gesellschaftspolitischen Reformen im Interesse der Arbeiter zu bewegen, musste das allgemeine und gleiche Wahlrecht durchgesetzt werden. Diesem Zweck sollte die Gründung des ADAV dienen. Lassalle erhoffte sich ein friedliches Hineinwachsen in gemeinwirtschaftliche Formen der Produktion und verwarf somit die marxistische Theorie von der Notwendigkeit des revolutionären Kampfes. Lassalles Verständnis von einem sozial tätigen Staat unterschied sich deutlich sowohl von der marxistischen als auch von der liberalen Staatsauffassung. Während für Marx der Staat ein Unterdrückungsinstrument der jeweils herrschenden Klasse war, erblickten die Liberalen den Zweck des Staates vor allem im Schutz von Leben, Freiheit und Eigentum seiner Bürger. Lassalle verspottete den liberalen Staat daher als „Nachtwächterstaat".

Liberale Arbeiterbewegung

Lassalle hatte seine Vorstellungen zur Lösung der sozialen Frage auf Bitten einiger Mitglieder des Leipziger Arbeiterbildungsvereins entwickelt. Diese strebten die Gründung einer eigenständigen Arbeiterorganisation an, denn die nach 1848 entstandenen Arbeiterbildungsvereine waren im Wesentlichen eine liberale Initiative und sollten die Integration der Arbeiter in die vom Bürgertum getragene liberale Bewegung fördern. Diesem Ziel diente auch der als Antwort auf die Gründung des ADAV 1863 erfolgte Zusammenschluss der Bildungsvereine zum „Verband deutscher Arbeitervereine". Der Verband bekräftigte seinen Standort im liberalen Lager und verwarf ausdrücklich den Gedanken an eine Arbeiterpartei. Die Ablehnung des allgemeinen und gleichen Wahlrechts durch viele Liberale und soziale Interessengegensätze, die sich etwa in der Frage um die Lohnhöhe entluden, zeigten jedoch bald, dass das angestrebte Bündnis von Bürgertum und Arbeiterschaft wenig tragfähig war.

Links: Der Sozialist, Gemälde von Robert Koehler, 1885. Koehler, 1850 ind Hamburg geboren, war als Kind mit seinen Eltern nach Amerika ausgewandert. Die Familie ließ sich in der Industriestadt Milwaukee nieder, wo bereits viele deutsche Auswanderer lebten (vgl. Hermann Enters, S. 93). Dieses Gemälde wurde 1885 in New York mit dem Untertitel „A German Socialist propounding his bloodthirsty ideas" ausgestellt. Die sozialistische Bewegung in den USA wurde stark von deutschen Emigranten bestimmt; prominente deutsche Sozialdemokraten sprachen in New York, Chicago und anderen Industriestädten auf Massenkundgebungen.

Rechts: Ferdinand Lassalle, der Begründer der deutschen Sozialdemokratie, als Kämpfer gegen die Macht des Kapitals. Das Plakat aus dem Ende des 19. Jahrhunderts verwendet Motive aus der biblischen Geschichte von der Zerstörung des goldenen Kalbs durch Moses.

Sozialdemokratische Arbeiterpartei

Unter diesen Eindrücken und beeinflusst von Wilhelm Liebknecht (1826–1900), einem Freund von Marx, näherte sich der Arbeitervereinspräsident August Bebel (1840–1913) sozialistischen Ideen und nutzte schließlich 1869 seinen Verband als Plattform zur Gründung einer Arbeiterpartei, der Sozialistischen Arbeiterpartei Deutschlands (SDAP). Nach ihrem Gründungsort Eisenach wurden ihre Anhänger häufig als „Eisenacher" bezeichnet. Obwohl stärker an Marx orientiert, war die SDAP wie der ADAV gegen einen gewaltsamen revolutionären Umsturz. Wie die Lassalleaner waren die Eisenacher davon überzeugt, dass die soziale Frage nur in einem demokratischen Staat gelöst werden könne. Deshalb rückten auch sie die Wahlrechtsfrage in den Vordergrund ihres politischen Kampfes. Im Gegensatz zum ADAV war die SDAP jedoch antipreußisch und großdeutsch eingestellt und befürwortete zur Durchsetzung demokratischer Reformen die Zusammenarbeit mit den Liberalen.

Vereinigung der Arbeiterparteien

Im Jahr 1875 vereinigten sich ADAV und SDAP in Gotha zur Sozialistischen Arbeiterpartei Deutschlands; ihre Gegensätze hatten sich seit der Reichsgründung 1871 weitgehend erledigt: Die nationale Frage war entschieden, eine sozial-liberale Partnerschaft war politisch chancenlos, nachdem die Nationalliberale Partei (und damit der Großteil der Liberalen) zu Bismarcks wichtigstem Verbündeten geworden war. Zudem schlug die Regierung, die die Verbreitung sozialistischer Ideen für gefährlich hielt, gegenüber der Arbeiterbewegung eine härtere Gangart ein, die 1878 sogar zum „Gesetz gegen die gemeingefährlichen Bestrebungen der Sozialdemokratie" (Sozialistengesetz, s. S. 228 ff.) und damit zu deren Verfolgung führte.

SPD – Erfurter Programm

Nachdem das Sozialistengesetz 1890 nicht mehr verlängert wurde, reorganisierte sich auch die politische Arbeiterbewegung. Seit dem Erfurter Parteitag von 1891 nannte sie sich Sozialdemokratische Partei Deutschlands (SPD). Zugleich beschloss sie ein neues, jetzt radikaleres Programm. In seinem von Karl Kautsky verfassten theoretischen Teil öffnete es sich der revolutionären Sprache von Karl Marx. Für die politische Arbeit der SPD wurde jedoch der von Eduard Bernstein formulierte praktische Teil des Programms maßgeblich. Er setzte auf eine Politik der Reformen.

Bald verlangte Bernstein, die praktische Reformpolitik auch theoretisch zu fundieren und das Erfurter Programm entsprechend zu revidieren. Er rührte damit an das ideologische Selbstverständnis der SPD und löste innerparteilich den Revisionismusstreit aus. Obwohl seine Forderungen schließlich von der Partei offiziell verworfen wurden, setzte die SPD in der politischen Praxis ihre Reformarbeit fort. Sie provozierte damit jedoch den Widerspruch ihres linken Flügels, der unter Berufung auf die revolutionäre Programmatik eine Politik der Verschärfung der Klassengegensätze forderte, um den Zusammenbruch des Kapitalismus zu beschleunigen.

„Halb sechs – sie muss kommen, die Weltrevolution."
Karikatur aus dem Simplicissimus, 1919.

1. Erläutern Sie die Karikatur aus dem Simplicissimus (Vorstellung von und Einstellung zur Revolution).
2. Kommentieren Sie diese Karikatur aus der Sicht der sozialdemokratischen Parteitheoretiker Karl Kautsky, Eduard Bernstein und Rosa Luxemburg (M 8–10).

MATERIAL 8

Karl Kautsky, Zur Frage der Revolution, 1893

Die Sozialdemokratie ist eine revolutionäre, nicht aber Revolution machende Partei. Wir wissen, dass unsere Ziele nur durch eine Revolution erreicht werden können, wir wissen aber auch, dass es ebenso wenig in unserer Macht steht, eine Revolution zu machen, als in der unserer Gegner, sie zu verhindern. Es fällt uns daher auch gar nicht ein, eine Revolution anstiften oder verbreiten zu wollen.

[…] Wir wissen, dass der Klassenkampf zwischen Bourgeoisie und Proletariat nicht enden wird, ehe nicht das Letztere in den vollen Besitz der

politischen Macht gelangt ist, die es dazu benützen wird, die sozialistische Gesellschaft einzuführen. Wir wissen, dass dieser Klassenkampf immer ausgedehnter und intensiver werden muss; dass das Proletariat an Zahl und moralischer und ökonomischer Kraft immer mehr wächst, dass daher sein Sieg und die Niederlage des Kapitalismus unausbleiblich ist. […]
Die Demokratie kann die Klassengegensätze der kapitalistischen Gesellschaft nicht beseitigen und deren notwendiges Endergebnis, den Umsturz der Gesellschaft, nicht aufhalten. Aber eins kann sie: Sie kann nicht die Revolution, aber sie kann manchen verfrühten, aussichtslosen Revolutionsversuch verhüten und manche revolutionäre Erhebung überflüssig machen. Sie verschafft Klarheit über die Kräfteverhältnisse der verschiedenen Parteien und Klassen; sie beseitigt nicht deren Grundsätze und verschiebt nicht deren Endziele, aber sie wirkt dahin, die aufstrebenden Klassen zu hindern, dass sie sich jeweils an die Lösung von Aufgaben machen, denen sie noch nicht gewachsen sind; und sie wirkt auch dahin, die herrschenden Klassen davon abzuhalten, Konzessionen zu verweigern, zu deren Verweigerung sie nicht mehr die Kraft haben. Die Richtung der Entwicklung wird dadurch nicht geändert, aber ihr Gang wird stetiger, ruhiger. […]

Aus: K. Kautsky, Der Weg zur Macht, 1910, Nachdruck: Frankfurt 1972, S. 15 ff.

MATERIAL

9 Eduard Bernstein, Zuschrift an den Parteitag der SPD (1898)

Ich bin der Anschauung entgegengetreten, dass wir vor einem in Bälde zu erwartenden Zusammenbruch der bürgerlichen Gesellschaft stehen und dass die Sozialdemokratie ihre Taktik durch die Aussicht auf eine solche bevorstehende große soziale Katastrophe bestimmen, beziehungsweise sie von ihr abhängig machen soll. […]

Die Zuspitzung der gesellschaftlichen Verhältnisse hat sich nicht in der Weise vollzogen, wie sie das (kommunistische) „Manifest" schildert. […] Die Zahl der Besitzenden ist nicht kleiner, sondern größer geworden. […] Die Mittelschichten ändern ihren Charakter, aber sie verschwinden nicht aus der gesellschaftlichen Stufenleiter. […] Politisch sehen wir das Privilegium der kapitalistischen Bourgeoisie in allen fortgeschrittenen Ländern Schritt für Schritt demokratischen Einrichtungen weichen. Unter dem Einfluss dieser und getrieben von der sich immer kräftiger regenden Arbeiterbewegung hat eine gesellschaftliche Gegenaktion gegen die ausbeuterischen Tendenzen das Kapitals eingesetzt. Fabrikgesetzgebung, […] die Befreiung des Gewerkschafts- und Genossenschaftswesens von allen gesetzlichen Hemmungen […] kennzeichnen diese Stufe der Entwicklung.
Je mehr aber die politischen Einrichtungen der modernen Nationen demokratisiert werden, umso mehr verringern sich die Notwendigkeiten und Gelegenheiten großer politischer Katastrophen. […] Kein Mensch hat die Notwendigkeit der Erkämpfung der Demokratie für die Arbeiterklasse infrage gestellt. Worüber gestritten wurde, ist die Zusammenbruchstheorie und die Frage, ob bei der gegebenen wirtschaftlichen Entwicklung Deutschlands und dem Reifegrad seiner Arbeiterklasse in Stadt und Land der Sozialdemokratie an einer plötzlichen Katastrophe gelegen sein kann. Ich habe die Frage verneint und verneine sie noch, weil meines Erachtens im stetigen Vormarsch eine größere Gewähr für dauernden Erfolg liegt, als in den Möglichkeiten, die eine Katastrophe bietet.
[…] Darum lege ich auf die nächsten Aufgaben der Sozialdemokratie, auf den Kampf um das politische Recht der Arbeiter, auf die politische Betätigung der Arbeiter in Stadt und Gemeinde für die Interessen ihrer Klasse sowie auf das Werk der wirtschaftlichen Organisationen der Arbeiter den allergrößten Wert. In diesem Sinne habe ich […] den Satz niedergeschrieben, dass mir die Bewegung alles, das, was man gemeinhin Endziel des Sozialismus nennt, nichts sei.

Aus: E. Bernstein, Die Voraussetzungen des Sozialismus und die Aufgaben der Sozialdemokraten, Stuttgart 1899, S. V ff.

MATERIAL

Rosa Luxemburg, Sozialreform oder Revolution? 10

Für die Sozialdemokratie bildet der alltägliche praktische Kampf um soziale Reformen [...] den einzigen Weg, den proletarischen Klassenkampf zu leiten und auf das Endziel, auf die Ergreifung der politischen Macht und die Aufhebung des Lohnsystems hinzuarbeiten.
Für die Sozialdemokratie besteht zwischen der Sozialreform und der sozialen Revolution ein unzertrennlicher Zusammenhang, indem ihr der Kampf um die Sozialreform das Mittel, die soziale Umwälzung aber der Zweck ist.
Eine Entgegenstellung dieser beiden Momente der Arbeiterbewegung finden wir erst in der Theorie von Ed. Bernstein. [...] Da aber das sozialistische Endziel das einzige entscheidende Moment ist, das die sozialdemokratische Bewegung von der bürgerlichen Demokratie und dem bürgerlichen Radikalismus unterscheidet, das die ganze Arbeiterbewegung aus einer müßigen Flickarbeit zur Rettung der kapitalistischen in einen Klassenkampf gegen diese Ordnung verwandelt, so ist die Frage „Sozialreform oder Revolution?" im Bernstein'schen Sinne zugleich die Frage: Sein oder Nichtsein?

Aus: R. Luxemburg, Schriften zur Theorie der Spontanität, hrsg. v. S. Hillmann, Reinbek 1970, S. 7.

MATERIAL

Selbstverständnis sozialdemokratischer Industriearbeiter 1910 11

Mehr als tausend sozialdemokratisch organisierte Textilarbeiter wurden in einer Enquète 1910 gefragt: *Welche Hoffnungen und Wünsche haben Sie?*

Textilarbeiter	*Berlin*	*Forst/ Lausitz*	*Summe*
keine	19	7	26
auf den Sieg der Sozialdemokratie	162	356	518
mehr zu verdienen	180	291	471
auf den Sieg des Guten	2	39	41

Aus: A. Levenstein, Die Arbeiterfrage, München 1912, S. 232, 292 ff.

Sozialdemokratische Arbeiter, nach ihrer politischen Haltung befragt:

Metallarbeiter, 29 Jahre:
„Wer vom Sozialismus so durchdrungen ist [...], der glaubt an eine Befreiung wie an ein neues Evangelium."

Metallarbeiter, 39 Jahre:
„Die politische und gewerkschaftliche Bewegung hat erst meinem Wesen Ziel gegeben, meinem Leben Inhalt."

Bergarbeiter, 33 Jahre, 8 Kinder:
„Ich glaube an die soziale Revolution auf evolutionistischen Weg. [...] Die moderne Arbeiterbewegung beglückt mich und alle meine Freunde durch den wachsenden Strahl der Erkenntnis. Wir begreifen, dass wir nicht mehr Amboss, sondern Hammer sind, die unserer Kinder Zukunft schmieden, und dieses Gefühl wiegt Gold nicht auf."

1. Erläutern Sie Kautskys, Bernsteins und Luxemburgs Auffassungen zum Verhältnis von Revolution und Reform.
2. Wer von den drei Theoretikern treibt den Revisionismus am weitesten? Beziehen Sie in Ihre Erörterung auch die Anfänge der Arbeiterbewegung in Deutschland ein Informationstext).
3. Erörtern Sie auf der Basis der Enquète (M 11), ob die SPD gut beraten war, Bernsteins Revisionismus offiziell zu verurteilen?

5.4 Staat und Kirchen – wie beantworten sie die soziale Frage?

Kirchliche Ansätze

Das Erstarken der Arbeiterbewegung machte deutlich, dass sich die soziale Frage auf Dauer zu einer Krise der gesamten Gesellschaft ausweiten würde, wenn es nicht gelänge, die mit ihr verbundenen Probleme zu lösen. Der Mainzer Bischof Freiherr von Ketteler (1811 – 1877) hatte als einer der ersten katholischen Kirchenführer ihren Ernst und ihre Bedeutung erkannt. Er berief sich in seiner Kritik an den sozialen Missständen auf die naturrechtlichen Lehren des Thomas von Aquin. Danach hat der Mensch bestimmte unveräußerliche, in der Natur und im Sittengesetz begründete Rechte, denen die staatliche und gesellschaftliche Ordnung nicht entgegenstehen darf.

Katholische Soziallehre

Diese Gedanken hat später Papst Leo XIII. (1878 – 1903) in seiner Sozialenzyklika „Rerum Novarum" (1891) aufgegriffen, sie vertieft und systematisiert. 40 Jahre nach Marx äußerte sich der Papst in diesem Rundschreiben grundsätzlich zum Verhältnis von Mensch und Wirtschaft, von Kapital und Arbeit sowie zur Rolle des Staates. Der Papst ging in seinem Rundschreiben vom Ideal gesellschaftlicher Harmonie aus. Er verwarf die zum Klassenkampf führenden Systeme von Sozialismus und Wirtschaftsliberalismus, bekräftigte das Recht auf Eigentum in sozialer Verantwortung und forderte die gerechte Entlohnung der Arbeit. Leo XIII. ermahnte die Arbeiter zu pflichtbewusster Arbeitserfüllung und warnte sie vor falschen Propheten. Gleichzeitig verurteilte er die unternehmerische Ausbeutung und forderte dazu auf, die menschliche Würde auch am Arbeitsplatz zu respektieren. Auch den Staat nahm er in die Pflicht. Er müsse gegen die offensichtlichen Benachteiligungen der Arbeiter einschreiten. Staatliche Sozialpolitik solle sich vom Subsidiaritätsprinzip, dem Gedanken der Hilfe zur Selbsthilfe, leiten lassen. Der Papst regte die Gründung und Förderung von Arbeitervereinigungen zum Zwecke gegenseitiger Unterstützung der Arbeiter und ihrer Familien bei Krankheit, Unfall und Tod an. Damit die Arbeiter ihre Interessen gegenüber den Arbeitgebern wirksamer vertreten könnten, sollten Arbeiterausschüsse gebildet werden.

Subsidiaritätsprinzip

Der Papst hatte mit diesem Rundschreiben die Grundzüge einer katholischen Soziallehre umrissen und den Rahmen für die Tätigkeit katholischer Politiker z. B. in der Zentrumspartei abgesteckt. Dem deutschen Katholizismus, der in Arbeitervereinen und in den Christlichen Gewerkschaften die katholischen Arbeiter organisatorisch zusammenfasste, gelang es nicht zuletzt auch aufgrund des sozialpolitischen Engagements katholischer Kirchenführer weit besser als der evangelischen Kirche, eine Abwendung der Arbeiterschaft von der Kirche zu verhindern.

Evangelische Antworten

In der evangelischen Kirche entstanden ab 1882 von Pfarrern geleitete „Evangelische Arbeitervereine" mit dem Ziel, ein „freundschaftliches Verhältnis" zwischen Arbeitgebern und Arbeitnehmern zu pflegen und sozialdemokratische Einflüsse abzuwehren. Im Gegensatz zur katholischen Kirche lehnte die evangelische Kirchenbehörde jedoch eigene sozialpolitische Aktivitäten ab und konzentrierte sich stattdessen auf karikativ-seelsorgerische Tätigkeiten in der Inneren Mission. Sie tadelte das offene Eintreten einiger Theologen um Friedrich Naumann für die Interessen der Arbeiter als „unbesonnene Parteinahme für die Forderungen einer einzelnen Berufsklasse" und erklärte, die

Kirche dürfe sich keine Schiedsrichterrolle in weltlichen Angelegenheiten anmaßen.

Reichskanzler Otto von Bismarck war schon bald nach der Reichsgründung 1871 für staatliche Maßnahmen gegen die soziale Not eingetreten. Damit stellte er sich gegen liberale Zeitströmungen. Liberale Unternehmer wie Werner von Siemens (1816–1892) versuchten daher durch Schaffung betrieblicher Sozialeinrichtungen eine ihrer Ansicht nach gefährliche staatliche Sozialpolitik zu unterlaufen.

Deutsche Metall-Arbeiter-Zeitung
Organ für die Interessen der Metallarbeiter.
Nr. 38. Nürnberg, 22. September 1888. 6. Jahrgang.

Titelblatt einer Gewerkschaftszeitung

Gesetzliche Sozialversicherung

So bedeutsam die betriebliche Sozialpolitik im Einzelfall auch gewesen sein mochte, auf Dauer war der Staat nach Bismarcks Auffassung gezwungen einzugreifen, nicht zuletzt als Reaktion auf die politische Herausforderung der Arbeiterbewegung. Bismarck ließ gesetzliche Sozialversicherungen für Arbeiter – 1883 die Krankenversicherung, 1884 die Unfallversicherung, 1889 die Alters- und Invalidenversicherung – einführen. Er wollte „in der großen Masse der Besitzlosen die konservative Gesinnung erzeugen, welche das Gefühl der Pensionsberechtigung mitbringt". Bismarck erwartete als Gegenleistung dafür die Dankbarkeit der Arbeiter gegenüber der politischen Führung und dem monarchischen Staat. Dieses Kalkül erwies sich jedoch als falsch: Der in die Versicherung einbezogene Personenkreis – 1885 erst zehn Prozent der Bevölkerung – war zunächst zu begrenzt; die Lasten für die Versicherung – ihr Eigenanteil betrug zwei Drittel des Beitrags – waren zu hoch; die Leistungen – 1890 betrug die durchschnittliche Jahresrente in der Invaliditäts-, Alters- und Hinterbliebenenversicherung 155 Mark – zu niedrig. Die Bedeutung von Bismarcks Sozialpolitik liegt in ihrer Wirkung „über den Tag hinaus". Mit ihr hatte sich der Gedanke einer gesetzlich verordneten Absicherung gegenüber privaten (wie sie am ehesten in den USA zu finden waren) oder betrieblichen Formen der sozialen Sicherung durchgesetzt. Vor allem aber erhielten die Menschen jetzt einen Rechtsanspruch auf Versicherungsleistungen, während bisher praktizierte Maßnahmen der Sozialfürsorge eher als Almosen empfunden wurden und für viele entwürdigend waren.

Gewerkschaften

In der zweiten Hälfte der sechziger Jahre des 19. Jahrhunderts schufen auch die Arbeiter Strukturen, die ihre Interessen gegenüber den Arbeitnehmern vertraten: die Gewerkschaften. Diese waren unterschiedlich ausgerichtet, es gab die sozialistischen „Freien Gewerkschaften", die liberalen (und unternehmerfreundlicheren) „Hirsch-Duncker'schen Gewerkvereine" sowie die „Christlichen Gewerkschaften". Die freien Gewerkschaften, die eng mit der SPD verbunden waren, hatten von 1878 bis 1890 unter dem Verbot durch das Bismarck'sche Sozialistengesetz (→ S. 220) zu leiden, entwickelten sich dann aber zur wichtigsten gewerkschaftlichen Massenbewegung. Sie umfasste 1913 über 2,5 Millionen Mitglieder. Obwohl die freien Gewerkschaften bis 1916 gesetzlich und häufig auch de facto nicht anerkannt waren, erreichten sie in vielen Industriezweigen bereits tarifvertragliche Regelungen. Außerdem unterstützten sie den Reformkurs in der SPD und schwächten dadurch den revolutionären Flügel.

MATERIAL

12 Werner Siemens in einem Schreiben an Siemens-Brothers (London) am 1.12.1872 über seine sozialpolitischen Vorstellungen

Werner Siemens (1816–1892) war liberaler Abgeordneter im Preußischen Abgeordnetenhaus und Gründer des Siemens-Konzerns.

Unsere Absicht war, durch die Stiftung einer Pensionskasse in der sozialen Frage einen entscheidenden Schritt vorwärts zu kommen und sie dadurch für uns ungefährlich zu machen.

Für durchaus berechtigt halten wir die den Arbeitern zu gebende Sicherheit einer sorgenfreien Existenz im Alter und der Existenz ihrer Familie bei ihrem frühzeitigen Tode. Es wird in immer weiteren Kreisen als eine Pflicht der Arbeitgeber aufgefasst, in diesem Sinne für ihre Arbeiter, deren Kräfte sie ausnützten, Sorge zu tragen, und wahrscheinlich wird hier die Gesetzgebung diese Verpflichtung den Unternehmern allgemein gültig auferlegen, wie sie es speziell für den Tod oder Arbeitsunfähigkeit infolge von Unglücksfällen höchstwahrscheinlich schon in der nächsten Reichstagssitzung tun wird.

In Erwartung dieser Gesetzgebung werden jetzt schon vorbereitende Schritte überall getan. Es bilden sich große Versicherungsanstalten, in welche die Fabriken ihre Arbeiter durch jährliche Beiträge, ungefähr in der Höhe, wie wir sie festsetzen, einzukaufen haben, und die ihnen dann im Unterstützungsfalle Pensionen auszuzahlen haben. Da sich bald kein Fabrikant in Deutschland dem Anschluss an diese Kassen wird entziehen können, selbst wenn es ihm gesetzlich gestattet bleibt, so werden die Arbeiter dies als eine Wohltat des Staates und als einen Erfolg ihrer Agitation ansehen, die Kassen werden daher nicht ein neues Band zwischen Arbeitgeber und Arbeitnehmer bilden, un die Arbeiter werden wie bisher von einer Fabrik zur anderen ziehen.

Es ist aber von höchster Wichtigkeit, einen festen Arbeiterstamm zu schaffen, und zwar umso mehr, je weiter die Arbeitsteilung und die Maschinenarbeit entwickelt wird. Dies soll nun wesentlich durch unsere Pensionskasse bewirkt werden. Es ist zu dem Zwecke aber notwendig, dass die Arbeiter volles Vertrauen zur Kasse und deren Verwaltung haben. Um dies zu erzeugen, haben wir das Kapital der Kasse geschenkt und uns zu bestimmten Beiträgen für die konstanten Arbeiter verpflichtet und bestimmt, dass die Verwaltung mit einer gewählten Kommission geführt werden soll.

Die Arbeiter rechnen sich infolgedessen schon jetzt aus, dass für jeden zirka 100 Taler Kapital vorhanden sind, die derjenige aufgibt, welcher fortgeht. Steht bei ihnen erst die Überzeugung unwandelbar fest, dass denen, die bei uns bleiben, die Sorge für ihr Alter und ihre Familie genommen ist, so werden sie dadurch fest an das Geschäft geknüpft, sie werden den Umsturztheorien der Sozialisten abhold, werden sich Streiks widersetzen und haben eigenes Interesse am Gedeihen des Geschäfts. Namentlich die Frauen werden in diesem Sinne auf sie einwirken.

Kommt dann später die gesetzliche Pensionierungsverpflichtung, so kann der Beitritt zur allgemeinen Institution nicht erzwungen werden, wenn die bestehende Spezialkasse den Arbeitern bessere Bedingungen als jene gewährt und sie volles Vertrauen zu ihr haben.

Aus: W. v. Siemens, Briefe, hrsg. von F. Heintzenberg, Stuttgart 1954, S. 248 ff.

1. Aus welchen Überlegungen befürwortet Siemens soziale Einrichtungen in seinen Betrieben?
2. Welches Rollen- und Selbstverständnis des Unternehmers spricht aus seinem Brief? Vergleichen Sie dieses mit dem Unternehmerbild von Marx.

MATERIAL

Bismarck im November 1871 zur sozialen Frage 13

Die Frage von Arbeitszeit und Lohnhöhe ist durch staatliche Einwirkung außerordentlich schwierig zu lösen; durch irgendeine Gesetzgebung, die man macht, läuft man Gefahr, in die persönliche Freiheit, seine Dienste zu verwerten, sehr erheblich und unnütz einzugreifen. Denn wenn man die Milch gebende Kuh oder die Eier legende Henne mit einem Mal schlachtet, so geht damit die Industrie ein, um die es sich handelt, weil sie die ihr aufzulegende Last der kurzen Arbeit für hohe Löhne nicht tragen kann. Dann leidet darunter der Arbeiter genauso wie der Unternehmer. Das ist also die Grenze, die geboten ist, und vor der jede gesetzliche Einwirkung Halt machen muss. Ich habe darüber auch nur sporadisch lokale Klagen gehört.

Der eigentliche Beschwerdepunkt des Arbeiters ist die Unsicherheit seiner Existenz. Er ist nicht sicher, dass er immer Arbeit haben wird, er ist nicht sicher, dass er immer gesund ist, und er sieht voraus, dass er einmal alt und arbeitsunfähig sein wird. Verfällt er aber der Armut auch nur durch eine längere Krankheit, so ist er darin nach seinen eigenen Kräften vollständig hilflos, und die Gesellschaft erkennt ihm gegenüber bisher eine eigentliche Verpflichtung außer der ordinären Armenpflege nicht an, auch wenn er noch so treu und fleißig die Zeit vorher gearbeitet hat. Die ordinäre Armenpflege lässt aber viel zu wünschen übrig. [...]

Für den Arbeiter ist da immer eine Tatsache, dass der Armut und der Armenpflege in einer großen Stadt zu verfallen gleichbedeutend ist mit Elend, und diese Unsicherheit macht ihn feindlich und misstrauisch gegen die Gesellschaft. Das ist menschlich nicht unnatürlich, und solange der Staat ihm da nicht entgegenkommt oder solange er zu dem Entgegenkommen des Staates kein Vertrauen hat, da wird er, wo er es finden mag, immer wieder zu dem sozialistischen Wunderdoktor laufen und ohne großes Nachdenken sich von ihm Dinge versprechen lassen, die nicht gehalten werden.

Deshalb glaube ich, dass die Unfallversicherung, mit der wir vorgehen, doch mildernd auf die Besorgnis und auf die Verstimmung der arbeitenden Klassen wirken wird. Ganz heilbar ist die Krankheit freilich nicht, aber durch die Unterdrückung äußerer Symptome derselben, durch Zwangsgesetze halten wir sie nur auf und treiben sie nach innen.

Wenn man mir dagegen sagt, das ist Sozialismus, so scheue ich das gar nicht. Es fragt sich nur, wo liegt die erlaubte Grenze des Staatssozialismus? Ohne eine solchen können wir überhaupt nicht wirtschaften. Jedes Armenpflegegesetz ist Sozialismus. [...]

Wer den Staatssozialismus als solchen vollständig verwirft, [...] der muss überhaupt dem Staate das Recht absprechen, da, wo sich Gesetz und Recht zu einer Kette und zu einem Zwang, der unsere freie Atmung hindert, verbinden, mit dem Messer des Operateurs einzuschneiden und neue und gesunde Zustände herzustellen. Ich tue aus eigenem Antriebe meine Pflicht und werde dafür kämpfen, solange ich hier das Wort nehmen kann.

Aus: O. v. Bismarck, Gesammelte Werke, Friedrichsruher Ausgabe, Berlin 1925–1934, Baden Reden, S. 319.

1. Wie begründet Bismarck den „Staatssozialismus"? Welche Maßnahmen ergreift er? Wo sieht er Grenzen?
2. Erklären Sie, warum Sozialgesetzgebung und Sozialistengesetz im Verständnis Bismarcks keine Widersprüche sind.
3. Gegen welche parteipolitische Kritik verteidigt Bismarck die staatliche Sozialpolitik?

MATERIAL

14 Kapitalistische Wohltaten, Karikatur aus dem Jahr 1905

Der Kapitalist: „So, der läuft mir nicht mehr davon!"

Werbeplakat der Regierung zur staatlichen Sozialversicherung

MATERIAL

15 Der Historiker Hans Ulrich Wehler zu Bismarcks Sozialpolitik

Von vorneherein wurde diese Sozialpolitik nicht als Sozialreform im Sinne des Arbeiterschutzes und einer Humanisierung der industriellen Arbeitswelt, geschweige denn als Umbau der Gesellschaftsordnung begriffen. Der Reichskanzler lehnte bekanntlich den Ausbau der erst 1871 eingeführten Fabrikinspektion, die Verkürzung der Arbeitszeit, die Einschränkung der Frauen- und Kinderarbeit, die Einführung von garantierten Mindestlöhnen usw. bis 1890 rigoros ab. [...] Vielmehr teilte Bismarck den Standpunkt zahlreicher Unternehmer, dass die Industrie zwecks Erhaltung ihrer internationalen Konkurrenzfähigkeit nicht ernsthaft belastet werden dürfe. Nicht nur wurde die betriebliche Sozialpolitik förmlich auf Eis gelegt, sondern die Förderung der augenblicklichen Unternehmerinteressen galt ihm [...] geradezu „als Quintessenz der Sozialpolitik". Ganz offen wurde die Versicherungsgesetzgebung der 80er Jahre von Anfang an „als das notwendige Korrelat" [...] zum repressiven Sozialistengesetz konzipiert. [...] Bismarck wollte physische Bedürfnisse befriedigen, um die Geister einzuschläfern und den Willen zu brechen".

Aus: H. U. Wehler, Das Deutsche Kaiserreich 1871–1918, Göttingen 1973, S. 136–138.

1. Erläutern Sie die Karikatur und erörtern Sie die Berechtigung der Aussage.
2. Vergleichen Sie Wehlers Einschätzung der Bismarck'schen Sozialgesetzgebung mit Bismarcks Stellungnahme. Wird Wehlers Urteil Bismarcks Sozialgesetzgebung voll gerecht?

5.5 Die soziale Frage in den USA und England – Lösungsversuche ohne den Staat?

Amerikanischer Liberalismus

Weit verbreitet in den USA war und ist die Auffassung vom Recht des Einzelnen, sein Glück selbst zu suchen und ohne staatliche Bevormundung sein Leben zu gestalten. Soziale Missstände wurden daher als individuelles Versagen der Betroffenen betrachtet und nicht dem Staat und der Gesellschaft angelastet. Dies galt auch für die Arbeiterschaft. Die liberale Wirtschafts- und Sozialauffassung reduzierte den Staat im Prinzip auf die Rolle des „Nachtwächters", der nur für Sicherheit und Ordnung seiner Bürger zu sorgen, sich aber ansonsten jeglicher wirtschaftlicher und sozialpolitischer Eingriffe zu enthalten habe.

Unternehmenskonzentration

Die zunehmende Oligopolisierung oder gar Monopolisierung von Unternehmen gegen Ende des 19. Jahrhunderts als Folge des uneingeschränkten Laissez-Faire-Kapitalismus zwang jedoch die Arbeiterschaft zum Handeln. So schlossen sich 1886 einige Einzelgewerkschaften zur American Federation of Labour (AFL) zusammen, die sich zu einer dauerhaften Organisation entwickelte. Anfangs gehörten ihr ausschließlich weiße Facharbeiter an und sie verfolgte nur gewerkschaftliche Ziele, wie z. B. die Reduzierung der Arbeitszeit oder die Anhebung von Löhnen. Rein politische Zielsetzungen, wie z. B. die sozialistische Verstaatlichung von Produktions- und Transportmitteln, fanden nie eine Mehrheit. Nach der Jahrhundertwende gewann die AFL allmählich an Stärke, ihre Mitgliederzahl stieg auf eine Million. Die Arbeitskämpfe verliefen oft blutig, da eine gesetzliche Anerkennung des Koalitions- und Streikrechts noch fehlte und Streiks häufig durch Gerichtsbeschlüsse unterbunden wurden.

Gewerkschaften

Progressive Movement

Da sich zur gleichen Zeit die meisten Reichtümer des Landes in den Händen weniger Konzerne befanden, regte sich auch bei dem „Progressive Movement", das vom kleinen und mittleren Bürgertum getragen wurde, Widerstand gegen die Konzentration in der Wirtschaft. Die Farmer im Süden und Westen, die kleinen und mittleren Unternehmen, die Kleinbürger in ganz Amerika, die sich in ihrer wirtschaftlichen und sozialen Existenz von der ökonomischen Konzentration unmittelbar bedroht fühlten, wurden zum Träger einer Oppositionsbewegung, die ihren Zielen nach antimonopolistisch, nicht aber antikapitalistisch war. Ein weitere Forderung des Progressive Movement war, durch Sozialreformen den Lebensstandard der Bevölkerungsmehrheit zu heben. In einigen Einzelstaaten zeigten sich in der Folge Anfänge einer Sozialgesetzgebung. Doch um 1910 war die 60-Stunden-Woche noch die Regel und Kinderarbeit immer noch üblich. Gesetzliche Vorschriften zum Unfallschutz am Arbeitsplatz gab es noch nicht.

Anti-Trust-Gesetz

In Ansätzen regte sich auch in den Parteien eine Reformbewegung. Ihr erster bescheidener Erfolg war der Sherman Act, ein Gesetz, das die Bundesregierung ermächtigte, gegen Trusts und Monopole vorzugehen. Aber der Antitrust-Gesetzgebung blieb ein größerer Erfolg versagt, zumal niemand die liberale Wirtschafts- und Sozialordnung infrage stellen wollte.

In Großbritannien herrschte im 19. Jahrhundert eine vergleichbare Situation. Von der großen Mehrheit wurde weder das politische noch das wirtschaftliche System grund-

Betriebliche Sozialreformen

sätzlich infrage gestellt. Es blieb der Einzelinitiative von Unternehmern überlassen, soziale Reformen einzuführen. So ließ der Textilfabrikant Robert Owen schon im ersten Drittel des 19. Jahrhunderts eine Mustersiedlung für seine Arbeiter und deren Familien errichten. Er begrenzte den Arbeitstag auf 10 Stunden und verbot die Arbeit von Kindern unter 10 Jahren. Der Kindererziehung maß Owen besondere Bedeutung bei; in dieser Hinsicht wirkte seine Arbeitersiedlung mit den darin eingerichteten Schulen vorbildhaft. Er wirkte auch bei ersten Ansätzen zu Arbeitsschutzgesetzen mit.

Darüber hinaus errichtete Robert Owen Läden, in denen die Waren fast zum Selbstkostenpreis verkauft wurden. Damit beeinflusste er die späteren Konsumvereine. Owen gelang es, mit seinen Einrichtungen die wirtschaftliche und soziale Lage der Arbeiter zu verbessern, gleichzeitig aber auch die Produktivität in den Fabriken zu steigern. Owens Einsatz für seine Arbeiter darf jedoch nicht darüber hinwegsehen lassen, dass der Großteil der Arbeiterschaft im 19. Jahrhundert trotz einzelner Reformansätze unter miserablen Bedingungen leben und arbeiten musste. Besonders verbreitet war in Großbritannien zudem Kinderarbeit.

Britische Gewerkschaften

An der schwierigen sozialen Lage der Arbeiterschaft in Großbritannien konnte auch die schon in der ersten Hälfte des 19. Jahrhunderts entstandene Gewerkschaftsbewegung zunächst wenig ändern. Ihre Mitglieder rekrutierten sich vornehmlich aus handwerklichen Betrieben mit fortwirkender Zunfttradition, also aus Facharbeitern. Die große Masse der Arbeiterschaft, die aus Nicht- und Geringqualifizierten bestand, wurde erst gegen Ende des Jahrhunderts organisatorisch erfasst. Zudem konzentrierte sich die Zielsetzung der Gewerkschaften in der Anfangszeit auf politische Fragen. Sie forderten das allgemeine und geheime Wahlrecht für Männer und jährliche Parlamentswahlen („People's Charter"), da die Wahlrechtsreform von 1832 lohnabhängigen Arbeitern nach wie vor das Wahlrecht verwehrte. Die Chartistenbewegung selbst war jedoch politisch in einen gemäßigten und einen radikalen, gewaltbereiten Flügel zersplittert. Seit Anfang der 50er Jahre des 19. Jahrhunderts beschränkte sich die chartistische Arbeiterschaft auf gewerkschaftliche Arbeit, lehnte also revolutionäre politische Ziele ab.

People's Charter

Britisches Wahlplakat, 1892.

Die wachsende Unzufriedenheit in der britischen Arbeiterbewegung mit der mangelnden Vertretung ihrer Interessen im Parlament führte 1900 auf Initiative des Trades Union Congress (TUC), des Dachverbandes der Gewerkschaften, zur Gründung der Labour Party, wie sie seit 1906 heißt. Zu den Gründungsmitgliedern zählte auch die „Fabian Society", eine Vereinigung britischer Intellektueller (u. a. der Dramatiker George Bernard Shaw und die Kinderbuchautorin Beatrix Potter). In strikter Ablehnung des Manchester-Liberalismus strebte die Fabian Society einen Sozialismus an, der seine Ziele nicht auf revolutionärem Weg gegen den Staat, sondern auf demokratischem Weg durch den Staat verwirklichen sollte. Zu den Programmpunkten der Labour Party zählte u. a. die staatliche Garantie von Vollbeschäftigung und Mindestlöhnen sowie die Verstaatlichung von Produktionsmitteln.

Kinderarbeiter aus Textilfabriken in Philadelphia während eines Streiks zur Durchsetzung der 55-Stunden-Woche, 1903.

MATERIAL

Trade Unions und Labour Party 16

Im Ursprungsland der industriellen Revolution [...] spielte paradoxer Weise die große politische Kraft des neuen Zeitalters, der Sozialismus, [...] zunächst keine nennenswerte Rolle. [...] Die wenigen Arbeiter, die im 19. Jahrhundert ins Parlament gelangten, meist Bergarbeiter, gerieten als so genannte „Lib-Labs"* in der Regel in das politische Kielwasser der Liberalen. [...]

Erst gegen Ende des Jahrhunderts [...] als die viktorianischen Grundwerte der Selbsthilfe und des „Laissez aller" an Überzeugungskraft verloren [...] und zudem Gerichte gewerkschaftliche Kampfmaßnahmen immer häufiger als „civil conspiracy", als schadensersatzpflichtige Schädigung der Unternehmer definierten, [...] sahen die im TUC** vereinigten Gewerkschaften sich vor die Notwendigkeit gestellt, durch eine parlamentarische Vertretung ihre Interessen rechtlich abzusichern. Dies war die Geburtsstunde der modernen englischen Arbeiterpartei. 1900 errang sie zwei Mandate, 1906 bereits 29 Abgeordnetensitze im englischen Unterhaus. Die Labour Party stand in der Tradition der vorwiegend reformistisch ausgerichteten Gewerkschaftsbewegung mit ihrem Interesse an der Durchsetzung konkreter Verbesserungen für ihre Mitglieder [...].

Darüber hinaus gab es in Großbritannien enge Verbindungen zwischen den Kirchen und der Arbeiterbewegung. Keir Hardy, ihr großer alter Mann, verstand Sozialismus vor allem als die politische Verwirklichung christlicher Nächstenliebe.

* „Liberal Labour", Labour = die engl. Arbeiterbewegung
** TUC = Trades Union Congress

Aus: P. Wende, Die Geschichte Englands, Stuttgart 1985, S. 260 f.

1. Zeigen Sie auf, wie man in Großbritannien versucht hat, die Arbeiterfrage zu lösen.

MATERIAL

17 Der Stahlindustrielle Andrew Carnegie (1835–1919) über das Gesetz des Wettbewerbs

Das Gesetz des Wettbewerbs [...] mag zwar für den Einzelnen gelegentlich hart sein, für die Menschheit ist es jedoch zum Besten, weil es auf jedem Gebiet das Überleben des Tüchtigsten sicherstellt. Daher akzeptieren und begrüßen wir große Ungleichheit der Lebensbedingungen, die Konzentration von Industrie und Handel in den Händen von wenigen und das Gesetz des freien Wettbewerbs zwischen ihnen [...], da sie für den künftigen Fortschritt der Menschheit nicht nur günstig, sondern notwendig sind. [...]

Der Sozialist oder Anarchist, der die gegenwärtigen Verhältnisse umstürzen will, greift in Wirklichkeit die Grundlage der Zivilisation überhaupt an, denn die Zivilisation begann mit jenem Tag, an dem der fähige, fleißige Arbeiter zu seinem unfähigen und faulen Gefährten sagte: „Wenn du nicht säest, sollst du nicht ernten." So wurde die Periode des primitiven Kommunismus beendet. [...] Die Zivilisation überhaupt beruht auf der Heiligkeit des Eigentums – das Recht des Arbeiters auf seine hundert Dollar bei der Sparkasse ebenso wie das Recht des Millionärs auf seine Millionen. Wer diesen ausgeprägten Individualismus durch Kommunismus ersetzen will, dem sei gesagt: Die Menschheit hat das versucht.

Die Verdrängung des Kommunismus war Voraussetzung jeglichen Fortschritts. Die Ansammlung von Reichtum durch jene, die über die Fähigkeit und Energie verfügen, ihn hervorzubringen, hat der Menschheit nicht geschadet, sondern genützt.

Aus: North American Review 148, 1889, S. 655 f.; nach: H. D. Schmid (Hrsg.), Fragen an die Geschichte 4, Frankfurt 1984, S. 97.

MATERIAL

18 Edwin Markham, „Sweat-shops" in New York, 1907

Sweat-shop ist eine Stätte, wo der Arbeiter ganz der Gnade von Einkäufern ausgesetzt ist, wo sein Lebensblut ausgeschwitzt wird unter dem Druck Profit saugender Unternehmer, die über ihm stehen. Ein Textilkaufmann bestellt z. B. 1 000 Anzüge in allen Größen. Ein Einkäufer übernimmt die Bestellung und verteilt sie auf Untereinkäufer, die dann wiederum die Heimarbeiter beauftragen. Jeder Zwischenhändler will seinen Profit; deshalb ist der Lohn der Arbeiter sehr gering. Die Arbeiter müssen ihre Kinder mitarbeiten lassen. [...]

In 300 von 500 Haushalten müssen Frauen und Kinder mitarbeiten, um den Lebensunterhalt zu sichern. 14 bis 16 Stunden dauert gewöhnlich dieser Arbeitstag. Ein Kind verdient oft nur einen Cent pro Stunde. [...] Das durchschnittliche Einkommen einer Familie beträgt 5 Dollar 70 Cents wöchentlich. [...]

Klein und Groß muss arbeiten, immer in Eile, ohne Rast, um die bestellten Waren abzuliefern und um neue Aufträge zu erhalten und damit den Arbeitsplatz zu sichern. Denn es gibt nichts Schlimmeres, als keine Arbeit zu haben. [...]

Lang gestreckte Mietshäuser sind zu solchen Sweat-shop-Infernos geworden. [...] Auf einer Quadratmeile dieser Mietskasernen leben zusammengedrängt 600 000 Menschen, wahrscheinlich der am dichtesten besiedelte menschliche Ameisenhaufen auf dieser Erde.

Aus: G. Moltmann, Die Vereinigten Staaten von Amerika von der Kolonialzeit bis 1917, Paderborn 1980, S. 71 f.

1. Erläutern Sie Carnegies Weltanschauung und seine wirtschaftspolitischen Folgerungen (M 17). Halten Sie seine Argumente für stichhaltig?
2. Erörtern Sie mögliche Zusammenhänge zwischen Carnegies Wirtschaftsphilosophie und den in M 18 beschriebenen sozialen Verhältnissen.

ZEITTAFEL

Seit etwa 1760: Agrarrevolution und Beginn der industriellen Revolution in England, das für mehr als hundert Jahre in der wirtschaftlichen Entwicklung führend bleibt. Auf dem Kontinent beginnt die Industrialisierung über 50 Jahren später, zunächst in Belgien und Frankreich (ab etwa 1820), in Deutschland erst ab 1835/40.

1764–1769: Als „Schlüsselerfindungen" der ersten Phase der Industrialisierung entwickeln James Watt die Dampfmaschine und Richard Arkwright die Spinnmaschine. Dies führt zu einer Revolutionierung in der Textilherstellung.
Mit der beginnenden Mechanisierung der Arbeit in einer zunehmend großkapitalistischen Industriewirtschaft entsteht ein Proletariat, das unter elenden Verhältnissen arbeiten und leben muss.

1776: Adam Smith begründet mit seiner „Untersuchung über Natur und Ursprung des Wohlstands der Völker" die moderne Volkswirtschaftslehre. Seine Schrift wird zur Bibel des Kapitalismus und des Wirtschaftsliberalismus.

ab 1806: Reformgesetze setzen in Preußen und den Rheinbundstaaten Impulse zur Modernisierung frei: Die Bauernbefreiung ermöglicht die Wanderung in die entstehenden Industriestädte, die ständischen Berufsbeschränkungen und Zunftzwänge fallen, die Gewerbefreiheit wird eingeführt. Verwaltungsreformen stärken die Staatsmacht.

1807: Auf dem Hudson-River in den USA wird der erste Linienverkehr mit Dampfschiffen, die seit 1774 entwickelt wurden, aufgenommen.

1814: Erste Dampflokomotive von G. Stevenson.

1824: Erste Gewerkschaften in England.

Seit 1825: Erste Eisenbahnverbindungen in England. 1830 Einweihung der ersten größeren Linien für den Personenverkehr in England (Manchester – Liverpool) und in den USA (Baltimore).

Seit 1835: Erste deutsche Eisenbahnlinie von Nürnberg nach Fürth. Der Eisenbahnbau wird Schrittmacher für die deutsche Industrialisierung.

Seit 1840: Mit der Verkehrsrevolution beginnt die zweite Phase der Industrialisierung(„take off"), in deren Verlauf riesige Ballungszentren und immer größere Unternehmen entstehen. Die Klassengegensätze verschärfen sich, die „soziale Frage" wird zum vorrangigen Problem. In den Jahrzehnten nach 1840 werden die USA und Deutschland zu Konkurrenten Englands.

1840/41: Begründung der modernen Chemie, insbesondere der Agrikulturchemie.

1841: Friedrich List, unter dessen Initiative 1834 der Deutsche Zollverein gegründet worden war, veröffentlicht sein Hauptwerk „Das nationale System der politischen Ökonomie".

1844: Weberaufstand in Schlesien, der Ausdruck der durch die Industrialisierung bedingten Übergangskrise ist: Missernten, Bevölkerungswachstum, ausländische Konkurrenz und noch fehlende industrielle Arbeitsplätze führen vielerorts zu Hungerrevolten und Aufständen von Maschinenstürmern. Diese vorindustrielle Massenarmut („Pauperismus") führt zu wachsender Verbitterung der Unterschichten.

1845: Der Fabrikantensohn Friedrich Engels analysiert und kritisiert in „Die Lage der arbeitenden Klasse in England" die sozialen Verhältnisse.

Februar 1848: Marx und Engels veröffentlichen das „Kommunistische Manifest", das zur Programmschrift des revolutionären Sozialismus wird.

1848/49: Die gescheiterte Revolution begräbt auch die Hoffnungen der aufständischen Arbeiter überall in Mitteleuropa auf soziale Reformen. Die Kraft des Besitzbürgertums bleibt jedoch ungebrochen, zumal sich nach 1850 die Industrialisierung unverändert stürmisch fortsetzt.

1850–1873: Die Take-off-Phase eines ungebremsten Wachstums setzt besonders in den USA und Deutschland ungeheure Antriebskräfte frei. Es kommt zu einer beispiellosen Investitionstätigkeit und einem tief greifenden gesellschaftlichen Wandel, der alle Schichten erfasst und die Lebenswelt gravierend verändert.

1861: Erfindung des Fernsprechers durch J. P. Reis. 1876 entwickelt G. Bell das erste Telefon.

1863: Ferdinand Lassalle gründet den „Allgemeinen Deutschen Arbeiterverein“: Trennung der Arbeiterbewegung von der liberalen Bewegung.

1864: Gründungsversammmlung der „I. Internationalen Arbeiterassoziation“ (später „I. Sozialistische Internationale“) in London.

Seit 1865: Nach dem amerikanischen Bürgerkrieg (1861–1865) setzt in den USA eine Phase des Wiederaufbaus („Reconstruction“) unter Führung der siegreichen Nordstaaten ein, die zu einer forcierten Industrialisierung in einer von kapitalistischen Wirtschaftsformen dominierten Gesellschaft führt. 1869 wird die erste transkontinentale Pazifikeisenbahn von Chicago nach San Francisco eröffnet, sodass die gezielte Erschließung des Kontinents beschleunigt fortgesetzt werden kann.

1867: Dynamomaschine von Werner von Siemens. Erfindung des Dynamits durch Alfred Nobel. Entwicklung des Eisenbetons.

1867: Die Gründung des Norddeutschen Bundes und die Erneuerung des Zollvereins führen zu einer Vereinheitlichung der Zölle sowie einer Zentralisierung des Post- und Telegrafenverkehrs.

1869: August Bebel und Wilhelm Liebknecht gründen in Eisenach die „Sozialdemokratische Arbeiterpartei“.

1871–1873: „Gründerjahre“: Nach der Reichsgründung und dem Sieg über Frankreich, das 5 Mrd. Goldmark zahlen und das rohstoffreiche Lothringen abtreten muss, entfaltet sich in Deutschland eine stürmische Hochkonjunktur in Industrie, Wirtschaft und Handel.

1873–1914: Der Zusammenbruch von Firmen, Aktiengesellschaften und Banken führt zu einer bis Ende der 1870er Jahre anhaltenden ersten Weltwirtschaftskrise. Im Deutschen Reich kommt es zum „Gründerkrach“, dessen Spätfolgen erst nach 1894 überwunden werden. Trotzdem ist dies das Zeitalter des Hochkapitalismus und des Imperialismus der europäischen Großmächte und der USA.

1875: Gothaer Programm der Sozialistischen Arbeiterpartei Deutschlands, die aus der Verfolgung unter Bismarck („Sozialistengesetze“, 1878–1890) gestärkt hervorgeht und sich seit 1890 „Sozialdemokratische Partei Deutschlands“ (SPD) nennt.

1876: Nikolaus Otto erfindet den Viertaktmotor. 1883/85 entwickeln Gottlieb Daimler und Carl Benz das Auto.

1883–1889: Sozialgesetze Bismarcks.

1886: Gründung der AFL als Dachverband der US-Gewerkschaften.

Um 1890: Die USA überflügeln Großbritannien technologisch und wirtschaftlich. Sie sind von nun an weltweit die führende Industrienation. Big Business und eine nach wie vor kaum regulierte kapitalistische Marktwirtschaft kennzeichnen die US-Ökonomie.

1891: Sozialenzyklika „Rerum novarum“ des Papstes Leo XIII. zur Lösung der Arbeiterfrage.

1895–1914: Erneuter Aufschwung der Weltwirtschaft mit hohen jährlichen Wachstumsraten und zunehmender Unternehmenskonzentration

1900: Gründung der Labour Party in England.

1903: Erste Motorflüge der Gebrüder Wright.

1909: Mit Henry Ford und seiner Massenfertigung von Autos (Arbeitsteilung am Fließband) beginnt eine neue Ära des Industriezeitalters, die durch Massenkonsum und wachsenden Wohlstand für immer mehr Menschen gekennzeichnet ist.

Ohne Fragestellung ist jede Recherche sinnlos. Ein amerikanischer Forscher drückte dies so aus: „Wer nicht weiß, wo er hinwill, braucht sich nicht zu wundern, wenn er wo anders herauskommt.“

Ohne Fragestellung ist jede Recherche sinnlos. Ein amerikanischer Forscher drückte dies so aus: „Wer nicht weiß, wo er hinwill, braucht sich nicht zu wundern, wenn er wo anders herauskommt

Werkstatt Geschichte

1. Planung und Durchführung eines Projekts

1.1 Die Arbeit in der Gruppe

Ein Projekt gemeinsam mit anderen Kursteilnehmern durchzuführen bedeutet in erster Linie, selbstständig in der Gruppe ein Fachgebiet zu erarbeiten und für ein Publikum verwertbar darzustellen. Um dabei zum Erfolg zu kommen, sollte man sorgfältig planen. Die Arbeit verläuft in mehreren Phasen. Das Schema links unten stellt einen solchen Projektablauf beispielhaft dar.

Ein wichtiger Aspekt eines Projektes ist die Arbeit in der Gruppe. Auch diese Arbeitsform muss man planen und alle sollten sich an Vereinbarungen und Regeln halten. Die Tabelle rechts kann beim Planen der gemeinsamen Arbeit hilfreich sein.

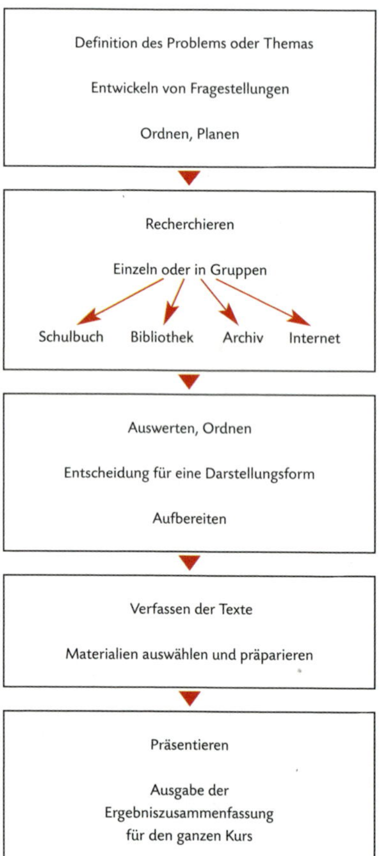

Projektablauf

Thema
Gestaltung: ☐ Zeitschrift ☐ Vortrag ☐ Ausstellung ☐ Sonstiges ......

Planung und Festlegung der Termine	Termine	
1. Verteilung der Aufgabenbereiche Sichtung und Bearbeitung der Texte und Materialien		
2. Anfertigung der Texte/Zeichnungen und Besprechung		
3. Vorstellung des Gruppenergebnisses		
4. Herstellung eines gesicherten Ergebnisses für die Gesamtgruppe, Zusammenfassung		

Allgemeine Aufgaben
1. Diskussionsleiterin/Diskussionsleiter ...... Leitung der Aufgabenverteilung im Team Sie/Er achtet auf die Einhaltung der Gesprächsregeln
2. Protokollantin/Protokollant ...... Sie/Er notiert Stichpunkte und ordnet sie zu einer Gliederung Sie/Er sammelt die Arbeitsergebnisse
3. Die Spezialistin/der Spezialist für Materialien und Medien ...... Sie/Er sammelt Bilder und Materialien, Vorschlag für die Ausgestaltung Sie/Er fertigt Skizzen für die Visualisierung an
4. Die Referentin/der Referent ...... Leitung und Koordination der Vorstellung der Arbeitsergebnisse Zusammengefasstes Endergebnis

Einzelthemen
1.
2.
3.
4.

Gesprächsregeln beachten:
- Nur einer spricht
- Alle hören zu
- Jede Meinung wird angehört
- Niemand wird beleidigt

Planen eines Projektes

1.2 Entwickeln von Problemen und Fragestellungen – die Moderationsmethode

Ohne Fragestellung ist jede Recherche sinnlos. Ein amerikanischer Forscher drückte dies so aus: „Wer nicht weiß, wo er hinwill, braucht sich nicht zu wundern, wenn er woanders herauskommt."

Als Erstes soll geklärt werden, was die Beteiligten bereits über das Thema wissen. Viele Themenbereiche der Geschichte wurden schon in der Öffentlichkeit diskutiert, mehr oder weniger intensiv hat sich jeder schon einmal damit auseinander gesetzt. Natürlich geschieht dies von unterschiedlichen Standpunkten aus. Verschiedene Perspektiven und politische Meinungen führen zu sehr unterschiedlichen Ergebnissen. Für die Arbeit an einem Projekt ist es deshalb wichtig, solche Voraussetzungen zu klären und gemeinsame Fragestellungen zu finden.

Beispiel:
Vermutlich leben alle in einer Familie. Jeder hat seine Beobachtungen zu Verhaltensweisen der einzelnen Familienmitglieder gemacht. Man kann sich dies durch ein Beziehungsdiagramm verdeutlichen.
Auch die Rollen sollen beschrieben werden, die die einzelnen Familienmitglieder ausfüllen: Wer hat welchen Anteil an der Gestaltung des privaten Familienlebens? Wer trägt wie viel zum Unterhalt der Familie bei? Wer wirkt in welcher Form nach außen?
Vielleicht haben einige von Ihnen sich auch Gedanken zur Notwendigkeit der Institution Familie allgemein gemacht.

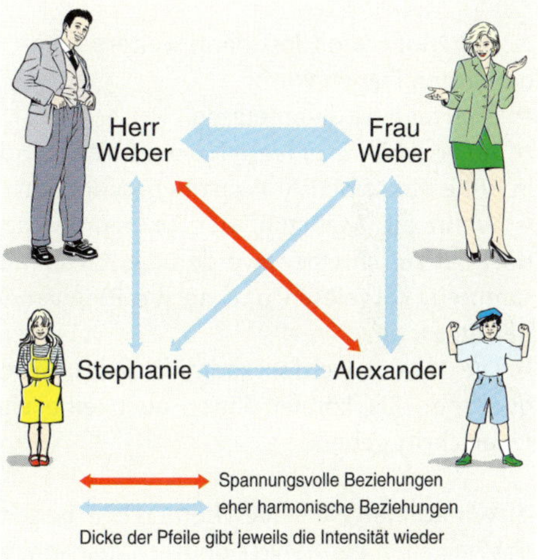

Aus diesem Vorverständnis des Themas Familie können die ersten Fragen entwickelt werden:

- *Wie waren diese Beziehungen zu früheren Zeiten?*
- *Warum haben sich die Familienstrukturen verändert?*
- *Wie sind sie zu beurteilen?*
- *Sind sie zeitbedingt oder gibt es überzeitliche Konstanten?*
- *Waren sie früher oder heute eher sinnvoll?*

Eine Möglichkeit, um weitere Ideen zum Thema und zur Untersuchung zu sammeln und das weitere Vorgehen zu ordnen, ist die **Moderationsmethode**:
Das Ziel dieser Methode ist es, Erfahrungen und Kenntnisse aller Beteiligten zu nutzen. Alle können aktiv werden, die Ergebnisse werden sofort sichtbar gemacht und können so von allen immer weiter verbessert werden. Geleitet wird das Verfahren von einem Moderator.
Der Moderator oder die Moderatorin hat die Aufgabe, nicht seine eigene Meinung zu vertreten, sondern durch Fragen und Ergebnissicherung für einen optimalen Ablauf zu sorgen.

1. Der Moderator bereitet Fragen zum Thema vor, die die Gesprächsteilnehmer ansprechen und die einen möglichst breiten Antwortbereich möglich machen, er notiert sie auf Karten. Sinnvoll sind W-Fragen (außer Warum-Fragen). Statt einer Frage kann auch eine Gedankenassoziation in Gang gesetzt werden: „Wenn ich an eine Familie denke, denke ich an..."

2. Um Einschätzungen in der Gruppe schnell festzustellen und eine Gesprächsgrundlage zu haben, bietet sich eine **„Einpunktfrage"** an. Eine Frage wird formuliert und angeschrieben. Die Teilnehmer erhalten Klebepunkte und können damit ihre Meinung äußern. Die Verteilung der Punkte wird festgestellt und diskutiert.

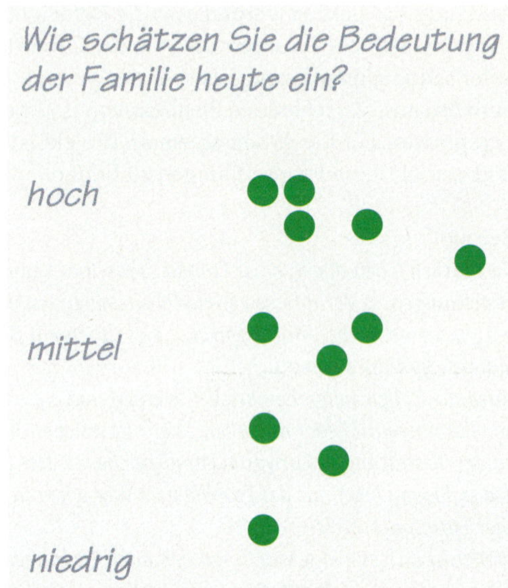

Beispiel.

3. Der Moderator liest dann weitere seiner vorbereiteten Fragen vor.
- Die Frage wird vorgelesen.
- Jeder erhält 3–5 leere Karten und kann diese in Ruhe mit seinen Antworten beschreiben.
- Wenn die Mehrzahl der Teilnehmer aufgehört hat zu schreiben, werden die Karten eingesammelt, vorgelesen und an die Pinnwand geheftet.
- Die Karten werden thematisch zu Gruppen geordnet, Sie können ihnen auch eine eigene Überschrift geben.

4. Wir können nicht alle Themen bearbeiten. Daher erhält jeder Teilnehmer 5 Punkte und kann durch das Verteilen der Punkte deutlich machen, welche Themen er für wichtig hält.

5. Zu jedem gefundenen Thema wird eine Gruppe gebildet. Sie erhält ein Plakat, das sie bearbeitet und auf welchem sie die inhaltlichen Bezüge darstellt. Das Ergebnis wird vorgestellt.

6. Als Endergebnis werden die gefundenen Themen und Fragen notiert und die Arbeitsaufträge an einzelne Personen oder Gruppen vergeben.

Hilfsmittel: Eine Pinnwand; 5 mal so viel Karten wie Schülerinnen und Schüler; Filzschreiber; Klebepunkte; Schere; Plakate; Pinnnadeln.

Auf diese Weise, aber auch auf anderen Wegen, können die Fragestellungen für ein Thema präzisiert und Schwerpunkte gesetzt werden. Dies ist der Ausgangspunkt für die Arbeit in dem Projekt.
- Die **Aufgabenstellung** muss eindeutig festgehalten werden.
- Mit welcher **Methode** wird vorgegangen?
- Wie wird die Arbeit aufgeteilt?
- Wie wird das zur Verfügung stehende **Material** aufgeteilt?
- Wo findet man zusätzliches Material?
- Welches **Endprodukt** soll entstehen?

1.3 Informationen recherchieren und interpretieren

Antworten auf die erarbeitete Fragestellung zu suchen ist ein zentraler Teil der Projektarbeit. Wir leben in einer sog. „Informationsgesellschaft", in der umfangreiche Informationen zu vielen einzelnen Themen an vielen Orten vielen Menschen zur Verfügung stehen. In dieser Situation sollten Sie darauf achten, dass Sie nur die für Ihre Fragestellung relevanten Informationen auswählen und weiterverarbeiten. Sie müssen sich darauf einstellen, möglicherweise nicht gleich etwas Passendes zu finden. Sie sollten sich dennoch nicht entmutigen lassen.

Möglichkeiten der Recherche (von frz. chercher = suchen):

- Als Erstes wird man die Materialien dieses Buches verwenden. Sie bieten Grundlageninformationen und Materialien, die erste Erkenntnisse ermöglichen und zu weiteren Fragen anregen sollen.

- In der Schulbibliothek stehen Standardwerke, Lexika und sicher auch einige speziellere Bücher zu dem gewählten Thema, so genannte Monografien. Sie sollten daraufhin geprüft werden, ob sie Ihnen zur Bearbeitung der speziellen Fragestellung geeignetes Material bieten. Um sie griffbereit zu haben, können Sie sie zu einem Handapparat zusammenstellen.

- Bibliotheken bieten in noch weit größerem Umfang dieselben Möglichkeiten. Öffentliche Bibliotheken halten ein breites Angebot bereit. Sie sind auf Allgemeinbildung ausgerichtet und eignen sich deshalb besonders für eine erste grundsätzliche Information. Dazu gehören z. B. Stadtbibliotheken oder auch Landesbibliotheken. Universitätsbibliotheken enthalten ein fachspezifisches Angebot. Sie werden in erster Linie von Studenten und Lehrenden einer Universität genutzt. Meistens ist es jedoch auch möglich, diese als Außenstehender zu nutzen. Ähnlich ist dies bei Institutsbibliotheken der Universität. Alle diese Institutionen bieten Einführungsveranstaltungen und Führungen an. Sehr speziell ausgerichtete Bibliotheken können Sie manchmal in Museen oder im Zusammenhang mit bestimmten Institutionen, z. B. der Kirche, finden.

- Museen bieten Überreste und Informationen insbesondere im regionalen Umfeld.

- Archive bewahren eine Fülle von Materialien auf. Neben privaten gibt es kommunale Stellen, die ihre Dokumente für Nachforschungen zur Verfügung stellen. In größeren Orten gibt es ein Kreis- oder sogar ein Staatsarchiv.
  Hinweis: Besonders ergiebig sind örtliche Zeitungen, die in Archiven oft sehr lange und ziemlich vollständig aufbewahrt werden. Für die Alltagsgeschichte sind z. B. auch die Anzeigen von Interesse.

- Die Möglichkeiten des Internets werden täglich erweitert. Man findet dort oft Materialien, die unmittelbar verwendet werden können. Eine andere Möglichkeit ist es, auf den Internetseiten der großen Bibliotheken Hinweise auf brauchbare Literatur zu finden, die häufig sogar direkt bestellt werden kann. Eine sehr gute Ausgangsbasis für Recherchen ist die Adresse: www.historiker.de

Das zusammengetragene Material wird nun ausgewertet. Es muss auf die Leitfrage bezogen und in diesem Sinne gegliedert werden.
Die einzelnen Materialien werden im Sinne der Aufgabenstellung untersucht. Dazu müssen sie als Quellen nach den Regeln der historischen Methode interpretiert werden (→ S. 16).
Wichtige Erkenntnisse gewinnt man auch aus Sekundärtexten.

1.4 Darstellen der Ergebnisse

Ergebnisse von historischen Untersuchungen werden erst durch die Darstellung für andere verfügbar. Auch die Ergebnisse des Projektes sind für die anderen erst nützlich, wenn sie aufbereitet werden.

Wir unterscheiden folgende Herangehensweisen, die sich nicht immer scharf voneinander trennen lassen:

- Eine Hypothese wird zugrunde gelegt. Beispiel: Lässt sich die These, die Industrialisierung hätte die Familie verändert, belegen? Die Vorannahme strukturiert den Gang der Untersuchung und bestätigt oder widerlegt die Hypothese.
- Analytisch: Vorgefundene Fakten werden erfasst, dargestellt und erklärt, z. B. die Daten einer Heiratsstatistik werden mit historischen Entwicklungen erläutert und erklärt.
- Strukturierend: Daten und Erkenntnisse werden in ein systematisches Erklärungsmuster eingeordnet, sie werden dadurch im Rahmen eines Modells erklärt.

Die Gesamtanlage einer Darstellung soll nicht nur additiv auflisten, sondern einer Grundfigur folgen.

- Bei einem Vergleich werden Gemeinsamkeiten und Unterschiede historischer Erscheinungen dargestellt. Notwendig ist es dazu, Vergleichskriterien zu finden. Die Sachverhalte müssen einerseits genügend Ähnlichkeit haben, um vergleichbar zu sein, anderseits müssen sie sich genügend unterscheiden, um ergiebige Unterschiede aufzuweisen. Beispiel: Die Familie vor der Industrialisierung und danach.
- Die Darstellung kann ein Gegenwartsproblem erhellen, dessen Entstehung aufzeigen und Argumente für eine sinnvolle Auseinandersetzung liefern. Beispiel: Wie weit geht die Bedeutung der Familie zurück? Welche Alternativen stellt die Geschichte bereit? Welchen Spielraum der Gestaltung gibt es hierbei tatsächlich?
- Längsschnitt: Ein Thema wird in verschiedenen Epochen im historischen Wandel untersucht. Damit wird die Entwicklung eines Grundproblems verdeutlicht, die Kontinuitäten und die Brüche werden herausgearbeitet. Beispiel: die Trennung von Ehepartnern im Kaiserreich, in der Weimarer Republik und heute.
- Einzelfalluntersuchung: Man konzentriert sich auf ein Ereignis, aber immer mit dem Ziel, hier die allgemeinen Entwicklungen verdichtet, konzentriert und gebündelt aufzuzeigen. Diese Art der Untersuchung ermöglicht Genauigkeit und Anschaulichkeit. Es muss dabei herausgearbeitet werden, was typisch oder untypisch ist. Dabei kann ein lokales Ereignis im Mittelpunkt stehen. Ein lohnender Sonderfall ist es oft, wenn man eine Biografie in den Mittelpunkt stellt.

Historische Darstellungen sollten folgenden Ansprüchen genügen:

- Alle dargestellten Punkte beziehen sich auf das Thema.
- Wenn die Gliederung und der Aufbau durchdacht sind, ist der Leser und Zuhörer dankbar.
- Nur sprachlich korrekte Formulierungen sind zugelassen. Darüber hinaus sollten Sie in einer historischen Arbeit darauf achten, alle Fachbegriffe korrekt zu verwenden.
- Es soll deutlich werden, dass Sie die fachspezifischen Methoden beherrschen. Besonders wichtig ist für einen Historiker oder eine Historikerin der richtige Umgang mit Quellen.
- Behauptungen müssen durch Quellen belegt sein. Leser und Zuhörer interessieren sich für das Ergebnis, aber auch dafür, wie Sie dazu gelangt sind und worauf Sie sich stützen.
- Die Ergebnisse müssen deutlich herausgehoben und gekennzeichnet sein.
- Bleiben Fragen offen oder können Probleme nicht gelöst werden, sollten Sie dies benennen und offen sagen.

Je nach Aufgabe und Adressat wird das Ergebnis eine andere Form haben. Es gibt dazu folgende Möglichkeiten.

- Die Arbeitsgruppe erhält ein Protokoll.
- Sie verfassen ein schriftliches Referat, eine weitläufigere Ausarbeitung, die aus dem Deutschunterricht bekannt ist.
- Gestaltung einer Wandzeitung oder von Ergebnisplakaten. Diese enthalten in grafisch verdeutlichter Form die wichtigsten Ergebnisse. In einer gemeinsamen Vernissage werden sie den anderen kurz vorgestellt, diese haben dann die Möglichkeit, sich mit den Plakaten auseinander zu setzen und nachzufragen.
- Einen mündlichen Vortrag sollten Sie zuvor üben. Das Schema unten nennt Punkte, auf die Sie – gegebenenfalls mithilfe anderer – achten sollten.
- Die Zuhörer sollen nach Möglichkeit in die Diskussion einbezogen werden und eigene Beiträge bringen können.
- Mit geeigneten Medien können sie Ihren Vortrag unterstützen. Dazu gehören Fotos, Videoaufnahmen oder selbst gestaltete Folien.
- Unabhängig von den verwendeten Materialien muss jeder Kursteilnehmer eine Zusammenfassung der Ergebnisse erhalten.

Elemente eines Vortrags	**gute Gestaltung**	**Bewertung**					**Schlechte Gestaltung**
Vortragsweise	frei, wenig oder gar keine Stütze durch Notizen		X				stur vom Blatt abgelesen
Einsatz der Stimme	angemessen, klar verständlich		X				monoton, leise, undeutlich
Tempo, Betonung, Pausen	sinnvolle Gliederung durch Pausen				X		keine Pausen, zu langsam, zu schnell
Sicherheit im Auftreten, Glaubwürdigkeit	engagiertes Auftreten		X				Redner teilnahmslos, desinteressiert
Addressatenorientiertes/ Du-orientiertes Sprechen	angemessenes Niveau Interesse wird geweckt, Einstieg Redner achtet und reagiert auf Feedback			X			Zuhörer langweilt sich, ist überfordert
Verständlichkeit	Einfachheit, Kürze, Satzlänge Wortwahl, Satzbau; sinnvoller Gebrauch von Fachbegriffen und Fremdwörtern				X		Sätze zu lang, weitschweifig, kompliziert
Blickkontakt, Einbeziehen der Zuhörer	jeder fühlt sich angesprochen		X				Zuhörer werden ignoriert
Mimik, Gestik	angemessene, natürliche Mimik, unterstreicht die Aussagen, öffnet sich den Zuhörern		X				übertrieben, gekünstelt, steif, verschlossen

Die Kästchen in der Mitte geben die Möglichkeit, die Ausprägungen einzuschätzen.

2. Die Familie seit der Frühen Neuzeit

Die Heilige Familie, Gemälde von Andrea del Sarto, 1519.

Berliner Polizeibeamter mit Frau und Tochter, um 1900.

Die moderne Familie: ein Trugbild?

Scheidungen in Prozent der Eheschließungen:

	1980	1990	1999
Deutschland	28,5	30,8	44,2
Frankreich	24,2	37,3	40,8
Italien	3,5	8,9	12,5
Großbritannien	37,8	44,6	52,9

Durchschnittliche Geburtenzahl pro Frau:

	1950	1980	2000
Deutschland	2,16	1,46	1,33
Frankreich	2,73	1,87	1,71
Italien	2,32	1,55	1,20
Großbritannien	2,18	1,80	1,70

Begriff „Familie"

Die Bedeutung des Wortes Familie ist vielschichtig und mehrdeutig. Zu allen Zeiten und in fast allen Gesellschaften gab es diese Institution, stets wurde sie unter verschiedenen historischen Bedingungen neu ausgeprägt. Auch der Begriff „Familie" wurde immer wieder auf andere Art gefüllt. Was können wir alles unter einer Familie verstehen: eine „Sippe" oder eine moderne „Kernfamilie", die gesamte „Verwandtschaft" oder einen „Haushalt". Die Familie kann auch aus der Perspektive einzelner Beteiligten definiert sein: Es kann sich um den Verantwortungsbereich eines „Hausvaters" handeln, um den Wirkungsbereich einer „Hausmutter" oder um den Erfahrungsraum der Kinder.

Das Wort selbst kommt aus dem Lateinischen. Dort bezeichnete es ursprünglich als Ableitung von famulus (Diener) die Gesamtheit der Sklaven und Diener unter einem Dach, später wurde der gesamte Haushalt mit Hausherrn, Gattin, Kindern und Dienern so genannt. Eine Bedeutungserweiterung bezog die Verwandten schließlich mit ein. Heute versteht man im Allgemeinen darunter ein Elternpaar mit den unselbstständigen Kindern, die gemeinsam in einem Haushalt leben. Im weiteren Sinne gehören auch die Verwandten wie Großeltern, Tanten oder Onkel dazu. Gleichzeitig aber ist der heutige Familienbegriff unschärfer und offener geworden.

In fast allen Kulturen und Epochen stehen das Verhältnis der Geschlechter zueinander und die Aufzucht der Kinder, auch wenn sie sehr unterschiedlich ausgeprägt sind, im Zentrum der Familie. Will man Familienmodelle vergleichen, ist es daher sinnvoll, Aspekte, die um diese Themen kreisen, zu untersuchen. Dazu gehören:

- Gründung der Familie, Eheschließung
- Erwartungen, Rollen und Aktivitäten der Ehepartner
- Erziehung der Kinder
- Beziehungen zwischen Familie, häuslicher Gemeinschaft und Verwandtschaft
- Beziehungen zwischen Familie und Gesellschaft.

Familienmodelle

Nach allgemeinem Verständnis kommt eine Familie durch die rechtmäßige Vereinigung von Frau und Mann zustande. Dies ist in unserer abendländischen Kultur bisher die einzig legale Form der Ehe. Heute deutet sich an, dass auch andere Formen des Zusammenlebens als Familie bezeichnet und akzeptiert werden. Ebenso zeigt ein Blick in andere Zeiten und Kulturen, dass vielfältige Varianten unseres Familienmodells denkbar sind und auch praktiziert wurden und werden. So ist es im Verbreitungsgebiet des Islam einem Mann erlaubt, rechtmäßig mehrere Frauen zu heiraten (Polygynie, von griech. polys = viel und gyne = Frau). Auch andere Kulturen kennen die Polygynie, doch wird sie meist nur von reichen Männern wahrgenommen, weil sie mit der Zahlung eines Brautpreises und höheren Haushaltungskosten verbunden ist. Auch die Polyandrie (von griech. aner, andros = Mann) kommt vor, allerdings weit seltener. Bekannt ist das Beispiel der Pahari in Nepal. Hier heiratet die Frau einen Mann und alle seine Brüder, keiner von ihnen kann sie allein beanspruchen. Die Vielfalt dieser Eheformen zeigt, dass es sich bei der Ehe um einen Bund zwischen Individuen handelt, die einen Vertrag eingehen, wobei die Vertragsbedingungen sehr unterschiedlich sein können. Im Mittelpunkt muss dabei nicht unser Modell einer harmonischen Zweierbeziehung stehen.

Neuere Studien über die moderne westliche Familie betonen, dass die Familie nicht mehr so sehr an die wirtschaftlichen Erfordernisse angepasst sei. Sie diene vielmehr dazu, die Mitglieder zu stabilisieren, ihnen Zuwendung zu garantieren. Damit werden hohe Ansprüche formuliert. Wenn die Grundlage der Familie ein subjektives Gefühl wie Liebe und die freie individuelle Entscheidung des Einzelnen sind, muss man auch akzeptieren, dass diese sich ändern. So enden heute viele Ehen mit einer Scheidung; vielleicht wird eine neue Partnerschaft eingegangen. Das bringt eine steigende Zahl von Ein-Eltern-Familien (Alleinerziehenden) oder von zusammengesetzten Familien mit sich. Daneben werden alternative Modelle erprobt, z. B. das Zusammenleben in Wohngemeinschaften, die Soziologen sprechen von Gruppen von Nicht-Verwandten, mit der Struktur von Großfamilien. Dennoch empfindet eine Mehrheit das bürgerliche Familienmodell als Leitvorstellung für das Zusammenleben der Geschlechter und Generationen.

2.1 Die Frühe Neuzeit: *das Arbeitspaar und das „ganze Haus"*

In der frühen Neuzeit waren Familie und Ehe besonders herausgehobene Institutionen, die nach der Auffassung der Zeitgenossen zur von Gott gegebenen Schöpfungsordnung gehörten. Die Familie umfasste das „ganze Haus". Darunter versteht man die Einheit aller gemeinsam unter einem Dach lebenden, arbeitenden und betenden Personen. Luther beschreibt diese Gemeinschaft als eines Mannes weyb und kind, knecht und magd, vieh und futter. Im „ganzen Haus" waren alle wesentlichen Lebensbereiche zusammengeführt: Arbeit, Ernährung, Erziehung und Gottesdienst. Der Mann wird in dieser Familie als „Hausvater" bezeichnet. Der Einzelne fand hier sein Auskommen und hatte gemäß seiner Rolle als Hausvater, Hausmutter, Kind, Magd oder Knecht Pflichten und Rechte. So war es die Aufgabe des Hausvaters, wie Luther fortfährt, Familie und Gesinde zu mahnen, zu lehren und zu strafen.

Doch war das „ganze Haus" nicht das einzige Familienmodell jener Zeit. Es beschreibt vor allem die stadtbürgerlichen und bäuerlichen Verhältnisse; auf den Adel sowie die unterständischen Lohnarbeiter lässt sich der Begriff beispielsweise nicht anwenden. Auch führte die hohe Sterblichkeit dazu, dass viele Familien auseinander gerissen wurden, durch Wiederverheiratung entstanden neue. Mit dem leiblichen Vater und der leiblichen Mutter aufwachsen zu können war sicher eher die Ausnahme.

MATERIAL 1 Martin Luther

a) Die erst sorg des hauβvaters soll sein gen der hausfrauen wie er die lieben mag und sy im nit hässig sey [...] Die ander sorg des hauβvaters sol sein gen den kindern. Die dritt sorg soll sein gen knechten und dienern den sol er freuntlich sein und sy nit verschmähen. [...]
Aber die heiligen orden und rechte stiften von Gott eingesetzt sind diese drey: Das Priester ampt, der Ehestand, die weltliche öberkeit.

b) Da mercke bey: wenn man nicht kinder zeucht zur lere und kunst, sondern eitel freslinge und sewferckel machet, die allein nach dem futter trachten, wo wil man pfarrer, prediger nehmen? Wo wollen könige, fursten und herrn, stedte un lender nehmen Cantzler, rethe, schreiber, amptleute?

Aus: M. Luther, Vom Abendmahl Christi, 1528, und Vorrede zu Justus Menius' Oeconomia Christiana, 1529.

Der Tischsegen. Stich von Abraham Bosse, um 1650, Paris. Im Mittelpunkt stehen die Familientugenden: Fruchtbarkeit, Harmonie, Hierarchie und Religiosität.

MATERIAL

Eine moderne Historikerin: Die Familie als Produktionsstätte 2

Das wirtschaftliche Leben der Städte im späten Mittelalter und der frühen Neuzeit bestimmten die Zünfte, deren Mitglieder gleichzeitig Handwerker und Gewerbe Betreibende waren. Streng regelte die Zunftorganisation das vielgliedrige Gefüge dieser Produktions- und Verkaufsunternehmen, in denen die Meisterfrauen ihren festen Platz einnahmen und in die die Kinder unmerklich spielend und lernend hineinwuchsen. Lehrjunge, Geselle und Dienstmagd ordneten sich gleichfalls in diesen gemeinsam wirtschaftenden Verband. Ein Aufsteigen der Gesellen in der Zunft war oft nur durch die Heirat der Meisterstochter möglich und unehelich Geborenen den Eintritt in die Zunft versagt. Von weiterreichendem Handel und Fernverkehr war das zünftige Handwerk allerdings streng geschieden, weshalb der Einzelhandwerker auch kaum zu finanziellem Reichtum gelangte; das blieb in den Städten einigen wenigen Patrizierfamilien vorbehalten, die außerhalb der hemmenden Zunftorganisation standen.
Dieser veränderten Wirtschaftslage entsprach als Grundform die Familie als Produktionsgemeinschaft, als Besitzer und Nutzer der Produktionsmittel: d.h. der Verband des „ganzen Hauses", als den Martin Luther die Familie im Bibeltext beschrieb: „Ich aber und mein Haus (hebr. Bäit) wollen dem Herrn dienen" (Josua 14,5,15). Hausvater und Hausmutter standen diesem Gemeinwesen vor und organisierten die Haushaltsführung als eine Ökonomik im Sinne des oikos (= griech. Haus). [...]

Es ist nicht ohne Reiz, sich die innere Bedeutung dieses Hausbegriffes als Familienbehausung vor Augen zu stellen. Am frühesten verwirklichte sie sich in der Bauernwirtschaft, die unter freiwilliger Mitwirkung aller Zusammenhausenden und unter Anleitung des Hausvaters lebte und arbeitete. In der Stadt entsprachen dem die Haushalte der Handwerker und Kaufleute.
Das Haus war nicht nur Wohnung, sondern es bot seinen Insassen auch Recht und Schutz; es war ein Grundelement der Verfassung, eine „Freiung", in der besonderer Friede, der Hausfriede herrschte – eine Wortbedeutung die heute noch im dem Rechtsbegriff „Hausfriedensbruch" erhalten geblieben ist. Daher rührten auch gewisse Machtbefugnisse des Hausherrn, Züchtigungsrechte sogar über das Gesinde, und anderseits gewisse politische Rechte in der Gemeinde, die allein der Hausvater für sein Haus und allen Innewohnenden ausüben durfte.

Aus: I. Weber-Kellermann, Die deutsche Familie. Versuch einer Sozialgeschichte, Frankfurt/M. 1974, S. 73.

Martin Luther im Kreis seiner Familie. Dieses Bild stammt nicht aus Luthers Zeit sondern aus dem 19. Jahrhundert. Vergleichen Sie mit dem tatsächlich aus dem 16. Jahrhundert stammenden Bild auf Seite 129. Überlegen Sie, was jeweils aus welchen Gründen betont wird.

MATERIAL

3 Der Blick des 19. Jahrhunderts auf die Familie der Frühen Neuzeit – Die Ideologisierung in der Hausväterliteratur

Wilhelm Heinrich Riehl, ein Kulturhistoriker des 19. Jahrhunderts, beschreibt in seinem Buch „Die bürgerliche Gesellschaft", erschienen 1855, den patriarchalisch autoritären Familiengeist:

Wenn der reichere Handwerker oder Kaufmann die Lehrjungen, Gesellen oder Gehilfen mit seiner Familie am selben Tisch essen ließe, dann glaubt er gegenwärtig schon der Würde seines Hauses etwas zu vergeben. Und doch ist es gerade durch dieses Ausschließen von Gesinde und Geschäftspersonal aus dem Kreise des „ganzen Hauses" gekommen, dass die Leute keinen Respekt mehr haben vor dem Hausvater und Meister oder dass der Respekt jedenfalls nicht über ihre Lehr- und Dienstzeit hinausreicht. Früher hielt das Band, welches den Lehrling an den Meister fesselte, oft für das ganze Leben fest. Der Meister stand auch dann noch als Patriarch dem Lehrling gegenüber, wenn dieser längst selber Meister geworden war. Er redete den ehemaligen Lehrling, und mochte es derselbe zu noch so hohen Würden und Ehren gebracht haben, seine Lebtage mit „Er" an, während dieser ihm mit dem respektvollen „Ihr" erwiderte.
Weil der Lehrling dem Hause des Meisters wirklich angehört hatte, darum nur konnte sein Verhältnis zu jenem immer kindlich bleiben. Nicht aus Kriecherei und Bedientensinn entsprang dieses Herkommen, sondern aus der Pietät des deutschen Familiengeistes. Je mehr die freiwillige Anerkennung einer natürlichen Autorität in allen Bezügen unseres bürgerlichen Lebens altfränkisch ward, umso sicherer mussten die späteren Geschlechter politisch haltlos und sozial meisterlos werden."

Aus: W. H. Riehl, Die bürgerliche Gesellschaft, Stuttgart 1855.

2.2 Die bürgerliche Familie

Mit der Herausbildung der modernen Welt ging die Entwicklung der bürgerlichen Familie einher. Dieses Familienmodell erfasste zuerst die gebildete und besitzende Mittelschicht, wurde aber in der ganzen Gesellschaft und darüber hinaus in den Ländern, in denen die westliche europäische Lebensform Fuß fasste, zum Leitbild.

Ende der Produktionsgemeinschaft

Bis zum Ende des 17. Jahrhunderts sprach man meist vom „Haus" und der Hausgemeinschaft und weniger von der „Familie". Dieser Begriff drang erst um 1700 in die deutsche Sprache vor. Unter dem Einfluss der französischen Sprache und Kultur verbreitete es sich zunächst als Fremdwort famille. Parallel dazu veränderte sich im 18. Jahrhundert allmählich der Begriff der Familie. Als Erstes verlor er die Bedeutung einer wirtschaftlichen Produktionseinheit. Das Paar wurde nicht mehr primär durch die gemeinsame Arbeit zusammengehalten. Der Mann ging seinem Beruf nach, die Frau führte den Haushalt.

Noch gravierender waren die Veränderungen im Bereich der persönlichen Beziehungen. In Anlehnung an den Gesellschaftsvertrag, der nach Ansicht der Aufklärer die Grundlage des Staates war, wurde auch die Ehe als Vertrag angesehen, in den beide Partner einwilligen müssten. Sichtbar wurde dies in den literarischen Strömungen der Empfindsamkeit und der Romantik. Die Liebe als persönliches Gefühl wurde hier in das Zentrum einer Beziehung gestellt. Daraus ergab sich die Konsequenz, diese Zuneigung zur Basis der Ehe zu machen. Schon in den vormodernen Vorstellungen gab es zwar die Aufforderung an die Eheleute, sich zu lieben. Diese Zuneigung galt allerdings nicht als notwendige Voraussetzung für das Glück eines Paares, sondern wurde eher als ein Teil der häuslichen Pflichten betrachtet. Oft genug führte diese Haltung zu so genannten „Konventionsehen" oder auch „bürgerlichen Geldehen", für die der Wille der Eltern und materielle Interessen maßgeblich waren. Die neue „personalistische Ehekonzeption" stellte nun die individuelle Entscheidung auf der Basis eines starken Gefühls in den Mittelpunkt.

Die Familie des Grundbesitzers, Stich von C. Knight, 1792. In den bürgerlichen Familien setzt sich die neue Form der Gattenliebe durch. Neben die Bedeutung des Hauses tritt die gelungene Gestaltung des privaten Glücks.

Damit wandelte sich das Klima in der Ehe. Es setzte sich die Vorstellung durch, dass einerseits in der Ehe das irdische Glück der beiden Partner angestrebt werde und dass andererseits die Menschen am ehesten im Leben als Paar dieses Glück finden könnten. Der Raum, in dem sich das Glück verwirklichen sollte, war die Privatsphäre, die vom öffentlichen Raum deutlich abgegrenzt und geschützt wurde. Dieser Schutz konnte zuerst vom gehobenen Bürgertum ausgebaut werden.

Die Weberfamilie. Stich aus Paris, 2. Hälfte des 18. Jahrhunderts. Eine städtische Weberfamilie arbeitet gemeinsam. Die Frau sitzt am Spinnrad, der Mann bedient mithilfe seines Sohnes den Webstuhl.

So wurde es als ein Statussymbol der Mittelschicht angesehen, Hochzeiten im privaten Rahmen abzuhalten, während es davor als prestigefördernd galt, möglichst prunkvoll in der Öffentlichkeit zu feiern.

Diese Entwicklung stand im Kontext der Beseitigung der ständischen Gesellschaft. Die traditionelle Ordnung und damit auch die Hierarchie in der Familie wurde infrage gestellt, der Glaube an die göttliche Ordnung wurde durch naturrechtliche Vorstellungen verdrängt. Dies führte auch zu neuen Beziehungen der Familienmitglieder zueinander. Anders als einige dies vielleicht erwartet hatten, wurden allerdings die individuellen Rechte, die von den Revolutionären in den Mittelpunkt gestellt worden waren, nun nicht konsequent für die Frau umgesetzt. Der Innenraum der Familie wurde privatisiert und die Rolle der Frau darauf fixiert, ihre Erfüllung in der Ausgestaltung des familiären Raumes zu finden. (→ Modul „Der Kampf um die Rechte der Frau", S. 154 ff.)

Adel, Bauern und Arbeiter

Dieses Familienmodell entwickelte sich unter den Lebensbedingungen des Bürgertums des 19. Jahrhunderts. Für die Lebensform des Adels war eine kleine, verinnerlichte Lebensgemeinschaft nicht passend, ebenso wenig für die Bauern, die meistens die traditionelle Einheit von Familie und Betrieb fortführten. Eine Frau, die ihre Bestimmung ausschließlich in der materiellen, sozialen und menschlichen Ausgestaltung des Familienlebens fand, war hier nicht denkbar. Die Arbeits- und Lebensbedingungen der industriellen Revolution begrenzten auch für die Industriearbeiterschaft, den neu entstehenden vierten Stand, die Möglichkeiten, ein bürgerliches Familienleben zu entfalten. Dort musste die Frau häufig einer Erwerbsarbeit nachgehen, um die Existenz der Familie zu sichern. Vorherrschend wurden in dieser Schicht die Form der Klein- oder Kernfamilie, bestehend aus den Eltern und den noch nicht selbstständigen Kindern. Diese Familie konnte sich den Bedingungen anpassen und beispielsweise leichter umziehen, um einen neuen Arbeitsplatz anzutreten. Diese Isolation hatte aber ihren Preis. Die verkleinerten flexiblen Einheiten konnten Aufgaben wie die Versorgung der Kinder und Kranken schlechter bewältigen als die größeren, bäuerlichen Familieneinheiten.

MATERIAL
Paar und Ehe 4

Glasmalerei von Holbein d. J. (1497 – 1543). Das Paar ist mit Wappen und Kriegsgerät dargestellt, Vorrechten des Adels.

Die Mitgift einer Bäuerin aus Luzern wird in den neuen Haushalt überführt. Schweiz, 18. Jhdt.

Der Heiratsvertrag. William Hogarth, vor 1743. Ein Graf verheiratet seinen Sohn mit der Tochter eines reichen Bürgers.

Ein Paar zur Zeit der Jahrtausendwende. Foto, 1995.

MATERIAL
Heirat aus Liebe? Ein moderner Historiker und ein Zeitzeuge 5

a) Lawrence Stone, ein englischer Historiker, 1997:

Grundlage der veränderten Beziehungen ist die Herausbildung des Individualismus, also die Vorstellung, dass die Einzelpersönlichkeit Vorrang habe vor der Gemeinschaft. Propagiert wurde dies von den Humanisten ebenso wie von der protestantischen Reformation und den katholischen Predigern. Danach hat insbesondere die Bildungselite eine neue Grundlage für Ehe und Gefühlsbeziehungen entwickelt.
Die Ehe wurde durch verschiedene Entwicklungen gefördert. Ende des 16. Jahrhunderts setzte sich eine strengere Moral durch, außereheliche Beziehungen wurden immer weniger akzeptiert. Beide Religionen förderten diese Entwicklung.

Die evangelische Theologie lehnte die Vorstellung ab, der geistliche Stand sei dem weltlichen überlegen und die katholische Theologie propagierte die Heilige Familie als Vorbild des privaten Zusammenlebens. Dazu kam, dass dem Familienoberhaupt durch die Konzentration auf den gemeinsamen wirtschaftlichen Erfolg eine immer größere Rolle zuwuchs.

b) Der Kulturhistoriker Wilhelm Heinrich Riehl (→ S. 130) über die Familie seiner Zeit, 1855:

Denn die Möglichkeit aller organischen Gliederungen der bürgerlichen Gesellschaft ist in der Familie im Keim gegeben, wie der Eichbaum in der Eichel steckt. In der Familie ist gegründet die socialpolitische Potenz der Sitte, aus welchem das Gesetz hervorgewachsen ist. Die Familie ist überhaupt die notwendige Voraussetzung aller öffentlichen Entwicklung der Völker. Die Familie antasten heißt aller menschlichen Gesittung den Boden wegziehen. [...]
Die Familie ist nur das natürliche Vorgebilde der bürgerlichen Gesellschaft. [...] Die Familie steht unter der natürlichen Obervormundschaft der Eltern und speciell des Familienvaters. Diese Obervormundschaft ist ein Urrecht, in der Natur der Sache gegeben. Weil Vater und Mutter die Auctores, die Urheber der Familie, sind, darum besitzen sie von selber auch die Auctoritas, die Macht der Autorität. Weil aber die Autorität die Gewalt des Urhebers ist, so ist sie andererseits gegründet auf die natürliche Liebe und Aufopferung des Erzeugers für sein Kind.
Ebenso steht der Mann zu seiner Frau in dem aus der Liebe hervorgewachsenen Verhältnis der Autorität. Nicht gezwungen durch äußere Unterdrückung, sondern weil sie es ihrer Natur nach gar nicht anders kann und mag, tritt die Frau unter die Autorität des Mannes. So war es, seit die Welt stehet, und so wird es bleiben. Die Frau gibt ihren Namen auf und nimmt den Namen des Mannes dafür hin; denn in diesem Namen allein ist zugleich der durch die langen Reihen der Generationen fortlebende Name der Familie gegeben. Auch die Religion des Vaters wird für das Bekenntnis der Familie entscheidend: Denn er ist der Repräsentant der Familie. Eine völlige Verschiedenheit der Religion beider Ehegatten kann gar nicht gedacht werden, denn eine solche Ehe würde von vornherein ihrem vollen Begriffe nicht entsprechen.

a) Aus: L. Stone, in: A. Burguière; Die Geschichte der Familie, Band 3, Frankfurt/M. 1997, S. 146. b) Aus: W. H. Riehl, Die Familie, Stuttgart 1855, S. 11.

MATERIAL

6 Die bürgerliche Familie: Eine Kindheitserinnerung

Wenn er von Krankenbesuchen heimkam, so herrschte bei Frau, Kindern, Diener und Magd ängstliche Spannung. „Wird Herr Doktor an diesem Mittage zufrieden sein? Wird er wegen irgendeines Fehlers Krach schlagen?" Die Mahlzeit war die Qualzeit. Denn er gehörte zu der Gattung „Straßenengel", aber „Hausteufel". In Gesellschaft ein liebenswürdiger Schwerenöter und guter Unterhalter, war er in seinen vier Wänden ein übellauniger Allesbenörgler, der durch galligen Missmut sich und anderen das Leben unfroh machte. Er sagte kaum je: „Ich befehle dir", sondern etwa „Dein Vater befiehlt". Er äußerte Unwillen in Sätzen wie „Was soll aus der Welt werden, wenn eine Frau sich hinwegsetzt über den Wunsch ihres Mannes?" „War es schon da, dass Kinder sich so gegen ihren Vater betragen?" Vater und Mutter kamen ins Kinderzimmer, tadelten, schalten, verboten und gingen wieder. [...]
Begreiflicherweise fühlten wir Kinder uns unserer Mutter viel mehr verbunden als dem Vater. Die Mutter war ja den ganzen Tag für uns zu haben, Papa war immer mehr oder weniger Respektsperson. Schon weil wir sahen, dass Mama – so wurde sie zeitlebens von uns genannt – auf Papa immer so große Rücksicht nahm. Ihn bei guter Laune zu erhalten, ihm möglichst alles Unangenehme zu ersparen, fühlte sie als ihre vornehmste Pflicht. Dass Papa nicht gestört wurde, war oberstes Prinzip im Hause.

Aus: Puppe, Fibel, Schießgewehr, Berlin 1977, S. 26 ff.

Der Vater einer Arbeiterfamilie verteilt die Wurst. Er ist Ernährer und Familienoberhaupt. Foto, Wien, um 1925.

MATERIAL 7

Ein Zeitgenosse und ein moderner Soziologe: Die Arbeiterfamilie

a) Die Beschreibung des Zeitgenossen:

Im tiefsten Morgengrauen verlässt der Fabrikproletarier sein Bett und seine Behausung. Sein Arbeitstag beginnt meist sehr früh. Zwischen schlafenden Kindern beim Schein der Funzel hat er sich notdürftig angekleidet, dann rasch einen Schluck Kaffee hinuntergestürzt, auch das vielleicht nicht einmal, nun eilt er dem riesigen Moloch, der Fabrik, in die Arme, deren schriller Pfiff um sechs verkündet, dass nun das Einzelleben der Insassen für viele Stunden aufhört, dass die Herrschaft des Kapitals über Leib und Seele für diesen Tag wieder begonnen hat.

Der ganze lange Arbeitstag hält ihn von den Seinen fern. Kaum dass er zu Mittag ein kurzes, flüchtiges Beisammensein mit ihnen ergeizen kann. In zahllosen Fällen bekommt er auch da Weib und Kinder nicht zu Gesicht. In der Kantine, im Maschinensaal, in der Baubude oder in einem Schuppen wird Mittag gemacht; oft genug muss er auf einer Bank, einem Haufen Späne oder der blanken Erde sein armseliges Mahl zu sich nehmen. Die dicke Suppe im Blechtopf, ein Stück Brot, einen Fetzen Wurst, einen Schluck Kaffee oder Bier. Dann ein Viertelstündchen Schlaf. Die Fabrikpfeife ruft. Nun wieder Arbeit, bis der Abend kommt.

Endlich Feierabend. Müde schleppt sich der entkräftete Körper der Behausung zu. Die Kinder sind längst im Bett; wie sie den Tag verbracht – wer sollte sich jetzt noch darüber den Kopf zerbrechen? Von seiner Arbeit haben sie nichts gesehen; er selbst hat alle Verrichtungen nur mechanisch, ohne innere Anteilnahme und Freude vollbracht. Wie er leer und kalt dabei blieb, konnte er keine belebende Wärme, keine erzieherischen Einflüsse auf sie überströmen lassen. Zudem hat die öde und schwere Körperarbeit auch die Gedanken träge gemacht. Ist das schmale Abendbrot verzehrt, bringt vielleicht ein Pfeifchen noch Genuss. Der organisierte und aufgeklärte Arbeiter liest noch seine Zeitung, seltener ein Buch, vorausgesetzt, dass nicht Sitzungen oder Versammlungen seiner warten. Dann kehrt er erst spät nachts heim. Ein paar kurze Stunden bleiernen Schlafes – im engen Raume und in schlechter Luft –, bis allzu bald die harte Pflicht wieder ruft. Und so Tag für Tag, Woche für Woche, Jahr für Jahr.

Aus: O. Rühle, Das proletarische Kind, München 1911, 36–38.

b) Ein moderner Soziologe beschreibt die Arbeiterfamilie des 19. und 20. Jahrhunderts:

Nun ist zwar die proletarische Familie sowohl als System als auch ihrer Struktur nach dem bürgerlichen Familiensystem nachgebildet; dennoch muss fest gehalten werden, dass sich die Familien weniger unter einem formalen als vielmehr unter einem inhaltlichen Aspekt wesentlich voneinander unterscheiden. So hatte das Proletariat beispielsweise ein ähnlich verdinglichtes, gehorsamheischendes Verhältnis zu den Kindern wie das Bürgertum, allein mit der relevanten Differenz, dass der proletarische Vater ein deutlich weniger vielversprechendes Identifikationsobjekt darstellte, zwang die brutale alltägliche Arbeitssituation ihn doch zu manifesten und oft permanenten Grausamkeiten gegen seine Kinder und die Kinder aus materieller Not zu absolutem Gehorsam.

Aus: K. Strzyz, Sozialisation und Narzissmus, Wiesbaden 1978, S. 100.

MATERIAL

8 Die Unterschicht auf dem Land

A. stammt aus Kiebingen, einem kleinen Ort bei Tübingen. Er war als Jugendlicher straffällig geworden; während des Prozesses wurde seine Persönlichkeit vom örtlichen Pfarrer in einer so genannten „Charakterskizze" beurteilt. Ein Auszug:

A. ist der uneheliche Sohn der ledigen, 40-jährigen B., die hier wohnhaft und so weit sie in der Lage ist, als Taglöhnerin arbeitet. [...] Ihr Sohn war aber nie bei ihr, sondern wurde von Jugend auf, da sie früher auswärts im Dienste war, in einer fremden Familie erzogen. Seit mehreren Jahren war er in der Familie seines Pflegers, des Bauern C. (der auch drei eigene Kinder hatte) hier untergebracht, kam aber, seitdem er als Müllerlehrling in Rottenburg beschäftigt war, vielfach nur sonntags hierher. Seine Mutter hat gar keinen Einfluss auf ihn, und da er seit längerer Zeit nur wenig mehr hierher kam, war auch der sonst gute Einfluss der Familie (seines Pflegers) nur mehr gering.

In der Schule und Fortbildungsschule gab der Beklagte zu besonderen Klagen keinen Anlass. Dagegen war sein Christenlehrbesuch besonders gegen Ende seiner Christenlehrpflicht im letzten und vorletzten Jahr sehr unregelmäßig und mangelhaft. Es zeigt sich eben auch hier wieder die bekannte Erfahrungstatsache, dass, wo die religiöse Betätigung eine flaue ist, auch das moralische Verhalten unzuverlässig ist. [...] Was seinen Charakter betrifft, so ist derselbe bei etwas beschränkter Begabung durch schlechte Elemente wohl leicht zu beeinflussen.

Aus: W. Kaschuba/C. Lipp, Dörfliches Überleben, Tübingen 1982, S. 441.

Anregung zur Auswertung

1. Betrachten Sie die Abbildungen auf den Seiten 126 bis 136: Was verändert sich in Ehe und Partnerschaft?
2. Analysieren und gewichten Sie die Faktoren, die im 18. und 19. Jahrhundert zu einer neuen Form der Ehe und Partnerschaft geführt haben.
3. Erörtern Sie, inwiefern die Familie die Möglichkeiten des Einzelnen für ein selbstbestimmtes Leben beeinflusste.
4. Blättern Sie dieses Buch durch oder besuchen Sie ein Museum in Ihrer näheren Umgebung und suchen Sie dort nach Bildern von Familien. Gestalten Sie mit Kopien dieser Bilder eine kommentierte Wandzeitung.

2.3 Eltern-Kind-Beziehungen im Wandel

Der Tod holt das Kind. Holzschnitt, Paris, 16. Jahrhundert. Die Kindersterblichkeit war für alle gesellschaftlichen Schichten eine grausige Realität. Bis um ca. 1800 stirbt ein Viertel aller Kinder im ersten Lebensjahr, ein weiteres Viertel vor Vollendung des 20. Lebensjahres.

Antiautoritärer Kindergarten, Foto, 1972.

Die Sorge für die Kinder ist ein konstantes Merkmal aller Familienmodelle. Die vormoderne Kindheit unterschied sich aber wesentlich von den Bedingungen, unter denen heute Kinder aufwachsen. Eine Kindererziehung im Sinne einer individuellen Förderung gab es im 16. Jahrhundert kaum oder gar nicht. Eltern wiesen ihre Kinder moralisch und religiös in die Welt der Erwachsenen ein, oft mithilfe von körperlichen Züchtigungen. So sollten sie den Gehorsam und das Arbeiten lernen. Die wichtigste Aufgabe der Eltern war es, ihren Kindern die Möglichkeit zu geben, die Kindheit zu überleben. Sie erfüllten ihre Pflicht, wenn sie dafür sorgten, dass ihre Kinder zu essen bekamen, wenn sie sie kleideten und ihnen ein Dach über dem Kopf boten.

Entdeckung der Kindheit

Am Beginn der modernen Gesellschaft steht die „Entdeckung der Kindheit". Im einzelnen Kind wurde nun ein Träger von Menschenrechten gesehen, der Anspruch darauf hatte, ernst genommen zu werden: „Je mehr aber bei den Kindern der Verstand zunimmt, je mehr soll auch die strenge Potestät (Macht) der Eltern abnehmen und sich allgemach in eine vernünftige Direktion verwandeln", schrieb 1734 der Aufklärer Johann Heinrich Zopf. Die Achtung vor dem Kind sollte seine Erziehung prägen, die nun eine zentrale Rolle bekam: „Der Mensch kann nur werden durch die Erziehung.

Die Hoffnungen der Familie, Kupferstich von Bretherton, 1774. Das Bild zeigt eine Aufnahmeprüfung an der Universität. Ein Professor prüft einen Kandidaten in Geographie, während der Vater erwartungsvoll daneben steht.

Er ist nichts, als was nicht die Erziehung aus ihm macht", formulierte Kant und schob damit den Erziehenden eine große Verantwortung zu. Aufgabe der Eltern wurde es, ihrem Kind alle Möglichkeiten zu geben, ein selbstständig denkendes Individuum und vollwertiges Mitglied der Gesellschaft zu werden, gemäß seinen unveräußerlichen Rechten.

Eine an diesen Idealen ausgerichtete Kindererziehung wurde zum kulturellen Leitbild. Damit stiegen die Anforderungen an die Eltern. Begleitet wurde diese Entwicklung von den gesellschaftlichen Veränderungen, die der Aufstieg des Bürgertums mit sich brachte. Durch die Gesetze der Leistung und des Marktes wurden die sozialen Positionen offenerer und erreichbarer. Die Bemühungen konzentrierten sich nun darauf, dem Kind eine gute Bildung und Ausbildung zu verschaffen, um ihm zu ermöglichen, eine gute soziale Stellung einzunehmen. Gegenwärtig haben die Anforderungen an die Eltern einen historischen Höchststand erreicht – es wird als private Aufgabe der Eltern gesehen, das Kind zur Persönlichkeit zu formen und ihm optimale Startchancen zu geben. Entsprechend großen Raum nimmt auch die öffentliche Diskussion über eine „richtige Erziehung" ein.

Anregungen zur Weiterarbeit

- Erkunden Sie Formen des Zusammenlebens in Ihrer Umgebung. Beschreiben Sie die persönlichen Beziehungen und die Strukturen.
- Erörtern Sie Vor- und Nachteile der Alternativen zu der klassischen Familie.
- Hat die Familie eine Zukunft? Entwerfen Sie Vorstellungen für Ihre eigene Zukunft im Hinblick auf das Zusammenleben mit anderen Personen.

3. „Die Würde des Menschen ist unantastbar"

MATERIAL

Menschenrechte und der Geist von Olympia 1

a) Anlässlich der Entscheidung des Internationalen Olympischen Komitees (IOC), China den Zuschlag für die Ausrichtung der Olympischen Spiele 2008 zu erteilen, appelliert die Menschenrechtsorganisation amnesty international (ai) an die Volksrepublik, [...] ihre Menschenrechtssituation deutlich zu verbessern. [...]
Im Zuge der jüngsten Anti-Kriminalitäts-Kampagne „Hartes Durchgreifen" wurden während der letzten drei Monate in China mindestens 1781 Menschen hingerichtet – mehr als im gesamten Rest der Welt während der letzten drei Jahre. ai geht davon aus, dass viele der Gefangenen vor der Verurteilung gefoltert wurden, um Geständnisse zu erpressen. Nur wenige erhielten einen fairen Prozess.
„Ironischerweise waren gerade Sportstadien die letzten Orte, an die viele der zum Tode Verurteilten gebracht wurden, um sie kurz vor ihrer Hinrichtung der ritualisierten öffentlichen Erniedrigung vor riesigen Menschenmengen auszusetzen", so Dirk Pleiter, China-Experte bei ai. [...]
Über 200 Anhänger der Falun-Gong-Bewegung sollen in der Haft gestorben sein. Auch andere religiöse sowie ethnische Minderheiten wie Christen oder Tibeter und Uighuren sind weiter Repressalien ausgesetzt. Dazu gehören willkürliche Inhaftierung, Folter und lange Gefängnisstrafen.

b) Chinesische Wissenschaftler haben den massiven Einsatz der Todesstrafe gerechtfertigt. „In Entwicklungsländern ist es notwendig, Menschen hinzurichten, um Stabilität und die Entwicklung der Wirtschaft zu sichern", sagte der Vorsitzende der Chinesischen Forschungsgesellschaft für Menschenrechte, Zhou Jue.

Aus: a) Pressemitteilung von ai, Bonn/Berlin, 13.7.2000, gek. b) Harald Maass, Stuttgarter Zeitung, 28.7.2001, S. 4.

MATERIAL

Abschaffung der Todesstrafe in den USA weiterhin gefordert 2

In den USA sind seit Wiedereinführung der Todesstrafe 1977 über 730 Menschen hingerichtet worden. In über 80% der Todesstrafenfälle war das Mordopfer weißer Hautfarbe. Dies stellt jedoch einen Gegensatz zu den tatsächlichen proportionalen Gegebenheiten dar, da die Anzahl der weißen und schwarzen Mordopfer in den USA fast gleich ist. In Texas, wo ein Drittel der Exekutionen der USA stattfindet, sind über 20% der Hingerichteten schwarze Angeklagte, die Weiße umgebracht haben. [...] In keinem einzigen Fall aus über 250 Hinrichtungen in Texas ist ein weißer Angeklagter für den Mord an einem Schwarzen hingerichtet worden. [...]
Das Verbot der Todesstrafe gegen Straftäter, die zum Tatzeitpunkt minderjährig waren, ist inzwischen weitgehend anerkannt und somit als Prinzip des Völkergewohnheitsrechts für alle Staaten gleichermaßen verbindlich [...]
Die USA gehören aber zu einer Gruppe ganz weniger Staaten, die in den vergangenen zehn Jahren minderjährige Straftäter hingerichtet haben. Nach Kenntnis von ai sind in den vergangenen vier Jahren in folgenden Ländern zur Tatzeit Minderjährige exekutiert worden: In der Demokratischen Republik Kongo wurde ein Todesurteil vollstreckt, im Iran drei und in den USA acht, davon vier in Texas. In den USA sitzen derzeit ungefähr 80 zum Tode verurteilte Häftlinge ein, die zur Tatzeit 16 bzw. 17 Jahre alt waren.

ai-Urgent Action vom 5.9.2001, gek.

MATERIAL

3 Über Freiheit und Menschenrechte

Ich teile Ihre Meinung durchaus nicht, aber ich werde mein Leben daransetzen, dass Sie sie äußern dürfen.
Voltaire, franz. Philosoph der Aufklärung, 1694–1778.

Würde des Menschen
Nichts mehr davon, ich bitt euch, zu essen gebt ihm, zu wohnen.
Habt ihr die Blöße bedeckt, gibt sich die Würde von selbst.
Friedrich Schiller, Xenien, 1759–1805.

Höchstes Gebot
Hab Achtung vor dem Menschenbild
Und denke, dass, wie auch verborgen,
Darin für irgendeinen Morgen
Der Keim zu allem Höchsten schwillt!
Friedrich Hebbel, deutscher Dichter, 1813–1863.

Freiheit beginnt als Freiheit des Einzelnen, gewinnt gemeinschaftliche Gestalt in der republikanischen Regierungsart, behauptet sich gegen Unterdrückung durch fremde Staaten. [...]

„Erst die Freiheit, dann der Friede in der Welt!" Die umgekehrte Forderung, „erst der Friede, dann die Freiheit", täuscht.
Karl Jaspers, deutscher Philosoph, 1883–1969.

Wer schweigt, macht mit, wer Unrecht zulässt, der verstärkt es!
Willy Brandt, deutscher Bundeskanzler, 1913–1992.

So heftig schlägt das Gewissen des Westens nicht, dass darunter der Waffenexport litte.
Matthias Naß, in: Die Zeit, Nr. 24 vom 11. Juni 1993.

Auf der Welt gibt es nur eines, was schlimmer ist als Gewaltanwendung, nämlich: die Kapitulation vor der Gewalt.
*Amos Oz, israelischer Schriftsteller, * 1939.*

Völlige Freiheit macht den Einzelnen nicht so sehr zum Menschen, sondern zum Tier, das allein dem Gesetz des Dschungels unterworfen ist.
*Wong Kan Seng, * 1946, 1988–1994 Außenminister von Singapur.*

Karikatur aus dem Jahr 1995.

Die Verwirklichung der Menschenrechte ist in den westlichen Demokratien den meisten Menschen zur Selbstverständlichkeit geworden: Kaum einer vermag sich noch vorzustellen, dass seine Freiheit, nach Belieben ins Ausland zu reisen, staatlicherseits eingeschränkt werden könnte oder dass man seine Meinung aus Angst vor Inhaftierung besser nicht sagen sollte. Ähnlich gewiss sind uns die Pressefreiheit und die freie Berufswahl, während wir Folter und Verfolgung politisch Andersdenkender meist mit Berichten aus Ländern außerhalb der modernen Industriegesellschaften in Verbindung bringen.

Die Einhaltung der Grund- und Menschenrechte war aber auch bei uns nicht immer selbstverständlich. Sie mussten in einem langen mühseligen Prozess, der viele Rückschläge mit sich brachte, erkämpft werden, wobei hierfür in Deutschland auf Vorarbeiten und Entwicklungen in anderen Ländern, vor allem in Westeuropa und in Nordamerika, zurückgegriffen werden konnte.

3.1 Philosophische Ursprünge der Menschenrechte

Antike

In Antike und Mittelalter kannte man noch keine persönlichen Freiheitsrechte, die allen Menschen ohne Ausnahme zugebilligt wurden. Es gab lediglich Privilegien, also verbriefte Vorrechte für Einzelne oder für bestimmte gesellschaftliche Gruppen. Selbst die griechische Demokratie und die Römische Republik sicherten Bürgerrechte nicht allen Menschen zu, sondern nur den besitzenden Männern – Frauen, Sklaven und Minderbemittelte waren davon stets ausgenommen.

Erst in der spätantiken Philosophie der Stoiker und im frühen Christentum kam ein neues Menschenbild auf, das die Würde des Einzelnen und die Gleichheit aller Menschen aufgrund ihrer Natur bzw. ihres göttlichen Ursprungs betonte. In derselben Zeit wurde die Idee des Widerstandsrechts entwickelt, das dem Bürger ausdrücklich erlaubt, sich gegen unrechte Herrschaft zur Wehr zu setzen.

Humanismus: „Würde des Menschen"

Es blieb dem Zeitalter der Renaissance und des Humanismus im 15. und 16. Jahrhundert vorbehalten, die Würde des Menschen neu zu entdecken (→ M 1). Vermehrt wurden Freiheit und Selbstbestimmung gefordert. Im Gefolge der Reformation erhielten diese Postulate weitere Schubkraft in den Wünschen nach allgemeiner Religions- und Glaubensfreiheit sowie in der Betonung der Verantwortung des Einzelnen.

Bürgertum

Entscheidend für die weitere Entwicklung und Ausgestaltung der Menschenrechte wurden dann die aufstrebenden und zunehmend den Welthandel bestimmenden Nationalstaaten Westeuropas, vor allem die Niederlande und Großbritannien, wo sich ein selbstbewusstes Bürgertum von staatlicher Bevormundung und Willkür befreien wollte. Das Bürgertum gewann hier mehr und mehr an Einfluss und artikulierte seine Forderungen nach politischem Mitspracherecht und nach Einschränkung der staatlichen Macht immer nachdrücklicher.

John Locke

Auf diesem Hintergrund wurde die politische Philosophie John Lockes (1632–1704) von entscheidender Bedeutung. Für Locke war die Verbindung von allgemeinen Menschenrechten und politischen Grundrechten selbstverständlich. Er hatte den absolutistischen Staat radikal infrage gestellt und überlegt, ob und wie die Einrichtung eines Staates überhaupt legitimiert werden kann. Von einem insgesamt eher positiven Menschenbild ausgehend, glaubte er, dass der Staat durchaus zweckmäßig sei, dann nämlich, wenn er den einzelnen Menschen vor Willkür und Gewalt schütze. Diese Sicherung von Leben, Freiheit und Eigentum jedes Bürgers sah Locke als zentrale staatliche Aufgabe an. Gewisse Rechte des Einzelnen verstand er als unveräußerlich, so sollte etwa das Recht auf körperliche Unversehrtheit absolut gewährleistet werden.

Gewaltenteilung

Neben der Begründung erster Grundrechte entwickelte Locke auch den zweiten Eckpfeiler der modernen Demokratie, die Lehre von der Gewaltenteilung. Zur Begrenzung staatlicher Macht sollten die gesetzgebende Gewalt (Legislative) und die ausführende Gewalt (Exekutive) strikt voneinander getrennt werden und sich wechselseitig kontrollieren. Locke hoffte, so auch die Freiheit des Individuums und den Schutz des Einzelnen vor staatlicher Willkür sichern zu können (→ M 5, sowie S. 15, M 3). In Frankreich ergänzte Charles de Montesquieu (1689–1755) im 18. Jahrhundert die Lehre von der Gewaltenteilung um die wichtige dritte Gewalt der Judikative in Form eines unabhängigen Gerichtshofs, der sowohl die Legislative als auch die Exekutive kontrollieren sollte.

Weltbürgerrecht Eine Generation später entwickelte der deutsche Philosoph Immanuel Kant (1724–1804) die Idee des Rechtsstaats, der „allgemeine Freiheit, Gleichheit und Selbstständigkeit" zu verwirklichen sucht. In seiner 1795 erschienenen Schrift „Zum Ewigen Frieden" forderte Kant sogar ein Weltbürgerrecht für alle Menschen als Voraussetzung einer globalen Friedensordnung.

Seither wurde und wird die Universalität der Menschenrechte gefordert. Grundlegende Freiheitsrechte sollen für alle Menschen in allen Ländern, unabhängig von der dort herrschenden Ideologie und von der politischen Überzeugung der Regierenden, gelten.

MATERIAL

4 Pico della Mirandola – Über die Würde des Menschen, 1487

In den Schriften der Araber habe ich gelesen, [...] dass nichts bewundernswerter erscheine als der Mensch. Zu dieser Äußerung stimmt das bekannte Wort des Merkur: Ein großes Wunder ist der Mensch.
Unbefriedigt ließen mich aber bei der Frage nach dem Sinn dieser Worte die vielfach und zahlreich beigebrachten Argumente von der Vorzüglichkeit der menschlichen Natur: Der Mensch sei ein Vermittler zwischen den Geschöpfen, da er Verkehr habe mit den höchsten und über die tiefer stehenden herrsche; begabt mit Sinnesschärfe, mit forschendem Verstand und mit dem Licht des Geistes, sei er der Dolmetsch der Natur; er sei das Zwischenstück von Zeit und Ewigkeit, er sei (wie die Perser sagen) das einigende Band der Welt, ja ihre hochzeitliche Verbindung, er, der – wie David bezeugt – nur wenig hinter den Engeln zurückstehe. [...]
Welche Freigebigkeit Gottes, was für ein bewundernswertes Glück für den Menschen, dem gegeben wurde, zu haben, was er wünscht, zu sein, was er wollte. Die Tiere bekommen bei ihrer Geburt aus dem Mutterbeutel all ihren künftigen Besitz schon mit. Die höchsten Geister waren von Anfang an oder bald darauf das, was sie von Ewigkeit zu Ewigkeit sein werden. Im Menschen aber sind bei seiner Geburt von Gott Vater vielerlei Samen und Keime zu jedweder Form angelegt; und welche er hegt, die wachsen und tragen Frucht in ihm: Sind es die Keime pflanzlichen Daseins, so wird er dahinvegetieren; des Sinnlichen, so wird er wie ein Tier werden; des Verstandes, so wird er ein himmlisches Lebewesen; des Geistes, so wird er ein Engel sein und Gottes Sohn. Doch wenn er an keiner geschöpflichen Möglichkeit Genüge findet und sich zurückzieht auf das Zentrum seiner selbst und so mit Gott ein Geist wird im einigen dunklen Grund Gottes des Vaters, der über alle Dinge gesetzt ist, so wird er über allen Dingen stehen.

Aus: Giovanni Pico della Mirandola, De dignitate hominis, Bad Homburg/Berlin/Zürich 1968, 27 und 30 f., gek.

Pico della Mirandola, Holzschnitt 1596.

Ein Grundgesetz der Freiheit: Die Menschen- und Bürgerrechtserklärungen der Französischen Revolution. Flugblatt, 1789.

MATERIAL 5

John Locke – Staatsgründung und Menschenrechte

Freiheit ist nicht […] die Freiheit eines jeden, zu tun, was ihm beliebt, zu leben, wie es ihm gefällt, und durch keinerlei Gesetze gebunden zu sein, sondern:

Die Freiheit der Menschen unter einer Regierung bedeutet, unter einem stehenden Gesetz zu leben, welches für alle Glieder jener Gesellschaft gültig ist und von der in ihr errichteten Legislative geschaffen wurde. Es ist die Freiheit, überall dort meinem eigenen Willen zu folgen, wo jene Regel nichts vorschreibt; und nicht dem unbändigen, ungewissen, unbekannten, eigenmächtigen Willen eines anderen Menschen unterworfen zu sein. […]

131. Nun begeben sich zwar die Menschen mit ihrem Eintritt in die Gesellschaft der Gleichheit, Freiheit und Exekutivgewalt des Naturzustandes, um sie in die Hände der Gesellschaft zu legen, damit die Legislative so darüber verfügen möge, wie es das Wohl der Gesellschaft verlangt; doch das geschieht nur mit der Absicht jedes Einzelnen, sich seine Freiheit und sein Eigentum umso besser zu erhalten. Die Macht der Gesellschaft oder der von ihr eingesetzten Legislative kann sich deshalb schlechterdings nicht weiter erstrecken als auf das gemeinsame Wohl. […]

222. Wann immer deshalb die Gesetzgeber danach trachten, dem Volk sein Eigentum zu nehmen oder zu zerstören oder es als Sklaven in ihre willkürliche Gewalt zu bringen, versetzen sie sich dem Volk gegenüber in den Kriegszustand. Das Volk ist daraufhin jeden weiteren Gehorsams entbunden und ist jener Zuflucht überlassen, die allen Menschen gemeinsam gegen Macht und Gewalt von Gott gegeben ist. […] Das Volk hat dann ein Recht, zu seiner ursprünglichen Freiheit zurückzukehren und durch die Errichtung einer neuen Legislative (wie sie ihm selbst am geeignetsten erscheint) für sein eigenes Wohlergehen und seine Sicherheit zu sorgen – denn dies ist ein Ziel, weshalb die Menschen in die Gesellschaft eingetreten waren.

Aus: J. Locke, Über die Regierung, Reinbek 1966, S. 24, 103, 172.

3.2 Die klassischen Kataloge der Menschenrechte

Magna Charta

Bereits vor dem 18. Jahrhundert gab es in einigen Ländern, so in England oder in der Schweiz, Bestrebungen, den Herrschenden und Machthabern Freiheitsrechte abzutrotzen, doch handelte es sich dabei nur um Privilegien für einzelne Stände. Dies gilt auch für die berühmteste Erklärung dieser Art, die „Magna Charta Libertatum" von 1215, in der englische Adlige und Barone die Unverletzlichkeit der eigenen Person und ihres Privatbesitzes gegen Machtansprüche des Königs sicherten.

Tübinger Vertrag

In Deutschland gab es zu Beginn des 16. Jahrhunderts erste Vorformen dessen, was wir heute als Grundrechte bezeichnen. 1514 wurde im so genannten „Tübinger Vertrag" die freie Auswanderung erlaubt, und Bestrafungen an Leib und Leben waren nunmehr an ein rechtskräftiges Urteil gebunden. Ähnliche Forderungen erhoben 1525 die aufständischen süddeutschen Bauern in den Memminger Zwölf Artikeln, in denen sie unter anderem die Aufhebung der Leibeigenschaft verlangten.

Amerikanische und Französische Revolution

Indes vergingen weitere Jahrhunderte, ehe 1776 erstmals ein Menschenrechtskatalog verkündet wurde. Dies geschah nicht in Europa, sondern in Virginia, wo nordamerikanische Siedler in 16 Artikeln die wichtigsten Grundrechte formulierten. Dieses Vorbild der „Virginia Bill of Rights" fand sogleich Eingang in die Unabhängigkeitserklärung der amerikanischen Kolonisten vom 4. Juli 1776 und dann auch in die US-Verfassung von 1787 (→ M 6 sowie S. 14f., M 2). Die Durchsetzung der Menschenrechte in den neu entstandenen Vereinigten Staaten von Amerika wirkte erstaunlich schnell auf den alten Kontinent zurück. Dort wurde im Laufe der Französischen Revolution bereits am 26. August 1789 in Paris eine ebenfalls wegweisende „Erklärung der Menschen- und Bürgerrechte" verkündet, die zugleich auch als Fanal für die Menschen in anderen Ländern gedacht war.

Soziale Rechte und Frauenrechte

In der zweiten, radikalen Phase der Französischen Revolution (1792–1794) wurden erstmalig auch soziale Rechte gefordert wie eine Umverteilung des Eigentums zugunsten der Armen und Schwachen sowie das Recht auf Arbeit. Daneben entstand auch eine Frauenrechtsbewegung, die vehement gegen die Tyrannei des Mannes protestierte und die rechtliche Gleichstellung der Frau verlangte. Bereits 1792 formulierte Olympe de Gouges eine „Erklärung der Frauenrechte", in der sie unter andrem das aktive und das passive Wahlrecht für beide Geschlechter forderte. Doch diese Forderungen blieben noch lange Zeit unerfüllt.

Süddeutsche Verfassungen 1818/1819

Die Bestrebungen der Französischen Revolution nach Freiheit, Gleichheit und Brüderlichkeit fanden auch in Deutschland, vor allem in den westlichen Fürstentümern, rasch begeisterte Anhänger. Allerdings dauerte es bis lange ins 19. Jahrhundert, ehe wenigstens einige Forderungen der Revolutionäre berücksichtigt wurden. Erste Verfassungen wurden 1818 im Großherzogtum Baden sowie im Königreich Bayern verabschiedet, ein Jahr später gab sich auch das Königreich Württemberg nach langen Verhandlungen eine eigene Konstitution. Die in diesen Verfassungen aufgenommenen Grundrechte waren jedoch nicht als Freiheitsrechte konzipiert. Sie sollten vielmehr das Staatsbewusstsein kräftigen und eine aktive Teilhabe der etablierten Gesellschaftsschichten fördern.

Die Grundrechte des deutschen Volkes, verabschiedet von der Nationalversammlung 1848/49. Flugblatt.

Doch bürgerliche Freiheitsrechte nutzten demjenigen wenig, der unter elendigen Verhältnissen arbeiten und leben musste. Im Zuge der Industrialisierung wurden deshalb immer wieder auch soziale Rechte gefordert. Hierzu zählten Mindestlöhne, die Begrenzung der Arbeitszeiten, der Schutz vor Ausbeutung sowie ein allgemeines Recht auf Bildung.

Paulskirchen-Verfassung 1848

In der Revolution von 1848/49 spielten die Menschenrechte eine zentrale Rolle. Die Frankfurter Nationalversammlung in der Paulskirche setzte an den Anfang ihrer Beratungen 1848 die Feststellung der „Grundrechte des deutschen Volkes". Diese wurden noch vor Vollendung der Verfassung offiziell verkündet. 1849 fanden sie dann auch Eingang in die so genannte Paulskirchenverfassung. Allerdings trat diese Verfassung nicht in Kraft. Vielmehr siegten noch im selben Jahr reaktionäre Gruppierungen, denen es gelang, selbst die Pressefreiheit einzuschränken. Von sozialen Rechten war nun schon gar keine Rede mehr.

Weimarer Verfassung 1919

Das Scheitern der Revolution von 1848/49 bedeutete, dass die Idee der Menschenrechte in Deutschland für weitere 70 Jahre ohne verfassungsrechtliche Bedeutung blieb. Die Reichseinigung von 1871 stellte liberale Forderungen zugunsten nationaler Bestrebungen zurück, die Reichsverfassung aus demselben Jahr verzichtete auf Menschenrechte ganz. Erst nach dem Sturz des Kaiserreichs am Ende des Ersten Weltkriegs gelang in Deutschland mit der Weimarer Reichsverfassung vom 11. August 1919 die verfassungsrechtliche Verankerung der Menschenrechte. Sie galten nun erstmals ausnahmslos auch für Frauen. Bezeichnenderweise standen die Menschenrechte allerdings damals noch am Ende der Verfassung. Sie waren auch nicht einklagbar und blieben daher in ihrer Bedeutung begrenzt.

Menschenrechte der ersten Generation	Menschenrechte der zweiten Generation	Menschenrechte der dritten Generation
Politische Menschenrechte und bürgerliche Menschenrechte	**Wirtschaftliche, soziale und kulturelle Menschenrechte**	**Solidaritätsrechte: Recht der Völker auf Selbstbestimmung**
Wurzeln in der Antike, neu formuliert durch die europäische Aufklärung, Beginn der Realisierung in den USA 1776 und in Westeuropa ab 1789.	Postuliert von der sozialistischen Bewegung, namentlich dem Marxismus in der Mitte des 19. Jahrhunderts, Versuch der Realisierung in der UdSSR 1917, internationale Anerkennung 1948.	Namentlich gefordert von Denkern der Dritten Welt, aber auch Beiträge von sozialistischer und befreiungstheologischer Seite, internationale Anerkennung ab Mitte des zweiten Jahrhunderts.

Die drei Generationen der Menschenrechte.

Anfang 1933 wurden die Grundrechte von den Nationalsozialisten gleich zu Beginn ihrer „Machtübernahme" eingeschränkt und bald danach ganz aufgehoben. Bereits am 4. Februar, dem fünften Tag ihrer Regierungszeit, erließen die neuen Herrscher des „Dritten Reiches" eine Notverordnung, angeblich zum „Schutz des deutschen Volkes", mit der wichtige Grundrechte wie die Presse- und die Versammlungsfreiheit außer Kraft gesetzt werden konnten.

Grundgesetz 1949

Nach dem Zweiten Weltkrieg spielten angesichts der furchtbaren Erfahrungen die Menschenrechte bei den Beratungen des Parlamentarischen Rates 1948/49 eine vorrangige Rolle. So sind sie im Grundgesetz der Bundesrepublik Deutschland absichtlich an den Anfang gesetzt worden. Damit soll ihre herausragende Bedeutung unterstrichen werden: Sie dürfen als unveräußerliche Grundrechte in ihrem Wesensgehalt nicht mehr verändert werden. In Artikel 1 heißt es sogar, dass die Achtung der Menschenwürde für alle staatliche Gewalt verpflichtend ist. Der Schutz der Menschenrechte ist damit zum vorrangigen Staatszweck geworden.

Vereinte Nationen 1948

Zur selben Zeit versuchten am 10. Dezember 1948 die Vereinten Nationen mit der „Allgemeinen Erklärung der Menschenrechte" den Grundrechten weltweite Geltung zu verschaffen. Diese neue „Magna Charta der gesamten Menschheit" enthält neben den liberalen Bürgerrechten eine Fülle sozialer und kultureller Forderungen (→ M 8). So bedeutet sie eine doppelte Herausforderung: Sie fordert zum einen die universelle Gültigkeit der Grundrechte für die Menschen aller Völker und Hautfarben, zum anderen erweitert sie diese noch um Rechte, die weit über die klassischen Freiheitsrechte hinausreichen. Allerdings musste die Menschenrechtskommission der UNO bald erkennen, dass es mit der bloßen Proklamation nicht getan war. Die eigentliche Arbeit begann nun erst, denn die Rechte mussten inhaltlich präzisiert und so formuliert werden, dass sie auch rechtliche Verbindlichkeit beanspruchen konnten – und auch damit war die Umsetzung noch lange nicht gewährleistet.

MATERIAL 6

Die „Virginia Bill of Rights", die Grundrechte von Virginia, 12. Juni 1776

Artikel 1
Alle Menschen sind von Natur aus gleichermaßen frei und unabhängig und besitzen gewisse angeborene Rechte, deren sie, wenn sie den Status einer Gesellschaft annehmen, durch keine Abmachung ihre Nachkommenschaft berauben oder entkleiden können, und zwar den Genuss des Lebens und der Freiheit und dazu die Möglichkeit, Eigentum zu erwerben und zu besitzen und Glück und Sicherheit zu erstreben und zu erlangen.

Artikel 2
Alle Macht kommt dem Volke zu und wird folglich von ihm hergeleitet. Beamte sind seine Treuhänder und Diener und ihm jederzeit verantwortlich.

Artikel 3
Die Regierung ist oder sollte eingerichtet sein für das gemeinsame Beste, für den Schutz und die Sicherheit des Volkes, der Nation oder Allgemeinheit; von all den verschiedenen Arten und Formen der Regierungen ist die die beste, die fähig ist, den höchsten Grad von Glück und Sicherheit zu erzielen, und die am wirksamsten gegen die Gefahr einer Maßwirtschaft gesichert ist.
Und wenn irgendeine Regierung sich diesen Zwecken nicht gewachsen oder feindlich zeigt, so hat eine Mehrheit der Gemeinschaft ein unbezweifelbares, unveräußerliches und unverletzbares Recht, dieselbe zu reformieren, umzugestalten oder abzuschaffen, so wie es für das allgemeine Wohl am nützlichsten zu erachten ist. [...]

Artikel 5
Die gesetzgebenden und ausführenden Gewalten des Staates sollen von der richterlichen getrennt und klar geschieden sein. Die Mitglieder der beiden ersteren sollen zu bestimmten Zeiten in den Privatstand entlassen werden, in die Gemeinschaft zurückkehren, der sie ursprünglich entnommen wurden. [...]

Artikel 6
Die Wahlen für die Vertretung des Volkes in der Volksversammlung sollen frei sein; alle Männer, die ihr dauerndes Interesse an der Gemeinschaft und ihre dauernde Anhänglichkeit an sie hinlänglich erhärtet haben, haben das Recht, abzustimmen. [...]

Artikel 7
Jegliche eigenmächtige Suspendierung von Gesetzen oder ihrer Durchführung seitens irgendeiner Autorität ohne Zustimmung der Volksvertreter ist den Rechten des Volkes abträglich und soll nicht ausgeübt werden. [...]

Artikel 12
Die freie Presse ist eines der großen Bollwerke der Freiheit und kann niemals, außer durch despotische Regierungen, eingeschränkt werden.

Artikel 13
Eine gut geschulte Miliz, dem Volke entnommen und in den Waffen geübt, ist der eigentliche, natürliche, sichere Schutz eines freien Staates; stehende Heere sollten in Friedenszeiten, als der Freiheit gefährlich, nicht zugelassen sein; in allen Fällen aber sollte das Militär der Zivilgewalt strikt untergeordnet und von ihr beherrscht werden. [...]

Artikel 15
Keine freie Regierung oder die Segnungen der Freiheit können einem Volke erhalten bleiben außer durch ein festes Anhalten an Gerechtigkeit, Mäßigung, Enthaltsamkeit, Genügsamkeit und Tugend und durch häufiges Zurückgehen auf grundlegende Prinzipien.

Artikel 16
Religion oder die Pflicht, die wir unserem Schöpfer schulden, und die Art, wie wir ihr nachkommen, kann lediglich durch Vernunft oder Überzeugung geleitet werden, nicht durch Zwang oder Gewalt, und deshalb haben alle Menschen gleichen Anspruch auf freie Ausübung der Religion gemäß den Geboten des Gewissens; es ist eine gegenseitige Pflicht aller, christliche Geduld, Liebe und Güte im Verkehr untereinander zu üben.

Aus: F. Hartung, Die Entwicklung der Menschen- und Bürgerrechte von 1776 bis zur Gegenwart, Göttingen 1954, S. 25–27.

MATERIAL

7 Karl Marx: Kritik an den Menschenrechten

In seiner Frühschrift „Zur Judenfrage", erschienen 1844 in Paris in den „Deutsch-Französischen Jahrbüchern", setzt sich Marx mit den Menschenrechten auseinander.

Vor allem konstatieren wir die Tatsache, dass die so genannten Menschenrechte, die droits de l'homme im Unterschied von den droits du citoyen, nichts anderes sind als die Rechte des Mitglieds der bürgerlichen Gesellschaft, d. h. des egoistischen Menschen, des vom Menschen und vom Gemeinwesen getrennten Menschen. Die radikalste Konstitution, die Konstitution von 1793, mag sprechen:
Artikel 2: „Diese Rechte usw. (die natürlichen und unabdingbaren Rechte) sind: die Gleichheit, die Freiheit, die Sicherheit, das Eigentum."
Worin besteht die Freiheit?
Artikel 6: „Die Freiheit ist das Recht des Menschen, alles tun zu dürfen, was den Rechten eines anderen nicht schadet" oder nach der „Deklaration der Menschenrechte von 1791": Die Freiheit besteht darin, alles tun zu dürfen, was keinem anderen schadet."
Die Freiheit ist also das Recht, alles zu tun und zu treiben, was keinem anderen schadet. Die Grenze, in welcher sich jeder dem anderen unschädlich bewegen kann, ist durch das Gesetz bestimmt, wie die Grenze zweier Felder durch den Zaunpfahl bestimmt ist. [...]
Aber das Menschenrecht der Freiheit basiert nicht auf der Verbindung des Menschen mit dem Menschen, sondern vielmehr auf der Absonderung des Menschen von dem Menschen. [...]
Die praktische Nutzanwendung des Menschenrechtes der Freiheit ist das Menschenrecht des Privateigentums:
Artikel 16: (Konstitution von 1793): „Das Eigentumsrecht ist das Recht jedes Bürgers, willkürlich seine Einkünfte, die Früchte seiner Arbeit und seines Fleißes zu genießen und darüber zu disponieren."
Das Menschenrecht des Privateigentums ist also das Recht, willkürlich, ohne Beziehung auf andere Menschen, unabhängig von der Gesellschaft, sein Vermögen zu genießen und über dasselbe zu disponieren, das Recht des Eigennutzes."
Die Sicherheit ist der höchste soziale Begriff der bürgerlichen Gesellschaft, der Begriff der Polizei, dass die ganze Gesellschaft nur da ist, um jedem ihrer Glieder die Erhaltung seiner Person, seiner Rechte und seines Eigentums zu garantieren.
Die Sicherheit ist [...] die Versicherung des Egoismus der bürgerlichen Gesellschaft über den egoistischen Menschen hinaus, über den Menschen, wie er Mitglied der bürgerlichen Gesellschaft, nämlich auf sich, auf sein Privatinteresse und seine Privatwillkür zurückgezogenes und vom Gemeinwesen abgesondertes Individuum ist."

Aus: K. Marx, Zur Judenfrage, in: Werke, Band 1, Berlin 1981, S. 364–366.

MATERIAL

8 Die Vereinten Nationen: Allgemeine Erklärung der Menschenrechte, 10. Dezember 1948

Artikel 1
Alle Menschen sind frei und gleich an Würde und Rechten geboren. Sie [...] sollen einander im Geiste der Brüderlichkeit begegnen. [...]

Artikel 2
Jeder Mensch hat Anspruch auf die in dieser Erklärung verkündeten Rechte und Freiheiten ohne Unterscheidung, wie etwa nach Rasse, Farbe, Geschlecht, Sprache, Religion, politischer Überzeugung, nationaler und sozialer Herkunft, nach Eigentum oder sonstigen Umständen.

Artikel 7
Alle Menschen sind vor dem Gesetz gleich und haben ohne Unterschied Anspruch auf den gleichen Schutz durch das Gesetz. [...]

Artikel 13
(1) Jeder Mensch hat das Recht auf Freizügigkeit und freie Wahl seines Wohnsitzes innerhalb eines Staates.
(2) Jeder Mensch hat das Recht, jedes Land, einschließlich seines eigenen, zu verlassen sowie in sein Land zurückzukehren.

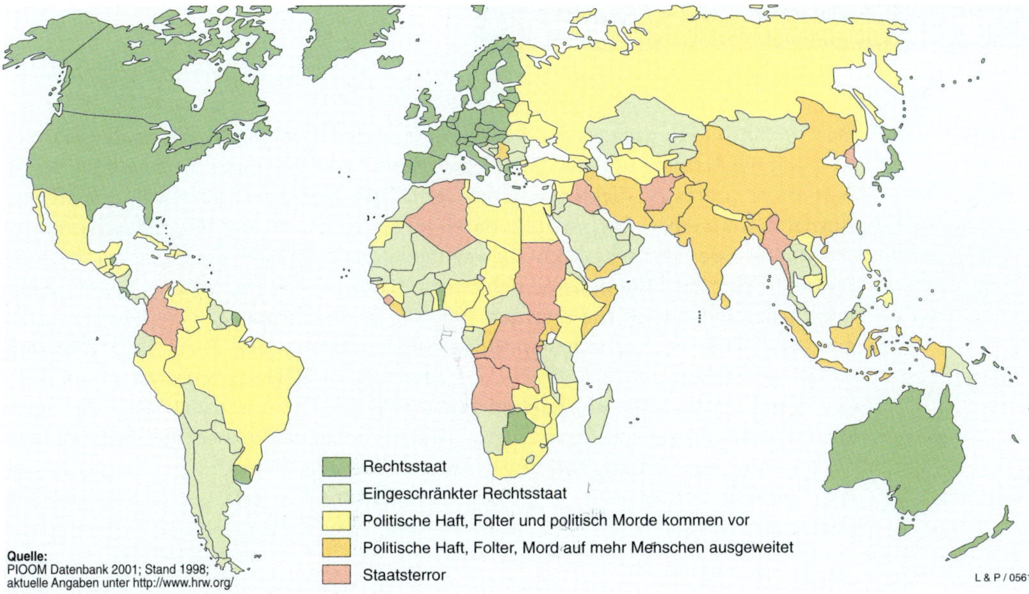

Weltkarte der Menschenrechte.

Artikel 23

(1) Jeder Mensch hat das Recht auf Arbeit, auf freie Berufswahl, auf angemessene und befriedigende Arbeitsbedingungen sowie auf Schutz gegen Arbeitslosigkeit.

(2) Alle Menschen haben ohne jede unterschiedliche Behandlung das Recht auf gleichen Lohn für gleiche Arbeit.

(3) Jeder Mensch, der arbeitet, hat das Recht auf angemessene und befriedigende Entlohnung, die ihm und seiner Familie eine der menschlichen Würde entsprechende Existenz sichert und die, wenn nötig, durch andere soziale Schutzmaßnahmen zu ergänzen ist.

(4) Jeder Mensch hat das Recht, zum Schutze seiner Interessen Berufsvereinigungen zu bilden und solchen beizutreten.

[...]

Artikel 26

(1) Jeder Mensch hat das Recht auf Bildung. Der Unterricht muss wenigstens in den Elementar und Grundschulen unentgeltlich sein. Der Elementarunterricht ist obligatorisch. Fachlicher und beruflicher Unterricht soll allgemein zugänglich sein; die höheren Studien sollen allen nach Maßgabe ihrer Fähigkeiten und Leistungen in gleicher Weise offen stehen.

(2) Die Ausbildung soll die volle Entfaltung der menschlichen Persönlichkeit und die Stärkung der Achtung der Menschenrechte und Grundfreiheiten zum Ziele haben. Sie soll die Tätigkeiten der Vereinten Nationen zur Aufrechterhaltung des Friedens begünstigen.

(3) In erster Linie haben die Eltern das Recht, die der ihren Kindern zuteil werdenden Bildung zu bestimmen.

Anregung zur Auswertung

1. Stellen Sie die wichtigsten Forderungen der Menschenrechtskataloge zusammen. Erörtern Sie, ob und inwiefern die Kritik von Karl Marx gerechtfertigt ist.
2. Erörtern Sie, welche Funktion Menschenrechtserklärungen haben.

3.3 Menschenrechte – ständig bedroht

Totalitäre Regime

Das 20. Jahrhundert gilt als das Jahrhundert, in dem demokratische Staaten erstmals weltweit die Achtung und den Schutz der Menschenrechte in den Mittelpunkt des öffentlichen Interesses rückten und sich ernsthaft bemühten, allen Menschen ohne Ausnahme dieselben Rechte zukommen zu lassen. Andererseits entstanden im 20. Jahrhundert der Menschenrechtsbewegung in den totalitären Staaten auch mächtige Feinde. In der UdSSR etablierte sich der bolschewistische Herrschaftsapparat Lenins und Stalins, in Deutschland ergriffen 1933 die Nationalsozialisten die Macht, auch in anderen Staaten setzten sich diktatorische Regierungen durch. Zwar waren ihre Ideologien sehr unterschiedlich, doch die Grundzüge ihres Herrschaftssystems und der konkreten Machtausübung ähnelten sich. Einparteiendiktaturen ließen nur die eigene Weltanschauung gelten und verfolgten Andersdenkende rücksichtslos. Mithilfe einer allgegenwärtigen Propaganda und einem ebenso allgegenwärtigen Überwachungs- und Spitzelwesen versuchte man, den Einzelnen total zu erfassen und als gleichgeschalteten Parteigenossen in das eigene System einzubinden.

Wegen dieses Bestrebens einer möglichst allumfassenden Beherrschung und Kontrolle sämtlicher Lebensbereiche werden solche Herrschaftssysteme als „totalitär" bezeichnet. Aufgrund moderner technologischer Hilfsmittel von der elektronischen Datenverarbeitung bis zum gezielten Einsatz von Massenmedien und Maschinengewehren sind derartige Überwachungsstaaten weit mehr als frühere Diktaturen in der Lage, das Leben ihrer Untertanen zu bestimmen und der eigenen Doktrin zu unterwerfen. Die Menschenrechte standen in diesen Unrechtsstaaten zwangsläufig auf verlorenem Posten. Ihre tägliche Missachtung gehört zu den Merkmalen totalitärer Herrschaftspraxis.

Selbst wenn die Grundrechte wie in der Sowjetunion und anderen Staaten ihres Einflussbereiches ausdrücklich in der Verfassung verankert waren, sprach die Verfassungswirklichkeit eine andere Sprache. Ohne Gewaltenteilung, ohne Pressefreiheit und ohne eine unabhängige Justiz waren die Menschenrechte praktisch nicht gewährleistet. Unzählige Übergriffe und Verletzungen elementarer Rechte gehörten daher zum Alltagsbild.

Verankerung in der Verfassung

Gerade auch aus diesen Erfahrungen mit den totalitären Regimen haben die freiheitlichen Demokratien zu lernen versucht. Menschenrechte wurden in besonderer Weise verfassungsrechtlich verankert, gleichzeitig ist man sich dessen bewusst, dass die Verfassungswirklichkeit immer wieder in Hinblick auf die Ziele und Postulate der Verfassung überprüft werden muss. Nicht zuletzt deshalb bildeten liberaldemokratische

Kontrollinstanzen

Staaten eine Fülle von Kontrollinstanzen heraus, deren Aufgabe es ist, nachzuprüfen, ob Ideal und Wirklichkeit sich in etwa entsprechen. In der Bundesrepublik Deutschland spielt hierbei das Bundesverfassungsgericht in Karlsruhe eine herausragende Rolle. Immer wieder muss es überprüfen, ob einzelne Gesetze und Verordnungen tatsächlich mit dem „Geist des Grundgesetzes" übereinstimmen. Neben dem Bundesverfassungsgericht hat vor allem auch die so genannte „vierte Gewalt" der Medien eine wichtige Funktion: Zeitungen, Nachrichtenmagazine sowie Radio- und Fernsehanstalten sollen die Herrschenden kritisieren und den Einzelnen unterstützen, wenn seine Rechte eingeschränkt werden. Auch dank dieser kritischen Öffentlichkeit ist es den freiheitlichen Staaten zunehmend gelungen, die Menschenrechte zu realisieren. Das heißt aber nicht, dass sie nicht auch dort gefährdet sind und immer neu erstritten werden müssen.

Wann und in welchem Ausmaß ist militärisches Eingreifen gerechtfertigt, wenn man Menschen vor Verfolgung schützen will? Um die dauerhafte Vertreibung von Millionen Albanern aus dem Kosovo zu vermeiden, griff die NATO 1999 militärische Ziele der Serben an. Leider gab es aber auch zivile Opfer: Frau vor ihrem von NATO-Bombern zerstörten Haus in Surdulica.

Angesichts der Bedrohung der Menschenrechte stellten sich den freiheitlichen Staaten und der UNO seit 1948 immer wieder die Frage, was geschehen soll, wenn die Menschenrechte in einem Land permanent verletzt werden.

- Gibt es in solchen Fällen das Recht der Einmischung in die „inneren Angelegenheiten" eines diktatorischen Regimes?
- Wäre im schlimmsten Falle vielleicht sogar ein militärisches Eingreifen gerechtfertigt, um die Einhaltung der Menschenrechte zu erzwingen?

Universelle Gültigkeit?

Andererseits wird vor allem außerhalb der westlichen Welt häufig gefragt, ob die Menschenrechte überhaupt universelle Gültigkeit beanspruchen dürfen:

- Sind die Grundrechte vielleicht nicht doch nur Ausdruck eines spezifisch abendländischen Menschenbildes?
- Wie sind die Vorwürfe insbesondere asiatischer, islamischer und afrikanischer Politiker und Staatschefs zu werten, dass die westlichen Regierungen mit ihrer „Menschenrechtsideologie" doch letztlich immer nur ihr eigenes Weltbild und ihre eigene Lebensweise überall durchsetzen wollen?
- Müssten bei der Diskussion um die Universalität der Menschenrechte außereuropäische Identitäten und Traditionen vielleicht stärker berücksichtigt werden?

Europa

In Hinblick auf Europa ist allerdings zu betonen, dass die Idee der Menschenrechte ein zentrales Element der abendländischen Weltanschauung ist. Der hier entwickelte Begriff der Person und ihrer Einmaligkeit führt fast von selbst dazu, das Individuum – und damit jeden einzelnen Menschen – zu achten und wirksam zu schützen. Deutlich wurde dies beispielsweise im Kosovo-Krieg, den die westlichen Staaten im Frühjahr 1999 gegen den serbischen Diktator Milosevic geführt haben. Denn die Luftangriffe auf Serbien wurden vor allem damit legitimiert, dass im Kosovo zentrale Grundwerte zu schützen seien, die mehr zählten als die Souveränität eines Unterdrückungsstaats. Auf dem EU-Gipfel in Köln 1999 wurde deshalb beschlossen, baldmöglichst eine Grundrechts-Charta zu erarbeiten. In den nachfolgenden Diskussionen ging es vor allem auch um soziale Rechte, so z. B. um die Frage, ob der Anspruch auf menschenwürdiges Wohnen und das Recht auf Arbeit aufgenommen werden sollten. Während dies dann aber doch nicht geschehen ist, enthält die im Jahr 2000 in Brüssel verabschiedete Deklaration Artikel zum Verbraucher- und zum Umweltschutz sowie gegen das Klonen. Und im Gegensatz zu den USA ist die Todesstrafe in allen Mitgliedstaaten der EU abgeschafft.

MATERIAL

9 Sich für Menschenrechte einsetzen – Ein Experiment

Studierende werden vor dem Essen aufgefordert, die Mensa durch getrennte Eingänge zu betreten. Diese Eingänge sind durch Schilder „Deutsche" und „Ausländer" gekennzeichnet. Vorbereitet haben dieses Experiment Pädagogikstudentinnen und -studenten mit ihrem Dozenten. Es soll überprüft werden, wie einfach oder schwer es ist, Ausländer in eine besondere, ausgegrenzte Rolle zu drängen. Zur Begründung für diese „Auslese" wird von den Veranstaltern ein Flugblatt verteilt, in dem erklärt wird, durch die Aussonderung solle statistisch geklärt werden, wie hoch die Kosten seien, die die Vielzahl ausländischer Studierender für Deutsche verursachen, wenn sie in einer deutschen Mensa essen.

Studentin 1: sieht das Schild „Ausländer" und sagt: „Ach so!", tippt sich an die Stirn und geht zu dem für „Deutsche" reservierten Eingang.
Studentin 2: (kichert) „So, so, Statistik!"
Mitarbeiter Arbeitskreis: „Dieser Eingang ist nur für Ausländer. Nehmt bitte einen anderen Eingang!"
Student 3: (unsicher lachend) „Ach so!" (und nimmt den Eingang für Deutsche).
Studentin 4: (etwas „sauer") „Schrecklich!" (und nimmt den Eingang für Deutsche).
Student 5: „Bin vom Personal" (und geht durch den Eingang für Ausländer).
Student 6: „Keine Zeit" (und geht durch den Eingang für Ausländer").
Studentin 7: „Leicht makaber" (geht aber durch den Eingang für „Deutsche").
Student 8: „Wird auch Zeit. Deutsche zuerst! Tofte!"

Zwei Studentinnen, offensichtlich befreundet, die eine wohl Deutsche, die andere wahrscheinlich Koreanerin, bleiben vor den Türen stehen. Die deutsche Studentin liest halblaut den Zettel. Dann nickt sie erleichtert und sagt zu der ausländischen Freundin:
Studentin 9: „Das ist für eine statistische Zählung. Du musst da links hereingehen und ich gehe hier."
Ihre Wege trennen sich an den Eingängen. Dahinter treffen sie sich wieder und gehen weiter.

Mittlerweile schwillt die Masse der andrängenden Studierenden an. [...] *Der Dozent baut sich zwischen den beiden Eingangstüren auf und gibt den in Horden durchlaufen wollenden Studierenden die „nötigen" Anweisungen.*

Student 32 zu 33: „Manche Ausländer wollen doch einfach nicht zurück, wollen ewig hier bleiben, und wenn sie 'ne Deutsche heiraten, müssen dafür ..."

Die „Horden" lassen sich erstaunlich leicht lenken und wechseln bereitwillig die Eingangsrichtungen: Von 120 Studierenden gehen 115 durch „ihren" Eingang, davon müssen 55 die Richtung wechseln. 5 offensichtlich deutsche Studierende gehen dagegen unwirsch durch den Eingang für „Ausländer".

Student 38: (zu Dozent): „Darf ich mal ihren Ausweis sehen?"
Dozent: „Oh, den hab' ich nicht mit!"
Student 38: „Darf ich wissen, wer das hier organisiert und wie Sie heißen?"
Dozent: „Prof. Dr. Hagen Kordes, Fachbereich Erziehungswissenschaften, Georgskommende 25."
Student 38: (offensichtlich beeindruckt, aber schreibt mit) „Hm, ... Und Sie haben das hier alles angeordnet?"
Dozent: „Wollen Sie wissen, ob das ein rechtmäßiges Verfahren ist, oder ist Ihnen diese ganze Vorgehensweise nicht recht?"
Student 38: „Ich billige dieses Vorgehen der Trennung zwischen Deutschen und Ausländern nicht, selbst, wenn es rechtens sein sollte. Und ich werde auch etwas dagegen unternehmen. Als Jurist – wenn auch nur im ersten Semester – wird mir schon was einfallen. Dieser Vorgang verstößt gegen die Menschenrechte und ist schlicht widerlich."
Dozent: (umarmt ihn).

Aus: H. Kordes, Das Aussonderungsexperiment. Einschreiten oder hinnehmen, Frankfurter Rundschau vom 21.4.1994, S. 12.

Anregung zur Auswertung

1. Erörtern Sie die Aussagekraft des geschilderten Experiments.

Anregungen zur Weiterarbeit

1. Welche Rolle spielen die Menschenrechte in unserem eigenen Leben?

Bislang sind die Menschenrechte in erster Linie Abwehrrechte gegen den Staat gewesen. Bei der weiteren Entwicklung der Menschenrechte werden aber auch der privat-persönliche und der berufliche Bereich stärker berücksichtigt werden müssen. Deshalb sollten wir uns schon heute folgende Fragen stellen.

- Wie steht es eigentlich mit der Verwirklichung der Grundrechte in unserem eigenen Umfeld, in der Familie und in der Schule, am Arbeitsplatz und im Verein?
- Lassen wir selbst eigentlich immer Meinungsfreiheit zu? Wie tolerant sind wir gegenüber Minderheiten und Andersdenkenden? Wie viel bedeutet uns soziale Gerechtigkeit?
- Was können und müssen wir tun, um im täglichen Miteinander den Geist der Menschenrechte zu verwirklichen?
- Welche Möglichkeiten haben wir persönlich, gegen Menschenrechtsverletzungen vorzugehen? Wo gibt es Gruppen, die hier aktiv sind? Was können wir selbst tun, um etwa die Rechte von ethnischen Minderheiten zu wahren?
- In welchem Umfang werden bei uns die Rechte des Kindes gewahrt? Welche Anstrengungen müssen unternommen werden, um z. B. die Kinderrechtskonvention der UNO von 1989 tatsächlich weltweit zu verwirklichen?

2. Ist die Todesstrafe mit den Menschenrechten vereinbar?

Der kürzeste Artikel unseres Grundgesetzes ist Artikel 102. Er besteht aus lediglich vier Worten und lautet kurz und eindeutig: „Die Todesstrafe ist abgeschafft." Damit hat der deutsche Gesetzgeber ein fundamentales Grundrecht festgeschrieben, das bei uns jedem Menschen zusteht, das Recht auf die Unverletzlichkeit des eigenen Lebens. Dies gilt in Deutschland prinzipiell und ohne Ausnahme. Auch für Verbrecher und selbst für Mörder.

In den meisten Ländern ist das nicht so. Nach wie vor wird die Todesstrafe z. B. in der Volksrepublik China, im Iran und in mehreren Bundesstaaten der USA praktiziert. Immer wieder werden in diesen und in weiteren rund hundert Staaten Menschen hingerichtet: Kriminelle, Straftäter und Totschläger, oft genug jedoch auch Unschuldige und politisch Verfolgte.

- Kann es aber überhaupt Gründe dafür geben, einen Menschen hinzurichten?
- Darf ein Rechtsstaat den Tod im Falle eines Schwerverbrechers anordnen – oder setzt er sich damit nicht selbst ins Unrecht?
- Ist die Todesstrafe mit dem Prinzip der Menschenwürde vereinbar?

4. Der Kampf um die Rechte der Frau

Demonstration für das Frauenwahlrecht am 12. Mai 1912 in Berlin.

Frauenaktionstag in Berlin, 1993.

a) Stundenlöhne der Frauen in Prozent der Stundenlöhne der Männer, 1999
b) Erwerbstätige Frauen in Prozent der 15- bis 65-Jährigen, 1999
c) Frauen in Führungspositionen in Prozent von b)

	a)	b)	c)
Deutschland (Westl./Ostl. Länder)	76,9/ 89,9	61,8	3,7
Schweden	87,0	74,1	2,8
Frankreich	76,6	61,0	5,7
Italien	76,5	43,6	0,6
Spanien	74,0	46,7	7,7
Niederlande	70,6	61,3	6,1

Ein Vergleich (Quelle: Eurostat, 2000).

Sind Frauen und Männer heute wirklich gleichberechtigt? Das Ergebnis einer Umfrage des Instituts für Demoskopie in Allensbach von Februar 2000 ist keineswegs eindeutig. Es zeigt vielmehr geschlechtsspezifische Unterschiede und fällt je nach Problembereich sehr unterschiedlich aus. So beurteilen Frauen die Frage wesentlich kritischer als Männer: 78 % der Frauen aller Altersgruppen und (nur) 44 % der Männer sehen immer noch große Defizite. Als größte Problemfelder werden Beruf – hier insbesondere Aufstiegsmöglichkeiten und Einkommen –, Politik, Gewerkschaften sowie Kirchen genannt. Bei den Bildungschancen, im kulturellen und sportlichen Bereich hingegen nimmt eine deutliche Mehrheit von Frauen und Männern keine nennenswerten Unterschiede mehr wahr. In Bezug auf die privaten Beziehungen äußerten sich 56 % der Befragten positiv (zum Vergleich: 1992 waren es noch 64 %). Die Zufriedenheit mit dem erreichten Stand der Gleichstellung ist heute jedoch insgesamt, so das Ergebnis der Studie, nicht größer als noch vor 25 Jahren.

Welche Schlussfolgerungen lassen sich daraus ziehen? Stagniert das von Frauenrechtlerinnen seit mehr als anderthalb Jahrhunderten geforderte Projekt von Emanzipation und Gleichberechtigung? Oder bietet unsere Gesellschaft mittlerweile allen, Frauen wie Männern, die Möglichkeit, ihren Lebensentwurf frei zu wählen?

Blickt man zurück in die Geschichte der Frauenbewegung, so lässt dies zumindest einen Schluss zu: Noch vor 100 Jahren war es kaum vorstellbar, dass Frauen beruflich oder politisch Karriere machten, sich bewusst gegen Kinder entschieden oder für sich einen „doppelten Lebensentwurf" als Mutter und Erwerbstätige einforderten. Ebenso wenig konnten sich Männer gegen das traditionelle Leitbild des vollzeiterwerbstätigen Familienernährers entscheiden. Diese für uns heute zunehmend selbstverständlich gewordenen gesellschaftlichen Rechte und individuellen Freiräume sind hart erkämpft worden.

4.1 „Dem Reich der Freiheit werb' ich Bürgerinnen"

Aufklärung und bürgerliches Frauenbild

Die Frauenbewegung, die sich Ende des 18. Jahrhunderts zunächst in Frankreich und England und seit den 30er Jahren des 19. Jahrhunderts auch in Deutschland entwickelte, war Teil eines jahrhundertelangen, allgemeinen gesellschaftlichen und politischen Emanzipationsprozesses. Die Ideen der Aufklärung, die die Freiheit und Gleichheit aller Individuen, das Recht des Einzelnen auf Leben und Eigentum sowie das Streben nach Selbstbestimmung ins Zentrum stellten, bildeten die Grundlage dafür, dass auch Frauen diese Rechte für sich einforderten. Im Wesentlichen prangerten sie zwei bestehende gesellschaftliche und politische Widersprüche öffentlich an: Die politischen Forderungen der Französischen Revolution nach „Freiheit, Gleichheit und Brüderlichkeit" widersprachen dem gleichzeitigen Ausschluss der Frauen von diesen erkämpften Rechten. Das seit dem ausgehenden 18. Jahrhundert entwickelte neue Frauen- und Familienleitbild, das die Frau auf die Rolle der „Hausfrau und Mutter" reduzierte, stand der gesellschaftlichen Realität vieler Frauen entgegen.

Frauen in der Französischen Revolution

Im Zuge der französischen Revolution wurden Frauen erstmals öffentlich politisch aktiv. Gemeinsam mit Männern kämpften sie für die Erreichung der revolutionären Ziele, gründeten politische Frauengesellschaften, verfassten Petitionen und nahmen als Zuhörerinnen an den Beratungen der Nationalversammlung teil. In zahlreichen Frauenversammlungen setzten sie sich für die volle politische, rechtliche und ökonomische Gleichstellung der Frauen ein. Die Schriftstellerin Olympe de Gouges verfasste 1791 die „Déclaration des droits de la femme" als Ergänzung zur Menschenrechtserklärung von 1789, die – ebenso wie die amerikanische Unabhängigkeitserklärung von 1776 – nur den Männern gleiche politische Rechte garantiert hatte.

Familie Dr. Klein, Gemälde von Johann Baptist Seele.

Die erhoffte Gleichstellung erreichten die Frauen allerdings nicht. Im Gegenteil, unter der Herrschaft der Jakobiner wurde ihnen die Teilnahme an öffentlichen Versammlungen untersagt. Als Reaktion auf die enttäuschten Hoffnungen vieler Frauen veröffentlichte Mary Wollstonecraft 1792 in England ihre Schrift „Eine Verteidigung der Rechte der Frauen". Sie forderte darin die gleiche Bildung für Mädchen und Jungen und politische Rechte für die Frauen. „Man mache die Frauen zu vernünftigen, freien Bürgerinnen. Sie werden dann auch gute Ehefrauen und Mütter werden – vorausgesetzt, dass die Männer nicht ihre Pflichten als Gatten und Väter vernachlässigen."

Anfänge der Frauenbewegung in Deutschland

In Deutschland beteiligten sich Frauen erstmals im Vormärz, in den 1830er und 40er Jahren, an den revolutionären Bewegungen. Demokratische Frauenvereine unterstützten die Aufständischen, veröffentlichten Flugblätter, sammelten Spenden. Neben den Männern kämpften zahlreiche Frauen auf den Barrikaden. Sie setzten sich für die Forderungen nach Freiheit und Gleichheit ein und machten erstmals auf ihre gesellschaftliche und politische Unterdrückung aufmerksam. Es entstanden Frauenerwerbs- und -bildungsvereine, die, anders als die schon vorher gegründeten Wohltätigkeitsvereine, politische Zielsetzungen verfolgten. Unter dem Motto „Dem Reich der Freiheit werb' ich Bürgerinnen" gründete Louise Otto 1849 in Meißen die erste „Frauen-Zeitung". Schon drei Jahre später fiel diese jedoch einem Pressegesetz zum Opfer, nach dem nur Männer Schriftleiter sein durften. Nach dem Scheitern der Revolution von 1848/49 wurden die Ansätze einer organisierten Frauenbewegung zunächst zunichte gemacht. Das 1850 verabschiedete preußische Vereinsgesetz, das bis 1908 Gültigkeit hatte, untersagte „Frauenspersonen, Schülern und Lehrlingen" die Mitgliedschaft in politischen Vereinen und die Teilnahme an politischen Veranstaltungen. Von politischer Gleichstellung war daraufhin nicht mehr die Rede. Die gesellschaftliche und ökonomische Stellung der Frauen stand zunächst im Mittelpunkt der Kritik von bürgerlichen Frauenrechtlerinnen.

Die bürgerliche Familie

War noch bis in die frühe Neuzeit das „ganze Haus", die Einheit von Hauswirtschaft und Lebensgemeinschaft, das bestimmende Familienleitbild (→ Modul Familie, S. 127 ff.), so entwickelte sich mit der Herausbildung der modernen bürgerlichen Gesellschaft ein neues Frauen- und Familienleitbild. Dieses Modell wurde im Laufe des 19. Jahrhunderts für alle gesellschaftlichen Schichten zur Norm erhoben und blieb bis weit ins 20. Jahrhundert hinein prägend. Es gründete auf einer klaren, geschlechtsspezifischen Aufteilung von Erwerbs- und Privatsphäre. Die strikte Aufgabentrennung wurde mit den „natürlichen", das heißt biologischen Veranlagungen der Geschlechter („Geschlechtscharaktere") legitimiert. Doch diese in philosophischen, literarischen und biologisch-naturwissenschaftlichen Schriften immer wieder untermauerte und propagierte Leitidee (→ Material 1) widersprach in der sich herausbildenden Klassengesellschaft der Realität der Mehrheit der Frauenleben. Selbst in der kleinen Schicht des Bürgertums waren die Frauen keineswegs auf die Rolle der sorgenden Hausfrau und fürsorglichen Mutter reduziert, sondern mussten vielfach – durch nach außen versteckte – Heimarbeit zur Existenzsicherung der Familien beitragen.

Arbeiterinnen und Dienstbotinnen

Vor allem in der sich seit der zweiten Hälfte des 18. Jahrhunderts herausbildenden Arbeiterschaft trugen Frauen zur Überlebenssicherung der Familien entscheidend bei. Sie arbeiteten meist zu deutlich schlechteren Bedingungen als die Männer, erhielten geringere Löhne und hatten nach einem 12- bis 13-Stunden-Tag zusätzlich noch eine Familie zu versorgen. Der größte Anteil der Frauen arbeitete bis zum Ende des 19. Jahrhunderts als so genannte „mithelfende Familienangehörige" in der Landwirtschaft. Für unverheiratete Frauen vom Land blieb als Erwerbsmöglichkeit fast nur der Gesindedienst oder die Annahme einer Dienstbotinnenstelle in einem bürgerlichen Haushalt in den Städten. Die Dienstbotinnen arbeiteten für Kost und Logis und einen sehr geringen Lohn, der Ende des 19. Jahrhunderts zwischen 150 und 200 Mark im Jahr lag (im Vergleich dazu lag der Lohn einer Fabrikarbeiterin bei etwa 500 Mark im Jahr). Gemäß der preußischen Gesindeordnung, die noch bis 1918 in Kraft blieb, unterstanden sie der absoluten Autorität des Hausherrn, der das Züchtigungsrecht besaß.

MATERIAL

Das bürgerliche Frauen- und Familienleitbild 1

Joachim Heinrich von Campe, Über die allgemeine und besondere Bestimmung des Weibes (1789):

Ihr seyd wahrlich nicht dazu bestimmt, nur große Kinder, tändelnde Puppen, Närrinnen oder gar Furien zu seyn; ihr seyd vielmehr geschaffen – o vernimm deinen ehrwürdigen Beruf mit dankbarer Freude über die große Würde desselben! – um beglückende Gattinnen, bildende Mütter und weise Vorsteherinnen des innern Hauswesens zu werden; Gattinnen, die der ganzen zweiten Hälfte des menschlichen Geschlechts, der männlichen, welche die größeren Beschwerden, Sorgen, Mühseligkeiten zu tragen hat, durch zärtliche Theilnehmung, Liebe, Pflege und Fürsorge das Leben versüßen sollen; Mütter, welche nicht bloß Kinder gebähren, sondern auch die ersten Keime jener schönen menschlichen Tugend in ihnen pflegen, die ersten Knospen ihrer Seelenfähigkeiten weislich zur Entwicklung fördern sollen; Vorsteherinnen des Hauswesens, welche durch Aufmerksamkeit, Ordnung, Reinlichkeit, Fleiß, Sparsamkeit, wirthschaftliche Kenntnisse und Geschicklichkeiten, den Wohlstand, die Ehre, die häusliche Ruhe und Glückseligkeit des erwerbenden Gatten sicher stellen, ihm die Sorgen der Nahrung erleichtern, und sein Haus zu einer Wohnung des Friedens, der Freude und der Glückseligkeit machen sollen. Fasse diese hohe und würdige Bestimmung deines Geschlechts [...] das öffentliche Wohl des Staats steht großentheils in eurer Hand, hängt großentheils, um nicht zu sagen ganz, von der Art und Weise ab, wie das weibliche Geschlecht seine natürliche und bürgerliche Bestimmung erfüllt.

Aus: J.H. Campe, Väterlicher Rath für meine Tochter, Braunschweig 1789, S. 15.

Bürgerliche Wohnung mit Dienstmädchen, 1910.

Traditionelle Mädchenbildung, 19. Jahrhundert.

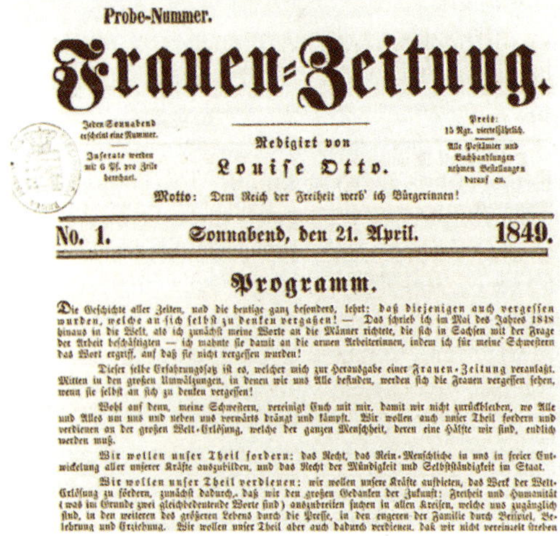

Probe-Nummer.

Frauen-Zeitung.

Jeden Sonnabend erscheint eine Nummer.

Inserate werden mit 6 Pf. pro Zeile berechnet.

Redigirt von Louise Otto.

Preis: 15 Ngr. vierteljährlich.

Alle Postämter und Buchhandlungen nehmen Bestellungen darauf an.

Motto: Dem Reich der Freiheit werb' ich Bürgerinnen!

No. 1. Sonnabend, den 21. April. 1849.

Programm.

Die Geschichte aller Zeiten, und die heutige ganz besonders, lehrt: daß diejenigen auch vergessen wurden, welche an sich selbst zu denken vergaßen! — Das schrieb ich im Mai des Jahres 1848 hinaus in die Welt, als ich zunächst meine Worte an die Männer richtete, die sich in Sachsen mit der Frage der Arbeit beschäftigten — ich mahnte sie damit an die armen Arbeiterinnen, indem ich für meine Schwestern das Wort ergriff, auf daß sie nicht vergessen wurden!

Dieser selbe Erfahrungssatz ist es, welcher mich zur Herausgabe einer Frauen-Zeitung veranlaßt. Mitten in den großen Umwälzungen, in denen wir uns Alle befinden, werden sich die Frauen vergessen sehen, wenn sie selbst an sich zu denken vergessen!

Wohl auf denn, meine Schwestern, vereinigt Euch mit mir, damit wir nicht zurückbleiben, wo Alle und Alles um uns und neben uns vorwärts drängt und kämpft. Wir wollen auch unser Theil fordern und verdienen an der großen Welt-Erlösung, welche der ganzen Menschheit, deren eine Hälfte wir sind, endlich werden muß.

Wir wollen unser Theil fordern: das Recht, das Rein-Menschliche in uns in freier Entwickelung aller unserer Kräfte auszubilden, und das Recht der Mündigkeit und Selbstständigkeit im Staat.

Wir wollen unser Theil verdienen: wir wollen unsere Kräfte aufbieten, das Werk der Welt-Erlösung zu fördern, zunächst dadurch, daß wir den großen Gedanken der Zukunft: Freiheit und Humanität (was im Grunde zwei gleichbedeutende Worte sind) auszubreiten suchen in allen Kreisen, welche uns zugänglich sind, in den weiteren des größeren Lebens durch die Presse, in den engeren der Familie durch Beispiel, Belehrung und Erziehung. Wir wollen unser Theil aber auch dadurch verdienen, daß wir nicht vereinzelt streben

Titelblatt der ersten Frauenzeitung, 1849.

MATERIAL

2 Louise Otto-Peters: Mein Programm als Mitarbeiterin einer Frauenzeitung (1849)

Louise Otto-Peters.

Gleichheit vor dem Gesetz des Weibes mit dem Mann. Das Weib muss überall als mündig erklärt werden und vor Gericht dafür anerkannt, seine Sache selbst vertreten zu dürfen wie in gleichem Fall der Mann. […]

Die Gleichheit vor dem Gesetz darf auch durch die Ehe (wie es jetzt geschieht) nicht aufgehoben werden. Wie es jetzt ist, gehört das Weib dem Mann mit allem, was es besitzt. Es hat kein Recht, frei über sein Gut zu verfügen, es muss erst die Zustimmung des Mannes haben. […]

Ich fordere, dass Frauen bei denjenigen Gesetzen, die sie selbst betreffen, eine Stimme haben. Ich fordere diese Stimme für sie auch da, wo es gilt, Vertreter des ganzen Volkes zu wählen – denn wir Frauen sind ein Teil des Volkes. Wenn jetzt aber z. B. ein Wahlgesetz lautet: Alle mündigen Staatsangehörigen sind Wähler – die Frauen aber gleichsam durch eine schweigende Übereinkunft von diesem Recht ausgeschlossen sind, so heißt dies einfach, die Frauen für unmündig erklären. Ein Recht, das jetzt den Unwissendsten im Volke zusteht, muss auch für das Weib da sein. Ich meine, ist das Weib durch keine beschränkende Erziehung mehr in seiner eigensten Entwicklung gehemmt, ist es geistig frei geworden und zum sozialen Bewusstsein gekommen, so wird es auch bürgerlich frei werden […]

Dann wird auch die Ehe wieder zu ihrem natürlichen und darum heiligen Rechte kommen, sie wird aufhören, eine Versorgungsanstalt zu sein, und wird der schöne sittliche Bund zweier Menschen werden, welche die Liebe zu einem Ganzen macht. […]

Dann wird es sich von selbst verstehen, dass die Frauen Hand in Hand wirken mit den Männern, nicht mehr als ihre Dienerinnen, sondern beide als Ebenbürtige, nur ein jedes in dem ihm von der Natur (nicht mehr von blinden Vorurteilen und rohen Gebräuchen) angewiesenen Kreis.

Aus: R. Möhrmann, Frauenemanzipation im deutschen Vormärz. Texte und Dokumente, Stuttgart 1978, S. 60ff.

MATERIAL 3

Fanny Lewald, geb. Markus: Mädchenerziehung (1863)

Fünf Stunden an jedem Tag saß ich in der Wohnstube, an einem bestimmten Platz am Fenster, und erlernte Strümpfe zu stopfen, Wäsche auszubessern und beim Schneidern und andern Arbeiten Hand anzulegen. Zwei Stunden brachte ich am Klavier zu, eine Stunde langweilte ich mich mit dem Inhalt meiner alten Schulbücher, den ich damals von A bis Z auswendig konnte, eine andere Stunde schrieb ich Gedichte zur Übung meiner Handschrift ab. Dazwischen ging ich Gänge aus der Küche in die Speisekammer und aus der Wohnstube in die Kinderstube, beaufsichtigte ab und zu die drei jüngsten Geschwister und hatte am Abend das niederschlagende Gefühl, den Tag über nichts Rechtes getan zu haben, und einen brennenden Neid auf meine beiden Brüder, welche ruhig in ihr Gymnasium gingen, ruhig ihre Lektionen machten und an denen also lange nicht so viel herumerzogen werden konnte als an mir.

Ihr ganzes Dasein erschien mir viel vornehmer als das meine, und mit der Sehnsucht nach der Schule regte sich in mir das Verlangen, womöglich Lehrerin zu werden und so zu einem Lebensberuf zu kommen, bei dem mich nicht immer der Gedanke plagte, dass ich meine Zeit unnütz hinbringen müsse. Diese Ideen meinen Eltern auszusprechen hätte ich aber nicht gewagt, denn sie würden darin eine Bestätigung für die alte Ansicht meiner Mutter gefunden haben, dass mir der rechte weibliche Sinn für die Häuslichkeit und für die Familie fehle, dass ich viel mehr Verstand als Herz hätte und dass meine Neigung für geistige Beschäftigungen ein Unglück für mich wie für sie sei.

Allgemeine Bestimmung:
Des Morgens wird spätestens um 7 Uhr aufgestanden, damit um 7 1/2 Uhr das Ankleiden völlig beendigt sei.

Montag

von 8–9	Klavierstunde. Übung neuer Stücke.
" 9–12	Handarbeit, gewöhnliches Nähen und Stricken.
" 12–1	Nachlesen der alten Lehrbücher, als: Französisch, Geographie, Geschichte, Deutsch, Grammatik usw.
" 1–2 1/2	Erholung und Mittagessen.
" 2 1/2–5	Handarbeit gleich oben.
" 5–6	Klavierstunde bei Herrn Thomas.
" 6–7	Schreibeübung

Dienstag

von 8–9	Übung neuer Klavierstücke.
" 9–10	häusliche Handarbeit.
" 10–12	Unterricht im Generalbaß.
" 12–1	gleich Montag.
" 1–2 1/2	dito.
" 2 1/2–5	dito.
" 5–6	Übung alter Klavierstücke.
" 6–7	Schreibeübung wie Montag.

Mittwoch
gleich Montag; von 5–6 Uhr Übung der alten Musikstücke am Klavier.
Donnerstag, Freitag und Sonnabend gleich den drei ersten Wochentagen.

Sonntag wird völlig der Bestimmung von Fanny anheimgestellt, mit Ausnahme der Klavierübung von 8–9 Uhr; jedoch müssen die wöchentlich unnötig versäumten Lektionen nachgeholt und die Stunden, welche am Klavier durch Ausgehen oder durch Besuche versäumt worden, genau ersetzt werden.
Fanny wird durch pünktliche Erfüllung dieses Stundenzettels und durch sonstiges gutes Betragen sich bemühen, ihren Eltern den Beweis zu geben, daß sie würdig sei, noch anderweitigen Unterricht zu erhalten und von ihrem Vater für ihre Erholungsstunden gute Lesebücher zu bekommen.
Besuch außer dem Hause wird wöchentlich einmal, und nur ausnahmsweise zweimal stattfinden. [...]

Stundenzettel für Fanny Markus, von ihrem Vater aufgestellt.

Aus: R. Möhrmann, Frauenemanzipation im deutschen Vormärz. Texte und Dokumente, Stuttgart 1978, S. 15f.

Anregung zur Auswertung

1. Stellen Sie das bürgerlichen Familien- und Frauenleitbild den Forderungen der bürgerlichen Frauen gegenüber. (Methodische Anregung: Sie könnten in einem Rollenspiel die Positionen der bürgerlichen Väter, der angepassten Bürgerstöchter und der kritischen bürgerlichen Frauen gegenüberstellen.)
2. Recherchieren Sie die rechtliche Situation von Frauen im 19. Jahrhundert (Allgemeines Preußisches Landrecht von 1794 und Bürgerliches Gesetzbuch von 1900).
3. Frauenbilder in der Literatur: Erschließen Sie aus ausgewählten Romanen des 19. Jahrhunderts Leitbilder und Normen für das damalige Frauenleben.

4.2 Organisation, Forderungen und Strömungen der ersten deutschen Frauenbewegung (1865–1933)

Aufgrund der staatlichen Repressionspolitik nach der Revolution von 1848 geriet die Entwicklung der Frauenbewegung zunächst ins Stocken. Louise Otto-Peters ergriff im Oktober 1865 erneut die Initiative und berief die erste deutsche Frauenkonferenz in Leipzig ein. Es war zugleich die erste große öffentliche Versammlung, die von einer Frau geleitet wurde. Etwa 150 Frauen aus verschiedenen Bundesstaaten beschlossen die Gründung des Allgemeinen Deutschen Frauenvereins (ADF). Die Zielsetzung des ADF beinhaltete „das Recht der Frauen auf Erwerb", auf die Förderung der Bildung und auf die freie Berufswahl. Politische Forderungen wurden zurückgestellt.

Forderungen der bürgerlichen Frauen

Die bürgerliche Frauenbewegung stellte im Wesentlichen drei Forderungen: die Reform des höheren Mädchenschulwesens, die Zulassung von Frauen zur Universität und eine verbesserte Lehrerinnenausbildung. Die bürgerlichen Frauen erreichten beachtliche Erfolge: 1890 wurden, zunächst auf privater Basis, „Real-„ oder „Gymnasialkurse" eingerichtet, die Mädchen auf ein Hochschulstudium vorbereiten sollten. Im Jahre 1896 bestanden die ersten sechs Frauen das Abitur am königlichen Luisen-Gymnasium in Berlin. Im selben Jahr wurden Frauen als Gasthörerinnen an einigen Universitäten zugelassen. Noch fünf Jahre zuvor hatte der Antrag auf Zulassung von Frauen zum Hochschulstudium im Reichstag allgemeine Heiterkeit hervorgerufen. In Frankreich dagegen waren Frauen erstmals 1861 immatrikuliert worden, 1868 folgte die Schweiz. Einige Jahre später konnten auch in Italien (1876) und England (1878) Frauen ein Studium aufnehmen. Als erstes Land im Deutschen Reich verlieh Baden den Frauen 1900 das Recht zur Immatrikulation an den Universitäten Freiburg und Heidelberg. Die anderen Länder des Deutschen Reiches folgten bis 1908, teilweise gegen erheblichen Widerstand der Professoren. Anfang 1920 wurden Frauen zur Habilitation zugelassen und im März 1923 erhielt Margarethe von Wrangell als erste Frau in Deutschland eine ordentliche Professur.

Bund Deutscher Frauenvereine (BDF)

Zu Beginn der neunziger Jahre wurde mit dem Bund Deutscher Frauenvereine (BDF) nach amerikanischen Vorbild (→ S. 32) ein Dachverband geschaffen, dem sich bis 1905 190 Verbände und Vereine mit rund 100 000 Mitgliedern anschlossen. Die einzelnen Vereine unterschieden sich in ihrer Zielsetzung allerdings sehr, sodass der BDF nach außen eine Politik des kleinsten gemeinsamen Nenners vertrat: Er wolle die „gemeinsame Idee der Kulturaufgabe der Frau" verwirklichen. Innerhalb des BDF kristallisierten sich jedoch schnell heftige Kontroversen zwischen konservativen und konfessionellen Frauenvereinen auf der einen Seite und radikal-fortschrittlichen Frauenvereinen auf der anderen Seite heraus. Stellten erstere die gesellschaftlichen Strukturen nicht grundsätzlich infrage und vertraten die Idee von der „Mutterschaft" als grundlegendem Wesenszug der Frauen, so griffen letztere gesellschaftliche Tabuthemen auf und forderten eine grundlegende Veränderung der Geschlechterbeziehungen sowie politische Rechte für die Frauen. „Wegen politischer Tendenzen" weigerte sich der bürgerlich dominierte BDF darüber hinaus von Anfang an, auch Arbeiterinnenvereine aufzunehmen. Es kam zu einem offenen Bruch zwischen den bürgerlichen und den proletarischen Frauen.

Spannungen

Internationaler Frauenkongress in Berlin, 1896, organisiert vom BDF.

Proletarische Frauenbewegung

Die Arbeiterinnenvereine kämpften an zwei Fronten: Sie setzten sich für eine Verbesserung der Lage der Arbeiterin ein und lehnten sich gegen den verbreiteten „proletarischen Antifeminismus" in der frühen Arbeiterbewegung auf. Frauen wurden dort oftmals als so genannte „Schmutzkonkurrenz" des Mannes, als „Lohndrückerin" gesehen. Zur Überwindung dieser frauenfeindlichen Haltung trug August Bebel mit seinem Buch „Die Frau und der Sozialismus" (1879) entscheidend bei.

Frauenwahlrecht

Die politische Forderung der Frauenbewegung nach dem Stimmrecht wurde erst nach dem Zusammenbruch des Kaiserreiches erfüllt. Im November 1918 erhielten die Frauen in Deutschland durch den Rat der Volksbeauftragten das aktive und passive Wahlrecht. Die Weimarer Verfassung bestätigte diesen Beschluss des revolutionären Organs: Sie gewährte in § 109 den Frauen die staatsbürgerliche Gleichheit. Die Wahlbeteiligung der Frauen an den Wahlen zur verfassungsgebenden Nationalversammlung betrug 82 %, ein Wert, der bis heute eine Ausnahme blieb. 9,6 % aller Abgeordneten in der Nationalversammlung waren Frauen. Dieser Anteil sollte erst 1983 im Bundestag wieder erreicht werden.

Nationalsozialismus

Die nationalsozialistische Diktatur bedeutete das abrupte Ende aller Frauenemanzipationsansätze. Gemäß der von den Nationalsozialisten verfolgten Politik sollte die „gute deutsche Frau" fortan nur noch ein Ziel verfolgen: Gattin und Mutter zu sein. Viele der bis dahin von den Frauen mühsam erkämpften Rechte, wie das passive Wahlrecht, der uneingeschränkte Zugang zu den Universitäten, die Berufsfreiheit oder die Zulassung von Frauen zur Habilitation wurden aufgehoben.

MATERIAL
4 Die konservativ-bürgerliche Frauenbewegung

a) Helene Lange: Petition an das preußische Unterrichtsministerium (1887):

Diese Petition enthielt die nachfolgenden beiden Anträge:
1. dass dem weiblichen Element eine größere Beteiligung an dem wissenschaftlichen Unterricht auf Mittel- und Oberstufe der öffentlichen höheren Mädchenschulen gegeben und namentlich Religion und Deutsch in Frauenhand gelegt werde.
2. dass von Staats wegen Anstalten zur Ausbildung wissenschaftlicher Lehrerinnen für die Oberklassen der höheren Mädchenschulen mögen errichtet werden. [...]

Auszüge aus der Begleitschrift:
Solange die Frau nicht um ihrer selbst willen, als Mensch und zum Menschen schlechtweg, gebildet wird, solange sie [...] in Deutschland nur des Mannes wegen erzogen werden soll, solange konsequenterweise die geistig unselbstständigste Frau die beste ist, da sie am ersten Garantie dafür bietet, den Interessen ihres zukünftigen Mannes, deren Richtung sie ja unmöglich voraussehen kann, „Wärme des Gefühls" entgegenzubringen, so lange wird es mit der deutschen Frauenbildung nicht anders werden. [...]. Aber: Die Frau ist nicht nur die Frau ihres Mannes, sie ist auch die Mutter ihrer Kinder. Und: Nicht alle Frauen sind zur Heirat berufen, fast ausnahmslos aber haben sie in irgendwelcher Weise mit der Erziehung der Jugend zu tun. Aus diesen Sätzen gewinnen wir Klarheit darüber, dass sie zur selbstständigen Persönlichkeit entwickelt werden muss. [...] Schafft uns bessere Lehrerinnen, und wir werden bessere Mütter und durch diese bessere Menschen haben.
Die Petition wurde zurückgewiesen.

b) Hedwig Dohm: Das Stimmrecht der Frauen (1893)

Die Frauen fordern das Stimmrecht als ein ihnen natürlich zukommendes Recht. Sie fordern es als ein Mittel zur Versittlichung der menschlichen Gesellschaft. Sie fordern es als ihr Recht. Warum soll ich erst beweisen, dass ich ein Recht dazu habe? Ich bin ein Mensch, ich bin Bürgerin des Staats, ich gehöre nicht zur Kaste der Verbrecher, ich lebe nicht von Almosen, das sind die Beweise, die ich für meinen Anspruch beizubringen habe. [...] Die Gesellschaft hat keine Befugnis, mich meines natürlichen politischen Rechts zu berauben. [...] Die Logik der Politik ist absolut. Entweder ist das Volk souverän und mithin auch die Frauen, oder Untertanen eines oder mehrerer Herren sind wir alle. Wir können nur zurück zur Despotie oder vorwärts zum rein demokratischen Staat, wo von Frauenrechten keine Rede mehr sein wird, weil sie selbstverständlich sind. [...] Ihr Frauen, erhebt die Stirnen! Erhebt die Seelen! Keine Höhe ist zu hoch für euch! Keine Ferne zu fern! Fordert freie Bahn für euren Flug! [...] In jeder größeren Stadt Englands und der Vereinigten Staaten bestehen Stimmrechtsvereine für Frauen. Nicht so in Deutschland. Will die deutsche Frau, das immermüde Dornröschen, ewig schlafen? Erwachet, Deutschlands Frauen, wenn ihr ein Herz habt, die Leiden eurer Mitschwestern zu fühlen, mögt ihr selbst im Schoß des Glückes ruhen. Erwachet, wenn ihr Grimm genug habt, eure Erniedrigung zu fühlen, und Verstand genug, um die Quellen eures Elends zu erkennen. Fordert das Stimmrecht!

Aus: E. Frederiksen (Hrsg.), Die Frauenfrage in Deutschland 1865–1915, Stuttgart 1981, S. 207, 212 f., 374 f., 381.

MATERIAL
5 Die radikal-bürgerliche Frauenbewegung

a) Helene Stöcker: Zur Reform der sexuellen Ethik (1905):

Wenn Mann und Frau beide zu einem Beruf erzogen werden, der sie pekuniär unabhängig voneinander macht, dann erst kann das sittliche Verhältnis zwischen ihnen rechte Weihe erhalten. Denn was heute überall herrscht, das sind die traurigen Kehrseiten eines glücklichen Sexuallebens: Prostitution und Geschlechtskrankheiten, Geldheirat und Askese der Frau. [...] Wenn nun diese Askese als Heilmittel für die sexuellen Schäden in Wirklichkeit fortfällt und die Ehe aus wirtschaftlichen Ursachen noch nicht möglich ist, so bleibt das „Verhältnis“. Sicherlich: So wie es heute besteht, ist es auch nur eine mildere Form der Prostitution: Der weibliche Teil wird für seine Dienste entlohnt. Der Mann der höheren Stände kann sich eine Frau der unteren Stände kaufen.

Diese brutale Tatsache, die nur durch eine radikale Änderung der wirtschaftlichen Lage der Frau ganz auszurotten ist, kann wenigstens schon gemildert werden, wenn wir darauf hinwirken, den kameradschaftlichen Verkehr zwischen Mann und Frau zu mehren. Wenn wir einerseits die Frau pekuniär unabhängig machen, sie intellektuell schulen, wenn Mann und Frau auf gleicher Stufe stehen, dann erst kann ein würdiges Verhältnis zwischen Mann und Frau beginnen. […]

Daher die Notwendigkeit der Berufstätigkeit der Frau, der pekuniären Bewertung ihrer hauswirtschaftlichen Verwaltung in der Ehe sowie die Anbahnung der staatlichen Mutterschaftsversicherung. Hier ist die sittliche Grundlage zu schaffen, die unserem heutigen ethischen Empfinden Genüge tut.

Plakat der englischen Frauenbewegung, 1910. 1893 erhielten die Frauen in Belgien das Wahlrecht, 1918 in Deutschland, Österreich und im revolutionären Russland, 1920 in den USA. 1929 folgte Großbritannien, 1945 Frankreich, 1946 Italien.

Die Gründung des Bundes für Mutterschutz und Sexualreform: Die Satzung vom 26. April 1908:

§1 Zweck des Bundes ist es, die Stellung der Frau als Mutter in rechtlicher, wirtschaftlicher und sozialer Hinsicht zu verbessern, insbesondere unverheiratete Mütter und Kinder vor wirtschaftlicher und sittlicher Gefährdung zu bewahren und die herrschenden Vorurteile gegen sie zu beseitigen, sowie überhaupt eine Gesundung der sexuellen Beziehungen anzubahnen.

§2 Zu diesem Zwecke erstrebt der Bund insbesondere (a) eine reichsgesetzliche Mutterschaftsversicherung, (b) rechtliche und soziale Gleichstellung der unehelichen Kinder mit den ehelichen, (c) Ehereformen auf wirtschaftlichem, sittlichem und rechtlichem Gebiete, (d) Achtung vor den Mutterschaftsleistungen der Frau.

Aus: B. Löhr (Hrsg.), Frauen in der Geschichte. Grundlagen, Anregungen, Materialien für den Unterricht, Band 2, Tübingen 1994, S. 212.

MATERIAL 6

August Bebel und Clara Zetkin: Das sozialistische Emanzipationsideal

a) August Bebel veröffentlichte 1879 das Buch „Die Frau und der Sozialismus“, in dem er die Rolle der Frau diskutierte. Es entwickelte sich zu einem Bestseller und erschien bis 1909 in 50 Auflagen und 15 Sprachen.

Von unserem Standpunkt fällt die Frauenfrage zusammen mit der Frage, welche Gestalt und Organisation die menschliche Gesellschaft überhaupt annehmen muss, damit anstelle von Unterdrückung, Ausbeutung, Not und Elend in zahlloser Gestalt die physische und soziale Gesundheit der Individuen und der Gesellschaft tritt. Die Frauenfrage ist also für uns nur eine Seite der allgemeinen sozialen Frage. […]

Nimmt man den durchaus nicht unmöglichen Fall an, dass die Vertreter der bürgerlichen Frauenbewegung alle ihre Forderungen für Gleichberechtigung mit den Männern durchsetzen, so wäre damit weder die Sklaverei, die für unzählige

Frauen die heutige Ehe bietet, noch die Prostitution noch die materielle Abhängigkeit der großen Mehrzahl der verheirateten Frauen von ihren Eheherren aufgehoben.

Für die große Mehrzahl der Frauen ist es auch gleichgültig, ob einige Tausend oder Zehntausend ihrer Geschlechtsgenossinnen, die den günstiger situierten Schichten der Gesellschaft angehören, in das höhere Lehrfach, die ärztliche Praxis oder in irgendeine wissenschaftliche oder Beamtenlaufbahn gelangen, da hierdurch an der Gesamtlage des Geschlechts nichts geändert wird.
Das weibliche Geschlecht in seiner Masse leidet in doppelter Beziehung: Einmal leidet es unter der sozialen und gesellschaftlichen Abhängigkeit von der Männerwelt und zum Zweiten durch die ökonomische Abhängigkeit, in der sich die Frauen im Allgemeinen und die proletarischen Frauen im Besonderen, gleich der proletarischen Männerwelt, befinden.
Es handelt sich also nicht nur darum, die Gleichberechtigung der Frau mit dem Manne auf dem Boden der bestehenden Staats- und Gesellschaftsordnung zu verwirklichen, wie das als Ziel die bürgerlichen Frauenrechtlerinnen erstreben, sondern darüber hinausgehend alle Schranken zu beseitigen, die den Menschen vom Menschen, also auch das eine Geschlecht von dem anderen, abhängig machen. Diese Lösung der Frauenfrage fällt also mit der Lösung der sozialen Frage vollkommen zusammen.

b) Clara Zetkin hielt 1889 auf dem Pariser Kongress der II. Internationale eine Rede „Für die Befreiung der Frau":

Diejenigen, welche auf ihr Banner die Befreiung alles dessen, was Menschenantlitz trägt, geschrieben haben, dürfen nicht eine ganze Hälfte des Menschengeschlechts durch wirtschaftliche Abhängigkeit zu politischer und sozialer Sklaverei verurteilen.

Wie der Arbeiter vom Kapitalisten unterjocht wird, so die Frau vom Manne; sie wird unterjocht bleiben, solange sie nicht wirtschaftlich unabhängig dasteht. Die unerlässliche Bedingung für diese ihre wirtschaftliche Unabhängigkeit ist die Arbeit. Will man die Frauen zu freien menschlichen Wesen, zu gleichberechtigten Mitgliedern der Gesellschaft machen wie die Männer, nun, so braucht man die Frauenarbeit weder abzuschaffen, noch zu beschränken, außer in gewissen, ganz vereinzelten Ausnahmefällen.

Die Arbeiterinnen, welche nach sozialer Gleichheit streben, erwarten für ihre Emanzipation nichts von der Frauenbewegung der Bourgeoisie [...]. Sie sind durchaus davon überzeugt, dass die Frage der Frauenemanzipation keine isoliert für sich bestehende ist, sondern ein Teil der großen sozialen Frage. Sie geben sich vollkommen klar Rechenschaft darüber, dass diese Frage in der heutigen Gesellschaft nun und nimmermehr gelöst werden wird, sondern erst nach einer gründlichen Umgestaltung der Gesellschaft. [...] In Erwägung dieser Tatsachen bleibt den Frauen, denen es mit dem Wunsche ihrer Befreiung ernst ist, nichts anderes übrig, als sich der sozialistischen Arbeiterpartei anzuschließen, der einzigen, welche die Emanzipation der Arbeiter anstrebt.

Vergleichen Sie auch S. 219, M 8.

Aus: a) A. Bebel, Die Frau und der Sozialismus, Berlin 1879, S. 3, 6, 7f. und b) E. Frederiksen (Hrsg.), Die Frauenfrage in Deutschland 1865-1915, Stuttgart 1981, S. 97f.

Anregung zur Auswertung

1. Arbeiten Sie sich in drei Gruppen in das jeweilige Emanzipationsverständnis und die Forderungen der bürgerlichen, bürgerlich-radikalen und sozialistischen Frauen ein. Diskutieren Sie dann die unterschiedlichen Forderungen.
2. Welche Kritik würden Sie gegen die einzelnen Forderungen und Gleichstellungskonzepte vorbringen?

4.3 „Das Private ist politisch" – die neue Frauenbewegung

Neuanfang nach 1945

In der unmittelbaren Nachkriegszeit hatten Frauen – fast vier Millionen Männer waren im Krieg gefallen, hunderttausende verletzt und rund 12 Millionen befanden sich in Gefangenschaft – die Hauptlast des Wiederaufbaus zu tragen. Sie leisteten als Trümmerfrauen Schwerstarbeit, arbeiteten in Fabriken oder auf dem Bau und stellten unter schwierigsten Bedingungen die Versorgung der Kinder sicher. Der aktiven Teilnahme der Frauen am Wiederaufbau schien zunächst auch ein zunehmendes politisches Engagement zu entsprechen. So konnte das Gleichstellungsgebot des Grundgesetzes (Art. 3, Absatz 2: „Männer und Frauen sind gleichberechtigt.") gegen das ursprünglich negative Votum des Parlamentarischen Rates durch eine Welle von Protestschreiben und den engagierten Einsatz der „Mütter des Grundgesetzes" durchgesetzt werden. Eine weitergehende politische Mobilisierung der Frauen entwickelte sich daraus allerdings nicht. Vielmehr verfestigten sich in Westdeutschland parallel zum ökonomischen Wiederaufbau und unterstützt durch die konservativen Parteien und die Kirchen in den 50er und 60er Jahren traditionelle Rollenmuster. Der Rückzug bzw. die Zurückdrängung der Frauen in die Familie bedeutete gleichzeitig auch einen Verzicht auf ihre politische Mitwirkung.

Frauen in der DDR

In der DDR erfolgte dagegen in konsequenter Umsetzung des sozialistischen Emanzipationsideals eine nahezu vollständige Integration der Frauen in den Produktionsprozess und damit verbunden eine weitgehende Vergesellschaftung der Kindererziehung. Die Gleichstellung der Frauen war von oben verordnet. Alle Frauenorganisationen waren bereits seit 1947 im Demokratischen Deutschen Frauenbund einheitlich organisiert. Ihrem Selbstverständnis nach begriff sich die DDR als „emanzipierte Gesellschaft". In der Realität zeigte sich aber eine deutliche Benachteiligung von Frauen auf dem Arbeitsmarkt, in Politik und Familie.

In Westdeutschland entwickelte sich im Zuge der Studentenbewegung ab 1968 die so genannte „neue oder zweite" Frauenbewegung, die beeinflusst von amerikanischen feministischen Strömungen (→ S. 34 f.) eine radikale Veränderung der gesellschaftlichen Rollenmuster erreichen wollte. Initialzündung war eine Rede von Helke Sander auf der Delegiertenkonferenz des Sozialistischen Deutschen Studentenbundes (SDS) im September 1968. Sander stellte fest, dass Frauen weder in der bürgerlichen Gesellschaft noch in der sozialistischen studentischen Bewegung als gleichberechtigt anerkannt würden. Sie dürften zwar Flugblätter tippen, Kaffee kochen und sich um die Kinder kümmern, in der politischen Debatte würden sie jedoch nicht ernst genommen. Das Unverständnis der männlichen Delegierten veranlass-

Das Männer-Podium des Sozialistischen Deutschen Studentenbundes (SDS) 1968.

Titelseite des Stern am 3.6.1971.

te die Studentinnen zur Gründung von autonomen Diskussionsrunden und so genannten „Weiberräten". In der nachfolgenden feministischen Debatte erschien die Ungleichheit zwischen den Geschlechtern nicht von der Natur vorgegeben, sondern als ein Resultat von Erziehung und Rollenzuweisung. Familie und Sexualität wurden als Instrumente zur Unterdrückung der Frau aufgefasst und unter dem Schlagwort „Das Private ist politisch" zum Ansatzpunkt feministischer Gesellschaftsanalysen.

Die Frauenbewegung blieb zunächst auf kleine universitäre Kreise beschränkt. Erst durch die im Juni 1971 in Deutschland initiierte bundesweite Kampagne gegen den § 218 wurde sie zu einer breiten sozialen Bewegung. Als Auftakt der nach französischem Vorbild gestarteten Kampagne bekannten 374 Frauen in der Zeitschrift STERN am 3. Juni 1971: „Ich habe abgetrieben." Diese „Selbstbezichtigung" löste bundesweit eine Welle von Solidaritätsbekundungen aus.

Frauenbewegung und § 218

Bereits nach wenigen Wochen beteiligten sich tausende von Frauen aus allen sozialen Schichten und unterschiedlichen politischen Richtungen an der „Aktion 218". Unter dem Motto „Mein Bauch gehört mir" wurde die ersatzlose Streichung des § 218 gefordert. Nach zahlreichen Demonstrationen, Anzeigenkampagnen und andren Aktionen beschloss der Bundestag 1974 die Liberalisierung des Abtreibungsrechtes. Die sog. Fristenregelung, nach der eine Abtreibung bis zur 12. Schwangerschaftswoche straffrei blieb, wurde jedoch schon ein Jahr später vom Bundesverfassungsgericht für grundgesetzwidrig erklärt.

Strategien der neuen Frauenbewegung

In den 70er Jahren polarisierte sich die Frauenbewegung zunehmend. Ein Teil der Frauengruppen zog sich, in ihren Hoffnungen auf Veränderung enttäuscht, zurück. Andere konzentrierten sich auf alternative Selbsthilfekonzepte und bauten eine feministische „Gegenkultur" auf. In Westberlin wurde 1972 das erste „Frauenzentrum" gegründet, 1977 das erste Frauenhaus für misshandelte Frauen und deren Kinder. Es entstanden Frauenkneipen, -buchläden, und -verlage. Diese Frauengruppen vertraten zunächst die Strategie einer strikten Abgrenzung von den etablierten Strukturen und lehnten eine Mitarbeit in den traditionellen politischen Entscheidungsgremien ab. Erst gegen Ende der 70er Jahre gaben Teile der neuen Frauenbewegung diese Abgrenzungspolitik zugunsten einer „Strategie der Einmischung" auf. Zahlreiche Frauengruppierungen schlossen sich der Partei „Die Grünen" an. Viele Forderungen, wie die Verbesserung der Chancengleichheit für Frauen in Beruf und in Politik, wurden auch von den etablierten Parteien aufgegriffen. Mit der Einrichtung von Gleichstellungsstellen in Ländern und Kommunen erfolgte eine Verankerung von Frauenpolitik auf der politischen Ebene. Bis heute bietet die Frauenbewegung kein einheitliches Bild, vielmehr lässt sich eine zunehmende Zersplitterung in verschiedene Gruppen und Projekte beobachten.

MATERIAL 7

Helke Sander: Rede des „Aktionsrates zur Befreiung der Frauen“

Wir stellen fest, dass der SDS (= Sozialistische Deutsche Studentenbund) innerhalb seiner Organisation ein Spiegelbild gesamtgesellschaftlicher Verhältnisse ist. […]Man trennt einen bestimmten Bereich des Lebens vom gesellschaftlichen ab, tabuisiert ihn, indem man ihm den Namen Privatleben gibt. […]

Diese Tabuisierung hat zur Folge, dass das spezifische Ausbeutungsverhältnis, unter dem die Frauen stehen, verdrängt wird, wodurch gewährleistet wird, dass die Männer ihre alte, durch das Patriarchat gewonnene Identität noch nicht aufgeben müssen. […] Die Trennung zwischen Privatleben und gesellschaftlichem Leben wirft die Frau immer zurück in den individuell auszutragenden Konflikt ihrer Isolation. Sie wird immer noch für das Privatleben, für die Familie erzogen. Die Rollenerziehung, der Widerspruch zwischen ihren eigenen Erwartungen und den Ansprüchen der Gesellschaft erzeugen das ständige schlechte Gewissen, den an sie gestellten Forderungen nicht gerecht zu werden. […]

Frauen suchen ihre Identität. Durch Beteiligung an Kampagnen, die ihre Konflikte nicht unmittelbar berühren, können sie sie nicht erlangen. Das wäre Scheinemanzipation. Sie können sie nur erlangen, wenn die ins Privatleben verdrängten gesellschaftlichen Konflikte artikuliert werden, damit sich dadurch die Frauen solidarisieren und politisieren.

Aus: A. Conrad, K. Michalik (Hrsg.), Quellen zur Geschichte der Frauen, Band 3, Stuttgart 1999, S. 360 ff.

MATERIAL 8

Alice Schwarzer: Der kleine Unterschied und seine großen Folgen (1973)

Nichts, weder Rasse noch Klasse, bestimmt so sehr ein Menschenleben wie das Geschlecht. Und dabei sind Frauen und Männer Opfer ihrer Rollen – aber Frauen sind noch die Opfer der Opfer. Angst, Abhängigkeit, Misstrauen und Ohnmacht der Frauen sind groß. […] Alle, die von Gleichheit reden, obwohl Ungleichheit die Geschlechterbeziehungen bestimmt, machen sich täglich neu schuldig.[…]

Frauen erkaufen sich menschliche Nähe, Hautkontakt, Zärtlichkeit und soziale Anerkennung durch das Bett. Die Beziehungen zwischen Mann und Frau sind heute so eindeutig Machtbeziehungen (selbst da, wo Männer an ihrer Rolle zweifeln oder zerbrechen), dass auch die weibliche Sexualität nur wieder Ausdruck weiblicher Ohnmacht sein kann. Daran liegt es, dass auch wünschenswerte Freiheiten wie Verhütung oder legaler Schwangerschaftsabbruch Frauen manchmal noch unfreier machen können: Sie schlagen als Bumerang auf die Frauen zurück. Darum muss jede Liberalisierung gerade auch in der Sexualität Hand in Hand gehen mit Bewusstseinsprozessen, die es den Frauen möglich macht, dies für sich selbst zu nutzen, anstatt sich zusätzlich nutzen zu lassen.[…]

Aus: Ebd., S. 191 ff.

MATERIAL 9

Alice Schwarzer: Siege und Niederlagen der Frauen im Kampf gegen die Männerherrschaft

Die Saat geht auf. Wir Feministinnen haben mehr erreicht, als ich vor 30 Jahren auch nur zu träumen gewagt hätte. […] Bis 1977 konnte ein deutscher Ehemann seiner Frau noch die Berufstätigkeit verbieten, wenn sie seiner Meinung nach „ihre Hausfrauenpflichten vernachlässigt“. Erst seit 1994 haben die Frauen das Recht, ihren eigenen Namen zu behalten, auch wenn der Name einer Frau offiziell immer als „Mädchenname“ bezeichnet wird. Als sei ihre eigenständige Existenz eine Art Jugendsünde. Und erst seit 1997 – und nur, weil Politikerinnen aller Parteien sich zusammenschlossen und Druck machten! – ist die Vergewaltigung in der Ehe strafbar. Bis dahin konnte der Mann auf seinem Recht zur „Erfüllung der ehelichen Pflichten" bestehen. Auch das, wofür die englischen Suffragetten (=Frauenrechtlerinnen) Anfang des 20. Jahrhunderts verhaftet und mit Zwangsernährung gefoltert und deutsche Feministinnen von den Nazis ins Exil gejagt wurden – das Wahlrecht und den uneingeschränkten Zugang zu Bildung und Beruf –, haben die Frauen längst im Sturm erobert: Zu Beginn des dritten Jahrtausends macht in Deutschland jedes dritte Mädchen Abitur, und an den Universitäten beginnen inzwischen mehr Studentinnen ein Studium als Studenten. Im Parlament, das die Frauen nach langen Kämpfen 1918 erstmals betreten durften, gibt es heute viermal so viele Frauen wie in den fünfziger Jahren. [...]

Es gibt also reichlich Siege zu feiern – aber: Es gibt auch Niederlagen. [...] So manche optimistische junge Frau hat noch nicht begriffen, dass sie eben nicht „alles" haben kann, sondern Kompromisse eingehen muss. Leider. Diejenigen, die auf den Du-kannst-alles-Schwindel reinfallen, rennen sich schnell den Schädel ein: Im Beruf erschöpft vom Kampf gegen die gläserne Decke, die den Frauen immer noch die oberen Etagen der Karriere versperrt, stoßen sie zu Hause schnell gegen die gläserne Wand – auf deren anderer Seite steht der Mann, schwer erreichbar und kaum einklagbar. Nur solange er jünger ist, hilft er noch im Haushalt. Sobald er verheiratet ist, sinkt seine Bereitschaft schon auf die Hälfte. Und ist erst mal ein Kind da, teilt nur noch jeder zehnte Mann die Hausarbeit partnerschaftlich. Studien beweisen: Wenn ein Kind kommt, fallen junge Mütter beruflich zurück und machen junge Väter ihren ersten Karrieresprung – befreit von der Konkurrentin am Arbeitsplatz und unterstützt von der Hausfrau zu Hause.

Aus: Der Spiegel 41/2000, S. 80 ff.

Anregung zur Auswertung

1. Vergleichen Sie Emanzipationsverständnis und Forderungen der ersten und der zweiten Frauenbewegung. Welche Gemeinsamkeiten und Unterschiede lassen sich feststellen?

Anregungen zur Weiterarbeit

- Sammeln Sie Werbeanzeigen und Bilder aus Zeitschriften und Zeitungen – auch aus älteren Exemplaren. Welche Frauen- und Männerbilder werden vertreten? Welches Rollenverständnis verbirgt sich Ihrer Ansicht nach dahinter? Gibt es Gemeinsamkeiten mit den traditionellen bürgerlichen Geschlechtervorstellungen? Welche Veränderungen im Rollenverständnis lassen sich feststellen?
- Interviewen Sie das älteste weibliche Mitglied Ihrer Familie zu Erziehungs- und Rollenvorstellungen. Welche Veränderungen und Kontinuitäten werden in Bezug auf die Lebenssituation der Großmutter, Mutter, den eigenen und denen in Ihrer Generation wahrgenommen?
- Recherchieren Sie über Internet, welche Unterschiede es heute noch zwischen Männern und Frauen in Bezug auf Ausbildung und Beruf, Einkommen, politische Repräsentation, Kriminalität, Familienstand u.s.w. gibt. Internetadressen hierfür sind u.a.: www.statistik-bund.de (Statistisches Bundesamt Deutschland), www.bmfsfj.de (Bundesministerium für Familie, Senioren, Frauen und Jugend), www.iab.de (Institut für Arbeitsmarkt und Berufsforschung).
- Vergleichen Sie die Rolle und Stellung von Frauen weltweit. Welche Unterschiede und Gemeinsamkeiten werden sichtbar? (Z. B. mithilfe von: Fischer Frauen-Atlas, hrsg. von Joni Seager, Frankfurt am Main 1998 und www.un.org/womenwatch).

5. Migration

Ankunft in New York.

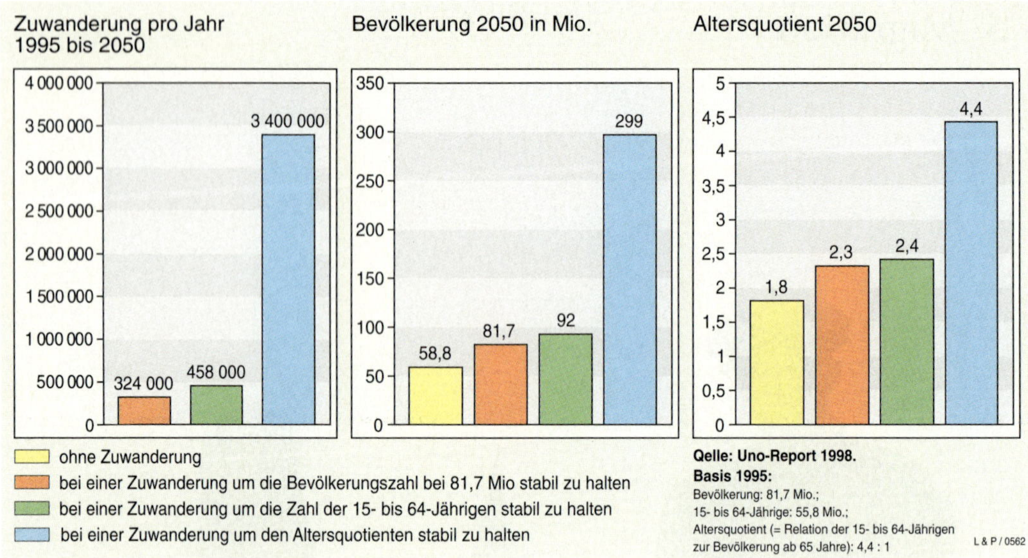

Bevölkerungsszenarien für Deutschland

Der Begriff „Migration"

In einem gängigen Lexikon wird Migration als „Wanderung, Wechsel von einem regionalen oder sozialen Raum in einen anderen" definiert. Migranten sind also Menschen, die sich an einen anderen Ort begeben haben. Ihre Motive sind vielfältig, sie reichen vom freiwilligen Wechsel des Arbeitsplatzes innerhalb eines internationalen Unternehmens über die Hoffnung auf existenzsichernde Arbeit bis zur erzwungenen Flucht vor Verfolgung und Unterdrückung.

Deutschland ist Ziel und Ausgangspunkt von Migration. Seit den 60er Jahren kommen so genannte Gastarbeiter aus Südeuropa. Oft leben türkische oder italienische Familien schon in der dritten Generation in der Bundesrepublik. Viele haben hier nicht nur einen Arbeitsplatz gefunden, sondern sind gewillt, auf Dauer hier zu bleiben. Darüber hinaus gibt es Prognosen, die davon ausgehen, dass Deutschland das Wanderungsziel von Migranten aus den Ländern der Dritten Welt werden könnte. Diese Vorstellungen erwecken oft überzogene Ängste und verursachen eine unangemessene Abwehrhaltung.

Wanderung als Normalfall

Die Bedrohung kann aber nur der empfinden, der die Geschichte nicht kennt. In der Vergangenheit war die Bewegung von Menschen über Grenzen nicht die Ausnahme, sondern die Regel. Unser Kontinent wurde vor über 100 000 Jahren von Auswanderern aus Afrika besiedelt, vor 7 000 Jahren brachte eine neue Einwanderungswelle die Kulturtechniken Ackerbau und Viehzucht nach Europa, vor 2 000 Jahren stießen die Römer in das Gebiet des heutigen Süddeutschland vor, 500 n. Chr. wurden Sie durch die germanische Völkerwanderung wieder zurückgetrieben. Migration führte immer zur Begegnung der Kulturen und war oft eine Bereicherung für beide Seiten. Abgrenzung verursachte Konflikte, Verengung und Verarmung. Politisch werden heute deshalb nicht mehr Möglichkeiten zur Abwehr von Fremden diskutiert, sondern Umfang und Art der Zuwanderung und Integration.

5.1 Die deutsche Auswanderung nach Amerika – Leben zwischen Separation und Integration

	Gesamtzahl
Großbritannien	4 804 500
Irland	4 715 000
Skandinavien	2 482 500
übriges Nordwesteuropa	1 627 800
Deutschland	6 925 700
Polen	487 800
übriges Mitteleuropa	4 527 800
UdSSR u. baltische Staaten	3 378 700
Italien	5 199 300
übriges Südeuropa	1 187 100
China	450 900
Japan	370 000
Kanada und Neufundland	3 991 400
Mexiko	1 642 900

Gesamtzahl der Einwanderer in die USA aus 14 Regionen, 1820 – 1971.

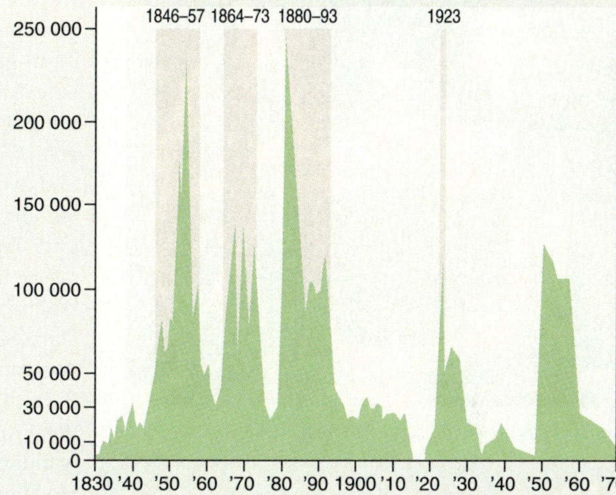

Jährliche deutsche Einwanderung in die USA, 1830 bis 1970. *(1882: 250.000 Einwanderer)*

Fremde sind im heutigen Deutschland eine alltägliche Erscheinung geworden. Gerne nimmt man das Angebot von griechischen, vietnamesischen und marokkanischen Restaurants an, die Wirtschaft funktionierte ohne Gastarbeiter nicht. Dennoch gibt es oft politische Auseinandersetzungen um Gastarbeiter, Asylanten oder „Wirtschaftsflüchtlinge“. Betrachtet man umgekehrt die deutsche Auswanderung in die USA, stellt sich ein Perspektivenwechsel ein. Sicher ist nicht alles vergleichbar, aber es lohnt sich, den Motiven und Bedingungen nachzugehen, unter denen Deutsche als Fremde gelebt haben, und zu untersuchen, wie sie selbst auf die neue Umgebung reagiert haben und wie ihnen begegnet wurde.

Gründe für die Auswanderung

„Hier rinnt mehr Fett auf dem Spülwasser als in Deutschland auf der Suppe“, hieß es in einem von vielen Auswandererbriefen des 19. Jahrhunderts. Das entsprach den paradiesischen Vorstellungen, die das Amerikabild der Deutschen im 19. Jahrhundert prägten. Oft entstanden diese als Gegenbild zu den katastrophalen Zuständen im Heimatland: Deutschland befand sich im Umbruch von der Agrar- zur Industriegesellschaft. Bevölkerungswachstum, Missernten, Ernährungs- und Teuerungskrisen trafen zusammen mit Unterbeschäftigung und Arbeitslosigkeit der Frühindustrialisierung. Auch die politischen Zustände waren für den weitaus größten Teil der Bevölkerung nicht befriedigend. Immer wieder wurden die Hoffnungen auf eine demokratische Mitbestimmung enttäuscht: 1815 nach den Befreiungskriegen und 1848 nach der missglückten Revolution. Liberale und andere Oppositionelle wurden verfolgt und inhaftiert, den Revolutionären drohte die Todesstrafe.

Ein Brief aus Amerika. James Brennan, 1875.

Alle diese Faktoren führten zu einer Massenauswanderung in die USA. 90 % aller deutschen Auswanderer zog es zwischen 1820 und 1930 in die Vereinigten Staaten, insgesamt 5,9 Millionen Menschen. Die meisten Auswanderer kamen bis Ende der 50er Jahre aus Südwestdeutschland. Es handelte sich überwiegend um Kleinbauern und Handwerker, die mit ihren ganzen Familien eine neue Heimat und eine Möglichkeit zur Ansiedlung suchten. In den folgenden Jahrzehnten schlossen sich zuerst Auswanderungswillige aus dem Westen und dann aus dem Nordwesten, z. B. aus Mecklenburg, an. Zumeist waren dies Heimarbeiter und Tagelöhner. Die letzte große Welle erfasste Ostpreußen von 1880 – 93, hier traten ländliche Unterschichten in den Vordergrund. Daneben stieg kontinuierlich der Anteil der Auswanderer aus dem städtisch-industriellen Bereich. Dadurch wandelte sich der Charakter der Emigration von der ländlichen Siedlungswanderung zur Arbeitswanderung. Mit der Hochindustrialisierung seit den 90er Jahren endete die Massenexodus. Wanderungswillige fanden nun innerhalb Deutschlands in den neuen Industriezentren, z. B. im Ruhrgebiet, Aufnahme.

„Das gelobte Land" – Amerikabriefe

Das Bild, das sich die Auswanderer von ihrem Ziel machten, war im Wesentlichen bestimmt von den Briefen bereits ausgewanderter Verwandter und Bekannter. Diese „Amerikabriefe" fanden große Verbreitung. Oft wurden in ihnen die Verhältnisse idealisiert dargestellt, die USA erschienen als die Erfüllung aller Träume und Hoffnungen. Daneben gab es Auswandererzeitschriften, Ratgeber und offizielle Broschüren, die oft diese Vorstellungen bestätigten. Aber es gab auch gegenteilige Nachrichten. Hinweise auf die Schattenseiten standen in den Warnungen, die die Behörden der Auswanderungsländer reichlich verbreiteten. Im Allgemeinen hatten sie ein Interesse daran, die Bevölkerung im Lande zu halten. Lediglich gänzlich Mittellose, die sonst Unterstützungsfälle geworden wären, ließen sie gerne ziehen.

Siedler auf dem Land

In den USA waren die deutschen Einwanderer im 19. Jahrhundert zwar überall zu finden, überwiegend siedelten sie sich aber in kleinen Gemeinschaften im Mittleren Westen an. Viele waren in der Landwirtschaft beschäftigt. War in der alten Heimat das Land rar gewesen, so konnte man hier zu relativ günstigen Preisen Grundbesitzer werden. So ermöglichte es das Heimstättengesetz (1862) jedem Siedler, für einen symbolischen Betrag im Westen bis zu 160 acres Land zu pachten. Wurde das Land kontinuierlich bewirtschaftet, ging es nach fünf Jahren in den Besitz des Siedlers über (→ S. 23). Die Lebensbedingungen waren allerdings nicht mit denen in Deutschland vergleichbar. Die Siedler mussten Wälder roden und Blockhäuser bauen. Geräte mussten in den ersten Jahren neu angeschafft werden, das zehrte die Ersparnisse auf. Für fast alle Tätigkeiten mussten eigene Kenntnisse und Fertigkeiten erworben werden, spezialisierte Handwerker gab es in den noch jungen Siedlungen kaum.

Deutsche Ortsnamen im Mittleren Westen der USA. Häufig kam es zu Kettenwanderungen: Auswanderer zogen dorthin, wo bereits Bekannte oder Verwandte wohnten: Diese gaben Hinweise auf die Reiserouten und konnten vor Ort manches für die Ankömmlinge tun. So entstanden geschlossene Siedlungen, in denen der gleiche Dialekt gesprochen wurde und die gleiche Konfession vorherrschte.

Deutsche „communities"

Vor allem die Handwerker unter den Einwanderern zog es eher in die Städte. Durch die rasante Umgestaltung der amerikanischen Wirtschaft in der zweiten Hälfte des 19. Jahrhunderts änderte sich die Arbeitsplatzsituation allerdings. Die wachsende industrielle Spezialisierung drängte die traditionell deutschen Berufe wie Schuster, Küfer, Schreiner und Schneider zurück. Die nächste Generation suchte Arbeit in den neuen Industriezweigen der Metall- oder Elektroindustrie, viele nahmen einen „white-collar-job" an. Auch in den Städten entstanden *communities*, ein Beziehungsgeflecht von Deutschstämmigen, die sich verbunden blieben und den Kontakt aufrechterhielten. Man ging gemeinsam in die Kirche und die Schule, las dieselbe Zeitung und traf sich in Vereinen. Diese erfüllten vielerlei Funktionen:

Geschäftskarte eines Hotels in Philadelphia.

Sie boten Hilfestellung für Neuankömmlinge an, gewährten Unterstützung für die Armen und sorgten in der Freizeit durch Turn-, Schützen- und Gesangsvereine für Unterhaltung. Viele Auswanderer lebten in ausschließlich deutschen Haushalten und suchten sich entsprechende Partner.

Separation und Ablehnung

Von den 4 Millionen Einwanderern in die USA zwischen 1840 und 1860 waren 1,5 Millionen Deutsche, von 1860 bis 1890 stellten sie gar die größte Gruppe unter den Einwanderern. Parallel dazu stieg die irische Einwanderung stark an. Viele Amerikaner sahen darin eine Bedrohung, weil es sich bei den Iren ausschließlich und bei den Deutschen zum Teil um Katholiken handelte. Ihnen wurde unterstellt, dass sie vom Papst abhängig wären und insgesamt unrepublikanische Ideale hätten. Es häuften sich die Vorschläge, den Zuzug zu begrenzen und die Rechte der Neueinwanderer zu beschneiden. Reibungen gab es auch im Alltagsleben. Die deutsche Geselligkeit, sonntägliche Treffen verletzten z. B. die örtlichen Gebräuche gleich mehrfach: Die Sonntagsruhe wurde gestört und der Alkoholkonsum war in puritanisch geprägten Gegenden nicht gern gesehen. Die ethnischen *communities,* so hilfreich sie für Neuankömmlinge waren, stellten immer wieder ein Hindernis für die Integration dar.

Ende des 19. Jahrhunderts veränderte sich die Situation. Eine Flut von Einwanderern aus Süd- und Osteuropa überschwemmte die nordamerikanischen Städte. Das führte zum einen dazu, dass sich nun die nordeuropäischen Einwanderer positiv abheben konnten: Ihre Bildung und ihr Fleiß wurden idealisiert. Andererseits bewirkten die starken Abwehrreaktionen gegen Neuankömmlinge, dass die einheimische Gesellschaft ein eindeutiges Bekenntnis zu den amerikanischen Werten verlangte. Politiker wandten sich zunehmend gegen die „Bindestrichkultur", man wolle „keine Deutsch-Amerikaner, sondern allein Amerikaner", sagte Präsident Theodor Roosevelt 1894.

Bald wurde diese Warnung gegenstandslos, ab 1900 ging das soziale Leben der *communities* drastisch zurück. Gründe hierfür waren die sinkende Einwanderung aus Deutschland, die ökonomische Einbindung in die verschiedensten Berufe und Betriebe und insbesondere die kulturelle Eingliederung der zweiten Einwanderergeneration. Die englische Sprache verdrängte die deutsche zunehmend auch innerhalb der Familien, die Deutsch-Amerikaner empfanden sich nicht mehr als Sondergruppe.

Integration

MATERIAL 1

Gründe für die Auswanderung – ein Landratsbericht aus dem Jahr 1852

Trier, den 10ten April 1852
An den königlichen Regierungs-Präsidenten
Herrn Sebaldt – Hochwohlgeboren

Betrifft: Die diesjährigen Auswanderungen.
Es sind bis jetzt in diesem Jahre für den Landkreis einige 70 Auswanderungs-Consense erteilt, welche etwas über 200 Köpfe umfassen. In der allerneuesten Zeit scheinen die Anträge etwas nachzulassen. Nach der gehorsamst angefügten Nachweise über die seit dem Jahre 1845 ausgewanderten Personen ist die Anzahl von Auswanderern aus den Jahren 1846 und 1847 noch lange nicht erreicht, und glaube ich auch nicht, dass die Auswanderungen in diesem Jahre ausgedehnter als in jenen stattfinden werden.

Abgesehen von der allgemeinen dem Deutschen beiwohnenden Wanderungslust lassen sich als äußere Grundursachen für die Auswanderungen folgende hervorheben:
1. die rückgängigen Vermögensverhältnisse der auswandernden Personen. Ein großer Theil der Auswanderungslustigen, namentlich der Familienväter ist sehr verschuldet, und wird von seinen Gläubigern auf Zahlung von Zinsen und oft auch des Kapital gedrängt, wodurch er sich veranlasst findet, sein ganzes Vermögen mit den Grundgütern zu veräußern, um auf diese Weise seine Schulden zu bezahlen.
Der verbleibende Theil des Kaufpreises aber ist zu gering, um mit demselben hier, eine, die Familie ernährende Wirthschaft begründen zu können, welches ihn bei den günstigen Aussichten, die für Amerika überall eröffnet werden, bestimmt zu haben scheint, denselben zur Bezahlung des Ueberfahrts-Geldes und zur Erwerbung einer Ansiedlung in diesem Lande zu verwenden, um auf diese Weise sich und den Seinigen eine gesicherte Subsistenz zu verschaffen. Recht brave Landleute von mittleren Vermögens-Verhältnissen haben mich öfter versichert, dass sie bei aller Sparsamkeit und angestrengtem Fleiße nicht im Stande wären, ihre Haushaltung, besonders wenn sie eine größere Anzahl von Kindern hatten, aus dem Ertrage der Wirtschaft zu unterhalten, sodass sie, wenn sie keine Schulden machen wollten, genöthigt seien, das Kapital anzugreifen, und einen Theil desselben zu veräußern.
Noch ungünstiger gestaltet sich dies für die Kinder bei einer Theilung des Vermögens unter dieselben, welche bei Begründung einer eigenen Haushaltung auf den oft fehlenden Tagelohn angewiesen würden. Diese Verhältnisse bestimmen manchen, eine bessere Zukunft in dem fremden Lande zu suchen.

2. Eine 2. Ursache für die Auswanderung ist in den günstigen Nachrichten zu suchen, welche von den Verwandten und Bekannten in Amerika, namentlich in dem Staate Wisconsin hierher gelangen. Die von denselben geschriebenen Briefe stellen eine sorgenfreiere Subsistenz in Aussicht, und laden die hiesigen Angehörigen nach dorthin ein. Es werden oft Reisen von 10 bis 12 Stunden gemacht, um den Inhalt eines solchen Briefes, besonders, wenn er von einer als zuverlässig bekannten Person geschrieben ist, zu erfahren, und vorzugsweise jüngere Leute lassen sich durch solche Nachrichten bestimmen, ihre Arbeitskraft in Amerika vorteilhafter, wie dies hier möglich ist, zu verwerthen.

3. Die in einem geordneten Staats-Organismus nothwendigen Beschränkungen willkührlicher Handlungen des Einzelnen erscheinen Manchen so lästig, dass er es vorzieht, sich in ein Land zu begeben, wo zwar nicht so gesicherte Zustände wie hier, aber doch eine beschränkte Bewegung des

Einzelnen zugelassen wird. Namentlich sind es die Gesetze zum Schutze der Forsten, der Wald- und Feld-Produkte, welche dem weniger ordentlichen Landmanne über die Maassen beengend erscheinen, und ihn bestimmen, dorthin zu gehen, wo Holz, Stroh und Gras nach seiner Ansicht von Jedem in Besitz genommen werden kann, wo er es findet.

4. Die Abgaben, welche für Staat, Kirche, Schule und Gemeinde zu zahlen sind, werden dem weniger bemittelten Landmann in Jahren wie die letzten waren, wo er Mühe hat, aus seiner Wirthschaft die notwendigsten Lebensbedürfnisse für sich und die Seinigen zu beschaffen, und wenig bares Geld einnimmt, schwer beizubringen, und machen ihn unmuthig. Weniger ist dies noch bei den Staats-Abgaben der Fall, mit Ausnahme der Moststeuer in den Weingegenden, welche ziemlich allgemein unbeliebt sind. Dagegen nehmen die kirchlichen Bedürfnisse in manchen Gemeinden die Kräfte der Eingesessenen sehr in Anspruch, da das Streben, Kirche und Pfarrer im Dorf zu haben, sehr allgemein ist, dadurch aber auch die sämmtlichen, dafür erforderlichen Kosten bei dem Mangel an Kirchen-Vermögen von Bewohnern des Orts aufgebracht werden müssen. Auch unterwirft sich Mancher nicht gerne der allgemeinen Militairpflicht und mag dieselbe wohl hier und da mit ein Motiv für einen Familien-Vater sein, mit seinen heranwachsenden Söhnen auszuwandern, um dieselben dieser Pflicht zu befreien.

5. Endlich mag auch mancher unruhige Kopf mit geordneten und gesicherten Zuständen im Staate nicht ganz zufrieden sein, und in der Erkenntniss dass seine Revolutions-Ideen hier keinen Anklang mehr finden, sich eine andere Heimath suchen. Wenigstens scheinen die früheren Anhänger der Bewegungs-Partei vorzugsweise Neigung zur Auswanderung zu haben. Wenn es auch zu bedauern ist, dass mit den Auswanderern Kapitalien aus dem Lande gehen, so finden nach meinem gehorsamen Dafürhalten die Auswanderungen bis jetzt doch nicht in einer solchen Ausdehnung statt, dass von denselben besonders und nachhaltige Nachtheile für das Staatswohl zu besorgen wären, im Gegentheil geht manche unruhige in ihre Vermögens-Verhältnissen rückgängige Person fort, welche später eher dem Staate oder der Gemeinde eine Last werden könnte.

Der königl. Landrath
Spangenberg
Landgericht Haßfurth

Aus: W. J. Helbich, „Alle Menschen sind dort gleich ..." Die deutsche Amerika-Auswanderung im 19. und 20. Jahrhundert. Düsseldorf 1988, S. 84–86.

MATERIAL

2 Briefe des Auswanderers Matheus Haßfurther an seine Familie

a) 1840 *wanderte Matheus Haßfurter aus Franken nach Ferdinand in Indiana*, USA, *aus. Nach seiner Ankunft schrieb er einem vier Jahre zuvor nach* Cincinnati (Ohio) *ausgewanderten Freund*:

[...] Ich bin gegenwärtig noch bey meinen Nachbar Dauenhauer weil mein Häuschen noch nicht fertig den ich blocke es allein mit meinen Buben auf weil mein Geld nicht zu Fleisch langt, dass man den Helfern auftischen muss, in den kürzen Tägen braucht man 2 Tag dazu mit wenigst 12 Mann. Ich musste von Troy bis hierher 8 Thaler Fährlohn bezahlen, musste in Troy 2 Nächte bleiben und nochmahl unterwegs, weil bey solchen grosen Schnee die 4 Pferde nicht weiter konnten, dies kostete mich auch wieder die Zehrung bis 4 Thaler sodass ich nicht mehr als 8 Thaler hierher brachte. [...]
Kartoffel kann man da fast gar nicht haben; ich habe hier noch keine gesehen und Äpfel sind auch nicht häufig, das Buschel $^1/_4$ Thlr. Und weit zu holen. Für $^3/_4$ Thlr Hirschfleisch kaufte ich mir das kam sehr billig den Hirsche gibt es genug aber zum Jagtgehen habe ich nicht Zeit. Sollte der Fall sein dass du Frühlings herunter kämest so dürftest du auf Gerathewohl dir einen ganz leichten unbeschlagenen Wagen u. Pflug und mir auch einen Pflug mitbringen.

b) Die ältere Tochter von Matheus Haßfurther ging bald nach der Einwanderung als Dienstmädchen nach Louisville in Kentucky „in Stellung", die jüngere heiratete den Freund des Vaters, an den der Brief S. 176 *gerichtet war.*

Taunschipp Ferdinand am 1ten Januar 1842
Liebe Tochter
[...] Wir haben den Christtage Nachts einen Brief vom Nikolaus und der Eva Margareth aus Cincinati erhalten; Sie wünschen sehnlichst dass ich sie besuchen möge, nun weist du aber wie ohne Kräften und ohne Geld diese weite Reise nicht machen kann. Ich muss dich also ersuchen dass du diese Reise zum Nikolaus und der Eva Margareth machest welches du gerne thun wirst, so kommst du doch auch wieder einmal zu deiner Schwester.
Das Bostboot welches mehlboot heist geht glaube ich alle Mittage halb 12 Uhr von Loiswill auf Cincinati und kostet 1 Thaler per Mann.
[...] Vielleicht hat der Nicklaus etwas Geld für Instrumente eingenommen und wenn du auch etwas verdient hast, so kommen wir doch wiederum zu einer Kuh. [...] Dann aber eile, dass zu uns kommst, wir werden dich nothwendig zum Kornpflanzen brauchen, und die Buben brauchen auch neue Hemden. [...]

c) Taunship Ferdinand am 6.ten Januar 1842
Lieber Tochtermann und Tochter.
[...] Dass ich aber so lange nicht geschrieben müsst Ihr mir verzeihen es geschah aus Schonung. Sollte ich Lügen schreiben? Dies ist mir nicht eigen und die Wahrheit mogte ich auch nicht schreiben weil ich überzeugt bin, daß gute Kinder keine wahre Freude haben können, wenn sie wissen daß es ihren Eltern schlecht geht.
Überhaupt kommen die Deutschen geflogen wie die Schneeflocken und kaufen das Land auf und in 2 Jahren kann unserer Kirchengemeinde sich auf 200 Familien belaufen. Dieses Frühjahr zählte unserer Pfarrer 40 Familien und jetzt sind es schon bestimmt 50. Eine neue Kirche mit 25 f breit und 40 f lang bauen wir diese Woche vollends fertig, die alte Kirche wird das Pfarrhaus und die Schule zu 2 Zimmer [...] Überhaupt wird wohl in 2 Jahren 5–6 Meilen von Ferdinand bis Jäsper die Strasse von den Amerikanern gereinigt sein. Sie müßen alle abziehen weil nicht alle eigenes Land haben und die Eigenes Land haben die kauft der Hr. Pfarrer aus und verkauft wieder an Katholiken.
Land haben wir 18 fränkische Acker klar und eingefenzt, [...] unser Welschkorn mahlen wir selbst, welches eine saure Arbeit ist.

Aus: W. J. Helbich, ebd., S. 74 f.

MATERIAL 3

Ablehnung der Deutschen: Auszüge aus der amerikanischen Presse

a) 1851:

Die entmutigendste Tatsache ist die geringe Neigung eines Großteils der Deutschen, sich dem Gottesdienst zu widmen oder in irgendeiner entschiedenen Weise christliche Ideen und Einrichtungen zu stützen. [...] Wir glauben nicht, dass es irgendeine Presse der Welt gibt, die so äußerst radikal und destruktiv ist wie die deutsche Presse in diesem Lande (*gemeint sind die* USA). Von etwa 60 Journalen greift die Mehrheit jede Form kirchlicher Institutionen an, macht sich nichts aus der Geschichte des Christentums, leugnet in berüchtigten Fällen die Personalität Gottes und die Unsterblichkeit der Seele und lehrt den vollständigen Epikureismus.

b) 1854:

Die unbeschränkte und unrestringierte Zulassung ausländischer15 Emigranten ist ein ernstes Unrecht gegenüber der einheimischen Arbeiterschaft, sozial, moralisch, religiös und politisch. Sozial, indem der Arbeitsmarkt überflutet wird und die Löhne niedrig gehalten werden; moralisch und religiös durch den unvermeidlichen Kontakt und Verkehr; und politisch, indem sie als Folge von Arbeitslosigkeit und niedrigen Löhnen bedürftig und abhängig gemacht werden, wodurch sie eine leichte Beute oder willige Werkzeuge von ränkevollen und prinzipienlosen Politikern werden.

Aus: W. J. Helbich, ebd., S. 126 und 139.

MATERIAL

4 Der Erste Weltkrieg – Karikatur und Briefe des Auswanderers Werner Mathies

„Removing the hyphen", 1917 (hyphen = Bindestrich). Die Karikatur spielt auf die Versenkung des Passagierdampfers Lusitania durch deutsche U-Boote an. 139 der 1198 Toten waren US-Bürger.
Als die USA 1917 in den Weltkrieg eintraten, wurde Deutschland zum Feind. Hinweise auf deutsche Kultur und Abstammung wurden in der Öffentlichkeit vermieden. Im Zweiten Weltkrieg war Nazi-Deutschland unumstritten das gemeinsame Feindbild aller Amerikaner, die deutsch-amerikanische Lebensform gehörte zu dieser Zeit bereits der Vergangenheit an.

a) San Francisco, Cal.
September 18 ten 1914
Liebe Mutter!
[…] Meine Frau ist ganz Krieg vom Morgen bis spät in die Nacht. Viele Frauen sind schon krank von all der Aufregung, die noch um so mehr gesteigert wird, da die Bevölkerung hier so furchtbar gegen die Deutschen ist. Faustkämpfe auf der Straße oder in den Wirtschaften sind nichts Neues, in Los Angeles schießt man sich sogar auf der Straße, trotzdem der Präsident einen Aufruf zur Neutralität der Bürger unter einander und zu den Kriegsführenden erlassen hat. San Francisco ist verhältnismäßig ruhig, doch unter den Deutschen ist große Begeisterung und emsiges Rühren in den Vereinen. Die Deutschen in Californien allein wollen eine Million Dollar sammeln zum Besten der Witwen und Waisen von den Gefallenen. […]

b) San Francisco, Cal.
Oktober 28. 1919
Liebe Schwester Emmy,
[…] Was nun den Krieg anbetrifft: da wissen wir hier nicht, was wir sagen sollen. […]
Nun hier war eben alles und alles Krieg. Jeder Mann im ganzen Land *musste* für den Krieg arbeiten und helfen, ihn zu gewinnen. […] Äußerungen gegen den Krieg oder zugunsten Deutschlands wurden vor Gerichten mit Geld und Freiheitsstrafen und vom überpatriotischen Gesindel mit Märtern oder gar mit Aufhängen bestraft. […] Doch genug vom Krieg, wir sind alle froh, dass er vorbei ist. […] Das deutsche Volk hat sich nur selbst zuzuschreiben, das es so gekommen ist, so leid es uns tut. […]

Aus: W. J. Helbich, ebd., S. 120 f.

Anregung zur Auswertung

1. Stellen Sie Lebensformen der deutschen Einwanderer in die USA und deren Veränderung zusammen. Begründen Sie die Entwicklung.
2. Erforschen und dokumentieren Sie die Einwanderungspolitik der USA im 19. Jahrhundert. Erläutern Sie die Veränderungen.

5.2 Flucht und Vertreibung im 20. Jahrhundert

Bleiben oder gehen? Flüchtlinge verlassen ihr Haus erst, wenn ihnen keine Wahl mehr bleibt. Sarajewo, 1996.

Mehr als überleben ist in den Flüchtlingslagern nicht möglich. Lager mit Flüchtlingen in Mosambik, 2001.

Es gibt Flüchtlingslager, die die Größe von Städten haben. Flüchtlingslager in Afghanistan, 1994.

In jedem Jahr des 20. Jahrhunderts zogen Bilder wie die auf Seite 179 die Aufmerksamkeit auf sich. Vieles spricht dafür, dass das 21. Jahrhundert dem in nichts nachstehen wird. Sarajewo, Somalia oder Myanmar/Burma sind nur wenige Beispiele dafür, dass Menschen gezwungen werden, zu fliehen, um ihr Leben zu retten. Oft ist auch diese Flucht mit einem hohen Risiko verbunden. So zogen nach der kommunistischen Machtübernahme in den 70er Jahren in Vietnam die so genannten „boat-people" die Aufmerksamkeit auf sich. Sie flohen vor einem System, von dem sie Unterdrückung zu erwarten hatten. Sie riskierten ihr Leben, als sie in kleinen Booten den Weg über das offene Meer suchten.

Die Not der Flüchtlinge und die permanenten Gefahren für den internationalen Frieden veranlassten die UNO mehrfach, die Fluchtbewegungen auf die Tagesordnung zu setzen. Oft ist es vordringlich, kurzfristig Hilfe zu leisten. Aber langfristige Lösungen können nur dann gefunden werden, wenn man die historischen Hintergründe der Ursachen von Flucht und Verfolgung untersucht und berücksichtigt.

Historische Ursachen von Flucht und Vertreibung

Man kann verschiedene Ursachen unterscheiden:

- Viele Fluchtkatastrophen waren Folgen der Kolonialherrschaft: Die großen europäischen Kolonialmächte gingen geschwächt aus den Weltkriegen hervor. Dies beschleunigte die häufig gewaltsam verlaufende Dekolonisation. In den unabhängig gewordenen Staaten, deren Grenzen meist willkürlich von den Kolonialmächten gezogen worden waren, kam es anschließend immer wieder zu internen Auseinandersetzungen, die mit Fluchtwellen verbunden waren.
- Der Ost-West-Konflikt ließ in der zweiten Hälfte des 20. Jahrhunderts fast keinen Winkel der Erde unberührt. Der Gegensatz der Systeme begünstigte die Militarisierung einzelner Staaten, die sich der Unterstützung einer Großmacht versicherten, um regionale Interessen durchzusetzen. Kriegerische Konflikte, die Fluchtbewegungen auslösten, waren die Folge. Einige Staaten (Deutschland, Korea, Vietnam, China) wurden im Zeichen der Systemkonkurrenz geteilt, Menschen flüchteten aus einem Landesteil in den anderen.
- Ökonomische Krisen begünstigten die Verbreitung autoritärer Regime, die gegen Oppositionelle vorgingen und sie ins Exil trieben.
- Nach dem Ende des Ost-West-Konfliktes bilden ethnische und ethnisierte Verteilungs- und Machtkonflikte die Hauptursache von Fluchtbewegungen: Menschen werden aus religiösen oder rassistischen Motiven verfolgt und/oder vertrieben.

Schub- und Sogfaktoren von Migration

Für weitaus größere Bevölkerungswanderungen sorgen aber weiterhin andere Ursachen. Ob das 21. Jahrhundert weiterhin davon geprägt sein wird, hängt von der Entwicklung in drei Bereichen ab.

- Werden die Armutsregionen der Welt einen „demografischen Übergang" erleben wie zuvor die industrialisierten Länder, d. h., werden sich die Geburten- und Sterbeziffern angleichen?
- Wird sich die Ökonomie des Südens so positiv entwickeln, dass alle Menschen in ihrer Heimat ernährt werden können und dort Arbeit finden?
- Werden die ökologischen Probleme gelöst? Nach Schätzungen der UNO sind bereits 25 Millionen Menschen wegen Umweltproblemen auf der Flucht, die Siedlungsgebiete von weiteren 125 Millionen sind bedroht.

Verlaufen diese Trends negativ, dann werden die Verteilungskonflikte und damit die Flüchtlingszahlen konstant hoch bleiben.

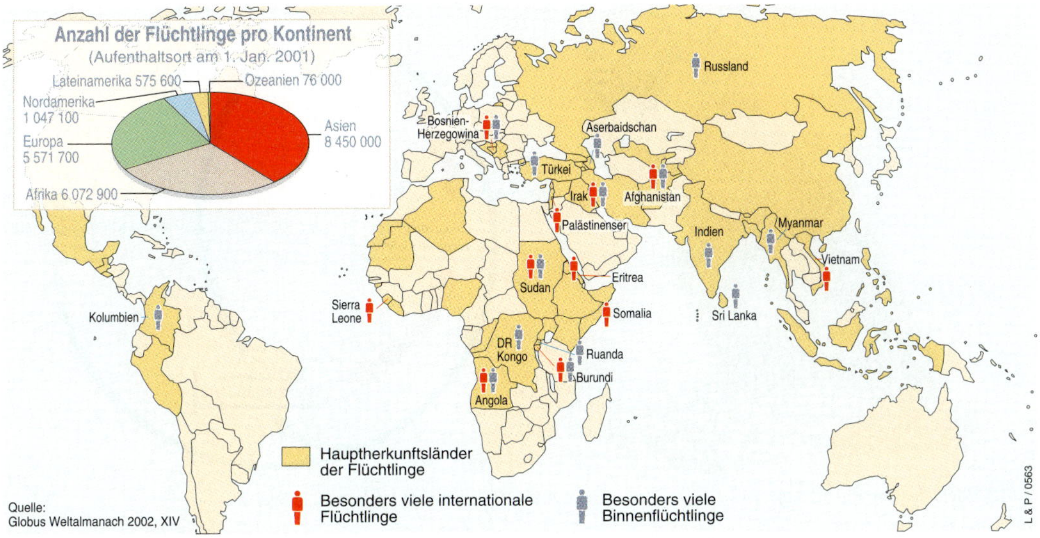

Weltkarte der Flüchtlinge.

MATERIAL

Resolution der UNO – Definition des Flüchtlings 5

Allgemeine Definition im Abkommen von 1951:

34. Gemäß Artikel 1 A (2) des Abkommens von 1951 soll der Begriff „Flüchtling" für jede Person gelten, die aus der begründeten Furcht vor Verfolgung wegen ihrer Rasse, Religion, Nationalität, Zugehörigkeit zu einer bestimmten sozialen Gruppe oder wegen ihrer politischen Überzeugung sich außerhalb des Landes befindet, dessen Staatsangehörigkeit sie besitzt, und den Schutz dieses Landes nicht in Anspruch nehmen kann oder wegen dieser Befürchtungen nicht in Anspruch nehmen will; oder die sich als Staatenlose infolge solcher Ereignisse außerhalb des Landes befindet, in welchem sie ihren gewöhnlichen Aufenthalt hatte, und nicht dorthin zurückkehren kann oder wegen der erwähnten Befürchtungen nicht dorthin zurückkehren will.

MATERIAL

Der Politiker Heiner Geißler, 1999 6

Im Jahre 1848 hatten zwei Männer eine Enzyklika geschrieben, nämlich Friedrich Engels und Karl Marx das „Kommunistische Manifest": „Ein Gespenst geht um in Europa, der Kommunismus." Es war die Antwort auf die alte soziale Frage, auf die Ausbeutung der Arbeiterschaft in Europa, auf Kinder- und Frauenarbeit. Die damals Reichen und Mächtigen hatten diese alte soziale Frage noch nicht einmal im Ansatz erkannt. Das Ergebnis war das „Kommunistische Manifest" – eine falsche Antwort auf eine richtige Frage. Es hat fast 150 Jahre gedauert, bis die letzten Fetzen diese Gespenstes verscheucht waren.

Heute klopfen die Vorboten einer millionenfachen Migration, verursacht durch Armut, Ökokatastrophen und Bevölkerungsexplosion, an die Türen unserer Sozialämter. Und jetzt kommt es darauf an. Ob wir, die heute Mächtigen und Reichen, die Deutschen, Franzosen, Engländer, Amerikaner und Japaner, genauso versagen wie unsere Vorfahren vor 150 Jahren, die Textilfabrikanten in Manchester oder die Ruhrbarone in Deutschland. Wenn wir versagen, werden die Menschen nicht nur an den Türen der Sozialämter pochen, sondern sie werden daran rütteln, und sie werden diese Türen eines Tages einschlagen. Nie-

Ernst Barlach, Der Flüchtling, 1920.

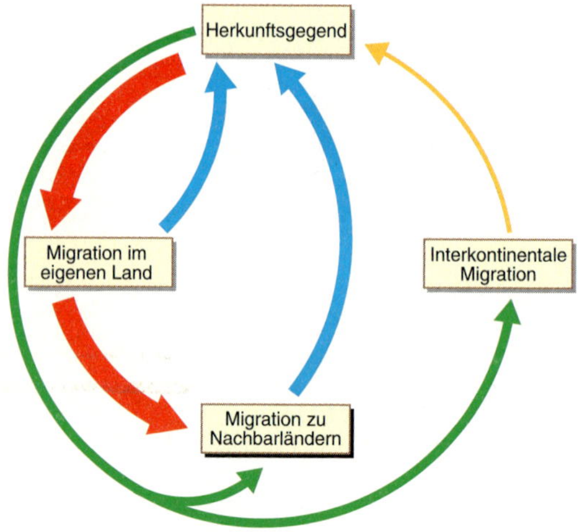

Migranten suchen viele Wege.

mand soll glauben, dass diese globale soziale Revolution ausgerechnet vor den Toren Europas Halt machen wird. Das Elend der Welt lässt sich nicht auf den Sozialämtern in Deutschland lösen. Umso mehr sind wir dazu verpflichtet, die Ursachen zu beseitigen.

Nicht nur die sozialen Verwerfungen und die Bürgerkriege, sondern auch die weltweite Umweltzerstörung gehört zum Ursachenkatalog von Bevölkerungsexplosion und Migration. Im letzten Jahr ist eine Fläche der Brandrodung zum Opfer gefallen, die größer war als Dänemark, die Benelux-Länder, die Schweiz und Österreich zusammengenommen. Jeden Tag gehen bis zu 50 Pflanzen- und Tierarten zugrunde. Jede Sekunde werden 1 000 Tonnen Treibgase in die Luft gejagt. […] Zum ersten Mal in der Milliarden von Jahren währenden Geschichte des Lebens hat eine Spezies, nämlich der Mensch, die Möglichkeit, das ganze Leben zu vernichten. Wie Parasiten können wir den Wirt, von dem wir leben, nämlich unsere Mutter Erde, zerstören. Aber im Gegensatz zu anderen können wir unsere Kinder nicht auf einen anderen Wirt schicken, wenn der jetzige Wirt stirbt.

Aus: H. Geißler, in: C. Tessmer (Hrsg.), Deutschland, Europa und das Weltflüchtlingsproblem, Opladen 1999, S. 28.

Anregungen zur Weiterarbeit

- Erarbeiten Sie die Geschichte der Gastarbeiter in der Bundesrepublik und vergleichen Sie diese mit der deutschen Einwanderung in die USA.
- Analysieren Sie Einstellungen in der Bevölkerung zu den verschiedenen Gruppen von Migranten und die Begründungen, die dazu gegeben werden.
- Erarbeiten Sie ein Fallbeispiel zu Flucht und Vertreibung Deutscher im Zusammenhang mit dem Zweiten Weltkrieg. Befragen Sie dazu Zeitzeugen und werten Sie die Befragungen aus.
- Stellen Sie exemplarisch die Eingliederung von Heimatvertriebenen dar.
- Analysieren Sie den aktuellen Bericht der UNO zur Situation der Flüchtlinge (http://www.unhcr.ch)

Obrigkeitsstaat und Demokratie in Deutschland

Der Denker-Club Karikatur, um 1820. Auf der Tafel rechts stehen die „Gesetze des Denker-Clubs". Punkt III: „Auf dass kein Mitglied in Versuchung geraten möge, seiner Zunge freien Lauf zu lassen, so werden beim Eintritt Maulkörbe ausgeteilt."

MATERIAL

1 Brief des Königsberger Demokraten Johann Jacoby an den badischen Liberalen Johann Adam von Itzstein, 15. März 1848

Endlich wird es Tag in Deutschland. Überall erhebt sich das Volk und richtet in seiner eignen Sache! Der Ruf: es lebe die Republik! Hat auch mir nach jahrelanger Gemütsverstimmung wieder Genesung gebracht. Jetzt ist mir wohl; jetzt atme ich wieder frei auf [...]
Dank Euch, Männer von Baden, Ihr habt den Reigen wacker eröffnet. Allein der Tag ist noch nicht zu Ende. Das morsche Gebäude der Reaktion ist in den meisten deutschen Landen vor dem bloßen Volksschrei zusammengestürzt; solange es aber in Preußen und Österreich aufrecht steht, droht der Freiheit Gefahr, müssen wir alle auf der Hut sein. [...]
Ihr Süddeutsche habt jetzt das Heft in Händen; lasst es Euch um aller Welt willen nicht wieder entreißen! In Heidelberg wart Ihr versammelt – warum habt Ihr Euch nicht sofort als deutsches Volksparlament konstituiert?
Frisch ans Werk, und zaudert nur nicht lange, das Vorbereiten macht mir bange! Man muss durchaus den Fürsten zuvorkommen, Deputierte der verschiedenen deutschen Kammern nach Frankfurt a.M. berufen und ein Manifest an die deutsche Nation erlassen, ehe unsere Feinde zur Besinnung kommen. Das allein kann helfen! [...] Auf ein frohes Wiedersehen in einem freien Lande!
Dein treuer Freund Dr. Jacoby

[...] P.S. 17. März. Soeben verbreitet sich hier die Nachricht von einem Aufstand in Berlin; der König soll sich eiligst nach Potsdam begeben haben. In Polen erwartet man jeden Augenblick den Ausbruch. Es lebe die Republik!

Aus: J. Jacoby, Briefwechsel 1816–1849, Hannover 1974, S. 402 f.

1. Erläutern Sie die Wünsche und Erwartungen, die in dem Brief geäußert werden.
2. „Endlich wird es Tag in Deutschland" – informieren Sie sich über die „Nacht", die diesem Tag voranging.

1. Die Revolution von 1848

1.1 Der Völkerfrühling

Krisen

Mit den Ereignissen des Frühjahrs 1848 entlud sich eine dreifache Krise und erschütterte die europäische Ordnung von 1815:

- die Strukturkrise der gewerblichen Wirtschaft, die unter der industriellen Konkurrenz vor allem Englands litt (→ S. 77),
- die letzte große Hungersnot, die durch Missernten und Kartoffelfäule hervorgerufen wurde und in den vierziger Jahren zu entsetzlicher Not und zahlreichen Hungerrevolten führte (→ S. 77–78),
- die Legitimationskrise des politischen Systems, aus der seit der Gründung des Deutschen Bundes 1815 immer wieder Konflikte entstanden zwischen dem spätabsolutistischen Regierungssystem Preußens und Österreichs und dem liberalen und demokratischen Bürgertum, das nach Partizipation strebte.

Der Deutsche Bund

Die Deutsche Bundesakte von 1815, mit der der Wiener Friedenskongress die deutsche Frage im nachrevolutionären Europa zu lösen versuchte, sah in Art. 13 vor, dass in allen deutschen Bundesstaaten eine „landständische Verfassung stattfinden" solle. Dieses Verfassungsversprechen war jedoch nur in den süd- und mitteldeutschen Staaten verwirklicht worden, während die beiden deutschen Großmächte bis 1848 ohne Verfassung blieben. Ein deutscher Nationalstaat war 1815 bewusst nicht begründet worden, um das europäische Gleichgewicht der Mächte nicht zu stören. Der Deutsche Bund erfüllte aber den Einheitswunsch der deutschen Patrioten nicht. Es gab keine machtvolle gesamtdeutsche Exekutive, und der Deutsche Bundestag in Frankfurt war keine Volksvertretung, sondern ein ständiger Gesandtenkongress unter dem Vorsitz Österreichs.

Versuche der liberalen und nationalen Opposition, eine politische Öffentlichkeit für ihre Vorstellungen zu schaffen, waren unterdrückt worden. Auf die Gründung einer studentischen Bewegung, der Deutsche Burschenschaft, die sich 1817 auf dem Wartburgfest öffentlich manifestiert hatte, waren die Karlsbader Beschlüsse von 1819 gefolgt, die jede politische Vereinigung unterbanden und mit einer strengen Pressezensur auch die freie Meinungsäußerung unmöglich machten. Nach dem Hambacher Fest (1832), bei dem nicht mehr nur eine akademische Minderheit, sondern eine breite Massenbewegung auftrat, waren diese Gesetze noch verschärft worden. Aber der Konflikt schwelte weiter.

Der Anstoß zur deutschen Revolution von 1848 kam aus Frankreich. Obwohl es seit 1814 Verfassungsstaat war, wurde Frankreich 1830 und 1848 von neuen Revolutionen erschüttert. 1830 stürzte die Julirevolution die restaurierte Bourbonenmonarchie und löste eine Welle von Erhebungen über Belgien, die deutschen Staaten bis nach Polen aus. Neuer französischer König wurde Louis Philippe aus dem Hause Orléans. Aber auch dieser „Bürgerkönig" wurde im Februar 1848 durch eine Volkserhebung gestürzt und die 2. Republik ausgerufen.

Märzrevolution Über das Großherzogtum Baden griff die Revolution auf den Deutschen Bund über. In Wien (13. 3.) und Berlin (18. 3.) kam es zu blutigen Straßenkämpfen mit zahlreichen Todesopfern. In den übrigen deutschen Bundesstaaten verliefen die Unruhen meist ohne Blutvergießen. Parallel zu den Volksaufständen in den Städten erhoben sich im Südwesten, in Hessen, Baden und Württemberg die Bauern, die gegen die Reste feudaler Rechte, Frondienste, Naturalabgaben und Grundzinsen protestierten. Gewalttaten, vor allem gegen Juden, waren eine häufige Begleiterscheinung. Da die Adligen meist auf ihre Vorrechte verzichteten und die Staaten Reformgesetze erließen, waren die Bauern die ersten Gewinner der Revolution.

In kürzester Zeit kam es politisch zum Umsturz der „vormärzlichen" Verhältnisse:
- In fast allen Staaten wurden die „Märzforderungen", Pressefreiheit, Versammlungsfreiheit, Volksbewaffnung und Schwurgerichte, bewilligt.
- Liberale „Märzminister" ersetzten die verhassten Repräsentanten des Polizeistaats.
- Zugesagt wurde auch die Wahl einer deutschen Nationalversammlung, die eine Verfassung auf nationalstaatlicher Grundlage schaffen sollte.

Die parlamentarische Initiative ergriffen 51 Abgeordnete der Landtage und liberale Publizisten, die sich am 5. März in Heidelberg versammelten. Sie beriefen eine Versammlung von „Vertrauensmännern aller deutschen Nationalstämme" ein, auf der die Wahlen zu einer Deutschen Nationalversammlung vorbereitet werden sollten. Einladungen wurden an alle „jetzigen und früheren" deutschen Landtagsabgeordneten – also auch die der regierungstreuen Fraktionen – sowie an eine Reihe weiterer „durch das Vertrauen des deutschen Volkes ausgezeichneter Männer" verschickt. Das „Vorparlament" trat am 30. März in Frankfurt zusammen.

Vorparlament Hier zeigte sich, dass eine demokratische Minderheit sehr weitgehende programmatische Vorstellungen hatte. Der badische Vertreter Gustav Struve legte ein radikales 15-Punkte-Programm vor; sein Mitstreiter Friedrich Hecker beantragte, dass sich die Versammlung für permanent erklären sollte, um die Zügel nicht aus der Hand zu geben. Die Mehrheit lehnte die Permanenz ab und richtete lediglich einen „Fünfzigerausschuss" ein, der die Wahlen zur Nationalversammlung vorbereiten sollte. Aus Enttäuschung über das Verhalten der „Halben" versuchten die „Ganzen" unter Führung von Hecker und Struve, die Volksrevolution gegen diese Beschlüsse erneut zu mobilisieren. *Aprilrevolution* Die badische Aprilrevolution begann mit der Ausrufung der Republik in Konstanz. Der Zug der republikanischen Freischaren, der über den Schwarzwald nach Karlsruhe und Frankfurt führen sollte, wurde von Regierungstruppen niedergeschlagen. Hecker und Struve gingen mit ihren Anhängern ins Exil.

Wahlen zur Nationalversammlung Das gewaltsame Vorgehen in Baden hatte den Wahlchancen der demokratischen Linken eher geschadet. Bei den Wahlen zur Deutschen Nationalversammlung sollte in allen deutschen Bundesstaaten, aber auch in den nicht zum Deutschen Bund gehörenden Ländern Schleswig, Ost- und Westpreußen auf je 50 000 Einwohner ein Abgeordneter gewählt werden. Der Wahlmodus wurde den Einzelstaaten überlassen, die zum Teil hierin schon eigene Traditionen hatten. So gab es in einigen Ländern indirekte und öffentliche Wahl, Wahl nach Ständen oder Zensus war aber ausdrücklich ausgeschlossen. Unterschiedliche Auslegungen fand auch die Forderung, dass nur „selbstständige" Männer das Wahlrecht haben sollten. Das Frauenwahlrecht forderten zu dieser Zeit nicht einmal die Radikaldemokraten. Etwa 75 % der Männer über 25 Jahre haben nach den bisherigen Erkenntnissen der Forschung an der Wahl teilnehmen können. Gleichzeitig wurden auch eine preußische und eine österreichische Nationalversammlung gewählt. Die beiden größten deutschen Teilstaaten sollten nun ebenfalls Verfassungsstaaten werden.

MATERIAL 1

Die Forderungen der Offenburger Versammlung, an der mehrere hundert Männer und Frauen aus allen Schichten teilgenommen hatten (12. September 1847)

Die Forderungen des Volkes in Baden:

I. Wiederherstellung unserer verletzten Verfassung.

Art. 1. Wir verlangen, daß sich unsere Staatsregierung lossage von den Karlsbader Beschlüssen vom Jahr 1819, von den Frankfurter Beschlüssen von 1831 und 1832 und von den Wiener Beschlüssen von 1834. Diese Beschlüsse verletzen gleichmäßig unsere unveräußerlichen Menschenrechte wie die deutsche Bundesakte und unsere Landesverfassung.

Art. 2. Wir verlangen Preßfreiheit; das unveräußerliche Recht des menschlichen Geistes, seine Gedanken unverstümmelt mitzutheilen, darf uns nicht länger vorenthalten werden.

Art. 3. Wir verlangen Gewissens- und Lehrfreiheit. Die Beziehungen des Menschen zu seinem Gotte gehören seinem innersten Wesen an, und keine äußere Gewalt darf sich anmaßen, sie nach ihrem Gutdünken zu bestimmen. Jedes Glaubensbekenntniß hat daher Anspruch auf gleiche Berechtigung im Staate.

Keine Gewalt dränge sich mehr zwischen Lehrer und Lernende. Den Unterricht scheide keine Confession.

Art. 4. Wir verlangen Beeidigung des Militärs auf die Verfassung.

Der Bürger, welchem der Staat die Waffen in die Hand gibt, bekräftige gleich den übrigen Bürgern durch einen Eid seine Verfassungstreue.

Art. 5. Wir verlangen persönliche Freiheit.

Die Polizei höre auf, den Bürger zu bevormunden und zu quälen. Das Vereinsrecht, ein frisches Gemeindeleben, das Recht des Volkes sich zu versammeln und zu reden, das Recht des Einzelnen sich zu ernähren, sich zu bewegen und auf dem Boden des deutschen Vaterlandes frei zu verkehren — seien hinfüro ungestört.

II. Entwickelung unserer Verfassung.

Art. 6. Wir verlangen Vertretung des Volks beim deutschen Bunde.

Dem Deutschen werde ein Vaterland und eine Stimme in dessen Angelegenheiten. Gerechtigkeit und Freiheit im Innern, eine feste Stellung dem Auslande gegenüber gebühren uns als Nation.

Art. 7. Wir verlangen eine volksthümliche Wehrverfassung. Der waffengeübte und bewaffnete Bürger kann allein den Staat schützen.

Man gebe dem Volke Waffen und nehme von ihm die unerschwingliche Last, welche die stehenden Heere ihm auferlegen.

Art. 8. Wir verlangen eine gerechte Besteuerung.

Jeder trage zu den Lasten des Staates nach Kräften bei. An die Stelle der bisherigen Besteuerung trete eine progressive Einkommensteuer.

Art. 9. Wir verlangen, daß die Bildung durch Unterricht allen gleich zugänglich werde.

Die Mittel dazu hat die Gesammtheit in gerechter Vertheilung aufzubringen.

Art. 10. Wir verlangen Ausgleichung des Mißverhältnisses zwischen Arbeit und Capital.

Die Gesellschaft ist schuldig die Arbeit zu heben und zu schützen.

Art. 11. Wir verlangen Gesetze, welche freier Bürger würdig sind und deren Anwendung durch Geschwornengerichte.

Der Bürger werde von dem Bürger gerichtet. Die Gerechtigkeitspflege sei Sache des Volkes.

Art. 12. Wir verlangen eine volksthümliche Staatsverwaltung.

Das frische Leben eines Volkes bedarf freier Organe. Nicht aus der Schreibstube lassen sich seine Kräfte regeln und bestimmen. An die Stelle der Vielregierung der Beamten trete die Selbstregierung des Volkes.

Art. 13. Wir verlangen Abschaffung aller Vorrechte.

Jedem sei die Achtung freier Mitbürger einziger Vorzug und Lohn.

Offenburg, 12. September 1847.

MATERIAL

2 Die Bauern – ein Artikel aus der Oberrheinischen Zeitung vom 17. März 1948

Darmstadt, 10. März. Aus dem Odenwald erhalten wir Nachrichten, von bedeutenden Störungen der öffentlichen Ordnung, hervorgegangen aus der beharrlichen Opposition der Bauern gegen die Standesherren der drei gräflichen Häuser Erbach, Fürstenau und Schönberg. Vorgestern tobte die Emeute (*aufrührerische Menge*) zu Erbach, wo gegen 2000 Bauern dem Grafen Eberhard vor das Schloß rückten und ihm durch eine Deputation ihre sehr ungestümen Forderungen erkennen geben ließen, und zwar in Übereinstimmung mit der von derselben bei der zweiten Kammer letzthin übergebenen Petition, in welcher Abschaffung aller standesherrlichen Rechte ohne weiteres gefordert wird.

Die drohende Haltung so vieler, wie es schien, zum Äußersten entschlossenen Menschen war für den Grafen und sein Eigenthum eine sehr gefahrvolle, und im Drange des Augenblicks mußte er der Gewalt weichen und einen Revers ausstellen, in welchem er förmlich verzichtete auf das Präsentationsrecht bei Versetzung geistlicher und weltlicher Stellen in der Grafschaft Erbach-Erbach, auf alle Jagden, die schon in vier Wochen gänzlich freigegeben werden sollen, auf Zehnten, Grundrenten etc., so daß dem Grafen, wenn diese ihm abgerungene Verzichtleistung gerichtliche Gültigkeit haben könnte, von seinem Vermögen weiter nichts übrig bleiben würde als sein Immobiliarbesitz an Feldern, Wäldern etc.

Der Graf Albert zu Erbach-Fürstenau sollte eine Urkunde ausstellen, wonach er bei Auflösung der Grundrenten mit dem sechsfachen Betrage des Werthes derselben zufrieden sei. Der Graf verweigerte dieses Ansinnen und erklärte, daß er lieber gar nichts dafür nehmen wolle.

Karikatur, 1848: Wehe, wehe steht der Bauer auf.

1. Die badischen Demokraten hatten 1847 die Offenburger Versammlung organisiert, von der ausdrücklich niemand ausgeschlossen sein sollte. Ziehen Sie aus den Forderungen Rückschlüsse auf die Zustände in Deutschland.
2. Gewichten Sie die Forderungen nach dem Grad der Radikalität.
3. Wer Forderungen durchsetzen will, braucht Macht. Über welche Machtmittel verfügten die Revolutionäre, über welche nicht.
4. Erläutern Sie die Aussage der Karikatur auf S. 188 und versuchen Sie anhand von M 2 zu erklären, warum der Bauer letztlich doch nicht aufstand.

1.2 Parlament und politische Öffentlichkeit

Liberale und Demokraten

In 585 Wahlkreisen hatten Wahlen zur Nationalversammlung stattgefunden, die am 18. Mai 1848 in der Frankfurter Paulskirche zusammentrat. Die Wahl war eine reine Persönlichkeitswahl gewesen, da Parteien und politische Verbände in der Vormärzzeit verboten waren. Die einzigen „Richtungen", zwischen denen der Wähler entscheiden konnte, waren die konstitutionellen Liberalen und die linken, zum Teil offen republikanischen Demokraten. Letztere waren in der Minderheit; allenfalls 130 bis 150 Abgeordnete kann man zur parlamentarischen Linken zählen.

Zu den hartnäckigen Vorurteilen gegenüber der Paulskirche gehört die Vorstellung vom weltfremden „Professorenparlament", das Diskussionen auf hohem theoretischen Niveau geführt und darüber die soziale und politische Wirklichkeit aus den Augen verloren habe. Dieses Zerrbild (→ die Karikatur S. 193), das von Konservativen und von radikalen Revolutionären gleichermaßen gepflegt wurde, entspricht nicht der Realität. Obwohl die Abgeordneten nur in den Länderparlamenten Erfahrungen hatten sammeln können, beherrschten sie bald moderne parlamentarische Verfahrensweisen. Schon nach kurzer Zeit bildeten sich Fraktionen, die nach ihren Tagungslokalen, Frankfurter Wirtshäusern, benannt wurden (→ Material 3). Zur intensiveren Beratung der Einzelprobleme wurden Ausschüsse und Kommissionen gebildet, von denen der Verfassungsausschuss und der volkswirtschaftliche Ausschuss die größte Bedeutung erlangten. Zum ersten Präsidenten wurde der Wortführer der konstitutionellen Casino-Fraktion, Heinrich von Gagern, gewählt.

Fraktionen und Ausschüsse

Provisorische Zentralgewalt

Eine der ersten Maßnahmen und zugleich eine Vorentscheidung für die künftige Verfassung war die Wahl einer Provisorischen Zentralgewalt, eines Exekutivorgans der Nationalversammlung. Für die Fraktionsbildung war die Debatte darüber eine entscheidende Weichenstellung. Die Konstitutionellen wollten im Einvernehmen mit den Länderregierungen ein Kollegium aus drei Fürsten bilden, die der Nationalversammlung nicht verantwortlich sein sollten. Die Linke schlug einen verantwortlichen Exekutivausschuss aus Abgeordneten vor. Als Kompromiss setzte sich Gagerns „kühner Griff" durch: Die Versammlung beschloss zwar, die Exekutivgewalt aus eigener Souveränität zu schaffen, an ihrer Spitze sollte jedoch ein Fürst stehen, der dem Parlament nicht verantwortlich war. Am 29. Juni wurde der volkstümliche, als liberal geltende Erzherzog Johann von Österreich gegen die Stimmen der Linken zum „Reichsverweser" gewählt. Er berief eine Provisorische Reichsregierung unter Fürst Karl von Leiningen. Dieser wurden die Befugnisse des alten Bundestages, der damit offiziell aufgelöst war, übertragen.

Schwäche der Nationalversammlung

Die Nationalversammlung genoss zwar aufgrund ihrer demokratischen Legitimation hohes Ansehen in der Bevölkerung, hatte aber keine reale Machtbasis. Sie verfügte über keine eigenen Streitkräfte, keinen Beamtenapparat und keine eigenen Steuereinnahmen. Bei der Finanzierung und Durchsetzung ihrer Beschlüsse war sie von den Länderregierungen der Einzelstaaten abhängig. Nur die kleineren unter ihnen vereidigten ihre Armeen auf die Reichsfarben Schwarz-Rot-Gold und auf den Reichsverweser. Diplomatische Anerkennung fand die neue Reichsregierung nur bei den USA und einigen kleineren Ländern.

Vereine Mit der Märzrevolution waren alle polizeistaatlichen Beschränkungen des politischen Lebens gefallen; zugleich war ein mächtiger Anstoß zu politischem Engagement erfolgt. In kurzer Zeit bildete sich ein breites Vereinswesen aus, das bereits alle Kennzeichen künftiger Parteien trug. Die befreite Presse und große Volksversammlungen trugen ihre Diskussionen in die Öffentlichkeit. Eisenbahn und bald auch elektrische Telegraphie beschleunigten die Kommunikation.

Spaltung Die Opposition des Vormärz war gespalten. Beide Richtungen hatten ihre Vorstellungen schon im September 1847 schriftlich formuliert, die Demokraten auf der ersten Offenburger Versammlung (→ S. 187, Material 1), die Liberalen auf einer Gegenveranstaltung in Heppenheim. Die Demokraten beriefen sich auf die unbeschränkte Volkssouveränität und strebten die Republik mit allgemeinem Wahlrecht an, bekannten sich allenfalls aus taktischen Gründen zur Monarchie „auf breitester demokratischer Grundlage". Die Liberalen waren für die konstitutionelle Monarchie, Zensuswahlrecht und weitgehende Abstimmung der künftigen Verfassung mit den Fürsten („Vereinbarungsstrategie").

Organisation der Demokraten Die Demokraten hatten im Vorparlament, bei der badischen Aprilrevolution und bei den Wahlen zur Nationalversammlung schwere Rückschläge erlitten. Aber schon vorher, auf der zweiten Offenburger Versammlung (19. 3. 1848) hatten sie weitreichende Beschlüsse zu einer Organisation in Bezirks-, Kreis- und Landesvereinen gefasst. Die Gründung dieser „Volksvereine" vollzog sich mit erstaunlicher Schnelligkeit. Im Juni 1848 tagte in Frankfurt der erste Demokratenkongress. Er richtete eine zentrale Leitung in Berlin ein, die bereits hauptamtliche Funktionäre beschäftigte. Der zweite Demokratenkongress Ende Oktober 1848 in Berlin stand schon im Zeichen der Bedrohung durch die preußische Gegenrevolution. Die linken Fraktionen der Nationalversammlung (Deutscher Hof, Donnersberg und Westendhall) suchten dieser Bedrohung durch den Zusammenschluss aller demokratischen Kräfte zu begegnen. Diese Organisation nannte sich „Centralmärzverein" und umfasste im Frühjahr 1849 bereits 500 000 Mitglieder in 950 Ortsvereinen, „die erste deutsche Partei moderner Prägung". In Baden gehörte 1849 fast ein Zehntel der volljährigen Männer einem der demokratischen Volksvereine an, die in einem dichten Netz das ganze Land bis in die kleinsten Dörfer überzogen.

Frauen Im Rahmen der demokratischen Bewegung wurden auch Frauen politisch aktiv (→ Der Kampf um die Rechte der Frau, S. 155–159). Obwohl sie vom aktiven und passiven Wahlrecht ausgeschlossen waren, bildeten sie demokratische Frauenvereine. Sogar an bewaffneten Auseinandersetzungen wie den Berliner Barrikadenkämpfen nahmen Frauen teil. Als Begründerin der modernen Frauenbewegung in Deutschland gilt Louise Otto-Peters, die 1849 die „Frauen-Zeitung für höhere weibliche Interessen" herausgab und später eine eigene Organisation, den „Allgemeinen Deutschen Frauenverein", (1865) gründete.

Liberale Obwohl die Liberalen aufgrund der Mehrheitsverhältnisse die Arbeit der Paulskirche stärker als die Demokraten prägten, war ihre Organisation sehr viel weniger effizient als die der Demokraten. Zwar gab es in vielen Gemeinden „Konstitutionelle Clubs", doch blieben alle Versuche überregionaler Zusammenschlüsse erfolglos, bis in Kassel am 5. 11. 1848 der „Nationale Verein" ausgerufen wurde; dieser erreichte aber nie die Stärke des Centralmärzvereins.

Fahne der Demokraten, gespendet vom Frauen- und Jungfrauenverein „Concordia" in Mannheim. Der Verein wurde im November 1848 gegründet, um den badisch-pfälzischen Freiheitskampf zu unterstützen. Die Rückseite trägt die Losungsworte FREIHEIT – GLEICHHEIT – BRUDERLIEB.

Katholiken

Konflikte zwischen Staat und katholischer Kirche in der Vormärzzeit führten dazu, dass sich auch die Katholiken politisch organisierten. Nach Papst Pius IX. benannte „Pius-Vereine" konnten allein in Baden 100 000 Mitglieder erfassen. Ihre Hauptsorge war es, die katholische Kirche von staatlichem Einfluss freizuhalten. Auf ihren Katholikentagen und in breiten Petitionsbewegungen setzten sie sich für den konfessionellen Religionsunterricht, aber auch für sozialpolitische Belange ein.

Arbeiter

Uneinheitlich ist das Bild der politisch aktiven Handwerker und Arbeiter. Während ein „Handwerker- und Gewerbekongress", der ausschließlich von Handwerksmeistern getragen war, am 15. 7. 1848 in Frankfurt die Rückkehr zu vormodernen Organisationsformen in Zünften forderte, veranstalteten die ausgeschlossenen Gesellen einen Gegenkongress und schlossen sich im Herbst der „Allgemeinen deutschen Arbeiterverbrüderung" an, die im Frühjahr 1849 etwa 15 000 Mitglieder in 170 Ortsvereinen zählte. Eine einheitliche Arbeiterklasse war aber noch nicht einmal in Ansätzen vorhanden. Die Industrialisierung steckte noch in den Anfängen, und die meisten Arbeiter waren im Kleingewerbe beschäftigt. Der sozialrevolutionäre „Bund der Kommunisten" um Karl Marx (→ S. 97ff.) blieb daher eine Randgruppe.

Organisation der Konservativen

Angesichts dieser breiten Massenmobilisierung sahen auch die konservativen Verteidiger der alten Ordnung die Notwendigkeit gekommen, sich politisch zu organisieren, da mit dem Machtapparat des Staates allein die Revolution nicht zu unterdrücken war. Vor allem in Preußen und Bayern bemühte man sich erfolgreich um eine Massenbasis im Kleinbürgertum. Der „Treubund für König und Vaterland" hatte allein in Berlin 10 000 Mitglieder. Konservative Politiker sahen allerdings auch den Widerspruch, die Demokratie mit demokratischen Methoden bekämpfen zu wollen. Ein Autor drückte das Dilemma in einem Vergleich aus: „Ja, manches Moment, was in unberufenen Händen als Gift wirkt, verwandelt sich von berufenen angewendet in gesunden Nahrungsstoff." Man scheute sich auch nicht, Methoden der modernen Massenbeeinflussung anzuwenden; symptomatisch ist die Gründung der „Neuen Preußischen Zeitung", wegen des Eisernen Kreuzes in der Kopfzeile auch „Kreuzzeitung" genannt. Sie blieb für fast ein Jahrhundert das Sprachrohr der preußischen Konservativen.

Das fünfgliedrige Parteiensystem, das ein Ergebnis der Revolution war, blieb in seinen Grundzügen bis weit ins 20. Jahrhundert hinein erhalten. Die Schnelligkeit und Intensität, mit der sich die politische Mobilisierung vollzog, widerlegt das Vorurteil von der politischen Unreife des deutschen Volkes.

MATERIAL

3 Die Fraktionen der Paulskirche

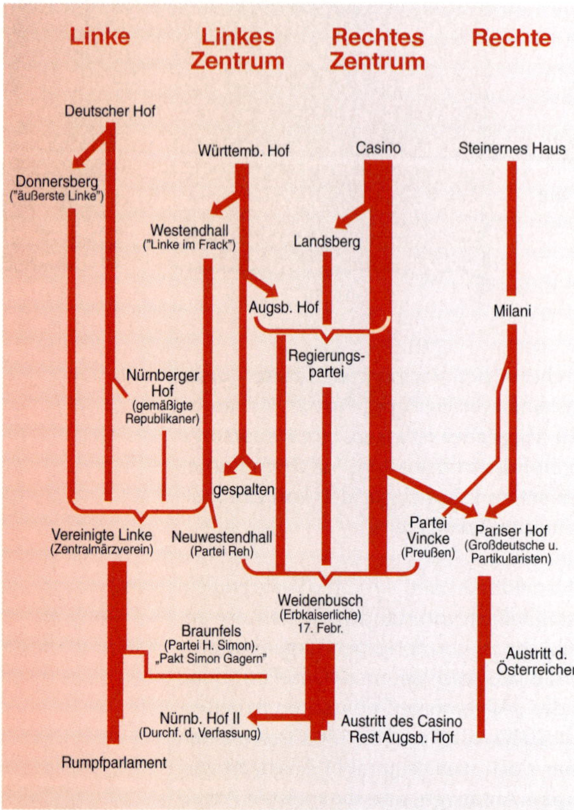

1848	
Mai	Zusammentritt der Nationalversammlung; Preußische Offensive in Dänemark
Juni	Reichsverweserwahl
Juli	Polendebatte; Beginn der Grundrechtsdebatte
Aug.	Waffenstillstand von Malmö
Sept.	5.9. Ablehnung des Waffenstillstands; Rücktritt des Ministeriums Leiningen; 18.9. Anerkennung des Waffenstillstands; Aufstände in Frankfurt und Südwestdeutschl. (Struve); Ministerium Schmerling
Okt.	Beginn der Verfassungsberatung; Sieg der Gegenrevolution in Österreich
Nov.	Einmarsch preußischer Truppen in Berlin, Verlegung der preußischen Nationalversammlung
Dez.	„Oktroyierte Verfassung" für Preußen; Verkündung der Grundrechte; Rücktritt Schmerlings, Ministerium Gagern
1849	
Jan.	Debatte über das Reichsoberhaupt
Febr.	Wahlrechtsdebatte
März	Verkündung des allgemeinen Wahlrechts Österreich fordert Eintritt ins Deutsche Reich; Durchbruch der kleindeutschen Lösung; Wahl Friedrich Wilhelms IV. zum Kaiser
April	Ablehnung der Kaiserwürde durch Friedrich Wilhelm IV.
Mai	Beginn der Reichsverfassungskampagne; Verlegung des Rumpfparlaments nach Stuttgart
Juni	Auflösung des Rumpfparlaments
Juli	Niederschlagung der Revolution in Baden

Rechte (Café Milani): *Vereinbarung: Gültigkeit der Reichsverfassung nur mit Zustimmung der Einzelstaaten, deren Selbständigkeit möglichst wenig eingeschränkt werden soll, konstitutionelle Monarchie*
Rechtes Zentrum (Casino): *Konstitutionelle Monarchie, Anerkennung der Besonderheiten der Einzelstaaten, Nationalversammlung als alleiniges verfassunggebendes Organ*
Linkes Zentrum (Württemberger Hof u. a.): *keine Vereinbarung, Volkssouveränität, Bundesstaat*
Linke (Westendhall, Deutscher Hof, Donnersberg): *Volkssouveränität, allgemeines Wahlrecht, keine Vereinbarung, „demokratische Monarchie" oder Republik, Volksbewaffnung, soziale Reformen, förderalistisches Gesamtdeutschland, Gleichberechtigung aller Nationalitäten, Selbstbestimmungsrecht der Völker*

1. Vergleichen Sie Stärke und Stabilität der einzelnen Fraktionen. Welche Schlüsse auf die Abstimmungsergebnisse lassen sich daraus ziehen?
2. Welche Probleme und Ereignisse wirkten in der Paulskirche fraktionsbildend und -spaltend?
3. Ordnen Sie einzelne Aussprüche des „Abgeordneten Piepmeyer" (Abbildung S. 193) Themen und Fraktionen der Paulskirche zu. Zeigen Sie, dass die Karikaturisten antiparlamentarische Vorurteile ausdrücken.
4. Informieren Sie sich über die Entwicklung des deutschen Parteienwesens nach 1860. In welchen Fraktionen der Paulskirche könnten Ursprünge der späteren Parteien zu finden sein?

Der Abgeordnete Piepmeyer übt eine Rede nebst den dazugehörenden Redensarten und Gesten ein. Die Karikaturen über den „Abgeordneten Piepmeyer" sind eine Schöpfung des konservativen Abgeordneten Johann Hermann Detmold (Café Milani); die Zeichnungen stammen von dem Düsseldorfer Maler Adolf Schrödter.

MATERIAL

Programmatische Erklärungen politischer Vereine 4

a) Erklärung des „Deutschen Vereins" in Leipzig:

Es ist Aufgabe des Vereins, aufgeklärte, gemäßigte und Ruhe wahrende Staatsbürger zu bilden. Die niederen Klassen, namentlich die Arbeiter, werden begreifen lernen, dass sie nur bei Achtung vor dem Gesetze […] und durch gerechte, mäßige Ansprüche, bei der gehörigen Bereitwilligkeit, tätig zu sein, wahrhaft zu dem allerdings berechtigten Ziele gelangen können, eine geachtetere, ebenbürtigere Stellung unter den übrigen Staatsbürgern einzunehmen.

b) Rundschreiben der Allgemeinen Deutschen Arbeiterverbrüderung vom 18.9. 1848:

[...] Auch in Deutschland ist aus dem Kampfe politischer Umgestaltungen die Bewegung der arbeitenden Classe, als historisch berechtigt, mit jedem Tage mehr hervorgetreten [...] Denn auch in Deutschland ist die Macht des Kapitals zu einer solchen Höhe gelangt, dass es der schaffenden Hand nicht mehr gelingen kann, ihre Concurrenz zu ertragen, dass vielmehr der Arbeiter in allen Gewerbezweigen schon der gebeugte Diener, der Sklave des Kapitals geworden.

Brüder! So kann es nicht länger bleiben! [...] Wir Arbeiter müssen uns selbst helfen [...]

Deutschlands Arbeiter müssen dahin streben, eine moralische Macht im Staate zu bilden, ein starker Körper zu werden, der jedem Sturm trotzt [...] der Jeden in sich aufnimmt, wer ein Herz hat für die Noth der Bedrückten und selbst gefesselt ist von der Macht des Kapitals, dessen körperliche und geistige Kräfte sich verdingen müssen an einen Glücklichen der Erde: einen Jeden, der arbeitet oder arbeiten will. Der Allgemeine deutsche Arbeitercongreß zu Berlin nahm keine Gegensätze von Meistern und Gesellen an, wie das mittelalterliche Zunftwesen uns aufbewahrt hat, für ihn gab es nur die modernen gesellschaftlichen Gegensätze von Kapitalisten und Arbeitern. Die Arbeiter zur Höhe des Lebens, die Arbeit zu ihrer hohen Berechtigung im Staate zu führen, das war seine Aufgabe, das ist die Aufgabe von Allen, die schaffen, von Allen, die arbeiten [...]

Aus: a) Wolfram Siemann, Die deutsche Revolution von 1848/49, Frankfurt 1985, S. 106.
b) H. Schlechte, Die Allgemeine deutsche Arbeiterverbrüderung 1848–1850. Dokumente des Zentralkomitees, Weimar 1979, S. 338.

MATERIAL

5 Frauen in der Politik

Die demokratischen „Seeblätter" in Konstanz, 20.6.1849:

Ein rühmliches Zeichen der Zeit ist die Gründung von Frauenvereinen, die anfangs überall ins Leben treten. Wer nicht von jener Sorte ist, die das weibliche Geschlecht vom menschlichen ausschließt, wird dieser Bewegung, die den Bedürfnissen der Zeit so angemessen ist, nicht hemmend entgegentreten. [...] Auch das Weib ist berufen, als Mensch an menschheitlichen Zwecken teilzunehmen. Sie tritt in gegenwärtiger Zeit durchaus nicht aus ihrer naturgemäßen Stellung heraus, wenn sie an den öffentlichen Angelegenheiten teilnimmt. Es kommt nur darauf an, dass sie in weiblicher Weise daran teilnehme. Solange Frauenvereine nur das Feld der Wohltätigkeit und derjenigen Arbeiten, die nur von weiblichen Händen und Augen besorgt und überwacht werden können, bestellen und sich von der polemisierenden Männerwelt fern halten, so lange verdienen ihre Bestrebungen unsere volle Achtung. Der wenn auch nur mittelbare Einfluss des Weibes auf das öffentliche Leben lässt sich nicht leugnen.

Aus: G. Hummel-Haasis (Hrsg.), Schwestern zerreißt eure Ketten. Zeugnisse zur Geschichte der Frauen in der Revolution von 1848/49. München 1982, S. 55.

1. Vergleichen Sie die Erwartungen der Arbeiterverbrüderung in Material 4 b mit den Äußerungen des Deutschen Vereins in Material 4 a). Lässt sich die Einstellung der Arbeiter als Reaktion auf die Haltung des Deutschen Vereins begründen? Vgl. auch die Debatte über das Wahlrecht, → S. 202–204.
2. Vergleichen Sie die Stellungnahme des Autors von Material 5 mit der von Louise Otto-Peters S. 158.
3. Mit welchen Problemen werden sich politisch aktive Frauen 1849 konfrontiert sehen?
4. Welche Gemeinsamkeiten sehen Sie zwischen Arbeiter- und Frauenbewegung?

1.3 Was ist des Deutschen Vaterland?

„Was ist des Deutschen Vaterland? Ist's Preußenland, ist's Schwabenland?", fragt Ernst Moritz Arndts populäres Lied aus der Zeit der Befreiungskriege gegen Napoleon. Es gipfelt in der Forderung: „Das ganze Deutschland soll es sein." Die Schwierigkeit, Deutschland territorial zu definieren, stellte sich überall da, wo die Sprach- und Volkstumsgrenzen nicht mit den politischen übereinstimmten. Dies stellte die Nationalversammlung vor große Probleme, die nicht nur die künftige Verfassung, sondern auch das europäische Machtgefüge betrafen. Der Deutsche Bund konnte nicht als Modell dienen, da einerseits nichtdeutsche Bevölkerungsteile auf seinem Gebiet lebten, andererseits deutsche Minderheiten jenseits seiner Grenzen Untertanen nichtdeutscher Fürsten waren. Und wie würde man mit dem multiethnischen Habsburgerreich verfahren, das nur zur Hälfte zum Deutschen Bund gehörte, aber auch in diesem Teil ethnisch nicht homogen war?

Böhmen und Mähren

Von den 68 Wahlkreisen Böhmens und Mährens hatten 48 die Aufforderung zur Wahl der deutschen Nationalversammlung abgelehnt, da die Tschechen entweder einen eigenen Nationalstaat anstrebten oder zum Schutz gegen das übermächtige Russland lieber dem „Völkerverein" der Donaumonarchie als einem deutschen Nationalstaat angehören wollten. Ähnlich stellte sich das Problem in den vorwiegend italienisch besiedelten Teilen Südtirols. Nur die demokratische Linke forderte den Verzicht darauf; die übrigen Fraktionen billigten die Feldzüge des österreichischen Feldmarschalls Radetzky, der die Revolution in Oberitalien niederschlug.

Südtirol

Polen

Auch Polen war kein souveräner Staat. Nach den Teilungen des 18. Jahrhunderts war es auf dem Wiener Kongress nicht wiederhergestellt worden. Der größere Teil („Kongress-Polen") gehörte zum Zarenreich, die westlichen Teile waren preußische Provinzen, aber nicht Bestandteile des Deutschen Bundes. Als im März 1848 auch die Polen ihre nationale Unabhängigkeit forderten, hatte das Vorparlament es als „heilige Pflicht" bezeichnet, sie darin zu unterstützen. Aber im Mai besiegte die preußische Armee die polnischen Freiheitskämpfer, die preußische Provinz Posen wurde geteilt und der westliche Teil zu Preußen und damit zum Deutschen Bund geschlagen. Daraufhin forderte die demokratische Linke, dass „Deutsch-Posen" nicht zum künftigen Deutschen Reich gehören sollte. Mit großer Mehrheit lehnte die Nationalversammlung diesen Antrag aber ab und gab damit die traditionelle Polenfreundschaft der deutschen Liberalen auf. Viele Abgeordnete setzten nicht mehr auf die internationale Solidarität der freien Völker, sondern auf deutsche Machtpolitik zu Lasten der Nachbarvölker.

Schleswig und Holstein

Folgenreich für den Fortgang der Revolution war der Konflikt um die Herzogtümer Schleswig und Holstein. Die beiden Länder, von denen nur Holstein zum Deutschen Bund gehörte, wurden vom dänischen König regiert. Unter dem Eindruck der Februarrevolution waren auch in Dänemark nationale Emotionen entfesselt worden. Man versuchte, das teilweise dänisch besiedelte Schleswig vollends in den dänischen Staat einzugliedern. Die deutsche Bevölkerung verkündete darauf am 24. 3. 1848 den Anschluss an das künftige Deutsche Reich und bat um militärische Hilfe gegen den dänischen Einmarsch. Im Auftrag des Deutschen Bundes besetzten preußische Truppen

Schleswig und stießen weit nach Jütland vor. Dieses Vorgehen rief die Großmächte England und Russland auf die Bühne. Unter ihrem Druck musste Preußen am 26. August den Waffenstillstand von Malmö abschließen und seine Truppen zurückziehen.

Waffenstillstand von Malmö

Die europäischen Mächte hatten der deutschen Nationalbewegung ihre Grenzen gezeigt. Eine Welle nationaler Leidenschaft war die Folge. Diese richtete sich auch gegen Preußen, das beim Abschluss des Waffenstillstands weder die Nationalversammlung noch die Provisorische Zentralgewalt konsultiert hatte. Die Debatte um eine nachträgliche Anerkennung des Waffenstillstands spaltete die Nationalversammlung. Konservative und viele Liberale votierten aus Einsicht in die Machtlage, aber auch im Hinblick auf ein künftiges preußisches Kaisertum für die Annahme, während die Linke aus Sorge um den Fortgang der Revolution dagegen stimmte. Am 16. September wurde der Waffenstillstand mit knapper Mehrheit (257:236) angenommen. Diese Entscheidung vertiefte die Spaltung zwischen den Konstitutionellen und den Demokraten, die sich von einem Krieg neuen revolutionären Schwung erhofften. Sie hatten die Zeit seit der Märzrevolution zur Organisation ihrer demokratischen Volksvereine genutzt und drängten auf die „2. Revolution".

September-Aufstände

Am 18. September kam es vor der Paulskirche zu einer Demonstration gegen die liberalen „Volksverräter", die sich nach dem Eingreifen österreichischer und preußischer Truppen zum Volksaufstand gegen die Nationalversammlung und die Provisorische Zentralgewalt ausweitete. Der Mord an zwei konservativen Abgeordneten und der zweite Versuch Struves, im Südwesten die Republik zu errichten (Lörrach 21. September) diskreditierten die demokratische Linke, schwächten aber auch die Position der Nationalversammlung insgesamt gegenüber der jetzt einsetzenden Gegenrevolution: Man brauchte die Monarchien zur Aufrechterhaltung von Ruhe und Ordnung sowie zur Verhinderung der sozialen Revolution, ohne ihnen glaubwürdig mit den Volksmassen drohen zu können. Die gegenrevolutionären Kräfte in Preußen und Österreich gewannen damit Handlungsspielraum. Vor allem Österreich, das die nationalen Revolutionen in Italien und Böhmen mit militärischer Gewalt niedergeworfen hatte, machte sich nun daran, auch in Ungarn und Wien die Uhr zurückzudrehen. In blutigen Straßenkämpfen schlugen kroatische Truppen die zweite Wiener Revolution nieder (Oktober 1848). Die Erschießung des demokratischen Paulskirchenabgeordneten Robert Blum zeigte der Welt, was die neue österreichische Regierung unter Fürst Schwarzenberg vom Parlament hielt. Im März 1849 löste Schwarzenberg die österreichische Nationalversammlung auf und forderte von der Paulskirche ultimativ, dass der gesamte österreichische Staat zu Deutschland gehören müsse.

Gegenrevolution

Kleindeutsche Lösung

Sein Plan eines österreichisch dominierten „70-Millionen-Reichs" hätte sämtliche Vorstellungen von einem deutschen Nationalstaat gesprengt. Die Nationalversammlung sah sich unter diesem Druck genötigt, sich für die „kleindeutsche" Lösung zu entscheiden, d.h. für ein preußisch geführtes Deutsches Reich ohne Österreich, nachdem man vorher eine „großdeutsche" Lösung favorisiert hatte, die die Einbeziehung von Deutschösterreich bedeutet hätte. Die Paulskirchenfraktionen formierten sich neu (→ S. 192). Da die neue kleindeutsche Fraktion Weidenbusch der Linken in der Frage des allgemeinen Wahlrechts entgegenkam (→ S. 202), fand die kleindeutsche Lösung schließlich am 27. März 1849 eine knappe Mehrheit (267:263). Die entscheidenden vier Stimmen waren die von vier demokratischen Österreichern, die damit gegen die Gegenrevolution in ihrem Land protestierten.

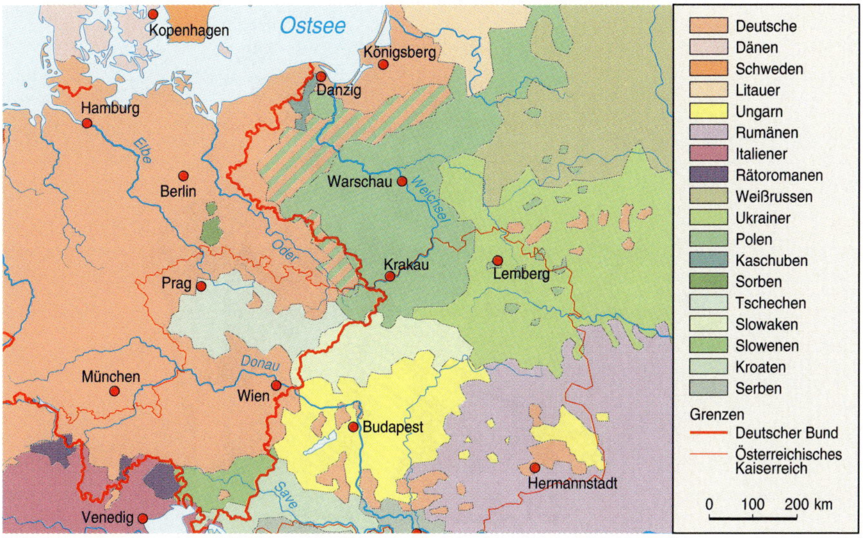

Nationalitäten im Deutschen Bund.

MATERIAL 6

Aus der Debatte über die zukünftige Stellung der Provinz Posen, 24./25. 7. 1848

Posen, wo 60% Polen lebten, gehörte bis Mai 1848 als preußische Provinz nicht zum Deutschen Bund, ihr westlicher Teil wurde aber 1848 Teil Preußens und damit in den Deutschen Bund einbezogen (➔ S. 195).

R. *Blum, Deutscher Hof:*

[…] Ich will nur fragen, wenn wir hier die Angelegenheiten der europäischen Politik, […] entscheiden, nach welchem Principe handeln Sie denn da? Ist es die territoriale Auffassung der Dinge, die Sie bestimmt, wie das z. B. hinsichtlich Schleswig-Holstein's, der Slaven und Triest's der Fall gewesen zu sein scheint? Warum sind Sie dann nicht von demselben Principe ausgegangen, wenn es sich darum handelt, ein anderes Volk zu beurtheilen, dem eine Anzahl Deutscher einverleibt ist wie uns eine Anzahl Dänen und Slaven und Italiener ? […]

Oder ist es der National-Gesichtspunkt, der Sie leitet? Nun, dann seien Sie auf der anderen Seite so gerecht, und wenn Sie Posen durchschneiden, um die Deutschen zu reclamiren, so schneiden Sie auch Schleswig durch, geben Sie die Slaven los, die zu Österreich gehören und trennen Sie auch Südtyrol von Deutschland. Ja, ich sage mehr: wenn Sie so ein lebhaftes Nationalgefühl haben und durch dasselbe allein sich leiten lassen sollen, so befreien Sie die deutschen Ostseeprovinzen von der Herrschaft Rußland's und befreien Sie die 600 000 unglücklichen Deutschen im Elsaß, die sogar unter der Herrschaft einer Republik schmachten. (*Anhaltender Beifall*)

W. *Jordan* (*Deutscher Hof*):

[…] Wer da sagt, wir sollen diese deutschen Bewohner Posens den Polen hingeben und unter polnische Regierung stellen, den halte ich mindestens für einen unbewußten Volksverräther. (*Bravo!*) […] Polen bloß deßwegen herstellen zu wollen, weil sein Untergang uns mit gerechter Trauer erfüllt, das nenne ich eine schwachsinnige Sentimentalität. (*Bravo von der Rechten, Zischen von der Linken*)

[…] Ich sage, die Politik, die uns zuruft: gebt Polen frei, es koste, was es wolle, ist eine kurzsichtige, eine selbstvergessene Politik, eine Politik der Schwäche, eine Politik der Furcht, eine Politik der Feigheit. Es ist hohe Zeit für uns, endlich einmal zu erwachen, aus jener träumerischen Selbstvergessenheit, in der wir schwärmten für alle möglichen Nationalitäten, während wir selbst in schmachvoller Unfreiheit darniederlagen und vor aller Welt mit Füßen getreten wurden, zu erwachen zu einem gesunden Volksego-

Frage: Aber, Gevatter Michel, was bleibt nun übrig von eurer deutschen Pastete, wenn ihr so fortmacht? Antwort: Na, die Philosophie werden sie mir wohl lassen. Karikatur auf Ruges Eintreten für die Rechte der Nachbarvölker. Ruge war von Beruf Philosophiedozent.

ismus, um das Wort einmal gerade heraus zu sagen, welcher die Wohlfahrt und Ehre des Vaterlandes in allen Fragen obenan stellt. [...] Nein, ich gebe es ohne Winkelzüge zu: Unser Recht ist kein anderes als das Recht des Stärkeren, das Recht der Eroberung. (*Jordan ging später zur rechten Fraktion Landsberg über.*)

A. Ruge (*Donnersberg*):
[...] Die Polen sind das Element der Freiheit, das in das Slawenthum geworfen wurde. [...]. Im Gegenteil, im Namen der Humanität und der Gerechtigkeit verlange ich, daß Polen wieder hergestellt werde und daß wir das Vorparlament nicht Lügen strafen, welches erklärt hat, die Theilung Polens sei ein schmachvolles Unrecht. Die Wiederherstellung Polens müssen wir anbahnen. [...] an der Ehre Deutschlands ist es, daß Deutschland die Freiheit nach Osten propagiere und nicht an der Grenze von Rußland und Polen damit stehen bleibe. An unserer Ehre ist es, daß wir aufhören, Unterdrücker zu sein, daß wir Freunde aller befreiten Völker werden, daß wir die Italiener befreien und ihre Freunde werden und daß wir die Polen befreien und ihre Freunde werden [...] Die Italiener werden eine Nation werden und die Radetzky's werden aus Italien verjagt werden [...] Die Herstellung Italiens gehört zu dem neuen Völkerrecht, und wir, die wir die Ausführung des neuen Völkerrechts, die wir die Freiheit der europäischen Völker wollen, müssen wünschen, daß die Tyrannen der Italiener, [...] die Radetzky's geschlagen werden.
(*Großer Lärm; Stimmen: „Zur Ordnung! Zur Ordnung! Wir protestiren allgemein gegen einen solchen Ausspruch! Es ist eine Schande, von einer deutschen Tribüne das zu hören!"*)

Aus: Stenographischer Bericht über die Verhandlungen der deutschen constituirenden Versammlung zu Frankfurt am Main, Frankfurt/Main 1848, Bd. 2, S. 1141 ff., 1184 ff., 1200.

1. Von welchen Gesichtspunkten lassen sich die Redner bei ihrer Stellungnahme zur Polenfrage leiten? Erläutern Sie ihr Politikverständnis und ihre Auffassung von der Nation.
2. Erläutern Sie die Aussage der Karikatur Material 6. Inwieweit kommen hier besondere Vorurteile gegenüber der Paulskirche und gegenüber Intellektuellen zum Ausdruck?

1.4 Volksstaat oder Fürstenstaat?

Die Frage der deutschen Einheit als eine territoriale und ethnische Frage rührte an die Grundsätze der völkerrechtlichen Ordnung Europas. Die Frage der Freiheit, der inneren Ausgestaltung des neu zu gründenden Reichs, berührte dagegen Strukturen und Traditionen von 39 Einzelstaaten und war seit der Französischen Revolution ideologisch vorbelastet:

- Welche Staatsform sollte das Reich haben? Wie sollte das Verhältnis von Zentralgewalt und Einzelstaaten, von Exekutive und Legislative gestaltet werden?
- Auf welchen Grundrechten sollte die Verfassung aufbauen? Wie sollte hierin das Verhältnis von Individuum und Gesellschaft definiert werden? Wie konnten Grundrechte eine Gesellschaft gestalten, die zum Teil bereits auf dem Weg zur Industrialisierung war, zum Teil aber noch in feudalen agrarischen Verhältnissen lebte? Welche Antwort würde die Verfassung auf die Nöte der verarmten Massen geben, deren deutsche Frage in erster Linie eine soziale Frage war?

Grundrechte

Der 30-köpfige Verfassungsausschuss, dem einige der prominentesten Männer der Nationalversammlung angehörten, beschloss schon im Mai 1848, mit der Formulierung von Grundrechten anzufangen (→ M 7). Aber auch auf diesem Feld gab es Kontroversen. Im Konflikt zwischen denen, die „aus der größten Freiheit der Einzelnen den besten Staat zu schaffen" glaubten und denen, „welche in der gesicherten Festigkeit und Ordnung des Ganzen auch die Freiheit des Einzelnen bedingt sahen", entschied sich die Mehrheit meist für die letztere Position.

Der Grundrechtskatalog mit seinen 60 Paragraphen in 14 Artikeln wurde später als erster Teil der Verfassung vorangestellt. Er enthält die Freiheits- und Gleichheitsrechte des Individuums, die politischen Grundrechte der Koalitions-, Versammlungs- und Meinungsfreiheit, die Zivilehe und staatliche Schulaufsicht, die Garantie unabhängiger Gerichte und einen weit reichenden Minderheitenschutz für die nichtdeutschen Minderheiten. Die Todesstrafe wurde abgeschafft. Die Grundrechte waren für alle Staatsbürger beim Reichsgericht einklagbar. Soziale Grundrechte wurden von der Mehrheit größtenteils abgelehnt. Lediglich die Schulgeldfreiheit und das Koalitionsrecht sollten soziale Missstände beheben helfen. Die Nationalversammlung verkündete die Grundrechte am 23. 12. 1848 als geltendes Recht und ließ 100 000 Exemplare drucken und kostenlos verteilen.

Regierungssystem

Die Beratungen über das Regierungssystem des Deutschen Reiches fanden zwischen Oktober 1848 und März 1849, in einer Phase entscheidender machtpolitischer Verschiebungen, statt. Die parlamentarische Schwäche der Linken ließ jedes Konzept einer republikanischen Verfassung, wie sie Struve vor dem Vorparlament gefordert hatte, illusorisch werden. Auch eine Mediatisierung der kleineren Monarchien, eine Verringerung des preußischen Übergewichts waren undurchsetzbare Forderungen. Ein Bundesstaat sollte das Deutsche Reich werden; die Einzelstaaten waren durch das Staatenhaus, in dem Vertreter der Länderparlamente und der Länderregierungen saßen, repräsentiert. Die Einheit der Nation verkörperte das direkt gewählte Volkshaus, beide zusammen bildeten die Legislative. Die Einheit des Reiches wurde ferner durch die Unterordnung der Länderrechte unter das Reichsrecht und die starke Reichsspitze garantiert. Zu den umstrittensten Fragen gehörte in diesem Zusammenhang die des Vetorechts des Kaisers. Nach langen Debatten verwarf die Versammlung das absolute Veto, das in Verbindung mit dem Recht zur Auflösung des Reichstags die Stellung der Legislative entscheidend geschwächt hätte, und entschied sich für ein suspensives (aufschiebendes) Veto.

Wahlrecht

Ähnlich umstritten war die Frage des Wahlrechts. Obwohl die Paulskirchenabgeordneten ihr Mandat einem (fast) allgemeinen Wahlrecht verdankten, waren die Fraktionen der Rechten und des rechten Zentrums für eine Beschränkung auf „Selbstständige"; Empfänger von Armenunterstützung, Tagelöhner, Dienstboten, Handwerksgesellen und Fabrikarbeiter, nicht aber Beamte sollten ausgeschlossen bleiben. Obwohl die meisten Abgeordneten gegen ein allgemeines Wahlrecht waren, entschied sich die Nationalversammlung für das allgemeine, gleiche und geheime Männerwahlrecht.

Wahl- oder Erbmonarchie

Diese Entscheidung war Ergebnis eines Kompromisses in der Frage des Reichsoberhaupts. Schon die Wahl des Reichsverwesers hatte gezeigt, dass die Mehrheit die Monarchie wollte; republikanische Entwürfe waren ohne Chance. Die einzige Alternative war schließlich, den Kaiser jeweils aus der Reihe der Reichsfürsten zu wählen (Wahlmonarchie) oder diese Würde durch eine einmalige Wahl einer Dynastie erblich zu übertragen (Erbmonarchie). Im Frühjahr 1849 kam der entscheidende Kompromiss zustande. Eine Gruppe von 15 demokratischen Abgeordneten stimmte dem Erbkaisertum zu. Dafür verzichteten die Konstitutionellen auf das absolute Veto und die Einschränkung des Wahlrechts. Die Verfassung wurde somit demokratischer, als es die Mehrheitsverhältnisse eigentlich zugelassen hätten.

Kaiserwahl

Die veränderte Machtlage in Europa (→ S. 196) hatte inzwischen auch die Debatte über den Einschluss Österreichs in das Deutsche Reich erledigt. Es blieb nur noch die „kleindeutsche" Lösung übrig. Daher wurde der nunmehr mächtigste Monarch, der preußische König Friedrich Wilhelm IV. am 28. März 1849 mit 290 Stimmen bei 249 Enthaltungen zum Kaiser gewählt. Vielen Abgeordneten erschien diese Wahl als eine natürliche Folge der Ereignisse, hatte doch der König nach der blutigen Märzrevolution in Berlin erklärt, dass „Preußen künftig in Deutschland" aufgehe. Zwar hatte er die preußische Nationalversammlung im November 1848 gewaltsam auflösen lassen und eine Verfassung „oktroyiert" (erlassen), aber diese entsprach durchaus den Vorstellungen der meisten Abgeordneten und enthielt sogar das allgemeine Wahlrecht (das aber 1850 zugunsten des Dreiklassenwahlrechts wieder abgeschafft wurde). Privat hatte sich der König jedoch viel drastischer über die Krone geäußert, die ihm von der Nationalversammlung angeboten wurde: „dieser imaginäre Reif, aus Dreck und Letten gebacken", an dem noch „der Ludergeruch der Revolution" hafte. Eine Krone, die seinen Vorstellungen vom Gottesgnadentum entspreche, müsse von den Fürsten übertragen werden. In seiner ausweichenden Antwort an die Deputation der Paulskirche, die ihm am 3. April 1849 die Krone antrug, machte Friedrich Wilhelm IV. die Annahme auch von der Zustimmung der übrigen Fürsten abhängig. Am 14. April 1849 nahmen 28 deutsche Staaten in einer gemeinsamen Note die Reichsverfassung an, aber gerade die größeren Monarchien waren nicht darunter. Am 28. April 1849 lehnte auch der preußische König Verfassung und Krone definitiv ab.

Kampf um die Annahme der Verfassung

Rumpfparlament

Die Verfassung war damit gescheitert. Die Abgeordneten der Rechten und der Mitte verließen nach und nach die Nationalversammlung, die preußische Regierung berief

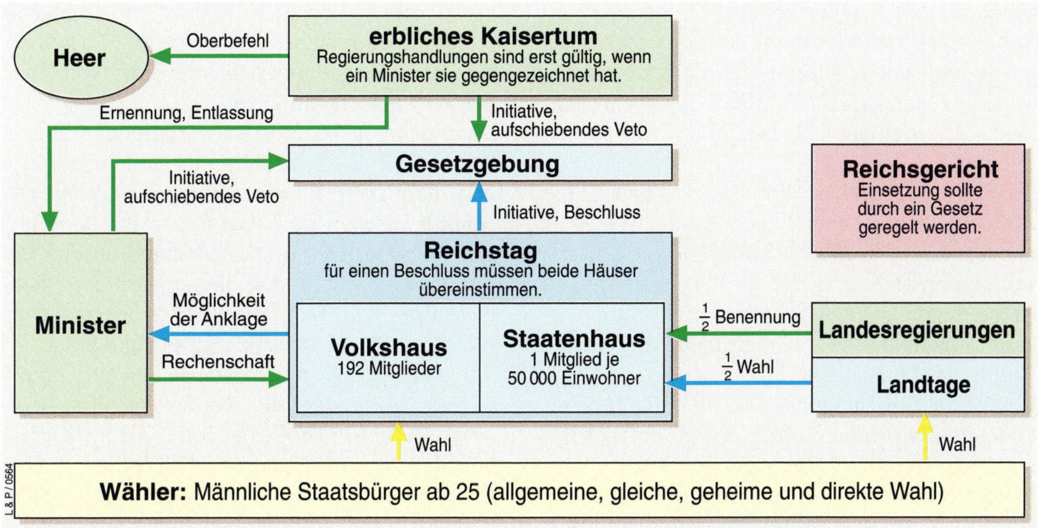

Die Reichsverfassung von 1849.

die preußischen Abgeordneten ab. Etwa 100 Abgeordnete der linken Fraktionen verlegten den Sitz der Versammlung nach Stuttgart, wo sie als „Rumpfparlament" den Reichsverweser absetzten und eine revolutionäre Reichsregentschaft wählten. Doch auch sie wurden durch württembergisches Militär auf Befehl des „Märzministers" Römer vertrieben. Die letzte revolutionäre Bewegung in Sachsen, den preußischen Westprovinzen und Südwestdeutschland („Reichsverfassungskampagne") wurde von der preußischen Armee und Reichstruppen niedergeschlagen. Als letzter Stützpunkt kapitulierte die Festung Rastatt am 23. Juli 1849. Standgerichte, Erschießungen und Zuchthausstrafen erwarteten diejenigen, die nicht rechtzeitig ins Exil entkommen waren. Dasselbe Schicksal traf auch die Revolution in Ungarn, die im August 1849 der Übermacht der russischen und österreichischen Armeen erlag.

Mairevolution

Grundsätze und Errungenschaften der Verfassung blieben aber trotz ihres Scheiterns verbindliche Leitlinien für künftige Zeiten. Obwohl die Reichsverfassung von 1871 keinen Grundrechtskatalog enthielt, war deren prinzipielle Geltung nicht umstritten. 1919 und 1949 griff man bei der Gestaltung demokratischer Verfassungen auf das Modell von 1849 zurück.

MATERIAL **7**

Wozu Grundrechte? Rede des Ausschussvorsitzenden Georg Beseler bei der ersten Vorlage, 4. Juli 1848

Ihr Ausschuß hat sich nun zu dem Beschluß vereinigt, mit der Feststellung dieser Rechte – wir haben sie Grundrechte genannt – zu beginnen. Es waren insbesondere zwei Erwägungen, die uns hierzu veranlaßt haben. Einmal hielten wir es für nothwendig, daß bei der großen socialen Bewegung, die ganz Deutschland ergriffen hat, von hier aus ein Wort darüber gesprochen werde, wo wir die Grenze finden, über welche diese Bewegung nicht hinausgeführt werden soll. [...] Sodann hat uns aber auch noch ein anderer Umstand zu diesem Beschlusse bewogen.[...] Wir waren der Meinung, es sei angemessen, ein Gebiet aufzusuchen, das mehr als jedes andere als ein neutrales betrachtet werden kann, wo die Abweichung der Ansichten, wenn sie nicht ganz fehlt, doch weniger eine bestimmte Ausbildung erhalten hat. [...]

Es sind insbesondere drei Gesichtspunkte, die wir hierbei festgehalten haben. Einmal schien es uns nothwendig, daß die politische Einheit, die wir jetzt anstreben, ja die wir hier in der Paulskirche schon gegründet haben, auch ihre Wirkung äußern müsse auf die staatsbürgerlichen Rechte der Deutschen [...]

Ein zweiter Gesichtspunkt, den wir auffaßten, war folgender: Wir wollen jetzt aus dem herauskommen, was uns der Polizeistaat der letzten Jahrhunderte gebracht hat. Wir wollen den Rechtsstaat auch für Deutschland begründen, und zwar in seiner Consequenz, oder so, wie die Natur unseres Volks – denn unser Volk ist ein Rechtsvolk – und die Bildung der Zeit es fordert. Es soll die Bevormundung entfernt werden, die von oben her auf Deutschland lastet.

Dann nahmen wir in Betracht, daß aus früheren Zeiten noch Vieles erhalten ist an Feudallasten und ähnlichen Beschränkungen, welches der Neuzeit weichen muß. Wir haben die Befreiung des Grundbesitzes zum Gegenstand unserer Berathung gemacht, und sie finden hierüber wichtige Vorschriften. Dann die Verhältnisse zwischen Kirche und Staat, zwischen Schule und Staat [...]

Wir glauben, daß in dem, was in den Grundrechten von uns aufgestellt worden ist, dem deutschen Volke ein Großes geboten wird, wir glauben, daß hier eine Errungenschaft früherer Zeiten und ein Gewinn für die Nationalentwicklung niedergelegt ist, welcher für lange Zeit dem Volke zu Gute kommen soll [...]

Aus: Stenographischer Bericht über die Verhandlungen der deutschen constituirenden Nationalversammlung zu Frankfurt am Main, Frankfurt/Main 1848, Bd. I, Sp. 700 f.

1. Erläutern Sie die Gründe, die den Verfassungsausschuss bewogen haben, die Verfassungsdebatte mit den Grundrechten zu beginnen.
2. Welche Funktionen werden den Grundrechten zugesprochen?

MATERIAL

8 Aus den Debatten um das Wahlrecht zum Volkshaus:

Reichsminister von Beckerath (*Casino*):

[...] Wir können es nicht verkennen, und wir müssen es beklagen, daß in unserem Vaterlande, das in mancher Beziehung hochsteht, doch noch ein großer Theil der Bevölkerung sich in einem Zustande befindet, in welchem er alle ihm zu Gebote stehenden Kräfte dazu zu verwenden hat, daß die äußerste Nothdurft des Lebens befriedigt werde, in welchem der Blick nicht über dieses nächste Ziel hinausreicht und in welchem der geringste Grad von Einsicht in politischen Dingen nicht anzutreffen ist. Das ist eine Thatsache, die nicht geleugnet werden kann.

Die Klassen also, die nun urplötzlich, nachdem sie nie vorher in die Lage kamen, nachzudenken über das Wesen des Staates, berufen werden, eine so wichtige Entscheidung zu treffen, werden entweder das blinde Werkzeug anderer, die sie zu ihren Zwecken mißbrauchen, oder sie verfallen irgendeinem anderen Irrthum, und es kann dadurch Dasjenige, was um ihrer selbst willen befördert werden muß, das Wohl des Staates, nur gefährdet werden. Wenn wir aber diese Ueberzeugung gewinnen, [...] so können wir andererseits die Aufgabe des Staates nicht verkennen, durch alle ihm zu Gebote stehende Mittel, nicht allein durch Schuleinrichtungen, sondern auch durch andere Bildungsanstalten und selbst durch Beförderung geeigneter Associationen dahin zu wirken, daß Einsicht und Befähigung sich in immer weiteren Kreisen verbreiten [...]

Pfeiffer (Württemberger Hof):

[...] Ich kenne nur eine Selbstständigkeit, und das ist die Selbstständigkeit der Gesinnung, allerdings ein sehr erwünschtes Erforderniß bei Ausübung des Wahlrechts; aber ich kenne keine äußere Lebensstellung, von der aus man mit Sicherheit, mit entschiedener Gewißheit einen Rückschluß auf diese Selbstständigkeit der Gesinnung, auf das Vorhandensein derselben, oder ihren Mangel, machen kann. [...]
Das Andere, worauf ich Sie hinweisen wollte – es ist eine Erinnerung an unsere Revolution. [...] Meine Herren! Ich war wenige Tage nach jener furchtbaren Katastrophe in Berlin unter den Verwundeten, ich stand unter der langen Reihe der Leichen, diesen Opfern einer verblendeten Politik; hierher hatten die privilegirten Stände nur hie und da einen einzelnen Vertreter gesendet [...] Aber die überwiegende Mehrzahl Derer, die ihr Leben, ihr Blut für die Revolution, für die Sache der Freiheit und der Rechte des Volkes eingesetzt hatten – es waren eben Handwerksgehülfen, Fabrikarbeiter, Tagelöhner. (*Bravo auf der Linken*) Sie werden ihnen das Recht, das sie für sich und ihren Stand auf den Barrikaden erkämpften, nicht durch die Annahme eines Paragraphen wieder nehmen (*Bravo auf der Linken*), und wenn Sie es thun, dann werfen Sie die Saat aus zu einer neuen Revolution [...]

Bassermann (Casino):

Nein, meine Herren! Die Weltordnung wird nicht anders, und es wird eben [...] immer verschiedene Schichten in der menschlichen Gesellschaft geben. Und Solche wird es geben müssen, die das Banner der Intelligenz vorantragen und die Führung haben; und es wird immer eine Masse bleiben, welche statt selbst zu führen, den Führern zu folgen hat (*Bravo auf der Rechten*). [...] Soll nicht die Bildung es sein, die die Geschicke des Vaterlandes bestimmt; sollen nicht die Gebildeten es sein, die in den deutschen Parlamenten votiren? [...]
Wenn Sie aber in die Volksvertretung diejenigen Klassen rufen, welche ohne alles Besitzthum kein Interesse an der Familienfortdauer, kein Interesse an der Zukunft haben, vielmehr sich den socialistischen Lehren des bloß thierischen, augenblicklichen Genießens hingeben, dann, meine Herren, stürzen Sie auch den Staat um, der ja allein auf dem Begriffe der Zukunft beruht (*Bravo auf der Rechten, Gelächter auf der Linken*). [...]

Vogt (Donnersberg):

[...] Dieses Wahlgesetz zeigt uns einmal unumwunden, daß unsere Constitutionellen nicht mit der Majorität des Volkes, sondern mit einem Extract der Minorität des Volkes regieren wollen; es zeigt uns, daß jene Redensarten von der Herrschaft der Majorität, die man durchführen wolle, die Unwahrheit sagten und daß die Behauptung, das Princip des constitutionellen Systems sei die Herrschaft der Majorität, wirklich eine Lüge, eine offizielle Lüge ist (*von der Linken: sehr gut!*). [...]
Freilich, meine Herren, für solche Staatspolitiker der niedersten Stufe, die nur in der Dauer den Zweck des Staates sehen, wie uns eben gesagt wurde, für Solche gilt jedes Mittel gleich, um die Dauer ihres Staates zu bezwecken. Ich glaube, meine Herren, den Zweck des Staates darin zu finden, daß der Staat alle Rechte der Bürger gleichmäßig und gerecht erhält und daß er jedem Bürger gleichmäßige Rechte gibt; ich meine, daß es besser sei, ein Staate ginge zu Grunde, der die gleichmäßigen Rechte aller Bürger vernichten muß, um dauern zu können. [...]
Es ist wahr, meine Herren, es gehört Intelligenz dazu, um die Masse zu führen; es gehört aber auch die Masse dazu, um die Intelligenz heranzubilden und der Intelligenz die Kraft zum Vorschreiten zu geben. Wenn Sie die Masse nicht hinter sich haben, können Sie mit all Ihrer Intelligenz und Weisheit sitzen und tagen und reden und sprechen, und es wird nichts geschehen. [...]

Hildebrand (Westendhall):

[...] Meine Herren! Der Verfassungsausschuß hat offenbar unter Selbstständigkeit nicht die der Gesinnung oder des Charakters, sondern die ökonomische Selbstständigkeit verstanden; er hat die

Wahl gegen Bestechung, gegen unberechtigte Einflüsse sichern wollen; aber eben diese Definition ist ihm durchaus nicht gelungen.
Gerade die Personen, welche er ausschließt, sind großentheils ökonomisch selbstständiger, als diejenigen, welche er zur Wahl zuläßt. Die Ursache liegt in unseren eigenthümlichen socialen Verhältnissen. Das deutsche Proletariat ist kein Fabrik-, sondern ein Handwerksproletariat. Es sind in den mittleren und kleineren Städten die vielen kleinen Meister, welche heruntergekommen sind, darben und gegenwärtig als Proletarier gelten müssen; es sind namentlich die zahlreichen unglücklichen Meister, welche mit der Hausindustrie beschäftigt sind und mit den Maschinen concurriren, vor allen Anderen die Weber. [...]

Meine Herren! Nun frage ich Sie: Wer ist selbstständiger, wer ist ökonomisch unabhängiger gestellt? Der einzelne kleine Schuhmachermeister, der mit seiner ganzen Habe dem Lederhändler verfallen ist und von dem Wohlwollen seines Gläubigers abhängt, oder der Handwerksgeselle, der jeden Augenblick seinen Contract kündigen kann?
Wer ist selbstständiger, die Tausende von Webermeistern, die jede Woche von ihrem Brodherrn ihr Garn zur Arbeit holen und mit ihrer ganzen Existenz an dessen Gnade gebunden sind, oder die Fabrikarbeiter, die im Wetteifer mit den Maschinen ihre Kraft geübt haben und überall neue Contracte eingehen können? Wo ist mehr Bestechlichkeit möglich? In den Fabriken, wo jeder Fabrikarbeiter sofort wahrnimmt, welchen Einfluss der Fabrikant bei der Wahl auf seine Genossen auszuüben beabsichtigt oder bei den Webemeistern, wo der Brodherr auf jeden Einzelnen in aller Stille wirken kann. [...]

Schließen Sie die unteren Classen der Gesellschaft aus, so schaffen Sie ebenso viel Feinde des Staates, als Sie Personen ausschließen, zumal da Sie ihnen nicht etwa ein neues Recht vorenthalten, sondern ein bereits erworbenes entziehen. [...]

Scheller (*Casino*):

[...] Es ist auf sehr gelehrte Weise aus mehreren Paragraphen der Grundrechte zusammengestellt, daß dort, wo vom Deutschen die Rede, auch die Deutsche gemeint sei, und daß, wenn man keinen Unterschied mache, man nach Maßgabe der Grundrechte dahin kommen würde, auch das weibliche Geschlecht für wahlberechtigt zu erklären. Dieser Argumentation steht aber entgegen, daß ein Gesetz, wenn es von politischen Rechten redet, nur das männliche Geschlecht meinen kann. [...]
Soll aber hier dennoch etwas ausdrücklich über das Geschlecht gesagt werden, will man aussprechen, daß das weibliche Geschlecht ausgeschlossen sei, so wird man auch in den Grundrechten Aenderungen vornehmen müssen; denn auch in den Grundrechten kommt unter Anderem die Bestimmung vor, daß die Wehrpflicht allgemein sei. Niemandem aber wird es einfallen, daß diese Bestimmung auch auf das weibliche Geschlecht ausgedehnt werden soll. Ebenso kommt in den Grundrechten die Bestimmung vor, daß Jeder, der fähig sei, ein Amt antreten könne, es wird aber Niemandem in der Versammlung einfallen, dieß Recht auch dem weiblichen Geschlecht einzuräumen. Beweis: daß, wenn es sich um politische Rechte im Gesetz handelt, man es nicht nöthig hat, das weibliche Geschlecht auszuschließen. [...]

Ebd, Bd.7, S. 5222 ff., 5246 f., 5248 f. 5252, 5254 ff.,5285 ff., 5329.

1. **Beurteilen Sie die Argumente der Redner und kennzeichnen Sie die von ihnen verwendeten Kriterien (z. B. Menschenbild, Geschichtsbild, soziales Vorurteil, Ideologie, Revolutionserfahrungen).**
2. **Erörtern Sie: Halten Sie die an das allgemeine Wahlrecht geknüpften Erwartungen und Befürchtungen für berechtigt?**

2. Das deutsche Kaiserreich

2.1 *Eisen und Blut – die deutsche Einigung durch Preußen*

Die deutschen Staaten und der Deutsche Bund 1865.

Der Norddeutsche Bund 1867.

Nachdem die Annahme der Verfassung 1849 gescheitert war, wurde 1850 der alte Bundestag wieder einberufen. Am 23. August 1851 fällte er auf einen gemeinsamen Antrag Österreichs und Preußens hin eine symbolträchtige Entscheidung „in Betreff der so genannten Grundrechte des deutschen Volks": Sie wurden nahezu einstimmig für aufgehoben erklärt. Die wichtigste Leistung der Deutschen Nationalversammlung war damit offiziell zur Makulatur erklärt worden. Die konservative Reaktion brachte damit für fast ein Jahrzehnt das politische Leben zum Stillstand. Mit der liberalen Idee war die nationale verknüpft gewesen. Drei Hindernisse jedoch, so lautete die Lehre der Jahre 1848 bis 1850, standen der deutschen Einigung entgegen:

- Der preußische Militärstaat machte einen demokratischen Weg zum Nationalstaat unmöglich.
- Der österreichische Vielvölkerstaat hielt seinen übernationalen Herrschaftsanspruch aufrecht.
- Das europäische Gleichgewichtssystem reagierte auf jede Veränderung seines Machtgefüges mit Krisen.

Ein erneuter Anlauf zur deutschen Einigung war also erst möglich, nachdem sich die außenpolitischen Gewichte verschoben hatten und in Preußen der innenpolitische Stillstand der nachrevolutionären Zeit überwunden war.

Schwächung Russlands und Österreichs Das Verhältnis der Großmächte veränderte sich durch die russische Niederlage im Krimkrieg (1854–56). Russland brach mit den Westmächten, die durch ihr Eingreifen den Krieg entschieden hatten, und mit Österreich, das ihm jede Unterstützung verweigert hatte. Für lange Zeit war es nun geschwächt und mit inneren Reformen beschäftigt; sein Gewicht in den europäischen Angelegenheiten verminderte sich. Frankreich wurde dagegen durch einen Staatsstreich Louis Napoleons und seine plebiszitäre Erhebung zum Kaiser erneut zu einem Unruhefaktor. Im Bestreben, die innere Instabilität seiner Herrschaft durch außenpolitische Erfolge zu überdecken, warf Napoleon III. sich zum Schutzherrn europäischer Nationalbewegungen gegen die Ordnung des Wiener Kongresses auf. Sein größter Erfolg war die Einigung Italiens. Im Zusammenspiel mit dem Ministerpräsidenten des Königreichs Piemont-Sardinien, Graf Camillo Cavour, gelang es 1859, Österreich militärisch aus der Lombardei zu verdrängen. Viele deutsche Liberale sahen in dieser Politik ein Modell zur Lösung der deutschen Frage, andere wiederum betrachteten es als nationale Pflicht, Österreich beizustehen. Preußen verweigerte aber jedes Eingreifen in den italienischen Krieg, aus dem Österreich deutlich geschwächt hervorging.

„Neue Ära" In Preußen schien sich ein innenpolitischer Kurswechsel anzubahnen. Für den kranken Friedrich Wilhelm IV. hatte sein Bruder, der spätere Wilhelm I., die Regentschaft übernommen und ein liberales Kabinett eingesetzt. Man sprach von einer „Neuen Ära". Durch seine stürmische Industrialisierung begann Preußen, Österreich wirtschaftlich zu überflügeln. Mit diesem Aufschwung verstärkte sich der Einfluss der großbürgerlichen Führungsschicht, die die deutsche Einigung aus wirtschaftlichen Motiven erstrebte. Die alten Träger der Nationalidee, Turner und Sänger, feierten wieder ihre Massenfeste. Die nationale Publizistik führte leidenschaftliche Diskussionen über das Für und Wider einer preußischen Einigungspolitik. Im September 1859 wurde der Deutsche Nationalverein gegründet, der an die kleindeutsche Tradition von 1849 anknüpfte und in kurzer Zeit 25 000 Mitglieder zählte. Einem Bündnis zwischen der deutschen Nationalbewegung und der preußischen Führung schien nichts mehr im Wege zu stehen.

Heeresreform Aber statt zu einer Annäherung kam es zu einem Grundsatzkonflikt, dessen Ausgang ähnlich folgenreich werden sollte wie das Scheitern der Revolution von 1848/49. Seit 1859 planten Wilhelm und seine Regierung eine Heeresreform. Neben einer allgemeinen Erhöhung der Truppenstärke und einer Verbesserung der Wehrgerechtigkeit war auch die Verlängerung der Wehrdienstzeit auf drei Jahre und eine engere Einbindung der Landwehr, einer Art Bürgermiliz, in die militärische Organisation vorgesehen. Damit sollte ein wesentliches Element der preußischen Reformen aufgegeben werden. Außerdem erforderte das Programm ein Steuererhöhung um 25 %. Die liberale Mehrheit des Abgeordnetenhauses, aus der 1861 die Deutsche Fortschrittspartei hervorging, lehnte die Haushaltsvorlage ab. Der Streit wurde zum Verfassungskonflikt über das Verhältnis von Volksvertretung und Monarchie. Auf dem Höhepunkt des Konflikts berief der König Otto von Bismarck zum neuen Ministerpräsidenten (22. 9. 1862).

Bismarck Bismarck (1815–1898) stammte aus einer märkischen Adelsfamilie und war während der Revolution als konservativer Monarchist und Revolutionsgegner bekannt geworden. Als preußischer Bundestagsgesandter machte er seine Erfahrungen mit der Vormacht Österreich und wandelte seine politische Einstellung zu einem Konservativismus neuen Typs: Ohne ideologische Bindungen betrieb er „Realpolitik", d. h. rational kalkulierte Macht- und Interessenpolitik. Als Ministerpräsident schlug Bismarck zunächst einen scharf antiparlamentarischen Kurs ein. Das Abgeordnetenhaus wurde aufgelöst; in den folgenden Jahren regierte er ohne gesetzlich genehmigtes Budget. Die Verfolgung und Einschüchterungen von Oppositionellen trugen ihm den Hass der Liberalen ein. Noch einmal setzte sich die alte preußische Auffassung der Monarchie gegen die liberalen Vorstellungen durch.

Deutschlandpolitik

In der Außenpolitik dagegen führte Bismarck das deutschlandpolitische Programm der Liberalen durch. Nach diplomatischer Vorbereitung – so unterstützte er Russland bei der Niederschlagung des polnischen Aufstands von 1863 – führte Preußen unter seiner Regierung drei Kriege, die die außenpolitischen Hindernisse der deutschen Einigung beiseite räumten:

- 1864 versuchte die dänische Regierung wieder, Schleswig-Holstein in den dänischen Staat einzugliedern. Bismarck gelang es, Österreich zu gemeinsamer militärischer Abwehr zu bewegen. Nach der dänischen Niederlage wurde dieses alte Problem durch die endgültige Trennung der beiden Herzogtümer von der dänischen Krone gelöst.
- Durch die gemeinsame Verwaltung der beiden Länder verschärfte sich der schwelende Konflikt zwischen Preußen und Österreich. Nachdem preußische Truppen vertragswidrig Holstein besetzt hatten, erwirkte Österreich die Mobilmachung eines Teils der Bundesarmee gegen Preußen. Der Krieg wurde durch den preußischen Sieg bei Königgrätz am 3. Juli 1866 entschieden. Österreich musste die Auflösung des Deutschen Bundes und die Annexion seiner Verbündeten Hannover, Nassau, Kurhessen und Frankfurt hinnehmen. Mit der Gründung des Norddeutschen Bundes, einer Föderation aller nördlich des Mains gelegenen deutschen Staaten unter preußischem Präsidium zeichnete sich die künftige Reichseinigung bereits ab.

Auflösung des Deutschen Bundes

Dieser stand aber noch der entschiedene Widerstand Frankreichs entgegen. Ein Konflikt um die Kandidatur eines Hohenzollern für den spanischen Königsthron gab den Anlass zum Krieg. Die Ablehnung dieses Plans durch die französische Regierung nutzte Bismarck zu einem diplomatischen Schachzug: Er verfälschte die Wiedergabe eines kaiserlichen Telegramms, die „Emser Depesche", um Frankreich vor der Weltöffentlichkeit ins Unrecht zu setzen, und provozierte es damit zur Kriegserklärung. An diesem Krieg, der als deutscher Nationalkrieg angesehen wurde, nahmen auch die süddeutschen Staaten teil. Die Gefangennahme Napoleons III. beim Fall der Festung Sedan (2. 9. 1870) führte zum Sturz des französischen Kaisertums und zur Ausrufung der 3. französischen Republik. Anfang 1871 musste Frankreich Frieden schließen.

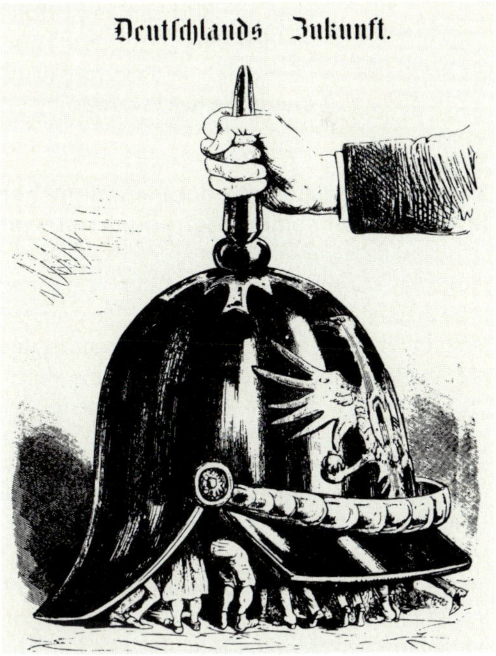

„Kommt es unter einen Hut? Ich glaube, es kommt eher unter eine Pickelhaube!" Österreichische Karikatur, 1870.

Das Entstehen eines Geschichtsbildes: Huldigung an Kaiser Wilhelm I., Gemälde von Paul Bürde, 1871. Die zwei Jungen im Vordergrund rollen eine Zeichnung Napoleons III. zusammen, ein anderer Junge schlägt einen Nagel neben den Bildern von Luther, Friedrich II. und Feldmarschall von Blücher ein.

Deutsch-französischer Krieg

Noch während des Feldzugs in Frankreich begann Preußen mit den süddeutschen Fürsten über die künftige Verfassung des Deutschen Reiches zu verhandeln. Bayern und Württemberg sicherten sich „Reservatrechte", u. a. eigene Armee, Post und Eisenbahn. Gegen eine Summe von 5 Millionen Goldmark bot König Ludwig II. von Bayern dem preußischen König offiziell die Krone an. Als Staatsoberhaupt führte dieser künftig den Titel „Deutscher Kaiser". Im Spiegelsaal des Versailler Schlosses erfolgte am 18. 1. 1871 die Kaiserproklamation vor den deutschen Fürsten. Drei Monate später wurde die Reichsverfassung verkündet.

Kaiserproklamation

MATERIAL

1 Königliches Regiment oder Parlamentsherrschaft? Bismarck über seine Unterredung mit König Wilhelm I., 22. 9. 1862

In der Tat war mir jeder Gedanke an Abdikation (Abdankung) des Königs fremd, als ich am 22. September in Babelsberg empfangen wurde, und die Situation wurde mir erst klar, als Seine Majestät sie ungefähr mit den Worten präzisierte: „Ich will nicht regieren, wenn ich es nicht so vermag, wie ich es vor Gott, meinem Gewissen und meinen Untertanen verantworten kann. Das kann ich nicht, wenn ich nach dem Willen der heutigen Majorität des Landtags regieren soll, und ich finde keine Minister mehr, die bereit sind, meine Regierung zu führen, ohne sich und mich der parlamentarischen Mehrheit zu unterwerfen." [...].

Der König stellt nach einigem Erwägen und Hin- und Herreden die Frage, ob ich bereit sei, als Minister für die Militärorganisation einzutreten, und nach meiner Bejahung die weitere Frage, ob auch gegen die Majorität des Landtags und deren Beschlüsse. Auf meine Zusage erklärte er schließlich: "Dann ist es meine Pflicht, mit Ihnen die Weiterführung des Kampfes zu versuchen, und ich abdiziere nicht."[...]

Es gelang mir, ihn zu überzeugen, dass es sich für ihn nicht um konservativ oder liberal in dieser oder jener Schattierung, sondern um königliches Regiment oder Parlamentsherrschaft handle und dass die letztere unbedingt und auch durch eine Periode der Diktatur abzuwenden sei. Ich sagte: „In dieser Lage werde ich, selbst wenn Eure Majestät mir Dinge befehlen sollten, die ich nicht für richtig hielte, Ihnen zwar diese meine Meinung offen entwickeln, aber wenn Sie auf der Ihrigen schließlich beharren, lieber mit dem Könige untergehen, als Eure Majestät im Kampfe mit der Parlamentsherrschaft im Stiche lassen."

Aus: Gedanken und Erinnerungen von Otto Fürst von Bismarck, Stuttgart und Berlin 1915, Bd. 1, S. 294–296.

MATERIAL

Bismarcks Äußerungen vor dem preußischen Abgeordnetenhaus, 30. 9. 1862 2

Der Konflikt drehe sich bei uns um die Grenze zwischen Krongewalt und Parlamentsherrschaft. Die Krone habe noch andere Rechte, als die, die in der Verfassung ständen. Er gebe die Hoffnung nicht auf, daß die Krisis, wie sie auch enden möge, zum Wohle des Landes ausschlagen werde. Der Konflikt werde sich wohl noch auf verfassungsmäßigem Wege erledigen. [...]

Wir haben zu heißes Blut, wir haben die Vorliebe, eine zu große Rüstung für unsern schmalen Leib zu tragen; nur sollen wir sie auch utilisieren (gebrauchen). Nicht auf Preußens Liberalismus sieht Deutschland, sondern auf seine Macht; Bayern, Württemberg, Baden mögen dem Liberalismus indulgieren (nachgeben), darum wird ihnen doch keiner Preußens Rolle anweisen; Preußen muß seine Kraft zusammenfassen und zusammenhalten auf den günstigen Augenblick, der schon einige Male verpaßt ist; Preußens Grenzen nach den Wiener Verträgen sind zu einem gesunden Staatsleben nicht günstig; nicht durch Reden und Majoritätsbeschlüsse werden die großen Fragen der Zeit entschieden – das ist der große Fehler von 1848 und 1849 gewesen – sondern durch Eisen und Blut [...]

Aus: O. v. Bismarck, Gesammelte Werke, Berlin 1928, Bd. 10, S. 138 f.

MATERIAL

Bismarck über die Rolle der deutschen Nationalbewegung 3

Ich habe nie in der Überzeugung geschwankt, daß Preußen, gestützt nur auf die Waffen und Genossen von 1848, öffentliche Meinung, Landtage, Vereine, Freischaren und die kleinen Kontingente in ihrer damaligen Verfassung, sich auf ein hoffnungsloses Beginnen eingelassen und unter den großen Mächten nur Feinde gefunden hätte, auch in England.

Ich hätte den Minister als Schwindler und Landesverräter betrachtet, der in die falsche Politik von 1848, 49, 50 zurückgefallen wäre [...] Sobald aber Österreich mit uns war, schwand die Wahrscheinlichkeit einer Koalition der andern Mächte gegen uns.

Wenn auch durch Landtagsbeschlüsse, Zeitungen und Schützenfeste die deutsche Einheit nicht hergestellt werden konnte, so übte doch der Liberalismus einen Druck auf die Fürsten, der sie zu Koncessionen für das Reich geneigter machte. [...]

Aus: Gedanken und Erinnerungen von Otto Fürst von Bismarck, Stuttgart und Berlin 1915, Bd. 2, S. 26.

1. Erläutern und beurteilen Sie anhand von Bismarcks Äußerungen die Grundsätze, Wertvorstellungen und Mittel seiner Politik.
2. Welche Rolle schreibt er dem Liberalismus zu? Erläutern Sie die Konsequenzen von Bismarcks Politik für den deutschen Liberalismus.

Denkmäler als Geschichtsquellen

Unter Denkmälern verstehen wir im engeren Sinne solche Kunstwerke, die bewusst der Erinnerung an geschichtliche Vorgänge dienen sollten. Erinnerung soll wachgehalten, aber auch gelenkt werden. Das 19. Jahrhundert und besonders das Deutsche Reich von 1871 war in Deutschland die große Zeit der Nationaldenkmäler, von denen viele das 20. Jahrhundert überdauert haben. Wie können wir sie als Geschichtsquelle deuten?
In jüngster Zeit wurde das Wort Denkmal in einem Wortspiel „Denk mal" geschrieben, um die Betrachter davor zu warnen, den Denkmalstiftern eventuell allzu naiv auf den Leim zu gehen. Wir müssen bei der Untersuchung eines Denkmals also fragen, wer wen an was erinnern will und was er damit bezweckt.

Die historische Forschung unterscheidet mehrere Typen von National-Denkmälern:

- Das Denkmal der „großen Männer", in denen die geeinte Nation symbolisiert ist. Die zahlreichen Denkmäler der Hohenzollern, vor allem aber die Bismarck-Denkmäler sind diesem Typ zuzurechnen.
- Das „Denkmal der Bildungs- und Kulturnation", das sich vor allem an die Gebildeten richtet und die geistigen Grundlagen der Nation darstellt. Hierzu gehören die zahlreichen Denkmäler von Dichtern und Denkern wie Goethe, Schiller, Luther und anderen. Die bayerische Walhalla an der Donau sollte nach dem Willen ihres Stifters, des Königs Ludwig I. von Bayern, bewirken, „daß teutscher der Teutsche aus ihr trete, besser als er gekommen".
- Das demokratische Nationaldenkmal. Ein solches Denkmal war in Deutschland nicht möglich, solange die demokratische Nationalbewegung eine verfolgte Opposition war. Der Revolution von 1848/49 wurden erst gegen Ende des 19. Jahrhunderts Denkmäler gesetzt. Ein Freiburger Denkmal des großen badischen Liberalen Karl von Rotteck verschwand 1850 für lange Zeit auf einem Hinterhof. Die Beteiligung des Volkes an der nationalen Einigung war nur in Verbindung mit der monarchischen Nationalidee darstellbar.
- Das „Denkmal der nationalen Sammlung", ein Typ, dem zwar das nationale, nicht aber das demokratische Element eigen ist. Hierzu gehört vor allem das 1913 vollendete Völkerschlachtdenkmal in Leipzig.
- Das 20. Jahrhundert hat wiederum eigene Denkmaltypen hervorgebracht, vor allem Kriegerdenkmäler für die Gefallenen der beiden Weltkriege und erst für die Führer, später dann für die Opfer totalitärer Systeme.

Wir müssen bei der Interpretation folgende Fragen stellen:

- Ist ein Zweck des Denkmals (Legitimation von Herrschaft, Repräsentation, Totenklage) erkennbar?
- Wo steht das Denkmal? Am Ort des Geschehens (Schlachtfeld) oder an einem mythisch befrachteten Ort (Kyffhäuser), auf einem belebten Platz oder am Stadtrand, auf einem Friedhof oder auf einer einsamen Bergeshöhe? Was wollten die Erbauer mit der Wahl des Platzes ausdrücken?
- Sind auf dem Denkmal Menschen dargestellt oder symbolische/allegorische Gestalten? In welcher Haltung sind sie dargestellt, wohin geht ihr Blick? In welcher Kleidung sind diese Menschen dargestellt, in der ihrer eigenen Epoche oder einer anderen (Ludwig XIV. in antiker Kleidung, Bismarck in Ritterrüstung). Ist der Dargestellte zu Pferde? Dies ist in der Regel dem Fürsten vorbehalten.
- Finden wir Schrifttexte auf dem Denkmal? Welchen Informationsgehalt haben diese? In welcher Sprache sind sie geschrieben?
- Drückt das Denkmal ein Feindbild aus? Gegen wen richtet es sich? Die Himmelsrichtung (nach Westen!) von kämpferischen Denkmälern ist meistens gewollt.
- Im günstigsten Fall könnten archivalische Quellen herangezogen werden, die Auskunft darüber geben, wer das Denkmal gestiftet hat, was bei der Einweihung gesprochen wurde.

Denkmal für den Sieg über Frankreich in Freiburg, Entwurf von Friedrich Moest, 1872.

Bismarckdenkmal in Hamburg, Skulptur von Hugo Lederer, 1875.

Hermannsdenkmal im Teutoburger Wald: Links Entwurf von Karl Friedrich Schinkel und Christian Daniel Rauch, 1839. Rechts: Das von Ernst von Bandel entworfene Denkmal, fertiggestellt 1875.

MATERIAL

4 Ein Historiker über den Platz des Kaiserreichs in der deutschen Geschichte

Das Neue Reich wurde gegen die Tradition des Alten gegründet – auch wenn die Gründungsmythen, die den jungen Nationalstaat durch ein hohes Alter zu adeln suchten, erfolgreich das Gegenteil ins kollektive Gedächtnis der Deutschen bis heute einschrieben.

Eine solche Zentralisierung herrschaftlicher Macht, wie sie der Nationalstaat seit 1871 ermöglichte, hatte es jedoch in der deutschen Geschichte nie zuvor gegeben. Den Konzentrationsprozess frühneuzeitlicher Staatsbildung hatte unter dem Dach des Alten Reiches eine schier unüberschaubare Zahl unterschiedlichster Herrschaftsgebilde überlebt. [...]

Diese staatenbündisch-föderale Tradition des Alten Reiches endete erst mit dem Nationalstaat – ein Wort, das noch in der Revolution von 1848/49 in der politischen Sprache der Deutschen nicht gängig war. Die Staatenvielfalt, in der sich die deutsche Nation bis dahin eingerichtet hatte, ging in einen innerstaatlichen Föderalismus über. Er trug wesentlich dazu bei, den Bruch mit der Geschichte in der Gestalt des Nationalstaats für die Menschen erträglich zu machen.

Den Blick auf diese Zäsur zu lenken bewahrt davor, das bis heute wirkungsmächtige Geschichtsbild, das den Nationalstaat als die Erfüllung deutscher Geschichte preist, für bare Münze zu nehmen.

Zeitgenossen, vor allem diejenigen, die nationale Einheit nicht in dieser staatlichen Form gewollt hatten, fassten die Veränderungsgewalt des Neuen in die Formel „Revolution von oben". Deutschland schrumpfte territorial, indem Österreich, die alte deutsche Kaisermacht, aus der deutschen Geschichte ausschied. Was heute kaum mehr erwähnenswert erscheint, wurde damals als eine radikale Trennung von der eigenen Geschichte empfunden. Deutschland wurde mit diesem militärisch erzwungenen Ausscheiden Österreichs protestantischer, als es je gewesen war. Die Katholiken gerieten zu einer Minderheit, die den Verlust des Alten nur langsam überwand, [...] während viele Protestanten den Nationalstaat als die staatliche Vollendung der Reformation feierten. [...]

Auf dem Weg zum Nationalstaat löschte Preußen einige traditionsreiche deutsche Staaten aus. Auch dies ist im heutigen Geschichtsbewusstsein nicht mehr aufbewahrt. Damals war es jedoch ein verstörender Einschnitt.

Zudem endete die Geschichte der bürgerlichen Demokraten als einer eigenständigen parteipolitischen Kraft neben Liberalen und Konservativen mit der Gründung des Nationalstaats abrupt und dauerhaft. Die bürgerlichen Demokraten, 1848/49 zur stärksten politischen Kraft in Deutschland geworden, hatten ihren Schwerpunkt im Süden und Südwesten, wo sie sich in den sechziger Jahren als unerbittliche Gegner einer „Verpreußung" Deutschlands profilierten. Der emotionalen Überwältigung durch den Einigungskrieg gegen Frankreich hatten sie jedoch nichts entgegenzusetzen. [...] Von dieser Niederlage haben sich die bürgerlichen Demokraten nie wieder erholt.

Die Widerstände gegen einen preußisch geführten kleindeutschen Nationalstaat konnten bei vielen erst durch den emotionalen Zwang zur Einigkeit im Krieg gegen Frankreich gebrochen werden. Es war eine Resignation vor der Geschichte. Deren Ergebnis haben sehr viele nicht gewollt, weil es mit der Haupttradition deutscher Geschichte brach. Als die Würfel gefallen waren, akzeptierten sie es jedoch schnell. Möglich war dies nur, weil das Neue als Erfüllung der Geschichte gedeutet wurde.

Aus: Dieter Langewiesche, War da was vor 1871? FAZ 12.12.2000, S. 54.

1. Stellen Sie die Mächte und Gruppen zusammen, die Grund hatten, mit der Reichsgründung unzufrieden zu sein.
2. Welche Rolle schreibt der Autor der Geschichtswissenschaft im Kaiserreich zu?

2.2 Die Verfassung des Deutschen Reiches

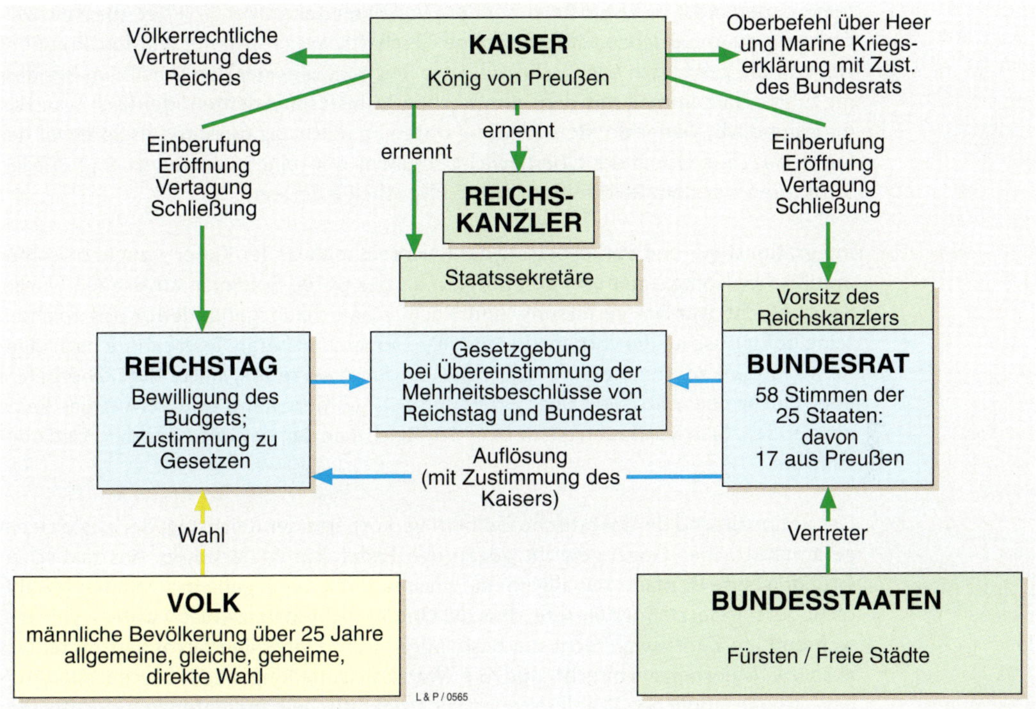

Die Verfassung des Deutschen Reiches von 1871.

Im Bündnis mit den deutschen Fürsten, aber auch mit der bürgerlichen nationalen und liberalen Bewegung hatte Preußen die deutsche Einheit zustande gebracht. Wie würde es gelingen, diese heterogenen Gruppen in einer Verfassung zu integrieren? Wie föderalistisch, wie national, wie monarchisch, wie liberal, wie demokratisch, wie preußisch-konservativ würde das neue Deutsche Reich werden? Die Verfassung von 1871 war ein Versuch, diese verschiedenen Elemente zu verbinden, ins Gleichgewicht zu bringen oder gegeneinander auszuspielen. Nach der Präambel war das Reich ein Bund der 22 souveränen Fürsten und der drei freien Hansestädte; die Staatsgewalt ging nicht aus der Souveränität des Volkes hervor.

Fürstenbund

Föderales Organ war der Bundesrat, in dem weisungsgebundene Vertreter der Fürsten an der Legislative teilnahmen. Er beschloss über die „dem Reichstage zu machenden Vorschläge und die von demselben gefassten Beschlüsse". Er konnte den Reichstag mit Zustimmung des Kaisers sogar auflösen, diente also auch als Bollwerk gegen den Parlamentarismus. Als solches war er in seiner Stellung unangreifbar, durch keine Wahl und kein Misstrauensvotum zu beeinflussen. Zugleich war er aber auch ein Instrument der preußischen Hegemonie. Mit 17 von 58 Stimmen hatte Preußen zwar scheinbar nur wenige Vertreter – es stellte mehr als zwei Drittel der deutschen Ein-

Bundesrat

wohner – doch genügten 14 Stimmen als Sperrminorität gegen jede Verfassungsänderung. Ein Zusammenschluss der übrigen Länder gegen Preußen war ohnehin in der Praxis kaum vorstellbar. Gesetzesinitiativen des Bundesrats stammten häufig aus den preußischen Ministerien, die in Berlin parallel zu den Reichsämtern fungierten; Letztere wurden nicht von Ministern, sondern von Staatssekretären geleitet, die gleichzeitig häufig zu preußischen Ministern ohne Geschäftsbereich ernannt wurden. Preußens Hegemonie zeigte sich auch darin, dass der Reichskanzler, der den Vorsitz im Bundesrat führte, fast immer mit dem preußischen Ministerpräsidenten identisch war. Bismarck und Mitglieder der Reichsleitung traten im Reichstag meistens als Sprecher des Bundesrats auf. Durch das Übergewicht Preußens mit seinen vormodernen, feudalen Strukturen war dem Reich eine schwere Hypothek auferlegt.

Stellung des Kaisers

Integrationsfigur und Verkörperung der Reichseinheit war der Kaiser – zugleich immer preußischer König – der von den Bürgern als der wahre Souverän angesehen wurde. Seine Macht war an Verfassung und Rechtsstaatlichkeit gebunden, doch reichten seine Befugnisse an die vorkonstitutioneller Monarchen heran. Er ernannte nach eigenem Gutdünken den Reichskanzler und die Staatssekretäre, hatte den Oberbefehl über die Armee, entschied über Krieg und Ausnahmezustand und vertrat das Reich nach außen. Sein Vertrauen allein trug den Reichskanzler, der den Kurs der Politik bestimmte.

Reichstag

Das nationale und demokratische Element verkörperte der Reichstag, der zugleich ein gesamtstaatliches Gegengewicht gegen den Föderalismus darstellte. Aus taktischen Gründen hatte Bismarck das allgemeine, gleiche, direkte und geheime (Männer-) Wahlrecht durchgesetzt. Er erwartete, dass die Unterschichten konservativ wählen würden, während ein Zensuswahlrecht die besitzbürgerlichen Liberalen bevorzugt hätte. Das absolute Mehrheitswahlrecht und die Wahlkreiseinteilung begünstigten allerdings einseitig die ländlichen Wahlkreise; sozialdemokratische Kandidaten in Industriestädten benötigten ein Mehrfaches der Stimmen zum Mandatsgewinn. Abgeordnetendiäten konnten erst 1906 durchgesetzt werden.

Gesetzgebung

Nur im Zusammenwirken mit dem Bundesrat übte der Reichstag die Gesetzgebung aus; gegen den Bundesrat und den Kaiser konnte er keine Gesetze durchsetzen, diese allerdings auch nicht gegen ihn. Auch sein grundsätzlich anerkanntes Budgetrecht war eingeschränkt. Auf der Ausgabenseite war festgelegt, dass die Militärausgaben – der weitaus größte Posten im Reichshaushalt – nur alle sieben (später fünf) Jahre bewilligt wurden, eine Kürzung faktisch also nicht möglich war. Auf der Einnahmeseite gab es auch wenig Spielraum, da sich das Reich aus indirekten Steuern, Zöllen und Beiträgen der Einzelstaaten finanzierte, die nur schwer zu verändern waren. Auch hatte der Reichstag das Recht, die Reichsleitung um Rechenschaft zu ersuchen, doch hatte dies keine Konsequenzen für den Verbleib der Staatssekretäre oder des Kanzlers im Amt.

Trotzdem war der Reichstag der Ort der Diskussion, der Integration divergierender Interessen und Strömungen. So konnte er seine Stellung langfristig ausbauen. Auf Dauer war keine Regierung gegen die Reichstagsmehrheit möglich. Die Stärke der Exekutive war indes so groß, dass schon zeitgenössische Kritiker von „Scheinkonstitutionalimus" oder „Semiabsolutismus" sprachen. Erst im Angesicht der drohenden Niederlage im Ersten Weltkrieg wurde die Reichsverfassung reformiert, das Reich für wenige Tage eine parlamentarische Monarchie.

MATERIAL 5

Karikatur aus dem Kladderadatsch (1878): Friss, Vogel, oder stirb!

MATERIAL 6

Liberale Bilanz nach zehn Jahren Reichstag. Der badische Nationalliberale Julius Jolly

[...] Verhältnißmäßig den geringsten Erfolg hatten bisher die Versuche des Reichstags, auf den Gang der Regierung als solcher (abgesehen vom Budget und der Gesetzgebung) einzuwirken. Bei der Besetzung der obersten politischen Reichsämter kamen, weit entfernt von den leisesten Anfängen des s. g. parlamentarischen Systems, Wünsche und Bestrebungen des Reichstags so wenig zur Berücksichtigung, daß er regelmäßig über Grund und Ziel eingetretener Personalveränderungen nicht einmal irgend eine Auskunft erhielt [...]

Es versteht sich so ziemlich von selbst, daß bei dieser Lage der Verhältnisse dem Reichstag eine Einflußnahme auf die Leitung der auswärtigen Politik, auch wenn er eine solche ernstlich versucht hätte, höchst wahrscheinlich nicht gelungen wäre; es ist aber bekannt, daß das deutsche Volk gerade auf diesem Gebiet dem Reichskanzler ebenso unbedingtes Vertrauen schenkt, wie es ihm zu unbegrenztem Danke verpflichtet ist, und von dieser Gesinnung ließen auch alle Partheien des Reichstags so sehr sich leiten, dass selbst das Zentrum es nicht weiter als zu gelegentlichen Bemängelungen brächte. [...]

Einen weit umfassenden und tief eingreifenden Einfluß hat der Reichstag von dem ersten Tage seines Bestehens auf die Gesetzgebung ausgeübt. Auch in dieser Beziehung bietet allerdings die junge Praxis des deutschen Reiches manche Erscheinung dar, welche mit den vorherrschenden konstitutionellen Anschauungen und Gebräuchen nicht immer in Einklang stehen. Man kann eine ziemliche Anzahl von Gesetzentwürfen der Regierung aufzählen, welche von dem Reichstag zum Theil fast einstimmig abgelehnt wurden, andere von diesem kraft seiner Initiative beschlossene, welchen umgekehrt zum Theil trotz ihrer öfteren Wiederholung die Regierung keine Folge gab. [...]

Aus: J. Jolly, Der Reichstag und die Partheien, Berlin 1880, S. 23 ff.

MATERIAL

7 Ein konservativer Reichstagsabgeordneter zum Verhältnis von militärischer und ziviler Gewalt

[...] Der Aufbau des Bismarck'schen Reiches zeigt zwei ganz getrennte Seiten, eine zivile, demokratische und eine militärische, autokratische. Die erste Seite hatte ihre stärkste Verkörperung in dem aufgrund des allgemeinen, gleichen und geheimen Wahlrechts gewählten Reichstage. Die zweite bestand aus der Krone und dem Heer. Die Verbindung zwischen Krone und Heer bildete die kaiserliche Kommandogewalt. [...] Mit ihr war der Kaiser, der die Verfassung ja nicht beschworen hatte, jederzeit imstande, natürlich nur im Notfall, durch einfachen Befehl an die Armee die Staatsordnung wiederherzustellen. [...]

Diese Dinge kannten die Linken und im Zentrum die Leute um Erzberger sehr genau. Sie wussten, was sie taten, wenn sie mit ihren Angriffen auf die Abschaffung der kaiserlichen Kommandogewalt abzielten. Umso mehr hielt ich es für meine Aufgabe, für ihre Erhaltung mit aller Entschiedenheit einzutreten.

Die Gelegenheit bot sich anlässlich einer großen gegen die kaiserliche Kommandogewalt gerichteten Rede, die der freisinnige Abgeordnete Müller-Meiningen hielt. [...]

Der Abgeordnete Müller-Meiningen war geschickt genug, um seinen Angriff gegen die kaiserliche Kommandogewalt in einen Angriff gegen das Offizierskorps überhaupt einzuhüllen. Zur Verteidigung dieses Offizierskorps sagte ich damals in der vollen Öffentlichkeit einer Reichstagssitzung: „Wie ist es jetzt? Wenn ein Leutnant an einer Ecke laut hustet, hat er die Besorgnis, dass es im Reichstag zur Sprache kommt. Das ginge ja noch. Aber wir wollen doch dafür sorgen, dass er nicht die Besorgnis haben muß, daß nun auf das Urteil des Reichstages ein Gewicht gelegt wird, was früher nicht der Fall war.

Meine Herren, darunter leidet der Offiziersstand. Er muss darunter leiden, ein Stand, der persönlich mit dem allerhöchsten Kriegsherrn zusammenhält, und den im Übrigen die Öffentlichkeit nichts angeht! [...] Ja, meine Herren, das ist auch eine preußische Tradition, und dass Ihnen diese Tradition nicht passt, das glaube ich Ihnen sehr gern. Der König von Preußen und der deutsche Kaiser muss jeden Moment imstande sein, zu einem Leutnant zu sagen: Nehmen Sie zehn Mann und schließen Sie den Reichstag!" [...]

Das Wort vom Leutnant und den zehn Mann erregte großes Aufsehen. [...] Zu meinem eigenen Erstaunen hatte dieses Wort auch bei der Masse gezündet. Denn als wenige Tage später eine neue Reichstagssitzung stattfand, war der Platz vor dem Wallotbau (= *Reichstagsgebäude*) schwarz vor Menschen. Es gelang mir aber, ohne erkannt zu werden, in den Reichstag hineinzukommen. Drinnen hörte ich dann von den Fraktionsgenossen, man habe irgendeinen Unbekannten für mich gehalten und verdroschen.

Aus: Erinnerungen des Reichstags-Abgeordneten Oldenburg-Januschau, in: G. A. Ritter (Hrsg.), Historisches Lesebuch 2 (1871–1917), Frankfurt 1968, S. 88 ff.)

1. Vergleichen Sie die Verfassung von 1871 mit der von 1849 (→ S. 201) unter folgenden Aspekten: Stellung der Volksvertretung; Befugnisse der Exekutive; Befugnisse des Bundesrats. Stellen Sie auch fest, inwieweit liberale, demokratische, föderative, hegemoniale, zentralistische Prinzipien verwirklicht sind.
2. Erläutern Sie die Darstellungsabsicht der Karikatur und vergleichen Sie deren Aussage mit den Bestimmungen der Reichsverfassung.
3. Welche Defizite des parlamentarischen Lebens stellt der Liberale Jolly (M 6) fest? Wie ist seine persönliche Einstellung dazu?
4. Erläutern Sie das Politik- und Verfassungsverständnis des Abgeordneten Oldenburg-Januschau (M 7). Welche Folgen für die politische Kultur des Kaiserreiches ergeben sich daraus?

2.3 Integrieren oder ausgrenzen – die politische Kultur des Kaiserreichs

Um 25 Staaten mit 41 Millionen Einwohnern zu einer Nation zu vereinigen, musste der äußeren Reichsgründung von 1871 eine „innere" folgen. Diese Integrationsleistung wurde bis zur Jahrhundertwende vor allem auf wirtschaftlichem und rechtlichem Gebiet erbracht:

- Ein einheitlicher Währungsraums, in dem die Mark sieben verschiedene Währungen ersetzte, wurde errichtet.
- In den Deutschen Zollverein wurden nun auch die Seestädte einbezogen.
- Ein neues Reichsstrafgesetzbuch, das Bürgerliche Gesetzbuch (BGB, 1896) und die Gründung des Reichsgerichts vereinheitlichten das Rechtswesen.

Wie weit aber gelang die Integration der Bevölkerung in den Staat? Gab es einen Grundkonsens, mit dem sich die politische Ordnung legitimieren konnte?

Liberalismus

Die deutschen Liberalen hatten sich 1866 im Streit um die „Indemnität" der Regierung Bismarck, die Straflosigkeit für die mehrjährige Regierung ohne Budget, gespalten: Unter dem Eindruck des Erfolgs gegen Österreich hatte sich die Nationalliberale Partei abgespalten und trug nun Bismarcks Politik bis 1879 mit, während die Linksliberalen als Fortschrittspartei in der Opposition blieben. Beide waren einem langfristigen Wählerschwund ausgesetzt. Das Ziel der Einigung war erreicht, an den Einheitsgesetzen waren liberale Politiker maßgeblich beteiligt. Aber ihr zweites großes Ziel, die Parlamentarisierung des Reiches, wurde nicht verwirklicht.

„Entschieden ist er – und ein gewaltiger Redner, das muss man ihm lassen." Die Karikatur aus der Wiener Zeitschrift „Figaro" zeigt Reichskanzler Bismarck vor dem Reichstag des Norddeutschen Bundes (1870).

Zudem war ihre soziale Basis nach der Gründung der Arbeiterparteien auf das Bürgertum beschränkt. Die „konservative Wende" von 1878/79, die man sogar eine „zweite Reichsgründung" genannt hat, machte allen liberalen Hoffnungen ein Ende.

Konservative Die Politik des Jahres 1866 hatte auch zur Spaltung der Konservativen geführt. Während die altpreußischen Legitimisten Bismarcks Annexionen als Verstoß gegen göttliches Recht verurteilten, unterstützte ihn die neue Freikonservative Partei ohne Vorbehalt. 1876 erst gründeten auch die Altkonservativen eine Partei, die Deutschkonservative Partei. Obwohl beide zusammen nie mehr als 26 % der Wählerstimmen erreichten, ging ihr Einfluss weit über den anderer Parteien hinaus.

Eliten Zur Struktur des Kaiserreichs gehörte die informelle Herrschaft nichtparlamentarischer Eliten. Hier hatten die adligen Konservativen ihre Bastion. Ihre Stellung im ostelbischen Grundbesitzeradel, in der Bürokratie, in der evangelischen Kirche und im Militär war unangreifbar. Vor allem die verfassungsmäßige Sonderstellung des Militärs, *Militarismus* seine direkte Unterstellung unter den kaiserlichen Oberbefehl, das Fehlen einer wirksamen parlamentarischen Kontrolle – es gab keinen Reichskriegsminister – führte zu einer Verselbstständigung. Auch das gesellschaftliche Prestige des Offiziersberufs, der seit den Einigungskriegen zum Leitbild geworden war, entsprach dieser Sonderstellung. Eine bürgerliche Karriere in Staat oder Wirtschaft war ohne den Reserveoffiziersgrad nicht mehr vorstellbar. Aber auch Bauern und Arbeiter sollten über die allgemeine Wehrpflicht, die „Schule der Nation", integriert, diszipliniert und gegen sozialdemokratische Tendenzen immunisiert werden. Der Soldat müsse, so Kaiser Wilhelm II., im Falle „sozialistischer Umtriebe" sogar die eigenen Brüder und Eltern niederschießen. Mitgliederstarke Kriegervereine trugen das militärische Denken weiter und führten zu einer Militarisierung der Gesellschaft, die sich in der Episode des „Hauptmanns von Köpenick" entlarvte und lächerlich machte. Schließlich war auch der Tag von Sedan (2. September), nicht der Tag der Reichsgründung, der eigentliche Nationalfeiertag. Nur die Sozialdemokraten feierten unter sich den 18. März als Gedenktag des Berliner Aufstands von 1848.

Beamte „Staatstragende" Funktion hatte im Obrigkeitsstaat auch das Beamtentum; der Zugang dieser Laufbahn wurde, vor allem unter dem preußischen Innenminister von Puttkamer (1881–1888), mit strenger Gesinnungskontrolle verbunden. Liberalen und Katholiken waren die oberen Ränge in der Regel versperrt, die Zugehörigkeit zur Sozialdemokratie führte zum Ausschluss.

Verbände Zu den modernen Zügen des Kaiserreichs, in denen sich die Zugeständnisse an die Bedürfnisse der Industriegesellschaft zeigen, gehört die Entstehung von Verbänden. Vor allem der „Centralverband deutscher Industrieller" (1876) und der „Bund der Landwirte" (1893) übten großen Einfluss aus. In der langen Wirtschaftskrise von 1873 bis 1896, die zugleich eine Agrarkrise und eine industrielle Wachstumskrise war, führte ihr Druck zur Abkehr von der Freihandelspolitik und zum Protektionismus. Die „Allianz von Rittergut und Hochofen" wurde von Bismarck als ein Gegengewicht zu den parlamentarischen Parteien gefördert.

Im „Bund der Landwirte" wie auch besonders in der 1878 gegründeten „Berliner Bewegung" des Hofpredigers Stoecker machte sich im Lauf der Wirtschaftskrise eine *Antisemitismus* lautstarker Antisemitismus vernehmbar; 1890 wurde sogar eine Antisemitische Volkspartei gegründet. Die Juden setzten sich rechtlich und propagandistisch gegen den Antisemitismus entschieden zur Wehr, sie verteidigten ihre Bürgerrechte, das Ideal der Assimilation wollten sie nicht aufgeben.

Minderheiten

Bismarcks Politik in diesem vielfältigen Kräftefeld war ein Balanceakt, ein Regieren mit wechselnden Mehrheiten, ein Ausspielen der verschiedenen Gruppen gegeneinander. Integration der Mehrheit wurde oft durch Diskriminierung von Minderheiten erkauft, durch die Konfrontation „staatstragender" Gruppen mit „Reichsfeinden" oder „vaterlandslosen Gesellen", zu denen neben den ethnischen Minderheiten wie Dänen und Polen auch Elsässer, Lothringer und Welfen (Anhänger des Hauses Hannover), schließlich Katholiken, Linksliberale, Sozialisten und Gewerkschafter gehörten. Diese wurden nicht nur politisch, sondern auch gesellschaftlich vielfach benachteiligt. Auch Frauen waren aus dem öffentlichen Leben weitgehend ausgeschlossen. Die einzige Partei, die das Frauenwahlrecht forderte, war die SPD im Erfurter Programm von 1891. Aber auch in dieser Partei konnten sich Politikerinnen nur schwer behaupten. Verwirklicht wurde das Frauenwahlrecht aber erst durch die Novemberrevolution 1918 (→ Kampf um die Rechte der Frau, S. 160–164). Zur Ideologie des Kaiserreichs gehörte aber die Vorstellung von der Überparteilichkeit des Kaisers und der Staatsorgane. Ein Kritiker nannte dies später die „Lebenslüge des Obrigkeitsstaates".

Frauen

MATERIAL 8

Politische Rechte für Frauen? Spitzelbericht über ein Gespräch in einer Hamburger Arbeiterkneipe (10. 5. 1902)

In der Zeit von 9.40 h bis 10.25 h besuchte ich die Gastwirtschaft von Kelling, gelegen Süderstraße Nr. 5. Daselbst befanden sich elf Arbeiter, welche an Tischen verteilt saßen, und einer sagte Folgendes: „Es wird immer darauf hingewirkt, dass die Frauen den Männern im öffentlichen sowie im politischen Leben gleichgestellt werden sollen. Meiner Ansicht nach ist dieses nicht richtig, da eine Frau niemals das richtige Verständnis für dieserlei Sachen hat, vielmehr stets von dem Manne muss geleitet werden, kann sie auch niemals demselben gleichgestellt werden. Es gibt zwar Frauen, die Energie und Einsicht besitzen, jedoch sind dies nur so wenige, dass sie nicht in Betracht kommen. Besser wäre es, wenn mehr darauf hingewirkt würde, dass Frauen dem öffentlichen Leben ganz und gar entzogen und in häuslichen Arbeiten beschäftigt würden."

Ein anderer Arbeiter sagte: „Es gibt eine Menge Frauen, die sich sehr gut für das öffentliche Leben eignen. Dieses sieht man am besten daran, dass sie sich beinahe in alle Berufe eingedrängt haben. Allerdings sind es nur die Berufe, wo keine allzu schwere körperliche Arbeit verlangt wird [...] Dagegen ist ihre Zahl in anderen Berufen so groß, dass man sie dem Manne gleichsetzen kann, welches dann nur eine Gerechtigkeit der Frau gegenüber wäre, die dieselbe schon lange genießen sollte."

Ein anderer sagte: „Wir müssen alle hier für die Gleichstellung der Frau mit dem Manne eintreten. Der Vorteil, der uns daraus erwächst, ist bedeutend größer als der Nachteil, den wir davon haben. Werden die Frauen auch im politischen Leben dem Mannes gleichgestellt, so vergrößert sich unsere Partei mindestens um das Doppelte. Ob dieselben ein Verständnis dafür haben oder nicht, bleibt sich ganz gleich, die Hauptsache ist, dass die Mehrzahl der Stimmen, die bei Wahlen und dergleichen gebraucht wird, da ist. Dass die Arbeiterschaft den Reichen gegenüber bedeutend besser wegkommt, liegt klar, und dieses ist auch der Hauptverweigerungsgrund, aus welchem sie sich dagegen sträuben, die Gleichberechtigung der beiden Geschlechter anzuerkennen."

Aus: R. J. Evans (Hrsg.), Kneipengespräche im Kaiserreich. Stimmungsberichte der Hamburger Politischen Polizei 1892–1914. Reinbek 1989, S. 164 f.

MATERIAL
9 Karikatur aus dem Simplicissimus, 1897: „Der – Die – Das“

MATERIAL 10

Ergebnisse der wichtigsten Parteien in Reichstagswahlen 1871–1912

Jahr	*Konservative**		*National-Liberale*		*Linksliberale***		*Zentrum*		*Sozialdemokratie*	
	a	*b*	*a*	*b*	*a*	*b*	*a*	*b*	*a*	*b*
1871	23,0	94	30,0	125	9,3	47	18,6	63	3,2	2
1874	14,1	55	29,7	155	9,0	50	27,8	91	6,8	9
1877	17,7	78	27,2	128	8,5	39	24,8	93	9,1	12
1878	26,6	116	23,1	99	7,8	29	23,1	94	7,5	9
1881	23,7	78	14,6	47	23,1	115	23,2	100	6,1	12
1884	22,0	106	17,6	51	19,3	74	22,6	99	9,7	24
1887	25,0	121	22,3	99	14,1	32	22,1	98	7,1	11
1890	19,1	93	16,3	42	18,0	76	18,6	106	19,7	35
1893	19,2	100	13,0	53	14,3	48	19,0	96	23,3	44
1898	15,4	79	12,5	46	11,1	49	18,9	102	27,2	56
1903	13,4	75	13,9	51	9,3	36	19,7	100	31,7	81
1907	13,6	84	14,4	54	11,0	49	19,4	105	29,0	43
1912	12,2	57	13,7	45	12,3	42	16,4	91	34,8	110

* Deutsche Konservative Partei und Deutsche Reichspartei (Freikonservative).
** Liberale Vereinigung (1893 Freisinnige Vereinigung, 1910 Fortschrittliche Volkspartei), Deutsche Fortschrittspartei (1893 Freisinnige Vereinigung), Deutsche Volkspartei.
a = Stimmenanteil in v. H.; b = Zahl der Mandate.

MATERIAL 11

Deutschland und der nächste Krieg (1912). Konzept eines Militärschriftstellers.

[...] Haben wir in den letzten großen Kriegen um unsere nationale Einigung und damit um unsere europäische Machtstellung gekämpft und gerungen, so stehen wir heute vor der größeren Entscheidung, ob wir uns auch zu einer Weltmacht entwickeln, als solche behaupten und deutschem Geist und deutscher Lebensauffassung die ihnen gebührende Beachtung auf der weiten Erde verschaffen wollen, die ihnen heute noch versagt sind. [...]
Ob wir die Spannkraft in uns fühlen, diesem großen Ziele nachzustreben; ob wir zu den Opfern bereit sind, die uns ein solches Streben zweifellos kosten wird; ob wir zurücktreten wollen vor den feindlichen Gewalten [...]; das ist der Inhalt dieser Entscheidung.
„Sein oder Nichtsein?", lautet die Frage, die heute an uns herantritt, verschleiert freilich durch das scheinbare Gleichgewicht der einander entgegenstehenden Interessen und Kräfte, durch das trügerische Ränkespiel der Diplomatie und das amtliche Friedensbedürfnis aller Staaten, aber unerbittlich in ihrer geschichtlichen Logik. [...]
Einen Stillstand gibt es nicht in der Völkergeschichte. Alles ist ein Werden und eine Entwicklung. Die Dinge auf dem Status quo zu erhalten, wie das von der Diplomatie so vielfach angestrebt wird, ist unmöglich [...]
Dass es also auch für uns keinen Stillstand, kein Gesättigtsein geben kann, sondern nur ein Vorwärts oder ein Zurück, und dass es dem Zurück gleichkommt, wenn wir uns mit unserer augenblicklichen europäischen Machstellung begnügen, während alle unsere Mitbewerber mit rücksichtsloser Energie selbst auf Kosten unserer Rechte nach Machterweiterung streben, darüber müssen wir uns völlig klar sein. [...]

Würde uns aber ein Krieg unter für uns ungünstigen Bedingungen von überlegenen Feinden aufgezwungen, dann könnte bei unglücklichem Verlauf unsere politische Niederlage sehr bald herbeigeführt werden, und wir würden einen raschen Sturz erleben. Dann wäre die Zukunft des Deutschtums preisgegeben, eine selbstständige deutsche Kultur würde sich auf die Dauer nicht behaupten können, und für lange Zeiten würden die Güter, für die deutsches Blut in Strömen geflossen ist, der Menschheit verloren sein: geistige und sittliche Freiheit und der tiefe und hochfliegende Idealismus des deutschen Gedankens. Wenn wir die Verantwortung für eine solche Entwicklung der Dinge, wie billig, nicht auf uns nehmen wollen, müssen wir den Mut haben, eine unseren Ansprüchen angemessene Machterweiterung mit allen Mitteln anzustreben, selbst auf die Gefahr hin eines Krieges gegen numerisch überlegene Gegner. [...]

Aus: F. von Bernhardi, Deutschland und der nächste Krieg, in: W. Mommsen (Hrsg.) Imperialismus. Seine geistigen, politischen und wirtschaftlichen Grundlagen, Hamburg 1977, S. 151f.

MATERIAL

12 Ein Kritiker in der Rückschau auf die „Erbschaft Bismarcks" (Max Weber 1918)

Was war infolgedessen [...] Bismarcks politisches Erbe? Er hinterließ eine Nation *ohne alle und jede politische Erziehung*, tief unter dem Niveau, welches sie in dieser Hinsicht zwanzig Jahre vorher schon erreicht hatte.

Und vor allem eine Nation *ohne allen und jeden politischen Willen*, gewohnt, dass der große Staatsmann an ihrer Spitze für sie die Politik schon besorgen werde.

Und ferner, als Folge der missbräuchlichen Benutzung des monarchischen Gefühls als Deckschild eigener Machtinteressen im politischen Parteikampf, eine Nation, daran gewöhnt, unter der Firma der „monarchischen Regierung" fatalistisch *über sich ergehen zu lassen*, was man über sie beschloss, ohne Kritik an der politischen Qualifikation derjenigen, welche sich nunmehr auf Bismarcks leer gelassenem Sessel niederließen und mit erstaunlicher Unbefangenheit die Zügel der Regierung in die Hand nahmen. An diesem Punkt lag der bei weitem schwerste Schaden.

Eine politische Tradition dagegen hinterließ der große Staatsmann *überhaupt nicht*. Innerlich selbstständige Köpfe und vollends Charaktere hatte er weder angezogen noch auch nur ertragen. [...]

Demgegenüber nun als rein negatives Ergebnis seines gewaltigen Prestiges: *ein völlig machtloses Parlament*. Er selbst hat sich bekanntlich dessen als eines Fehlers angeklagt, als er nicht mehr im Amte war und die Konsequenzen an seinem eigenen Schicksal erfahren hatte. Jene Machtlosigkeit bedeutete aber auch: ein Parlament mit tief herabgedrücktem geistigen Niveau. [...]

Denn darauf: ob große Probleme in einem Parlament nicht nur beredet, sondern maßgeblich entschieden werden – ob also etwas und wie viel *darauf ankommt, was im Parlament geschieht*, oder ob es nur der widerwillig geduldete Bewilligungsapparat einer herrschenden Bürokratie ist, darauf stellt sich die Höhe oder Tiefe seines Niveaus ein.

Aus: M. Weber, Parlament und Regierung im neugeordneten Deutschland, in: Gesammelte politische Schriften [4]Tübingen 1980, S. 319.

1. Kennzeichnen Sie die Einstellung und Argumente der Hamburger Arbeiter zur Frauenrolle. Vergleichen Sie auch die Materialien S. 163 – 164.
2. Erläutern Sie die Aussage der Karikatur M 12. Welches Bild der deutschen Gesellschaft vermittelt sie?
3. Erläutern Sie Weltbild und politische Grundeinstellung des Autors von Material 11. Welche Konsequenzen für die Außenpolitik ergeben sich daraus?
4. Erläutern Sie Max Webers Meinung über Bismarck (M 12). Was bezeichnet er als das negative Erbe, das Bismarck hinterlassen hat? Ziehen Sie auch Kapitel 4.2 (→ S. 269) heran.

2.4 Der Kulturkampf – nur Modernisierungseifer?

Kulturkampf

Bald nach der Reichsgründung begann der Kulturkampf gegen die katholische Kirche. Er wurde vor allem in Preußen ausgetragen, dessen Behörden zeitweilig alle katholischen Bischöfe verhafteten oder des Landes verwiesen und die Besetzung zahlreicher Pfarrerstellen behinderten. Aber auch im liberal regierten Baden kam es bezeichnenderweise zu erheblichen Auseinandersetzungen zwischen Staat und katholischer Kirche. Weitere Schauplätze waren Bayern und Hessen.

Verhältnis von Kirche und Staat

Die Konfrontation zwischen Staat und katholischer Kirche im letzten Drittel des 19. Jahrhunderts war keineswegs ein spezifisch deutsches, sondern ein gesamteuropäisches Phänomen. Kern des Konflikts war das Verhältnis von Staat und Kirche. Der moderne Nationalstaat war seinem Selbstverständnis nach ein säkularisierter Staat und daher an keine Religion oder Konfession gebunden. Zugleich beanspruchte er ein Monopol bei der Regelung der öffentlichen Angelegenheiten. Dieser Anspruch kollidierte mit dem Anspruch der katholischen Kirche, christliche Wertvorstellungen auch für Staat und Gesellschaft verbindlich zu machen. Insbesondere auf das Schulwesen und das Familienrecht hatte die Kirche von jeher erheblichen Einfluss ausgeübt. Seit der französischen Revolution und der Säkularisation verbreitete sich unter den Katholiken jedoch das Gefühl zunehmender Einflusslosigkeit.

Reaktion des Papstes

Papst Pius IX. (1846–1878) reagierte auf diese Entwicklungen, indem er die Unterschiede zwischen katholischer Glaubenslehre und den Weltanschauungen der modernen Zeit klar und prägnant benannte und so den Katholiken Orientierungshilfen bot. Der Papst wandte sich insbesondere gegen den vom Geist der Aufklärung durchdrungenen Liberalismus, den er in seiner 1864 veröffentlichten Enzyklika „Syllabus Errorum" als Irrlehre der Zeit geißelte. Heftig bekämpfte er auch die Ansicht, die Leitung der öffentlichen Schulen stünde allein dem Staat zu. Mit dem vom 1. Vatikanischen Konzil 1870 verkündeten so genannten Infallibilitätsdogma sollte die päpstliche Lehrautorität gestärkt werden: Das Dogma stellte die Unfehlbarkeit des Papstes fest, wenn er sich lehrend zu Glaubens- und Sittenfragen äußert. Solche „ex cathedra" verkündeten Lehrsätze der Päpste sind seither für alle Katholiken zum verbindlichen Glaubensgut erklärt.

Motive der Liberalen

Für die antiklerikal gesinnten deutschen Liberalen war das Unfehlbarkeitsdogma ein Anschlag auf die Gewissensfreiheit. Entschlossen wollten sie „das Individuum in seiner Freiheit gegen den Missbrauch der Gewalt der Kirche" schützen. In polemischer Anspielung auf den jenseits der Alpen (lat. „ultra montes") residierenden Papst verunglimpften sie den von Rom aus hierarchisch organisierten Katholizismus als „Ultramontanismus". Ihr Kampf gegen diesen wurde zum „Kulturkampf" stilisiert, der sich „aus der großen Entwicklung der Jahrtausende" ergebe, wie es einer der führenden Liberalen, der Arzt Rudolf Virchow, formulierte. Ziel des Kulturkampfes war, den kirchlichen Einfluss aus dem öffentlichen Leben zu verbannen. Paradoxerweise fanden die Liberalen im konservativen Kanzler Bismarck ihren wichtigsten Verbündeten gegen die katholische Kirche.

Motive Bismarcks

Die Motive Bismarcks und der Liberalen für den Kulturkampf waren jedoch unterschiedlich. Zum einen war der staatskonservative Kanzler stets darauf bedacht, die von ihm verkörperte Staatsautorität gegenüber allen gesellschaftlichen Gruppen, also auch gegenüber der Kirche, durchzusetzen. Das allein erklärt aber nicht die Schärfe, mit der er gegen die katholische Kirche vorging. Für ihn war der Kulturkampf eine Art Präventivkrieg gegen den politischen Katholizismus und insbesondere gegen die 1870 gegründete katholische Zentrumspartei, mit der sich die Katholiken als Minderheit im neuen Reich politisch behaupten wollten.

„Reichsfeind" Zentrum

Während die Liberalen die Parteigründung als Massenmobilisierung des Antimodernismus deuteten, erblickte Bismarck in der föderalistisch und weitgehend großdeutsch orientierten Partei einen gefährlichen Gegner für das kleindeutsch-preußische Reich, zumal das Zentrum mit den nichtdeutschen katholischen Minderheiten im Reich, den Polen und Elsässern, verbündet war. Darüber hinaus wählte es in der Person von Ludwig Windthorst einen Anhänger der 1866 durch Preußen aus Hannover vertriebenen Welfen zum Vorsitzenden. Bismarck hielt die Bildung einer antipreußischen Koalition der großdeutsch gesonnenen Katholiken mit Österreich und Frankreich sowie der nationalpolnischen Bewegung für möglich. Deshalb bekämpfte er das Zentrum. Die Partei durfte zwar an Wahlen teilnehmen, doch wurde sie als „reichsfeindlich" eingestuft und so moralisch diffamiert. In den Parlamenten wurde sie von den anderen Fraktionen weitgehend boykottiert.

Maßnahmen gegen die Kirche

Mit dem Kampf gegen die Kirche wollte Bismarck diese zwingen, zum Zentrum auf Distanz zu gehen. Sein Kirchenkampf hatte zwei Stoßrichtungen. Einerseits ging es um die Trennung von Kirche und Staat und darum, die Kirche aus dem öffentlichen Leben herauszudrängen: Die Kirche verlor im Wesentlichen ihre Funktion in der Schulaufsicht; die Zivilehe wurde obligatorisch – damit wurden auch die rechtlichen Voraussetzungen zur Ehescheidung geschaffen, während die Kirche an der Unauflöslichkeit der Ehe festhielt; die Möglichkeit des Kirchenaustritts wurde gesetzlich geregelt; im „Kanzlerparagraph" wurde den Geistlichen unter Strafandrohung untersagt, in Ausübung ihres Amtes die Politik der Regierung zu kritisieren. Zum anderen griff der Staat aber auch in die inneren Angelegenheiten der Kirche ein. Reichsweit wurde der Jesuitenorden verboten, in Preußen auch fast alle übrigen katholischen Ordensgemeinschaften. Der Klerus wurde der staatlichen Aufsicht unterstellt; verschärfte Strafgesetze gaben dem Staat die Möglichkeit zu Polizeiaktionen und Verhaftungen.

Scheitern des Kulturkampfes

Mit seinen Maßnahmen erreichte Bismarck aber nur, dass die Autorität des Klerus bei den Gläubigen wuchs, dass die Katholiken die Zentrumspartei als „ihre" Partei betrachteten und dass sich innerparteilich ein beachtliches Maß an Solidarität und Zusammenhalt entwickelte. Als das Zentrum – als zweitgrößte Fraktion – für die Gesetzgebungstätigkeit bald unentbehrlich wurde, musste Bismarck sich schließlich ein Scheitern seiner Politik des Kulturkampfes eingestehen. Gegen den Widerstand der prinzipientreuen Liberalen verständigte er sich mit dem neuen Papst Leo XIII. (1878–1903), der diplomatisch weitaus geschmeidiger als sein Vorgänger war. Nach und nach wurden die Kulturkampfgesetze aufgehoben; allerdings wurde an der staatlichen Schulaufsicht und an der Zivilehe festgehalten. Einmal mehr hatte sich gezeigt, dass geistig-religiöse Überzeugungen nicht mit Polizeimaßnahmen zu bezwingen waren. Der Kulturkampf Bismarcks bewirkte aber, dass viele Katholiken zum preußisch-kleindeutschen Kaiserreich in eher kritischer Distanz verharrten.

MATERIAL

13 Verein der deutschen Katholiken, Aufruf 1872

Wir leben in Zuständen, welche man Verfolgung der Kirche zu nennen berechtigt ist. [...] Damit wir [...] über die Tragweite der kirchenfeindlichen Anstrengungen nicht länger im Unklaren bleiben, entzieht man der Kirche ihr heiliges tausendjähriges Recht auf die Schule, deren Gründerin sie ist; man tastet sogar ihre göttliche Mission auf die Erziehung überhaupt an. Daneben werden Ausnahmegesetze gegen den Klerus erlassen [...] und zum Hohne allen Rechts die ehrwürdigen Orden der katholischen Kirche verfolgt. [...]
Der Staat, das heißt jener Staat, wie ihn die Gegner der geoffenbarten Religion und der Kirche sich mit Willkür konstruieren und mit Leidenschaft zur Geltung zu bringen suchen, leidet keine günstige Macht in seinem irdischen Bereiche, welche ihm die Wahrheit sagt, wenn er irrt, sein Unrecht rügt, wenn er frevelt.

Wir dagegen stehen fest in unseren kirchlich-politischen Grundsätzen, welche uns Vernunft und Glauben lehren. Wir halten daran, dass es auf Erden zwei Gewalten gebe, die von Gott zum Heile des Menschengeschlechts bestellt sind; dass es aber der Wille Gottes ist, [...] beide Ordnungen nicht getrennt zu sehen. [...] Das richtige Verhältnis von Staat und Kirche aber erkennen wir aus den Zielen, welche beiden gesteckt sind: dort ein Ziel in der Irdischkeit, das sich notwendigerweise dem höheren ewigen Ziele des Menschen unterordnet, hier dieses ewige Ziel, das unendlich weit über dieses endliche Dasein hinausreicht und zu welchem sich jenes verhält wie das Mittel zum Zweck. Darum halten wir fest an der Weisung des göttlichen Stifters unserer heiligen Religion, dem Kaiser zu geben, was des Kaisers, und Gott, was Gottes ist.

Aus: H. Fenske (Hrsg.), Im Bismarckschen Reich 1871–1890, Darmstadt 1978, S. 83–86.

MATERIAL

Bismarck über den Kulturkampf 14

Rede im preußischen Herrenhaus (1873):

Die Frage, in der wir uns befinden, wird meines Erachtens gefälscht, wenn man sie als eine konfessionelle, kirchliche betrachtet. Es ist wesentlich eine politische, es handelt sich nicht um den Kampf, wie unseren katholischen Mitbürgern eingeredet wird, einer evangelischen Dynastie gegen die katholische Kirche, es handelt sich nicht um den Kampf zwischen Glauben und Unglauben, es handelt sich um den uralten Machtstreit zwischen Königtum und Priestertum [...] Es handelt sich um die Verteidigung des Staates, es handelt sich um die Abgrenzung, wie weit die Priesterherrschaft und wie weit die Königsherrschaft gehen soll, und diese Abgrenzung muss so gefunden werden, dass der Staat seinerseits dabei bestehen kann. Denn in dem Reiche dieser Welt hat er das Regiment und den Vortritt.

Rede im preußischen Abgeordnetenhaus (1872):

Ich habe [...] die Bildung dieser Fraktion (des Zentrums) nicht anders betrachten können als im Lichte der Mobilmachung der Partei gegen den Staat. [...] Wir hatten gehofft, an einer streng kirchlichen Partei eine Stütze für die Regierung zu gewinnen, die dem Kaiser gibt, was des Kaisers ist, die die Achtung vor der Regierung auch da, wo man glaubt, dass die Regierung irrt, in allen Kreisen, namentlich in den Kreisen des politisch weniger unterrichteten gemeinen Mannes, zu erhalten sucht. Ich musste mit Betrübnis und Befremden hören, dass die Wahlreden [...] gerade an die Leidenschaft der unteren Classen, der Masse, appellierten, um sie zu erregen gegen die Regierung.

Aus: O. v. Bismarck, Die gesammelten Werke, Bd. 11, Berlin 1929, S. 298, S. 225 ff.

1. Vergleichen Sie die in beiden Texten zum Ausdruck kommenden Auffassungen über den Kulturkampf sowie zum Verhältnis von Staat und Kirche.

MATERIAL

15 Karikatur aus dem Kladderadatsch

MATERIAL

16 Der Historiker Thomas Nipperdey beschreibt die Folgen des Kulturkampfes

Der Kulturkampf hat die politische Situation in Deutschland wesentlich beeinflusst, vor allem die Position seiner drei Protagonisten. Bismarck hatte seine eigenen Motive, er wollte das Zentrum ausschalten. Aber er ist darüber auch zum Protagonisten einer liberalen Sache geworden. Gewiss hat er damit, eine durchaus erwünschte Nebenfolge, die Liberalen an sich gebunden und sich verpflichtet, aber Bindung und Verpflichtung galten auch umgekehrt. Er, der Konservative, wurde zum Wortführer einer modernen Sache gegen die Tradition, gegen konservative Mächte – das ist paradox genug. Das trennte Bismarck noch einmal scharf von seiner Herkunftspartei, den Konservativen. Das wieder intensivierte umgekehrt sein Bündnis mit den Liberalen und kam deren Einfluss zugute. […]

Dann die Liberalen, zumal die Nationalliberalen. Sie stürzten sich in den Kulturkampf, er wurde ihnen zur Herzenssache. […] Im Kulturkampf entwickelten die Liberalen ein geradezu manichäisches* Weltbild, vom Kampf zwischen Licht und Finsternis, Fortschritt und Stagnation. […] Aber darüber verschob sich ihr Ziel, ihre Priorität. An die Stelle der Veränderung der Machtstruktur rückte die Veränderung der Kultur. Sie haben sich in der Dialektik ihrer Ziele und Mittel verfangen, als sie Prinzipien der Toleranz und die Grundrechtsfreiheiten zugunsten polizeistaatlicher Maßnahmen, sei es auch im Namen der Geistesfreiheit und der Emanzipation vom klerikalen Joch, hintan stellten, nationale Identität und kulturelle Gleichartigkeit vor die Pluralität und das Recht auf Andersheit, Verschiedenheit setzten, ihr elitäres Aufklärungs- und Bildungsbewusstsein gegen die Dumpfheit und Verführtheit abergläubischer Massen.

Im Namen der Freiheit wurden sie, wie so viele vor und nach ihnen, zu Anwälten des starken Staates und seiner konkreten Freiheitsbeschränkungen. Das band sie an den Staat. Die Frage einer Erweiterung der parlamentarischen Macht trat zurück. Kurz, die liberalen „Siege im Kulturkampf" waren Einbußen an verfassungspolitisch liberaler Substanz. Der Kulturkampf stärkte zwar,

einstweilen, die Liberalen, aber er schwächte die Position des Reichstages. [...]
Die wichtigste Folge [...] ist die innere Integration des katholischen Volksteils, die Bildung eines geschlossenen katholischen Milieus, die absolute Loyalität gegenüber der eben noch von der Vaticanum-Krise** erschütterten Kirche, die Solidarität mit der einen katholischen Partei, dem Zentrum. [...] Zugleich verschärfte sich für die Katholiken die Erfahrung der Ausgrenzung und Isolierung, des Gegensatzes zu den anderen, sie waren die „Reichsfeinde", ausgeschlossen aus der einen und wahren Nation. [...] Sie gerieten in ein Ghetto und haben sich darin – mit einer gewissen Leidenschaft – eingerichtet, abgegrenzt gegen die gefährlichen „anderen". Was 1870 im Ansatz da war, hat sich gewaltig noch intensiviert und verfestigt.
Das führt [...] zu einem Blick auf die langfristigen Tiefenwirkungen für die deutsche Politik und ihre Lebensgrundlagen.

1. Die tiefe Erbitterung des Kulturkampfes, die staatliche Verfolgung, die Stigmatisierung*** von Oppositionskräften als Reichsfeinde, die Moralisierung der politischen Auseinandersetzung, die Tendenz, ganz unterschiedliche Gegner zu parallelisieren, die rote und die schwarze Internationale z. B. [...], das bestimmt lange den politischen Stil, zwischen Obrigkeitsstaat und Bürgern, Regierung (und Regierungsparteien) und Oppositionsparteien, zumal, weil es sich dann in der Auseinandersetzung mit den Sozialdemokraten wiederholt. Das bleibt ein Erbe Bismarcks.

2. Die Milieus bleiben lange, auch nach dem Ende des Kulturkampfes, wirksam, gegeneinander abgeschottet: „wir" und „sie". Das Volk zerfällt in zwei Nationen, wenn man von der dritten, den Sozialdemokraten, absieht. Das anti-katholische und das anti-liberale Sentiment überdauern in vielen und kruden Formen, aufgeladen von Emotionen und gern von Prinzipienreitern und Taktikern angeheizt bis zum Konfessionshass. Mit dem Hineinwachsen neuer Generationen hätten sich die Milieugrenzen und -gegensätze ändern können. Aber die Kulturkampfjahre blieben – über viele Institutionen und Ideen und Emotionen – nicht nur die prägenden Erinnerungen sondern auch die prägenden Erfahrungen der nachkommenden Generationen. Brückenschläge gab es an der Spitze, kaum im täglichen Leben.

3. Die Stabilisierung der Zentrumspartei ist für die Geschichte der Parlamentarisierung in Deutschland eine Blockade und ein Unglück gewesen. Das Zentrum war eine permanente Minderheit, die zugleich Rechte wie Linke in Deutschland Minderheit blieben ließ. Die Bildung jedenfalls von handlungsfähigen Mehrheiten war gewaltig erschwert. Das beließ das Schwergewicht der Politik bei der nichtparlamentarischen Regierung und die Parteien richteten sich dabei ein. Das Zentrum wollte auf die Dauer nicht Macht, sondern Einfluss im fortdauernden konstitutionellen System, das entsprach, so schien es, dem katholischen Interesse. Systempolitisch wurde es, paradox genug, zum Stabilisierer des Bismarck'schen Systems der Regierung über den Parteien.

* Manichäismus: Eine in der Spätantike weit verbreitete Religion, die den ewigen Gegensatz zwischen guten Lichtwesen und bösen Mächten der Finsternis lehrte.
** Vaticanum-Krise: Abspaltung der Alt-Katholiken von der römischen Kirche während des ersten Vatikanischen Konzils.
*** Von Stigma: Wundmal, Zeichen (Plural: Wundmale Christi). Stigmatisierung: Brandmarkung, abwertende Kennzeichnung.

Aus: T. Nipperdey, Deutsche Geschichte 1866–1918, Bd. 2, Machtstaat vor der Demokratie, München 1992, S. 380 f.

1. Die zeitgenössische Karikatur zeigt Bismarck und Papst Pius IX. beim Schachspiel. Deuten Sie die Überlegungen und Schachzüge der Kontrahenten. Informieren Sie sich über den Ausgang dieses Schachspiels.
2. Legen Sie die Auffassung des Historikers Thomas Nipperdey über den Kulturkampf dar (Motive Bismarcks und der Liberalen, unmittelbare Folgen und langfristige Tiefenwirkungen der Auseinandersetzung).

2.5 Die Unterdrückung der Arbeiterbewegung – das Sozialistengesetz

Wirtschaftliche und soziale Krise

Ebenso wie in der katholischen Kirche, gegen die er den Kulturkampf führte, sah Bismarck auch in der sozialdemokratischen Arbeiterpartei Oppositionelle, die er als „Reichsfeinde" diffamierte. In der langen Wirtschaftskrise seit 1873 (→ S. 218) spitzte sich die wirtschaftliche und soziale Lage der Arbeiter krisenartig zu und es kam zu Streiks und Demonstrationen. Zwei den Sozialdemokraten zu Unrecht angelastete Attentate auf Kaiser Wilhelm I. im Mai und Juni 1878 – beim zweiten wurde der Kaiser schwer verletzt – boten Bismarck dann den Anlass für repressive Maßnahmen gegen die Sozialdemokratie.

Sozialistengesetz

Bismarck nutzte die allgemeine Erregung, um den Reichstag aufzulösen und im neu gewählten Reichstag mit den Stimmen der Konservativen und der Mehrheit der Nationalliberalen ein „Gesetz gegen gemeingefährliche Bestrebungen der Sozialdemokratie" (Sozialistengesetz) durchzubringen. Es sollte die politische Arbeiterbewegung zerschlagen: Alle sozialdemokratischen, sozialistischen Vereinigungen, Versammlungen und Druckschriften wurden verboten; Zuwiderhandlungen konnten mit Haft- oder Geldstrafe geahndet, der Agitation Verdächtigte ausgewiesen werden. Das Gesetz blieb zwölf Jahre lang in Kraft.

Das Sozialistengesetz erreichte seine Ziele nicht; die Solidarität der in den Untergrund getriebenen Parteimitglieder wuchs. Die Reichstagswahlen offenbarten, dass trotz des Verbots der Partei die Zahl ihrer Anhänger zunahm: Aufgrund des Mehrheitswahlrechts mussten nämlich keine Parteilisten aufgestellt werden und in den Wahlkreisen konnten sozialdemokratische Einzelbewerber kandidieren. Nach der Aufhebung des Sozialistengesetzes 1890 kam es zu einem sprunghaften Anstieg der Reichstagsmandate, ihr Stimmenanteil verdreifachte sich fast; 1912 wurde die SPD stärkste Fraktion im Reichstag (→ S. 221). Dennoch wurden die Sozialdemokraten weiterhin bei vielen Gelegenheiten politisch und gesellschaftlich benachteiligt und als „vaterlandslose Gesellen" diskriminiert. So war im besonders obrigkeitsstaatlichen Preußen die Zugehörigkeit zur Sozialdemokratie unvereinbar mit dem beruflichen Status des Beamten, auch der unbedeutendste Staatsdiener musste mit seiner Entlassung rechnen, wenn er Sozialdemokrat war.

Polizeieinsatz gegen streikende Arbeiter um 1910.

MATERIAL

Adolf Damaschke über die sozialen Verhältnisse im frühen Kaiserreich 17

Adolf Damaschke (1865–1935), Sohn eines Tischlermeisters, lernte als Lehrer in den Arbeitervierteln Berlins die soziale Bedeutung der Wohnungsfrage kennen. Später leitete er den „Bund deutscher Bodenreformer".

Am 10. Mai wurde der Friede (mit Frankreich) geschlossen. Am 1. Oktober musste die Polizei feststellen, dass allein in Berlin 10 600 Menschen obdachlos auf der Straße lagen. Wie groß die Verzweifelung der Obdachlosen war, zeigen die Barrikadenkämpfe am 25.–27. Juli 1872. Sie entstanden, als Obdachlose durch die Blumenstraße zogen und dort gerade ein Tischler aus seiner Wohnung zwangsweise entfernt wurde. 600 Schutzleute in Uniform und ebenso viel in Zivil konnten mit Mühe die Unruhe unterdrücken.
1917 erzählte mir der König von Württemberg, er habe in jener Zeit beim Militär in Potsdam gestanden und wisse noch, wie der Befehl kam, sich marschbereit zu halten wegen der Unruhen in Berlin. Es wäre ein fürchterliches Gefühl gewesen, unter Umständen gegen wohnungslose Volksgenossen, zum Teil heimgekehrte Kriegskameraden, kämpfen zu sollen! […]

Auf der einen Seite ein Massenelend furchtbarster Art, auf der anderen Seite ungeheure Gewinne ohne jede volkswirtschaftliche Gegenleistung.

Da entstand das bekannte Lied von Georg Herwegh, das in Arbeiterkreisen bald von Mund zu Mund ging:

> Achtzehnhundertsiebzig und drei:
> Reich der Reichen, da stehst du, juchei.
> Aber wir Armen, verkauft und verraten,
> Denken der Proletariertaten.
> Noch sind nicht alle Märze vorbei. – –

[…] Es wuchs bald in Hunderttausenden von Arbeiterherzen ein Zweifeln, ein Verzweifeln an diesem vor kurzem noch mit höchster Begeisterung begrüßten Deutschen Reich, und enttäuschte Liebe wird ja stets bitterster Hass. Die Wende zeigt eine Zahl. Im sechsten Wahlkreis Berlin, d. h. im ausgesprochensten Arbeiterviertel, erhielten die Lassalleaner noch 1871 nur 82 Stimmen, 1874 aber schon 2 523, und die Sozialdemokratie trat auf in einer Form, wie sie heute kaum noch in den radikalsten kommunistischen Kreisen gedacht werden kann. Johann Most, der spätere Anarchistenführer, wurde der Liebling der Berliner Arbeiter.

Die alte deutsche Bildungsschicht aber, die auf dem Wirtschaftsgebiete im Wesentlichen dem Liberalismus huldigte, sah auf diese Arbeiterbewegung zwar mit befremdlichen Grauen, aber doch ohne sonderliche Sorge. Einmal hielt man das Kaisertum für unerschütterlich und das kaiserliche Heer für die letzte Versicherung für die „Heilighaltung" allen Eigentums. Dann aber fühlte sich das gebildete Bürgertum in dem Herrschaftskreis, in dem es sich zumeist betätigte, in den Gemeinden, durchaus sicher. Das Grundbesitzer-Vorrecht, das in den Städten die Hälfte, in den Landgemeinden zwei Drittel aller Sitze den glücklichen Bodenbesitzern vorbehielt, schien im Verein mit dem Dreiklassenwahlrechts dieser Herrschaft ewige Dauer zu verbürgen, und man ließ sich auch nicht beirren, als die Ergebnisse des Dreiklassenwahlrechts immer grotesker wurden. […] Wahrlich, aus Eigennutz brauchte die Bildung sich keine Gedanken zu machen, ob die „Masse" zufrieden wäre oder nicht, solange der Besitz solche Sicherheit genoss. Denn Besitz und Bildung hingen ja aufs engste zusammen. Der „ordentliche" Weg zur Bildung war nur dem Besitz geöffnet, und die wenigen, die auf selbst gebahnten Wegen in der Bildungsschicht emporstiegen, konnte man wohl durch irgendwelche Anteile an der Herrschaft gewinnen. Die Kölnische Zeitung hatte Recht mit ihrem viel angeführten Wort von den „durch Besitz und Bildung maßgebenden Schichten".

Herrschaft aber bedeutet Verantwortung. Wie stand es damit an der Wiege des neuen Deutschen Reiches? Der Sieg von 1871 führte – zum Teil durch die bis dahin unerhörten Geldquellen der Kriegsentschädigung – zu einer treibhausmäßigen Entfaltung des deutschen Wirtschaftslebens. In künstlicher Treibhauswärme gedeiht aber auch allerlei Giftkraut. Solange es Kriege gibt, spielen schnell reich gewordene Kriegslieferanten dabei eine einflussreiche, gefährliche Rolle.

Die Neureichen jener Zeit brachten Lebensgewohnheiten auf und trugen sie mit all dem verletzenden Hochmut der „Parvenus“ zur Schau, der auf die arbeitenden Klassen nur verbitternd wirken konnte. […] Unser Volk zerfiel immer mehr in zwei Nationen, die getrennt waren durch verschiedene Welt- und Staatsauffassungen, die verschiedene Feste feierten, verschiedene Ideale im Herzen trugen. Und die Kluft wurde größer von Tag zu Tag.

Aus: A. Damaschke, Aus meinem Leben, Zürich/Leben 1925, Bd. 2, S. 50 ff.

MATERIAL

18 Gesetz gegen die gemeingefährlichen Bestrebungen der Sozialdemokratie vom 22. Oktober 1878

Wir, Wilhelm, von Gottes Gnaden Deutscher Kaiser, König von Preußen etc. verordnen im Rahmen des Reichs, nach erfolgter Zustimmung des Bundesrats und des Reichstags, was folgt:
§ 1 Vereine, welche durch sozialdemokratische, sozialistische oder kommunistische Bestrebungen den Umsturz der bestehenden Staats- oder Gesellschaftsordnung bezwecken, sind zu verbieten. Dasselbe gilt von Vereinen, in welchen sozialdemokratische, sozialistische oder kommunistische auf den Umsturz der bestehenden Staats- oder Gesellschaftsordnung gerichtete Bestrebungen in einer den öffentlichen Frieden, insbesondere die Eintracht der Bevölkerungsklassen gefährdenden Weise zu Tage treten. Den Vereinen stehen gleich Verbindungen jeder Art.
§ 7 Aufgrund des Verbots sind die Vereinskasse sowie alle für Zwecke des Vereins bestimmten Gegenstände in Beschlag zu nehmen. […]
§ 9 Versammlungen, in denen sozialdemokratische, sozialistische oder kommunistische auf den Umsturz der bestehenden Staats- oder Gesellschaftsordnung gerichtete Bestrebungen zu Tage treten, sind aufzulösen. […]
Den Versammlungen werden öffentliche Festlichkeiten und Aufzüge gleichgestellt. […]

MATERIAL

19 Bismarcks Reichstagsrede zum Sozialistengesetz vom 9. Oktober 1878

Die sozialdemokratischen Organisationen haben den Charakter einer feindlichen Armee in unserer Mitte […], die über den Eigentümer, den Kapitalisten, der etwas anlegen will, Gericht halten möchte, um ihm das wohlerworbene Eigentum zu entziehen oder zu beschränken. […] Solange die sozialistischen Bestrebungen diese bedrohliche Form haben wie jetzt, wird aus Furcht vor der weiteren Entwicklung das Vertrauen und der Glaube im Innern nicht wiederkehren, und deshalb wird die Arbeitslosigkeit auch so lange, wie die Sozialdemokratie uns bedroht […], anhalten.

Aus: O. v. Bismarck, Die Gesammelten Werke, Berlin 1929, Bd. 12, S. 15.

1. Damaschke kontrastiert die äußere Reichseinigung mit den zwei Nationen im Innern: In welchen Verhaltensweisen und Einstellungen äußert sich dem Text zufolge der Grundwiderspruch von Bürgertum und Arbeiterschaft? (M 17)
2. Erschließen Sie aus dem Text Merkmale der politischen Kultur des Kaiserreiches.
3. Mit welchen Mitteln versuchte das Sozialistengesetz die zwei von Damaschke genannten „Nationen“ zu einen? (M 18)
4. Erläutern Sie die Begründung Bismarcks für das Sozialistengesetz. (M 19)
5. Arbeiten Sie die Interessengebundenheit der Argumentation heraus.

MATERIAL

20 August Bebel über das Sozialistengesetz

Binnen weniger Tage war fast die gesamte Parteipresse unterdrückt. Das gleiche Schicksal teilte die Gewerkschaftspresse [...]
Ebenso verfielen der Auflösung die zahlreichen lokalen sozialdemokratischen Arbeitervereine, nicht minder die Bildungs-, Gesangs- und Turnvereine, an deren Spitze Sozialdemokraten standen. Da die gleichen Maßnahmen wie in Berlin und Leipzig fast überall gegen uns getroffen wurden, hatten wir im Lauf von wenigen Monaten für Hunderte von Existenzen und deren Familien zu sorgen. [...]
Die Unterbringung der Ausgewiesenen in eine Arbeitsstelle wurde uns sehr schwer gemacht. Die wirtschaftliche Krise befand sich noch auf voller Höhe [...] War es einem Ausgewiesenen geglückt, eine Stelle zu erhalten, flugs erschien die Polizei und denunzierte den armen Teufel seinem Arbeitgeber, der den eben erst angenommenen Arbeiter entließ. Der musste jetzt aufs Neue zum Wanderstab greifen. Für Männer in vorgeschrittenen Jahren ein hartes Los. [...]
Durch die Verfolgung aufs äußerste verbittert, zogen sie von Stadt zu Stadt, suchten überall die Parteigenossen auf, die sie mit offenen Armen aufnahmen, und übertrugen jetzt ihren Zorn und ihre Verbitterung auf ihre Gastgeber, die sie zum Zusammenschluss und zum Handeln anfeuerten. Dadurch wurde eine Menge geheimer Verbindungen geschaffen, die ohne Agitation der Ausgewiesenen kaum entstanden wären.

Aus: A. Bebel, Aus meinem Leben, Teil 3, Stuttgart 1914, S. 20 ff.

Parteigenossen!

Nachdem ich Berlin verlassen habe, drängt es mich, Euch noch ein Wort des Abschieds zu sagen.

Die Polizei hat mich auf Befehl des Ministers des Innern ausgewiesen.

Ich bin ausgewiesen, weil ich die Thätigkeit des Spitzelthums aufgedeckt habe und ich mußte dem Ausnahmegesetz zum Opfer fallen, weil man Leute, die ehrliche durchdringende Verbesserung der Lage des arbeitenden Volkes fordern und welche die **Scheinreform der Regierung** unerbittlich bekämpfen, die Haltlosigkeit derselben nachweisen, in Berlin nicht duldet.

Man zwingt mich, die Stätte meiner Wirksamkeit zu verlassen. Es ist nicht gelungen, mir das Vertrauen der Genossen zu rauben, es ist **trotz der gehäßigsten Verläumdungen** nicht möglich gewesen, meine Wähler zu beeinflussen.

Parteigenossen! So wie Ihr stets darauf rechnen könnt, mich für die Befreiung der Menschheit von politischem und wirthschaftlichem Joch kämpfen zu sehen, so rechne auch ich fest darauf, daß Ihr unserer Fahne treu und ergeben bleibt und daß Ihr mannhaft zusammensteht, wenn es gilt, unsere heilige Sache zu fördern.

Laßt Euch – dies rufe ich Euch warnend zu – **durch keine Provokationen, welche nicht ausbleiben werden, verleiten, den Gegnern gefällig zu sein, behaltet die Köpfe klar!**

Stets das erhabene Ziel im Auge, laßt die Frucht 'reifen, auch für uns kommt die Zeit der Ernte!

Bis dahin unaufhörlichen Kampf gegen die Feinde' auf allen Gebieten; wir müssen und werden siegen unter dem Rufe:

Hoch die Sozialdemokratie!

Paul Singer.

Flugblatt des Reichstagsabgeordneten Singer nach seiner Ausweisung.

1. „Das Sozialistengesetz wirkte kontraproduktiv." Überprüfen Sie die Berechtigung dieser These anhand der Ausführungen Bebels und des Flugblattes des Reichstagsabgeordneten Singer.
2. Welches Selbstverständnis und welche Zukunftserwartungen der Sozialdemokraten dokumentiert das Flugblatt?

MATERIAL

21 Karikatur aus dem Wahren Jakob (1890)

* Anmerkung: Wilhelm Oechelhäuser war ein Unternehmer und nationalliberaler Reichstagsabgeordneter, der mit der Zulassung von Arbeiter-Vertretungen Betätigungen der SPD in seinem Betrieb verhindern wollte.

1. Welches Selbstverständnis der Partei dokumentiert die Karikatur aus dem Jahr 1890?

2.6 Das Deutsche Reich im Ersten Weltkrieg

Kriegsausbruch

Am 28. Juni 1914 löste das Attentat serbischer Fanatiker in Sarajevo, dem der österreichische Thronfolger Franz Ferdinand zum Opfer fiel, den Ersten Weltkrieg aus, die „Urkatastrophe" des 20. Jahrhunderts, wie es der amerikanische Diplomat George F. Kennan ausdrückte. Der Wunsch der österreichischen Führung, Vergeltung an Serbien zu üben, wurde von der deutschen Reichsleitung unter dem Reichskanzler Bethmann Hollweg gestützt. Die durch zahlreiche Kolonialkonflikte und Krisen aufgestauten Spannungen zwischen den Mittelmächten Deutschland und Österreich-Ungarn auf der einen sowie den Mächten der „Triple-Entente" Frankreich, Großbritannien und Russland auf der anderen Seite setzten eine Maschinerie der Bündnisse und Mobilmachungen in Gang, die Europa in die Katastrophe führte. Die Materialschlachten auf den verschiedenen Kriegsschauplätzen forderten Opfer in bisher ungekanntem Ausmaß. Die Brutalisierung, die auf den Schlachtfeldern stattfand, schien die aufgeklärten Werte der Vernunft und Humanität in Vergessenheit geraten zu lassen.

Burgfriede

Die einzige Partei im Reichstag, die sich dem Kriegstreiben bis dahin entzogen hatte, waren die Sozialdemokraten. Auch während der Julikrise veranstalteten sie Demonstrationen gegen den Krieg und versuchten, über ihre internationalen Beziehungen, vor allem zu den französischen Sozialisten, das Schlimmste zu verhüten. Am 31. Juli 1914 verhängte die Reichsleitung jedoch den Ausnahmezustand, der jede Friedensinitiative zur Illegalität verdammte. Vor allem die Tatsache, dass der Krieg gegen Russland geführt werden sollte, das für alle Sozialisten als der Inbegriff der Reaktion galt, führte in der SPD zu einem Richtungswechsel. Da der Reichstag der Kriegsfinanzierung zustimmen musste, war dies von Bedeutung. In einer internen Abstimmung entschied sich die SPD-Fraktion mit 78:14 Stimmen zur Zustimmung. Damit war der „Burgfriede", ein innenpolitisches Stillhalteabkommen für die Dauer des Krieges, geschlossen. Kaiser Wilhelm II. kleidete es pathetisch in die Worte: „Ich kenne keine Parteien mehr, ich kenne nur noch Deutsche."

Das August-Erlebnis

Die Stimmung des Kriegsbeginns wurde von Anfang an ideologisch überhöht. Obwohl die Begeisterung keineswegs so allgemein war, wie die offizielle Propaganda behauptete, steigerten sich viele Deutsche in einen emotionalen Nationalismus hinein, der von Geistlichen beider Konfessionen, Professoren und Intellektuellen publizistisch angefeuert wurde. Die „Ideen von 1914" stellte man plakativ dem Feindbild der „Ideen von 1789" gegenüber: Volksgemeinschaft gegen Klassenkampf und Parteienstreit, Gehorsam und Pflichtgefühl gegen Individualismus und Menschenrechte. Die spätere Rechtsopposition der Weimarer Republik und die nationalsozialistische Propaganda sollten auf dieser Grundlage aufbauen können.

Wirtschaft im Krieg

Der moderne Krieg mit seinen Massenvernichtungswaffen forderte den totalen Einsatz der ganzen Bevölkerung. 1916 verabschiedete der Reichstag das Vaterländische Hilfsdienstgesetz, das alle Männer von 17 bis 60 Jahren, die nicht an der Front kämpften, dienstverpflichtete. Aber auch die Gewerkschaften wurden durch dieses Gesetz in eine stärkere Position gebracht: In allen Betrieben mit über 50 Arbeitnehmern mussten paritätische Ausschüsse von Arbeitgebern und Arbeitnehmern eingerichtet werden. Dies verhinderte allerdings nicht, dass im April 1917 und im Januar 1918 Massenstreiks von Rüstungsarbeitern ausbrachen. Die prekäre Rohstofflage des Deutschen Reichs, das zur See von der britischen Flotte blockiert wurde, führte zur Einrichtung einer staatlichen Kriegsrohstoffabteilung, an deren Spitze der Inhaber der AEG, Walther Rathenau, trat. Sie sollte die Wirtschaft zentral lenken; viele, auch sozialistische Theoretiker, sahen hierin ein Muster für eine künftige Wirtschaftsordnung.

Gesellschaft im Krieg

Während die Rüstungsindustrie ein ungeheures Wachstum erfuhr, blieb die Lebensmittelversorgung der Bevölkerung zurück. Schon 1915 mussten Brot und andere Grundnahrungsmittel rationiert werden. Der „Steckrübenwinter" 1916/17 hatte verheerende Folgen und löschte die letzten Reste von Kriegsbegeisterung endgültig aus. Historiker bezeichnen den Ersten Weltkrieg als einen „gigantischen Umverteilungsprozess" zugunsten der „Kriegsgewinnler", der Rüstungsindustriellen und Spekulanten – ihre Gewinne nahmen bis 1917 um 800 % zu – und zu Lasten der Arbeiterschaft, deren Reallöhne in der Kriegsindustrie um 21,6 %, in der Friedensindustrie um 42,1 % sanken. Damit war ihre Lage so schlecht wie zu Beginn der Industrialisierung. Ähnliche Einkommensverluste hatten Angestellte und Beamte. Fast ein Drittel der Arbeitsplätze wurden jetzt von Frauen eingenommen, doch wurde dies nicht als Schritt zu mehr Freiheit, sondern als bittere Notwendigkeit zum Überleben empfunden, zumal ihre Löhne meist unter denen der Männer lagen. Der Krieg milderte die sozialen Gegensätze also nicht, wie es die Verfechter des „Geistes von 1914" behauptet hatten, sondern verschärfte sie noch.

Staatsverschuldung

Als folgenschwer erwies sich die Entscheidung vom August 1914, den Krieg nicht durch Erhöhung der Steuern, sondern durch Anleihen zu finanzieren, was vor allem im Interesse der Oberschichten lag. Die Staatsverschuldung erreichte bis 1917 die Höhe von 156 Milliarden Mark, eine damals unvorstellbare Summe. Die Hyperinflation von 1923 (→ S. 267) hat hier ihren Ursprung.

Ende des Burgfriedens

Die Zustimmungsfront innerhalb der SPD bröckelte, je länger der Krieg dauerte. Hatte 1914 allein Karl Liebknecht im Reichstag gegen die Kriegskredite gestimmt, so waren es 1915 bereits 20 Abgeordnete. Aus diesem Bruch der Fraktionsdisziplin ging im April 1917, vor dem Hintergrund der russischen Revolution, die Unabhängige Sozialdemokratische Partei (USPD) hervor. Aber auch die Mehrheitssozialdemokraten (MSPD) kündigten den Burgfrieden schrittweise auf. Im Sommer 1917 begannen sie ihre weitere Zustimmung zu den Kriegskrediten davon abhängig zu machen, dass die Rechte des Reichstags entscheidend erweitert würden. Dieses Ziel verfolgte die (M)SPD gemeinsam mit dem Zentrum und der Fortschrittspartei. Gleichzeitig formulierten die drei Fraktionen eine Friedensresolution, in der den Gegnern ein Friede der „Verständigung und der dauernden Versöhnung der Völker" angeboten wurde. Die Resolution wurde am 19. 7. 1917 mit 212 gegen 126 Stimmen angenommen. Gegen die „Mehrheitsparteien" formierte sich eine konservative Gegenbewegung, die „Vaterlandspartei". Die politischen Fronten der Nachkriegszeit waren damit abgesteckt.

OHL

Kurioserweise stimmten diese Parteien in der Ablehnung der Reichsregierung mit der Obersten Heeresleitung (OHL) unter Feldmarschall Hindenburg und Generalquartiermeister Ludendorff überein. Die OHL nahm in der zweiten Hälfte des Krieges eine fast diktatorische Stellung ein, sie betrieb den Sturz des Kanzlers, weil sie gegen jede Verständigung mit den Gegnern war. Ohne Mehrheit im Reichstag und ohne Unterstützung des Kaisers, der auf der Seite der OHL stand, trat Bethmann Hollweg am 12. Juli

Parlamentarisierung

1917 zurück. Die auf ihn folgenden Reichskanzler beriefen erstmals Parlamentarier in Regierungsämter. Damit waren die Mehrheitsparteien ihrem Ziel der Parlamentarisierung des Reiches einen großen Schritt näher gekommen. Der endgültige Durchbruch zur parlamentarischen Monarchie erfolgte im Oktober 1918 unter dem Druck der bevorstehenden militärischen Niederlage. Man wollte mit diesem Schritt den Vorstellungen des amerikanischen Präsidenten Wilson entgegenkommen (→ S. 238). Die letzte kaiserliche Regierung unter Prinz Max von Baden verkündete am 28. Oktober 1918 die Reichsreform: Der Reichskanzler war künftig vom Vertrauen des Reichstags abhängig und trug die Verantwortung für alle Handlungen des Kaisers „von politischer Bedeutung". Auch zur Kriegserklärung und zum Friedensschluss sollte nun die Zustimmung des Reichstags und des Bundesrats erforderlich sein.

MATERIAL

Erklärung der SPD zu ihrer Zustimmung zu den Kriegskrediten, 4. 8. 1914 **22**

Der Fraktionsführer Hugo Haase trug die Erklärung vor. Er war selbst ein Gegner dieser Linie.

Im Auftrage meiner Fraktion habe ich folgende Erklärung abzugeben: Wir stehen vor einer Schicksalsstunde. Die Folgen der imperialistischen Politik, durch die eine Ära des Wettrüstens herbeigeführt wurde und die Gegensätze zwischen den Völkern sich verschärften, sind wie eine Sturmflut über Europa hereingebrochen. Die Verantwortung hierfür fällt den Trägern dieser Politik zu; wir lehnen sie ab. Die Sozialdemokraten haben diese verhängnisvolle Entwicklung mit allen Kräften bekämpft. [...]
Jetzt stehen wir vor der ehernen Tatsache des Krieges. Uns drohen die Schrecknisse feindlicher Invasionen. [...] Für unser Volk und seine freiheitliche Zukunft steht bei einem Siege des russischen Despotismus, der sich mit dem Blute der Besten des eigenen Volkes befleckt hat, viel, wenn nicht alles auf dem Spiel. Es gilt, diese Gefahr abzuwehren, die Kultur und Unabhängigkeit unseres eigenen Landes sicherzustellen. Da machen wir wahr, was wir immer betont haben: Wir lassen in der Stunde der Gefahr das eigene Vaterland nicht im Stich. [...]

Aus: G. Schönbrunn (Hrsg.), Geschichte in Quellen Bd. 6, München 1970, S. 37.

„Na, Bebel, jetzt lernen wir uns doch noch richtig kennen!" Karikatur aus der satirischen Zeitschrift Simplicissimus, *25. 8. 1914. Vergleichen Sie den Einstellungswandel gegenüber der in derselben Zeitschrift publizierten Karikatur* S. 220.

1. Erläutern Sie die Gründe, die die SPD veranlassten, den Kriegskrediten zuzustimmen. Gehen Sie auch auf die Rolle der Partei im Kaiserreich ein (→ S. 217 ff., S. 228 ff.).

Gassed, Gemälde von J. S. Sargent, 1918/19. Der Maler erlebte den Krieg 1918 in Frankreich. Durch den Einsatz von Giftgas verloren viele Soldaten das Augenlicht, erlitten Lungenschäden oder starben.

MATERIAL

23 Für und wider die Reform des preußischen Wahlrechts, 1917

1917 kündigte Kaiser Wilhelm II. die Einführung des allgemeinen Wahlrechts in Preußen an, wo seit 1850 das Dreiklassenwahlrecht galt.

a) Stellungnahme der Konservativen Partei:

Das gleiche Wahlrecht entspricht nicht der Eigenart und der historischen Vergangenheit des preußischen Staates und nicht den der preußischen Gesetzgebung vorbehaltenen gesetzgeberischen und sonstigen Aufgaben. Es ist vielmehr geeignet, das feste Gefüge Preußens zu erschüttern und auch diesen Staat der völligen Demokratisierung auszuliefern.

Das durch Preußen dargestellte unentbehrliche Gegengewicht gegen die Gefahren der Unruhe und der Überstürzung, die nach den Erfahrungen der letzten Jahrzehnte für das Reich bestehen, wird durch die Einführung des gleichen Wahlrechtes hinweggeräumt. [...]

b) Stellungnahme der SPD-Zeitung „Vorwärts":

Eine Forderung, um die seit Jahren im preußischen und im deutschen Volke leidenschaftlich gekämpft worden ist, nähert sich damit der Erfüllung. Die Einführung des gleichen Wahlrechts in Preußen bedeutet für ganz Deutschland den entscheidenden Schritt zur Demokratie. Die Regierung eines freien Preußens wird nicht mehr im Bundesrat und in der Verwaltung den Hemmschuh für den Fortschritt spielen, auch dem Schaffen des Reichstags wird damit freie Bahn geöffnet sein.

Umso wünschenswerter ist, dass jetzt schon in der verfassungsrechtlichen Gestaltung des Reichs die an sich unvermeidlich gewordene Entwicklung vorweggenommen wird durch die gleichzeitige Schaffung des parlamentarischen Regierungssystems! [...]

Aus: Ebd., S. 93.

1. Interpretieren Sie die Karikatur S. 235 vor dem Hintergrund dieser Parteigeschichte.
2. Aus welchen Motiven sprechen sich die Parteien für bzw. gegen das allgemeine Wahlrecht in Preußen aus? (M 23)

MATERIAL

Brief des Studenten Johannes Haas, gefallen am 1. 6. 1916 vor Verdun 24

Champagne, 29. *Januar* 1916

An Reinhold von meiner Gruppe schreibt seine Frau, dass bis auf die notwendigen Betten alle Möbel im Pfandhaus seien. Natürlich, die Leutnants wundern sich, dass die Leute nicht mehr wollen. Die „Sekt- und Weinkäuze" feiern: wir kommen im Dreck um und erhalten $1\frac{1}{2}$ Löffel Abfallmarmelade und 14 Stück Zucker zu Weihnachten. Der Mann, dem der gemeine Soldat einzig noch Sympathie und Vertrauen entgegenbringt, ist der Schreihals Liebknecht. „Scheidemann und Legien sollen zu den Agrariern gehen; als Sozialdemokraten sehen sie den Reichstag nicht wieder." Das ist die Stimmung der Feldgrauen, nicht das Gefasel der Berichterstatter. Trotzdem glaube nicht an das geflügelte Wort: „Frieden gibt's erst, wenn wir die Flinten umdrehen." Aber furchtbar wird es einst tagen. Wohl dem, der im Glauben an sein Vaterland dann der Ewigkeit entgegenschlummert; denn das wird schlimmer als der Krieg.

Aus: PH. Witkop (Hrsg.), Kriegsbriefe gefallener Studenten, München 1928, S. 163 f.

MATERIAL

Tagebuchnotizen des Obersten von Thaer am 1. Oktober 1918 25

Furchtbar und entsetzlich! Es ist so! In der Tat! Als wir versammelt waren, trat Ludendorff in unsere Mitte, sein Gesicht von tiefstem Kummer erfüllt, bleich, aber mit hoch erhobenem Haupt. Eine wahrhaft schöne germanische Heldengestalt! Ich musste an Siegfried denken mit der tödlichen Wunde im Rücken von Hagens Speer.
Er sagte ungefähr Folgendes: [...] Zum ersten Mal sei der OHL von Sr. M. bzw. vom Reichskanzler die Frage vorgelegt worden, was sie und das Heer noch zu leisten imstande seien. Der habe im Einvernehmen mit dem Generalfeldmarschall geantwortet: „Die OHL und das deutsche Heer seien am Ende; der Krieg sei nicht nur nicht mehr zu gewinnen, vielmehr stehe die endgültige Niederlage wohl unvermeidlich bevor. Bulgarien sei abgefallen. Österreich und die Türkei, am Ende ihrer Kräfte, würden wohl bald folgen. Unsere eigene Armee sei leider schon schwer verseucht durch das Gift spartakistisch-sozialistischer Ideen. Auf die Truppen sei kein Verlass mehr. [...] Deshalb habe die OHL von Sr. M. und dem Kanzler gefordert, dass *ohne jeden Verzug* der Antrag auf Herbeiführung eines Waffenstillstandes gestellt würde bei dem Präsidenten Wilson von Amerika zwecks Herbeiführung eines Friedens auf der Grundlage seiner 14 Punkte.
[...] *Ich habe aber Sr. M. gebeten, jetzt diejenigen Kreise an die Regierung zu bringen, denen wir es in der Hauptsache zu danken haben*, dass wir so weit gekommen sind. Wir werden also diese Herren jetzt in die Ministerien einziehen sehen. Die sollen nun den Frieden schließen, der jetzt geschlossen werden muss. Sie sollen die Suppe jetzt essen, die sie uns eingebrockt haben."
Die Wirkung dieser Worte auf die Hörer war *unbeschreiblich*. Während L. sprach, hörte man leises Stöhnen und Schluchzen, vielen, wohl den meisten, liefen unwillkürlich die Tränen über die Backen. [...]

Aus: G. A. Ritter/S. Miller (Hrsg.), Die deutsche Revolution 1918–1919, Frankfurt/Main 1968, S. 22–24.

1. Charakterisieren Sie die Kriegserfahrungen und die politischen Schlussfolgerungen des Soldaten Johannes Haas (M 24). Inwieweit arbeitet ihm zufolge der Krieg der Revolution vor?
2. Zeigen Sie, worin die OHL die Ursachen für die deutsche Niederlage erblickt. Beurteilen Sie ihr politisches Kalkül in dieser Situation. (M 25)

3. Die Entstehung der Weimarer Republik aus Niederlage und Revolution

3.1 Revolution von oben – Revolution von unten

Die erste deutsche Demokratie entstand unter denkbar ungünstigen Bedingungen. Nicht aus einer machtvollen Volksbewegung oder aus einem selbstbewussten Parlament, sondern aus der Zwangslage einer militärischen Niederlage ging die Weimarer Republik hervor. Das Eingeständnis der Niederlage löste eine Volksbewegung aus, die der Monarchie ein Ende bereitete.

Militärischer Zusammenbruch

Nach vierjährigem Krieg stand im Sommer 1918 der Zusammenbruch unmittelbar bevor. Die letzten deutschen Offensiven an der Westfront waren stecken geblieben; am 8. August gelang den Engländern ein tiefer Durchbruch durch die deutschen Linien. Der Zusammenbruch Bulgariens und das Waffenstillstandsangebot Österreich-Ungarns an seine Kriegsgegner ließen bereits die Gefahr einer weiteren Front an der bisher sicheren Südgrenze des Deutschen Reichs befürchten. In dieser Situation sah sich die OHL am 29. September gezwungen, die Reichsregierung um die sofortige Aufnahme von Waffenstillstandsverhandlungen zu ersuchen. OHL und Regierung setzten besondere Hoffnungen auf den amerikanischen Präsidenten Wilson, der in den beiden letzten Kriegsjahren mit aufsehenerregenden Vorschlägen für eine Weltfriedensordnung an die Öffentlichkeit getreten war. Nach Wilsons Grundsätzen, die in seinen „14 Punkten" konkretisiert wurden, sollte der künftige Friede drei Prinzipien verwirklichen:

Wilsons 14 Punkte

- Der Friede sollte Annexionen ausschließen und von einer internationalen Organisation aller Völker gesichert werden.
- Alle Völker sollten auf der Grundlage des Selbstbestimmungsrechts frei über ihre Zukunft entscheiden können.
- Die „autokratisch" regierten Staaten – und als solcher galt auch das Deutsche Reich mit seiner konstitutionellen Monarchie – sollten demokratisiert werden.

Die Verwirklichung der „14 Punkte" stellte nicht nur den Bestand des österreichischen Vielvölkerstaates infrage, sondern rührte auch an die Grundlagen des deutschen Regierungssystems. Tief greifende Reformen im Deutschen Reich mussten der Aufnahme von Waffenstillstandsverhandlungen vorausgehen. Die Bereitschaft zur Reform des preußischen Wahlrechts und der Reichsverfassung ist vor diesem Hintergrund zu verstehen.

Dolchstoßlegende

Die deutsche Öffentlichkeit wurde von den Ereignissen im September und Oktober 1918 völlig unvorbereitet getroffen. Zu lange und zu wirkungsvoll hatte die Zensur den Glauben an die deutsche Unbesiegbarkeit aufrechterhalten können. Auch jetzt noch sorgte die OHL dafür, dass die Verantwortung für die Niederlage den Politikern, nicht den Militärs, angelastet wurde – die „Legende", das „feldgraue Heer" sei „im Felde unbesiegt" von hinten „erdolcht" worden, wurde zum Propagandainstrument der politischen Rechten.

Die Hoffnungen, die die Reichsführung auf die Vermittlung Wilsons gesetzt hatte, erwiesen sich bald als Illusionen. Der Notenwechsel mit dem amerikanischen Präsidenten zeigte, dass auch die USA nur um den Preis der militärischen Selbstaufgabe Deutschlands und radikaler innenpolitischer Veränderungen im Reich zum Waffenstillstand bereit waren. Immer häufiger wurde jetzt die Forderung nach dem Rücktritt Wilhelms II. erhoben, der als das Haupthindernis für eine Verständigung mit Wilson galt. Der Kaiser floh vor dieser Bewegung ins Große Hauptquartier nach Spa.

Nehmen Sie, Mrs. Germania, meine Besen sind die besten von der Welt." – Danke, Herr Wilson, in meinem Haus kehre ich schon lieber mit meinem eigenen."

Eine Revolution „von unten", eine Massenbewegung der Marinesoldaten, versetzte der Monarchie den endgültigen Todesstoß. Die kaiserliche Marine, deren Aufbau vor dem Krieg eine deutsch-englische Annäherung verhindert hatte, die jedoch im Krieg aus Furcht vor kostspieligen Verlusten nur zweimal zum Einsatz gekommen war, erhielt am 29. Oktober 1918 den Befehl, zum Angriff gegen die englische Flotte auszulaufen. Dies war eine eigenmächtige Entscheidung der Marineführung, die nach der Reichsreform im Oktober 1918 (→ S. 235) dazu eigentlich nicht mehr befugt war. Der Befehl führte zur offenen Meuterei der Matrosen in Kiel und Wilhelmshaven; sie befürchteten, dass durch diesen Vorstoß die Waffenstillstandsverhandlungen durchkreuzt werden sollten und dass man sie als Opfer eines „heroischen Untergangs" missbrauchen wollte.

Matrosenaufstand

Bis zum 8. November hatte die Aufstandsbewegung München erreicht. Überall bildeten sich Soldatenräte, denen sich die Arbeiter anschlossen. Die Bildung der Arbeiter- und Soldatenräte war nicht zentral gesteuert, sondern geschah spontan. Trotzdem waren die Vertreter der MSPD und des gemäßigten Flügels der USPD in den meisten Räten in der Mehrheit.

Arbeiter- und Soldatenräte

Am 7. November verlangten die sozialdemokratischen Minister ultimativ den Rücktritt des Kaisers, den der Reichskanzler Prinz Max von Baden am 9.11. 1918 eigenmächtig verkündete. Ohne verfassungsrechtliche Grundlage übergab er sein Amt dem Parteivorsitzenden der MSPD, Friedrich Ebert. Eberts Parteifreund Philipp Scheidemann ging bereits einen Schritt weiter. Ohne Absprache mit der Partei proklamierte er gegen 14 Uhr von einem Fenster des Reichstages aus die deutsche Republik. Er wollte mit diesem Schritt Karl Liebknecht, dem Führer des linksradikalen Spartakus-Bundes, zuvorkommen. Dieser rief um 16 Uhr vor dem kaiserlichen Schloss die sozialistische Republik aus.

Ausrufung der Republik

Die politische Ordnung des Kaiserreichs war ohne großen Widerstand zusammengebrochen. Auch die übrigen deutschen Monarchen traten, in der Regel ohne Blutvergießen, ab. Am 10. November ging Wilhelm II. in die Niederlande ins Exil. Seinen endgültigen Thronverzicht erklärte er erst am 28. November.

Revolution in Berlin 1918: Straßenszenen am Brandenburger Tor in Berlin am 9. 11. 1918, Foto.

Waffenstillstand

Der Zentrumsabgeordnete Matthias Erzberger unterzeichnete am 11. November 1918 im Wald von Compiègne den Waffenstillstand. In der Öffentlichkeit wurde dadurch er – nicht die OHL – für die Annahme der ungewöhnlich harten Bedingungen verantwortlich gemacht:

- Räumung aller besetzten Gebiete und Elsass-Lothringens binnen zweier Wochen, des linken Rheinufers binnen eines Monats,
- Besetzung strategischer Brückenköpfe auf dem rechten Rheinufer durch die Alliierten (Köln, Koblenz, Mainz),
- Ablieferung aller schweren Waffen,

Militärischer Widerstand war dem Deutschen Reich nach Erfüllung dieser Bedingungen nicht mehr möglich. Dieser außenpolitische und militärische Druck belastete die Anfänge der deutschen Republik. Noch aber war nicht entschieden, welche Gestalt sie haben würde, ob und in welchem Umfang die Traditionen des Kaiserreichs in ihr weiterleben würden.

MATERIAL

1 Erklärung der Abdankung des Kaisers und des Thronverzichts des Kronprinzen durch Reichskanzler Prinz Max von Baden, 9. November 1918

Der Kaiser und König hat sich entschlossen, dem Throne zu entsagen.

Der Reichskanzler bleibt noch so lange im Amt, bis die mit der Abdankung des Kaisers, dem Thronverzicht des Kronprinzen des Deutschen Reiches und von Preußen und der Einsetzung der Regentschaft verbundenen Fragen geregelt sind.

Er beabsichtigt, dem Regenten die Ernennung des Abgeordneten Ebert zum Reichskanzler und die Vorlage eines Gesetzentwurfes wegen der sofortigen Ausschreibung allgemeiner Wahlen für eine Verfassung gebende deutsche Nationalversammlung vorzuschlagen, der es obliegen würde, die künftige Staatsform des deutschen Volkes einschließlich der Volksteile, die ihren Eintritt in die Reichsgrenzen wünschen sollten, endgültig festzustellen.

Berlin, den 9. November 1918

Der Reichskanzler: Max, Prinz von Baden

Aus: H. Michaelis/E. Schraepler (Hrsg.), Ursachen und Folgen, Bd. 2, Berlin 1958, S. 570 ff.

MATERIAL 2

Ausrufung der Republik durch Philipp Scheidemann am 9. November 1918

Arbeiter und Soldaten! Furchtbar waren die vier Kriegsjahre. Grauenhaft waren die Opfer, die das Volk an Gut und Blut hat bringen müssen. Der unglückselige Krieg ist zu Ende. Das Morden ist vorbei. Die Folgen des Krieges, Not und Elend, werden noch viele Jahre auf uns lasten. Die Niederlage, die wir unter allen Umständen verhüten wollten, ist uns nicht erspart geblieben, weil unsere Verständigungsvorschläge sabotiert wurden, wir selbst wurden verhöhnt und verleumdet.

Die Feinde des werktätigen Volkes, die wirklichen „inneren Feinde", die Deutschlands Zusammenbruch verschuldet haben, sind still und unsichtbar geworden. [...] Der Kaiser hat abgedankt. Er und seine Freunde sind verschwunden. Über sie alle hat das Volk auf der ganzen Linie gesiegt! Der Prinz Max von Baden hat sein Reichskanzleramt dem Abgeordneten Friedrich Ebert übergeben. Unser Freund wird eine Arbeiterregierung bilden, der alle sozialistischen Parteien angehören werden. Die neue Regierung darf nicht gestört werden in ihrer Arbeit für den Frieden, in der Sorge um Brot und Arbeit.

Arbeiter und Soldaten! Seid euch der geschichtlichen Bedeutung dieses Tages bewusst. Unerhörtes ist geschehen. Große und unübersehbare Arbeit steht uns bevor.
Alles für das Volk, alles durch das Volk! Nichts darf geschehen, was der Arbeiterbewegung zur Unehre gereicht!
Seid einig, treu und pflichtbewusst!
Das Alte und Morsche, die Monarchie ist zusammengebrochen. Es lebe das Neue! Es lebe die Deutsche Republik!

Aus: Ebd.

MATERIAL 3

Proklamierung der sozialistischen Republik durch Karl Liebknecht am 9. November 1918

[...] Der Tag der Revolution ist gekommen. Wir haben den Frieden erzwungen. Der Friede ist in diesem Augenblick geschlossen. Das Alte ist nicht mehr. Die Herrschaft der Hohenzollern, die in diesem Schloss jahrhundertelang gewohnt haben, ist vorüber. [...]

Parteigenossen, ich proklamiere die freie sozialistische Republik Deutschland, die alle Stämme umfassen soll, in der es keine Knechte mehr geben wird, in der jeder ehrliche Arbeiter den ehrlichen Lohn seiner Arbeit finden wird. Die Herrschaft des Kapitalismus, der Europa in ein Leichenfeld verwandelt hat, ist gebrochen. [...]
Wenn auch das Alte niedergerissen ist, [...] dürfen wir doch nicht glauben, dass unsere Aufgabe getan sei. Wir müssen alle Kräfte anspannen, um die Regierung der Arbeiter und Soldaten aufzubauen und eine neue staatliche Ordnung des Proletariats zu schaffen, eine Ordnung des Friedens, des Glücks und der Freiheit unserer deutschen Brüder und unserer Brüder in der ganzen Welt. Wir reichen ihnen die Hände und rufen sie zur Vollendung der Weltrevolution auf.
Wer von euch die freie sozialistische Republik Deutschland und die Weltrevolution erfüllt sehen will, erhebe seine Hand zum Schwur (*alle Hände erheben sich und Rufe ertönen: Hoch die Republik!*). [...]

Aus: Ebd.

1. **Vergleichen Sie die drei Dokumente vom 9. 11. 1918 (M 1–3) unter folgenden Gesichtspunkten: Einschätzung der Krisensituation, Schuldzuweisung, Legitimation zum politischen Handeln und Gestaltung des künftigen deutschen Staates.**

3.2 Die gebremste Revolution – Handlungsspielräume, Alternativen und Durchsetzungschancen

Der Zusammenbruch des Kaiserreichs offenbarte sich in seinem ganzen Ausmaß, als keine seiner Institutionen sich fähig und willens zeigte, das durch den Rücktritt des Kaisers entstandene Machtvakuum auszufüllen. Neben der offenen Grundsatzfrage, wie der neue deutsche Staat gestaltet werden sollte, standen gewaltige Sachprobleme auf der Tagesordnung der deutschen Politik:

Friedensverhandlungen

- Mit den Aliierten musste ein Friedensvertrag geschlossen werden. Angesichts der Stimmung der Siegermächte war keineswegs sicher, dass das Deutsche Reich in seiner staatlichen Einheit fortbestehen würde.

Demobilisierung

- Die Rückführung und Demobilisierung der Truppen schufen nicht nur Transport- und Versorgungsengpässe, sondern auch ein soziales Problem ersten Ranges, da Millionen ehemaliger Soldaten in den Arbeitsprozess einer Wirtschaft einzugliedern waren, die vier Jahre lang ganz im Dienst der Rüstung gestanden hatte und jetzt auf Friedensproduktion umgestellt werden musste.

Versorgung

- Ein besonders drückendes Problem war die Versorgung der Industriezentren mit Lebensmitteln, zumal in den Waffenstillstandsverhandlungen die deutschen Unterhändler die Aufhebung der alliierten Hungerblockade nicht erreicht hatten; diese dauerte bis zur Annahme des Friedensvertrages im Juni 1919 an.

Friedrich Ebert

Eine Schlüsselposition hatte in dieser Lage Friedrich Ebert inne, seit er das Amt des Reichskanzlers vom letzten kaiserlichen Amtsinhaber übernommen hatte. Am 10. November 1918 bildete er eine provisorische Regierung, den „Rat der Volksbeauftragten", dem je drei Vertreter der MSPD (Ebert, Scheidemann, Landsberg) und der USPD (Haase, Barth, Dittmann) angehörten. Ihre Befugnisse waren nahezu diktatorisch; ein revolutionäres Mandat erhielten die Volksbeauftragten durch eine Vollversammlung der Berliner Arbeiter- und Soldatenräte. An ein Mandat des Reichstags auf der Basis der Oktoberreformen dachte jetzt niemand mehr. Die Vollversammlung wählte zugleich einen „Vollzugsrat", der die Revolutionsregierung kontrollieren sollte und vergeblich mit ihr um die Macht rivalisierte. Trotz formeller Gleichstellung der sechs Volksbeauftragten kam Ebert als dem Vorsitzenden der größeren Partei und dem noch von der kaiserlichen Regierung ernannten Reichskanzler eine Schlüsselposition zu, der die USPD-Vertreter machtpolitisch nicht viel entgegenzusetzen hatten. Beide Parteien standen unter starkem Erfolgsdruck durch die Aktivitäten des Spartakus-Bundes, der sich am Vorbild der bolschewistischen Machtergreifung orientierte und sich seit der Jahreswende 1918/19 Kommunistische Partei Deutschlands nannte.

Spartakus-Bund (KPD)

Kontinuitäten

War die Reichsführung an ein revolutionär legitimiertes Gremium übergegangen, so bot sich unterhalb dieser Ebene ein anderes Bild. Offiziell unter der Kontrolle der Volksbeauftragten, blieben die Fachminister der letzten kaiserlichen Regierung im Amt. Eine der wenigen Neubesetzungen war die Übertragung des Reichsamtes des Inneren an den linksliberalen Staatsrechtslehrer Hugo Preuß. Angesichts der ungeheuren Probleme wollte man auf die Mitarbeit der eingespielten Verwaltungen des Reichs und der Länder nicht verzichten. Diese sollten zwar von den Räten kontrolliert werden, arbeiteten aber weitgehend selbstständig weiter. Gleiches galt auch für Justiz und Bildungswesen.

1. Basiskompromiss: Bündnis Ebert-Groener

Auch die schwachen Versuche, eine eigene Revolutionsarmee zu schaffen, scheiterten. Am 10. November nahm Ebert das Angebot General Groeners an, ein Bündnis „zur Bekämpfung des Bolschewismus" zu schließen. Groener beabsichtigte mit diesem Schritt, „dem Offizierkorps als dem Träger des Wehrgedankens einen Weg in die neuen Verhältnisse zu ermöglichen". Aus Eberts Sicht war es ein Zweckbündnis zur Aufrechterhaltung der staatlichen Ordnung. Für einen Bürgerkrieg war das demoralisierte Feldheer allerdings nicht mehr verwendungsfähig. Die meisten Einheiten liefen bis zu den Weihnachtstagen 1918 auseinander. Aus den Resten wurden Freiwilligenverbände, so genannte „Freikorps", gebildet.

2. Basiskompromiss: Stinnes-Legien-Abkommen

Kompromissbereitschaft bestimmte das Verhältnis zwischen Arbeitgebern und Arbeitnehmern, da auch die Gewerkschaften den Räten mehr als misstrauisch gegenüberstanden. Der Industrielle Hugo Stinnes und der Gewerkschaftsführer Carl Legien einigten sich am 15. November auf einen sozialpolitischen Vertrag, der den Arbeitnehmern die Erfüllung lang umkämpfter Forderungen brachte: den Achtstundentag, die Garantie des Koalitionsrechtes, die Tarifautonomie und Schlichtungsinstanzen für Arbeitskonflikte. Obwohl die Volksbeauftragten eine Sozialisierungskommission ins Leben riefen, war mit dem Stinnes-Legien-Abkommen die Vorentscheidung zugunsten der Privatwirtschaft gefallen. Eine paritätisch besetzte „Zentralarbeitsgemeinschaft" (ZAG) sollte die sozialpartnerschaftliche Politik weiterführen.

Bürgerliche Parteien

Kontinuität kennzeichnet auch die Entwicklung des Parteiwesens. Im Windschatten der Ereignisse formierten sich die bürgerlichen Parteien des Kaiserreichs neu: Die Konservativen sammelten sich in der Deutschnationalen Volkspartei (DNVP); die Liberalen verteilten sich auf eine rechts- und eine linksliberale Partei, die Deutsche Volkspartei (DVP) und die Deutsche Demokratische Partei (DDP). Die Partei des politischen Katholizismus behielt ihren Traditionsnamen „Zentrum" bei. Im Januar 1919 führten die bürgerlichen Parteien einen energischen Wahlkampf, sodass die Zusammensetzung der Nationalversammlung sich nicht wesentlich von der früherer Reichstage unterschied (→ S. 295).

Rätebewegung

Vom 16. bis 20. Dezember 1918 tagte in Berlin der Reichskongress von gewählten Delegierten der Arbeiter- und Soldatenräte. Er sollte über die künftige Rolle der Rätebewegung und die Wahlen zur Nationalversammlung entscheiden. Etwa 300 der 500 Teilnehmer bekannten sich zur MSPD, 100 zur USPD. Der Rest verteilte sich auf Linksliberale und Parteilose. Die Führer des Spartakus-Bundes, Rosa Luxemburg und Karl Liebknecht, waren nicht gewählt und auch nicht als Beobachter zugelassen worden. Die Debatte ging darum, ob möglichst bald eine Nationalversammlung die künftige Verfassung des Deutschen Reiches bestimmen oder ob sich der Rätekongress als revolutionäres Parlament konstituieren sollte. Dieses hätte dann als Vorreiter einer proletarischen Demokratie die Vorentscheidungen zum Sozialismus treffen können. Das Abstimmungsergebnis entsprach den Mehrheitsverhältnissen. Der Antrag, im Januar 1919 eine Nationalversammlung zu wählen, wurde mit etwa 450 : 50 Stimmen angenommen. Mit dieser Entscheidung war der Weg zur Nationalversammlung aber noch nicht gesichert. Die KPD lehnte mehrheitlich die Nationalversammlung ab und beteiligte sich – gegen das Votum von Rosa Luxemburg – auch nicht an den Wahlen.

Spartakus-Aufstand

Am 24.12. 1918 beauftragte Ebert ehemalige Heeresverbände unter Führung eines kaiserlichen Generals, die „Volksmarinedivision", eine Revolutionstruppe, die eigentlich die Ebert-Regierung hatte schützen sollen, aus dem Berliner Schloss zu vertreiben. Aus Protest dagegen traten die Volksbeauftragten der USPD von ihren Ämtern zurück. Sie wurden durch zwei weitere Mehrheitssozialdemokraten (Noske, Wissell) ersetzt. Die bürgerkriegsartigen Zustände in Berlin gipfelten in einem offenen Aufstand des Spartakus-Bundes, der die Hauptstadt – vor allem die Zeitungsredaktionen – für einige Tage in die Hand der Linksradikalen brachte. Unter Noskes Führung wurde der Aufstand bis zum 13. Januar 1919 durch Regierungstruppen und Freikorps, die mit äußerster Brutalität vorgingen, niedergeschlagen. Rosa Luxemburg und Karl Liebknecht wurden nach ihrer Festnahme ermordet, obwohl sie vom Aufstand abgeraten hatten. Die Rätebewegung wurde durch die Vorgänge weiter geschwächt. Viele ihrer Mitglieder wurden aus Verbitterung über den Kurs der Regierung zu radikalen Gegnern der repräsentativen Demokratie. Im März 1919 kam es in Berlin erneut zu schweren Kämpfen zwischen Räteanhängern und Freikorps; ihren Höhepunkt erreichte die Auseinandersetzung mit der Errichtung einer Räterepublik in München, die am 1. Mai blutig niedergeschlagen wurde.

MATERIAL

4 Schreiben des Vorstandes der SPD an den Vorstand der USPD vom 9. November 1918

Von dem aufrichtigen Wunsch geleitet, zu einer Einigung zu gelangen, müssen wir Ihnen unsere grundsätzliche Stellung zu Ihren Forderungen klarlegen. Sie fordern:

1. Deutschland soll eine soziale Republik sein.

Antwort: Diese Forderung ist das Ziel unserer eigenen Politik. Indessen hat darüber das Volk durch die konstituierende Versammlung zu entscheiden.

2. In dieser Republik soll die gesamte exekutive, legislative und die jurisdiktionelle Macht ausschließlich in den Händen von gewählten Vertrauensmännern der gesamten werktätigen Bevölkerung und der Soldaten sein.

Antwort: Ist mit diesem Verlangen die Diktatur eines Teils einer Klasse gemeint, hinter dem nicht die Volksmehrheit steht, so müssen wir diese Forderung ablehnen, weil sie unseren demokratischen Grundsätzen widerspricht.

3. Ausschluss aller bürgerlichen Mitglieder aus der Regierung.

Antwort: Diese Forderung müssen wir ablehnen, weil ihre Erfüllung die Volksernährung erheblich gefährden, wenn nicht unmöglich machen würde.

4. Die Beteiligung der Unabhängigen gilt nur für drei Tage als ein Provisorium, um eine für den Abschluss des Waffenstillstands fähige Regierung zu schaffen.

Antwort: Wir halten ein Zusammenwirken der sozialistischen Richtungen mindestens bis zum Zusammentritt der Konstituante für erforderlich.

5. Die Ressortminister gelten nur als technische Gehilfen des eigentlichen und entscheidenden Kabinetts.

Antwort: Dieser Forderung stimmen wir zu.

6. Gleichberechtigung der beiden Leiter des Kabinetts.

Antwort: Wir sind für die Gleichberechtigung aller Kabinettsmitglieder, indessen hat die Konstituierende Versammlung darüber zu entscheiden.

Aus: Vorwärts Nr. 310/311 vom 10./11. November 1918.

Armbinden von revolutionären Sicherheitsdiensten der Arbeiter- und Soldatenräte, 1919.

MATERIAL 5

Ein Historiker im Jahr 1993 über die Revolution 1918/19

Für das hohe Maß an Kontinuität, das die revolutionäre Übergangszeit zwischen dem Sturz der Monarchie und der Wahl der Nationalversammlung prägte, gab es [...] neben innenpolitischen auch außenpolitische Gründe. Der Handlungsspielraum der Volksbeauftragten war durch die internationalen Rahmenbedingungen der deutschen Politik ebenso beschränkt wie durch die gesellschaftliche Entwicklung und die politischen Traditionen Deutschlands. Ein totaler Bruch mit der Vergangenheit, wie ihn die radikale Linke forderte, konnte unter solchen Bedingungen nicht vollzogen werden. Vorgezeichnet war durch den Willen der Mehrheit die Verwirklichung der parlamentarischen Demokratie, und auf dem Weg zu diesem Ziel durfte der Wille der Mehrheit nicht missachtet werden. [...]

Aber auch für einige durchgreifende Reformen hätte es im Winter 1918/19 einen ausreichenden Rückhalt in der deutschen Gesellschaft gegeben. Weder im Militär noch in der zivilen Verwaltung mussten die bestehenden Verhältnisse so weitgehend erhalten werden, wie es tatsächlich geschah, und mit einer Vergesellschaftung des Steinkohlenbergbaus hätten sich in den ersten Monaten nach dem Umsturz auch die Parteien der bürgerlichen Mitte abgefunden. Wenn diese Eingriffe unterblieben, so deshalb, weil sie den regierenden Sozialdemokraten entweder nicht vordringlich oder zu gefährlich erschienen. Als Marxisten hatten sie gelernt, dass die Geschichte den gesellschaftlichen Fortschritt mit innerer Notwendigkeit hervorbringen werde. Gleichzeitig waren sie Produkte des deutschen Kaiserreichs. Sie hatten den Rechtsstaat und das konstitutionelle System in einem Grad verinnerlicht, der die Durchführung einer Revolution in ihren Augen geradezu widersinnig machte. Als die Macht ihnen im November 1918 unverhofft zufiel, war ihre erste Sorge die demokratische Legitimierung und Verrechtlichung der neuen Verhältnisse. Der Gedanke, dass die erstrebte Demokratie gesellschaftlicher Veränderungen bedurfte, hatte demgegenüber keine Durchschlagskraft. Deswegen blieben die – wenn auch nur begrenzten – Chancen ungenutzt, die der Umbruch 1918/19 einer Demokratisierung der deutschen Gesellschaft bot.

Aus: H. A. Winkler, Weimar 1918–1933, München 1993, S. 67 f.

1. **Erläutern Sie die unterschiedlichen Standpunkte der beiden sozialistischen Parteien zum Fortgang der Revolution (M 4).**
2. **Wie begründet Winkler sein Urteil über die Handlungsspielräume und Durchsetzungschancen der Revolution? Nehmen Sie dazu Stellung (M 5).**

Barrikadenkämpfe im Berliner Zeitungsviertel im Januar 1919, Foto.

3.3 Die Weimarer Verfassung – die verfasste Revolution?

Wahlen zur Nationalversammlung

Die Wahlen zur Nationalversammlung fanden am 19. Januar 1919 statt. Durch eine Verfügung der Volksbeauftragten war schon am 12. November 1918 das Wahlalter auf 20 Jahre gesenkt worden; auch Frauen hatten nun, zum ersten Mal in der deutschen Geschichte, das aktive und passive Wahlrecht. Die Legitimationsgrundlage der neu gewählten Versammlung war also breiter als die aller deutschen Parlamente zuvor. Eine Hauptforderung der SPD, die unter dem im Kaiserreich praktizierten reinen Mehrheitswahlrecht am meisten gelitten hatte, war darüber hinaus mit der Einführung des Verhältniswahlrechts erfüllt worden.

Wahlergebnis

Von den 14 Parteien, die sich an der Wahl beteiligt hatten, erreichten diejenigen, die sich von vorneherein für die parlamentarische Demokratie entschieden hatten, gemeinsam eine solide parlamentarische Mehrheit: SPD (37,9 %), DDP (18,5 %) und Zentrum (19,7 %) – eine Wählerentscheidung für die Initiatoren der Friedensresolution von 1917, für die Kräfte, die im Kaiserreich meist in der Opposition gestanden hatten. Es fehlte aber von Anfang an eine Opposition, die die parlamentarische Demokratie grundsätzlich bejahte; in der prinzipiellen Ablehnung waren sich die extreme Linke und die Rechte einig.

Weimarer Koalition

Am 6. Februar 1919 wurde die Nationalversammlung in Weimar, nicht in der noch immer unruhigen Hauptstadt eröffnet. Nachdem der Zentralrat der Arbeiter- und Soldatenräte sein Mandat und damit die Souveränität in die Hände der Nationalversammlung gelegt hatte, wurde am 10. 2. mit dem „Vorläufigen Staatsgrundgesetz" ein provisorischer Staat gegründet. Ebert wurde zum ersten Reichspräsidenten, Scheidemann an der Spitze der SPD-DDP-Zentrums-Koalition („Weimarer Koalition") zum Ministerpräsidenten gewählt. Von den 14 Ministern hatten 11 bereits als Volksbeauftragte oder Staatssekretäre der früheren Regierung angehört.

Spielräume

In den Revolutionsmonaten waren wichtige Vorentscheidungen gefallen, die den Entscheidungsspielraum der Nationalversammlung stark einschränkten: Die republikanische Staatsform, die repräsentative Demokratie, das allgemeine Wahlrecht und auch die Verhältniswahl konnten nicht mehr rückgängig gemacht werden. Auch das aktive und passive Frauenwahlrecht war nun endgültig durchgesetzt. Frauen wurden von nun an in den Reichstag und die Landtage gewählt, jedoch gelangte keine Frau in ein politisches Spitzenamt. Aber auch die Stellung der Länder hatte sich gefestigt, sodass an eine grundlegende Veränderung zulasten Preußens nicht mehr zu denken war. Die Wirtschafts- und Sozialordnung, die Kontinuität in Verwaltung, Justiz und Heer waren durch die Basiskompromisse der Regierung Ebert festgeschrieben.

Grundrechte

Nachdem aufgrund einer Forderung der Volksbeauftragten ein Grundrechtskatalog hinzugekommen war, gliederte sich die Weimarer Verfassung in 2 Hauptteile, „Aufbau und Aufgaben des Reichs" und „Grundrechte und Grundpflichten der Deutschen". In den Grundrechten wurde die liberale und demokratische Tradition der Revolution von 1848 aufgegriffen, auf die sich Ebert schon in seiner Eröffnungsrede am 6. Februar be-

Plakat zur Wahl der Nationalversammlung 1919.

rufen hatte, hinzu kamen nun soziale Teilhaberechte. Der Kompromisscharakter dieses Kataloges ist oft kritisiert worden; so wurden die Räte in der Verfassung verankert (Art. 165), zugleich aber auch der Schutz des Mittelstandes (Art. 164) und des Berufsbeamtentums (Art. 129) wie auch der Religionsunterricht an öffentlichen Schulen (Art. 149). Fast alle Parteien und Bevölkerungsgruppen konnten so ihre Zielvorstellungen in der Verfassung wiederfinden, aber große Teile der Arbeiterschaft vermissten eine eindeutige Festlegung der Verfassung auf die sozialistischen Ziele der Revolution. Auch waren die Grundrechte nicht einklagbar, Gesetzgebung und Rechtsprechung waren nicht unmittelbar an sie gebunden.

Gleichgewicht zwischen Reichspräsident und Reichstag

Zwischen dem Reichspräsidenten als dem Staatsoberhaupt und Oberbefehlshaber der Streitkräfte sowie dem Reichstag sollte ein Machtgleichgewicht herrschen, das der Historiker Hagen Schulze folgendermaßen beschreibt: „Der Reichspräsident ernennt und entlässt den Reichskanzler und auf dessen Vorschlag die Reichsminister, die zu ihrer Amtsführung jedoch des Vertrauens des Reichstages bedürfen. Der Reichstag kann mit Zweidrittelmehrheit an das Volk appellieren, den Reichspräsidenten mittels Volksentscheid abzusetzen; der Reichspräsident dagegen kann den Reichstag auflösen, wenn auch nicht mehrfach mit der gleichen Begründung. Der Reichstag beschließt die Gesetze, doch der Reichspräsident kann jedes Gesetz einem Volksentscheid unterbreiten. Der Reichspräsident besitzt für den Notfall außerordentliche Vollmachten nach Artikel 48, aber seine Maßnahmen müssen aufgehoben werden, wenn der Reichstag es verlangt."

Artikel 48

Dem Gleichgewichtsgedanken, der Mischung präsidialer und parlamentarischer Elemente, entsprach es, dass der Reichspräsident auch die gleiche Legitimation wie die Volksvertretung besaß: Er wurde direkt auf sieben Jahre vom Volk gewählt. Die Verfassungswirklichkeit dieses Amts war stark von der Persönlichkeit des Inhabers geprägt.

prägt. Der Artikel 48 war in den Händen Eberts während der Krisenjahre ein Instrument zur Rettung der Republik. In den beiden Volkswahlen 1925 und 1932 wurde jedoch mit Hindenburg ein ehemaliger kaiserlicher Generalfeldmarschall zum Staatsoberhaupt gewählt. Unter ihm wurde der Artikel 48 in der Krise nach 1930 zu einem Instrument des schleichenden Verfassungswandels, der autoritären Umgestaltung der Republik (→ S. 288 ff.).

Reichstag

Das parlamentarische Element war in seiner Wirkung stark eingschränkt, obwohl die legislative Befugnis des jetzigen Reichstages gegenüber dem des Kaiserreichs ausgeweitet wurde. Das reine Verhältniswahlrecht begünstigte die Gründung zahlreicher, zum Teil extremistischer Splitterparteien. Bereits mit 60 000 Stimmen entfiel ein Mandat auf eine Liste. Es begünstigte so die Tendenz zu Weltanschauungs- und Klassenparteien, nicht zu Volksparteien. Die Koalitionsbereitschaft der großen Parteien untereinander war so gering, dass nur die wenigsten der 20 Reichsregierungen über eine parlamentarische Mehrheit verfügten; sie konnten aber leicht gestürzt werden, da ein rein destruktives Misstrauensvotum möglich war.

Parteien

Die Parteien selbst sind in der Verfassung nur am Rande erwähnt, ihre Rechte und Pflichten daher auch nicht definiert. Sie waren in ihrer Programmatik und in der innerparteilichen Willensbildung völlig frei und nur bei Verstößen gegen das Strafrecht zu belangen („Wertneutralität" der Verfassung) – die Weimarer Republik war nicht als streitbare Demokratie angelegt. Die häufige Berufung parteiloser „Fachminister" war sichtbarer Ausdruck dieser Missachtung der Parteien in der Verfassung, die dem weit verbreiteten „Antiparteienaffekt" in der Bevölkerung entsprach.

Kompromisscharakter der Verfassung

Die Weimarer Verfassung hat bei vielen Revolutionären Enttäuschung hervorgerufen. Vor allem auf der Linken wurde der Kompromisscharakter kritisiert, doch ist dem entgegenzuhalten, dass der Kompromiss im Wesen der parlamentarischen Demokratie angelegt ist. Verhängnisvoller als vermeintliche und tatsächliche Schwächen der Verfassung wirkte sich die fehlende demokratische Überzeugung weiter Kreise der Bevölkerung aus. Die antidemokratischen Kräfte verfügten über gesellschaftliche Machtpositionen, die als Basis im Kampf gegen die Demokratie dienen konnten. Gerade in den Führungsschichten war das antidemokratische Denken verbreitet, eine Hypothek des Kaiserreichs, das die katholischen, linksliberalen und sozialdemokratischen „Reichsfeinde" von Führungspositionen fern gehalten hatte.

Der Sieg der Demokratie, den die Annahme der Verfassung darstellte, war ohne Glanz. Am 31. Juli 1919 wurde sie mit 262 Stimmen der SPD, der DDP und des Zentrums – bei der Abstimmung fehlten 75 Abgeordnete der Koalition – gegen 75 Stimmen der Rechten und der USPD angenommen. Mehr als der neue Staat bewegte in diesen Tagen der Vertrag von Versailles die Gemüter der Deutschen.

1. Wie demokratisch, wie liberal, wie föderalistisch ist die Weimarer Republik konzipiert?
2. Vergleichen Sie die Weimarer Verfassung mit der des Kaiserreiches (S. 213). Wie viel von den revolutionären Forderungen ist in die Verfassung eingegangen?
3. Untersuchen Sie die Verfassung auf mögliche Einfallspforten für eine Diktatur.

MATERIAL

Die Verfassung der Weimarer Republik 6

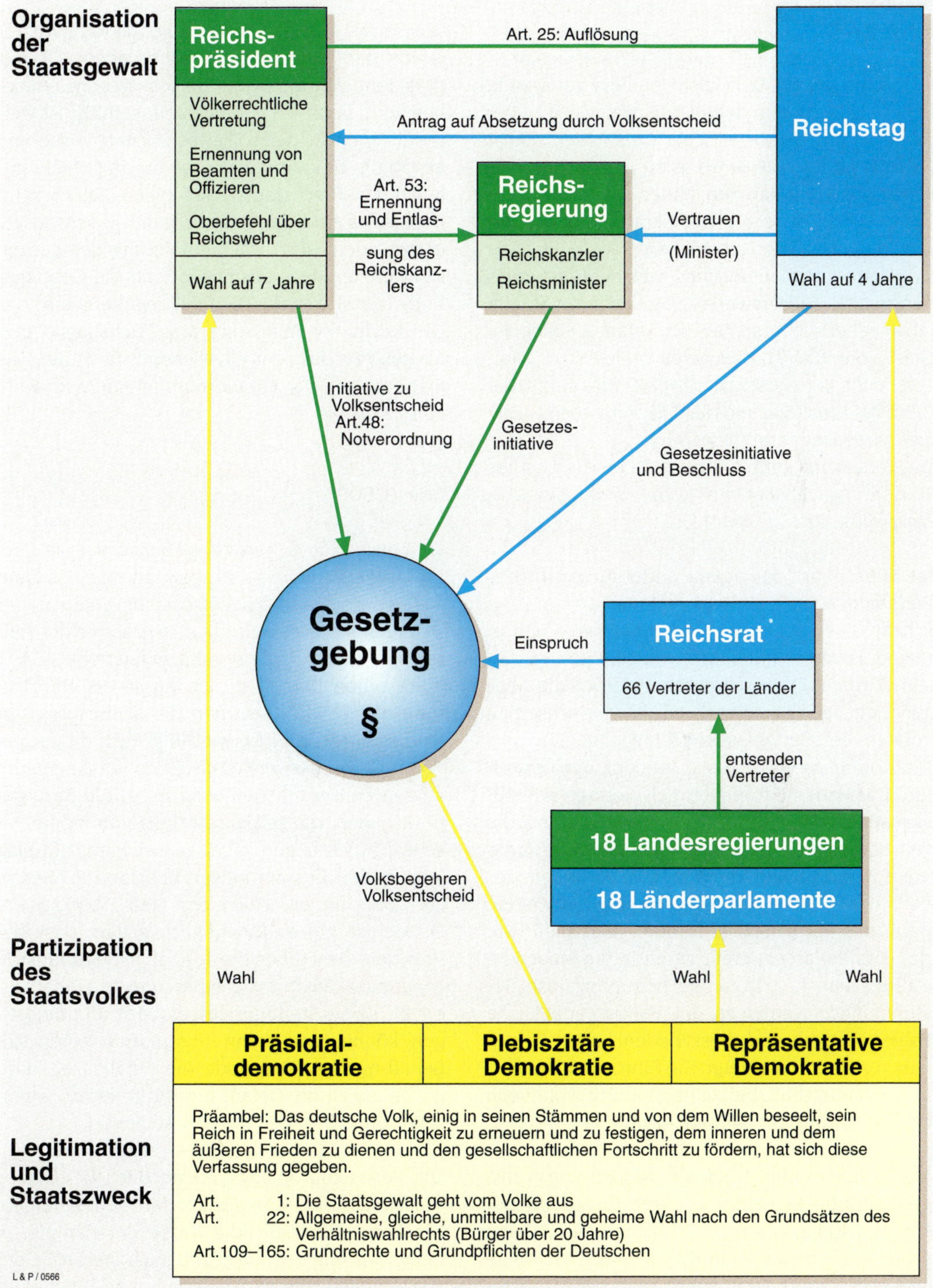

MATERIAL

7 Zwei Reden aus der 3. Lesung der Verfassung, 4. Juli 1919

Heinze (DVP):

[...] Meine Herren! Der Geist, der diese Verfassung beherrscht, ist ein demokratischer Geist. Aber mehr als ein demokratischer Geist. (*Sehr richtig! bei der Deutschen Volkspartei*) es ist der *Geist einer extremen Demokratie* und den lehnen wir ab. Aus dem Geiste dieser extremen Demokratie folgt das Bestreben, alles gleich zu machen.

[...] Und wenn man uns fragt, welcher Geist muss denn jetzt [...] unsere Verfassung und unser Staatsleben beherrschen, so habe ich keinen Zweifel: der Geist von 1870/71, das heißt der Geist der Tat, und nicht der Geist von 1848/49, das heißt der Geist der Ideologie und des Theoretisierens. (*Sehr gut! bei der Deutschen Volkspartei.*)

Die Verfassung knüpft denn auch bewusst an die Tradition von 1848/49 an. (*Zuruf von den Deutschen Demokraten: Gott sei Dank!*) [...]

Im Mittelpunkt der neuen Verfassung wird das Parlament stehen. Auch hier ist man extrem. Man schafft einen extremen *Parlamentarismus*, wie er meiner Fraktion und mir zu weit geht. Gegen diesen extremen Parlamentarismus fehlen die nötigen Gegengewichte, und das ist der schwerste Vorwurf, der der Verfassung zu machen ist.

Die Kommission hat diese Tendenz noch erweitert. Das Parlament versammelt, vertagt, schließt sich aus eigenem Gutdünken. Die Regierung, die den Staat leitet, ist völlig abhängig vom Parlament. Die Minister müssen das Vertrauen des Parlaments haben und jederzeit zurücktreten, wenn das Parlament es fordert. Aber mehr wie das: Das Parlament greift damit in die Staatsverwaltung ein. [...] Derartige hemmungslose Bestimmungen werden in der Praxis bedenkliche Folgen zeitigen und diese bedenklichen Folgen haben sich schon gezeigt. Sie führen von der Parlamentsherrschaft, die an und für sich wohl noch erträglich wäre, zur *Parteiherrschaft*. [...]

Meine Herren, der *Präsident* wird zwar vom Volke gewählt, aber er ist doch letzten Endes nur Dekoration. Er hängt ab vom Parlament. Ja, ich habe schon neulich darauf hingewiesen: Wie die Dinge sich entwickelt haben, hängt er in der Ministerwahl direkt von den Parteien ab, da die Minister ja von den Parteien präsentiert werden. Ob der Präsident sich in Zukunft diesem Zwange entziehen wird, lasse ich dahingestellt sein. Er ist weiterhin auch in der völkerrechtlichen Vertretung abhängig: Er kann Bündnisse nur mit Genehmigung des Reichstags abschließen, ja, er kann über Krieg und Frieden nur durch Reichsgesetz entscheiden, also unter Aufbietung des ganzen schwierigen Mechanismus, der für die Gesetzgebung bestehen wird. Der Präsident hat allerdings das Recht der Auflösung des Reichstags – und ich gebe zu, dass das ein wichtiges Recht ist. Das ist aber doch nur ein ultimum refugium im Falle einer Krise. [...]

Cohn (USDP):

Der Zeitpunkt für die Niederschrift *einer Verfassung* kann im einzelnen Falle falsch gewählt sein. Es kann sich ein gesellschaftlicher Zustand ergeben, der in einem so raschen Verlauf ist, dass er der Aufzeichnung und Registrierung widerstrebt. [...] Wäre schon überall in der Masse der Bevölkerung das Bewusstsein von der *Verderblichkeit der Monarchie* für die Entwicklung des deutschen Volkes verbreitet, wie es nach den Vorgängen der letzten Zeit geschehen wird: Es würde dazu geführt haben, die starken Anklänge an monarchische Einrichtungen nicht zu schaffen, die sich jetzt in den Bestimmungen über den *Präsidenten des Reichs* finden. Auch der Herr Abgeordnete Dr. Heinze hat es für möglich erklärt, dass der Präsident weit über die formalen Beschränkungen hinaus, die ihm die Verfassung scheinbar auferlegt, seine Stellung sich erobern und befestigen könne, und wenn Sie ihm in einer siebenjährigen Amtsperiode die Möglichkeit dazu geben, so ist die Gefahr der Rückkehr monarchischer Einrichtungen doppelt so groß. [...]

Die Verfassung krankt [...] an der *Überschätzung parlamentarischer Möglichkeiten*. Mir will scheinen: Die Form, die Tiefe, die Größe der Kämpfe, in denen wir uns befinden, und auch die Größe der Forderungen, die wirtschaftlich zum Wiederaufbau an das deutsche Volk gestellt werden, beweisen, dass die Grenzen des Parlamentarismus, die Grenzen für die Möglichkeit, durch parlamentarische Verhandlungen und Entscheidungen die Entwicklung zu registrieren und zu beeinflussen, erreicht waren, wenn nicht schon überschritten sind. Diese Aufgaben und die Entwicklung des gesellschaftlichen Lebens überhaupt können und würden sich in der gesetzgeberischen Ausgestaltung der Dinge nicht mehr von einem zentralen Parlament aus regeln lassen. Was nötig ist, ist, auf erhöhter Stufe zu einem System zurückzukehren, bei dem Gesetzgebung und Verwaltung vereinigt sind. Wir kranken an den Lehren, die Montesquieu aufgestellt hat: Für ihre Zeit mögen sie richtig und sogar ein wesentlicher Fortschritt gewesen sein, aber durch die Entwicklung bei uns und in den anderen Ländern gleicher Entwicklungsrichtung sind sie überholt. [...]

Aus: Verhandlungen der verfassungsgebenden Deutschen Nationalversammlung, Stenographische Berichte, Bd. 328, Berlin 1919, S. 2093 ff.

MATERIAL 8

Rede eines SPD-Ministers nach der Abstimmung über die Verfassung, 31. Juli 1919

Dr. *David, Reichsminister des Innern* (SPD):

[...] Mit der Verabschiedung der Verfassung hat die Nationalversammlung die zweite große Aufgabe, die ihr gestellt war, gelöst. Die erste war die Herstellung des Friedens. Erst mit der Beendigung des Krieges wurde die Voraussetzung geschaffen, um den Frieden auch im Innern zu gewinnen. Diesem Ziel, dem inneren Frieden, soll das Verfassungswerk dienen. Es sei ein Friedenswerk im besten Sinne des Wortes! [...]

Die neue Verfassung findet scharfe Kritiker auf der Rechten dieses Hauses und auf der äußersten Linken. Aber auch Ihnen, meine Herren, wird die neue Verfassung gerecht. Sie hindert sie nicht, Ihre politischen Aufgaben zu vertreten, sie gibt Ihnen die Möglichkeit, auf legalem Wege die Umgestaltung in Ihrem Sinne zu erreichen, vorausgesetzt, dass Sie die erforderlich Mehrheit des Volkes für Ihre Anschauungen gewinnen. Damit entfällt jede Notwendigkeit politischer Gewaltmethoden. Der Wille des Volkes ist fortan das oberste Gesetz. [...]

Wohl wird eingeworfen, dass die politische Demokratie nur Schein sei, solange wirtschaftliche Abhängigkeit Millionen Besitzloser hindert, ihren politischen Willen voll zur Geltung zu bringen. [...] Aber die neue Verfassung soll auch hier den Weg zum Frieden bahnen. Nicht nur die politische, auch die wirtschaftliche Demokratie ist in ihr verankert. Das wirtschaftliche Organisationssystem, das in ihr festgelegt ist und das in Kürze seine gesetzliche Ausgestaltung finden soll, weist den Weg für eine wirtschaftsorganisatorische Entwicklung, die den feindlichen Gegensatz zwischen Kapital und Arbeit überwinden soll. Damit entfällt auch hier der Grund gewalttätiger Kampfmethoden. Die Überwindung des Faustrechts auch auf wirtschaftlichem Kampfgebiet ist der Sinn dieser Bestimmungen der Verfassung, Dadurch charakterisiert sie sich als die Verfassung einer sozialen Demokratie. (*Sehr richtig! links*) [...]
Das deutsche Volk ist das erste Volk, das diesen Gedanken, diese Wegweisung in seine Grundrechte aufgenommen hat. Es hatte hierfür kein Vorbild. Es ist seine eigenste Leistung und es ist eine Leistung besten deutschen Geistes, des Geistes von Weimar.

Nirgends in der Welt ist die Demokratie konsequenter durchgeführt als in der neuen deutschen Verfassung. (*Lebhafte Zustimmung*)
Ich brauche nur auf das demokratische Wahlrecht für alle gesetzgebenden Körperschaften hinzuweisen; ich brauche nur hinzuweisen auf die übergreifende Gewalt, die dem sich direkt betätigenden Volkswillen beigelegt wird. Ich brauche zum dritten nur darauf hinzuweisen, dass die Frauen in Deutschland die volle staatsbürgerliche Gleichberechtigung errungen haben. (*Bravo!*)
Die deutsche Republik ist fortan die demokratischste der Welt. (*Bravo!*) [...]

Aus: Ebd., Band 329, Berlin 1920, Sp. 2194B–2195A.

MATERIAL
9 Die wichtigsten Parteien der Weimarer Republik

Partei	KPD	USPD	SPD	DDP
Richtung	kommunistisch	linkssozialistisch	sozialdemokratisch	linksliberal
Staatsauffassung, gesellschaftliche Zielvorstellungen	Beseitigung des Kapitalismus, Diktatur des Proletariats, einheitliche sozialistische Republik, anti-parlamentarisch	Umwandlung des kapitalistischen Klassenstaats, sozialistische Gesellschaft, Rätesystem	demokratische Republik, sozialistische Demokratie auf dem Wege friedlicher Umwälzung	demokratische Republik, Volksstaat, Rechtsstaat
Soziale Basis	Arbeiter	Arbeiter	Arbeiter und Angestellte, öffentlicher Dienst	Bildungsbürgertum, Industrie (Chemie, Elektro), Beamte, liberales Judentum, in Süddeutschland auch Handwerker und alter Mittelstand
Regierungsbeteiligung	nie	1918 Rat der Volksbeauftragten	1918 Rat der Volksbeauftragten, 1919 Weimarer Koalition, 1920 Weimarer Koalition, 1921–1922 Weimarer Koalition, 1923 Große Koalition, 1928–1930 Große Koalition	1919 Weimarer Koalition, 1920–1922 Weimarer Koalition, 1922 bürgerliche Koalition, 1923 Große Koalition, 1923–1925 bürgerliche Koalition, 1925–1926 Mitte-Rechts-Koalition, 1926–1927 bürgerliche Koalition, 1927–1928 Mitte-Rechts-Koalition, 1928–1930 Große Koalition, 1930–1932 Präsidialregierung

Partei	*Zentrum*	DVP	DNVP
Richtung	katholisch	national- und wirtschaftsliberal	nationalkonservativ, teilweise völkisch und antisemitisch
Staatsauffassung, gesellschaftliche Zielvorstellungen	demokratische Republik „auf dem Boden der Tatsachen", christliche Staatsauffassung, deutscher Volksstaat	Kaisertum, aber „Vernunftrepublikaner", parlamentarische Regierung	Hohenzollernmonarchie, Parlament, aber auch ständestaatliche Vertretung
Soziale Basis	Katholiken aller Schichten	Bildungsbürgertum, Industrie (vor allem Schwerindustrie)	Preußischer Adel, Schwerindustrie, evangelische Kirche, Bauern, „nationales" Kleinbürgertum
Regierungsbeteiligung	1919 Weimarer Koalition 1920–1923 bürgerliche Koalition, 1921–1922 Weimarer Koalition, 1922–1923 bürgerliche Koalition, 1923 Große Koalition, 1923–1925 bürgerliche Koalition, 1925–1926 Mitte-Rechts-Koalition, 1926–1927 bürgerliche Koalition, 1927–1928 Mitte-Rechts-Koalition, 1929–1930 Große Koalition, 1930–1932 Präsidialregierung	1920–1921 bürgerliche Koalition, 1922–1923 bürgerliche Koalition, 1923 Große Koalition, 1923–1925 bürgerliche Koalition, 1925–1926 Mitte-Rechts-Koalition, 1926–1927 bürgerliche Koalition, 1927–1928 Mitte-Rechts-Koalition, 1928–1930 Große Koalition, 1930–1931 Präsidialregierung	1925–1926 und 1927–1928 Mitte-Rechts-Koalition, 1930–1933 Präsidialregierungen, 1933 NSDAP-DNVP-Koalition

MATERIAL

Zwei politische Karikaturen aus dem Simplicissimus, 1919 **10**

Wer will regieren?

„Ich würde Ihnen gerne helfen, aber ich kann doch meinen Standpunkt nicht verlassen."

1848–1918

„Ich bin der deutsche Geist von November 1918 – und du, Gerippe?" „Ich bin die Idee von 1848 – bitte nehmen Sie Platz, Kollege!"

Wahlplakat des Volksblocks aus Zentrum, SPD, DDP von 1925.

1. Vergleichen und beurteilen Sie die Argumente von Heinze und Cohn (M 7) zur verfassungsrechtlichen Stellung des Reichspräsidenten, des Reichstags und der Reichsregierung. Welches Demokratieverständnis liegt diesen Stellungnahmen zugrunde?
2. Mit welchen Argumenten belegt David (M 8) seine Behauptung, die Weimarer Verfassung sei die demokratischste der Welt? Welche weiteren Bestimmungen könnte er hierzu anführen?
3. Welchen Parteien lassen sich die Personen (M 10, links) zuordnen? Berücksichtigen Sie ihre Einstellung zum Staat, ihr Wählerreservoir und ihre Koalitionsfähigkeit.
4. Erläutern Sie die politische Absicht der Karikatur „1848–1918".
5. Versuchen Sie anhand von M 9 zu bestimmen, welche Parteien die Weimarer Republik am stärksten prägten.

3.4 Werden aus Kriegszielen Friedensziele?

Das Ringen um einen dauerhaften Frieden

Friedensvertrag mit Deutschland

Am 18. Januar 1919, dem Gedenktag der deutschen Kaiserproklamation von 1871, traten die Siegermächte des Ersten Weltkrieges im Spiegelsaal des Schlosses von Versailles zur Friedenskonferenz zusammen. Die Delegationsführer der 27 Staaten hatten sich zwei gewaltige Aufgaben gestellt: Mit der Ausarbeitung von Friedensverträgen sollte ein endgültiger Schlussstrich unter den Weltkrieg gezogen werden. Vordringlich war dabei die friedensvertragliche Regelung mit dem Deutschen Reich, doch hatte sich die Pariser Konferenz nach dem Zerfall des östereich-ungarischen Vielvölkerstaates und des Osmanischen Reiches auch mit der Neuordnung Südosteuropas zu befassen. Zugleich sollten die internationalen Beziehungen für die Zukunft grundsätzlich neu geregelt werden. Unter der Parole „Nie mehr Krieg!" sollte eine dauerhafte Weltfriedensordnung geschaffen werden; ein Völkerbund sollte die Austragung von Konflikten und Interessengegensätzen auf friedliche Weise ermöglichen.

Weltfriedensordnung

14 Punkte Wilsons

Solche hoch gespannten Erwartungen knüpften sich insbesondere an die Person und das Programm des amerikanischen Präsidenten Wilson. In einer Botschaft an den amerikanischen Kongress hatte Wilson am 8. Januar 1918 „Vierzehn Punkte" als Kriegsziele seiner Regierung verkündet, die zugleich die Grundlage für die künftige Friedensordnung bilden sollten. In den folgenden Wochen fasste Wilson die „Vierzehn Punkte" wirkungsvoll in der Formulierung zusammen: „Was wir suchen, ist die Herrschaft des Rechts (Völkerrecht), gegründet auf Zustimmung der Regierten (Demokratie und Selbstbestimmungsrecht der Völker) und gestützt durch die organisierte Meinung der Menschheit (Völkerbund).

Völkerbund

Ziele und Handlungsspielräume

Vor allem in Deutschland war die Auffassung weit verbreitet, dass die USA als Hauptgläubigerland der europäischen Siegerstaaten ihr ganzes politisches und wirtschaftliches Gewicht in die Waagschale werfen und ihre politischen Vorstellungen und Interessen gegenüber den europäischen Alliierten durchsetzen würden. Diese Auffassung ging jedoch von falschen Annahmen aus; sie verkannte die Tatsache, dass die verhandelnden Staatsmänner in hohem Maße auf eine durch die Kriegsereignisse aufgewühlte Öffentlichkeit in ihren Ländern Rücksicht nehmen mussten und so in ihrem Handlungsspielraum erheblich eingeschränkt waren. Ganz besonders traf dies auf die „Großen Drei" zu: auf Präsident Woodrow Wilson, den britischen Premierminister David Lloyd George und den französischen Ministerpräsidenten Georges Clemenceau. Auch untereinander waren sie z. T. grundlegend unterschiedlicher Meinung über die Gestaltung des Friedens.

USA: Völkerrecht und Demokratie

Präsident Wilson machte sich für das Prinzip einer kollektiven und universalen Friedenssicherung mithilfe des Völkerbundes, den „Schlüssel" des ganzen Friedenswerkes, stark; auf regionale, bi- oder multilaterale Bündnisse sollte verzichtet werden. Der Abbau von Handelshindernissen sollte den freien Welthandel und zugleich die internationale Zusammenarbeit fördern. Doch Wilsons Politik fand in den USA nicht die notwendige Zustimmung. Die Mehrheit des Kongresses lehnte schließlich den Eintritt der USA in den Völkerbund ebenso ab wie den Versailler Vertrag, dessen erster Teil die Völkerbundsatzung enthielt. Da auch das Deutsche Reich und das sowjetische Russland dem neu gegründeten Völkerbund nicht angehörten, wurde aus dem Wilson'schen Modell einer Weltfriedensordnung ein Instrument der europäischen Großmächte.

Frankreich: Sicherheit und Hegemonie

Ganz im Gegensatz zu den USA zogen in Frankreich Öffentlichkeit und Regierung an einem Strang, waren die französischen Konferenzteilnehmer entschlossen, das Deutsche Reich möglichst auf Dauer zu schwächen. Im Westen zielten die französischen Absichten in erster Linie auf den Erwerb des Saargebietes und die militärische Kontrolle des Rheins: „Wenn wir nicht am Rhein stehen, ist alles verloren", meinte Marschall Foch, der Oberkommandierende der alliierten Truppen in Frankreich. Die weitestgehende Forderung war die Loslösung der Rheinlande vom Deutschen Reich. In Mittelosteuropa sollte ein Sicherheitsgürtel („cordon sanitaire") sowohl vor Deutschland als auch vor Russland Schutz bieten. Hier war dem wieder entstandenen Polen eine Schlüsselrolle zugedacht. Es konnte dieser Rolle aber nur gerecht werden, wenn es territorial vergrößert, militärisch aufgerüstet und vor allem wirtschaftlich konsolidiert werden würde. Wilson und Lloyd George versuchten mit Kompromissvorschlägen Frankreich insbesondere von Bestimmungen abzubringen, die eindeutig dem Selbstbestimmungsrecht der Völker widersprochen hätten; so z. B. in der Frage der Abtretung von mehrheitlich mit Deutschen besiedelten Gebieten. Nur in einem wesentlichen Punkt schwenkte Wilson auf die französische Position ein: Er widersetzte sich im Interesse eines europäischen Mächtegleichgewichts entschieden dem Anschluss Österreichs an das Deutsche Reich.

cordon sanitaire

Großbritannien: europäisches Gleichgewicht

Die britische Verhandlungsdelegation setzte sich im Gegensatz zu Frankreich für maßvolle Gebietsabtretungen Deutschlands ein. Sie ließ sich dabei von folgenden Gedanken leiten: Ein übermächtiges Frankreich würde die traditionelle britische Gleichgewichtspolitik auf dem europäischen Kontinent („balance of power") gefährden. Auch wollte Großbritannien das Deutsche Reich nicht vollständig in die Isolation treiben. Denn Lloyd George befürchtete, dass die bolschewistische Revolution in Russland sonst auf Deutschland übergreifen könnte – eine Gefährdung auch Großbritanniens wäre dann nicht mehr ausgeschlossen. Andererseits nahm Lloyd George in der Frage der Reparationen unter dem Druck der britischen Öffentlichkeit eine unnachgiebige Haltung ein. Er stieß dabei auf den Widerstand Wilsons, der die Zahlungsfähigkeit Deutschlands sicherstellen wollte. Denn nur wenn die deutschen Entschädigungszahlungen an die europäischen Siegermächte gewährleistet waren, konnten die Amerikaner ihrerseits die Rückzahlung der alliierten Kriegsschulden erwarten. England und Frankreich drückten jedoch gegen Wilson eine Regelung durch, die auf die vollständige Rückerstattung aller Kriegskosten hinauslief: Immerhin gelang es den Amerikanern, die endgültige Höhe und den Zahlungsmodus zunächst offen zu halten.

Französische Zeitschrift, 25. Mai 1919.

MATERIAL

11 Aus der Besprechung der „Großen Drei" in Versailles am 27. und 28. März 1919

Der französische Chefdolmetscher Mantoux machte sich während der Besprechung Notizen, die nach dem Zweiten Weltkrieg veröffentlicht wurden.

Wilson (an Clemenceau gewandt):
Ich hoffe, Sie sind mit Herrn Lloyd George grundsätzlich darin einig, dass es notwendig ist, sich Deutschland gegenüber maßvoll zu verhalten. Wir wollen es nicht vernichten und wir könnten es auch nicht. Es wäre unser größter Fehler, ihm triftige Gründe zu geben, eines Tages Rache nehmen zu wollen. [...] Wir müssen es vermeiden, unseren Feinden auch nur den Anschein der Ungerechtigkeit zu geben. Ich fürchte für die Zukunft nicht die Kriege, die durch geheime Verschwörungen der Regierungen vorbereitet werden, sondern vielmehr die Konflikte, die aus der Unzufriedenheit der breiten Masse erwachsen. [...]

Clemenceau:
Ich komme zu Präsident Wilsons Vorschlag, den ich anerkenne, den ich aber nur mit einem gewissen Vorbehalt auf die Deutschen anwenden möchte. Man darf den Deutschen, sagt Präsident Wilson, nicht das Gefühl geben, ungerecht behandelt zu werden. Einverstanden! Aber das, was wir hier in diesem Zimmer für gerecht erachten, wird nicht notwendigerweise von den Deutschen als gerecht hingenommen werden.
Man ist erstaunt, dass Frankreich sich der sofortigen Zulassung der Deutschen in den Völkerbund widersetzt. Gestern erst bekam ich einen neuen Aktenstoß über die Grausamkeiten, die die Deutschen in Frankreich begangen haben. [...] Die Deutschen sind ein Volk mit einer Sklavenseele, demgegenüber die Gewalt als Argument dienen muss. [...] Ich glaube, wir können es fertig bringen, die Welt vor einem deutschen Angriff für lange Zeit zu schützen, aber der deutsche Geist wird sich nicht so schnell ändern. Sehen Sie doch die deutschen Sozialdemokraten an, die sich immer als Brüder unserer und Ihrer Sozialisten bezeichneten: Wir sahen sie im Dienst der kaiserlichen Regierung – und heute dienen sie Herrn Scheidemann, der die alte Beamtenschaft des Kaiserreichs um sich hat.
Beachten sie, dass in Deutschland niemand zwischen gerechten und ungerechten Forderungen der Alliierten einen Unterschied macht. Es gibt keinen heftigeren Widerstand als den gegen die Zuteilung Danzigs an Polen. Um jedoch das historische Verbrechen, das am polnischen Volk begangen wurde, wieder gutzumachen, sind wir verpflichtet, diesem Volk, wenn wir es wieder zum Leben erwecken, auch die Mittel zu seiner Existenz zu geben.
Ein Beispiel quält mich: Österreich. Man spricht davon, wir sollten alle abrüsten. Ich möchte es gern. Glauben Sie mir, der Eroberungsgeist, der einst dem französischen Volke eigen war, ist für immer tot. Aber wenn wir unsere Rüstungen verringern, und wenn Österreich im gleichen Augenblick seine sieben Millionen Einwohner zur Bevölkerung Deutschlands hinzugibt, dann wächst die Macht unserer deutschen Nachbarn in einer für uns bedrohlichen Weise. Ist es ein Verstoß gegen das Völkerrecht, wenn wir den Österreichern sagen: „Wir fordern von Euch nur, dass Ihr unabhängig bleibt. Macht mit dieser Unabhängigkeit, was Ihr wollt, doch Ihr dürft nicht in einen deutschen Block eintreten und Euch nicht an einem deutschen Racheplan beteiligen."?
Nach den größten Anstrengungen und den gewaltigsten Blutopfern, die die Geschichte je gesehen hat, dürfen wir das Ergebnis unseres Sieges nicht infrage stellen. Der Völkerbund wird uns als ein Mittel angeboten, uns die Sicherheit zu geben, die wir brauchen: Ich ergreife dieses Mittel. Aber wenn der Völkerbund seine Beschlüsse nicht mit militärischer Gewalt durchsetzen kann, dann dürfte es nötig sein, diese Macht anderswo zu suchen. Ich möchte bemerken, dass diese Garantie zur See vorhanden ist: Deutschland hat keine Flotte mehr. Wir brauchen die gleiche Sicherheit zu Lande. Ich rechte nicht über das „Wie". Verstehen Sie bitte meine Haltung, wie ich mich bemühe, die Ihrige zu verstehen. Amerika ist fern, geschützt durch den Ozean. England konnte nicht einmal von Napoleon getroffen werden. Sie sind alle beide geschützt: Wir sind es nicht.
Ein letztes Wort: Wir haben guten Grund, den Bolschewismus beim Feinde zu fürchten und jede Förderung seiner Ausbreitung zu vermeiden. Aber

man darf ihn auch nicht bei uns verbreiten. Es gibt ein Gefühl für Gerechtigkeit unter Alliierten, dem man Genüge tun muss. Würde dieses Gefühl in Frankreich oder England schwer verletzt, dann könnte daraus eine große Gefahr entstehen. Es ist gut, den Besiegten zu schonen, aber man darf auch nicht die Interessen der Sieger aus dem Auge verlieren.

Lloyd George:
Was die Friedensbedingungen anbetrifft, so könnte in England nicht der Vorwurf, dem Feinde zu wenig abgefordert zu haben, ein Aufflammen des Bolschewismus hervorrufen, sondern vielmehr der, von ihm zu viel verlangt zu haben. Der englische Arbeiter will das deutsche Volk nicht durch maßlose Forderungen erdrücken. [...] Im Übrigen hat sich in dieser Hinsicht eine deutliche Meinungsänderung vollzogen, seitdem Deutschland auf sein altes politisches System verzichtet hat.
Ich gestehe meine schweren Bedenken in der Danziger Frage. Wir sind dabei, an Polen zwei Millionen Deutsche zu geben. Die Polen werden schlecht regieren und lange Zeit brauchen, um ihr Land nach westlicher Art verwalten zu lernen. Es wird Unruhen geben. Die Deutschen in Polen werden geschlagen werden, falls sie sich erheben. Werden Sie dann, wenn Deutschland eingreifen will, Truppen schicken, um die Deutschen unter polnischem Joch zu halten? Freilich – die Polen werden sagen: Wozu habt Ihr uns diese Gebiete gegeben, wenn Ihr uns nicht helft, sie zu behalten? Ich bin fest davon überzeugt, dass die öffentliche Meinung, weder in Amerika noch in England, uns unterstützen würde, wenn wir unter derartigen Umständen intervenieren.
Jedenfalls sind wir dabei, Deutschland einen sehr harten Frieden aufzuerlegen: Es wird keine Kolonien mehr haben, keine Flotte; es wird 6 oder 7 Millionen Einwohner verlieren, einen großen Teil seiner Kohle. Militärisch führen wir es zurück auf den Stand Griechenlands und zur See auf den von Argentinien. Und über alle diese Punkte sind wir uns vollkommen einig. Darüber hinaus wird es nach den Schätzungen 5 oder 10 Millionen Pfund Sterling bezahlen. Wenn wir unsere Bedingungen so niedrig wie nur möglich halten – sie werden auf alle Fälle so sein, wie sie noch niemals eine Kulturnation annehmen musste.

Lloyd George, Clemenceau und Wilson (von links nach rechts) in Versailles 1919.

Clemenceau:
Die Prüfungen, die wir zu bestehen hatten, haben in unserem Land ein tief empfundenes Bedürfnis nach Wiedergutmachung enstehen lassen. [...] Eine großzügige Geste einem Volk gegenüber, das so viel gelitten hat, wäre nicht umsonst. Es ist ein Irrtum zu glauben, die Welt ließe sich nach abstrakten Prinzipien leiten.

Wilson:
In der ganzen Welt lebt heute der Wunsch nach Gerechtigkeit. [...] Es ist mein Bemühen, von dieser großen Zeitströmung zur Gerechtigkeit hin nicht abzuweichen. Ich will nichts tun, was irgendjemandem erlauben könnte, von uns zu sagen: „Sie bekennen sich zu den großen Prinzipien, aber sie haben überall Ausnahmen von der Regel zugelassen, wo immer das Gefühl ihrer Völker oder ihr Nationalinteresse es ihnen angezeigt erscheinen ließ." Ich bitte Sie um Verzeihung, wenn ich das ausspreche. Es ist mir schmerzlich, mich ihren Wünschen widersetzen zu müssen: Ich kann nicht anders handeln, ohne meine Pflicht zu verletzen. [...]

Aus: G. Schönbrunn (Hrsg.), Geschichte in Quellen, Weltkriege und Revolutionen 1914–1945, München 1975, S. 119 ff.

MATERIAL
12 Aus den Bestimmungen des Versailler Vertrages

Gebietsabtretungen
– Elsass-Lothringen an Frankreich (ohne Abstimmung)
– Nordschleswig an Dänemark (mit Abstimmung)
– Eupen und Malmedy an Belgien (mit – umstrittener – Abstimmung)
– Posen und Westpreußen, Teile von Ostpreußen und Hinterpommern als „polnischer Korridor" an Polen (ohne Abstimmung)
– Ostoberschlesien an Polen (mit Abstimmung)
– Saargebiet für 15 Jahre unter Völkerbundkontrolle, Ausbeutung der Kohlengruben durch Frankreich (danach Abstimmung)
– Danzig „Freie Stadt" unter Kontrolle des Völkerbundes und mit Sonderrechten für Polen
– Hultschiner Ländchen an Tschechoslowakei (ohne Abstimmung)
– Sämtliche Kolonien als Mandatsgebiete verschiedener alliierter Staaten
– Verbot der Vereinigung mit Österreich entgegen dem Beschluss der Nationalversammlung der Republik Deutsch-Österreich.

Abrüstung
– Beschränkung des Heeres auf 100 000 Mann lang dienender Berufssoldaten; Verbot der allgemeinen Wehrpflicht; Verbot schwerer Waffen, Panzer, Flugzeuge, U-Boote, Schlachtschiffe
– Überwachung durch eine alliierte Kommission
– Besetzung des linken Rheinufers und rechtsrheinischer Brückenköpfe auf 15 Jahre; Verbot der Truppenstationierung und des Unterhalts von Verteidigungsanlagen in einer Zone von 50 km rechts des Rheins.

Reparationen
– Neben einer noch festzusetzenden Zahlung in Goldmark Sachlieferungen von Kohle, Verkehrs- und Transportmitteln, Maschinen, Farbstoffen und Chemikalien, Vieh, alle Handelsschiffe über 1600 Tonnen.

Schuldfrage
– Alleinschuld Deutschlands am Ausbruch des Krieges (Art. 231).

Die Wiege ist gut gewählt für ein tot geborenes Kind. Karikatur auf die Gründung des Völkerbundes aus dem Simplicissimus, 1919. (Vorne: Präsident Wilson, im Hintergrund: Lloyd George und Clemenceau)

1. Versuchen Sie, die Diskussion der drei Staatsmänner (M 11) in einem Rollenspiel wiederzugeben. Berücksichtigen Sie dabei die folgenden Verhandlungspunkte: Behandlung des besiegten Deutschland, zukünftige Sicherung des Friedens, Abwehr des Bolschewismus. Überlegen Sie, in welchen Punkten die Verhandlungsführer kompromissfähig sein konnten und in welchen nicht.
2. Charakterisieren und beurteilen Sie die friedenspolitischen Vorstellungen der drei Staatsmänner.
3. Vergleichen Sie die Ergebnisse des Versailler Vertrages (→ M 12 und Karte S. 259) mit den Ausgangspositionen der drei alliierten Verhandlungsführer.
4. Erläutern Sie die Aussage der Karikatur links.

3.5 Der Versailler Vertrag aus deutscher Sicht: anerkennen oder ablehnen?

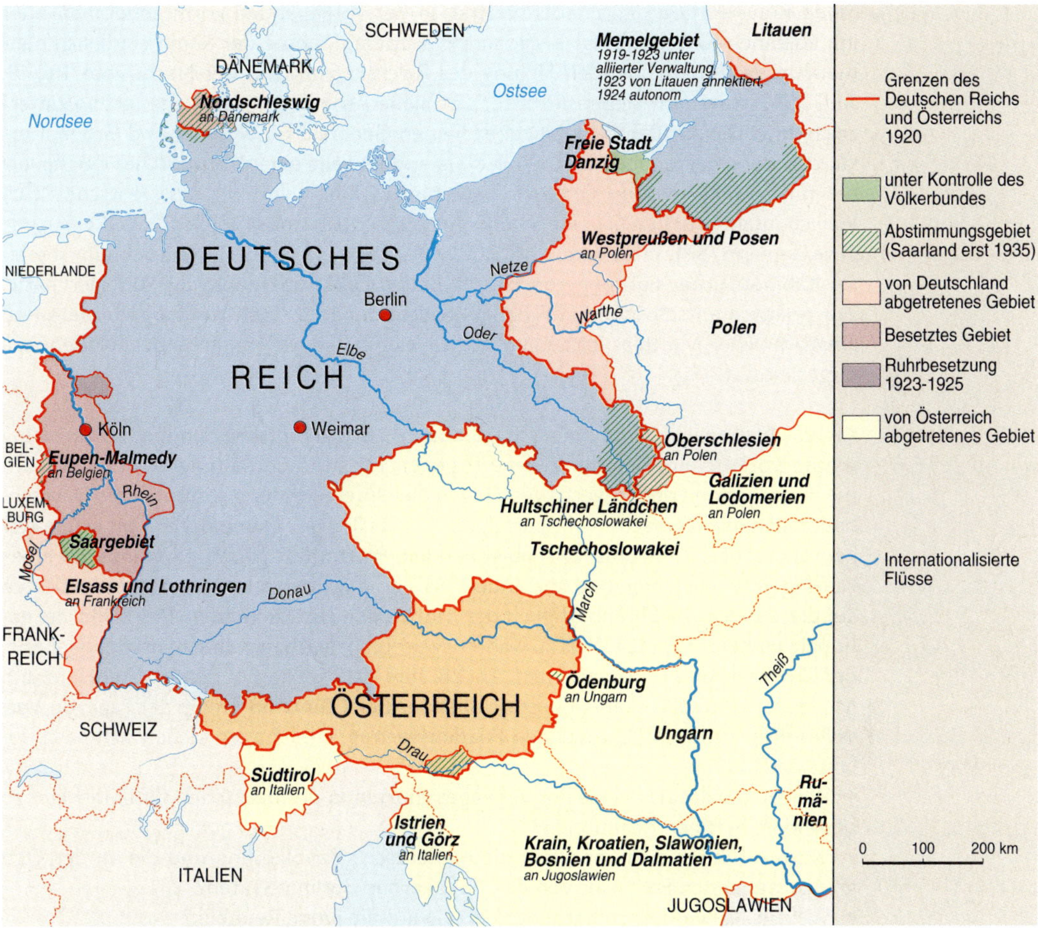

Das Deutsche Reich nach dem Frieden von Versailles.

Traumland der Waffenstillstandsperiode

Groß war der Schock für die im „Traumland der Waffenstillstandsperiode“ sich wiegende deutsche Öffentlichkeit, als am 7. Mai 1919 in Versailles dem deutschen Außenminister Graf Brockdorff-Rantzau der vollständige Entwurf des Friedensvertrages überreicht wurde. Alle Parteien lehnten diesen Vertrag ab. Ministerpräsident Scheidemann (SPD), der sich als Reichstagsabgeordneter während des Krieges für einen Frieden der Verständigung und ohne Annexionen ausgesprochen hatte, rief vor dem Friedensausschuss der Nationalversammlung am 12. Mai 1919 unter frenetischem Beifall der Mitglieder empört aus: „Welche Hand müsste nicht verdorren, die sich und uns in diese Fesseln legt?“

Kampf im Kabinett

Kein deutscher Politiker war insbesondere bereit, die deutsche Alleinschuld am Weltkrieg durch Unterschrift unter den Versailler Vertrag vor aller Welt anzuerkennen. Da Forderungen nach Änderung des Artikels 231 aber kategorisch und ultimativ abgelehnt wurden, ja sogar eine militärische Intervention der Alliierten im Falle der Nichtunterzeichnung drohte, spitzte sich die Diskussion im Reichskabinett und in der Nationalversammlung auf die Frage zu: Soll Deutschland unter der gegebenen machtpolitischen Konstellation den Friedensvertrag in der vorliegenden Form annehmen oder ihn ablehnen und damit das Risiko einer Wiederaufnahme der Kämpfe auf sich nehmen? In der entscheidenden Sitzung des Reichskabinetts in der Nacht vom 18./19. Juni 1919 stimmten sieben Minister für, sieben Minister gegen die Vertragsunterzeichnung. Die zur Beratung hinzugezogenen Generäle Hindenburg und Groener erklärten jedoch einen militärischen Widerstand im Falle eines Vormarsches der Alliierten für aussichtslos und Groener fügte hinzu: „Nur wenn wir das Deutsche Reich leidlich intakt erhalten, ist eine Wiedergeburt Deutschlands möglich." Die Regierung

Regierungswechsel

Scheidemann (SPD) trat darauf am 20. Juni zurück; ein neues, unterzeichnungsbereites Kabinett unter Führung von Gustav Bauer (SPD) übernahm die Amtsgeschäfte. Zur politisch entscheidenden Figur avancierte dabei der Zentrumsabgeordnete und Finanzminister Matthias Erzberger, der für eine bedingte Annahme des Friedensvertrages eintrat.

Kampf in der Nationalversammlung

Als die Nationalversammlung am 23. Juni 1919 zur entscheidenden Abstimmung schritt, votierte eine Mehrheit von 237 gegen 138 bei 5 Enthaltungen für die Annahme des alliierten Friedensvertrages. Gegen die Unterzeichnung stimmten die Deutschnationalen, die Deutsche Volkspartei, der größte Teil der Demokraten und einige Abgeordnete des Zentrums. Die ablehnenden Fraktionen gaben allerdings Ehrenerklärungen für diejenigen ab, die anders als sie entschieden hatten und respektierten auf diese Weise die Ehrenhaftigkeit der Motive der Zustimmenden. Der Wille, die nationale Einheit um jeden Preis zu wahren, war für viele Abgeordnete ausschlaggebend, der Unterzeichnung zuzustimmen. Am 28. Juni 1919 setzten Außenminister Hermann Müller (SPD) und Verkehrsminister Johannes Bell (Zentrum) im Spiegelsaal von Versailles ihre Unterschrift unter den Friedensvertrag. Drei Fragen stellen sich nach der Unterzeichnung:

- Welche Inhalte des Versailler Vertrages führten in der deutschen Öffentlichkeit zu besonders heftigen Reaktionen?
- Warum fühlten sich vor allem die ostdeutsche Bevölkerung und die an der Ostgrenze stehenden Freikorps von den Politikern in Berlin verraten?
- Welche Auswirkungen hatte der Vertrag auf die junge Republik?

Kriegsschuldartikel

Der „Kriegsschuldartikel" 231 des Friedensvertrages, der in der nationalistischen Propaganda als „Schmachparagraph" bezeichnet wurde, löste in Deutschland die größte Empörung aus. Er stand an der Spitze der Wiedergutmachungsbestimmungen und hatte den Zweck, Deutschland als „Urheber" des Weltkrieges für alle Schäden und Verluste allein verantwortlich zu machen. Die Frage nach den Anteilen an der Schuld am Ausbruch des Ersten Weltkrieges war in der Vergangenheit umstritten. Lange wurde von Historikern allgemein die Auffassung vertreten, die europäischen Mächte seien in den Ersten Weltkrieg „hineingeschlittert". Die heutige Forschung stimmt weitgehend der Bewertung des Historikers Fritz Fischer zu: Er wies dem Deutschen Reich den „entscheidenden Teil der historischen Verantwortung" für den Kriegsausbruch zu. Er sprach jedoch nicht von einer deutschen Alleinschuld wie Artikel 231.

Reparationen

Während die „Schuldfrage" vor allem in den Anfangsjahren der Weimarer Republik die nationalen Leidenschaften aufwühlte, war die Reparationsfrage durchgehend eines der beherrschenden Themen der Weimarer Republik. In der häufig mit verblendetem Hass geführten Auseinandersetzung um die Reparationen können zwei sich überschneidende Argumentationen unterschieden werden: Die gemäßigten Parteien und Gruppen waren grundsätzlich zur Leistung von Reparationen an die Sieger bereit; ihnen ging es vor allem darum, die tatsächlichen wirtschaftlichen Belastungen möglichst gering und erträglich zu halten. Sie kämpften um Höhe, Dauer und Zahlungsmodus der Reparationen. Die radikalen Gruppierungen dagegen lehnten die Entschädigungen grundsätzlich ab. Sie benutzten die Reparationsfrage, um an nationale Instinkte zu appellieren und um Stimmen zu gewinnen. Im innenpolitischen Meinungsstreit sollte die Reparationsfrage häufig von wirtschafts- oder finanzpolitischen Fehlentscheidungen ablenken. In Wirklichkeit waren die tatsächlich erbrachten Reparationsleistungen nämlich keine existenzbedrohliche wirtschaftliche Belastung für die Republik. Einen Höhepunkt erreichten die innenpolitischen Auseinandersetzungen um die Reparationsfragen im Jahr 1929 mit der Kampagne der nationalistischen Rechten gegen den „Young-Plan". Die Angriffe waren auch deshalb so heftig, weil die Reparationen generell einen Eingriff in die deutsche Souveränität bedeuteten.

Reparationsfrage als Agitationspotential

Wehrfrage

Ebenso schränkte die Reduzierung der Reichswehr auf 100 000 Mann die deutsche Souveränität ein. Die Chance, die „Wehrfrage" durch eine allgemeine Abrüstung im europäischen Rahmen zu lösen, scheiterte vor allem am französischen Widerstand. Aber auch die Reichswehr widersetzte sich entschieden solchen Plänen; sie forderte vielmehr eine möglichst rasche Wiedergewinnung der „Wehrhoheit" durch Wiederaufrüstung und wurde darin von der nationalen Rechten kräftig unterstützt.

Territoriale Probleme

Friedensbedrohende Gefahren bargen – zumindest auf lange Sicht – die territorialen Regelungen des Vertrages. Dies galt beispielsweise in der Frage des polnischen Korridors oder des völkerrechtlichen Status der Freien Stadt Danzig, die wesentliche Souveränitätsrechte an Polen abtreten musste und unter Kontrolle des Völkerbundes stand. Ein besonderes Problem war Oberschlesien. Dort votierten in einer Volksabstimmung, die gemäß dem Versailler Vertrag 1921 stattfand, 60 % der Bevölkerung für den Verbleib beim Deutschen Reich. Dennoch entschieden die Alliierten, dass das oberschlesische Industriegebiet – rund 56 % der Bevölkerung hatten in diesem Teilgebiet Oberschlesiens für Polen gestimmt – fast ganz an Polen fallen, während der größere, aber industriell weniger wertvolle Teil bei Deutschland bleiben sollte.

Belastung

Eine schwere Hypothek lastete so von Anfang an auf der Weimarer Republik. Der Versailler Vertrag erschwerte den verständigungswilligen Politikern eine Versöhnungspolitik nach innen und nach außen. Diese Politiker waren ungewollt in eine Situation gebracht worden, in der sie für die Irrtümer und Fehler des kaiserlichen Deutschlands geradezustehen hatten. Die junge Demokratie verlor bei der eigenen Bevölkerung an Ansehen. Die demokratischen Siegerstaaten leisteten somit unbeabsichtigt der Verbitterung und der Ablehnung der deutschen Bevölkerung gegenüber dem demokratischen Staat Vorschub und verstärkten das antiliberale deutsche Sonderbewusstsein. Ein Urteil über das Verhalten der Siegermächte sollte jedoch auch berücksichtigen, wie die Deutschen sich im umgekehrten Fall als Sieger verhalten hätten. Das Beispiel des Friedensvertrages von Brest-Litowsk, in dem das Deutsche Reich Sowjetrussland seine Bedingungen aufzwang, gibt eine Vorstellung davon.

MATERIAL

13 Friedrich Ebert in der Nationalversammlung am 6. Februar 1919: Deutsche Erwartungen an den Friedensvertrag,

Friedrich Ebert, der Vorsitzende des Rats der Volksbeauftragten, eröffnete die Nationalversammlung in Weimar am 6. Februar 1919 mit einer Rede, die einen Eindruck von der politischen Situation im Deutschen Reich zwischen der Unterzeichnung des Waffenstillstands (11. 11. 1918) und des Friedensvertrages (28.6. 1919) vermittelt. Wenige Tage später wurde er von der Nationalversammlung zum ersten Reichspräsidenten gewählt:

Wir haben den Krieg verloren. Diese Tatsache ist keine Folge der Revolution. (*Sehr wahr! links. – Lebhafter Widerspruch rechts.*) [...] Die Revolution lehnt die Verantwortung ab für das Elend, in das die verfehlte Politik der alten Gewalten und der leichtfertige Übermut der Militaristen das deutsche Volk gestürzt haben. (*Sehr wahr! links*) Sie ist auch nicht verantwortlich für unsere schwere Lebensmittelnot. (*Widerspruch rechts.*)

[...] Niederlage und Lebensmittelnot haben uns den gegnerischen Mächten ausgeliefert. Aber nicht nur uns, auch unsere Gegner hat der Krieg ungeheuer erschöpft. Aus dem Gefühl der Erschöpfung bei unseren Gegnern entspringt ihr Bestreben, sich schadlos zu halten am deutschen Volke, wird der Ausbeutungsgedanke in das Friedenswerk hineingetragen.

Diese Rache- und Vergewaltigungspläne forden den schärfsten Protest heraus. (*Bravo!*) Das deutsche Volk kann nicht auf 20, 40 oder 60 Jahre zum Lohnsklaven anderer Länder gemacht werden. Das furchtbare Unglück des Krieges für ganz Europa kann nur wiedergutgemacht werden durch Handinhandgehen der Völker.

Angesichts des Massenleids auf allen Seiten erscheint die Schuld beinahe klein. Gleichwohl ist das deutsche Volk entschlossen, selbst alle zur Verantwortung zu ziehen, denen ein absichtliches Verschulden oder eine absichtliche Niedertracht nachgewiesen werden kann. Aber man soll nicht diejenigen strafen, die selbst Opfer waren. Opfer des Krieges, Opfer unserer früheren Unfreiheit.

Weshalb haben nach ihren eigenen Zeugnissen unsere Gegner gekämpft? Um den Kaiserismus zu vernichten. Es gibt ihn nicht mehr, er ist für immer erledigt. Die Tatsache dieser Nationalversammlung selbst zeigt es. Sie haben gekämpft, um den Militarismus zu zerstören. Er ist in Trümmer gestürzt und wird nicht wieder erstehen. (*Zurufe von den Unabhängigen Sozialdemokraten.*) Für Gerechtigkeit, Freiheit und einen Dauerfrieden haben unsere Gegner nach ihren feierlichen Proklamationen kämpfen wollen. Die Waffenstillstandsbedingungen aber sind bisher unerhört hart und schonungslos durchgeführt worden. Aus diesen Akten alter Gewaltpolitik spricht kein Geist der Versöhnlichkeit. [...]

Wir warnen die Gegner, uns nicht zum Äußersten zu treiben. (*Sehr richtig!*) [...] Im Vertrauen auf die Grundsätze des Präsidenten Wilson hat Deutschland die Waffen niedergelegt. Jetzt gebe man uns den Wilson-Frieden, auf den wir Anspruch haben. (*Bravo!*) Unsere freie Volksrepublik, das ganze deutsche Volk erstrebt nichts anderes, als gleichberechtigt in den Bund der Völker einzutreten und sich dort durch Fleiß und Tüchtigkeit eine geachtete Stellung zu erwerben. (*Bravo!*)

Aus: Funkkolleg Geschichte, Studienbegleitbrief 10, Weinheim 1980, S. 67 ff.

1. Vergleichen Sie die politischen Vorstellungen Friedrich Eberts mit denjenigen der „Großen Drei" in Paris unter folgenden Gesichtspunkten: Kriegsschuld, Prinzipien der Friedensgestaltung.
2. „Wir haben einen Anspruch auf den Wilson-Frieden." Erörtern Sie, ob diese These Eberts berechtigt und durchsetzbar war.

„Auch Sie haben noch ein Selbstbestimmungsrecht: Wünschen Sie, dass Ihnen die Taschen vor oder nach dem Tode ausgeleert werden?" Karikatur aus dem Simplicissimus, 1919.

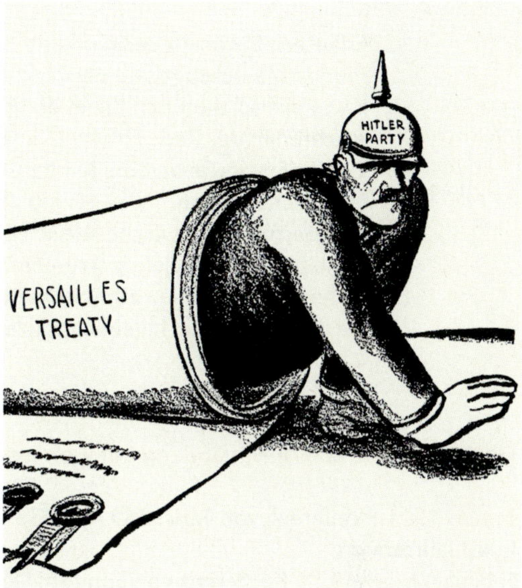

Karikatur des amerikanischen Zeichners Fitzpatrick zur Reichstagswahl 1930. In dieser Wahl hatte sich die Zahl der für die NSDAP abgegebenen Stimmen beinahe verzehnfacht.

MATERIAL

Hitler in seiner Verteidigungsrede vor dem Volksgericht in München 1924 **14**

Meine hohen Herren! [...] Wie war die Lage in Deutschland im Jahre 1918? Deutschland war damals nicht so elend und so korrupt, dass die Revolution als Naturnotwendigkeit empfunden werden musste. [...] 26 Staaten haben sich bemüht, dieses Reich zu Boden zu bringen, und in vierjährigem Ringen ist das nicht gelungen, ein Beweis wie gewaltig, stark und kraftvoll dieses Reich war. Es war keine Veranlassung vorhanden zur Revolution. Wenn wir fragen: Ist die Revolution gelungen?, so müssen wir erst prüfen, was die Revolution gewollt hat. Was hat die Revolution unserem deutschen Volke nicht alles versprochen, ein Leben in Schönheit und Würde und Überfluss und weniger Arbeit als früher. Man predigte den Kampf gegen die überstaatliche Macht des internationalen Kapitals, und was ist davon gelungen? [...]

Wirtschaftlich ist diese Revolution zu einem ungeheueren Unglück geworden. Die größten Ernährungsgebiete unseres Volkes gingen verloren, und in hochverräterischer Weise hat man Gebiete, die für die Ernährung der Nation Voraussetzung sind, veräußert.

Und was hat uns die Revolution politisch alles prophezeit? Man hörte vom Selbstbestimmungsrecht der Völker, vom Völkerbund, von der Selbstregierung des Volkes. Und was kam? Ein Weltfriede, aber ein Weltfriede auf unserem Leichenfeld. Die Abrüstung, aber nur die Abrüstung von Deutschland zu seiner eigenen Ausplünderung. Das Selbstbestimmungsrecht, ja, aber das Selbstbestimmungsrecht für jeden Negerstamm, und Deutschland zählt nicht als Negerstamm. [...]

Das deutsche Volk hat in Europa vielleicht die bitterste Lage aller Nationen. Militärisch, politisch und geografisch ist es umgeben von lauter Rivalen und kann sich nur halten, wenn es rücksichtslos Machtpolitik in den Vordergrund stellt. [...]

Aus: Der Hitler-Prozess vor dem Volksgericht in München. Zweiter Teil, München 1924, S. 85 ff.

1. Erläutern Sie die in der Karikatur S. 263 links dargestellte Szene. Welche nationale Stimmungslage bezeugt und verstärkt die Karikatur?
2. Inwiefern spiegelt sich die in der Karikatur S. 263 rechts enthaltene Kritik an den Siegermächten in der Rede Hitlers (M 14) wider?
3. Zeigen Sie, inwieweit die Karikatur S. 263 rechts auch als Kritik an den Deutschen aufgefasst werden kann.
4. Erläutern Sie, auf welche Weise Hitler die Revolution von 1918/19 innenpolitisch für seine politischen Ziele instrumentalisiert.
5. Nehmen Sie Stellung zum Schuldvorwurf Hitlers an „die Revolution". Berücksichtigen Sie dabei auch die Tagebuchnotizen von Thaers (S. 237, M 25).

Ein Ausblick auf die Auseinandersetzungen um die Reparationskosten

Januar 1921: Konferenz von Paris: 269 Mrd. Goldmark Entschädigungssumme an die Alliierten, zahlbar in 42 Jahresraten.
Februar/März 1921: Konferenz von London: Deutsche Proteste gegen die Beschlüsse der Pariser Konferenz werden mit Sanktionen beantwortet; Besetzung von Düsseldorf, Duisburg, Mühlheim und Oberhausen durch französische Truppen; Zolleinnahmen aus diesem Gebiet gehen direkt an die Reparationskommission.
Mai 1921: „Londoner Ultimatum": Reduzierung auf 132 Mrd. Goldmark; 1 Goldmilliarde innerhalb von 25 Tagen; schnelle Entwaffnung; Androhung der Besetzung des gesamten Ruhrgebiets. Reichskanzler Joseph Wirth (Zentrum) nimmt das Ultimatum an. Trotzdem keine Aufhebung der Sanktionen vom März 1921.
Januar 1922: „Erfüllungspolitik": Reichskanzler Wirth und Außenminister Rathenau (DDP) wollen die Unerfüllbarkeit der Reparationsforderungen beweisen, indem sie versuchen, diese nach besten Kräften zu erfüllen.
Juli 1922: Deutsche Bitte um Barzahlungsaufschub bis 1924. Maxime des französischen Ministerpräsidenten und Außenministers Poincaré: „Keine Moratorien ohne produktive Pfänder."
Januar 1923: Deutscher Rückstand bei Kohle- und Holzlieferungen führt zur Besetzung des „produktiven Pfandes" Ruhrgebiet durch französische und belgische Truppen gegen den Widerstand Englands; Beginn des „Ruhrkampfes"; Aufruf der Reichsregierung zum „passiven Widerstand"; Generalstreik; Übergreifen der wirtschaftlichen Lähmung auf das Reich; Ausbreitung von Unruhen.
September 1923: Abbruch des Ruhrkampfes durch den neuen Reichskanzler Stresemann.
September 1924: „Dawes-Plan": „Business, not politics", Wiedergesundung der deutschen Wirtschaft, vordringlich, Ablehnung der Ruhrbesetzung. Keine endgültige Gesamtsumme; Reduzierung der Jahresraten auf 1–1,75 Mrd. Mark bis 1928, danach 2,5 Mrd. Mark. Zusätzliche Erleichterung durch einen 800-Millionen-Kredit für die Zahlung der ersten Jahresrate. Allerdings Eingriffe in die deutsche Souveränität durch automatische Abführung bestimmter Zölle und Steuern, durch Auferlegung einer Schuld von 16 Mrd. Mark zu Lasten der Reichsbahn und der Industrie sowie durch Verpflichtung zu ausgeglichenem Haushalt. Feste Wechselkurse zwischen Mark und Dollar.
Juli/August 1925: Endgültige Räumung des Ruhrgebietes.
Januar 1930: „Young-Plan": Festlegung der deutschen Reparationsschuld auf 65 Mrd. Mark, zahlbar in 59 Jahresraten von 0,7 bis 2,1 Mrd. Mark (→ S. 278 f.).
Januar 1931: „Hoover-Moratorium": Aussetzung der Reparationsschuld für ein Jahr.
Juni/Juli 1932: Konferenz von Lausanne: Ablösung der deutschen Reparationsschuld durch einmalige Abfindungssumme von 3 Mrd. Mark. Diese werden nicht gezahlt.

4. Selbstbehauptung der Republik in der Krise

4.1 Die Hochinflation 1923 – eine Vertrauenskrise der Demokratie?

Staatsverschuldung und Inflation als Folgen des Krieges

„Der Krieg war der Verwüster der Finanzen. [...] Eine wesentliche Voraussetzung für den Wiederaufbau des staatlichen Lebens sind geordnete Finanzen. Darum ist die erste Arbeit am Wiederaufbau eine grundlegende Finanzreform." Mit diesen Worten eröffnete Reichsfinanzminister Matthias Erzberger (Zentrum) am 8. Juli 1919 die Beratungen der Nationalversammlung über seine Finanzreformpläne. Die kaiserliche Regierung hatte der Republik als außerordentlich schwere Last eine von 5 Milliarden auf 150 Milliarden Mark angewachsene Staatsschuld hinterlassen.; außerdem besaß die Mark 1919 nur noch die Hälfte ihrer Kaufkraft von 1913. Staatsverschuldung und Geldwertschwund waren eine Folge der Kriegsfinanzierung. Die Kriegskosten waren vor allem mittels Kreditaufnahmen am Kapitalmarkt (Kriegsanleihen) bezahlt worden. Nachdem die Kriegsanleihen als Finanzierungsquelle nicht mehr ausgereicht hatten, war mithilfe der Notenpresse bei der Reichsbank zusätzlich Geld geschöpft worden. Diese Notenbankkredite an das Reich hatten zu einer Vermehrung der umlaufenden Geldmenge und – zumal bei einem rückläufigen Konsumgüterangebot – zur Inflation geführt.

Erzberger'sche Finanzreform

Die „Erzberger'sche Finanzreform", neben der Annahme der Reichsverfassung und neben der Ratifikation des Versailler Friedensvertrages die dritte Grundentscheidung der Nationalversammlung, sah unter anderem folgende Maßnahmen vor:

- Einführung eines progressiven Einkommensteuertarifs mit einem Spitzensteuersatz von 60 Prozent; demgegenüber hatte z. B. der Höchstsatz der früheren preußischen Einkommensteuer nur vier Prozent betragen.
- Einführung von Vermögenssteuern, u. a. einer einmaligen Abgabe, mit der die während des Krieges beträchtlich angewachsenen Privatvermögen belastet werden sollten; die progressiven Steuersätze der einmaligen Abgaben stiegen von 10 auf 65 Prozent bei Vermögen über zwei Millionen Mark.
- Ausweitung der indirekten Steuern, z. B. der Umsatzsteuern.

Zentrum und DDP hatten die hohen Steuersätze auf die großen Einkommen und Vermögen ausdrücklich als Ersatz für die von ihnen abgelehnte Sozialisierung bezeichnet. Vor allem aber ging es um die Bewältigung der auf den Reichshaushalt zukommenden enormen Kriegsfolgelasten (Reparationsforderungen; Kriegsopferversorgung, Verzinsung und Tilgung von Kriegsanleihen).

Haushaltsdefizite

Der Versuch, mit diesen einschneidenden Maßnahmen die Reichsfinanzen zu sanieren, scheiterte jedoch. Obwohl die Finanzreform sofort erhebliche Steuermehreinnahmen brachte, reichte das Steueraufkommen nicht einmal für die Hälfte der Reichsausgaben; 1922 betrug der Anteil der Reichsausgaben, der durch Steuereinnahmen gedeckt war, nur noch 37,5 Prozent. 1923 belief er sich auf zehn Prozent; im Oktober 1923 schließlich sollte nur noch ein Prozent der Reichsausgaben mittels Steuern finanziert werden.

Da die Fehlbeträge immer weniger durch Kreditaufnahme am Kapitalmarkt aufgebracht werden konnten, griff die Regierung wie im Krieg zum Mittel der inflationsstimulierenden Notenbankkredite an das Reich.

Hyperinflation

Vom Sommer 1922 an erlebten die Deutschen mit Bestürzung, wie ihr Geld „erst von Woche zu Woche, dann von Tag zu Tag und schließlich von Stunde zu Stunde" an Kaufkraft verlor. Das Währungschaos der Hyperinflation hob an; dieser „Hexensabbat der phantastischen Irrsinnszahlen von Billionen" sollte bis zum 15. November 1923, dem Tag der Einführung der Rentenmark, dauern. „Nichts", so ein pointiertes Urteil des Schriftstellers Stefan Zweig, „hat das deutsche Volk [...] so sehr verbittert, so hasswütig und hitlerreif gemacht wie die Inflation." Wie konnte es zu diesem absoluten Währungsverfall kommen und was waren die sozialen Folgen?

Ursachen der Geldentwertung

- Die Regierung setzte die Erzberger'sche Finanzreform nicht konsequent um; sie schonte die Unternehmen, um deren Investitionsfähigkeit nicht zu beeinträchtigen. Die kostspielige Umstellung auf die Friedenswirtschaft sollte rasch erfolgen, um die Integration der sechs Millionen heimgekehrten Frontsoldaten in das Berufsleben nicht zu verzögern. Ihre eigenen Beschäftigungsprogramme finanzierte die Regierung durch Betätigung der Notenpresse.

- Im Jahre 1920 stieg die Produktion in Deutschland um 20 Prozent; die Ankurbelung der Wirtschaft war also ein Erfolg. Dennoch wurden die Unternehmen auch weiterhin steuerlich geschont, weil die bürgerlichen Parteien den Vorwurf einer unternehmensfeindlichen sozialistischen Politik scheuten. Fallende Weltmarktpreise verbilligten damals die Importe und kehrten die Preisauftriebstendenzen um; möglicherweise sah die Regierung auch deshalb keinen dringenden finanzpolitischen Handlungsbedarf; die Notenpresse wurde weiter bestätigt.

- Seit dem Londoner Ultimatum vom Mai 1921 (→ S. 263) nahmen die Devisenspekulationen zu. Deutsche Geldkapitalbesitzer legten ihr Vermögen zunehmend im Ausland an; ausländische Kapitalanleger trennten sich von der Mark. Der Wechselkurs der Mark verschlechterte sich; die Importe wurden teurer; das inländische Preisniveau stieg wieder.

- Der Kapitalabfluss war Mitte 1922 so groß geworden, dass die Geschäftsbanken kaum mehr Kredite gewähren konnten. Die Reichsbank bekämpfte diese Kreditkrise, indem sie den Banken Kredite mit einem niedrigen Zinssatz gewährte und diese auch nicht durch Entwertungsklauseln sicherte. Die Reichsbank begünstigte damit Spekulationsgeschäfte: Mithilfe dieser billigen und nach kurzer Zeit weithin entwerteten Kredite kaufte sich z. B. der Industrielle Hugo Stinnes ein riesiges Industrieimperium zusammen.

Ruhrkampf und Hyperinflation

- Die Inflation erreichte ihren Höhepunkt, als im Januar 1923 der Ruhrkampf begonnen hatte (→ S. 264). Der passive Widerstand, zu dem die Reichsregierung ausdrücklich aufgerufen hatte, trieb nicht nur die Staatsausgaben in schwindelnde Höhen, da z.B. die Streikenden unterstützt werden mussten; er brachte dem Reich zugleich massive Steuerausfälle, nachdem wegen ausbleibender Zulieferungen aus dem Ruhrgebiet auch im übrigen Reich zahlreiche Unternehmen ihre Produktion stilllegen mussten. Das Reich konnte seine täglich wachsenden finanziellen Verpflichtungen nur durch verstärkte Be-

Eintrittspreise eines Theaters 1923.

Verarmte Frau als Straßenverkäuferin.

tätigung der Notenpresse erfüllen. Schließlich sollen dreihundert Papierfabriken und einhundertfünfzig Druckereien für die Befriedigung des Notenbedarfs gearbeitet haben. Die umlaufende Geldmenge, die sich im November 1918 bis November 1921 vervierfacht und bis 1922 versiebenfacht hatte, stieg im letzten Inflationsjahr um mehr als das Hundertmillionenfache an.

Da die Lohnsteigerungen den Preissteigerungen ständig nachhinkten, verringerten sich die Reallöhne kontinuierlich. Im Oktober 1923 reichte der Wochenlohn eines Facharbeiters z. B. nur noch aus, um einen Zentner Kartoffeln zu kaufen; für ein Pfund Butter musste ein Arbeiter zwei Tage arbeiten. Längst hatte damals die Währung ihre Funktion als Recheneinheit und als Wertaufbewahrungsmittel verloren. Als schließlich die Bauern anfingen, ihre Waren zurückzuhalten, war die Währung auch als Zahlungsmittel nicht mehr akzeptiert. In den Städten kam es zu Unruhen und Plünderungen, da die Lebensmittelversorgung gefährdet war. Die Unruhen beschleunigten den Abbruch des Ruhrkampfes und die Durchführung einer Währungsreform. Am 15. November 1923 wurde als neue Währung die Rentenmark ausgegeben; das Verhältnis von Rentenmark zu Papiermark wurde auf 1:1 Billion festgesetzt. Mittels strenger geld-, haushalts- und währungspolitischer Maßnahmen gelang die Stabilisierung der Währung. Knapp ein Jahr später konnte die nur als Übergangslösung gedachte Rentenmark durch die Reichsmark (RM) abgelöst werden.

Währungsreform

Der Zusammenbruch des Geld- und Finanzwesens führte zu einem Umdenken der Alliierten in der Reparationsfrage. Nach der gelungenen Währungsreform wurde unter dem Vorsitz des amerikanischen Bankiers Dawes im Spätsommer 1924 ein neues Reparationsabkommen ausgehandelt. Dieser Dawes-Plan schuf auch die Voraussetzungen für umfangreiche amerikanische Kredite zur Modernisierung der deutschen Wirtschaft. (→ S. 263).

Dawes-Plan

Soziale und politische Folgen

Ruhrkampf und Inflation hatten der deutschen Volkswirtschaft schwere Schäden zugefügt. Die Produktion war Ende 1923 wieder auf das Niveau von 1918 zurückgefallen. Die Hyperinflation hatte zu einer breiten Vermögensumschichtung geführt. Ende 1923 gab es dreimal so viele Fürsorgeempfänger wie 1918, unter ihnen viele alte Menschen, die um ihre Ersparnisse gebracht waren, von denen sie sonst sorgenfrei hätten leben können, und auch viele Selbstständige. Die Angehörigen des Mittelstandes waren durch die Inflation stärker als durch den Krieg getroffen worden; viele von ihnen wurden ihrer materiellen Sicherheit und ihrer Lebensperspektiven beraubt und sozial deklassiert. Dies hinterließ in der „kollektiven Psyche" dieser Gruppen Wunden, die nicht verheilen sollten.

Vertrauenskrise

Ihre Inflationserfahrungen wurden zu einer schweren Belastung für die demokratische Republik, die vermeintliche Urheberin des Elends. Sie verstärkten das Misstrauen gegenüber dem jungen Staat und förderten antidemokratische Einstellungen. Am Ende des Jahrzehnts trat während der Weltwirtschaftskrise das latente Misstrauen gegenüber der Republik wieder offen zutage; abermals wurden ihr die Folgen der Krise angelastet. Der Soziologe Theodor Geiger sprach 1931 von einer „Panik des Mittelstandes", als dessen Angehörige in Scharen den Nationalsozialisten zuliefen.

MATERIAL

1 Wertverlust des Geldes in den Jahren 1914–1923

Zeitpunkt	*Wert eines Guthabens von 100 000 Mark*	*Wertverlust gegenüber 1914 in %*
Juni 1914	100 000,00	0,00
Jan. 1919	47 190,00	52,80
Juli 1919	27 855,00	72,10
Jan. 1920	6 480,00	93,50
Juli 1920	10 638,00	89,40
Jan. 1921	6 468,00	93,50
Juli 1921	5 476,00	94,50
Jan. 1922	2 189,00	97,80
Juli 1922	851,00	99,10
Jan. 1923	23,46	100,00
Juli 1923	1,19	100,00
Sept. 1923	0,00	100,00
Nov. 1923	0,00	100,00

Entwicklung des Preises für 1 kg Roggenbrot

Zeitpunkt	*Preis*
Dez. 1914	0,32 *Mark*
Dez. 1920	2,37 *Mark*
Dez. 1922	163,15 *Mark*
Juli 1923	3 465,00 *Mark*
Sept. 1923	1 512 000,00 *Mark*
Okt. 1923	201 000 000 000,00 *Mark*

Nach: H. Prokasky, Der Erste Weltkrieg und die Inflation 1914–1923; in: Geschichtsdidaktik 5, 1980, S. 267.

1. Schließen Sie aus den beiden Abbildungen auf S. 267 auf die Funktionsfähigkeit des Geldwesens (Geld als gesetzliches Zahlungsmittel, als Recheneinheit und als Wertspeicherungsmittel).
2. „Der Krieg war der Verwüster der Finanzen." Belegen und erläutern Sie diese Äußerung des Finanzministers Erzberger aus dem Jahr 1919.
3. Erörtern Sie auf der Basis des Informationstextes, inwieweit die These Erzbergers auch zur Erklärung der Geldentwertung bis 1923 herangezogen werden kann.
4. Erläutern Sie die Ziele und Maßnahmen der Erzbergerschen Finanzreform und erörtern Sie mögliche politische Wirkungen dieser Reform.

MATERIAL

Ein moderner Historiker: Soziale Folgen der Inflation 2

Die Geldschwemme brachte eine gewaltige Umverteilung des Volksvermögens zugunsten des großen Kapitalbesitzes. [...] Die verarbeitende Industrie hatte besonders großen Kapitalbedarf, da sie am stärksten auf die Kriegsproduktion spezialisiert gewesen war und jetzt einem kostspieligen Umstellungsprozess unterlag, wogegen die Rohstoffindustrie günstig aus dem Krieg hervorgegangen war und über reichlich flüssige Mittel verfügte. Die Schwerindustrie gliederte sich jetzt die kriselnden Industriezweige zu günstigen Bedingungen an. Die leicht beschaffbaren Bankkredite, bei denen man nur zu warten brauchte, bis sie zu einem Bruchteil zurückgezahlt werden konnten, taten ein Übriges, um diesen Prozess zu stärken. [...]

Trotz der schwerwiegenden Handelsbeschränkungen [durch den Versailler Vertrag] konnten die Produktionsmittel ganz wesentlich für billige Dumping-Exporte ausgelastet werden, die für die Unternehmen zugleich begehrte stabile Devisen brachten. [...] Dennoch blieb eine erhebliche Arbeitslosenquote, weil der von der Inflation expropiierte (= enteignete) Mitttelstand zunehmend auf den Arbeitsmarkt drängte. Da auch die Gewerkschaftskassen von dem Geldwertschwund betroffen wurden, Arbeitskämpfe also schwierig waren, konnten die Löhne von den Unternehmern gedrückt werden [...]. Die Lohnabhängigen wurden mit immer wertloserer Papiermark bezahlt. Ihre Verelendung nahm zu, sodass sich die Wachstumstendenzen bis 1922 ausschließlich zugunsten der Produktionsmittelbesitzer niederschlugen, wobei vor allem die Branchen profitierten, die relativ lohnintensiv produzierten. „Der immanente Sinn der Inflation", schrieb der damalige Staatssekretär im Reichswirtschaftsministerium Julius Hirsch, „war die Verkürzung des Konsums zugunsten der Wiederherstellung und des Wiederaufbaus der Arbeitsmittel. Das ist mit furchtbaren Vernichtungen an Werten, an Menschenglück und Menschenfrieden geschehen." [...] Aber nicht nur der Industrie, auch noch einem anderen Wirtschaftszweig brachte die Inflation erhebliche wirtschaftliche Vorteile: die Landwirtschaft – entschuldete sich. [...]

Betroffen von der Geldentwertung wurden vor allem diejenigen, deren Einkommen und Vermögen in nominellen Geldeinheiten fixiert waren. Die Reallöhne und -gehälter der Arbeiter, Angestellten und Beamten sanken bis zum Sommer 1923 auf fast ein Drittel der Vorkriegszeit, sodass nicht einmal elementarste Existenzbedürfnisse befriedigt werden konnten. Radikal enteignet wurden außerdem diejenigen Rentner, deren private Pensions- und Unterstützungskassen ebenso wie ihre Rücklagen in festverzinslichen Staatsanleihen oder Industrie-Obligationen vernichtet wurden. Die Verarmung des Kleinhandels und der kleinen Gewerbetreibenden vollzog sich auf einem anderen Wege: Diese Erwerbsgruppen konnten sich in ihrem Geschäftsgebaren nicht rechtzeitig der sinkenden Währung anpassen. Anstatt zum Wiedereinkaufspreis plus Gewinn wie die Großbetriebe zu verkaufen, veräußerten sie lediglich zum alten Einkaufspreis plus Gewinn. Neben der Landwirtschaft hielten sie ab Sommer 1923 dann auch als Erste die Ware vor der wertlosen Mark zurück. [...]

Charakteristisch für die Inflation wurde auch der große Besitzwechsel des städtischen Haus- und Grundbesitzes, von dem zum Beispiel in Berlin rund ein Drittel aller Häuser betroffen wurde, die meistens an Spekulationsgewinner und Devisen bringende Ausländer gingen.

Aus: C.-D. Krohn, Helfferich contra Hilferding, Konservative Geldpolitik und die sozialen Folgen der deutschen Inflation 1918–1923, in: Vierteljahrschrift für Sozial- und Wirtschaftsgeschichte, 62. Band, Heft 1, 1975, S. 62ff.

1. Zeigen Sie, worin die sozialen Folgen der Inflation bestehen.
2. Erörtern Sie mögliche Auswirkungen der Inflation auf die Weimarer Demokratie.

4.2 Antidemokraten im demokratischen Staat – eine Dauerkrise

Kein Staat in der deutschen Geschichte ist von so vielen Gegnern mit so viel grundsätzlicher Ablehnung, so viel Hass bedacht worden wie das „System von Weimar", wie die erste deutsche Demokratie im Sprachgebrauch ihrer Gegner hieß. Die Verachtung war auf der Linken wie auf der Rechten gleich stark. Linke und rechte Verratslegenden wurden erfunden, um im Kampf gegen die Republik publizistisch eingesetzt zu werden. War die Revolution für die Rechte „Verrat" am Kaiserreich, ein „Dolchstoß" für das unbesiegte feldgraue Heer, der von „Novemberverbrechern" geführt wurde, so beruhte in den Augen der Kommunisten der Staat auf dem Verrat der Arbeiterklasse durch die SPD.

Linksopposition

Die KPD war seit ihrer Niederlage 1919 vollends auf Distanz zu dem aus ihrer Sicht von der Bourgeoisie und den sozialdemokratischen Verrätern beherrschten Staat gegangen. Durch die Auflösung der USPD und die Abwanderung ihrer Anhänger zur KPD oder SPD war sie 1920 zur Massenpartei geworden. Ihre allmähliche Umwandlung in eine „Partei Neuen Typs" im Sinne Lenins führte sie in immer tiefere Abhängigkeit von der KPdSU. Unter dem Vorsitz von Ernst Thälmann (seit 1925) sah die Partei ihre Hauptaufgabe darin, der SPD die Arbeiterschaft abzuwerben. Auch nach 1930 waren die als „Sozialfaschisten" verunglimpften Sozialdemokraten ihre Hauptgegner, die für gefährlicher gehalten wurden als die Nationalsozialisten.

Rechtsopposition

Die propagandistisch wirksamere und für den Staat gefährlichere Opposition ging von der Rechten aus, die auf der Grundlage der Dolchstoßlüge Hindenburgs und Ludendorffs hemmungslose Hetzkampagnen gegen führende Vertreter des „Systems" führte. Prominentestes Opfer war Reichspräsident Ebert, dem man nicht nur seine Rolle bei den Streiks von 1917/18 vorwarf, die ihm die Bezeichnung „Landesverräter" eintrug; auch seine Herkunft aus bescheidenen Verhältnissen, der Sattlerberuf und die Tatsache, dass Eberts Gattin in ihrer Jugend als Dienstmädchen gearbeitet hatte, passten nicht in das konservative Weltbild und wurden propagandistisch ausgeschlachtet. Eberts früher Tod (1925) war indirekt eine Folge dieser Hetze: Wegen eines laufenden Verleumdungsprozesses gegen einen Journalisten – nach dessen Ende man den Reichspräsidenten aufgrund des Urteils ungestraft einen Landesverräter nennen konnte – hatte Ebert eine dringend notwendige Operation zu lange hinausgeschoben.

Politische Morde

Opfer eines Mordanschlages wurde Finanzminister Erzberger, der maßgebliche Initiator der Friedensresolution von 1917 und Unterzeichner des Waffenstillstands. Gegen ihn hatte der deutschnationale Politiker Karl Helfferich eine Kampagne entfacht. Seine Broschüre „Fort mit Erzberger" hatte schon 1920 einen ehemaligen Fähnrich des Heeres zu einem Attentatsversuch veranlasst, der den Minister schwer verletzte. Der Täter, dem die Richter „ideale Gesinnung" bescheinigten, wurde zu nur 18 Monaten Gefängnis verurteilt und zwei Monate später entlassen. 1921 wurde Erzberger dann Opfer der „Organisation Consul", eines terroristischen Geheimbundes, der aus den Freikorps hervorgegangen war und unter dem Schutz der Reichswehr agierte. Die rechte Presse publizierte Kommentare, die auf eine Rechtfertigung der Tat hinausliefen.

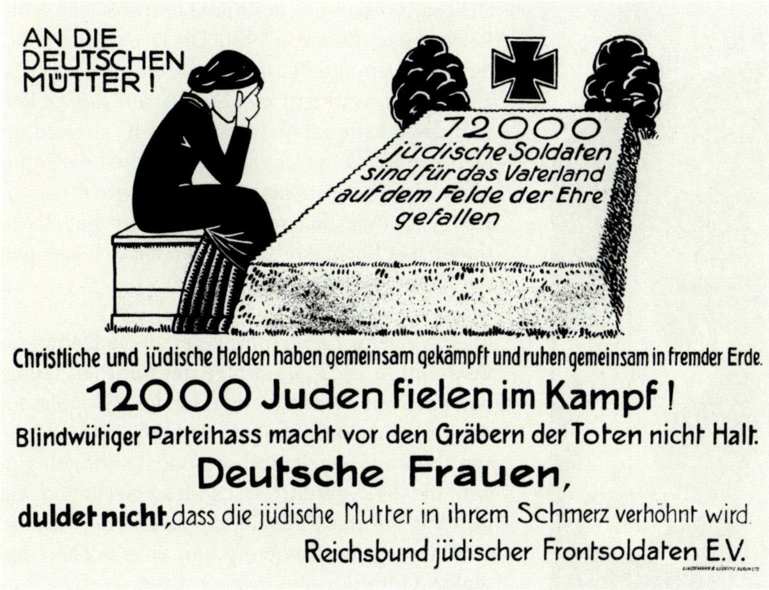

Zu den antidemokratischen kamen häufig auch antisemitische Aktionen (➔ S. 273). Flugblatt des Reichsbundes jüdischer Frontsoldaten, 1920.

Ermordung Rathenaus

Ermordet wurden USPD-Politiker wie der bayerische Ministerpräsident Eisner; der Sozialdemokrat Scheidemann, der 1918 die Republik ausgerufen hatte, entging nur knapp einem Attentat. Zahlreiche unbekannte vermeintliche Verräter fielen der „Feme", selbst ernannten Geheimgerichten, zum Opfer. Erst die Ermordung des Reichsaußenministers Rathenau (1922) führte zu einer Wende. Der Reichstag verabschiedete das „Gesetz zum Schutz der Republik", das die Zugehörigkeit zu Terrororganisationen unter strenge Strafe stellte. „Da steht der Feind", rief Reichskanzler Wirth (Zentrum) in der Gedenkstunde des Reichstages für Rathenau aus, „und darüber ist kein Zweifel, dieser Feind steht rechts."

Freikorps

Gefährlicher noch als der individuelle Terror war die militärische Macht, über die die extreme Rechte in den Freikorps verfügte. Die grundsätzliche Abneigung vieler Soldaten gegenüber der Republik wurde noch gesteigert, als das noch 600 000 Mann starke Heer gemäß dem Versailler Vertrag auf 100 000 Mann reduziert werden musste. Die meisten Soldaten gingen einer ungewissen Zukunft entgegen. Im März 1920 revoltierte eine bei Berlin liegende Einheit gegen ihre geplante Auflösung. Aus dieser Revolte entwickelte sich ein Rechtsputsch, an dessen Spitze sich der ehemalige preußische Generallandschaftsdirektor Wolfgang Kapp stellte. Da die Reichswehr sich weigerte, gegen die „Kameraden" vorzugehen, gelang es den Putschisten, Berlin für einige Tage in ihre Gewalt zu bekommen. Die Regierung Bauer (SPD) floh über Dresden nach Stuttgart. Kapp ließ sich zum Reichskanzler ausrufen. Das schlecht vorbereitete Unternehmen scheiterte am passiven Widerstand der Behörden, die sich weigerten, die Anordnungen des „Reichskanzlers" zu befolgen, und am Generalstreik, den die Gewerkschaften ausriefen. Dieser politische Streik entwickelte sich im Ruhrgebiet zu einem regelrechten Bürgerkrieg zwischen einer neu gebildeten „Roten Armee" und der Reichswehr, die sich nun nicht weigerte, zu schießen. Es dauerte fast einen Monat, bis der Widerstand gebrochen war.

Kapp-Putsch

Wahlplakat, 1920.

Sichtbarer Ausdruck des Klimawechsels waren die Reichstagswahlen von 1920. Die Dreiviertelmehrheit der Weimarer Koalition schrumpfte auf 43 % zusammen, während die Gegner auf der Linken und der Rechten ihre Stimmen mehr als verdoppeln konnten. Eine tragfähige Mehrheit der republiktreuen Parteien kam von nun an nie mehr zustande; Minderheitsregierungen oder gar Koalitionen mit Rechtskräften trugen zur Schwächung der Demokratie bei.

In eine zweite Zerreißprobe geriet die Demokratie im Jahre 1923, als infolge der Ruhrbesetzung, des passiven Widerstands und der galoppierenden Inflation (→ S. 266) die Republik in ihrer Existenz bedroht war. In Sachsen und Thüringen gingen die SPD-geführten Landesregierungen ein Bündnis mit der KPD ein, die aus dieser Position eine allgemeine Erhebung von links vorbereiten wollte. Unterdessen griffen in Bayern rechte Putschisten unter dem Monarchisten Gustav von Kahr nach der Macht. Seit der Niederschlagung der Münchner Räterepublik 1919 war die bayerische Landeshauptstadt ein Sammelpunkt aller rechtsradikalen Gruppen und Verbände geworden, deren Aktivitäten die Regierung unter Führung der Bayerischen Volkspartei tolerierte und begünstigte. Obwohl nun von Berlin aus der Ausnahmezustand über das ganze Reich verhängt worden war, folgte die in Bayern stationierte Reichswehr unter General von Lossow nicht den Anweisungen der Regierung Stresemann. Wie bereits 1920 weigerte sich auch diesmal der Chef der Heeresleitung, General von Seeckt, gegen den offenen Verfassungsbruch einzuschreiten. In Sachsen und Thüringen dagegen marschierte die Reichswehr ein, die Kommunisten mussten aus der Regierung ausscheiden, verfassungstreue SPD-Kabinette wurden ernannt.

Krise 1923

Hitler-Putsch

Die zwiespältige Haltung der bayerischen Regierung suchte sich der damals noch weitgehend unbekannte Adolf Hitler zunutze zu machen. Er scheiterte jedoch mit seinem Plan, die konservativen republikfeindlichen Kräfte in seine eigenen Putsch-Pläne einzuspannen und von München aus nach Mussolinis Vorbild nach Berlin zu marschieren. Sein Marsch zur Münchener Feldherrnhalle (9. November 1923) endete im Feuer der bayerischen Landespolizei. Nun mussten sich auch Kahr und Lossow mit der Reichsregierung einigen.

Konservative Revolution

Mit dem Ende des Jahres 1923 schien die unmittelbare Gefahr, die der Republik von ihren antidemokratischen Gegnern drohte, abgewendet zu sein. Das antidemokratische Denken blieb jedoch virulent und sollte in der nächsten Krise seine ganze Gefährlichkeit erweisen. Der reaktionäre alte Nationalismus wurde in den folgenden Jahren mehr und mehr durch einen „neuen Nationalismus", die „konservative Revolution", verdrängt. Seine Vertreter, meist eine Generation jünger als die alten Monarchisten der DNVP, brachten dem Wilhelminischen Reich dieselbe elitäre Verachtung entgegen wie der Weimarer Republik. Entscheidendes Motiv für diese intellektuellen Gegner der Demokratie, von denen viele aus der Generation der jüngeren Frontoffiziere stammten, war das Kriegserlebnis, das sie nicht, wie viele ihrer Kameraden, in einer betont pazifistischen Haltung aufzuarbeiten suchten, wie dies Erich Maria Remarque in seinem Antikriegsroman „Im Westen nichts Neues" gelungen war. Sie stilisierten vielmehr die Materialschlacht zum „inneren Erlebnis", zum „Stahlgewitter" (beides Titel von Büchern des Schriftstellers Ernst Jünger), in dem der „neue Mensch" seine „Feuertaufe" erhalten habe.

Aus dieser Heroisierung des Krieges und des Kämpfers, oft in der Form eines primitiven Sozialdarwinismus, entstanden zwei populäre Mythen: die romantische Vorstellung von der „Volksgemeinschaft" über den Klassen, die aus der Kameradschaft der Schützengräben erwachsen sei, und die Sehnsucht nach dem Führer, der dieser Gemeinschaft Ziel und Richtung geben sollte. Vor dem Hintergrund der Weimarer Republik führten diese Vorstellungen zur schroffen Absage an den Parteienstaat und an den Klassenkampf, an die Demokratie mit ihrer als „mechanisch" empfundenen Willensbildung nach dem Mehrheitsprinzip, zur Feindschaft gegenüber Parteien, denen der verschworene „Bund" gegenübergestellt wurde. Sogar antikapitalistische Töne wurden angeschlagen, oft mit antisemitischem Beigeschmack. (→ Abb. S. 271)

MATERIAL

Antidemokratische Mentalitäten in der Weimarer Republik 3

„Jnädigste wirken auf mich wie ein Putsch von rechts."
Karikatur aus dem Simplicissimus, 1920.

Plakat anlässlich des Mordes an Walter Rathenau (1922)

MATERIAL

4 Emil Julius Gumbel: Die Sühne der politischen Morde 1918–1922

	Politische Morde begangen		
	von Linksstehenden	*von Rechtsstehenden*	*Gesamtzahl*
Gesamtzahl der Morde	22	354	376
davon ungesühnt	4	326	330
teilweise gesühnt	1	27	28
gesühnt	17	1	18
Zahl der Verurteilungen	38	24	
Geständige Täter freigesprochen	–	23	
Geständige Täter befördert	–	3	
Dauer der Einsperrung je Mord	15 Jahre	4 Monate	
Zahl der Hinrichtungen	10	–	
Geldstrafe je Mord	–	2 Papiermark	

Aus: H. Pross (Hrsg.), Die Zerstörung der deutschen Politik, Dokumente 1871–1933, Frankfurt/Main 1983, S. 145 f., nach: E. J. Gumbel, Vier Jahre politischer Mord, 1923.

MATERIAL

5 Der Fall E. J. Gumbel – ein Symptom antidemokratischen Denkens

[...] Ein Funken genügte, um die aus vielen Kanälen gespeiste Gasmischung zu entzünden. Dass sich die Sache in Heidelberg zutrug, ist wohl nur dem Zufall, dass der Privatdozent Gumbel an der Universität lehrte, zu danken, der Funken hätte auch anderswo gezündet. Kein Zufall war, dass Gumbel den Zündfunken lieferte, er stand schon lange auf der Abschussliste der „Antidemokraten“, auf die ihn sein 1922 erschienenes Buch „Vier Jahre politischer Mord“ gebracht hatte. Am 26. Juli 1924 hatten die Ortsgruppen Heidelberg der Deutschen Friedensgesellschaft, die Gewerkschaften, der Beamtenbund und die Organisation der Kriegsgeschädigten in die Stadthalle zu einer Versammlung „Nie wieder Krieg“ eingeladen. Emil Gumbel, Erster Vorsitzender der Ortsgruppe Heidelberg der Friedensgesellschaft, hatte den Abend einzuleiten und zu schließen. Redner waren Professor Balmein aus Frankreich und der sozialdemokratische Reichstagsabgeordnete Stroebel.
In seinem Schlusswort sagte Gumbel u. a., der Wille müsse unerschütterlich sein in der Ablehnung des Krieges. Und dann wörtlich: „Ich bitte die Anwesenden, in steter Einkehr der Toten zu gedenken, die, ich will nicht sagen, auf dem Felde der Unehre gefallen sind, aber die doch auf grässliche Weise ums Leben kamen.“ Diese Äußerung innerhalb einer längeren Rede, in der Gumbel zwischen der Schändlichkeit des Krieges und der Einstellung der Soldaten zum Krieg sorgfältig unterscheidet, wird von der Versammlung nicht missverstanden. Der „Pfälzer Bote“ berichtet am 28.7. über diesen Vorgang: „In starker innerer Ergriffenheit folgte die Versammlung der Bitte des Vorsitzenden, der ungezählten Toten des Weltkrieges in zwei Minuten stiller Einkehr zu gedenken. [...]“
Ganz anders ist es in der völkisch-nationalen Presse zu lesen. Die Heidelberger Neuesten Nachrichten folgern, dass die Schlussworte Gumbels „als eine ganz besondere Leistung festgenagelt werden müssen. [...] Dieser Dozent an einer deutschen Hochschule darf zweifellos für sich in Anspruch nehmen, den gemeinsten Ausdruck für die Opfer des Weltkriegs geprägt zu haben. Pfui Teufel, Herr Gumbel!“ Damit war der Fall Gumbel geschaffen. [...]

Die Resolution einer „Vollversammlung“ der Studenten (mit ca. 30 gegen 20 Stimmen angenommen) weiß alles sofort in die richtigen Worte zu fassen: „Durch diese Äußerung hat Herr Dr. Gumbel in ungeheuerlicher Weise das Andenken derer in den Schmutz gezogen, die für uns den Heldentot erlitten. [...] Herr Dr. Gumbel hat damit bewiesen, dass er außerhalb des deutschen Volkes steht, für dessen Ehre und Gefühl er ein Verständnis nicht besitzt. [...] Die Heidelberger Studentenschaft bringt diese ihre Ansicht zur Kenntnis des Rektorats und erwartet, dass dasselbe alles tut, dass Herr Gumbel aus dem Lehrkörper der Heidelberger Universität ausgeschlossen wird." [...] Die Philosophische Fakultät, der Gumbel angehört, schützt ihn nicht vor den völkischen Studenten, sondern beschließt mit allen gegen eine Stimme, Gumbel die Lehrberechtigung zu entziehen, und setzt im Einvernehmen mit dem engeren Senat ein Disziplinarverfahren gegen Gumbel wegen „Pflichtverletzung" an, ohne Gumbel vorher zu hören. Am 31. Juli ordnet das Ministerium des Kultus und Unterrichts die Untersuchung an, Gumbel wird mit sofortiger Wirkung die Lehrtätigkeit untersagt. [...] (Das Verfahren wird nach einem Beschluss des Landtages aufgehoben.)

Als das Badische Ministerium des Kultus und Unterrichts ihn 1930 zum außerordentlichen Professor ernennt, heult Volkes Stimme erneut auf. In den Zeitungen kann man lesen: „Unglaubliche Herausforderung der nationalen Öffentlichkeit." [...] Die zum Wintersemester nach Heidelberg kommenden völkischen Studenten bilden einen „Aktionsausschuss der nationalen Studentenschaft", der von Mitgliedern des Nationalsozialistischen Deutschen Studentenbundes und der Großdeutschen Studentengemeinschaft getragen wird. Dieser Ausschuss ruft als erste Tat zu einem Protest gegen Gumbel auf, da dieser „moralisch ungeeignet sei, die deutsche Jugend – Jahrgang 1930 – zu erziehen".

Nach der Versammlung im brechend vollen Stadthallensaal am 7. 11., in der Gegenredner gar nicht zu Wort kommen, versucht Gustav Radbruch* in „Der Heidelberger Student" vom 28. 11., die Studenten zu ruhiger Betrachtung zu bringen. Vergeblich. [...] In der Antwort des Ausschusses heißt es u. a.: [...] „Freiheit, die wir meinen, hat nichts zu tun mit Freiheit für die Tätigkeit des Herrn Prof. Gumbel! Ein Recht auf die Freiheit der Gesinnungsäußerung hat unserer Überzeugung nach nur der, der diese Freiheit im Dienst am Vaterland gebraucht. Jeder andere hat dieses Recht verwirkt. [...] Den Mut und die Hoffnung unserer Jugend aber schöpfen wir aus dem fanatischen Glauben an die Auferstehung unseres Vaterlandes." [...]

Noch einmal kommt es zum Eklat, nämlich am 27. Mai, an diesem Tag spricht Gumbel bei den sozialistischen Studenten über „Krieg und Arbeiterbewegung" und sagt u. a.: [...] „dass in jener Zeit, die ich im Gegensatz zu den Lobpreisern des Krieges von heute als Soldat mitgemacht habe, der Hunger zu dem schließlich alles überragenden Gefühl wurde und dass deswegen die Kohlrübe, das Hauptnahrungsmittel dieser Zeit, sozusagen als Symbol, als Denkmal des Krieges adäquat ist". Darauf macht „Der Heidelberger Student" am 9. Juli Schlagzeilen: „Das Kriegerdenkmal eine Kohlrübe." Allgemeiner Protest auch wieder fern und nah. Eine Untersuchungskommission der Fakultät tritt zusammen. [...] Auf einer Vortragsreise in den USA erreicht Gumbel die Nachricht seiner Ausschließung aus dem Lehrkörper.

* Gustav Radbruch (1878–1949), Professor für Strafrecht in Kiel und Heidelberg bis 1933 und ab 1945; Reichstagsabgeordneter 1920–24; Reichsjustizminister 1921–22 und 1923.

Aus: H. G. Zier, Politische Geschichte Badens 1918 bis 1933, in: Badische Geschichte, Vom Großherzogtum bis zur Gegenwart, hrsg. von der Landeszentrale für politische Bildung Baden-Württemberg, Stuttgart 1979, S. 154 ff.

1. Welche Mentalität von Militär und Bürgertum prangert M 3 an?
2. Worin sehen Sie den Informationswert von Gumbels Mordstatistik? (M 4)
3. Charakterisieren Sie die Motive und Methoden, die den „Fall Gumbel" zum Politikum machen. Gehen Sie auch auf das Verhalten staatlicher Institutionen ein.
4. Welche Schlüsse lassen sich aus dem Fall Gumbel auf das politisch-geistige Klima der Weimarer Republik ziehen?

4.3 Die Außenpolitik der Weimarer Republik – Revision durch Verzicht und Versöhnung?

Ära Stresemann

Die mittleren Jahre der Weimarer Republik werden häufig als „Ära Stresemann" bezeichnet. Nicht zu Unrecht, denn in diese Jahre fallen wichtige außenpolitische Entscheidungen und Erfolge, an deren Zustandekommen der Reichsaußenminister Gustav Stresemann (1878–1929) maßgeblich beteiligt war. Zwar war er im Grunde seines Herzens Anhänger der Monarchie und stand in den Anfangsjahren der Weimarer Republik ebenso wie die von ihm mitbegründete Deutsche Volkspartei in entschiedener Opposition zum neuen Staat, doch entfernte er sich nach und nach aus dem Fahrwasser der anti-republikanischen Rechten und rang sich zu einer positiven Haltung gegenüber der Republik durch. Er selbst betrachtete sich als „Vernunftrepublikaner", der zu der Einschätzung gelangt war, dass die parlamentarische Republik die beste politische Lösung sei, die unter den gegebenen Umständen zu erreichen war. Im Jahr 1923 wurde Stresemann für 103 Tage Reichskanzler einer Großen Koalition. Gleichzeitig mit der Kanzlerschaft übernahm er die Leitung des Auswärtigen Amtes und behielt das Amt des Außenministers auch unter allen nachfolgenden Kanzlern bis zu seinem Tode am 3. Oktober 1929.

Ziele der Außenpolitik

Stresemanns außenpolitisches Hauptziel war die Revision des Versailler Vertrages; er ging dabei von den gegebenen internationalen Machtverhältnissen aus. Deutschland konnte wegen seiner militärischen Bedeutungslosigkeit eine Revision des Versailler Vertrages nicht gegen den Willen der ehemaligen Sieger durchsetzen. Deshalb entschloss sich Stresemann, der sich als Realpolitiker verstand, zu einer Politik der Versöhnung und Verständigung; sie sollte das Klima für eine schrittweise Revision der Vertragsbestimmungen bereiten und gleichzeitig die Rückgewinnung der Großmachtstellung Deutschlands begünstigen. Stresemann war überzeugt, dass nur ein politisch gleichberechtigtes und mächtiges Deutschland den Versailler Vertrag endgültig überwinden könne.

Ruhrkampf

Stresemann wurde auf dem Höhepunkt des Ruhrkampfes (→ S. 267) Reichskanzler. Die Beziehungen zu Frankreich hatten sich durch den Generalstreik im Ruhrgebiet dramatisch verschlechtert; die Wirtschaftslage war katastrophal. Aus diesen Gründen ließ Stresemann schließlich den passiven Widerstand abbrechen und beendete den ergebnis- und aussichtslosen Kampf. Diese Entscheidung und die Annahme des Dawes-Plans (→ S. 264) entkrampften die deutsch-französischen Beziehungen, der Weg zu der von Stresemann gewünschten Verständigungspolitik war geebnet. Sie sollte dem französischen Sicherheitsstreben ebenso Rechnung tragen wie dem deutschen Wunsch nach Souveränität und Gleichberechtigung. Mit diplomatischer Unterstützung durch Großbritannien und die USA konnte schließlich die Zustimmung Frankreichs zu einer Konferenz in Locarno im Oktober 1925 erwirkt werden. Deutschland war durch Reichskanzler Luther und Außenminister Stresemann, Frankreich durch seinen Außenminister Aristide Briand vertreten.

Konferenz von Locarno

Auf der Konferenz von Locarno schloss das Deutsche Reich mit Frankreich, Großbritannien, Belgien, Italien, Polen und der Tschechoslowakei einen Vertrag, in dem die

Von links nach rechts: Gustav Stresemann, Austen Chamberlain und Aristide Briand.

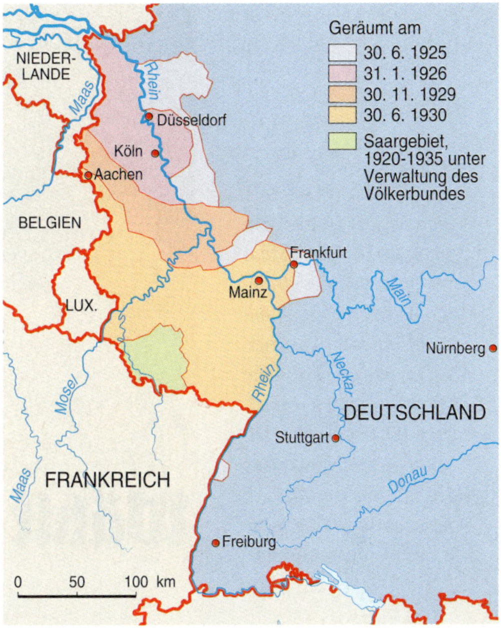

Die von Stresemann ausgehandelte schrittweise Räumung des Rheinlands.

Unverletzlichkeit der deutschen Westgrenzen garantiert und die Entmilitarisierung des Rheinlands anerkannt wurden. Damit bestätigte das Reich freiwillig die wesentlichen Bestimmungen des Versailler Vertrages. Dies war der politische Preis, den Stresemann für seine Verständigungspolitik zu entrichten hatte. Ferner wurde in dem Vertragswerk ein deutsch-polnischer Gewaltverzicht vereinbart.

Garantie der Westgrenze

Allerdings hatte Stresemann sich im Gegensatz zur endgültigen Anerkennung der Westgrenzen die gewaltlose und einvernehmliche Revision der Ostgrenzen zu Polen ausdrücklich vorbehalten. Der Vertrag von Locarno machte auch den Weg frei für den Beitritt Deutschlands in den Völkerbund. Dieser erfolgte am 10. September 1926. Das Deutsche Reich war nun wieder in den Kreis der führenden Mächte aufgenommen und hatte die moralische und politische Isolierung der Nachkriegszeit endgültig durchbrochen. Die Resonanz, welche die deutsch-französische Annäherung in der Weltöffentlichkeit fand, zeigte sich auch an der Verleihung des Friedensnobelpreises an Briand und Stresemann.

Gewaltlose Revision der Ostgrenze

Völkerbund

Ungeachtet der weltweiten Zustimmung stieß Stresemanns Verständigungspolitik mit Frankreich auf den erbitterten Widerstand der nationalen Rechten in Deutschland. Sie diffamierte ihn als „Verzichtspolitiker", weil mit der endgültigen Anerkennung der Westgrenze auch die Zugehörigkeit Elsass-Lothringens zu Frankreich völkerrechtlich besiegelt worden war. Im Gegensatz zu Stresemann trat die nationale Rechte, anknüpfend an alte preußische Traditionen, für eine außenpolitische Ost-Orientierung ein. Der Vertrag von Rapallo mit dem kommunistischen Sowjetrussland im Jahre 1922 war aus diesem Grund durchaus wohlwollend betrachtet worden. Weniger die Ver-

Reaktion in Deutschland

Vertrag von Rapallo

Plakat der DNVP aus dem Jahr 1928. Das Plakat nimmt Bezug auf Stresemanns Interpretation des Vertrages von Locarno. Er nannte ihn „einen Silberstreifen am Horizont", der sichtbar geworden sei. Statt des Silberstreifens erhebt sich am Horizont ein schwarzer Soldat der französischen Besatzungsarmee.

tragsinhalte – Aufnahme diplomatischer Beziehungen, gegenseitiger Verzicht auf Kriegsentschädigung und Intensivierung der Wirtschaftsbeziehungen – als vielmehr die Tatsache des Vertragsabschlusses hatten im Westen jedoch Misstrauen geschürt. Stresemann lehnte eine einseitige Ost-Orientierung ebenso ab wie eine Schaukelpolitik zwischen Ost und West. Allerdings war auch er an guten Beziehungen zu Sowjetrussland interessiert und handelte einen deutsch-sowjetischen Neutralitätsvertrag aus. Dieser Berliner Vertrag wurde 1926 unterzeichnet. In ihm sicherte das Deutsche Reich der Sowjetunion im Falle eines Krieges zwischen der UdSSR und dritten Mächten Neutralität zu. Im Jahre 1928 trat Deutschland dem „Kriegsächtungspakt", dem Briand-Kellogg-Pakt bei, der die Staaten der Welt aufforderte, in Zukunft auf Krieg als Mittel der Politik zu verzichten.

Briand-Kellog-Pakt

Auseinandersetzung um Reparationsfrage

Im folgenden Jahr legte eine Sachverständigenkommission unter dem Vorsitz des Amerikaners Owen D. Young einen neuen Plan zur Reparationsfrage vor (→ S. 264). Danach sollte Deutschland für die folgenden zehn Jahre sieben Milliarden Mark weniger aufbringen als im Dawes-Plan vorgesehen. Außerdem war die Räumung des gesamten Rheinlandes bis zum 30. 6. 1930 in Aussicht gestellt, also fünf Jahre vor der in Versailles vorgesehenen Frist. Aber diese letzten Erfolge Stresemann'scher Außenpolitik fanden in der politisch aufgehetzten Öffentlichkeit nur wenig Anerkennung. DNVP, NSDAP und der Stahlhelm leiteten eine aufwändige Propagandakampagne gegen die Unterzeichnung des Young-Plans ein, deren Höhepunkt der „Entwurf eines Gesetzes gegen die Versklavung des deutschen Volkes" war. Dieser Gesetzentwurf bedrohte die Unterzeichner des Young-Plans mit Zuchthaus. Die Kampagne endete allerdings mit einem Fehlschlag; der Gesetzentwurf scheiterte, weil er im Volksentscheid vom 22. 12. 1929 die erforderliche Mehrheit klar verfehlte.

Inmitten dieser Auseinandersetzung starb Stresemann. Wenige Monate später zerbrach die seit 1928 regierende Große Koalition, deren entscheidende Stütze er gewesen war. Unter dem nachfolgenden Kanzler Brüning erlangte die Lösung der Reparationsfrage oberste Priorität. Brüning nutzte die Weltwirtschaftskrise aus, um den Gläubigerländern die Zahlungsunfähigkeit Deutschlands zu demonstrieren. Bewusst nahm er dafür Massenarbeitslosigkeit und die Verelendung weiter Teile der Bevölkerung in Kauf. Als schließlich auf der Konferenz von Lausanne im Juli 1932 die Gläubigerländer auf weitere Reparationszahlungen endgültig verzichteten, war Brüning bereits durch Papen ersetzt. Mit der Regierung Brüning hatte ein außenpolitischer Kurswechsel begonnen. Die Revisionspolitik wurde jetzt nicht mehr auf der Grundlage der Verständigung mit dem Westen, sondern zunehmend im nationalen Alleingang betrieben.

Lösung der Reparationsfrage

MATERIAL

Nobelpreisurkunde Stresemanns und eine französische Karikatur, 1926 **6**

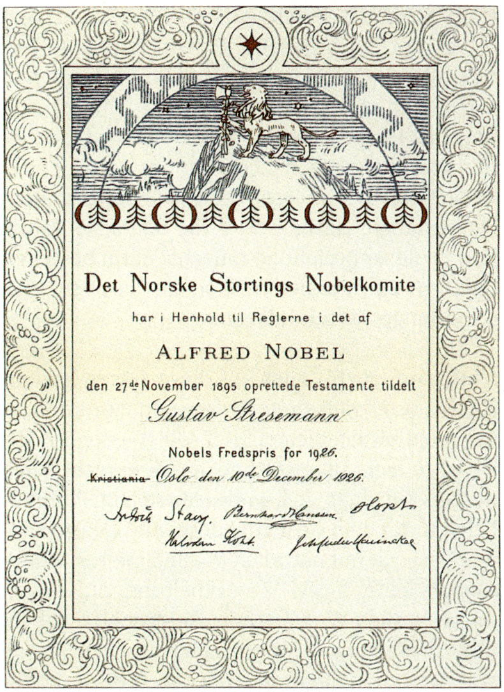
Det Norske Stortings Nobelkomite
har i Henhold til Reglerne i det af
ALFRED NOBEL
den 27de November 1895 oprettede Testamente tildelt
Gustav Stresemann
Nobels Fredspris for 1926.
~~Kristiania~~ Oslo den 10de December 1926.

Vorsorgemaßnahmen der Deutschen.
Germania: „Was machst du da, mein Liebling?"
Stresemann: „Ich räume meinen Friedenspreis weg!"

1. Erläutern Sie die Darstellungsabsicht der französischen Karikatur und des DNVP-Plakats (→ S. 278).
2. Entscheidungen des Nobelpreiskomitees für die Verleihung des Friedensnobelpreises an noch aktive Politiker sind meist umstritten. Versetzen Sie sich in die Diskussionsrunde des Komitees. Mit welchen Gegeneinwänden mussten sich die Befürworter im Falle Stresemanns auseinander setzen?

MATERIAL
7 Der „Kronprinzenbrief" Stresemanns (7. September 1925)

In diesem Brief erläuterte Außenminister Gustav Stresemann dem ehemaligen Kronprinzen Wilhelm (1882–1951), der als Privatmann nach Deutschland zurückgekehrt war, seine außenpolitischen Vorstellungen. Die entscheidenden Verhandlungen über den Sicherheitspakt im Westen und den Eintritt Deutschlands in den Völkerbund standen, als der Brief abgefasst wurde, unmittelbar bevor (5.–16. Oktober 1925 in Locarno). Die geplanten Abschlüsse stießen vor allem bei den Parteien der äußersten Rechten auf heftige Kritik; viele Kritiker lehnten diese Politik wegen ihrer angeblichen einseitigen Bindung an den Westen ab:

Eure kaiserliche Hoheit;

[...] Die deutsche Außenpolitik hat für die nächste absehbare Zeit drei große Aufgaben:
Einmal die Lösung der Reparationsfrage in einem für Deutschland erträglichen Sinne. [...] Zweitens rechne ich dazu den Schutz der Auslandsdeutschen, jener 10–12 Millionen Stammesgenossen, die jetzt unter fremdem Joch in fremden Ländern leben. Die dritte große Aufgabe ist die Korrektur der Ostgrenzen: die Wiedergewinnung von Danzig, vom polnischen Korridor und eine Korrektur der Grenzen in Oberschlesien. Im Hintergrund steht der Anschluss von Deutsch-Österreich. [...] Wollen wir diese Ziele erreichen, so müssen wir uns aber auch auf diese Aufgaben konzentrieren. Daher der Sicherheitspakt, der [...] in sich den Verzicht auf eine kriegerische Auseinandersetzung mit Frankreich wegen der Rückgewinnung Elsass-Lothringens birgt, ein deutscher Verzicht, der aber insoweit nur theoretischen Charakter hat, als keine Möglichkeit eines Krieges gegen Frankreich besteht. [...]

Die Sorge für die Auslandsdeutschen spricht für den Eintritt in den Völkerbund. [...] Polen, die Tschechoslowakei, Jugoslawien und Rumänien, die sämtlich durch internationale Verträge gebunden sind, für ihre Minderheiten, d. h. speziell für die deutschen Minderheiten, zu sorgen, werden sich nicht so sträflich über ihre Verpflichtungen hinwegsetzen können, wenn sie wissen, dass Deutschland alle diese Verfehlungen vor den Völkerbund bringen kann. Zudem sind Fragen der Kriegsschuld, allgemeine Abrüstung, Danzig, Saargebiet etc. Angelegenheiten des Völkerbundes, die durch einen geschickten Redner im Plenum des Völkerbundes zu ebenso vielen Unannehmlichkeiten für die Entente werden können. [...]
Die Frage des Optierens zwischen Osten und Westen erfolgt durch unseren Eintritt in den Völkerbund nicht. Optieren kann man ja übrigens nur, wenn man eine militärische Macht hinter sich hat. Das fehlt uns leider. [...] Das Wichtigste ist das Freiwerden deutschen Landes von fremder Besatzung. Wir müssen den Würger erst vom Halse haben. Deshalb wird die deutsche Politik [...] in dieser Beziehung zunächst darin bestehen müssen, zu finassieren* und den großen Entscheidungen auszuweichen.

Ich bitte E. K. H., mich auf diese kurzen Andeutungen beschränken zu dürfen, und darf im Übrigen wohl bitten, diesen Brief selbst – den ich absichtlich nicht unterzeichne, damit er nicht, auch nur aus Versehen, in fremde Hände fällt – freundlichst unter dem Gesichtspunkt würdigen zu wollen, dass ich mir natürlich in allen meinen Äußerungen eine große Zurückhaltung auferlegen muss. Wollen E. K. H. mir Gelegenheit geben, über diese Fragen [...] in einer ruhigen Stunde sprechen zu können, so stehe ich gern zur Verfügung. [...]

Die freundlichen Grüße E. K. H. bitte ich ehrerbietigst erwidern zu dürfen.

* finassieren: listenreich, hinterhältig vorgehen

Aus: Geschichtsdikaktik 2, 1983, S. 152 f.

1. Fassen Sie die außenpolitischen Leitgedanken Stresemanns zusammen.

MATERIAL 8

Der Historiker Hagen Schulze über Gustav Stresemann und seine Außenpolitik

Das erste große Ziel deutscher Außenpolitik verstand sich fast von selbst: die Revision von Versailles. Aber Stresemann war sich im Klaren, dass das nicht in einem Anlauf zu erreichen war, zumal nicht, solange die Hand Frankreichs auf Rhein und Ruhr lag und die dauernde französische Sanktionsandrohung die Gefahr eines Über-Versailles, einer endgültigen Zerschlagung des Reichs, bedeutete. So paradox es scheinen konnte – erst einmal musste die alte Geschäftsgrundlage, der Versailler Friedensvertrag, wiederhergestellt werden, bevor man an ihre Beseitigung gehen konnte. Das hieß: Deutschland musste, ungeachtet der in deutschen Augen vertragswidrigen französischen Politik, weiterhin die alliierten Reparationsforderungen zufrieden stellen und zugleich den Abzug der französischen Truppen aus dem Ruhrrevier zu erreichen suchen. Als Nächstes musste die Streichung der alliierten Strafandrohungen erreicht werden, nach denen Deutschland bei Nichterfüllung seiner Verpflichtungen erneut mit Sanktionen belegt werden konnte. Dies war der erste eigentliche Schritt zur Vertragsrevision, dem die Beseitigung der Reparationsforderungen folgen musste.

Waren diese Ziele, die Revision der Reparations- und Sanktionsbestimmungen, erreicht, so folgte für Stresemann als nächster Schritt die Annullierung der territorialen Bestimmungen des Friedensvertrages. Was Elsass-Lothringen anging, so gab sich Stresemann keinen Illusionen hin. [...] Im Osten dagegen strebte er ganz unverhohlen die Rückgabe Danzigs, des Korridors und Oberschlesiens an. Eine vertragliche Festschreibung der deutschen Ostgrenzen kam deshalb für ihn nie in Betracht; Stresemann mühte sich vielmehr, Frankreich und Polen zu entzweien und die Unzufriedenheit der deutschen Minderheit in Polen zu schüren. Vor allem, um die Frage der deutschen Ostgrenze offen zu halten, strebte Stresemann die Mitgliedschaft Deutschlands im Völkerbund an: [...] Den Artikel 19 der Völkerbundsatzung, der Grenzveränderungen mit friedlichen Maßnahmen erlaubte, gedachte er als völkerrechtlichen Hebel für die deutschen Gebietsansprüche zu nutzen. [...]

Ihm ging es letztlich um die Beseitigung des internationalen Systems der Pariser Vorortverträge von 1919 und um die Rückkehr zu einem europäischen Gleichgewicht, in dem Deutschland wie zur Bismarck-Zeit schon aufgrund seiner hohen Bevölkerungszahl und seiner wirtschaftlichen Überlegenheit die erste Geige spielen sollte.

Stresemann, das war Bismarck redivivus, konservativ bis in die Fingerspitzen, der eine an den Grenzen des politischen Möglichen orientierte aufgeklärte Machtpolitik betrieb. Es war derselbe Stresemann, der 1914 Gebiete von Calais bis Petersburg annektieren wollte, der 1919 die Dolchstoßlegende gepredigt und sich der Annahme des Versailler Vertrages wie der Weimarer Reichsverfassung widersetzt hatte und der nun daranging, mit den westlichen Alliierten den Ausgleich zu suchen – „Entspannungspolitik" zu betreiben, würde man heute sagen –, der mit aller Macht in den Völkerbund drängte, der den Friedensnobelpreis erhalten und der Nachwelt als großer Europäer erscheinen sollte. Doch in Wirklichkeit hat eine Wandlung vom nationalistischen Saulus zum pan-europäischen Paulus nie stattgefunden.

Aus: H. Schulze, Weimar. Deutschland 1917–1933, Berlin 1983, S. 272 f.

1. Kennzeichnen Sie Hagen Schulzes Stresemann-Bild.
2. Nehmen Sie auf der Grundlage des Kronprinzenbriefes (M 6) und der Darstellung Hagen Schulzes nochmals zur Frage der Nobelpreisverleihung Stellung. Erörtern Sie dabei auch, ob das Nobelpreiskomitee bei Kenntnis des Kronprinzenbriefes Stresemann den Preis zuerkannt hätte.

Die Analyse politischer Plakate

Plakat zur Reichstagswahl 1928.

Politische Plakate dienen der politischen Werbung und Überredung, der öffentlichen Meinungs- und Willensbildung. Auf leicht fassliche, einprägsame und oft suggestive Weise propagieren sie politische Botschaften. Die Plakate kombinieren meist großformatig Bilder, häufig mit symbolischem Charakter, Farben und Losungen.

Plakate haben unterschiedliche Funktionen: Sie sollen appellieren, provozieren und mobilisieren. Sie sind Mittel im politischen Meinungskampf, sie polarisieren also und erzeugen Gefühle der Zustimmung, der Bedrohung oder Ablehnung. Häufig schrecken die Gestalter politischer Plakate auch nicht davor zurück, die Betrachter zu verführen oder sie zu manipulieren. An Plakaten lässt sich der Grad der politischen Streitkultur einer Gesellschaft ablesen.
Eine Blütezeit des politischen Plakats war in Deutschland die Weimarer Republik. In den Plakaten jener Jahre spiegeln sich die aktuellen Streitthemen, die Programme sowie die Aktionsformen der Parteien und Verbände wider. Diese nahmen, bevor der Rundfunk oder das Fernsehen die Wähler massiv erreichte, über Plakate am öffentlichen Diskurs teil.

Der deutsche Expressionismus hat die Plakatkunst der Weimarer Republik durch aggressive Farbgebung, leidenschaftliche Linienführung und kompakte Formgebung inspiriert.

Plakate lassen sich unter folgenden Aspekten befragen und erschließen:
- Die Botschaft: Wofür und wogegen nimmt das Plakat Stellung?
- Der Adressat: Welche Zielgruppe wird umworben?
- Der Auftraggeber: Welches Selbstverständnis, welches Interesse und welche Zielsetzung hat er? In welchem sozialen Milieu ist der Auftraggeber verankert?
- Form und Ausdrucksmittel: Analysieren Sie Format, Aufbau sowie die Kombination von Farbe, Bild und Text.
- Historisch-politischer Bezugsrahmen: Informieren Sie sich über das Parteienspektrum (→ z. B. S. 252 und S. 293), die aktuelle Situation und den strukturellen Zusammenhang.

Ein Plakat lässt sich leichter erschließen, wenn es in eine thematische Reihe mit anderen Plakaten gebracht und mit ihnen verglichen werden kann.

Auch unpolitische Plakate, z. B. der kommerziellen Produktwerbung, lassen sich mit einer historisch-politischen Fragestellung untersuchen. Sie vermitteln Erkenntnisse über Massenkonsum, Seh- und Verhaltensgewohnheiten, Wohlstand sowie Mentalitäten einer Gesellschaft.

Plakat zur Reichstagswahl 1930.

Plakat zur Reichstagswahl 1930.

Plakat zur Reichstagswahl im Juli 1932.

Plakat zur Reichstagswahl im Juli 1932.

5. Das Scheitern der Weimarer Demokratie

5.1 Der Bruch der Großen Koalition 1930 – nur Parteitaktik?

Große Koalition scheitert

„Es ist nicht gut, aus Furcht vor dem Tode Selbstmord zu verüben." Dieser Satz des früheren sozialdemokratischen Reichsfinanzministers Hilferding zielte auf seine eigenen Parteigenossen. Mit der Ablehnung eines Kompromissvorschlags des Vorsitzenden der Zentrumsfraktion Heinrich Brüning zur Finanzierung der Arbeitslosenversicherung hatte die SPD-Reichstagsfraktion, wie es schien aus nichtigem Anlass, am 27. 3. 1930 das Ende der Großen Koalition provoziert. Damit hatte sich die Partei selbst aus der Regierung katapultiert. Es sollte 36 Jahre dauern, bis sie wieder als Regierungspartei verantwortlich deutsche Politik gestalten konnte. Warum hat die SPD am 27. 3. 1930 politischen Selbstmord begangen? War ihre Lage wirklich so aussichtslos, dass sie mit ihrem Beschluss lieber selbst den Zeitpunkt ihres politischen Abgangs bestimmen wollte? Oder hat sie die Tragweite ihres Handelns nicht überblickt und lediglich falsch taktiert?

Interessengegensätze der Koalitionspartner

Die Sozialdemokraten, die seit 1923 im Reich außerhalb der Regierungsverantwortung standen, waren die großen Gewinner der Reichstagswahlen von 1928. Da trotz der SPD-Erfolge die Parteien der Weimarer Koalition (SPD, DDP, Zentrum ohne BVP) mit 239 von 491 Mandaten die absolute Mehrheit knapp verfehlt hatten, war praktisch vorgezeichnet, dass diese drei Parteien die DVP und BVP an der Regierung beteiligen, also eine Große Koalition bilden würden. Die Regierungsbildung gestaltete sich sehr schwierig, da zwischen den künftigen Koalitionspartnern tiefe Gegensätze in der Wirtschafts- und Sozialpolitik bestanden. Der heftigste Widerstand kam aus der von der Großindustrie beherrschten DVP. Sie hatte sich auf einen Abbau sozialstaatlicher Gesetze festgelegt, während die SPD mit ihrer Regierungsbeteiligung vor allem die sozialen Errungenschaften verteidigen wollte. Aktuell ging es Ende der zwanziger Jahre um die Arbeitszeitfrage, das staatliche Schlichtungswesen und um die Arbeitslosenversicherung.

Interessengegensätze der Koalitionspartner

Durch ihre Forderung, die tägliche Arbeitszeit künftig individuell mit den einzelnen Arbeitnehmern zu vereinbaren, wollten die Arbeitgeber den im Stinnes-Legien-Abkommen 1918 (→ S. 243) durchgesetzten Achtstundentag generell zur Disposition stellen. Schon seit 1924 waren Ausnahmen von dieser Arbeitszeit möglich und wurden auch rege genutzt.

Schlichtungswesen

Im Ruhreisenstreit von 1928, dem härtesten Arbeitskampf der Weimarer Republik, starteten die rheinisch-westfälischen Schwerindustriellen einen Angriff auf das staatliche Schlichtungswesen. Es sah vor, Tarifkonflikte durch staatliche Schlichter zu beenden, wenn die Tarifparteien selbst zu keiner einvernehmlichen Lösung gelangten. Nach Auffassung der Arbeitgeber waren die staatlichen Schiedssprüche generell zu arbeitnehmerfreundlich.

1927 war die Arbeitslosenversicherung eingeführt worden. Wie auch in den anderen Zweigen der Sozialversicherung waren die Versicherungsbeiträge je zur Hälfte von Arbeitgebern und Arbeitnehmern aufzubringen. Die Höhe der Beiträge war so bemessen, dass maximal 1,4 Millionen Arbeitslose unterstützt werden konnten. Sollten in Krisenzeiten die Mittel der Versicherung nicht ausreichen, musste das Reich einspringen. Schon im Winter 1929/30 – nach Beginn der Weltwirtschaftskrise – gab es drei Millionen Arbeitslose. Da der Reichshaushalt zugleich eine Deckungslücke von 15 Prozent aufwies, konnte das Reich seine Verpflichtungen nur schwer einlösen. Die große Koalition diskutierte drei mögliche Lösungen:

- Steuererhöhungen zur Finanzierung der Reichszuschüsse
- Erhöhungen der Arbeitslosenversicherungsbeiträge
- Senkung der Leistungen der Arbeitslosenversicherung.

Simplicissimus-Karikatur von 1928

Positionen von SPD und DVP

Die SPD trat – bei Aufrechterhaltung der Versicherungsleistungen – für eine Beitragserhöhung um 0,5 Prozent ein und verlangte außerdem ein besonderes Notopfer von Beamten und Angestellten. Die DVP lehnte beides ab; sie wollte die Versicherungsleistungen senken. Der von Brüning vorgeschlagene und von der SPD-Fraktion schließlich abgelehnte Kompromiss verzichtete vorläufig auf Beitragserhöhungen zugunsten von Reichszuschüssen, lief aber nach Befürchtungen der SPD bei Anhalten der Krise faktisch auf Leistungskürzungen hinaus, da auch ein Reformgesetz zum Ausgleich des Haushalts der Reichsanstalt für Arbeit ins Auge gefasst war.

Historische Bewertung

In einer neueren Interpretation deutet der Historiker Hans Mommsen den Bruch der Großen Koalition als Folge einer Krise des Gesellschaftssystems. Nur die Bereitschaft der Sozialdemokratie, mit dem Bürgertum zusammenzuarbeiten, habe Weimar überhaupt möglich gemacht; ohne die Bereitschaft des Bürgertums zum sozialen Ausgleich habe die Republik nicht stabilisiert werden können. Diese Bereitschaft sei im Frühjahr 1930 nicht mehr vorhanden gewesen. Im Übrigen war es im Reichspräsidialamt längst beschlossen, die SPD aus der Regierung auszubooten. Die SPD sollte nur noch vorläufig als Regierungspartei geduldet werden, um ihr die Mitverantwortung für den geplanten Sozialabbau aufzubürden. Nach dem Urteil von Hans Mommsen war es nach wiederholten Konzessionen der SPD in der Finanz- und Steuerpolitik „zwar taktisch ungeschickt, aber sachlich schwer abweisbar", dass die Sozialdemokraten sich an einem bestimmten Punkt diesen Absichten entzogen haben.

1. Erläutern und beurteilen Sie, wie der Karikaturist (→ S. 285) die Verfassungswirklichkeit einschätzte.

MATERIAL

1 Rudolf Hilferding über die sozialen Errungenschaften Weimars

Acht-Stunden-Tag, Arbeitslosenversicherung, Schlichtungswesen und Verbindlichkeitserklärung sind der entscheidende Fortschritt, den die Sozialreform nach dem Kriege gemacht hat. Die Sozialpolitik vor dem Krieg – Frauen-, Kinderschutz und Versicherung – war wesentlich karitative Sozialpolitik, diente dem Schutz der Schwachen, Kranken und Alten. Die genannten sozialen Maßnahmen dienen aber der Stärkung der Machtposition der im Produktionsprozess Arbeitenden, sind eine Kräftigung im Kampf der Arbeiterklasse, im Ringen der Gewerkschaften, sind ein Stück *gesellschaftlicher Kontrolle des Arbeitsmarktes*. Arbeitszeit und Arbeitslohn sind jetzt ein Stück Inhalt der Politik. [...]

Rudolf Hilferding (1877–1941), Reichsfinanzminister (SPD) 1923, 1928–1929.

Aus: Die Gesellschaft; Bd. 2, 7. Jg., 1930, S. 385 ff.

MATERIAL

2 Aus einer Denkschrift des Reichsverbandes der Deutschen Industrie, 1929

Leitsätze für die Umgestaltung der deutschen Wirtschaftspolitik:

A. Kapitalbildung

1. Ausgangspunkt für alle Maßnahmen der Wirtschafts-, Finanz- und Sozialpolitik ist unter den für die deutsche Wirtschaft gegebenen Umständen die Förderung der Kapitalbildung. Sie ist die Voraussetzung für die Steigerung der Produktion und liegt daher im Interesse aller Schichten des deutschen Volkes. [...]

5. Die deutsche Wirtschaft muss von allen unwirtschaftlichen Hemmungen befreit werden. Die Vorbelastung der Produktion durch Steuern ist auf das unumgänglich notwendige Maß zurückzudämmen.

C. Sozialpolitik

Die materiellen Ansprüche der Sozialpolitik an die Wirtschaft müssen sich in den Grenzen der Leistungsfähigkeit und Entwicklungsmöglichkeit der Wirtschaft halten. Nur dann ist die Erfüllung der sozialen Aufgaben auf Dauer gesichert; die wirtschaftliche Produktivität ist die Quelle sozialer Leistungen. Aus dieser Erkenntnis forden wir in Übereinstimmung mit der Vereinigung der Arbeitgeberverbände eine Reform:

1. der Sozialversicherungsgesetze. Die bisherigen Grundlagen der Sozialversicherungsgesetze sollen erhalten bleiben, aber ihre Ausgaben und Leistungen müssen im Gegensatz zum jetzigen Zustand den Grenzen wirtschaftlicher Tragfähigkeit angepasst werden. [...]

2. der Arbeitslosenversicherung. [...] Ziel der Reform muss sein, den Haushalt der Reichsanstalt durch weitere Ersparnisse ohne Erhöhung der Beiträge und ohne Inanspruchnahme öffentlicher Mittel in ein dauerhaftes Gleichgewicht zu bringen.

3. der Schlichtungsordnung und des Zwangslohnsystems. Die staatliche Zwangeinwirkung auf die Gestaltung der Lohn- und Arbeitsbedingungen ist zu beseitigen. [...]

D. Finanz- und Steuerpolitik

Der Umbau der Finanzwirtschaft hat nach zwei Gesichtspunkten zu erfolgen:

a) wesentliche Senkung der öffentlichen Ausgaben und Steuern;

b) Beschaffung der Mittel, stärker als bisher, durch indirekte Besteuerung. [...]

Aus: Aufstieg oder Niedergang? Deutsche Wirtschafts- und Finanzreform 1929, Berlin, Dezember 1929, S. 7, 11–13, 28.

MATERIAL

Stresemann über die Koalitionsfähigkeit der DVP (1929) 3

Jeder bejaht im Prinzip die Große Koalition, und die meisten bemühen sich, sie zu verhindern. Es kommt hinzu, dass wir [...] mehr und mehr zu einer reinen Industriepartei werden. [...] Heute bringt die Fraktion der DVP überhaupt nicht mehr den Mut auf, in einen Gegensatz zu den großen Arbeitgeber- und Industrieverbänden zu treten.

Aus: G. Stresemann, Vermächtnis: Der Nachlass in drei Bänden, Hrsg. H. Bernhard, Berlin 1933, Bd. 3, S. 436 ff.

MATERIAL

Zwei Sozialdemokraten zum Scheitern der Großen Koalition 4

a) Rudolf Breitscheid (1929):

Bedenken Sie doch eins! Wenn diese Regierung fällt, was kommt? [...] Eine andere Regierung, eine parlamentarische Regierung! Gewiss, wenn wir das Kunststück fertigbringen, die Parteien von den Demokraten bis zu den Nationalsozialisten unter einen Hut zu bringen! Und was sonst? Dann wirklich eine Krise des Parlamentarismus, dann wirklich die Ausnutzung gewisser Verfassungsbestimmungen, die [...] unter Umständen dem Reichspräsidenten ein Recht geben könnten, das im Grunde mit der Demokratie nicht in Einklang steht.

b) Hugo Sinzheimer (1930):

Es ist lächerlich zu glauben, dass eine angeblich falsche taktische Wendung die Umlagerung der politischen Herrschaft nach rechts herbeigeführt habe, wie es auch durchaus falsch ist, für jene Umlagerung nur die Haltung der Fraktion in einer isolierten Einzelfrage verantwortlich zu machen. [...] Heute ist es die Arbeitslosenversicherung, morgen wird es die Verbindlichkeitserklärung, übermorgen das wirksame Tarifrecht sein, das als Opfer gefordert wird. [...]

Die Sozialdemokratie hat ihren geschichtlichen Beruf verteidigt, als sie die Idee des sozialen Rechts allen anderen Erwägungen politisch-taktischer Art überordnete. Nun muss sie alle Konsequenzen aus der Lage ziehen, in der sie sich befindet. Sie hat die Republik geschaffen, sie gegen alle Stürme erhalten, das Reich vor dem Verfall bewahrt, die Reparationsfrage geregelt, das Volk vor dem Chaos gerettet – nun ist es an ihr, ihre ganze freie Kraft zu entfalten, um die Republik von den großkapitalistischen und großagrarischen Einflüssen zu befreien, denen sie verfallen ist, und in der Republik den sozialen Gehalt zu erhalten und zu steigern, dessen Erhalt und Steigerung gerade ihr, der sozialistischen Partei, anvertraut ist.

Aus: a) Protokoll. Sozialdemokratischer Parteitag Magdeburg 1929, Berlin 1929, S. 170.
b) H. Sinzheimer, Koalitionspolitik oder was sonst?, in: Neue Blätter für den Sozialismus 1, 1930, S. 233–234

1. Erläutern Sie die sozialpolitischen Forderungen der Arbeitgeberverbände. Zeigen Sie auch jeweils die Auswirkungen für die Arbeitnehmer auf. (M 2)
2. Erörtern Sie die Auffassung des Historikers Knut Borchardt, dass Gewerkschaften und Sozialdemokraten diese Forderungen der Industrie als einen „Verrat an den politischen Grundlagen Weimars" auffassen mussten. Berücksichtigen Sie auch die Materialien 1 und 2.
3. Der Bruch der Großen Koalition ist zugleich Ausdruck einer Krise des Gesellschaftssystems, der parteienstaatlichen Demokratie und der Verfassungsordnung. Erläutern Sie diese These mithilfe der Materialien 1 bis 4.

5.2 Die Präsidialregierung Brüning:
Antwort auf eine Verfassungsstörung oder Beginn einer Verfassungszerstörung?

1930 – Untergang der Demokratie?

Die erste Gesamtdarstellung zur Geschichte der Weimarer Republik endet am 27. März 1930. Für ihren Autor, den Historiker Arthur Rosenberg, ging an jenem Tag und nicht erst mit Hitlers Machtantritt drei Jahre später die erste deutsche Demokratie zugrunde. Denn mit der Großen Koalition war auch die letzte parlamentarische Regierung zusammengebrochen. Ihr folgten bis 1933 mehrere „Präsidialkabinette" – so genannt, weil sie sich nur auf das Vertrauen des Reichspräsidenten stützten. Diese Präsidialkabinette pflegten zunehmend einen autoritären Regierungsstil, der mit dem demokratischen Geist der Verfassung unvereinbar war. Die neuen Machthaber begründeten ihre autoritäre Regierungsweise mit einer Verfassungsstörung. Aber waren damit nicht auch, wie Rosenberg meint, die ersten Schritte hin zu einer Verfassungsstörung getan?

Brüning

Der neue Kanzler Heinrich Brüning entstammte einer streng katholischen Familie aus Westfalen. Er hatte am Ersten Weltkrieg als Kriegsfreiwilliger teilgenommen. Die Kriegsstrapazen waren für den sehr sensiblen und gesundheitlich gefährdeten jungen Brüning eine erhebliche psychische und physische Herausforderung. Kriegserlebnis und Elternhaus dürften gleichermaßen seine Neigung zu asketischer Lebensführung sowie seinen Hang zu autoritären Verhaltensmustern gefördert haben. Diese Persönlichkeitsmerkmale können erklären, warum der Politiker Brüning nur wenig Gespür für die Bedürfnisse der Massen entwickelte. Emotionen wollte er mit Appellen an die Vernunft und das Pflichtbewusstsein begegnen.

Strategie Hindenburgs

Dem Kabinett Brüning gehörten mit Ausnahme der Sozialdemokraten im Wesentlichen Minister der ehemaligen Regierungsfraktionen an, erweitert um einige Vertrauensleute Hindenburgs aus der DNVP. Durch die mit dieser Regierung beabsichtigte Rechtswendung in der Politik sollte dem Medienzar Hugenberg, der seit der Wahlniederlage der DNVP 1928 deren Vorsitzender war und eine Fundamentalopposition gegen die Republik betrieb, das Wasser abgegraben werden. Fernziel der Berater Hindenburgs war, die DNVP wieder koalitionsfähig zu machen und so die Voraussetzungen für ein arbeitsfähiges Mitte-Rechts-Bündnis als mehrheitsfähige Alternative zur Großen Koalition zu schaffen.

Konflikt um Deckungsvorlage

Welcher Weg eingeschlagen werden sollte, zeigte sich im Sommer 1930, als Brüning mit einer Deckungsvorlage für den Reichshaushalt, die Steuererhöhungen und Leistungseinschränkungen bei der Arbeitslosenversicherung vorsah, im Reichstag scheiterte. Unverzüglich setzte der Reichspräsident unter Berufung auf Art. 48 WRV die vom Reichstag abgelehnte Deckungsvorlage durch zwei Notverordnungen in Kraft. Die Reichsregierung begründete diesen Schritt mit der Unfähigkeit des Reichstags zur konstruktiven Arbeit. Es sei ein Verfassungsnotstand eingetreten, der die Anwendung des Notverordnungsrechts nach Art. 48 WRV rechtfertige. Diese Auslegung des Art. 48, der eigentlich auf innere Unruhen zielte, war äußerst weit, wenn nicht verfassungswidrig. Zwei Tage nach ihrem Erlass hob der Reichstag beide Notverordnungen wieder auf.

Als Reaktion darauf löste der Reichspräsident den Reichstag auf. Acht Tage später wurden beide Notverordnungen in verschärfter Form wieder in Kraft gesetzt. Einen Reichstag, der dagegen hätte vorgehen können, gab es nicht mehr. Mit diesem verfassungsrechtlich höchst fragwürdigen Akt wurde der erste Schritt in Richtung einer Präsidialdiktatur, wie man die Zeit zwischen 1930 und 1933 auch bezeichnet, getan.

Plakat der DNVP, 1932.

Die mit der Reichstagsauflösung fälligen Neuwahlen fanden am 14. September 1930 statt und sind als „Erbitterungswahlen" in die Geschichte eingegangen: Die Nationalsozialisten konnten in diesen Wahlen ihre Mandatszahl von 12 auf 107 steigern und wurden – nach den Sozialdemokraten – die zweitgrößte Reichstagsfraktion. Der Sieg der NSDAP ging hauptsächlich zu Lasten der bürgerlichen Parteien, die von ihren 42 Prozent im Jahre 1928 auf 29 Prozent zurückfielen; die Zentrumsfraktion dagegen behauptete sich.

Hindenburg war von vornherein entschlossen, den Reichstag sofort wieder aufzulösen, wenn dieser die zwischenzeitlich in Kraft gesetzten Notverordnungen annullieren sollte. An einem weiteren Wahlgang konnte jedoch keine Partei außer der NSDAP ein Interesse haben. In dieser Situation entschloss sich die SPD, die Politik der Regierung Brüning zu tolerieren. Die zahlreichen Gegner dieser Linie innerhalb der SPD befürchteten, die SPD werde fortan für die zu erwartende arbeitnehmerfeindliche Politik Brünings mitverantwortlich gemacht. Mit den Stimmen der SPD wurden künftig sämtliche Misstrauensanträge von DNVP, NSDAP und KPD gegen die Regierung abgelehnt. Die Sozialdemokraten mussten jetzt eine Politik mittragen, auf deren Formulierung sie weder im Kabinett noch im Reichstag Einfluss nehmen konnten, denn die Regierung griff immer mehr zum Mittel der Notverordnung. 1930 erließ der Reichspräsident fünf, 1931 bereits 44 und 1932 schließlich 60 Notverordnungen; gleichzeitig ging die Gesetzgebungstätigkeit des Reichstags auffallend zurück: 1930 beschloss er 98 Gesetze, 1931 noch 41 und 1932 nur noch 13. Der Reichstag trat daher auch nur noch selten zusammen; 1930 gab es 94 Sitzungstage, 1931 noch 41 und 1932 nur noch 13.

Schleichender Verfassungswandel

Ein schleichender Verfassungswandel war unverkennbar. Mehr und mehr verlagerte sich die legislative Gewalt weg vom Reichstag auf den Reichspräsidenten und die Reichsregierung. Gleichzeitig wuchs die Macht des Reichspräsidenten auf Kosten der Reichsregierung, denn ohne Zustimmung des Reichspräsidenten konnten die Präsidialkabinette keine Notverordnung erlassen, also nicht regieren. So führte die Anwendung des Artikels 48 Abs. 2 zu einer zweifachen Kompetenzverlagerung: Für die Erweiterung ihres Spielraums gegenüber dem Reichstag musste die Reichsregierung eine wachsende Abhängigkeit vom Reichspräsidenten in Kauf nehmen.

MATERIAL

5 Simplicissimus-Karikatur von 1930

„Der liebste Platz, den ich auf Erden hab', das ist die Rasenbank am Elterngrab."

MATERIAL

Artikel 48 der Weimarer Reichsverfassung 6

Wenn ein Land die ihm nach der Reichsverfassung oder den Reichsgesetzen obliegenden Pflichten nicht erfüllt, kann der Reichspräsident es dazu mithilfe der bewaffneten Macht anhalten.

Der Reichspräsident kann, wenn im Deutschen Reiche die öffentliche Sicherheit und Ordnung erheblich gestört oder gefährdet wird, die zur Wiederherstellung der öffentlichen Sicherheit und Ordnung nötigen Maßnahmen treffen, erforderlichenfalls mithilfe der bewaffneten Macht einschreiten. Zu diesem Zweck darf er vorübergehend die in den Artikeln 114, 115, 117, 118, 123, 124 und 153 festgesetzten Grundrechte ganz oder zum Teil außer Kraft setzen.

Von allen gemäß Abs. 1 oder Abs. 2 dieses Artikels getroffenen Maßnahmen hat der Reichspräsident unverzüglich dem Reichstag Kenntnis zu geben. Die Maßnahmen sind auf Verlangen des Reichstages außer Kraft zu setzen. [...]

MATERIAL

7 Der Artikel 48 in Verfassungsrecht und Verfassungswirklichkeit

Seit dem 1. Kabinett Brüning im Frühjahr 1930 wurden die Reichsregierungen nicht mehr auf parlamentarischem Wege gebildet, sondern Vertrauensleute des Reichspräsidenten ausdrücklich mit einer Regierungsbildung ohne Rücksicht auf Koalition und Parteien beauftragt (so auch bei den späteren Kabinetten von Papen und Schleicher). Sie stützten ihre Politik dementsprechend nicht auf parlamentarische Mehrheiten, sondern auf die Verordnungsermächtigung des Präsidenten nach Art. 48 Abs. 2 WRV (Weimarer Reichsverfassung). Konsequenterweise wurde im Konfliktsfall, wenn der Reichstag die Politik der Regierung durch das Verlangen der Aufhebung einer Notverordnung gemäß Art. 48 Abs. 3 zu durchkreuzen suchte, das Parlament aufgelöst. [...]

Ein derartiges Vorgehen gegen die Ausübung eines legitimen Rechtes des Reichstags fand in der Weimarer Verfassung keine Stütze. Es wurde [...] damit gerechtfertigt, dass eine *Verfassungsstörung* eingetreten sei, wenn das Parlament sich nicht mehr fähig erweise, seine Funktion selbst durch Bildung positiver, entschlussbereiter Mehrheiten wahrzunehmen. Dies stelle eine neue Art von *Verfassungsnotstand* dar, der die Regierung verpflichte, die zu seiner Abwendung notwendigen Maßnahmen, eventuell auch im Wege der Verfassungsänderung (!), zu ergreifen. [...] Das jetzt aufkommende Präsidialregime beruhte darauf, dass der Reichspräsident [...] seine Rechte aus Art. 25, 48 und 53 als funktionelle, gegen den Reichstag gerichtete Einheit verstand.

Mithilfe des dementsprechend antiparlamentarisch interpretierten Art. 53 konnte er eine Reichsregierung ohne Rücksicht auf die Mehrheitsverhältnisse im Reichstag ernennen. Erhielt sie für ihr Programm keine parlamentarische Rückendeckung, so konnte er ihr seine Ermächtigung aus Art. 48 Abs. 2 zum Erlass von Notverordnungen zur Verfügung stellen. Gegen ein Misstrauensvotum des Reichstags nach Art. 54 WRV wie gegen ein Aufhebungsverlangen nach Art. 48 Abs. 3 schützte er die Regierung mit Hilfe der Auflösung des Reichstags gemäß Art. 25. Die Regierung war nun nicht mehr vom Parlament, sondern allein von ihm abhängig; denn er konnte sie jederzeit wie ernennen, so auch entlassen. [...]

Art. 48 fungierte nunmehr als Gesetzgebungsgrundlage in Präsidialregimen, deren Notstandsbekämpfung nicht mehr restitutiven sondern systemverändernden Charakter trug.

Aus: H. Boldt, Der Artikel 48 der Weimarer Reichsverfassung, in: M. Stürmer (Hrsg.), Die Weimarer Republik, Königstein 1980, S. 288–307.

MATERIAL 8

Gustav Radbruch über das Politikverständnis von Obrigkeitsstaat und Demokratie

Der Obrigkeitsstaat, dessen Regierung sich nicht auf die parteipolitische Mehrheit des Parlaments stützte, hatte zu seiner notwendigen Grundlage den Glauben an die Möglichkeit eines Standpunktes über den Parteien: „Das Vaterland über der Partei“. Die Überparteilichkeit der Regierung war geradezu die Lebenslüge des Obrigkeitsstaats. Von diesem Standpunkte aus erschien ihm der Parteikampf als ein überflüssiger „Hader der Parteien“, als ein sachlicher Arbeit schädliches Gezänk, als Äußerung eines Parteigeistes, der aus mangelnder Einsicht und bösem Willen zusammengesetzt ist. Die Parteien erschienen von hier aus als etwas, das nicht sein sollte.
Freilich war die vermeintlich oder vorgeblich überparteiliche Regierung von der echten Parteiregierung nur dadurch unterschieden, dass ihre parteipolitischen Stützpunkte nicht sichtbar vor den Augen der Öffentlichkeit lagen, sondern Gegenstand einer innerpolitischen Geheimdiplomatie waren. Der vermeintliche oder vorgebliche Standpunkt „über den Parteien“ war in Wahrheit nur einer unter anderen Parteistandpunkten, von anderen nur dadurch unterschieden, dass er sich für den einzig möglichen, alle anderen Standpunkte aber für böswillig [...] hielt.

Dieser obrigkeitsstaatlichen Auffassung tritt in der Demokratie die Auffassung gegenüber, dass es eine beweisbare und unwiderlegbare Richtigkeit im Bereiche der politischen Grundanschauungen nicht gibt – nur unter dieser Voraussetzung kann ja jeder politischen Überzeugung, die eine Mehrheit für sich zu gewinnen vermochte, das gleiche Recht zugestanden werden, die Herrschaft im Staate zu übernehmen.
Der Verekelung des Parteilebens von der Höhe eines angeblich überparteilichen Standpunkts aus muss im Volksstaat die umgekehrte Überzeugung gegenübertreten, dass sich in eine Partei einzuordnen Bürgerpflicht ist.

Gustav Radbruch → S. 275, Anm. zu Material 5

Aus: G. Radbruch, Die politischen Parteien im System des deutschen Verfassungsrechts, in: G. Anschütz/R. Thoma (Hrsg.), Handbuch des deutschen Staatsrechts, Tübingen 1930, S. 288 ff.

1. Erläutern Sie die Darstellung der Karikatur (M 5). Berücksichtigen sie dabei M 6 und die Einschätzung des Verfassungshistorikers Boldt (M 7).
2. Erläutern sie, worin Radbruch (M 8) die Unterschiede im Politikverständnis von Demokratie und Obrigkeitsstaat erblickt. Setzen Sie sich damit auseinander:
3. Begründen Sie, warum die Präsidialkabinette nach Radbruch eine Restauration des alten Obrigkeitsstaats bedeuten.
4. Setzen Sie sich mit der in den letzten beiden Absätzen von M 8 zum Ausdruck kommenden Auffassung auseinander. Radbruch selbst ist nach 1945 von seiner Meinung abgerückt. Erörtern Sie, was ihn dazu bewogen haben könnte.

MATERIAL

9 Äußerungen zur Reichstagswahl 1930

a) Joseph Goebbels, NSDAP:

Wir gehen in den Reichstag hinein, um uns im Waffenarsenal der Demokratie mit deren eigenen Waffen zu versorgen. Wie werden Reichstagsabgeordnete, um die Weimarer Gesinnung mit ihrer eigenen Unterstützung lahm zu legen. Wenn die Demokratie so dumm ist, uns für diesen Bärendienst Freifahrkarten und Diäten zu geben, so ist das ihre eigene Sache. Wir zerbrechen uns darüber nicht den Kopf. Uns ist jedes gesetzliche Mittel recht, den Zustand von heute zu revolutionieren. [...]
Wir kommen nicht als Freunde, auch nicht als Neutrale. Wir kommen als Feinde! Wie der Wolf in die Schafherde einbricht, so kommen wir. Jetzt seid ihr nicht mehr unter euch! Und so werdet ihr keine reine Freude an uns haben!

b) Vossische Zeitung, Berlin:

Wir geben es zu: 107 Nationalsozialisten, dazu 41 Deutschnationale und 76 Kommunisten – dieses Ergebnis ist ein Sieg des Radikalismus, auf den man nicht vorbereitet war.
Dass die nationalsozialistische Flut stark anstieg, war nicht zu verkennen. Die riesenhafte Arbeitslosigkeit, die Massenentlassungen von Angestellten in jüngster Zeit, die neuen drückenden Steuern, durch die der Fehlbetrag im Etat gedeckt werden musste, die Not der durch die Inflation Verarmten, nicht zuletzt auch diese ewigen Kämpfe und Krisen im Reichstag, die einen großen Teil der Bevölkerung dem Parlament entfremdet: das alles schuf den Nährboden, der der nationalistischen Agitation günstig war. Und dazu kam, dass von einem Teil der Schwerindustrie und der Finanz eine Bewegung unterstützt und hochgezüchtet wurde, von der man sich ein Niederringen der Sozialdemokratie und Kommunisten versprach.
Wenn man noch im letzten Reichstag sich den Luxus erlaubte, [...] die Auflösung eines arbeitsfähigen Reichstages herbeizuführen, und in dieser schwierigsten Zeit Neuwahlen zu erzwingen – im neuen Reichstag werden die Parteien begreifen müssen, dass es kein anderes Programm gibt als das Deutsche Reich, keine andere Forderung als die Erhaltung seiner wirtschaftlichen und politischen Lebensfähigkeit.

c) Hans Ziegler, SPD:

Die Sozialdemokratie wird, solange sie die Regierung Brüning hält* [...] von rechts und links für alles verantwortlich gemacht, was diese Regierung an reaktionären, arbeiterfeindlichen Gesetzen und Verordnungen hervorbringt. Man wird nicht nur die Schuld für arbeiterfeindliche Gesetze, sondern für alle Not, die die Weltwirtschaftskrise mit sich bringt, auf uns abwälzen. [...]
Mit der bedingungslosen Unterstützung der Regierung Brüning geben wir das eigene politische Handeln auf. Ein Jahr Tolerierung der Regierung Brüning [...] wird bei Anhalten der Wirtschaftskrise die Nationalsozialisten und Kommunisten auf unsere Kosten noch rascher anwachsen lassen als bisher.

* Die SPD hatte sich nach den Wahlen entschlossen, das Kabinett Brüning zu tolerieren, „solange es entschlossen und imstande ist, die faschistische Aspiration abzuwehren".

Aus: a) G. Kotowske (Hrsg.), Historisches Lesebuch 3, 1914–1933, Frankfurt 1968, S. 295 f. b) Das Freie Wort, Sozialdemokratisches Diskussionsorgan, H. 47, November 1930, S. 7 ff.

1. Erschließen Sie aus Goebbels Äußerungen den machtpolitischen Anspruch der NSDAP.
2. Womit erklärt die Vossische Zeitung den NSDAP-Sieg?
3. Entwerfen Sie aus der Sicht der liberalen Vossischen Zeitung einen Kommentar zur SPD-Diskussion um die Tolerierung Brünings.
4. Versuchen Sie, die SPD-Diskussion aus der Sicht Radbruchs zu beurteilen.

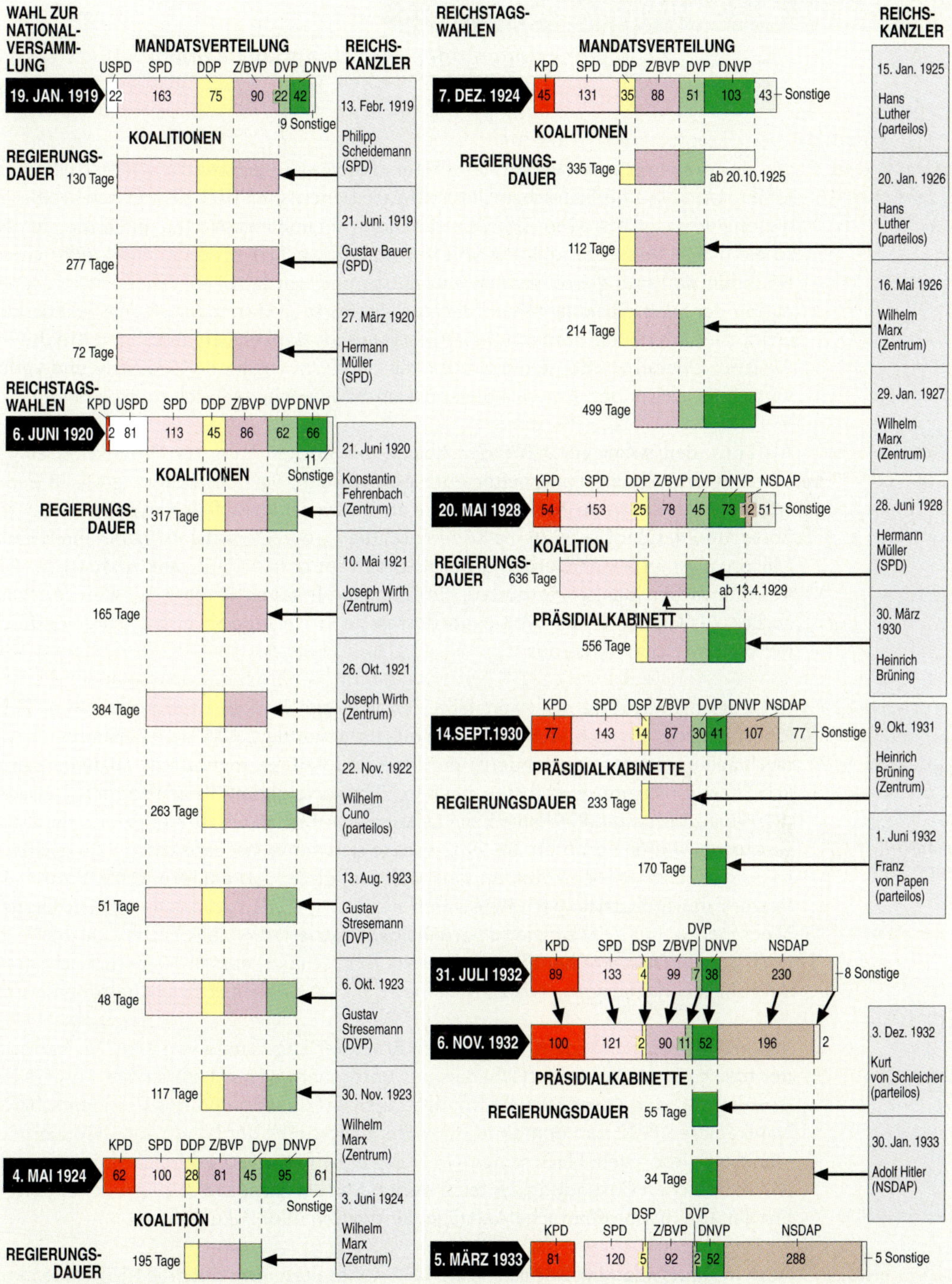

PARTEIEN KPD = Kommunistische Partei Deutschlands; USPD = Unabhängige Sozialdemokratische Partei Deutschlands; SPD = Sozialdemokratische Partei Deutschlands; DDP/DSP = Deutsche Demokratische Partei, später Deutsche Staatspartei; Z/BVP = Zentrum mit Bayerischer Volkspartei; DVP = Deutsche Volkspartei; DNVP = Deutschnationale Volkspartei; NSDAP = Nationalsozialistische Deutsche Arbeiter-Partei

Der Weg nach rechts – Mandate und Kanzler der Weimarer Republik.

5.3 Brüning und die Weltwirtschaftskrise – Zwangslagen oder Handlungsspielräume?

Boom in Amerika – Boom in Europa

„Produzieren und produzieren" hatte Henry Ford der amerikanischen Wirtschaft empfohlen. Und die amerikanischen Unternehmen beherzigten nach dem Ersten Weltkrieg diesen Ratschlag in großem Stil. Sie rationalisierten und investierten und ermöglichten so die billige Massenproduktion von Konsumgütern. Der Konsumentenkredit wurde erfunden, Amerika geriet in einen Kaufrausch und wurde zur führenden Wirtschaftsnation der Welt. Spekulanten entdeckten die Börse und trieben, oft mit geliehenem Geld, die Aktienkurse immer höher. Amerikanische Banken vergaben hohe Kredite ins Ausland. Überall wurden diese Kredite zur Modernisierung der Industrie und Landwirtschaft verwendet. Amerika begann, sein erfolgreiches Modell zu exportieren.

Amerika exportiert seine Krise

Als Ende der zwanziger Jahre der Absatz ins Stocken kam, die Produktion eingeschränkt und die ersten Arbeiter entlassen wurden, war der Schock groß. In Panik stießen viele Aktionäre ihre Wertpapiere ab, die Aktienkurse fielen an der New Yorker Börse am 24. Oktober 1929 ins Bodenlose, die „große Depression" nahm ihren Lauf: Millionen Amerikaner wurden arbeitslos, der Lebensstandard sank dramatisch. Die amerikanischen Banken forderten nun ihre kurzfristigen Kredite aus dem Ausland zurück. Als Gläubiger der Welt exportierten sie ihre eigene Krise und lösten dadurch die Weltwirtschaftskrise aus.

Finanzkrise in Deutschland

In Deutschland führte der Kapitalabfluss zahlreiche Banken an den Rand ihrer Zahlungsfähigkeit. Panisch wurden Bankeinlagen gekündigt. Um den Zusammenbruch des Bankensystems zu verhindern, wurden Bankfeiertage angeordnet, an denen sämtliche Kreditinstitute geschlossen blieben. Zur Verteidigung ihrer knappen Devisenreserven erhöhte die Reichsbank die Leitzinsen auf Sätze bis zu 20 Prozent; die Devisenausfuhr wurde verboten.

Wirtschaftskrise in Deutschland

Bis 1932 spitzte sich die Wirtschaftskrise in Deutschland ständig zu. Das Volkseinkommen sank während dieser Jahre um rund 40 Prozent; 60 Prozent der Industriekapazitäten waren nicht ausgelastet. Mehr als sechs Millionen Menschen waren 1932 offiziell als arbeitslos registriert; die tatsächliche Zahl dürfte jedoch um ein Drittel höher anzusetzen sein. Man schätzt, dass unter Berücksichtigung der Familienangehörigen etwa 20 Millionen direkt von Arbeitslosigkeit betroffen waren.

USA: Gegensteuern der Staaten

In Amerika hatte Präsident Hoover den Ernst der Lage lange verkannt. Verhaftet in der Ideologie des Wirtschaftsliberalismus unternahm er nur halbherzige Ansätze zur Bewältigung der Krise. Zum Hoffnungsträger wurde während des Präsidentschaftswahlkampfes 1932 sein demokratischer Herausforderer, der New Yorker Gouverneur Franklin D. Roosevelt. Nach seinem Wahlsieg ergriff er sofort zahlreiche Initiativen zur wirtschaftlichen Gesundung. Unter anderem trat der Staat selbst als großer Arbeitgeber auf, um durch öffentliche Aufträge die Wirtschaft anzukurbeln.

Deutschland: Staat verschärft Krise

Auch in Deutschland wurde seit Mitte 1931 auf breiter Front über die Möglichkeit kreditfinanzierter staatlicher Beschäftigungsprogramme diskutiert. Doch die Regierung Brüning verschloss sich solchen Forderungen. Sie strebte einen ausgeglichenen Staatshaushalt und eine positive Handelsbilanz an. Ihre Politik lief auf eine Krisenverschärfung hinaus. Mittels präsidialer Notverordnungen setzte sie im Einzelnen folgenden Maßnahmen durch: Die Beamtengehälter wurden dreimal um insgesamt 23 Prozent gekürzt, die Unterstützungssätze für Arbeitslose um 14 Prozent herabgesetzt, verheiratete Frauen verloren ihren Anspruch auf Arbeitslosenunterstützung; öffentliche Investitionsvorhaben wurden zurückgestellt. Zugleich wurden Steuern und Abgaben erhöht und neue eingeführt. Das staatliche Schlichtungswesen bot die Möglichkeit, Lohnkürzungen durchzusetzen. Zum Ausgleich wurde eine Senkung der Mieten und der gebundenen Preise verordnet. Allerdings fielen die Löhne stärker als die Preise. Trotz allem gelang der Haushaltsausgleich nicht, da die Steuerausfälle aufgrund sinkender Einkommen noch erheblicher waren. Auch konnte die Handelsbilanz nicht nachhaltig aktiviert werden. Zwar wurde weniger importiert und – zunächst – mehr exportiert, aber die aufgrund der Niedrigpreispolitik errungenen Wettbewerbsvorteile der Exportwirtschaft wurden durch eine Abwertung des britischen Pfundes, der sich die meisten Länder des Sterlingblocks anschlossen, wieder zunichte gemacht.

Karikatur aus dem Simplicissimus, 8. Dezember 1930: Der Lohnabbau erfordert den Abbau der Kleinhandelspreise – also auch der Großhandelspreise – also auch der Fabrikpreise – also neuen Lohnabbau. (Circulus vitiosus = Teufelskreis)

Historische Kontroverse:

Angesichts der katastrophalen Folgen seiner Politik stellt sich die Frage nach Brünings Motiven. Eine These besagt, Brüning habe aufgrund von ökonomischen Zwangslagen und politischen Bindungen keine Alternative zu seiner krisenverschärfenden Deflationspolitik gehabt. Die seit 1924 stark gestiegenen Reallöhne, die sozialpolitisch bedingt hohen Steuern und die hohen Lohnnebenkosten hätten die Investitionsfähigkeit der Wirtschaft beeinträchtigt und ihre Exportstellung gefährdet. Außenpolitische Bindungen, wie der Young-Plan, nach dem die umlaufenden Banknoten zu 40 Prozent durch Gold und Devisen gedeckt sein mussten und das Reich maximal 400 Millionen RM bei der Reichsbank als Kredit aufnehmen durfte, hätten Brünings Handlungsspielraum ebenso eingeengt wie innenpolitische Zwangslagen, z. B. die weit verbreitete Inflationsfurcht.

Zwangslagen Brünings

Die Gegenmeinung besagt, Brüning habe in der Wirtschafts- und Finanzpolitik seinen Handlungsspielraum selbst eingeschränkt, weil er sie dogmatisch starr seinem obersten außenpolitischen Ziel, der Streichung der Reparationen, unterstellt habe. Um dieses Ziel zu erreichen, habe er die Zahlungsunfähigkeit Deutschlands glaubhaft nachweisen und deshalb strikt die Young-Verpflichtungen einhalten müssen. Er habe eine innere Krise mit Massenarbeitslosigkeit vorausgesehen, sie zur Durchsetzung seiner Ziele aber bewusst in Kauf genommen in der Hoffnung, dass seine Erfolge in der Frage der Reparationszahlungen sich dann innenpolitisch positiv auswirken würden. Deshalb habe er die selbst in seiner unmittelbaren Umgebung gemachten Vorschläge, seine Haushaltspolitik zu ändern und kreditfinanzierte Beschäftigungsprogramme aufzulegen, zum Nachteil der Arbeitslosen ignoriert.

Handlungsspielräume nicht genutzt

MATERIAL
10 Mieterstreik in der Köpenicker Straße, Berlin 1932

MATERIAL 11

Zur Lage der Arbeitslosen in Deutschland

Unter dem Titel „Deutschland so oder so?" veröffentlichte der amerikanische Journalist H. R. Knickerbocker 1932 ein Buch über die wirtschaftlichen, sozialen und politischen Verhältnisse in Deutschland.

Nach den Angaben des Arbeitsamtes in Neukölln beträgt der Reichsdurchschnitt der Unterstützung, die ein beschäftigungsloser Arbeiter mit Frau und Kind bezieht, 51 Mark im Monat. Gemäß den Berechnungen dieser offiziellen Stelle kommen Miete, Beleuchtung, Beheizung und unvermeidliche Nebenausgaben auf ein unerbittliches Minimum von 32 Mark und 50 im Monat. Für die Ernährung dreier Menschen bleiben also 18 Mark 50 im Monat übrig. [...]
Nach einer Statistik des Arbeitsamtes kann der Berliner Unterstützungsempfänger 45 Pfund Brot für 6 Mark kaufen; einen Zentner Kartoffeln für 2 Mark 50, 9 Pfund Margarine für 3 Mark; 15 Liter Milch für 4 Mark 50; 20 Pfund Kohl für 2 Mark; 10 Heringe, Salz und Zucker für 1 Mark – und damit wären seine 18 Mark 50 aufgebraucht.
Das bedeutet täglich ein halbes Brot, ein Pfund Kartoffeln, hundert Gramm Kohl, fünfzig Gramm Margarine und dreimal im Monat einen Hering pro Kopf.
Aufgrund dieser Berechnung habe ich in meiner eigenen Küche die Tagesverpflegung einer Person ausgewogen. Das Rohmaterial für die drei kleinen Mahlzeiten findet auf einem Fleischteller bequem Platz. Es besteht aus sechs kleinen Kartoffeln, fünf mitteldicken Scheiben Brot, einem Stückchen Kohl, das ungefähr faustgroß ist und einem Stückchen Margarine von etwa 16 Kubikzentimetern. Das ist die Wochentagsration, und an drei Sonntagen im Monat kann jeder Erwachsene außerdem noch einen Hering essen, während das Kinde jeden Sonntag einen Hering essen und wohl täglich einen halben Liter Milch bekommen kann. [...]
Im Jahr 1927 betrug die deutsche Arbeitslosenunterstützung ungefähr 80 Mark im Monat. [...] Jetzt haben die unter dem Druck des unaufhörlich steigenden Defizits erlassenen Verordnungen vom 5. Juni und 6. Oktober (1931) die Unterstützung auf einen Durchschnitt von 51 Mark herabgedrückt*, und von dieser mehr als unzureichenden Summe müssen schätzungsweise 15 Millionen Deutsche leben.

* Die Unterstützungssätze wurden 1932 nochmals gesenkt.

Aus: H. R. Knickerbocker, Deutschland so oder so?, Berlin 1932, S. 14 ff.

1. Was vereint, was trennt die streikenden Anwohner der Köpenicker Straße? Berücksichtigen Sie auch den Bericht des Journalisten Knickerbocker (M 11).

MATERIAL

12 Daten zur wirtschaftlichen und sozialen Entwicklung 1913–1932

Jahr	*reales* BSP[1]	*Nominal-löhne*[2]	*Real-löhne*[3]	*Preise*[4]	*Arbeitszeit* Std. *wöchentl.*	*Arbeitslosen-quote*[5] *in %*	*Steuerlast-quote*[6] *in %*
	1928 = 100						
1913	93	61	93	66	50–60	–	9
1925	89	75	81	93	49,5	3,4	17
1926	88	78	84	93	–	10,0	–
1927	99	88	89	97	46,0	6,2	–
1928	100	100	100	100	46,0	6,3	–
1929	95	103	102	101	–	8,5	18
1930	91	95	97	97	–	14,0	–
1931	80	84	94	89	–	21,9	–
1932	76	69	86	80	41,5	29,9	23

[1] Bruttosozialprodukt, preisbereinigt, je Einwohner
[2] Bruttoverdienste der Arbeiter je Woche
[3] Bruttoverdienste der Arbeiter je Woche, preisbereinigt
[4] Lebenshaltungskosten einer 5-köpfigen Arbeiterfamilie
[5] in % der abhängigen Erwerbspersonen
[6] Staatseinnahmen in Relation zum Volkseinkommen in %

MATERIAL

13 Staatsausgaben je Einwohner in Preisen von 1900 (1913 = 100)

Aufgabenbereiche	1913		1925		1929		1932	
	Mark	*Index*	*Mark*	*Index*	*Mark*	*Index*	*Mark*	*Index*
Kriege/Kriegsfolgen	25,1	100	21,9	87	27,7	110	14,2	110
Wirtschaftsförderung	17,0	100	15,8	93	22,1	130	18,2	107
Sozialer Bereich	20,5	100	64,7	316	101,6	496	106,3	519
davon:								
Sozialversicherung	12,2	100	23,2	190	49,2	403	50,0	410
Wohnungsbau	0,4	100	10,1	2525	13,2	3300	4,5	1125
Schuldendienst	5,5	100	0,9	16	4,1	71	6,7	116
Total	103,2	100	150,2	146	211,9	205	199,9	194

MATERIAL

14 Der deutsche Außenhandel (in Millionen RM zu laufenden Preisen)

Jahr	*Exporte*	*Importe*	*Saldo der Handelsbilanz*
1928	12054,6	13931,1	–1876,5
1929	13486,3	13358,8	+ 127,5
1930	12035,6	10348,7	+1686,9
1931	9591,8	6712,8	+2879,0
1932	5741,1	4652,8	+1088,3

M 12–14: D. Petzina u. a. (Hrsg.), Sozialgeschichtliches Arbeitsbuch III, München 1978, S. 75 f., 78, 98, 107, 146, 150 und eigene Berechnungen.

1. Erschließen Sie aus den Tabellen M 12–14 Informationen zur sozialen Lage der breiten Bevölkerung und zur wirtschaftlichen Entwicklung der Weimarer Republik. Vergleichen Sie Ihre Ergebnisse mit der Erklärung Brünings (M 15).
2. Überprüfen Sie die Darstellungsabsicht der Karikatur S. 295 an den statistischen Befunden und erläutern Sie die volkswirtschaftlichen Auswirkungen des Teufelskreises.

MATERIAL

Erklärung des Reichskanzlers Dr. Brüning vom 16. Oktober 1930 15

Die Grundlinien des Reformplanes der Reichsregierung sind ein vollkommen ausgeglichener Haushaltsplan für 1931, Selbstständigmachen der Arbeitslosenversicherung, Sparsamkeit auf allen Gebieten, auch an den Gehältern, [...] eine Steuerpolitik, die den Produktionsprozess nicht unerträglich belastet, vielmehr die Kapitalbildung fördert. [...]

Die Gehalts- und Preispolitik der Reichsregierung verfolgt, was ich mit Nachdruck betonen möchte, in ihrem auf längere Sicht eingestellten Plan keine dauernde Senkung des Reallohns, sie will vielmehr das sachlich vielfach nicht gerechtfertigte und daher unhaltbare deutsche Preisgebäude unter allen Umständen ins Wanken bringen. Dieses Ziel ist nicht zu erreichen, ohne dass auch eine gewisse Beweglichkeit in die Gehälter und Löhne gebracht wird, die in Deutschland zu etwa 75 Prozent, sei es durch Gesetz, sei es durch Tarifverträge, gebunden sind. Die Aufgabe, die deutschen Preise der Weltpreislage anzugleichen, ist für unsere wirtschaftliche Gesundung so wichtig und dringend, dass sie selbst dann durchgeführt werden muss, wenn alle Schichten des deutschen Volkes unbequeme Opfer tragen müssen.

[...] Eine blutleere deutsche Wirtschaft und ein zusammengebrochener Staatshaushalt wären nicht mehr in der Lage, die Durchführung noch so schöner sozialpolitischer Gesetze weiterhin zu gewährleisten.

Aus: Verhandlungen des Reichstages, Bd. 444 S. 18 ff.

MATERIAL

Hans Schäffer, Staatssekretär im Reichsfinanzministerium (2.9.1931) 16

Staatssekretär Schäffer war Brünings engster Berater in finanzpolitischen Fragen

Gesetzt, die Politik (der Arbeitsbeschaffung) glückt uns und es gelingt, mit einer Arbeitslosenziffer von im Ganzen zwei Millionen durch den Winter zu kommen, [...] wird eine solche Sachlage nicht [...] einer neuen Reparationsregelung im Wege stehen? Andererseits ergibt sich daraus die Frage: Kann man es verantworten, an einer richtigen und zweckmäßigen Lösung (der Beschäftigungsfrage), die sozial entlastend und politisch beruhigend wirkt, aus taktischen Gründen vorbeizugehen?

Aus: Frankfurter Historische Vorträge, Heft 9, Wiesbaden 1982, S. 24.

1. Stellen sie die wirtschafts- und finanzpolitischen Leitgedanken der Regierung Brüning dar (M 15).
2. Erschließen Sie aus M 16 weitere Motive der Wirtschafts- und Finanzpolitik Brünings.
3. Setzen Sie sich mit Brünings Politik in der Weltwirtschaftskrise auseinander.

5.4 Reichspräsident von Hindenburg – Hüter oder Totengräber der Verfassung?

Wählerschelte 1925 …

„Die Republikaner haben eine Schlacht verloren, der bisher monarchistische Feldmarschall von Hindenburg wird Präsident der deutschen Republik. […] Wir empfinden Scham über die politische Unreife so vieler Millionen, die nun wieder den Augen der achselzuckenden Welt sich zeigt. […] Was soll man, lautet das allgemeine Urteil, mit einem Volk anfangen, das aus seinem Unglück nichts lernt und sich immer wieder, auch zum zehnten und zwölften Male, von den gleichen Leuten am Halfterbande führen lässt?" Mit diesen bitteren Worten hatte der liberale Publizist Theodor Wolff im Berliner Tageblatt 1925 den Sieg Paul von Hindenburgs über den Kandidaten der Parteien der Weimarer Koalition kommentiert.

… und 1932

Sieben Jahre später, am 11. April 1932, dem Morgen nach seiner Wiederwahl zum Reichspräsidenten, war es an Hindenburg, verbittert zu reagieren; als der Pressechef der Reichsregierung, Zechlin, ihm zu seinem Sieg über Hitler gratulieren wollte, antwortete er: „Herr Zechlin, den Glückwunsch nehme ich nicht an. Wer hat mich denn gewählt? Mich haben die Sozis gewählt, mich haben die Katholiken gewählt und mich hat das Berliner Tageblatt gewählt. *Meine* Leute haben mich nicht gewählt." Wie ist dieser Austausch der Hindenburg-Wähler von 1925 und 1932 zu erklären?

Hindenburgs Verfassungsverständnis

Die Rechtsparteien hatten 1925 Paul von Hindenburg (1847–1934) im zweiten Wahlgang als ihren Kandidaten für das Amt des Reichspräsidenten nominiert, denn nur der populäre Feldmarschall hatte die Chance, den Kandidaten der Parteien der Weimarer Koalition zu schlagen, und nur mit einem Reichspräsidenten Hindenburg war eine Überwindung des verhassten „Weimarer Systems" vorstellbar. Die Hoffnungen der Monarchisten bzw. die Befürchtungen der Demokraten, mit dem neuen Reichspräsidenten würden antiparlamentarische Tendenzen in der Politik Auftrieb erhalten, erfüllten sich jedoch zunächst nicht. Hindenburg nahm seinen Eid auf die Weimarer Verfassung ernst und verweigerte sich allen Ratschlägen, mit der Verfassung formal zu brechen. Zwar wünschte er, der sich nur als Statthalter des Kaisers an der Spitze des Reiches verstand, eine Umgestaltung des Weimarer Parteienstaates; diese sollte jedoch auf verfassungsmäßig korrektem Wege erfolgen. Er respektierte parlamentarische Mehrheiten und arbeitete mit dem Reichstag und der Reichsregierung zusammen. So trug er – zum Entsetzen seiner reaktionären Freunde – trotz erheblicher innerer Vorbehalte die Stresemann'sche Außenpolitik durch seine Unterschrift unter die Vertragswerke mit. Er riskierte keine Staatskrise, indem er sich offen gegen die amtliche Regierungspolitik gestellt hätte, andererseits gab er den Regierungen nur selten offene Rückendeckung gegen die Hetzkampagnen von rechts. Hindenburg befand sich in einem Konflikt zwischen seinem Pflichtethos und den Erwartungen vieler seiner ehemaligen militärischen Kameraden und konservativen Standesgenossen aus dem ostelbischen Adel. Hindenburg litt unter diesem Konflikt; er spürte, dass sich viele seiner alten Freunde nach und nach von ihm abwandten.

Angesichts von Hindenburgs formal korrektem Verfassungsverständnis, das aber mehr am Buchstaben als am Geist der Verfassung orientiert war, kam es entscheidend darauf an, wer ihn informieren und beraten konnte. Berater des Präsidenten waren – nach der Verfassung – der Kanzler und die Minister. Zunehmend umgab sich Hindenburg aber auch mit inoffiziellen Beratern, in der Öffentlichkeit als „Kamarilla" bezeichnet. Besonderes Vertrauen setzte er in die politischen Fähigkeiten des Generals Kurt von Schleicher, der ihm noch aus der Kriegszeit bekannt war. Schleicher, ein Meister des Intrigenspiels, wurde immer mehr zum Drahtzieher im Hintergrund. Die Kanzler Brüning und Papen waren seine Entdeckungen. Zudem war er eng mit Hindenburgs Sohn Oskar befreundet. Jener, wie Kurt Tucholsky spottete, „von der Verfassung nicht vorgesehene Sohn des Reichspräsidenten", offiziell Adjutant seines Vaters im Range eines Obersten, wurde von militärischen, industriellen und großagrarischen Kreisen als wichtiges Medium für Einflüsterungen benutzt.

Hindenburg während einer Wahlrede 1932.

Reichskanzler Brüning wusste um diese unkontrollierten Einflüsse auf Hindenburg; er beobachtete dessen schnell zunehmende Vergreisung; er merkte, dass gegen ihn selber, der sich lediglich auf das Wohlwollen und Vertrauen Hindenburgs stützen konnte, intrigiert wurde. Dessen ungeachtet bemühte er sich im Frühjahr 1932 um die Wiederwahl des „alten Herrn". Er hoffte, dass die sich abzeichnenden Erfolge in der Reparationsfrage ihn, den Kanzler, politisch stärken würden; außerdem war er überzeugt, dass außer Hindenburg niemand den Sieg eines nationalsozialistischen Kandidaten abwehren könnte. Zu dieser Überzeugung rang sich auch die SPD durch.

Reichspräsidentenwahl 1932

Hindenburg verband seine Bereitschaft zur Kandidatur mit dem Wunsch, möglichst Kandidat des ganzen Volkes (mit Ausnahme der Kommunisten) zu sein. Vor allem aber wollte er von seinen ehemaligen Wählern aus dem Lager der politischen Rechten wiedergewählt werden. Verhandlungen mit Hugenberg und Hitler, um deren Unterstützung zu erreichen, scheiterten jedoch. Beide verlangten als Preis die Entlassung Brünings, die Bildung einer „nationalen Regierung", die Auflösung des Reichstags und des preußischen Landtags sowie Neuwahlen. Außerdem zerstritten sich Hugenberg und Hitler über den nationalsozialistischen Führungsanspruch in der geplanten neuen Regierung.

Hindenburg – Kandidat der Demokraten

Hindenburgs Gegenkandidaten im ersten Wahlgang waren Hitler (NSDAP), Thälmann (KPD) sowie Duesterberg für den „Kampfblock Schwarz-Weiß-Rot", der konservativen Rechten. Besonders die Kandidatur des Stahlhelm-Führers Duesterberg verbitterte Hindenburg, der Ehrenmitglied des Stahlhelms, einer Vereinigung von Weltkriegsteilnehmern, war. Im zweiten Wahlgang stimmten die meisten Wähler des nun nicht mehr kandidierenden Duesterberg für Hitler. Hindenburg hatte seine Wiederwahl somit vor allem Sozialdemokraten und Katholiken zu verdanken, dem seiner Einstellung nach „falschen Teil" der Bevölkerung.

MATERIAL

17 Wahlrede Hugenbergs für Hindenburg, 1925

Es war einmal ein großes, reiches und edles Volk. Über dieses Volk war ein Unglück gekommen. Seine Nachbarn hatten es mit Krieg überzogen. In Einigkeit hielt es seine vielen Feinde von den Grenzen fern. Aber dann kam Hunger über das Volk. Es bildeten sich Parteien und innere Feindschaften. Einer kämpfte gegen den anderen. Arm gegen Reich. Reich gegen Arm. Sozialer Hass flammte auf. Das Volk wurde besiegt, verstümmelt, gebrandmarkt. Es vergaß sich selbst und seine Größe. Lange Jahre des Siechtums, der Würdelosigkeit und der Ohnmacht folgten. Allmählich aber regten sich wieder die guten alten Kräfte des Volkes und strebten nach neuer Gestaltung. Nur waren sie geteilt in verschiedene Gruppen und konnten sich nicht finden. Da stand ein alter Patriarch unter ihnen auf, der sie im Krieg geführt hatte. Er rief sie zusammen und machte einen Bund unter ihnen, der Macht und Aufgaben verteilte. Es wurde vereinbart, dass dies ein fester Bund auf Treu und Glauben sein sollte. Und da begann das Werk der Rettung.

MATERIAL

Karikatur zur Reichspräsidentenwahl 1932 18

„Schreiben Sie, Fräulein! An den Hindenburg-Ausschuss: Die Firma Hugenberg offeriert vorteilhaft einen Restposten 1925er Wahlplakate, Hindenburg der Retter."

MATERIAL

19 Ergebnisse der Reichspräsidentenwahlen 1925 und 1932 (in Prozent)

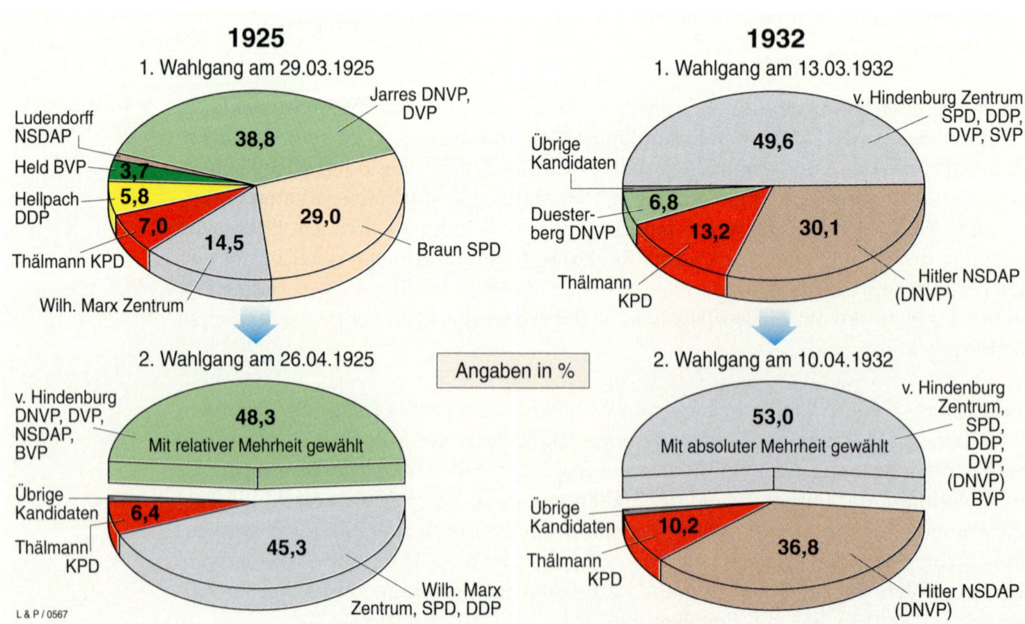

MATERIAL 20

Aufruf der SPD vom 27. Februar 1932 zur Reichspräsidentenwahl

Das deutsche Volk steht am 13. März vor der Frage, ob Hindenburg bleiben oder ob er durch Hitler ersetzt werden soll. Die Rechte hat vor sieben Jahren Hindenburg auf den Schild gehoben. Sie hoffte, er würde sein Amt parteiisch zu ihren Gunsten führen, seinen Eid verletzen und die Verfassung brechen. Es war selbstverständlich, dass wir Sozialdemokraten einen Bewerber, auf den unsere schlimmsten Feinde solche Hoffnung setzen, entschieden bekämpften. Hindenburg aber hat seine einstigen Anhänger enttäuscht. Weil er unparteiisch war und es bleiben will, weil er für einen Staatsstreich nicht zu haben ist, darum wollen sie ihn jetzt beseitigen.

Hitler statt Hindenburg, das bedeutet Chaos und Panik in Deutschland und ganz Europa, äußerste Verschärfung der Wirtschaftskrise und der Arbeitslosennot, höchste Gefahr blutiger Auseinandersetzungen im eigenen Volke und mit dem Ausland. Hitler statt Hindenburg, das bedeutet: Sieg des reaktionären Teils der Bourgeoisie über die fortgeschrittenen Teile des Bürgertums und über die Arbeiterklasse, Vernichtung aller staatsbürgerlichen Freiheiten, der Presse, der politischen, gewerkschaftlichen und Kulturorganisationen, verschärfte Ausbeutung und Lohnsklaverei. [...] Die Sozialdemokratische Partei will die Klarheit dieser Entscheidung nicht verdunkeln. Darum hat sie auf die Aufstellung einer Zählkandidatur im ersten Wahlgang verzichtet. Zum Zählen der Stimmen ist bei den nahen Wahlen zu den Länderparlamenten Gelegenheit genug. Bei Parlamentswahlen gilt jede Stimme. Bei der Reichspräsidentenwahl dagegen fällt jede Stimme ins Leere, die für einen Zählkandidaten abgegeben wird. Hitler oder Hindenburg? Es gibt kein Drittes!

MATERIAL 21

Wahlaufruf des Kampfblocks Schwarz-Weiß-Rot vom 28. Februar 1932

Der Tag, an dem vor zwei Jahren der Reichspräsident den Young-Plan unterschrieb, der 13. März, bringt Aufmarsch und Klärung der Fronten, die um die Reichspräsidentschaft ringen. Für den weiteren Verlauf der deutschen Geschicke ist entscheidend, daß die bodenständigen, aufbauenden, kampfbereiten und erfahrenen Kräfte unseres Volkstums ihrer Bedeutung gemäß zum Einsatz kommen und daß auch schon beim ersten Wahlgang keine Stimme der nationalen Front verloren geht.

Getreu den in Harzburg gegebenen Parolen haben sich deshalb die Deutschnationale Volkspartei und der Stahlhelm zu engster Kampfgemeinschaft für die Reichspräsidentenwahl und die ihr folgenden Entscheidungen in einem „Schwarz-weiß-roten Kampfblock" zusammengeschlossen.
Als Kandidat für den ersten Wahlgang der Reichspräsidentenwahl haben sie den Stahlhelmführer Duesterberg aufgestellt. Mit ihm tritt ein Führer der vaterländischen Wehrbewegung in die Schranken, dessen unermüdliche, vom sozialen Frontgeist getragene Arbeit stets dem Ziele der politischen und wirtschaftlichen Freiheit Deutschlands gewidmet war.

Zu seiner Wahl ruft der Kampfblock Schwarz-Weiß-Rot alle Deutschen auf, die entschlossen sind zu kämpfen:
für bodenständig christliche Kultur, für Familie und deutsche Art, gegen offene und verschleierte Gottlosigkeit;
für den organischen Staat deutschen Blutes gegen Weimarer Demokratie und internationalen Marxismus;
für deutsche Wehrhoheit gegen pazifistische Entmannung;
für den Schutz des Eigentums und der privaten Wirtschaft;
für die Beseitigung der Arbeitslosigkeit und den Schutz der Arbeitsstätte.
Die Befreiungsfarben Schwarz-Weiß-Rot stehen gegen die Symbole des untergehenden Systems. Diesem System keine Stimme!

MATERIAL

22 Wahlaufruf der NSDAP vom 1. März 1932

Am 13. März wird abgerechnet mit der jüdischen Pseudodemokratie, die ohne jede innere Verbundenheit mit dem deutschen Volke nur den Zweck verfolgt, durch eine vergiftende Presse die deutschen Volksgenossen und Schaffenden Deutschlands gegeneinander zu hetzen, um sie in diesem Zustand der Zerrissenheit und Schwäche auszubeuten.

Am 13. März, dem gleichen Tag, an dem vor zwei Jahren Hindenburg seinen Namen unter die von diesem System angenommenen Young-Gesetze schrieb, die Not, Hunger, Hoffnungslosigkeit und Verzweiflung in das deutsche Volk gebracht haben, greift das seine Lebensrechte anmeldende junge Deutschland, verkörpert in seinem Führer, Adolf Hitler, nach der Macht im Staate und wird die alten, zu neuem Leben untauglichen Parteigebilde hinwegfegen. [...]

Hitler, das ist die Parole aller, die an Deutschlands Wiederauferstehung glauben.

Hitler ist die letzte Hoffnung derer, denen man alles nahm, Haus und Hof, Ersparnisse, Existenz, Arbeitskraft, und denen nur eines blieb, der Glaube an ein gerechtes Deutschland, das seinen Volksgenossen wieder Ehre, Freiheit und Brot geben wird.

Hitler ist für Millionen das erlösende Wort, weil sie heute verzweifeln und nur in diesem Namen einen Weg sehen zu neuem Leben und neuem Schaffen.

Hitler erfüllt das Vermächtnis der zwei Millionen toten Kameraden des Weltkrieges, die nicht starben für das heutige System der langsamen Vernichtung unseres Volkes, sondern für Deutschlands Zukunft.

Hitler ist der seinen Feinden verhasste Mann aus dem Volk, weil er das Volk versteht und für das Volk kämpft.

Hitler, das ist der stürmische Wille der deutschen Jugend, die inmitten eines müden Geschlechtes nach neuer Gestaltung ringt und den Glauben an eine bessere deutsche Zukunft nicht aufgeben will, und darum ist Hitler das lodernde Fanal und die Parole aller, die eine deutsche Zukunft wollen.

Sie alle werden am 13. März den Männern des Systems, die ihnen Freiheit und Würde versprachen, aber Steine und Phrasen statt Brot gaben, zurufen: Euch kennen wir zur Genüge, jetzt sollt ihr uns kennen lernen! Hitler wird siegen, weil das Volk seinen Sieg will!

1. Hugenberg als Verbreiter eines Polit-Märchens: Zeigen Sie, welche Legendenbildung er in M 17 betreibt. Erschließen Sie seine Wirkungsabsicht und sein Politikverständnis.
2. Erläutern Sie die Darstellungsabsicht der Karikatur (M 18). Vergleichen Sie sie mit der Wahlrede Hugenbergs 1925 (M 17).
3. Vergleichen Sie die Ergebnisse der Reichspräsidentenwahl von 1925 und 1932 (M 19) und erläutern Sie die Bemerkung Hindenburgs am Tag nach seiner Wiederwahl: „Meine Leute haben mich nicht gewählt."
4. Erörtern Sie, welche Konsequenzen der greise Reichspräsident aus seiner für ihn enttäuschend verlaufenden Wiederwahl gezogen haben könnte.
5. Untersuchen Sie den Wahlaufruf der SPD aus dem Jahr 1932 (M 20) und versuchen Sie, eine Verbindung zu dem in der Karikatur (M 19) angedeuteten „Geschäft" herzustellen.
6. Untersuchen Sie die Wahlaufrufe des Kampfbundes Schwarz-Weiß-Rot und der NSDAP (M 21 und 22) auf Gemeinsamkeiten und Unterschiede. Worin sind diese begründet?

5.5 Zähmen, entzaubern, spalten, einrahmen – Wie Hitler beikommen?

Brünings Sturz

Am 29. März 1932 empfing Reichspräsident von Hindenburg den Reichskanzler. Er war soeben von einem längeren Aufenthalt auf seinem ostpreußischen Gut Neudeck, das ihm Großagrarier und Großindustrielle zu seinem 80. Geburtstag geschenkt hatten, nach Berlin zurückgekehrt. Er begrüßte Brüning kühl, setzte seine Brille auf, griff nach einem Aktenbogen und las, ohne weiter ein Wort zu verlieren, vor:
„1. Die Regierung erhält, weil sie zu unpopulär ist, von mir nicht mehr die Erlaubnis, eine Notverordnung zu erlassen.
2. Die Regierung erhält von mir nicht mehr das Recht, Personalveränderungen vorzunehmen."
Der Reichspräsident legte das Blatt wieder hin, dann sagte Brüning: „Wenn ich die mir soeben vorgelesene Äußerung richtig verstehe, so wünschen Sie, Herr Reichspräsident, die Gesamtdemission des Kabinetts." Hindenburg antwortete: „Jawohl. Diese Regierung muss weg, weil sie unpopulär ist."

Nur sieben Wochen nach der für ihn enttäuschend verlaufenden Wiederwahl zum Reichspräsidenten hatte Hindenburg Brüning entlassen. Der Sturz Brünings ist nicht nur auf das Bestreben Hindenburgs zurückzuführen, sich vor seinen Standesgenossen von seinen mehrheitlich aus Sozialdemokraten und Zentrumsleuten bestehenden Wählern zu distanzieren. Hindenburg war vor allem auch mit dem SA- und SS-Verbot unzufrieden, das Brüning ihm wegen Putschvorbereitungen dieser NS-Kampfverbände abgerungen hatte. Das Verbot stieß vor allem bei der Reichswehr auf heftige Kritik, in deren Planungen die SA als Personalreserve vorgesehen war. Schleicher nutzte die Betroffenheit Hindenburgs über diese Kritik. Beunruhigt über den großen Zulauf zur NSDAP, der gerade die traditionelle deutschnationale Rechte schwächte, wollte Schleicher Hitler unter einem neuen konservativen Kanzler an der Regierung beteiligen und so zähmen. Sein Konzept basierte auf der Überlegung, die NSDAP werde durch die Regierungsbeteiligung abgenutzt und bei ihren Wählern „entzaubert". Schleicher verabredete mit Hitler die Bildung einer von der NSDAP tolerierten Übergangsregierung, die das SA- und SS-Verbot aufheben, den Reichstag auflösen und Neuwahlen ausschreiben sollte. In die dann neu zu bildende Regierung sollte Hitler als Juniorpartner eintreten.

SA- und SS-Verbot

Zähmungskonzept Schleichers

Reichskanzler Franz von Papen

Hindenburg ernannte am 1. Juni 1932 den preußischen Landtagsabgeordneten Franz von Papen, einen katholisch-konservativen Zentrumsmann mit deutschnationalen Neigungen, zum neuen Reichskanzler. Papen, ein alter Bekannter Schleichers und Oskar von Hindenburgs, war als Berufsoffizier 1919 aus dem Militärdienst ausgeschieden, weil er sich durch seinen Eid „der Fahne des Königs von Preußen" verpflichtet fühlte; er war von seiner Einstellung her ein Mann ganz nach dem Geschmack Hindenburgs. Zweifler an Papens politischer Befähigung („Der Papen ist doch kein Kopf") beschied Schleicher bündig: „Das soll er auch nicht sein. Aber er ist ein Hut." Kopf wollte Schleicher selbst sein; er trat als Reichswehrminister in Papens fast nur aus Adligen bestehendes „Kabinett der Barone" ein. Er wusste Papen auf seiner Seite. Dieser hatte bereits vor Brünings Sturz empfohlen, sich von den letzten parlamentarischen

Bindungen zu lösen und eine Diktatur auf nationaler Grundlage unter Heranziehung der Deutschnationalen und der Nationalsozialisten zu errichten.

Aufhebung des SA- und SS-Verbots

Die Regierung Papen führte sofort Schleichers Plan aus. Am 3.6.1932 wurde der Reichstag aufgelöst, am 16. Juni 1932 das SA- und SS-Verbot aufgehoben. Die Konsequenzen zeigten sich allerorts im anhebenden Wahlkampf. Die auf 400000 Mann angewachsenen braun uniformierten Trupps der SA beherrschten die Straße. Der Wahlkampf nahm bürgerkriegsähnliche Formen an. In den sechs Wochen bis zur Reichstagswahl am 31.7. 1932 gab es allein in Preußen mehr als 100 Tote und mehrere tausend Verletzte. Einer der Höhepunkte in diesen Auseinandersetzungen war der 17. Juli. An diesem Sonntag zogen 7000 SA-Männer uniformiert und bewaffnet durch Altona, Wohnort des KPD-Führers Ernst Thälmann und Hochburg der Kommunisten. Der Marsch war als Provokation gedacht und wurde so verstanden. Die Bilanz: 17 Tote und 100 Schwerverletzte. Dieser „Altonaer Blutsonntag" lieferte der Regierung Papen die Begründung für die längst beschlossene Absetzung der republiktreuen preußischen Regierung (Altona gehörte zu Preußen). Sie sei angeblich nicht mehr in der Lage, die Ordnung aufrechtzuerhalten. Papen wurde von Hindenburg zum Reichskommissar von Preußen ernannt. Die Spitzenbeamten und Polizeipräsidenten wurden abgelöst und durch konservative Kräfte ersetzt; Papen war als Herr der preußischen Polizei jetzt für künftige Konflikte gerüstet. Und darauf war es ihm mit seinem „Preußenschlag" angekommen.

Altonaer Blutsonntag

Die Reichstagswahlen vom 31. Juli 1932 brachten der traditionellen Rechten Verluste, während die Nationalsozialisten ihre Mandatszahlen von 107 auf 230 mehr als verdoppeln konnten. Die NSDAP wurde damit stärkste Fraktion im Reichstag, hatte jedoch auch mit den Kräften, die Papen parlamentarisch unterstützten (DVP, DNVP), keine Mehrheit im Reichstag. Der selbstbewusste Hitler forderte nun als Führer der stärksten Fraktion die Kanzlerschaft für sich. Hindenburg lehnte es jedoch ab, den „böhmischen Gefreiten", wie er Hitler abschätzig nannte, zum Reichskanzler zu ernennen. Papen konnte nun nicht mehr mit einer weiteren Tolerierung seiner Regierung durch die NSDAP rechnen und verhinderte ein Misstrauensvotum des neuen Reichstags durch dessen sofortige Auflösung. Bei den Reichstagswahlen vom 6.11.1932, den zweiten jenes Jahres, verloren die Nationalsozialisten zwar zwei Millionen Stimmen, blieben jedoch stärkste Fraktion; Hitler blieb bei seiner Forderung nach dem Amt des Kanzlers. Damit war Schleichers Zähmungskonzept, das Hitler nur in der Rolle eines Juniorpartners gesehen hatte, gescheitert. Papen musste erneut mit einem Misstrauensvotum rechnen.

2. Reichstagswahlen 1932

„Neuer Staat" Papens

Als Ausweg aus der Regierungskrise schlug Papen vor: Auflösung des Reichstages und – verfassungswidrig – Vertagung von Neuwahlen für mehrere Monate; während einer militärisch abgesicherten Präsidialdiktatur sollter unter der Losung „Neuer Staat" die Weimarer Verfassung in einem autoritären Sinne umgestaltet werden. Schleicher hingegen unterbreitete einen formal verfassungskonformen Lösungsvorschlag. Er wollte ein Präsidialkabinett bilden, das sich auf gewerkschaftlich und sozialpolitisch engagierte Kräfte aus allen Parteien, einschließlich des antikapitalistischen Flügels der NSDAP um Gregor Strasser, stützen sollte. Diese „sozialpolitische Querfront" sollte die Wirtschaftskrise mithilfe eines Arbeitsbeschaffungsprogramms bekämpfen. Als Nebeneffekt erhoffte sich Schleicher eine Spaltung der NSDAP. Hindenburg scheute den von Papen vorgeschlagenen Verfassungsbruch und entließ den Kanzler.

Sozialpolitische Querfront Schleichers

Spaltungskonzept Schleichers

Die Ernennung Schleichers zum Reichskanzler erfolgte am 3.12.1932. Seine Bemühungen um eine sozialpolitische Querfront scheiterten jedoch schon im Ansatz. Die SDP versagte sich ihm und Strasser schreckte vor dem Versuch, die NSDAP zu spalten, zurück. So war Schleicher zum Jahreswechsel 1932/33 in der gleichen Lage wie Papen wenige Wochen zuvor. Er griff auch dessen ehemalige Vorschläge auf, stieß jedoch damit bei Hindenburg ebenfalls auf Ablehnung und wurde am 28.1.1933 entlassen.

Einrahmungskonzept Papens

Inzwischen hatte Papen ein neues Konzept zur Lösung der Regierungskrise „im Rahmen der Verfassung", also entsprechend der Vorgaben Hindenburgs, entwickelt. Danach sollte ein „Kabinett der nationalen Konzentration" mit Hitler als Reichskanzler gebildet werden. Hitler und die anderen nationalsozialistischen Regierungsmitglieder sollten jedoch von einer Mehrheit konservativer Minister umgeben oder, wie Papen sich ausdrückte, „eingerahmt" werden. Das einzige Hindernis bei der Verwirklichung dieses Plans war nur noch der Widerstand Hindenburgs gegen eine Kanzlerschaft Hitlers. Hindenburg wurde jetzt von allen Seiten bedrängt und bearbeitet. Putschgerüchte, nach denen Schleicher die Potsdamer Garnison mobilisieren wollte, um Hindenburg, Hitler und Papen verhaften zu lassen, kamen am späten Nachmittag des 29. Januar 1933 auf. Hindenburgs Widerstand erlahmte. Anderntags ernannte er in aller Frühe auf Papens Vorschlag den General Werner von Blomberg zum Reichswehrminister einer Regierung, die es noch nicht gab, um einen Putsch niederzuschlagen, den niemand plante.

Kabinettbildung

Am späten Vormittag erfolgte dann die Ernennung und Vereidigung der neuen Regierung mit Adolf Hitler als Reichskanzler an der Spitze. Wie geplant wurde Franz von Papen Vizekanzler und neben Hitler nur noch zwei weitere Nationalsozialisten in das zwölfköpfige Kabinett berufen, nämlich Frick als Innenminister und Göring ohne Geschäftsbereich. Allerdings wurde Göring gleichzeitig auch preußischer Innenminister und damit Herr der preußischen Polizei. In dieser wichtigen Machtposition stand er jedoch unter der Kontrolle des Vizekanzlers von Papen, der auch das Amt des preußischen Ministerpräsidenten erhielt. Papens Plan schien nach seiner eigenen Einschätzung aufgegangen: „Wir haben ihn uns engagiert, wir rahmen ihn ein. In zwei Wochen haben wir Hitler in die Ecke gedrückt, dass er quietscht."

Hitlers Taktik

Doch Papen hatte sich in Hitler verrechnet. Er werde sich die Macht nicht mehr wegnehmen lassen, hatte er öffentlich erklärt. Deshalb machte er die Auflösung des Reichstages und die Ausschreibung von Neuwahlen zum Bestandteil der Vereinbarungen über die Regierungsbildung. Von Neuwahlen erhoffte er sich die absolute Mehrheit für die NSDAP und damit die Befreiung aus den Fesseln des Präsidialkabinetts.

legaler Machterwerb – revolutionäre Zielsetzung

Hitlers taktische Überlegenheit zeigte sich auch in der strikten Einhaltung seines Legalitätskurses. Er wurde seit dem Scheitern seines Münchner Putschversuchs von 1923 nicht müde, immer wieder und sogar unter Eid zu beteuern, dass er nur legal an die Macht kommen wolle, um dann allerdings das verhasste System von Weimar zu beseitigen. Die mit revolutionärem Anspruch verbundene Legalitätstaktik Hitlers zielte gekonnt auf die rechtspositivistische Grundhaltung des nationalen Bürgertums und insbesondere der Beamtenschaft, der Justiz und der Armee. Sie nutzte die in der obrigkeitsgläubigen Mentalität der Deutschen tief verwurzelte Abneigung gegen ungesetzliches Handeln aus. Die verfassungsrechtlich korrekte Berufung Hitlers und seine Vereidigung auf die Weimarer Reichsverfassung eröffneten Hitler die Möglichkeit, auf legale Weise und ohne nennenswerten Widerstand die Demokratie zu zerstören.

MATERIAL
23 Simplicissimus vom 18. September 1932

Lächerlich diese Parteiparolen: „Der Feind steht rechts", „Der Feind steht links". – Für 'n überparteiliches Adelskabinett jibt's bloß die Devise „Der Feind steht unten!"

MATERIAL
Reichstagswahlen von 1932 25

	31.7.1932	6.11.1932
Wahlberechtigte	44,2 Mio.	44,4 Mio.
gültige Stimmen	36,9 Mio.	35,5 Mio.
davon entfielen auf:		
NSDAP	37,4%	33,1%
DNVP	5,9%	8,8%
DVP	1,2%	1,9%
Staatspartei*	1,1%	1,0%
Zentrum/BVP	15,7%	15,0%
SPD	21,6%	20,4%
KPD	14,6%	16,9%
Sonstige**	2,5%	2,9%

* Bis 1930: DDP
** Agrarische und kleinere Rechtsparteien, regionale Parteien und Minderheiten

Aus: A. Milatz, Wähler und Wahlen in der Weimarer Republik, Bonn 1969, S. 151.

MATERIAL
24 Plakat zur Reichstagswahl 1932

1. Erläutern Sie das in Material 23 karikierte Staats- und Politikverständnis des von Franz von Papen geleiteten „Kabinetts der Barone".
2. Erläutern Sie die Botschaft des Wahlplakats (M 24). Berücksichtigen Sie auch die Reichstagswahlergebnisse vom 31. 7. 1932 (M 25).
3. Ordnen Sie das Plakat einer Partei zu. Begründen Sie Ihre Zuordnung.
4. Ist die Botschaft des Plakats am 6. 11. 1932 bei der Wählerschaft angekommen?

MATERIAL 26

Petition von Repräsentanten der Wirtschaft an Hindenburg (19. 11. 1932)

Mit Eurer Exzellenz bejahen wir die Notwendigkeit einer vom parlamentarischen Parteiwesen unabhängigen Regierung. [...]
Es ist klar, dass eine, des Öfteren wiederholte, Reichstagsauflösung mit sich häufenden, den Parteikampf immer weiter zuspitzenden Neuwahlen nicht nur einer politischen, sondern auch jeder wirtschaftlichen Beruhigung und Festigung entgegenwirken muss. Es ist aber auch klar, dass jede Verfassungsänderung, die nicht von breitester Volksströmung getragen ist, noch schlimmere wirtschaftliche, politische und seelische Wirkungen auslösen wird.
Wir erachten es deshalb für unsere Gewissenspflicht, Eure Exzellenz ehrerbietigst zu bitten, dass [...] die Umgestaltung des Reichskabinetts in einer Weise erfolgen möge, die die größtmögliche Volkskraft hinter das Kabinett bringt. [...]
Wir erkennen in der nationalen Bewegung, die durch unser Volk geht, den verheißungsvollen Beginn einer Zeit, die durch Überwindung des Klassengegensatzes die unerlässliche Grundlage für einen Wiederaufstieg der deutschen Wirtschaft erst schafft. Wir wissen, dass dieser Aufstieg noch viele Opfer erfordert. Wir glauben, dass diese Opfer nur dann willig gebracht werden können, wenn die größte Gruppe dieser nationalen Bewegung führend an der Regierung beteiligt wird.
Die Übertragung der verantwortlichen Leitung eines mit den besten sachlichen und persönlichen Kräften ausgestatteten Präsidialkabinetts an den Führer der größten nationalen Gruppe wird die Schlacken und Fehler, die jeder Massenbewegung notgedrungen anhaften, ausmerzen und Millionen Menschen, die heute abseits stehen, zu bejahender Kraft mitreißen.

Aus: M. Broszat, Die Machtergreifung, München 1984, S. 199 ff.

MATERIAL 27

Schweizer Karikatur, 1932

Brautvorführung. *Karikatur aus der Schweizer Zeitschrift „Nebelspalter" im Februar 1933.*

1. Stellen Sie dar, was die Petenten dem Reichspräsidenten vermitteln wollen. Erschließen Sie auch deren Motive und Interessen.
2. Der Schweizer „Nebelspalter" versucht, mit der Szene „Brautvorführung" politische Vorgänge im Nachbarland Deutschland zu enthüllen. Erläutern Sie die politische Rolle und die Motive der dargestellten Personen; charakterisieren Sie auch das Interieur der Szene.
3. Vergleichen Sie die politischen Bestrebungen der Petenten mit dem in M 23 karikierten „Hohen Standpunkt" sowie mit der Karikatur „Brautvorführung".

MATERIAL

28 Der Historiker Broszat zum Bündnis von alten Eliten und Nationalsozialisten

Die Entscheidung, ohne parlamentarische Abstützung und vor allem ohne Berücksichtigung der sozialdemokratisch-gewerkschaftlichen Linken mithilfe einer autoritären Rechtsregierung zu regieren, war seit dem Amtsantritt Papens und der Entmachtung der sozialdemokratisch geführten Preußen-Regierung definitiv gefallen. Der späte Versuch Schleichers, zu einer größeren Abgewogenheit der politisch-sozialen Absicherung [...] zurückzukehren, stieß deshalb auf die in der Papen-Zeit verfestigten Interessen und Ambitionen sowohl der Industriellen und Großagrarier wie der konservativ-deutschnationalen Kräfte, die inzwischen, weit mehr noch als in Ansätzen auch schon Brüning, dazu entschlossen waren, die während der weltweiten Wirtschaftsdepression entstandene Krise der parlamentarischen und sozialstaatlichen Republik [...] bewusst zu nutzen zu einer dauerhaften autoritären Verfassungsänderung auch mit der möglichen Perspektive einer Wiederherstellung der konstitutionellen Monarchie. [...]

Zur plebiszitären Absicherung einer solchen Restauration aber waren die konservativen-deutschnationalen Kräfte, die sie anstrebten, unfähig, und ohne solche Popularitätsgrundlage war eine Stabilisierung des Regimes, nach der auch die Wirtschaft in der Krise immer ungeduldiger verlangte, letzten Endes nicht möglich. [...] Auch für Hindenburg, der sich so lange geweigert hatte, Hitler zum Kanzler zu machen, war für die Meinungsänderung in letzter Stunde vor allem maßgeblich, dass auch er – vor die Wahl gestellt zwischen riskanter Militärdiktatur [...] oder plebiszitärer Absicherung der autoritären Regierung mithilfe der Nationalsozialisten, die ohne deren Regierungsführung nicht zu haben war, sich schließlich für letztere entschied.[...]

Das am meisten Verbindende in dem „unseligen" (und auch weiterhin konfliktreichen) Bündnis zwischen den alten konservativen Eliten und der nationalsozialistischen Massenbewegung, das Hitlers Machtübernahme ermöglichte, war die aggressive Negation des Weimarer Parteienstaates und seiner besonderen Prägung durch diejenigen Kräfte, die schon im Wilhelminischen Deutschland lange Zeit als Reichsfeinde diskriminiert worden waren: Sozialdemokratie, bürgerlicher „Freisinn" und politischer Katholizismus.

Die Weimarer Republik war, in ihren besten Phasen und verkörpert in Staatsmännern wie Gustav Stresemann, auf dem Wege, die politische Versöhnung und Bündnisfähigkeit zwischen diesen Lagern, dem obrigkeitlich eingestellten, konservativen oder nationalliberalen deutschen Besitz- und Bildungsbürgertum und den demokratischen, sozialistischen oder christlich-sozialen Volkskräften und Emanzipationsbewegungen herzustellen. Der Nationalsozialismus [...] zog [...] einen radikalen Schlussstrich unter die evolutionäre Demokratisierung.

Aus: M. Broszat, Die Machtergreifung, München 1984, S. 174–176.

1. Der Historiker Martin Broszat beleuchtet das Zustandekommen eines unseligen Zweckbündnisses zwischen den traditionellen Eliten und der nationalsozialistischen Massenbewegung aus der Sicht dieser Eliten. Erläutern Sie, worin Broszat die Voraussetzungen und Motive dieses Zweckbündnisses sieht.
2. Die Weimarer Republik bot nach Broszat eine Alternative zu diesem verhängnisvollen Zweckbündnis. Worin bestand diese Alternative und woran zerbrach sie?
3. „Verbietet doch die NSDAP! Legt ihr das Handwerk!" Erörtern Sie Möglichkeiten und Erfolgsaussichten des Kampfes gegen die NSDAP in der Weimarer Republik. Nehmen Sie auch Bezug auf M 8, S. 291.

ZEITTAFEL

1815–1848 Restauration: Das „System Metternich" unterdrückt im Deutschen Bund alle liberalen und nationalen Bestrebungen. In der Zeit des „Vormärz" (1830–1848) verschärfen sich die Gegensätze, zumal Missernten und Strukturkrisen der beginnenden Industrialisierung wachsende Armut hervorrufen.

Sept./Okt. 1847: Eine demokratische Volksversammlung beschließt ihr Programm in Offenburg, in Heppenheim geben sich die südwestdeutschen und rheinischen Liberalen ein Programm.

Februar 1848: Marx und Engels veröffentlichen in London das „Kommunistische Manifest".

24. 2. 1848: In Paris führt die „Februarrevolution" zum Sturz der Monarchie und zur Errichtung der 2. Republik. Die revolutionäre Bewegung greift rasch auf weite Teile Europas über.

27. 2. 1848: Mannheimer Volksversammlung.

Märzrevolution: In fast allen Staaten des Deutschen Bundes werden die reaktionären Regierungen auf Druck der Straße durch liberale „Märzministerien" ersetzt, die den „Märzforderungen" der Revolution nachgeben.
13. 3. 1848: Sturz Metternichs in Wien.
18. 3. 1848: Barrikadenkämpfe zwingen den preußischen König zum Einlenken.
20. 3. 1848: Abdankung des bayerischen Königs.

31. 3.–3. 4. 1848: Das Vorparlament beschließt freie Wahlen zu einer Nationalversammlung.

April 1848: Die republikanische Aprilrevolution in Baden wird niedergeschlagen.

18. 5. 1848: Nach den Wahlen Anfang Mai Eröffnung der Verfassunggebenden Nationalversammlung in der Frankfurter Paulskirche, wo die Abgeordneten zunächst vor allem über die Grundrechte beraten.

Juni bis Dez. 1848: Sieg der Gegenrevolution in Prag und Posen; Niederschlagung republikanischer Aufstände in Frankfurt und Baden, Sieg der Gegenrevolution in Wien und Berlin.

23. 12. 1848: Die Grundrechte der Deutschen werden in Frankfurt verkündet.

27./28. 3. 1849: Die Nationalversammlung verabschiedet die kleindeutsche Reichsverfassung. Zum Kaiser wird der preußische König Friedrich Wilhelm IV. gewählt.

März 1849: Nachdem bereits 28 deutsche Staaten die Verfassung angenommen haben, lehnt der preußische König Verfassung und Kaiserkrone ab. Ab Mai schrittweise Auflösung der Nationalversammlung.

1850–1862 Reaktionszeit: Nach der Wiederherstellung der alten Ordnung werden liberale und demokratische Strömungen unterdrückt.

1862: Otto von Bismarck wird preußischer Ministerpräsident. Im Verfassungsstreit um die Heeresreform ignoriert er die Weigerung der Liberalen, der Reform zuzustimmen, und regiert fortan mit nicht genehmigten Haushalten.

1864–1871: In den drei „Reichseinigungskriegen" führt Bismarck die nationale Einigung Deutschlands unter Preußens Führung herbei.
1864: Deutsch-dänischer Krieg, der mit dem Sieg Preußens endet. Dänemark muss darauf Schleswig und Holstein abtreten.
1866: Im „Deutschen Krieg" siegen die preußischen Truppen bei Königgrätz über Österreich und seine Verbündeten. Auflösung des Deutschen Bundes, Annexion von Hannover, Nassau, Hessen-Kassel und Frankfurt durch Preußen.
1867: Bildung des Norddeutschen Bundes unter Führung Preußens.
1870/71: Der deutsch-französische Krieg unter Beteiligung der süddeutschen Staaten führt zum unerwartet raschen deutschen Sieg.

18.1.1871: König Wilhelm I. von Preußen wird im Spiegelsaal von Versailles zum deutschen Kaiser proklamiert. Damit ist nach Verträgen mit den süddeutschen Staaten (außer Österreich) das (zweite) deutsche Kaiserreich gegründet.
Es steht unter der Hegemonie Preußens. Reichskanzler Bismarck kann in den folgenden beiden Jahrzehnten maßgeblich die Innen- und die Außenpolitik des Deutschen Reiches bestimmen. Die Reichsverfassung sieht ein allgemeines Männerwahlrecht vor, enthält aber keinen Grundrechtskatalog.
Im Reich wird der Nationalismus zur Integrationsideologie, als „Reichsfeinde" werden z.B. Polen, Juden, Katholiken und Sozialisten ausgegrenzt.

Seit 1871/72: „Kulturkampf" des preußischen Staates gegen die katholische Kirche. Trotz aller Bemühungen gelingt es Bismarck nur teilweise, den Staatsanspruch gegen den politischen Katholizismus durchzusetzen. Vielmehr muss er 1878–1886 die Kampfgesetze wieder zurücknehmen.

1878–1890: Das Sozialistengesetz „gegen die gemeingefährlichen Bestrebungen der Sozialdemokratie" verbietet sozialdemokratische Vereinigungen und Veranstaltungen. Trotz ihrer Illegalität erhält die weiterhin im Reichstag vertretene Partei erheblichen Zulauf.

1879: Zweibund Deutschlands mit Österreich, das nun engster Verbündeter des Deutschen Reiches wird, gegen Russland. Erweiterung 1882 zum Dreibund mit Italien, gegen Frankreich.

Seit 1883: Zur „positiven" Bekämpfung der SPD wird eine damals beispielhafte Sozialversicherung eingeführt. Sozialgesetze zur Kranken- (1883), Unfall- (1884), Alters- und Invalidenversicherung (1889) sollen die Arbeiter wirksam schützen und zugleich die Sozialdemokratie eindämmen.

1887: Der „Rückversicherungs-Vertrag" mit Russland sichert beiderseitig wohlwollende Neutralität. Auch wenn England ein direktes Bündnis mit Deutschland ablehnt, hat Bismarck sein Hauptziel, die internationale Isolierung Frankreichs, mit Hilfe seines geschickt geknüpften Bündnissystems erreicht.

1890: Entlassung Bismarcks durch Kaiser Wilhelm II. Der „Rückversicherungs-Vertrag" mit Russland wird nicht verlängert.

1894: Französisch-russischer Zweibund. Damit bricht Bismarcks Bündnissystem zusammen.
Gleichzeitig führt eine ungeschickte Außen- und Handelspolitik zu einer ersten Abkühlung der deutsch-britischen Beziehungen, die sich im folgenden Jahrzehnt weiter verschlechtern. Der Aufstieg des Deutschen Reiches zur stärksten Industrienation Europas und die expansiv betriebene Flottenpolitik lassen ein Streben nach Weltgeltung erkennen, das England zunehmend als bedrohlich empfindet.

1904: Der Abschluss der französisch-englischen Entente cordiale führt die noch bis 1898 offen verfeindeten beiden größten Kolonialmächte zusammen. Dieses Bündnis eines „herzlichen Einverständnisses" isoliert Deutschland weiter. Der Kaiser führt dennoch seine aggressive Flottenpolitik fort und hofft nach wie vor auf einen deutschen „Platz an der Sonne".

1890–1914: Innenpolitisch ist die Entwicklung im Kaiserreich trotz anhaltendem Wirtschaftsaufschwung durch Stagnation gekennzeichnet: Die allgegenwärtige Militarisierung der Gesellschaft verhindert die nötige Demokratisierung und führt zu weit verbreiteter Obrigkeitstreue und Untertanenmentalität.

August 1914: Die internationalen Spannungen führen zum Ersten Weltkrieg, in dem das Deutsche Reich mit Österreich-Ungarn Großbritannien, Frankreich und Russland gegenübersteht.

1917: Kriegseintritt der USA entscheidet den Krieg zugunsten der Alliierten.

14.7.1917: Eine Mehrheit des deutschen Reichstags aus SPD, Zentrum und Fortschrittspartei verabschiedet eine Friedensresolution, die den Alliierten einen Verständigungsfrieden anbietet.

9.11.1918: Die Kapitulation des Reiches führt zur Abdankung des Kaisers und zum Ende der Monarchie.

8.1.1918: Der amerikanische Präsident Wilson stellt in „14 Punkten" eine künftige Weltfriedensordnung auf der Basis von Demokratie und Selbstbestimmung aller Völker vor.

29.9.1918: Die OHL (= Oberste Heeresleitung), die seit Mitte 1916 die Politik maßgeblich bestimmt hat, erkennt die aussichtslose militärische Situation und verlangt ein sofortiges Waffenstillstandsangebot.

28.10.1918: Mit der „Oktoberreform" erfolgt eine Verfassungsänderung, die den Reichstag stärkt: Das Reich wird eine parlamentarische Monarchie.

Seit 29.10.1918: Eine Meuterei bei der deutschen Hochseeflotte breitet sich rasch aus. Der Aufstand der Matrosen in Kiel am 3.11.1918 greift im Nu auf andere Städte über und führt im ganzen Reich zur Novemberrevolution.

9.11.1918: Mit der Abdankung des Kaisers endet in Deutschland die Monarchie. Am selben Tag wird mittags in Berlin von Philipp Scheidemann (SPD) die deutsche Republik ausgerufen. Zwei Stunden später proklamiert Karl Liebknecht (linker Flügel der USPD) die sozialistische Republik. Erster Reichskanzler wird Friedrich Ebert (SPD). Am nächsten Tag schließt er mit Reichswehrgeneral Groener ein Abkommen zur Aufrechterhaltung von Sicherheit und Ordnung und zur Abwehr des „Bolschewismus".

11.11. 1918: Kapitulation; den Waffenstillstand unterzeichnet in Compiègne Matthias Erzberger (Zentrum) als Leiter der deutschen Delegation.

16.–20.12.1918: Der Reichskongress der Arbeiter- und Soldatenräte entscheidet sich für die Wahl einer verfassunggebenden Nationalversammlung und gegen eine Räterepublik.

18.1.1919: Die Pariser Friedenskonferenz wird eröffnet. Sie soll den Weltkrieg endgültig abschließen und eine Weltfriedensordnung schaffen.

19.1.1919: Bei den Wahlen zur Nationalversammlung erreicht die spätere „Weimarer Koalition" (SPD, DDP und Zentrum) ca. 76% der Stimmen.

6.2.1919: Eröffnung der Nationalversammlung in Weimar; am 11.2. Wahl Eberts zum Reichspräsidenten.

Februar bis Mai 1919: Im gesamten Reich kommt es zu Aufständen und Streiks, die blutig niedergeschlagen werden. In München herrscht im April eine Räterepublik, die am 2. Mai scheitert.

28.6.1919: Im Spiegelsaal des Schlosses von Versailles muss das Deutsche Reich den Friedensvertrag mit den Alliierten unterzeichnen. Er wird in Deutschland quer durch alle Parteien als „Schandvertrag" und „Diktatfrieden" abgelehnt.

31.7.1919: Annahme der Reichsverfassung in der Nationalversammlung mit 262 gegen 75 Stimmen.

13.3.1920: Der rechtsextreme Kapp-Putsch scheitert nach einem Generalstreik. Auch im Ruhrgebiet und in anderen Teilen des Reiches kommt es zu bürgerkriegsähnlichen Zuständen.

Mai 1921: Nach der Drohung der Allierten („Londoner Ultimatum") stimmt Deutschland einer Reparationssumme von 132 Milliarden Goldmark zu.

26. Aug. 1921: Matthias Erzberger wird ermordet.

April 1922: Rapallo-Vertrag mit der Sowjetunion.

24. Juni 1922: Ermordung des Außenministers Walter Rathenau.

1923: Die Krisenjahre der Weimarer Republik erreichen ihren Höhepunk: Um Reparationsansprüche zu sichern, besetzen französische Truppen das Ruhrgebiets; die Reichsregierung ruft zum „passiven Widerstand" auf (Ruhrkampf). Dadurch verschärft sich die Geldentwertung zur Hyperinflation. In Sachsen und Thüringen werden Kommunisten an der Regierung beteiligt, in Bayern weigert sich die Reichswehr gegen rechtsradikale Umtriebe vorzugehen.

9.11.1923: Der Hitler-Putsch in München scheitert.

1924–1929: Nach der Währungsreform, die im November 1923 die Inflation beendet, beginnt die Zeit einer „relativen Stabilisierung", in der innere Ruhe, wirtschaftlicher Aufschwung und wachsende internationale Anerkennung die Weimarer Republik nach innen und außen festigen. Zu dieser allgemeinen Erholung trägt nicht zuletzt die Neuregelung der Reparationszahlungen bei, die im Dawes-Plan (1924) und im Young-Plan (1929) deutlich reduziert werden.

26. 4. 1925: Als Nachfolger des verstorbenen Friedrich Ebert wird der Generalfeldmarschall Paul von Hindenburg zum Reichspräsidenten gewählt.

16. 10. 1925: Im Vertrag von Locarno erkennt das Deutsche Reich die Unverletzlichkeit der deutschen Westgrenze und die Entmilitarisierung des Rheinlandes an, behält sich aber eine gewaltlose Revision der Ostgrenze vor.

24. 4. 1926: Im Berliner Vertrag sichert Deutschland der UdSSR im Falle eines Krieges der Sowjetunion mit dritten Mächten Neutralität zu. Vereinbarung von militärischer und wirtschaftlicher Zusammenarbeit.

8. 9. 1926: Deutschland wird einstimmig in den Völkerbund aufgenommen und erhält einen ständigen Ratssitz. Es ist nun wieder ein gleichberechtigter Partner in der internationalen Politik.

1928: Die wirtschaftliche und finanzielle Konsolidierung des Reiches setzt sich fort. Das wachsende Vertrauen in die Republik zeigt sich besonders bei den Reichstagswahlen vom 20. 5. 1928, bei denen die SPD deutlich gewinnt, während die DNVP erhebliche Stimmeneinbußen erleidet.

27. 8. 1928: 15 Staaten, darunter Deutschland, die USA, Großbritannien, Frankreich, Polen und Japan, unterschreiben im Briand-Kellogg-Pakt die Ächtung des Krieges als Mittel der Politik.

25. 10. 1929: Der Börsenkrach an der New Yorker Wall Street („Schwarzer Freitag") führt ab 1930 zur Weltwirtschaftskrise. Hiervon ist das Deutsche Reich hart betroffen, da die USA ihre kurzfristigen Kredite zurückfordern.

1930–1933: Die Deflationspolitik der Regierung Brüning verschärft die Folgen der Weltwirtschaftskrise. Diese Entwicklung spitzt die Krise des politischen Systems zu. Die radikalen Parteien haben starken Zulauf, das „Regieren ohne Parlament" wird üblich, da die Reichskanzler keine Mehrheit mehr im Reichstag haben.

27. 3. 1930: Nachdem die große Koalition zerbrochen ist, wird Heinrich Brüning (Zentrum) zum Reichskanzler eines Präsidialkabinetts ernannt. Brüning regiert mithilfe von Notverordnungen, die vom Reichspräsidenten durchweg unterzeichnet werden.

14. 9. 1930: Erdrutschsieg der NSDAP, deren Stimmenanteil sich versiebenfacht. Die Regierung Brüning leitet eine entschiedene Deflationspolitik mit Steuererhöhungen sowie Ausgaben- und Lohnkürzungen ein. Sie will so die Streichung der Reparationen und eine Aktivierung der Handelsbilanz erreichen.

Sommer 1931: Eine internationale Finanzkrise belastet das deutsche Bankensystem schwer und verschlimmert die allgemeine Lage weiter.

30. 5. 1932: Entlassung Brünings. Sein Nachfolger Franz von Papen scheitert, als nur noch ca. 10% der Reichstagsabgeordneten hinter ihm stehen.

20. 7. 1932: Der Reichspräsident verordnet die Absetzung der sozialdemokratischen Regierung Preußens und ernennt Papen zum Reichskommissar Preußens („Preußenschlag").

31. 7. 1932: Die NSDAP gewinnt bei den Reichstagswahlen 37% der Stimmen und wird stärkste Fraktion. In den Wahlen am 6. 11. 1932 erleidet sie jedoch einen empfindlichen Rückschlag.

2. 12. 1932: General von Schleicher wird Reichskanzler. Obwohl es erste deutliche Anzeichen einer wirtschaftlichen Erholung gibt, scheitert Schleicher, weil sein Plan, die NSDAP zu spalten, misslingt. Er tritt deshalb am 28. 1. 1933 zurück.

30. 1. 1933: Hindenburg ernennt Hitler widerstrebend zum Reichskanzler.

Es geht nicht darum, Vergangenheit zu bewältigen. Das kann man gar nicht. Sie

nachträglich ändern oder ungeschehen machen. Wer aber vor der Vergangenheit die Augen verschließt, wird blind für die Gegenwart. Wer sich der Unmenschlichkeit nicht erinnern will, der wird wieder anfällig für neue Ansteckungsgefahren.

Die nationalsozialistische Diktatur

1. Der Faschismus in Italien – ein Vorspiel?

Zeit der Ideologien Im März 1919 hatte der britische Premierminister Lloyd George in einer Denkschrift die Befürchtung geäußert, dass nach dem Weltkrieg die Massen der Bevölkerung Europas „in die Arme der Extremisten" getrieben werden könnten. Der Weltkrieg hatte die Politik brutalisiert. Die USA waren zwar 1917 in den Krieg eingetreten, „um die Welt für die Demokratie sicher zu machen", doch die Grunderfahrungen des Krieges, die anfängliche patriotische Begeisterung der Massen, ihr übersteigerter Nationalismus, die folgenden Entbehrungen und Opfer ließen dieses Ziel unerreichbar erscheinen. Viele europäische Staaten und Völker blieben in der Nachkriegszeit untereinander verfeindet; im Innern waren sie tief gespalten und wurden anfällig für radikale Heilsversprechen und Gewaltregime. So hatte sich in Russland im Gefolge der sozialistischen Oktoberrevolution von 1917 eine totalitäre Parteidiktatur herausgebildet. Die von ihr geschaffene Sowjetunion verkündete die Weltrevolution und erprobte das Experiment einer sozialistischen Zukunftsgesellschaft. Gleichzeitig entstanden in den vom Frieden enttäuschten und geschwächten Staaten Süd- und Südosteuropas autoritäre und faschistische Diktaturen, die sich als Bollwerk gegen den Kommunismus verstanden und durch einen aggressiven Nationalismus ihre Bevölkerung zu integrieren versuchten (→Karte S. 317).

Mussolini Ein Staat mit solch einem Regime war schon in den 20er Jahren Italien, das als das Ursprungsland des Faschismus gilt. Dort gelang es Benito Mussolini 1922 die Macht zu erringen. Schon im März 1919 hatte er die „Fasci di combattimento", eine antisozialistische und antikapitalistische nationalistische Bewegung gegründet. Italien gehörte zu den Siegern des Krieges. Das Land war dennoch mit dem Ergebnis des Krieges nicht zufrieden. Es hatte fast 700 000 Gefallene zu beklagen, wirtschaftlich und finanziell war es bankrott. Trotz seiner territorialen Gewinne waren viele Italiener enttäuscht. Die politische Rechte sprach von einem „verstümmelten", verlorenen Sieg.

Staatskrisen Auch innenpolitisch befand sich der italienische Staat in einer tiefen Krise. Die wirtschaftliche Situation war bedrohlich, die Lira sank bis 1921 auf ein Fünftel des Wertes von 1913. Politische und soziale Unruhen erschütterten ab 1919 das Land, Arbeiter besetzten oft wochenlang Fabriken, Bauern rissen Großgrundbesitz an sich, Dauerstreiks lähmten die Wirtschaft. Bis 1920 wanderten 600 000 Menschen aus, meist in die USA. Die wirtschaftliche Krise weitete sich zu einer Staatskrise aus. Das war die Stunde Mussolinis. 1921 wandelte er seine Bewegung in eine Partei um und gewann Mitglieder aus allen bürgerlichen Schichten. Ende Oktober 1922 war Mussolini Ministerpräsident.

Faschismus Das Wort Faschismus sagt nichts über den Geist und die Ziele der Bewegung aus. „Fascio" meint Verein, Bund; es ist abgeleitet vom lateinischen „fasces", Rutenbündel, die Amtssymbole der Magistrate in der antiken römischen Republik waren. Der Faschis-

Diktaturen in Europa (1918 – 1938).

mus von 1919 war eine revoltierende Protestbewegung der „direkten Aktion", der Straße. Die Faschisten kämpften gegen den liberalen Staat und seine Vertreter. Sie verstanden sich auch als die nationale und darum historisch „richtige" Antwort auf den Bolschewismus.

Doktrin des Faschismus

Der Faschismus betrachtete Kampf und Krieg als Grundprinzipien des Lebens. Er lehnte daher die Ideen der Französischen Revolution und den demokratischen Staat ab. Mussolinis Schrift über die „Lehre des Faschismus" enthielt Kapitelüberschriften wie „Antiindividualismus; Gegen den Sozialismus; Gegen den Pazifismus; Gegen die demokratischen Ideologien; Gegen die liberalen Doktrinen". Mussolini fasste seine Doktrin in die drei Worte zusammen: „glauben, kämpfen, gehorchen". Er wollte „Ordnung, Hierarchie und Disziplin" verwirklichen und in seinem Verhalten den „Herren- und Übermenschen" verkörpern. 1931 schrieb er: „Für den Faschismus befindet sich alles innerhalb des Staates und nichts Menschliches oder Geistiges existiert … außerhalb des Staates." In diesem Sinne ist der Faschismus totalitär.

Merkmale des Totalitarismus

Der Begriff Totalitarismus ist zuerst auf die faschistischen Diktaturen, später auch auf die Sowjetunion unter Stalin und andere kommunistische Staaten angewandt worden. Man hat sechs Merkmale des totalitären Staates herausgearbeitet:

- eine sinnstiftende *Ideologie* mit einer offiziellen Staatsdoktrin;
- eine einzige *Massenpartei*, die im Regelfall von einem Einzelnen geführt wird, aus leidenschaftlich ergebenen Anhängern besteht, hierarchisch und oligarchisch gegliedert ist sowie über der Staatsbürokratie steht;
- ein *Terrorsystem*, das durch eine immer und überall gegenwärtige Partei- und Geheimpolizeikontrolle verwirklicht wird;
- eine *Kontrolle* aller gesellschaftlichen Bereiche;
- ein *Informations- und Propagandamonopol* durch direkte Beherrschung oder Gleichschaltung der Massenmedien;
- eine Unterordnung der *Wirtschaft unter staatliche Ziele*.

Der italienische Faschismus konnte seinen Totalitätsanspruch jedoch nicht durchsetzen: Mussolini musste Kompromisse mit dem weiterhin regierenden Königshaus sowie der katholischen Kirche schließen und sich mit den alten konservativen Eliten verständigen. Es gelang ihm nicht, Armee, Bürokratie und Wirtschaft vollständig unter seine Kontrolle zu bringen.

Faschistische Bewegung

In fast allen Staaten Europas gab es zwischen den beiden Weltkriegen faschistische Bewegungen. Sie alle beriefen sich auf das Vorbild Mussolinis. Man hat diese Zeit als „Epoche des Faschismus" bezeichnet. Abgesehen vom Nationalsozialismus in Deutschland gab es faschistische Bewegungen mit Massenbasis in Österreich, Ungarn, Rumänien, Spanien und Jugoslawien. In Spanien unterstützte die faschistische Falange den Militärputsch des Generals Franco im Jahr 1936. Seine Diktatur hielt bis zum Jahr 1975. Die in Frankreich Ende des 19. Jahrhunderts von dem Journalisten Charles Maurras gegründete „Action Française" war ein früher Vorläufer des Faschismus. Kleinere faschistische Bewegungen gab es auch in Großbritannien, Belgien, Holland, faschistische „Sekten" in den skandinavischen Staaten und der Schweiz.

Anhänger

Auch in diesen Ländern waren die politischen und sozialen Veränderungen nach dem Weltkrieg und die Furcht vor einer sozialistischen Revolution der Nährboden des Faschismus. Seine Anhänger stammten aus dem Mittelstand, sie waren Handwerker, Kaufleute, Bauern, Beamte und Angestellte. Sie fühlten sich durch das Anwachsen der Arbeiterbewegung und durch die fortschreitende Industrialisierung in ihrer Existenz und in ihrem Status bedroht. Wie in Italien war ihre Ideologie gekennzeichnet durch Antimarxismus, Antiliberalismus, Militarismus, übersteigerten Nationalismus und eine Verherrlichung der Gewalt.

MATERIAL

1 Aus Mussolinis „Dottrina del Fascismo", 1932

Der Faschismus ist nicht nur Gesetzgeber und Gründer von Einrichtungen, sondern Erzieher und Förderer des geistigen Lebens. Er will nicht die Formen des menschlichen Lebens, sondern seinen Inhalt, den Menschen, den Charakter, den Glauben neu schaffen. Und zu diesem Zwecke fordert er Zucht und Führung, die in die Geister eindringt und darin unbestritten herrscht. Sein Zeichen ist daher das Rutenbündel, das Symbol der Einheit, der Kraft und der Gerechtigkeit. […]

Gegen Pazifismus: Kampf und Leben sollen sein! Losgelöst von der Betrachtung der gegenwärtigen Politik, glaubt der Faschismus nicht an die

Möglichkeit noch an die Nützlichkeit des ewigen Friedens. Er lehnt daher jede Politik, die einen Verzicht auf Kampf bedeutet, als Feigheit ab. Der Kampf allein bringt die menschliche Willenskraft auf die höchste Spannung und verleiht ihren Trägern die Würde des Adels, die den Mut und die Tugend (virtù) haben, dem Kampfe die Stirn zu bieten. Alle anderen Erprobungen sind Ersatz, weil sie den Mann nicht vor das Entweder – Oder des Lebens oder des Todes stellen. Eine Lehre, die von der vorgefassten Forderung der Friedens ausgeht, ist daher dem Faschismus fremd.

Aus: Benito Mussolini, Der Faschismus. Philosophische, politische und gesellschaftliche Grundlehren, München 1933, S. 8f., 13f., Übers. H. Wagenführ.

MATERIAL

Der Faschismus erringt die Macht: zwei Einschätzungen 2

„Wer hat Italien gerettet?"

Immer höher hinauf!

1. Erläutern Sie das von Mussolini gezeichnete Menschenbild und das Selbstverständnis des Faschismus.
2. Erläutern Sie Mussolinis Lehre vom Faschismus.
3. Zeigen Sie, wie sich die politischen Ziele des Faschismus auf den einzelnen Menschen und die Gesellschaft auswirken sollen.
4. Erklären Sie mithilfe des Autorentextes (S. 316 – 318) die Anfälligkeit der italienischen Gesellschaft der 20er Jahre für die Praktiken und Verheißungen des Faschismus.

MATERIAL
3 Politische Aktionsformen der Faschisten

Noch wirkungsvoller als das Programm war die politische Taktik, die im Grunde auf eine Fortsetzung des Krieges als Bürgerkrieg hinauslief. Träger und Exponenten der meist in Gewalttätigkeiten endenden Aktionen waren die „Squadren", die aus Schülern und Studenten sowie aus ehemaligen Angehörigen der italienischen Elite- und Stoßtruppen, Arditi, gebildet wurden. Erste Erfolge errangen diese Bürgerkriegstruppen in den neu gewonnenen Gebieten Triest und der Venezia Giulia, wo es Minderheiten slawischer Herkunft gab, die als Feinde Italiens und, häufig zu Unrecht, als Repräsentanten des „fremden" Marxismus angesehen und bekämpft wurden. Die Häuser und Sitze der Organisationen der slowenischen Minderheit wurden ebenso zerstört wie die der Sozialisten.

In der zweiten Hälfte des Jahres 1920 dehnten die Faschisten ihre gewaltsamen Aktionen auch auf den Raum Bologna aus, nachdem dort ein kriegsversehrter Abgeordneter der Nationalisten während einer Sitzung des Stadtparlaments erschossen worden war. Die Faschisten beantworteten diesen politischen Mord mit zahlreichen Terrorakten, bei denen sie auf die Zustimmung bürgerlicher Kreise stießen, während die Polizei kaum einschritt. Die Redaktionen der sozialistischen Zeitungen und die Sitze der sozialistischen Organisationen wurden von den Squadren überfallen, verwüstet und in Brand gesteckt. Einzelne Angehörige der Sozialistischen Partei wurden bedroht, geschlagen und getötet. Sehr bald gingen die Squadren dazu über, so genannte „Strafexpeditionen" (spedizioni punitive) in der ländlichen Umgebung Bolognas, Ferraras und schließlich überall in der Emilia und der Romagna durchzuführen, wobei systematisch von Dorf zu Dorf, von Stadt zu Stadt und schließlich von Provinz zu Provinz Gewerkschaftshäuser, Kooperativen, Partei- und Redaktionsbüros zerstört und politische Gegner aus den Reihen der Sozialisten und der Popolari gefoltert und ermordet wurden. Diese Aktionen fanden den Beifall der Agrarier und der bäuerlichen Kleineigentümer, die die überall entstehenden faschistischen Organisationen in materieller Hinsicht unterstützten oder selber in ihre Reihen eintraten. Auf diese Weise veränderte sich nicht nur die Zahl, sondern auch die soziale Zusammensetzung des Faschismus.
Während den ersten, in den Städten gebildeten fasci vor allem Offiziere, Studenten, Intellektuelle sowie Entwurzelte aller Schichten angehörten, rekrutierten sich die Squadren des so genannten Agrarfaschismus vor allem aus Großagrariern, mittleren und kleineren Bauern sowie aus Landarbeitern, die sich freiwillig oder gezwungen der faschistischen Landarbeiter-Gewerkschaft angeschlossen hatten. Hinzu kamen Angehörige der Mittelschichten in den kleineren und mittleren Städten der Provinz. Auf diese Weise gewann der Faschismus ein spezifisches soziales Profil. Er wurde zu einer vor allem vom Mittelstand getragenen Bewegung mit einer radikal antisozialistischen Zielsetzung, obwohl man die ursprünglichen antikapitalistischen Programmpunkte nicht fallen ließ. Die innere Widersprüchlichkeit der Programmatik wurde durch die Ideologie des Nationalismus und den Aktionismus der Squadren verdeckt.

Aus: W. Wippermann, Europäischer Faschismus im Vergleich 1922–1982, Frankfurt a. M. 1983, S. 27ff.

MATERIAL
4 Anziehungskraft der Diktaturen im Europa der Zwischenkriegszeit

Die meisten Nachkriegsdemokraten wurden von den Extremen der Linken und der Rechten in die Zange genommen. [...] Die Demokratien wirkten nicht nur schwach und von sich selbst wenig überzeugt, sondern auch hässlich, denn ihr Apell richtete sich an die Vernunft, kaum an die Gefühle, war grau und langweilig. Die Generation, die zu Kriegsende aus den Schützengräben kam, [...] war von nichts so überzeugt wie von der Hohlheit, Verlogenheit und Unfruchtbarkeit der liberalen Vorkriegsära. Im Krieg hatten sich alle antibürgerlichen Affekte bestätigt, die bürgerliche Wirklichkeit der Nachkriegszeit erschien radikal falsch und dem Untergang geweiht.

Das Gleichgewicht der zwischenstaatlichen Ordnung Europas hatte [...] der Weltkrieg zerstört. Fortan, das war der Wille des amerikanischen Präsidenten Woodrow Wilson und der siegreichen Ententemächte gewesen, sollten alle Nationen das Recht besitzen, Nationalstaaten zu bilden, und Europa sollte ein Kontinent der souveränen Nationalstaaten sein. Dass damit erst recht Krieg und Bürgerkrieg heraufbeschworen wurden, war den westlichen Politikern [...] nicht klar gewesen. In Mittel- und Osteuropa, [...] wo sich sprachliche, konfessionelle und kulturelle Zusammenhänger überkreuzten, wo eine kleinteilige Gemengelage von Nationalitäten der Normalfall war, war die Forderung nach der Einheit von Nation, Sprache und Staatsgebiet einfach sinnlos. [...] So stand die Revision der Grenzen von 1919 allenthalben auf der Tagesordnung. [...]
Die politische Zersplitterung des Kontinents entsprach der wirtschaftlichen. Das Weltwirtschaftssystem, das sich nach Beendigung des Krieges nur teilweise hatte wiederherstellen lassen, war unter dem Druck der Weltwirtschaftskrise erneut zusammengebrochen. [...] Die Staaten Europas befanden sich auf dem Weg zurück zum Ideal des geschlossenen Handelsstaats. [...] Die extremen Parteien, Nationalisten und Kommunisten, gewannen auf Kosten der demokratischen Mitte an Boden. [...] Europa stand am Rande des Krieges, innerhalb der Staaten und zwischen ihnen.

Als Reichspräsident von Hindenburg am 30. Januar 1933 den Führer der Nationalsozialisten, Adolf Hitler, zum deutschen Reichskanzler ernannte, war das im europäischen Vergleich keine erhebliche Sensation, [...] musste man doch zugeben, dass Diktaturen in Europa allmählich zum Normalfall wurden.
Benito Mussolini war der erste europäische Diktator, sieht man von Lenins Herrschaft in Russland ab, aber nicht der einzige. [...] Mussolinis Weg zur Macht war [...] vorbildlich für viele der großen und kleinen „Führer". Die Voraussetzungen waren in vielen Fällen ähnlich. Da war eine Schicht von Besitz- und Bildungsbürgern, Staatsbediensteten und Angestellten, Handwerkern und Kleinunternehmern, historisch gesehen, die eigentlichen Träger der Nationalidee, die deshalb unter nationalen Diskriminierungen durch Niederlage, „verlorenem Sieg" wie in Italien [...] besonders litten. In diesen Schichten herrschte der archetypische Schrecken vor den revolutionären Arbeitermassen, die aus der rußig-lärmenden Fabrikwelt geradewegs in die Wohnzimmer einbrachen und die heiligen Güter der bürgerlichen Kultur bedrohten.
Die faschistischen Parteien versprachen Sicherheit. [...] Der „Duce" wie der „Führer" forderten [...] Glauben und Hingabe und boten dafür Gewissheit und Geborgenheit in einer neuen, schützenden und umhegenden Gemeinschaft. [...]
Zweierlei muss voneinander unterschieden werden: Da war einerseits der Aufstieg der faschistischen Parteien und Bewegungen in Europa, der kein Land ausließ [...] und da waren zum anderen die diktatorisch regierten Staaten, die häufig in Bausch und Bogen als „faschistisch" bezeichnet werden, obwohl eine „Machtübernahme" in dem Sinne, dass eine faschistische Partei zur alleinigen Regierungspartei eines Staates wurde und sich diesen Staat anverwandelte, nur in zwei Fällen stattfand: in Italien und in Deutschland. [...] Alle übrigen Diktaturen Zwischenkriegs-Europas [...] waren entweder Militärdiktaturen oder von zivilen Politikern autoritär regiert, aber sie waren keine faschistischen Staaten.

Aus: H. Schulze, Phoenix Europa – Die Moderne. Von 1740 bis heute, Berlin 1998, S. 361–377, gek.

1. Erschließen Sie aus Material 3 Träger, Methoden und „Adressaten" der faschistischen Aktionen.
2. Zeigen Sie den Zusammenhang zwischen Programmatik (vgl. M 1) und Methoden auf.
3. Suchen Sie Erklärungen dafür, warum im Zwischenkriegs-Europa autoritäre, militaristische und faschistische Diktaturen entstehen konnten.

2. Das nationalsozialistische Herrschaftssystem

2.1 Hitlers Lebensweg – *wegweisend für die NS-Diktatur?*

Unter lang anhaltendem Beifall erklärte Hitler auf dem Parteitag in Nürnberg 1936: „Das ist das Wunder unserer Zeit, dass ihr mich gefunden habt unter so vielen Millionen! Und dass ich euch gefunden habe, das ist Deutschlands Glück." Wer war dieser Adolf Hitler? Wir dürfen die Geschichte der NS-Diktatur nicht einfach personalisieren, auf Hitler zurückführen, denn der Nationalsozialismus ist mehr als Hitlerismus. Doch Hitlers Lebensgeschichte ist unauflöslich und unauslöschlich in die deutsche Geschichte verwoben, obwohl er erst 1932 deutscher Staatsangehöriger wurde.

Hitlers Jugend

Die Biografie Hitlers ist, verglichen mit der Geschichte seiner Wirkung, auffallend dürftig. Am 20. April 1889 wurde er als Sohn eines österreichischen Zollbeamten in Braunau am Inn geboren. Ohne Realschulabschluss bewarb er sich 1907 vergeblich um die Aufnahme in die Kunstakademie und in eine Architekturschule in Wien. Die Wiener Zeit nannte er später die schwerste und gründlichste Schule seines Lebens. Er fühlte sich zum Künstler berufen, lebte von einer Waisenrente, später von Gelegenheitsarbeiten und fand schließlich Unterkunft in einem Obdachlosenasyl. Wagners Oper „Rienzi", die das tragische Schicksal eines stadtrömischen Volkstribuns im 14. Jahrhundert darstellt, wurde ihm zum politischen Erweckungserlebnis. „In jener Stunde begann es." Hitler soll die Oper immer wieder besucht haben. Er politisierte und las unersättlich und wahllos vor allem nationalistische und rassistische Literatur.

Das Erlebnis des Ersten Weltkriegs

Den Ausbruch des Ersten Weltkriegs erlebte er in München als eine Befreiung; er meldete sich freiwillig zum Kriegsdienst in einem bayerischen Infanterieregiment, denn er verabscheute den Dienst in der Armee des österreichischen Vielvölkerstaates. Als Meldegänger erhielt er das Eiserne Kreuz Erster Klasse; am Kriegsende lag er, durch Gasverwundung dem Erblinden nahe, in einem Lazarett in Pommern. Nach dem verlorenen Krieg fand der Berufslose eine Beschäftigung in der politischen Abteilung der Reichswehr in München. Er sammelte als Spitzel Informationen über politische Vereine und Parteien und wurde Schulungsredner für Soldaten. In der Revolution 1918/19 tat er sich nicht hervor, auch nicht bei der Bekämpfung der Münchner Räterepublik. Das parteipolitische Erwachen geschah in der Begegnung mit der in München 1919 gegründeten Deutschen Arbeiterpartei, der er als 55. Mitglied beitrat. Er wurde Werbeobmann, 1921 Parteivorstand mit allen Vollmachten und erregte die Bewunderung des Parteigründers Anton Drexler: „Mensch, der hat a Goschen, den kunnt ma braucha." Das demagogische „Naturtalent" machte aus dem Stammtisch eine Kampfpartei.

Programm der NSDAP

1920 änderte die Partei ihren Namen in NSDAP (Nationalsozialistische Deutsche Arbeiterpartei) um. Im November 1923 zählte sie bereits 56 000 Mitglieder. Die NSDAP verstand sich in ihren 25 Programmpunkten als antimarxistisch, antiparlamentarisch, antikapitalistisch und antisemitisch. Sie lehnte den Ausgang und die Folgen des Ersten

Hitler bei einer Rede auf dem Reichsparteitag 1935.

Weltkriegs für das Deutsche Reich ab. Der Parteiredner Hitler bekämpfte sowohl die „Systeme" von Weimar, Versailles, Genf und Moskau als auch die „amerikanische Plutokratie der Wallstreet", Kriegsgewinnler, Bodenspekulanten, Warenhäuser. Ein nationaler Sozialismus sollte den Klassenkampf überwinden und alle Volksschichten in eine nationale Volks- und Lebensgemeinschaft integrieren.

Hitlerputsch 1923

Nach Ruhrkampf, Hochinflation und kommunistischen Umsturzversuchen in Sachsen inszenierte Hitler am 8. November 1923 im Bürgerbräukeller in München einen Putsch. In einer großsprecherischen Proklamation an das deutsche Volk erklärte er „die Regierung der Novemberverbrecher" in Berlin für abgesetzt und rief eine provisorische deutsche Nationalregierung aus. Auf einen Marsch zur Feldherrnhalle in München am 9. November sollte nach dem Vorbild von Mussolinis Marsch auf Rom von 1922 ein Marsch auf Berlin folgen. Der Putsch brach jedoch im Kugelhagel der Polizei von München zusammen. Hitler kam nach einem Hochverratsprozess auf die Festung Landsberg, wo er seine politische Weltanschauung in dem Buch „Mein Kampf" niederlegte. Er hatte die Mindeststrafe von fünf Jahren Festungshaft erhalten, wurde aber bereits nach zehn Monaten entlassen.

NSDAP unter Hitlers Führung

Nach seiner vorzeitigen Entlassung baute Hitler im Februar 1925 die NSDAP unter seiner Führung neu auf und schwor sie bedingungslos auf seine Person ein. Sein Vorstoß in die große Politik erfolgte mit dem Volksbegehren gegen den Young-Plan von 1929. Er verbündete sich in einer nationalen Einheitsfront mit dem Vorsitzenden der DNVP, Hugenberg, und nutzte die Agitationsmöglichkeiten, die ihm Hugenbergs Pressekonzern eröffnete, hemmungslos aus.

Im Sommer 1930 endeten die Reichstagswahlen nach dem Bruch der Großen Koalition mit einem Erdrutschsieg der NSDAP. Sie schnellte von 12 auf 107 Mandate hoch (18,3 % der Stimmen). Im November 1931 schloss sich in Bad Harzburg die nationale Opposition aus NSDAP, DNVP, Stahlhelm und Reichslandbund mit prominenten Gönnern aus Hochfinanz und Industrie zusammen. 1932 klopfte Hitler mehrmals an das Tor zur Macht. Es wurde ihm am 30. Januar 1933 geöffnet, als Hindenburg ihn zum Reichskanzler ernannte. Ihm wurde damit für über zwölf Jahre die Führung eines der modernsten Industriestaaten übertragen – der Form nach legal, der Wirkung nach katastrophal.

MATERIAL

1 Thomas Mann: Bruder Hitler, 1938

Der Bursche ist eine Katastrophe; das ist kein Grund, ihn als Charakter und Schicksal nicht interessant zu finden. Wie die Umstände es fügen, dass das unergründliche Ressentiment, die tief schwärende Rachsucht des Untauglichen, Unmöglichen, zehnfach Gescheiterten, des extrem faulen, zu keiner Arbeit fähigen Dauer-Asylisten und abgewiesenen Viertelskünstlers, des ganz und gar Schlechtweggekommenen sich mit den [...] Minderwertigkeitsgefühlen eines geschlagenen Volkes verbindet, welches mit seiner Niederlage das Rechte nicht anzufangen weiß und nur auf die Wiederherstellung seiner „Ehre" sinnt; wie er, der nichts gelernt hat, aus vagem und störrischem Hochmut nie etwas hat lernen wollen, der auch rein technisch und physisch nichts kann, was Männer können, kein Pferd reiten, kein Automobil oder Flugzeug lenken, nicht einmal ein Kind zeugen, das eine ausbildet, was nottut [...] eine unsäglich inferiore, aber massenwirksame Beredsamkeit, [...] womit er in der Wunde des Volkes wühlt, es durch die Verkündigung seiner beleidigten Größe rührt, es mit Verheißung betäubt und aus dem nationalen Gemütsleiden das Vehikel seiner Größe, seines Aufstiegs [...] macht. [...]

Wie er aus dem nationalen Maß ins europäische wächst [...], im Erpressen seiner Kriegsfurcht sich als Meister erweist [...]; wie das Glück sich ihm fügt, [...] weil er – aus Vaterlandsliebe, soviel er weiß – die Politik erlernte, nun im Begriffe scheint, sich Europa, Gott weiß es, vielleicht die Welt zu unterwerfen: das alles ist durchaus einmalig, [...] man kann unmöglich umhin, der Erscheinung eine gewisse angewiderte Bewunderung entgegenzubringen. [...]

Muss man nicht, ob man will oder nicht, in dem Phänomen eine Erscheinungsform des Künstlertums wieder erkennen? Es ist, auf eine gewisse beschämende Weise, alles da: die „Schwierigkeit", Faulheit und klägliche Undefinierbarkeit der Frühe, das Nichtunterzubringensein, das Was-willst-Du-nun-eigentlich?, das halb blöde Hinvegetieren in tiefster sozialer und seelischer Boheme, das im Grunde hochmütige, im Grunde sich für zu gut haltende Abweisen jeder vernünftigen und ehrenwerten Tätigkeit – auf Grund wovon? Auf Grund einer dumpfen Ahnung, vorbehalten zu sein für etwas ganz Unbestimmbares, bei dessen Nennung, wenn es zu nennen wäre, die Menschen in Gelächter ausbrechen würden. Dazu das schlechte Gewissen, das Schuldgefühl, die Wut auf die Welt, der revolutionäre Instinkt, [...] das zäh arbeitende Bedürfnis, sich zu rechtfertigen, sich zu beweisen, [...] der Traum, eine in Angst, Liebe, Bewunderung, Scham vergehende Welt zu den Füßen des einst Verschmähten zu sehen.
Ein Bruder [...] Ein etwas unangenehmer und beschämender Bruder; er geht einem auf die Nerven, es ist eine reichlich peinliche Verwandtschaft. Ich will trotzdem die Augen nicht davor schließen, denn nochmals: besser, aufrichtiger, heiterer und produktiver als der Hass ist das Sich-wieder-Erkennen, die Bereitschaft zur Selbstvereinigung mit dem Hassenswerten, möge sie auch die moralische Gefahr mit sich bringen, das Neinsagen zu verlernen.

Aus: Thomas Mann, Gesammelte Werke, Frankfurt 1974, Bd. 12, S. 775 ff.

MATERIAL

Joachim Fest: Zur Biographie und Psyche Hitlers 2

Die eigene Person zu verhüllen wie zu verklären war eine der Grundanstrengungen seines Lebens. Kaum eine Erscheinung der Geschichte hat sich so gewaltsam, mit so pedantisch anmutender Konsequenz stilisiert. [...] Ausdrucksstarr, im frühen Bewusstsein der Berufung, hat sich der Fünfunddreißigjährige schon in die konzentrierte, gefrorene Unnahbarkeit des großen Führers zurückgezogen.

Schon als Führer der aufstrebenden NSDAP fand er das Interesse an seinen privaten Lebensumständen beleidigend, als Reichskanzler verbat er sich alle Veröffentlichungen darüber. Immer war er darauf bedacht, Spuren zu verwirren, Identitäten unkenntlich zu machen, den schwer durchsichtigen Hintergrund von Herkunft und Familie weiter zu trüben [...] Seine jüngere Schwester Paula, die ihm zeitweilig auf dem Obersalzberg den Haushalt führte, zwang er, sich einen anderen Namen zuzulegen [...] „Diese Leute dürfen nicht wissen, wer ich bin, sie dürfen nicht wissen, woher ich komme und aus welcher Familie ich stamme." Keiner der Anhänger [...] hat so wie er die psychologischen, gesellschaftlichen und ideologischen Grundantriebe der Bewegung zum Ausdruck gebracht; er war niemals nur ihr Führer, sondern stets auch ihr Exponent.

Er war beherrscht von der Überfremdungsangst [...] vor der „heuschreckenartigen Zuwanderung russischer und polnischer Juden", vor der „Verniggerung des deutschen Menschen", vor dessen „Vertreibung aus Deutschland" und schließlich seiner „Ausrottung": im „Völkischen Beobachter" ließ er ein angeblich französisches Soldatengedicht abdrucken, das die refrainartige Zeile enthielt: „Deutsche, wir werden eure Töchter besitzen!" Doch ging die Beunruhigung auch von der amerikanischen Technik aus und von der wachsenden Geburtenrate der Slawen, von der Großstadt, der „ebenso schrankenlosen wie schädlichen Industrialisierung", der „Verwirtschaftlichung der Nation", der anonymen Aktiengesellschaften, vom „Morast der großstädtischen Vergnügungskultur" sowie von der modernen Kunst, die durch blaue Wiesen und grüne Himmel „die Seele des Volkes töten" wolle. Wohin er auch blickte, entdeckte er die „Verfallserscheinungen einer langsam abfaulenden Welt": In seiner Vorstellung fehlte kein Element der pessimistischen Zivilisationskritik.

Tief befangen in seiner Überwältigungspsychose, sah er Deutschland als Objekt einer Weltverschwörung, bedrängt von allen Seiten durch Bolschewisten, Freimaurer, Kapitalisten, Jesuiten, sie alle verklammert und im Vernichtungswerk strategisch kommandiert durch den „blut- und geldgierigen jüdischen Volkstyrannen". „Siegt der Jude mithilfe seines marxistischen Glaubensbekenntnisses über die Völker dieser Welt, dann wird seine Krone der Totentanz der Menschheit sein, dann wird dieser Planet wieder wie einst vor Jahrmillionen menschenleer durch den Äther ziehen." Er war wie behext von der Vorstellung einer großen Weltkrankheit, von Viren, Termitenfraß und Menschheitsgeschwüren.

Wie fasziniert spürte er Untergänge nahen [...]: „Wir können untergehen, vielleicht. – Aber wir werden eine Welt mitnehmen."

Aus: J. Fest, Hitler, Eine Biographie, Frankfurt 1976, S. 29 ff., 143 ff. 297.

1. Thomas Mann machte sich als Zeitgenosse sein eigenes Bild von der Person und der Psyche Hitlers. – Setzen Sie sich mit seinem Hitlerbild auseinander. Berücksichtigen Sie auch den Autorentext S. 322–324.
2. Untersuchen Sie, inwiefern individuelle Besonderheiten Hitlers allgemeine Erscheinungen der Epoche widerspiegeln.
3. Zeigen Sie, inwiefern sich Hitler als Exponent, Kritiker und Nutznießer der Krisen seiner Epoche verstehen lässt.

2.2 Die nationalsozialistische Weltanschauung: Entwurf einer totalitären Diktatur

Opportunist oder Ideologe?

Historiker messen der nationalsozialistischen Weltanschauung unterschiedliches Gewicht für die Errichtung und den Ausbau der Diktatur zu. Sie fragen, ob Hitler sich als Politiker eher situationsgemäß, opportunistisch und improvisierend oder eher programmatisch und ideologisch verhalten hat.

„Mein Kampf"

Hitler selbst verstand sich nicht nur als Trommler, Propagandist und Massenbeweger, sondern vor allem als geistiger Führer, als Entdecker und Verkünder einer Lehre, die Antwort geben sollte auf die großen Fragen der Gegenwart und Zukunft. In seinem Buch „Mein Kampf" von 1925 versuchte er eine schlüssige Weltanschauung zu entwerfen; er rechnete darin mit ihm gefährlich erscheinenden Zeitströmungen ab: mit dem „zersetzenden jüdischen Geist" des Marxismus, des Liberalismus, des Parlamentarismus und mit den den Deutschen angeblich fremden Ideen der Aufklärung. Hitlers Weltanschauung war eine Kampfansage an die Ideen der bürgerlichen Revolution von 1789, aber auch an Humanismus, Christentum, bürgerliche Bildung und Kultur. Die Irrwege der Moderne sollten durch eine so genannte Rassenrevolution rückgängig gemacht werden.

Rassenlehre

Die Grundlage der nationalsozialistischen Bewegung war Hitlers Rassenlehre. Ihr zufolge herrschte in Natur und Gesellschaft ein ewiger, gesetzmäßiger Kampf ums Dasein. Nach sozialdarwinistischer Auffassung gelte hier das Recht des Stärkeren. Völker kämpften um Lebensräume, Krieg sei der Normalzustand. Die „arische Rasse", der die Deutschen angehörten, sei, verglichen mit anderen, „höherwertig" und „kulturschöpferisch", daher müsse ihr Lebensrecht unbedingt geschützt werden. Diese Weltanschauung war in Hitlers Verständnis nicht kompromissbereit und forderte gebieterisch ihre eigene ausschließliche Anerkennung. Sie war also totalitär, unumschränkt, allumfassend, sie verlangte die vollkommene Umstellung des gesamten privaten und öffentlichen Lebens.

totalitärer Anspruch

Feindbilder

Hitlers Denken, Reden und späteres Handeln kreisten fortwährend um ideologische Fixpunkte, die sich in seiner formelhaften Sprache immer wieder finden lassen: „das Juda der Weltverschwörer", „das christliche Rom", „das Versailles des Schandfriedens", „das Genf des international schachernden Völkerbundes", „das Weimar der verbrecherischen republikanischen Systemzeit", „das Moskau der jüdisch-bolschewistischen Weltverschwörung", „die jüdisch-plutokratische Wallstreet" in New York. Lebensraum, Volksgemeinschaft und Judenfeindschaft waren die Schlüsselwörter dieser Weltanschauung.

Funktion der NS-Weltanschauung

Inhaltlich war die nationalsozialistische Weltanschauung recht dürftig, herrschaftstechnisch aber äußerst wichtig. Sie hatte für die nationalistische Herrschaft je nach Situation und Machtlage unterschiedliche Funktionen. Sie sollte:

- die Massen mobilisieren, aufklären und erziehen; bezeichnenderweise entstand 1933 eigens ein Reichsministerium für Volksaufklärung und Propaganda unter der Leitung von Joseph Goebbels;

- die Herrschaft des Führers und seiner Partei legitimieren und stabilisieren;
- die in Klassen gespaltene Gesellschaft zu einer Volksgemeinschaft und Nation integrieren;
- soziale Konflikte, wirtschaftliche Probleme verschleiern und kompensieren;
- den Alltag der zu „Volksgenossen" umbenannten Bevölkerung verklären, beispielsweise durch Feste und Aufmärsche;
- der Politik letzte Ziele vorgeben, Sinn stiften, Leben und Welt deuten, also durch einen pseudo-religiösen Glauben orientieren.

MATERIAL 3

Politik und Weltanschauung nach Hitlers Zweitem Buch, 1928

Hitlers Zweites Buch schematisiert vor allem seine außenpolitischen Vorstellungen in Ergänzung zu „Mein Kampf". Er diktierte es 1928 dem Verleger Max Amann. Es wurde aber nie publiziert und 1958 als maschinengeschriebenes Manuskript aufgefunden.

Ungezählt sind die Arten aller Lebewesen der Erde, unbegrenzt jeweils im Einzelnen ihr Selbsterhaltungstrieb sowie die Sehnsucht der Forterhaltung, begrenzt hingegen der Raum, auf dem dieser gesamte Lebensprozess sich abspielt. Es ist die Oberfläche einer genau bemessenen Kugel, auf der das Ringen von Milliarden und Abermilliarden von Einzelwesen um Leben und Lebensnachfolge stattfindet. In der Begrenzung des Lebensraumes liegt der Zwang zum Lebenskampf, im Lebenskampf dafür aber die Voraussetzung zur Entwicklung. Wenn aber Politik werdende Geschichte ist [...] dann ist damit Politik in Wahrheit die Durchführung des Lebenskampfes eines Volkes [...]

Diese Erde ist niemandem zugeteilt und wird auch niemandem geschenkt, wohl aber ist sie den Menschen als Lehen der Vorsehung gegeben, die den Mut im Herzen tragen, sie in Besitz zu nehmen, die Kraft, sie zu bewahren und den Fleiß, sie zu pflügen.

Jedes urwüchsige Volk sieht deshalb im Bodenerwerb nichts Sündhaftes, sondern etwas Natürliches.

Außenpolitik ist die Kunst, einem Volk den jeweils notwendigen Lebensraum in Größe und Güte zu sichern.

Die Bedeutung des Blutwertes wird erst dann restlos wirksam, wenn dieser Wert von einem Volk erkannt, gebührend geschätzt und gewürdigt wird, denn sonst kann der Jude in jeder Form seinen Einzug halten, und dieser Meister der internationalen Giftmischerei und Rassenverderbnis wird nicht eher ruhen, als bis er ein Volk restlos verdorben hat. Das Ende ist dann der Verlust eines bestimmten einheitlichen Rassenwertes und damit der endgültige Verfall.

Deutschland entschließt sich [...], zu einer klaren, weitschauenden Raumpolitik überzugehen. Es wendet sich damit von allen weltindustriellen und welthandelspolitischen Versuchen ab und konzentriert statt dessen alle seine Kräfte, um unserem Volk durch die Zuweisung eines genügenden Lebensraumes für die nächsten hundert Jahre auch einen Lebensweg vorzuzeichnen. [...] Dieser Raum kann nur im Osten liegen.

Aus: Hitlers Zweites Buch, 1928, hrsg von G. L. Weinberg, Stuttgart 1961, S. 46 f.

MATERIAL 4

Propagandalosungen und Redewendungen im „Führerstaat":

- Der Deutsche grüßt: Heil Hitler!
- Jawohl, mein Führer! (offizielle Anrede)
- Ein Volk, ein Reich, ein Führer! Sieg Heil!
- Führer befiehl, wir folgen dir! (Refrain des Lieds der Wehrmacht im Russlandfeldzug)
- Dem Führer gelingt einfach alles!
- Wenn das der Führer wüsste!
- Dem Führer bleibt auch nichts erspart!
- Gefallen auf dem Feld der Ehre für Führer, Volk und Vaterland.

MATERIAL

5 Ergebnislose Haussuchung bei Hitler, 1930

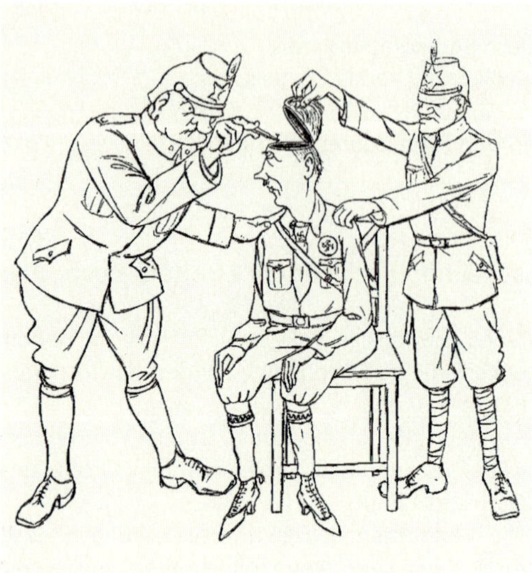

1. Erläutern Sie Hitlers Vorstellungen von Natur, Lebensraum, Recht und „dem Juden". (M 3)
2. Ziehen Sie aus den Parolen (M 4) Rückschlüsse auf Führerkult, Führerglaube und Führerbindung im Nationalsozialismus.
3. Erläutern und beurteilen Sie die Hitlerkarikatur von 1930. (M 5)
4. Historiker gewichten die Intention und die Funktion der nationalsozialistischen Ideologie unterschiedlich als Dogma oder als bloßes Machtmittel. Erörtern Sie die beiden Positionen.

„Merkwürdig, mit wie geringen Mitteln sich viel Unheil anrichten lässt!" Simplicissimus, 1930.

MATERIAL

6 Hitler bei einer Schulungsrede der Parteielite über politische Führung

Am 29. 4. 1937 *sprach Hitler vor* 800 *Kreisleitern*:

Die Vernunft hat auch ein Recht und damit eine Pflicht in Schicksalsfragen der Nationen, sie hat das Recht, sich zu diktatorischer Gewalt zu erheben, und die Pflicht, die anderen zu zwingen, dem zu gehorchen.

Das Volk ist heute in Deutschland glücklicher als irgendwo in der Welt. Es wird nur dann unsicher, wenn es keine Führung hat. Ich habe den Wahnsinn des Glaubens, dass der gewöhnliche Mensch von vornherein keine Führung will, [...] nie stärker gesehen als im Krieg. Lassen Sie eine kritische Situation über eine Kompanie kommen, die Kompanie hat nur einen Wunsch, dass sie einen anständigen Kompanieführer hat, und an den hängt sie sich dann dran. Und wenn das ein wirklicher Kerl ist, dann hat er seine Männer hinter sich, die sagen nicht: „Ja, warum werden wir nicht gefragt?" Da denkt gar keiner daran! [...] Die wollen einen Führer, der ihnen Anordnungen gibt, und dann folgen sie ihm auch (*Heilrufe und stürmischer Beifall*). Man kann [...] die Krise der heutigen Zeit beheben durch einen wirklichen Führungs- und damit Führerstaat, [...] durch eine natürliche Auslese, immer aus dem Volk heraus, denn was kann es Schöneres für ein Volk geben als das Bewusstsein: Aus unseren Reihen kann der Fähigste ohne Rücksicht auf Herkunft und Geburt [...] bis zur höchsten Stelle kommen.

Nur der kann rechnen, es zu etwas zu bringen, der selber wieder absolut treu und gehorsam ist. Denn der zeigt nur, dass er allein fähig ist, wirklich auch eines Tages zu führen. Denn wo käme man denn hin, wenn der, der selbst nicht Treue und Gehorsam üben will, später einmal Treue und Gehorsam erwarten wollte?

Aus: H. von Kotze/H. Krausnick (Hrsg.), „Es spricht der Führer". 7 exemplarische Hitlerreden, Gütersloh 1966, S. 123 f.

1. Erläutern und beurteilen Sie, wie Hitler politische Führung begründet.

MATERIAL
Italienischer Faschismus und deutscher Nationalsozialismus 7

Mussolini und Hitler, 1937.

Mussolinis Machtergreifung von 1922 war das Ergebnis eines Kompromisses zwischen dem Faschismus und der traditionalen „herrschenden Klasse", bekanntlich wie auch in Deutschland elf Jahre später. Der Versuch der national konservativen Bündnispartner Mussolinis, den Faschismus zu „konstitutionalisieren", entspricht exakt dem „Zähmungskonzept" Papens und anderer Nationalkonservativer in Deutschland.

Im Unterschied zu Mussolini, der bis zu seinem Sturz eine Vermittlungsdiktatur zwischen der potentiell revolutionären faschistischen Bewegung und dem national konservativen Lager von König, Armee und Beamtenschaft ausübte, gelang es Hitler nach dem Tode Hindenburgs, seinen Handlungsspielraum zu erweitern.

Der Nationalsozialismus wurde totalitär (innen- und außenpolitisch); der Faschismus blieb eher autoritär. Die nationalsozialistische Herrschaft verselbstständigte sich und ging damit über ihr historisches Vorbild in Italien entschieden hinaus. Mussolini regierte seinen faschistischen Staat zwar diktatorisch, aber letzten Endes nicht terroristisch; die politische Geheimpolizei, Sondergerichte und Verbannungsmaßnahmen gegen politische Gegner (auf isolierten Mittelmeerinseln) sind nicht mit dem Staatsterror von SS, SD, Gestapo und Volksgerichtshöfen in Deutschland gleichzusetzen. Das faschistische Regime wurde am 25. Juli 1943 ohne fremde Hilfe durch eine nationalkonservative Opposition mit dem König an der Spitze gestürzt. Was ein Jahr später am 20. Juli 1944 in Deutschland scheiterte, gelang in Italien. Dort war die endgültige Beseitigung des Faschismus nicht ausschließlich dem Sieg der Alliierten zu verdanken, sondern größtenteils einer militärischen Widerstandsbewegung.

Das faschistische Italien bot seit 1933 Zehntausenden von europäischen Juden Unterschlupf oder diente als Durchgangsland für Emigranten auf der Flucht vor dem Nationalsozialismus, obwohl seit 1938 antisemitische Rassengesetze galten. Gleichzeitig war zwischen 1943 und 1945 mancher Italiener behilflich, ein Sechstel der 70 000 italienischen Juden in Vernichtungslager zu deportieren.* Rassistische Unterdrückungspolitik praktizierten italienische Faschisten in Tripolitanien (1929–1931), Abessinien (1935–1936) und auf dem Balkan (seit 1940). Es war ein kolonialer Rassismus, der für alle imperialistischen Großmächte im 19. und 20. Jahrhundert charakteristisch war, und ein Apartheids-Rassismus, der Minderheiten und ganze Völker ausgrenzte, aber nicht physisch vernichtete. Der faschistische Rassismus wollte die Juden zwar ins Ghetto zurückdrängen, er erreichte aber niemals die Dimension von „Auschwitz", er wurde kein Vernichtungsrassismus.

* 1943 und 1945 war Italien von deutschen Truppen besetzt.

Zusammenfassung eines Aufsatzes von Wolfgang Schieder, Faschismus als Vergangenheit. Streit der Historiker in Italien und Deutschland; in: W. H. Pehle (Hrsg.), Der historische Ort des Nationalsozialismus. Eine Annäherung, Frankfurt 1990, S. 134–154.

1. Nennen Sie Besonderheiten des italienischen Faschismus und versuchen Sie, diese im Vergleich zum Nationalsozialismus zu erklären. Berücksichtigen Sie dabei auch den Text von Hagen Schulze. (S. 321, M 4)

2.3 Die NSDAP: ihre Zusammensetzung und ihre Wähler

Aufstieg der NSDAP

Entscheidendes Organ des Machtwillens der Nationalsozialisten wurde die Partei. In drei Aufstiegsphasen veränderte sie ihre Zielsetzung, ihre Taktik und ihre Aktionsformen. Von 1919–1923 erzielte sie Anfangserfolge in Bayern; ihr Putsch in München am 9. November 1923 scheiterte an Polizei und Reichswehr. 1925–1929 wurde die Partei neu gegründet und völlig auf ihren Führer ausgerichtet; sie erstrebte jetzt aus taktischen Gründen eine legale Machtübernahme durch Wahlen in den Ländern und im Reich. Von 1930–1933 profitierte die Partei von der Wirtschafts- und Staatskrise; sie wuchs zu einer nationalen Massen- und Sammlungsbewegung an. Als Führer der nunmehr stärksten Partei im Reichstag bewarb sich Hitler erst um das Amt des Reichspräsidenten und dann um das des Reichskanzlers.

Herkunft der Wähler

Die NSDAP wurde nach Führungspersonal, Mitgliedern und Wählerschaft eine Volks- oder Integrationspartei. Die „Volksgemeinschaft", die sie ideologisch propagierte, versuchte sie in ihrer Mitgliedschaft und in ihren Aktionsformen zu verkörpern. Ihre Wähler waren mehrheitlich Bauern, Handwerker, Kleingewerbetreibende, Angestellte und Beamte; sie stammten eher aus ländlichen, klein- und mittelständischen als aus großstädtischen Milieus, eher aus dem Kreis der Jungwähler, der Wechselwähler, der Protest- und der früheren Nichtwähler. Sie waren eher evangelisch als katholisch, wohnten eher in Grenzbezirken als im Landesinnern und stammten häufig aus der Generation der Weltkriegsteilnehmer. Diese gesellschaftlichen Gruppen waren auch in der Parteiführung überrepräsentiert.

Die NSDAP profitierte vor allem vom Zerfall der Parteien der Mitte; obwohl sie sich als Arbeiterpartei bezeichnete und einen linken antikapitalistischen Parteiflügel hatte, kam der Zulauf der NSDAP mehrheitlich nicht aus der Arbeiterschaft. Nach KPD und SPD hatte die NSDAP aber die meisten Arbeiter als Mitglieder. Sie verstand es, in traditionelle Milieus der Arbeiterbewegung und des politischen Katholizismus, vor allem im Westen und Süden des Reiches einzudringen.

MATERIAL

8 Soziale Zusammensetzung der Führungsschicht der NSDAP

Aufschlussreicher als die soziale Zusammensetzung der Partei im Ganzen ist der Charakter der eigentlichen Führungsschicht. Wenn wir ganz willkürlich den Buchstaben „W" des „Deutschen Führerlexikons" von 1935 herausgreifen und die bekannten Namen zusammenstellen, so ergibt sich folgendes Bild:

Fritz *Wächtler*, Gauleiter und Staatsminister. Bildung: Volksschule, Beruf Lehrer.

Adolf *Wagner*, Gauleiter und Staatsminister. Bildung: Oberrealschule, Studium der Bergbauwissenschaft (unabgeschlossen, anscheinend infolge des Krieges), Beruf Bergwerksdirektor u. Verleger.

Joseph *Wagner*, Gauleiter. Vater Bergmann. Volksschule. Beruf Lehrer.

Robert *Wagner*, Gauleiter und Reichsstatthalter, aus Bauernfamilie. Bildung: Lehrerseminar, nach Kriegsende als aktiver Offizier in die Reichswehr übernommen, 1924 als Hauptmann wegen Teilnahme am Hitlerputsch verabschiedet.

Karl *Wahl*, Gauleiter, Volksschule, städtischer Beamter. […]

Wahlplakat der NSDAP *aus dem Jahr* 1932.

Hitler beim Sängerfest in Breslau, 1937.

Fritz *Weitzel*, Polizeipräsident in Düsseldorf, Schlosser, schon als Zwanzigjähriger anscheinend hauptamtlicher Parteifunktionär.

Toni *Winkelnkemper*, Oberbürgermeister von Köln, Spätabitur an Realschule, vier Semester Jura, kein Examen infolge Gefängnisstrafe wegen Parteitätigkeit.

Udo von *Woyrsch*, SS-Gruppenführer, Sohn eines Rittergutsbesitzers und Königlichen Kammerherrn, „Landwirt".

Auch hier drängt sich die Bezeichnung „Volkspartei" geradezu auf. Auffallend ist der hohe Anteil von Männern mit Volksschulbildung. Für die „Deklassierten"-These finden sich keine Belege: Der Abbruch des Studiums ist in dem einen Falle auf den Krieg zurückzuführen und impliziert keinen Misserfolg im bürgerlichen Leben, in dem anderen Falle ist die Parteitätigkeit nicht Folge, sondern gerade Ursache des Abbruchs. Die am deutlichsten hervortretende Gemeinsamkeit ist kein soziales, sondern ein historisches Merkmal: die Teilnahme am Kriege und offenbar eine besonders aktive und erfolgreiche, denn es finden sich viele Hinweise auf Auszeichnungen mit dem EK I. Es springt ins Auge, dass nicht ein Zustand (soziale Zusammensetzung), sondern ein Ereignis (der Erste Weltkrieg) die kennzeichnendste Voraussetzung dieser Partei ist.

Aus: E. Nolte, Zur Soziologie des Nationalsozialismus, in: Der Nationalsozialismus, Berlin/Frankfurt 1973, S. 181–187.

1. Womit begründet der Verfasser von M 8 die These von der NSDAP als einer „Volkspartei"? Überprüfen Sie die Aussagen mithilfe einer Enzyklopädie und M 9.

Reichsparteitag 1934

MATERIAL

9 Wer wählte Hitler? Trendangaben zum Wählerverhalten

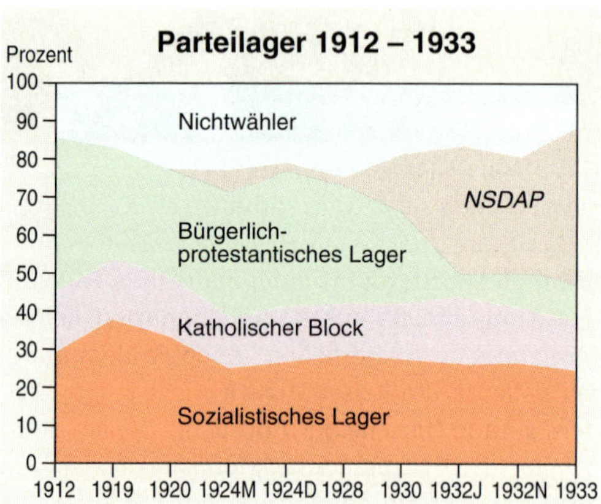

Die NSDAP lässt sich als eine Volkspartei des Protests charakterisieren.

- Rund 14 % der Nichtwähler von 1928 wählten 1930 die NSDAP. Sie stellten damit ein Viertel der NSDAP-Wähler bei diesem Erdrutschsieg.
- Von den NSDAP-Wählern in der Reichstagswahl von 1930 kamen 41,2 % aus Gemeinden unter 5 000 Einwohnern und rund 31 % aus Großstädten.
- Im Juli 1932 wurde die NSDAP in den fast rein evangelischen Wahlkreisen im Schnitt von 43,1 % der Wahlberechtigten gewählt, in den fast rein katholischen nur von 17,5 %.
- Im Juli 1932 hat etwa jeder 4. wahlberechtigte Arbeiter und jeder 3. Nichtarbeiter für die NSDAP gestimmt.
- Im März 1933 stimmten 49 % der wahlberechtigten Selbstständigen und mithelfenden Familienangehörigen, aber nur ein Drittel der Arbeiter und der Angehörigen der neuen Mittelschicht für die NSDAP.
- 1933 stimmten 25 % der katholischen und 67 % der evangelischen Selbstständigen für die NSDAP.

Zusammenfassung einer Analyse eines modernen Wahlforschers: Jürgen W. Falter, Hitlers Wähler, München 1991.

1. Nennen Sie typische Merkmale der NSDAP-Wähler.
2. Welche Gruppen der Gesellschaft erweisen sich als anfällig und welche als resistent? Versuchen Sie das Wählerverhalten zu erklären. Berücksichtigen Sie die Tabelle der Wahlergebnisse in der Weimarer Republik S. 293.

2.4 Die NS-Diktatur – ihre Durchsetzung und ihre Struktur

Der Prozess der Errichtung der Diktatur umfasste etwa 18 Monate vom Januar 1933 bis zum August 1934. Nach der Machtübernahme am 30. Januar 1933 begann die NSDAP die errungene Machtposition zu sichern, die Organisationen und Institutionen der Gegner zu lähmen und auszuschalten. Am 1. Februar 1933 löste der Reichspräsident Hindenburg durch eine Notverordnung auf Bitten Hitlers den Reichstag auf; Neuwahlen wurden für den 5.3.1933 angesetzt. Scharfe Verordnungen und mündliche Anweisungen Görings, der geschäftsführender preußischer Polizeiminister war, und der Einsatz freiwilliger Hilfspolizei, die meist aus Angehörigen von SA, SS und Stahlhelm bestand, sollten die aggressiv agitierenden Wahlkämpfer der NSDAP unterstützen und vor Gegenangriffen schützen.

Wahlkampf 1933

In der Nacht vom 27. auf den 28. Februar 1933, eine Woche vor der Wahl, brannte der Reichstag nieder. Die NS-Führung stellte den Brand als das Fanal für einen kommunistischen Aufstand dar; sie erreichte, dass die so genannte Reichstagsbrandverordnung durch den Reichspräsidenten verabschiedet wurde. In Preußen wurden auf ihrer Grundlage in den folgenden 14 Tagen etwa 10 000 Personen, meist kommunistische Funktionäre und Parteimitglieder, verhaftet und in provisorisch eingerichteten Konzentrationslagern in angeblicher Schutzhaft gefangen gehalten. Trotz Terror und aufwändiger Propaganda bestätigte die Wahl vom 5.3.1933 nicht den Anspruch der NSDAP auf die alleinige Herrschaft. Mit 43,9 % der Stimmen blieb sie deutlich unter der erhofften absoluten Mehrheit. Erst mit der DNVP zusammen erreichte die Regierungskoalition 51,8 %. Dieses Wahlergebnis wurde als eine plebiszitäre Zustimmung und revolutionäre Volksentscheidung ausgegeben.

Reichstagsbrand

Reichstagswahl 5.3.1933

Eine wichtige Station auf dem Weg zur Auflösung der parlamentarischen Demokratie war das von der neuen Regierung eingebrachte Ermächtigungsgesetz vom 23. März. Als verfassungsänderndes Gesetz bedurfte es einer Zweidrittelmehrheit im Reichstag. Mit Versprechen, Zusicherungen, Drohungen sowie einer Änderung der Geschäftsordnung versuchte die Reichsregierung, vor allem die Abgeordneten des Zentrums zu beeinflussen. Trotz schwerwiegender Bedenken willigten die Abgeordneten der bürgerlichen Mitte schließlich in den von ihnen als unvermeidlich empfundenen Gang der Dinge ein, um, wie sie meinten, Schlimmeres zu verhüten. Dagegen begründete der Parteivorsitzende der SPD Otto Wels in einer mutigen Rede das Nein der Sozialdemokraten zum Ermächtigungsgesetz.

Ermächtigungsgesetz

Ein feierlich inszenierter Staatsakt in der Potsdamer Garnisonskirche am 21. März 1933, zwei Tage vor der Abstimmung, sollte propagandawirksam die Einheit zwischen dem neuen Deutschland und dem alten Preußen dokumentieren und die Abgeordneten auf die neue Ordnung einstimmen. Nach der Annahme des Ermächtigungsgesetzes spielten der Reichstag als Gesetzgeber und der Reichspräsident als Notverordnungsgeber praktisch keine Rolle mehr. In der Folgezeit gab es 987 Regierungsgesetze und nur sieben vom Parlament verabschiedete Gesetze. 1937 verlängerte der Reichstag, nun nach einer Einheitsliste gewählt, das Ermächtigungsgesetz, ebenso 1939. Im

Tag von Potsdam

Führerbefehle als Gesetze

Am 10. Mai 1933 wurden auf dem Berliner Opernplatz vor der Universität und in vielen anderen deutschen Städten öffentlich Bücher als „undeutsches Schrifttum" verbrannt. Diese Aktionen waren von der nationalsozialistischen Deutschen Studentenschaft vorbereitet worden.

Krieg wurde die Gesetzgebung durch Führerbefehle ersetzt, und der Reichstag verkümmerte zu einem Akklamationsorgan.

Gleichschaltung

Auf Druck der NSDAP kam in den nächsten Monaten eine revolutionäre Bewegung in Gang mit dem Ziel, die Politik und Verwaltung der Kommunen, der Länder und des Reichs gemäß den Grundsätzen der Partei auszurichten, sie gleichzuschalten. Vielerorts war dies von gewaltsamen Übergriffen der SA oder SS begleitet und von der neuen Obrigkeit geduldet. Während dieser Gleichschaltung übernahm und zersetzte die NSDAP die bestehenden Institutionen. Es war eine Revolution in Raten. Gleichgeschaltet wurden auch die Gewerkschaften, die Unternehmerverbände, die Jugend- und Sportvereine, Verbände der Kultur und Wissenschaft und in Ansätzen auch schon die Kirchen und die Armee. Die NSDAP begann die Gesellschaft mit einem Netz von Untergliederungen und eigenen Verbänden zu überziehen und ideologisch auszurichten. So wurden beispielsweise am 2. Mai 1933 die Gewerkschaftshäuser besetzt und die Gewerkschaftsmitglieder in die neue Deutsche Arbeitsfront (DAF) überführt. Nicht immer war die Gleichschaltung verordnet, oft vollzog sie sich als vorauseilende Selbstgleichschaltung.

Einparteienstaat

Im Juni und Juli 1933 wurden alle Parteien außer der NSDAP verboten oder zur Selbstauflösung genötigt; am 1. Dezember 1933 erging das „Gesetz zur Sicherung der Einheit von Partei und Staat". Schon am 12.11. 1933 war eine Volksabstimmung über den bereits erfolgten Austritt aus dem Völkerbund mit der Wahl eines neuen Reichstags gekoppelt worden. Damit sollte die Übereinstimmung zwischen der NS-Regierung und dem Volkswillen bekundet werden. Die Bürger hatten aber keine Möglichkeit mehr, frei zu wählen. Sie konnten nur noch der Wahlliste des Führers zustimmen oder nicht. Hitler konnte so 92 % Ja-Stimmen für sich reklamieren.

Entmachtung der SA

Ihren vorläufigen Abschluss fand die Errichtung der Diktatur im so genannten Röhm-Putsch vom 30. Juni 1934: Schwer bewaffnete SS-Männer drangen nachts in das Versammlungslokal der SA-Führung in Bad Wiessee ein und erschossen den Führer der SA Ernst Röhm und weitere SA-Führer. Die verbrecherische Aktion sollte angeblich einem Putsch der SA-Führung zuvorkommen. Die SA war nämlich bitter enttäuscht über die ausgebliebene soziale Revolution. Die alten Kämpfer hatten mit beruflicher Besserstellung gerechnet und kein Verständnis für Hitlers Arrangement mit den alten Facheliten in Heer, Verwaltung und Wirtschaft. Sie missbilligten seine Erklärung vom 6. Juni 1933, die NS-Revolution sei beendet. Die SA hatte gehofft, den Kern einer neuen völkischen Wehrmacht zu bilden, die die elitäre Reichswehr ersetzen sollte. Hitler aber brauchte die alten Facheliten beim Neuaufbau der Armee und der Rüstungswirtschaft. Seine Absprache mit der Reichswehr zahlte sich aus: Beim Tod des Reichspräsidenten von Hindenburg am 2. August 1934 konnte Hitler das Amt des Reichspräsidenten mit dem des Reichskanzlers vereinigen und wurde so Oberbefehlshaber der Reichswehr, die widerspruchslos ihren Eid auf den Führer persönlich leistete.

Der SS-Staat im Staat

Die Entmachtung der SA ermöglichte den Aufstieg der SS, der „Schutzstaffeln" Heinrich Himmlers. Sie wurde ein autonomer Machtkörper, ein Staat im Staat. Die SS stand außerhalb der ordentlichen Justiz, ihre Staats- und Geheimpolizei organisierte die Konzentrationslager. Die Waffen-SS drang im Krieg als eigenständige militärisch bewaffnete Gruppe sogar in den Bereich der Wehrmacht ein.

Im Gefolge der Röhm-Aktion wurde auch mit prominenten Gegnern des Regimes blutig abgerechnet. General von Schleicher, der Hitler noch 1932 das Amt des Reichskanzlers verwehrt hatte, und Gregor Strasser, der Führer einer Linksgruppierung innerhalb der NSDAP, wurden mit 83 weiteren Personen umgebracht, davon stammten 50 aus der SA. Viele wurden bei „Nacht und Nebel" angeblich auf der Flucht erschossen oder sie wurden ohne jede gerichtliche Untersuchung und Verhandlung als Verräter liquidiert. Ein Gesetz vom 3. Juli 1934 erklärte lapidar: „Die zur Niederschlagung hoch- und landesverräterischer Angriffe am 30. Juni, 1. und 2. Juli vollzogenen Maßnahmen sind als Staatsnotwehr rechtens." Damit machte sich die Regierung zum Gesetzgeber, Richter und Vollstrecker in eigener Sache. In der Röhm-Affäre offenbarte sich der Doppelcharakter des NS-Staates: Neben dem weiterhin gesetzesförmig funktionierenden Normenstaat war ein außergesetzlicher Führer- oder Maßnahmenstaat getreten. Hitler setzte Recht, konnte jederzeit – oft improvisierend – mittels Erlassen und Befehlen in Gesetzgebung, Justiz und Verwaltung direkt eingreifen.

Normenstaat und Führerstaat

MATERIAL 10

Verordnung des Reichspräsidenten zum Schutz von Volk und Staat vom 28. Februar 1933

Aufgrund des Artikels 48 Abs. 2 der Reichsverfassung wird zur Abwehr kommunistischer staatsgefährdender Gewaltakte Folgendes verordnet:

§1 Die Artikel 114, 115, 117, 118, 123, 124 und 153 der Verfassung des Deutschen Reichs werden bis auf weiteres außer Kraft gesetzt. Es sind daher Beschränkungen der persönlichen Freiheit, des Rechts der freien Meinungsäußerung, einschließlich der Pressefreiheit, des Vereins-und Versammlungsrechts, Eingriffe in das Brief-, Post-, Telegraphen- und Fernsprechgeheimnis, Anordnungen von Haussuchungen und von Beschlagnahmen sowie Beschränkungen des Eigentums auch außerhalb der sonst hierfür bestimmten gesetzlichen Grenzen zulässig. […]

§6 Diese Verordnung tritt mit dem Tage der Verkündung in Kraft.

Der Reichspräsident von Hindenburg
Der Reichskanzler Adolf Hitler

Folgende Verfassungsartikel werden angesprochen: Artikel 114 (Freiheit der Person); Artikel 115 (Unverletzlichkeit der Wohnung); Artikel 117 (Postgeheimnis); Artikel 118 (freie Meinungsäußerung, Zensur); Artikel 123 (Versammlungsfreiheit); Artikel 124 (Vereinsfreiheit); Artikel 153 (Eigentum, Enteignung).

MATERIAL
11 Der Tag von Potsdam am 21. März 1933

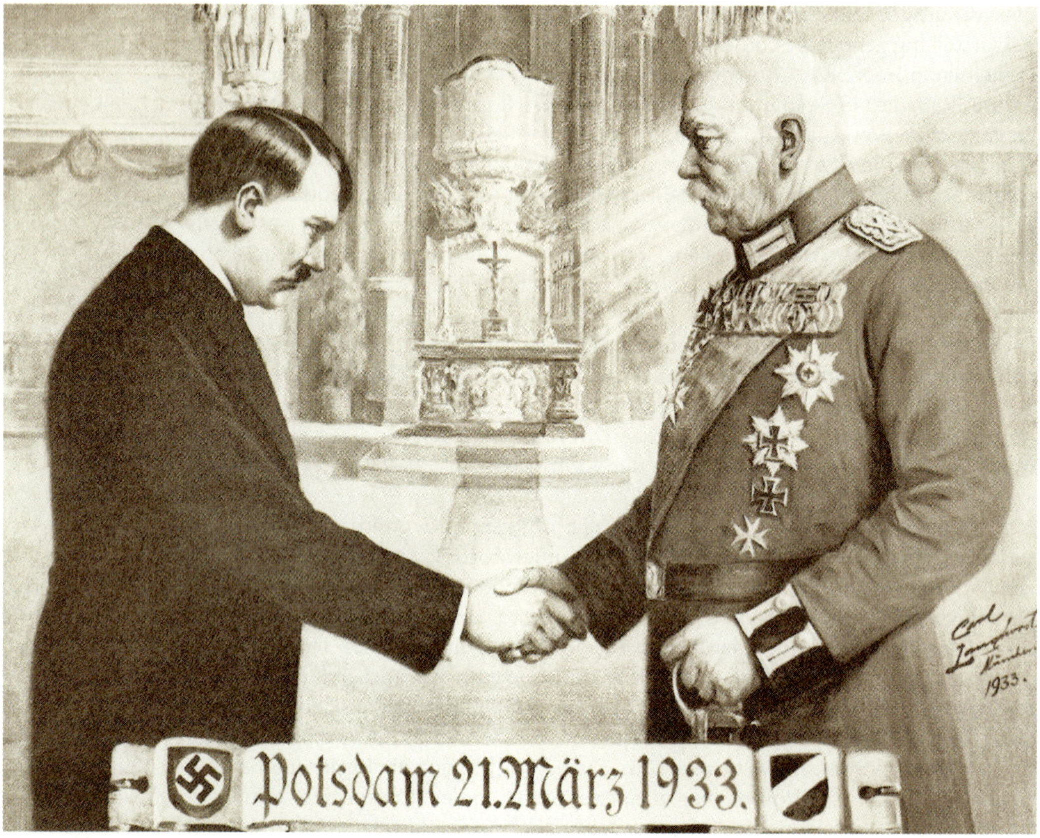

Postkarte, die anlässlich des Tages von Potsdam verkauft wurde.

MATERIAL
12 Die Verabschiedung des Ermächtigungsgesetzes am 24. März 1933

Art. 1 Reichsgesetze können außer in dem in der Reichsverfassung vorgesehenen Verfahren auch durch die Reichsregierung beschlossen werden. [...]
Art. 2 Die von der Reichsregierung beschlossenen Reichsgesetze können von der Reichsverfassung abweichen, soweit sie nicht die Einrichtung des Reichstags und des Reichsrats als solche zum Gegenstand haben. Die Rechte des Reichspräsidenten bleiben unberührt. [...]
Art. 4 Verträge des Reichs mit fremden Staaten, die sich auf Gegenstände der Reichsgesetzgebung beziehen, bedürfen nicht der Zustimmung der an der Gesetzgebung beteiligten Körperschaften. Die Reichsregierung erlässt die [...] erforderlichen Vorschriften.
Art. 5 Dieses Gesetz tritt mit dem Tage seiner Verkündung in Kraft. Es tritt mit dem 1. April 1937 außer Kraft; es tritt ferner außer Kraft, wenn die gegenwärtige Reichsregierung durch eine andere abgelöst wird.

Rededuell im Reichstag vor der Abstimmung über das Ermächtigungsgesetz:

Hitler begründet das Ermächtigungsgesetz:

Es würde dem Sinn der nationalen Erhebung widersprechen, [...] wollte die Regierung sich für ihre Maßnahmen von Fall zu Fall die Genehmigung des Reichstags erhandeln und erbitten. Die Regierung wird nicht von der Absicht getrieben, den Reichstag als solchen aufzuheben [...] (die Reichsregierung) bietet den Parteien des Reichstags die Möglichkeit zu einer ruhigen deutschen Entwicklung [...], sie ist aber ebenso entschlossen und bereit [...], die Ansage des Widerstands entgegenzunehmen. Mögen Sie, meine Herren, nunmehr selbst die Entscheidung treffen über Frieden oder Krieg (*stürmischer Beifall, Händeklatschen, „Heil"-Rufe bei den Nationalsozialisten*).

Der Abgeordnete der SPD, *Otto Wels, antwortet:*

Nach den Verfolgungen, die die Sozialdemokratische Partei in der letzten Zeit erfahren hat, wird billigerweise niemand von ihr verlangen oder erwarten können, dass sie für das hier eingebrachte Ermächtigungsgesetz stimmt. [...] Kritik ist heilsam und notwendig. Noch niemals, seit es einen deutschen Reichstag gibt, ist die Kontrolle der öffentlichen Angelegenheiten durch die gewählten Vertreter des Volkes in solchem Maße ausgeschaltet worden, wie es jetzt geschieht und wie es durch das neue Ermächtigungsgesetz noch mehr geschehen soll. Eine solche Allmacht der Regierung muss sich umso schwerer auswirken, als auch die Presse jede Bewegungsfreiheit entbehrt. [...] Die Herren von der NSDAP nennen die von ihnen entfesselte Bewegung eine nationale Revolution, nicht eine nationalsozialistische. [...]. Die Zerstörung von Bestehendem ist aber noch keine Revolution. [...]
Wir deutschen Sozialdemokraten bekennen uns in dieser geschichtlichen Stunde feierlich zu den Grundsätzen der Menschlichkeit und der Gerechtigkeit, der Freiheit und des Sozialismus. Wir grüßen die Verfolgten und Bedrängten; wir grüßen unsere Freunde im Reich. Ihre Standhaftigkeit und Treue verdienen Bewunderung. Ihr Bekennermut, ihre ungebrochene Zuversicht verbürgen eine hellere Zukunft.

Otto Wels (1873–1939), 1933 *Emigration nach Prag, dann nach Paris.*

Hitler erwidert darauf:

[...] und verwechseln Sie uns nicht mit einer bürgerlichen Welt! Was im Völkerleben morsch, alt und zerbrechlich wird, das vergeht und kommt nicht wieder. Auch ihre Stunde hat geschlagen, und nur, weil wir Deutschland sehen und seine Not und die Notwendigkeit des nationalen Lebens, appellieren wir in dieser Stunde an den deutschen Reichstag, uns zu genehmigen, was wir auch ohnedem hätten nehmen können [...] ich will auch gar nicht, dass Sie (*zu den Sozialdemokraten*) dafür stimmen! Deutschland soll frei werden, aber nicht durch Sie! (*lang anhaltende stürmische Heilrufe bei den Nationalsozialisten und auf den Tribünen*).

Aus: Das Ermächtigungsgesetz vom 24. März 1933. Quellen zur Geschichte und Interpretation des Gesetzes zur Behebung der Not von Volk und Reich. Herausgegeben und bearbeitet von R. Morsey, Düsseldorf 1992, S. 61–69.

1. Untersuchen Sie die Verordnung des Reichspräsidenten (M 10): Wer schützt hier wen, wovor, womit, wie lange?
2. Erläutern Sie den Symbolgehalt und die propagandistische Wirkungsabsicht dieses als Postkarte und Wandbild im nationalsozialistischen Deutschland weit verbreiteten Fotos.
3. Zwei politische Welten stoßen in den Reden von Hitler und Wels aufeinander. Erläutern und beurteilen Sie das Politikverständnis der beiden Redner. (M 12)
4. Vergleichen Sie das Ermächtigungsgesetz mit der so genannten Reichstagsbrandverordnung unter den Gesichtspunkten: legale Revolution, Gleichschaltung, Errichtung der Diktatur.

MATERIAL

13 Vom Verfassungsstaat zum „Führerstaat“ (30.1.1933–2.8.1934)

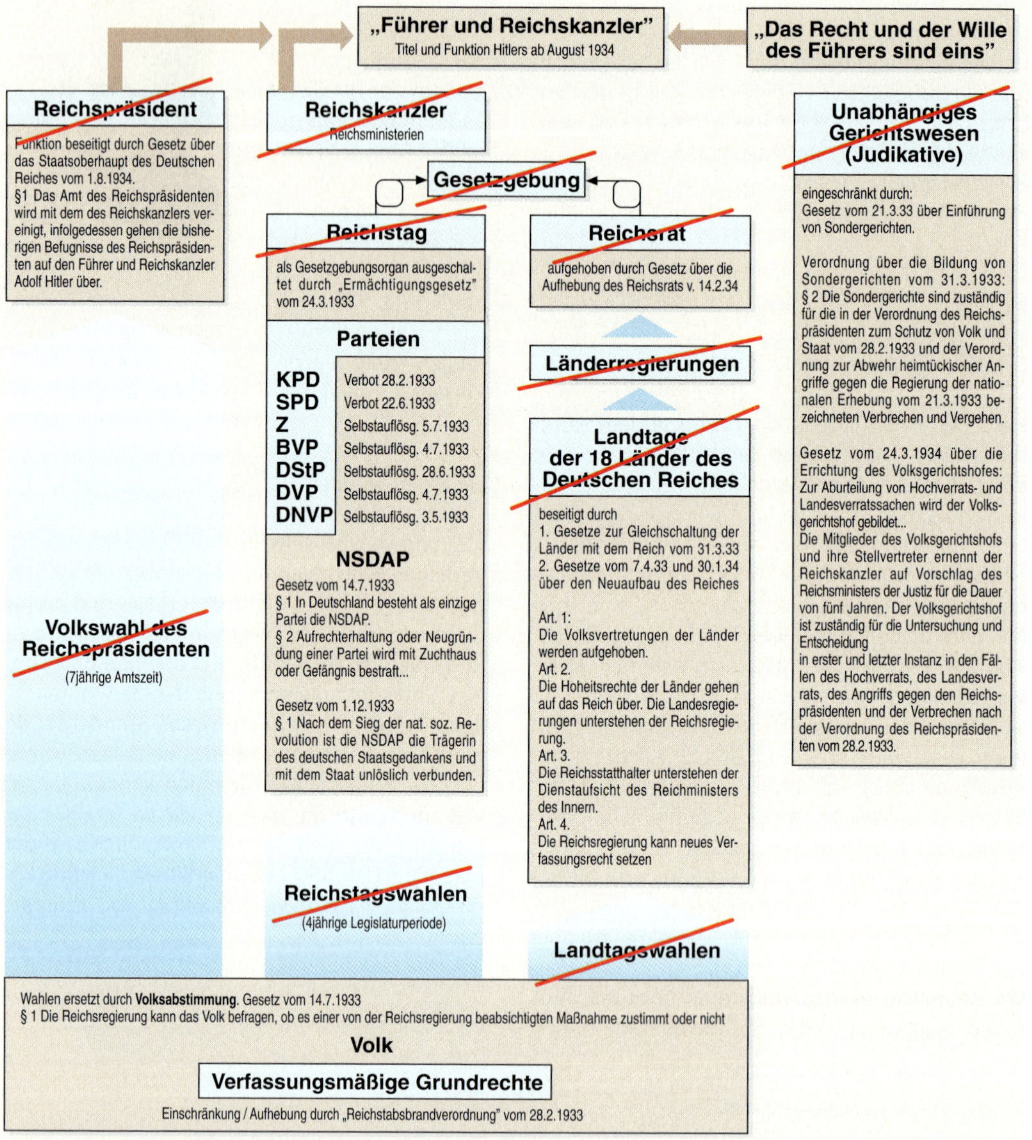

Hitlers Eid bei der Ernennung zum Reichskanzler am 30.1.1933:
Ich schwöre: Ich werde meine Kraft für das Wohl des deutschen Volkes einsetzen, die Verfassung und die Gesetze des deutschen Volkes wahren, die mir obliegenden Pflichten gewissenhaft erfüllen und meine Geschäfte unparteiisch und gerecht gegen jedermann führen.

1. Messen Sie die in M 13 dokumentierten Entscheidungen und Maßnahmen der Regierung Hitler am Wortlaut des unten im Schaubild abgedruckten Eides.

MATERIAL 14

Eide der Wehrmacht in der Weimarer Republik und im Dritten Reich

Der Eid vom 14.8.1919 *bis zum* 1.12.1933:

Ich schwöre Treue der Reichsverfassung und gelobe, dass ich als tapferer Soldat das Deutsche Reich und seine gesetzmäßigen Einrichtungen jederzeit schützen, dem Reichspräsidenten und meinen Vorgesetzten Gehorsam leisten will.

Der Eid seit dem 2.8.1934:

Ich schwöre bei Gott diesen heiligen Eid, dass ich dem Führer des Deutschen Reiches und Volkes, Adolf Hitler, dem Oberbefehlshaber der Wehrmacht, unbedingten Gehorsam leisten und als tapferer Soldat bereit sein will, jederzeit für diesen Eid mein Leben einzusetzen.

MATERIAL 15

Sebastian Haffner: Die Haltung vieler Einzelner 1933

Der Publizist Sebastian Haffner (1907–1999) war 1938 nach England emigriert. Aus seinem Nachlass wurde „Die Geschichte eines Deutschen. Die Erinnerungen 1914–1933" veröffentlicht; er hatte sie 1939 verfasst.

Die Lage 1933 war gewiss eine der schwierigsten, in der sich Menschen befinden können: nämlich ein Zustand völligen und ausweglosen Überwältigtseins. [...] Die Nazis hatten uns, auf Gnade und Ungnade, in der Hand. Alle Festungen waren gefallen, jeder kollektive Widerstand war unmöglich geworden, der individuelle Widerstand nur noch eine Form des Selbstmordes. Wir waren verfolgt bis in die Schlupfwinkel unseres Privatlebens. [...] Zugleich wurde man täglich aufgefordert: nicht, sich zu ergeben, sondern: überzulaufen. Ein kleiner Pakt mit dem Teufel – und man gehörte nicht mehr zu den Gefangenen und Gejagten, sondern zu den Siegern und Verfolgern.
Die Situation hat [...] ihre eigenen Versuchungen: scheinbare Trost- und Erleichterungsmittel. [...] Das eine, bevorzugt von Älteren, war Flucht in die Illusion. [...] Die ihr erlagen, klammerten sich an die Züge von Dilettantismus und Anfängerhaftigkeit, die der nazistischen Staatskunst gewiss zunächst anhafteten, [...] sie posierten in der Haltung amüsierten Besserwissens, sie ersparten sich die Wahrnehmung des Teuflischen.
Die zweite Gefahr war Verbitterung – masochistische Selbstauslieferung an Hass, Leiden und schrankenlosen Pessimismus. Es ist fast die natürlichste deutsche Reaktion auf Niederlagen.
Wenn schon alles egal ist, alles des Teufels ist [...], warum dann nicht selber sich zu den Teufeln schlagen [...], mit innerem Hohngelächter alles mitmachen?
Eine dritte Versuchung: Man will sich nicht durch Hass und Leiden seelisch korrumpieren, man will gutartig, friedlich, freundlich, „nett" bleiben. Wie aber Hass und Leiden vermeiden, wenn täglich, täglich das auf einen einstürmt, was Hass und Leiden verursacht? Es geht nur mit Ignorieren, Wegsehen, Wachs in die Ohren tun, Sich-Abkapseln. Und es führt zur Verhärtung aus Weichheit und schließlich wieder zu einer Form des Wahnsinns, zum Realitätsverlust.

Aus: Sebastian Haffner, Geschichte eines Deutschen, Stuttgart 2000, S. 186–191.

1. **Erschließen Sie aus den beiden Eidesformeln das Staatsverständnis der Streitkräfte in der Weimarer Republik und im Dritten Reich (M 14). Informieren Sie sich über den Soldateneid in der Bundeswehr.**
2. **Sebastian Haffner analysiert die Gleichschaltung von 1933 auch als eine subtile Selbstgleichschaltung. Zeigen Sie und erörtern Sie, wie sich in Ausnahmesituationen Denken und Gewissen korrumpieren lassen können.**

Plakat der NSDAP, 1933, und Emailschild, 1934.

MATERIAL

16 Der Hitlerbiograf Ian Kershaw: Wie funktionierte der Führerstaat?

In einer Rede eines hohen preußischen Ministerialbeamten aus dem Jahr 1934 kommt der Satz vor, es gelte „dem Führer entgegenzuarbeiten". Ausgehend von diesem Satz erörtert Ian Kershaw, der Autor einer der neuesten großen Hitler-Biografie, wie Hitler Herrschaft ausübte.

Ein Führer muss gar nicht über jedes Detail entscheiden. Stattdessen gibt es eine Reihe von Richtlinien, die ebenso vage sind, wie sie unverrückbar bleiben: sich der Juden entledigen, den Krieg vorbereiten. Sowie die Natur dieser Richtlinien einmal überall bekannt ist, entsteht daraus eine unglaubliche Dynamik, werden überall Kräfte freigesetzt, die einer Verwirklichung dieser Ziele Vorschub leisten. […]
Hitler ließ widerstreitende Fraktionen gern miteinander ringen, um sich am Ende auf die Seite des Gewinners zu schlagen. Davon abgesehen, galt es, sein Prestige nicht zu beschädigen. Seiner Rolle als „Führer" war Hitler es schuldig, sich nicht allzusehr ins Tagesgeschäft einzumischen, er durfte ja nicht dabei ertappt werden, sich zu irren und falsche Entscheidungen zu treffen. Am besten war es für ihn, wenn andere sich die Köpfe einschlugen.
Hitlers Lebens- und Regierungsstil war eben nicht so wie der von Stalin […]: alles zentralisieren, alles kontrollieren. Dafür war Hitler in jeder Hinsicht zu unordentlich. Hitlers ideologische Imperative wirkten, ohne dass Hitler selbst sich einschalten musste.

Aus: In gewisser Weise war er ein Mann ohne Eigenschaften. – ein Gespräch mit Ian Kershaw. FAZ vom 1. Oktober 1988, S. 44 f.

1. Zeigen Sie, wie Hitler nach Kershaws Auffassung seine Macht gebrauchte und sicherte.
2. Hitler nannte sich seit dem Tod des Reichspräsidenten Hindenburg 1934 „Führer und Reichskanzler". Erörtern Sie die innere Widersprüchlichkeit dieses Titels. Berücksichtigen Sie dabei auch Hitlers Aussagen über politische Führung (S. 328, M 6).

2.5 Die Gesellschaft im Nationalsozialismus

Propagiertes Ziel: Volksgemeinschaft

Von Beginn an verstanden sich die Nationalsozialisten als eine radikale soziale Bewegung, welche die Strukturen der wilhelminischen und der ihr folgenden republikanischen Gesellschaft Weimars aufbrechen wollte. Volksgemeinschaftsappelle der NSDAP griffen überkommenen Standesdünkel an und rüttelten an verfestigten Mentalitäten und Klassenschranken. Eine Volksgemeinschaft der Volksgenossen und Volksgenossinnen sollte entstehen. Aber anders als im Sozialismus marxistischer Prägung sollten nicht Fabriken oder Banken verstaatlicht werden, sondern die darin arbeitenden Menschen. Der Führer der Deutschen Arbeitsfront (DAF), Robert Ley, verkündete gar, Wunsch und Wirklichkeit verwechselnd, in der neuen nationalsozialistischen Volksgemeinschaft sei nur noch der Schlaf Privatsache.

Sozialpläne und Verheißungen

Die propagierte Volksgemeinschaft wollte die Gesellschaft im nationalsozialistischen Sinn mobilisieren und modernisieren. Zahlreichen Jugendlichen schien sie die Möglichkeit zu bieten, über bisherige Klassenschranken hinweg in Partei, Wehrmacht, öffentlicher Verwaltung und Wirtschaft Karriere zu machen. Die NSDAP verstand es auch geschickt, die Arbeiter zu umwerben und ihnen den Eindruck zu vermitteln, im neuen Reich des nationalen Sozialismus eine entscheidende Rolle zu spielen. In der Zeit der militärischen Erfolge wurden in der DAF für die Zeit nach dem Krieg Pläne für Wohnungs- und Städtebau, Verkehr, Gesundheitswesen und soziale Sicherung mit dynamisierter Rente geschmiedet. Die Volksgenossen und Volksgenossinnen sollten von der Wiege bis zur Bahre versorgt sein.

Tatsächliche Lebenslage

Die wirkliche Lebenslage der Bevölkerung entsprach jedoch vielfach nicht den Parolen und Verheißungen. Die Arbeitszeiten wurden ausgeweitet. Nur scheinbar freiwillige Spenden für die DAF, das WHW (Winterhilfswerk) und die NSV (NS-Volkswohlfahrt) zehrten an den Löhnen, deren Zuwachs mit Kriegsbeginn vom Staat gestoppt wurde.

Ausgrenzungen aus der Volksgemeinschaft

Wohlfahrtsstaatliche Leistungen der Weimarer Republik verwandelten sich schleichend in Leistungen für politisches und soziales Wohlverhalten. Die Arbeitslosenversicherung wurde zweckentfremdet und finanzierte nach 1933 staatliche Arbeitsbeschaffungsprogramme. Arbeitslosenunterstützung wurde von einer „Bedürfnisprüfung" abhängig gemacht. In der öffentlichen und freien Fürsorge wurde nach rassenpolitischen Gesichtspunkten zwischen so genannten würdigen und unwürdigen Betroffenen unterschieden. Menschen, die gemäß nationalsozialistischer Rassenideologie nicht zu den Deutschen zählten, sozial Unangepasste und Behinderte wurden ausgegrenzt und verfolgt. Seit Juli 1933 erzwang z. B. ein Gesetz zur Verhütung erbkranken Nachwuchses die Sterilisation von etwa einer halben Million epileptischer, behinderter und schizophrener Menschen. Seit 1935 waren Abtreibungen aus eugenischen (erbgesundheitlichen Gründen) erlaubt, obwohl sie sonst verboten waren.

Frauen- und Familienpolitik

Kennzeichnend für gesellschaftliche Zielvorstellungen und Maßnahmen war die Frauen- und Familienpolitik der Nationalsozialisten. Die Mutterschaft wurde ins öffentliche Bewusstsein gehoben und gesetzlich gefördert. Nach Hitlers oft wiederholten Worten sei jede Geburt für die Mutter „eine Schlacht, die sie besteht für das Sein und Nichtsein ihres Volkes". Im Mai 1933 wurde der Muttertag als nationaler Feiertag ein-

Titelblatt der Broschüre „Entartete Musik". Dargestellt ist die Titelfigur aus der Oper „Jonny spielt auf" von Ernst Krenek (Uraufführung 1927).

geführt. 1939 bekamen etwa drei Millionen „das Ehrenkreuz der deutschen Mutterschaft" verliehen. Kinderreiche Familien wurden steuerlich besser gestellt und erhielten Kindergeld. Heiratswilligen wurden Ehestandsdarlehen von maximal 1000 Reichsmark gewährt. Die Darlehen galten mit der Geburt des vierten Kindes als getilgt. Die Zahl der Eheschließungen und die Geburtenrate stiegen an. Gleichzeitig wurden aber 1935 Ehen zwischen Juden, „Farbigen", Sinti und Roma einerseits und Staatsangehörigen „deutschen oder artverwandten Blutes" andererseits verboten.

Bis Kriegsbeginn hatte das Regime versucht, Frauen zugunsten der Männer vom Arbeitsmarkt wegzulotsen; selbst im Krieg scheute es davor zurück, wie in Großbritannien eine allgemeine Dienst- und Arbeitspflicht für Frauen zu verordnen. Zwölf Millionen Frauen gehörten im Jahr 1939 einer der vielen Massenorganisationen an, wie etwa der NS-Frauenschaft, der NSV (Volkswohlfahrt), der DAF und dem BDM (Bund Deutscher Mädchen). Hunderttausende trugen als Funktionärinnen in diesen Verbänden Verantwortung. Doch in hohen politischen Ämtern oder in herausgehobenen Positionen der Partei fanden sich keine Frauen. 1936 wurde es eigens verboten, Frauen zu Staatsanwältinnen und Richterinnen zu ernennen.

Massenunterhaltung und Propaganda

Es galt als vordringlich, durch Masseninszenierungen und Unterhaltung „die Herzen zu erobern". Ein Reigen von Jahresfeiertagen verherrlichte die Politik des Regimes. Im Kriegsjahr 1942 nannte Goebbels die Unterhaltung „staatspolitisch wichtig, wenn nicht gar kriegsentscheidend". Ein wahrer Kinoboom begann, 1942 sollen über eine Milliarde Kinokarten im Reich verkauft worden sein, viermal mehr als 1933. In den zwölf Jahren des Regimes wurden an die 1100 Filme gedreht, meist Unterhaltungs-, Heimat-, Liebesfilme, aber auch Hetz- und Durchhaltefilme. In dieser Kinobegeisterung steckte nicht nur eine Massensehnsucht nach Traumwelten, sondern auch ein Verlangen nach modernen Freizeitvergnügungen. Swing und Jazz waren zwar offiziell als „Niggermusik" verpönt, aber sie ertönten dennoch aus den Grammophonen und waren als „rhythmische Tanzmusik" geduldet. Wunschkonzerte sollten mitten im Krieg die Volksstimmung aufheitern und mit Schlagern wie „Kauf dir einen bunten Luftballon" oder „Es wird einmal ein Wunder geschehn" eine Ätherbrücke zur Front bauen.

Kunstpolitik

Dazu propagierte das Regime eine „arteigene deutsche Kunst": Gegen moderne Kunstströmungen wie den Expressionismus oder Kubismus verhängte es eine Zensur und ordnete Malverbote an. Eine Sonderausstellung im Haus der Deutschen Kunst in München versuchte 1937 die moderne Kunst als „entartet" zu entlarven, als vom „jüdischen Kulturbolschewismus" hervorgebracht, verletze sie das gesunde Volksempfinden.

MATERIAL 17

Aufruf des Reichsministers für Volksaufklärung und Propaganda, Joseph Goebbels, zum 1. Mai 1933

Die Regierung der nationalen Revolution hat den 1. Mai zum Feiertag der nationalen Arbeit erhoben. Sie will damit zum Ausdruck bringen, dass die Verbundenheit des ganzen deutschen Volkes mit der nationalen Arbeit, ihren Schöpfern und Trägern, eine unlösliche und schicksalsergebene ist. Zum ersten Male wieder seit Jahrzehnten innerer Zerklüftung und parteipolitischer Zerissenheit erhebt sich über Zank und Hader der unsterbliche Geist des deutschen Volkstums. [...] Der Marxismus liegt zertrümmert am Boden. Die Organisationen des Klassenkampfes sind zerschlagen. Die Schranken von Klassenhass und Standesdünkel wurden niedergerissen. [...]

Ehret die Arbeit und ehret den Arbeiter! Stirn und Faust sollen einen Bund schließen, der unlösbar ist. Der Bauer hinter dem Pflug, der Arbeiter am Amboss und Schraubstock, der Gelehrte in seiner Studierstube, der Arzt am Krankenbett, der Ingenieur bei seinen Entwürfen, sie alle werden sich am Tage der nationalen Arbeit bewusst werden, dass die Nation und ihre Zukunft über alles geht, und dass jeder an seinem Platz das tut, was er dem Vaterland und damit dem allgemeinen Besten zu geben bereit ist.

Aus: H. Mommsen und S. Willems, Herrschaftsalltag im Dritten Reich, Düsseldorf 1988, S. 154.

MATERIAL 18

Arbeiterstimmen aus dem Dritten Reich 1936

Der nach Prag emigrierten Führung der verbotenen SPD *(Sopade) verschafften verdeckt arbeitende Vertrauensleute jahrelang geheime Informationen aus Deutschland. Im Februar 1936 berichten sie, wie Arbeiter, die bis 1933 Funktionen in der Partei gehabt haben, jetzt mit den Nazis ihren Frieden machten.*

Spricht man sie darauf an, so kann man mitunter hören: „Ihr habt immer große sozialistische Reden gehalten, die Nazis aber haben uns Arbeit gegeben. Gewiss, es gibt nicht viel Lohn, aber ich brauche nicht mehr zu Hause untätig herumzusitzen, sodass mir das Leben zur Last fällt. Mir ist es egal, ob ich Granaten drehe oder Autostraßen baue, arbeiten will ich. Warum habt Ihr nicht mit der Arbeitsbeschaffung ernst gemacht?" [...] So zeigt sich die Haltung der Arbeiterschaft jenseits jeder Ideologie. Der durchschnittliche Arbeiter hat nun einmal in erster Linie ein Interesse an der Arbeit und nicht an der Demokratie. Man muss sich klar sein darüber, dass der Mensch einfach in erster Linie Familienvater und Berufsmensch ist, und dass die Politik erst in zweiter Linie bei ihm kommt, und zwar auch nur dann, wenn er sich etwas davon verspricht. Viele lehnen aus dieser Grundeinstellung heraus die Beteiligung an der illegalen Arbeit ab.

Ein wichtiges Moment – mir erscheint es sogar als eine Kernfrage unserer Politik – ist noch: Unsere Leute sind heute jeder anationalen Haltung abgeneigt, sie sind zwar für eine internationale Verständigung, sie fühlen sich aber in erster Linie als Deutsche. Das kann man ihnen nicht austreiben.

Aus: Deutschland-Bericht der Sopade, Dritter Jahrgang 1936, Frankfurt/Main 1980, S. 156f.

1. Zeigen Sie, wie Goebbels den 1. Mai nationalsozialistisch umstilisiert und vereinnahmt. (M 17)
2. Versetzen Sie sich in die Rolle der Sopade-Führung und ziehen Sie Schlussfolgerungen aus den Aussagen der Arbeiter. (M 18)
3. Vergleichen Sie diese Arbeiterstimmen mit denen in M 11 (Seite 107).

MATERIAL
19 Durchschnittliche Stundenlöhne im Deutschen Reich 1928–1942 (in Reichspfennig)

Jahr	*Männer*		*Frauen*	
	qualifiziert	*ungelernt*	*qualifiziert*	*ungelernt*
1928	95,9	75,2	60,3	49,8
1933	70,5	62,3	58,7	43,4
1936	78,3	62,2	51,6	43,4
1937	78,5	62,3	51,5	43,4
1938	79,0	62,6	51,5	44,0
1940	79,2	63,0	51,5	44,1
1941	80,0	63,9	51,9	44,5
1942	80,8	64,1	52,3	44,6

Aus: Ch. Bettelheim, Die deutsche Wirtschaft unter dem Nationalsozialismus, München 1974, S. 230.

Plakat der NSDAP, ca. 1936.

MATERIAL
20 Ian Kershaw: Modernisierungstendenzen im Nationalsozialismus?

Der britische Historiker erörtert die Frage, ob der Nationalsozialismus in der deutschen Gesellschaft des 20. Jahrhunderts einen Modernisierungsschub bewirkt hat:

Für eine Beurteilung der kurzen Ära der Diktatur Hitlers bietet der Modernisierungsbegriff keine Hilfe. […] Vieles von dem, was heutzutage oft als vom Nationalsozialismus bewirkter Modernisierungsschub bezeichnet wird, hätte sich durch das Wesen der deutschen Wirtschaft bedingt, zweifellos unter jeder Regierungsform abgespielt. […] In seinem Streben nach immer irrationaleren Zielen war der Nationalsozialismus eine parasitäre Wucherung auf der alten Gesellschaftsordnung. –
Er war weder willens noch in der Lage, Stabilität zu schaffen. Indem die Nazis der Aufrüstung, dem Krieg und der Expansion – also Zielen, die von Deutschlands herrschenden Klassen aktiv unterstützt wurden – absolute Priorität zuwiesen, erzeugten sie eine gewaltige zerstörerische Strömung, die die Repräsentanten der bestehenden Gesellschaftsordnung zuerst bedrohte und dann unvermeidlich mit sich riss.

Aus: I. Kershaw, Der NS-Staat, Geschichtsinterpretationen und Kontroversen im Überblick, Reinbek 1994, S. 276 ff.

1. Rechnen Sie aus, wie viel Prozent des durchschnittlichen Stundenlohns für Männer die Frauen jeweils verdienten, und beschreiben Sie die Entwicklung. (M 19)
2. Erläutern Sie die These von Ian Kershaw zur möglichen Wirkung des Nationalsozialismus auf die deutsche Gesellschaft und nehmen Sie Stellung.

2.6 Das Dritte Reich – ein Reich der Jugend?

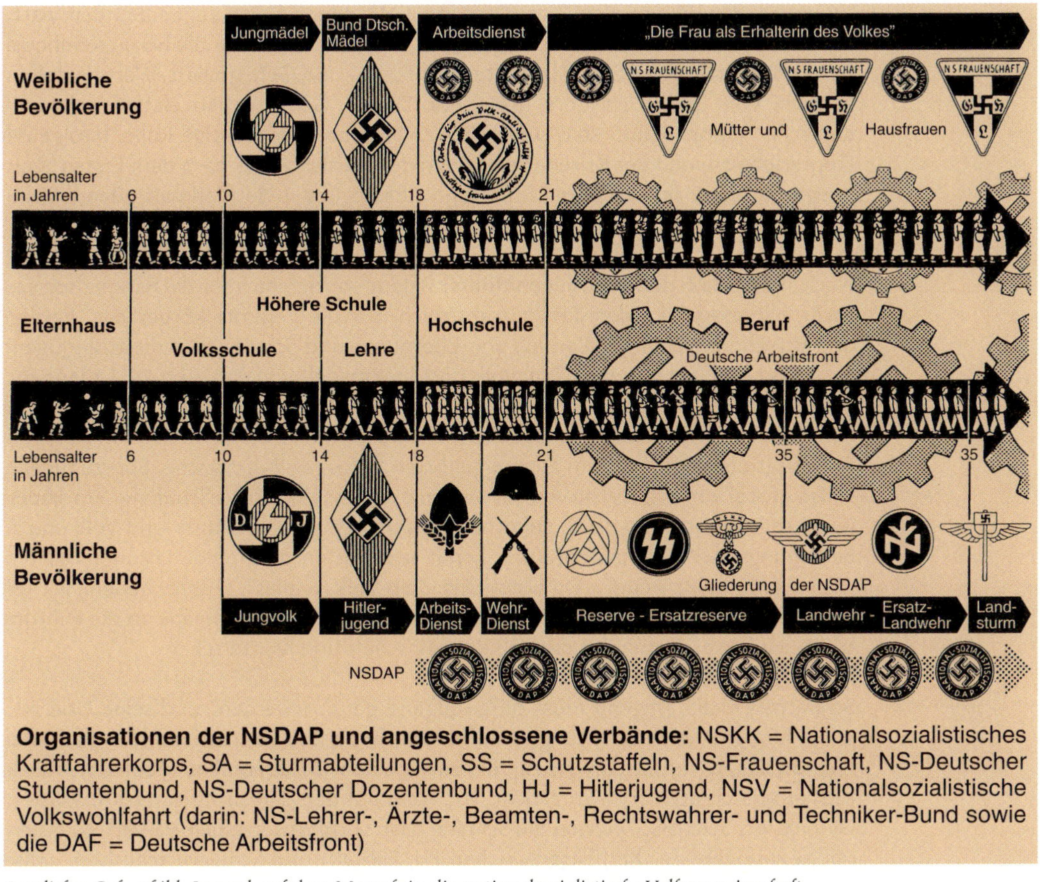

Amtliches Schaubild: Jugend auf dem Marsch in die nationalsozialistische Volksgemeinschaft.

Erziehungs- und Schulungsdiktatur

Die NS-Führung beanspruchte, durch eine nationale Revolution alle Gruppen der Gesellschaft auf ihre Weltanschauung auszurichten, Öffentlichkeit und privaten Alltag gleichzuschalten. Hakenkreuzfahnen verhießen einen Marsch aus politischer, gesellschaftlicher, weltanschaulicher und konfessioneller Zersplitterung und Entfremdung in eine neue Zeit. Von Beginn an verstand sich der Nationalsozialismus als eine dynamische, aktivistische junge Bewegung. Das Altersprofil der Parteiführer, Mitglieder und Wähler war auffällig jung. Die Partei warb um die Jugend nach der Devise: „Wer die Jugend hat, hat die Zukunft." Zwölf Jahre NS-Herrschaft bedeuteten auch zwölf Jahre einer Erziehungs- und Schulungsdiktatur sowie einer Kulturrevolution. Technisch-organisatorische Leistungsfähigkeit und Modernisierung standen dabei im Widerspruch zu vormodernen, völkisch-romantischen Blut- und Bodenmythen.

Jugendbewegung der Weimarer Zeit

Bis zur Machtergreifung gab es in Deutschland eine vielfältige freie Jugendarbeit. In einem Reichsausschuss waren vor 1933 mehr als hundert Jugendverbände und Bünde mit sechs Millionen Mitgliedern vertreten. Die Sportjugend und die konfessionellen Jugendorganisationen überwogen; daneben gab es sozialistische Jugendverbände und freie Jugendbünde, in denen sich die bürgerliche Jugend organisiert hatte. Der Wandervogel, ein Jugendbund, war schon 1913 gegründet worden und hatte in der Weimarer Republik großen Zulauf gefunden. In diesen freien Jugendbünden waren Einstellungen und Lebensformen vermittelt worden, von denen die NS-Jugendbewegung profitierte. So spielten Strukturen wie Führer und Gefolgschaft, Wertvorstellungen wie Volk und Reich, Ehre, Treue und Dienst, Gemeinschaft statt Gesellschaft, deutsche Nationalkultur statt westlicher Zivilisation eine wichtige Rolle. Infolge der Fronterlebnisse und der Krisenerfahrungen des Mittelstandes nach dem Ersten Weltkrieg orientierte sich die bürgerliche Jugendbewegung in der Weimarer Republik zunehmend auch aggressiv nationalistisch.

Totalitätsanspruch

Nach 1933 erhob der Reichsjugendführer Baldur von Schirach für die nationalsozialistische Hitlerjugend einen Totalitätsanspruch. Für die gesamte körperliche, geistige und sittliche Erziehung außerhalb von Elternhaus und Schule sollte die Hitlerjugend zuständig sein. Sie wurde in Jungvolk und Jungmädelbund (bis zum 14. Lebensjahr) sowie in die eigentliche Hitlerjugend (HJ) und den Bund Deutscher Mädel (BDM) bis zum 18. Lebensjahr eingeteilt. Das Tragen einer Uniform wurde ab 1939 in all diesen Organisationen Pflicht. Zum Dienst gehörten Zeltlager, Aufmärsche, Sportübungen, Hilfsdienste, vormilitärische Ausbildung und weltanschauliche Schulung. Ein Hitlerjunge sollte „rassenbewusst", gehorsam und treu gegenüber Führer und Volk und zu bedingungsloser Selbstaufopferung bereit sein. Als verpflichtende Losungen galten: „Deine Ehre heißt Treue", „Du bist nichts, dein Volk ist alles", „Führer befiehl, wir folgen dir!" Leitbilder weiblicher Erziehung waren die gläubige Hingabe an die Führung durch die Partei, Gefühl für die Volksgemeinschaft und Mutterschaft.

Leitbilder

Schulen

Schirachs Prinzip „Jugend muss durch Jugend geführt werden" und seine Überzeugung, körperliche Ertüchtigung, Wehrhaftmachung und Charakterschulung könnten nur von der HJ vermittelt werden, führten zu einem Dauerkonflikt mit einem intelektuell ausgerichteten Schulunterricht, vor allem auf den damals noch recht exklusiven Gymnasien. Seit 1935 wurden die Schulen dazu verpflichtet, einen HJ-Vertrauenslehrer einzusetzen, der Konflikte zwischen HJ, Lehrern und Schülern schlichten sollte. Über neue Lehrpläne, Lehrmittel und über Schulung der im NS-Lehrerbund organisierten Lehrer versuchte die Partei, Erziehung und Unterricht in den Griff zu bekommen. Von Schirach forderte den neuen „Führer-Lehrer", einen „körper- und geistgestählten Kameraden der Schüler", der „Priester des nationalsozialistischen Glaubens" und „Offizier des nationalsozialistischen Dienstes" sein sollte. Die HJ untergrub Freiräume und pädagogische Verantwortung der Lehrer, ideologisierte und politisierte die Lehrpläne. Schließlich wurden Nationalpolitische Lehranstalten (NAPOLA), „Ordensburgen" und Adolf-Hitler-Schulen gegründet, die eine leistungsfähige und gläubige nationalsozialistische Elite ausbilden sollten.

Elitebildung

Im Krieg kamen BDM-Mädchen in Lazaretten, Rüstungsbetrieben und als Erntehilfe zum Einsatz. Die männliche Hitlerjugend marschierte an die Front unter dem Hakenkreuz, das für Unzählige zum Totenkreuz werden sollte: eine verratene, missbrauchte Generation.

Zeltlager der „Hitlerjugend".

Beim „Bund Deutscher Mädel".

MATERIAL 21

Nationalsozialistischer Unterricht zum Thema „Zeitalter der Aufklärung"

Die Aufklärer predigten die Gleichheit aller Menschen. [...] Sie lehrten, dass die Menschen aller Rassen nur ein Vaterland und nur einen Staat hätten, nämlich die Welt, deren gleich geartete und gleichberechtigte Bürger alle seien. Stolz nannten sie sich Weltbürger [...]
Diese Gleichheitslehre kam besonders den Juden zustatten. Sie erreichten in den meisten Staaten die Beseitigung aller Beschränkungen, die ihnen seit dem Mittelalter auferlegt waren, und erlangten politische Gleichberechtigung mit den übrigen Staatsbürgern. Die „Judenbefreiung" („Judenemanzipation") machte diesen Ausbeutern ihrer Wirtsvölker den Weg frei zur politischen und geistigen Zersetzung der Staaten und Völker. [...]
Gefahren der Aufklärung: Die Aufklärer verkannten, dass mächtiger als der Verstand das Gefühl in der Seele der Menschen ist. Sie lösten den Menschen aus der Verbundenheit mit der Familie und dem Volk und hatten keine Ehrfurcht vor dem Erbe der Ahnen. Sie entrissen ihn den heiligen Banden des Blutes, sie priesen ihm die Welt als ebenso wertvoll wie die Heimat. So wurden die Menschen oft selbstsüchtig und berechnend. [...]

Der Sinn und die Opferbereitschaft für die Gemeinschaft zersetzten sich unter diesem Geist des „Liberalismus", der Willkür für Freiheit ausgab und die Reinheit des Blutes durch eine verlogene Gleichmacherei zu zerstören begann.

Aus: D. Klagges, Volk und Führer, Ausgabe für Oberschulen und Gymnasien, Kl. 4. Preußen gestaltet das Reich, Frankfurt 3. Aufl. 1942, S. 111 f.

1. Untersuchen Sie Darstellung und Wirkungsabsicht des Schulbuchtextes für eine 8. Klasse (M 21). Achten Sie dabei auf Erziehungsziele und Geschichtsverständnis.
2. Vergleichen Sie den nationalsozialistischen Schulbuchtext mit heutigen Schulbuchtexten über das Zeitalter der Aufklärung. Nennen Sie Unterschiede und möglicherweise Gemeinsamkeiten.

MATERIAL

22 Lied der Hitlerjugend – von 50 000 auf dem Reichsparteitag 1936 gesungen

„Auch du gehörst dem Führer", Propagandaplakat der NSDAP, 1936.

Hitler begrüßte auf dem Reichsparteitag 1936 50 000 Jungen und Mädchen der HJ mit „Heil Hitlerjugend", ein tosender Jubel brach los, es folgte das Lied:

Ein junges Volk steht auf, zum Sturm bereit!
Reißt die Fahnen höher, Kameraden!
Wir fühlen nahen unsere Zeit.
Die Zeit der jungen Soldaten.
Vor uns marschieren mit sturmzerfetzten Fahnen
die toten Helden der jungen Nation.
Und über uns die Heldenahnen.
Deutschland, Vaterland wir kommen schon!

Wir sind nicht Bürger, Bauer, Arbeitsmann!
Haut die Schranken doch zusammen, Kameraden!
Uns weht nur eine Fahne voran,
die Fahne der jungen Soldaten!
Vor uns marschieren …

Und welcher Feind auch kommt mit Macht und List,
seid nur ewig treu, ihr Kameraden!
Der Herrgott, der im Himmel ist,
liebt die Treue und die jungen Soldaten.
Vor uns marschieren …

MATERIAL

23 Rede Hitlers vor der Reichenberger HJ (im Sudetenland) am 2. 12. 1938

Diese Jugend, die lernt ja nichts anderes als deutsch denken, deutsch handeln, und wenn nun diese Knaben, diese Mädchen mit ihren zehn Jahren in unsere Organisationen hineinkommen und dort nun so oft zum ersten Mal überhaupt eine frische Luft bekommen und fühlen, dann kommen sie vier Jahre später vom Jungvolk in die Hitlerjugend und dort behalten wir sie wieder vier Jahre und dann geben wir sie erst recht nicht zurück in die Hände unserer alten Klassen- und Standeserzeuger, sondern dann nehmen wir sie sofort in die Partei oder in die Arbeitsfront, in die SA oder in die SS, in das NSKK und so weiter.

Und wenn sie dort zwei und anderhalb Jahre sind und noch nicht ganz Nationalsozialisten geworden sein sollten, dann kommen sie in den Arbeitsdienst und werden dort wieder sechs oder sieben Monate geschliffen, alle mit einem Symbol: dem deutschen Spaten (*Beifall*).

Und was dann nach sechs oder sieben Monaten noch an Klassenbewusstsein oder Standesdünkel da oder noch vorhanden sein sollte, das übernimmt dann die Wehrmacht zur weiteren Behandlung auf zwei Jahre (*Beifall*), und wenn sie dann nach zwei oder vier Jahren zurückkehren, dann nehmen wir sie, damit sie auf keinen Fall rückfällig werden, sofort in die SA, SS und so weiter und sie werden nicht mehr frei ihr ganzes Leben (*Beifall*) und sie sind glücklich dabei.

Aus: H. Michaelis/E. Schraepler (Hrsg.), Ursachen und Folgen, Bd. 11, Berlin 1962, S. 183 f.

MATERIAL

Brief eines jungen Nationalsozialisten aus dem Jahr 1938 24

Der Schweizer Kulturphilosoph Denis de Rougemont beobachtete als Lektor an der Universität Frankfurt den Alltag im Nationalsozialismus. 1938 versuchte ein junger Nationalsozialist in einem Brief die Kritikpunkte des Schweizers am Nationalsozialismus zu widerlegen. Er erklärte zunächst, dass dieses Regime aus der Armut und dem Elend seines Volkes hervorgegangen sei, und er fügte hinzu:

Aber Armut und Elend sind nur äußere Beweggründe. Der tiefere Grund einer Bewegung wie der unseren ist mit Vernunft allein nicht zu erklären. Wir wollten an etwas glauben, wir wollten für etwas leben. Demjenigen, der uns die Möglichkeit, zu glauben, brachte, sind wir dankbar gewesen. Das Christentum befriedigte – wahrscheinlich durch die Schuld seiner Geistlichen – schon lange nicht mehr das Bedürfnis der Mehrheit des Volkes nach Glauben. Wir wollen an die Mission des deutschen Volkes glauben. Wir wollen an die Unsterblichkeit des Volkes glauben (ein Baum, dessen fallende Blätter jede unserer Generationen symbolisieren), und vielleicht gelingt es uns, daran zu glauben.

Aus: Denis de Rougemont, Journal aus Deutschland 1935–1936, Berlin 2001, S. 91 f.

MATERIAL

Aus dem Programm zur Eröffnung der BDM-Werkwoche in Trier am 20. Februar 1944 25

Führerwort:
Wer den Glauben im Herzen hat, der hat die stärkste Kraft der Welt.

Lesung:
Weil Glaube Kraft ist, vermag er, was unmöglich erschien. Er ist die Voraussetzung für jedes Werk. Kein Mensch vermag etwas ohne Glauben. Nicht einmal einen Graben wird er überspringen, wenn er nicht glaubt, dass er ihn überspringen kann. Das Höchste und Wichtigste an einem Menschen ist nicht Verstand und Wissen, sondern sein Glaube. Mit Glaube begann dieses neue Reich. Der erste Reichsparteitag hieß: Der Sieg des Glaubens. Mit Glauben wächst es weiter und wird groß. Es wächst nicht mehr aus dem Glauben eines einzigen Mannes, sondern aus dem Glauben aller.

Worte des Führers:
Mein Wille, das muss unser aller Bekenntnis sein, ist euer Glaube.
Mein Glaube ist mir, genau wie euch alles auf dieser Welt.
Das Höchste aber, was mir Gott auf dieser Welt gegeben hat, ist mein Volk.
In ihm ruht mein Glaube, ihm diene ich mit meinem Willen und ihm gebe ich mein Leben.

Lesung:
Führe uns,
in deinen Händen liegt das Schicksal von Millionen,
die in deinem Herzen wohnen, denen du ein Glaube bist.
Mein Führer sieh, wir wissen um die Stunden,
in denen hart du an der Bürde trägst,
in denen du auf unsre tiefen Wunden
die liebevollen Vaterhände legst
und noch nicht weißt, wie wirst du uns gesunden!
Mein Führer sieh, wir kennen das Entsagen,
das du als Mensch für uns zum Opfer bringst,
die Last der Einsamkeit musst du ertragen,
damit du unsres Volkes Schicksal zwingst
in trüben und in freudevollen Tagen.
Darum ist unsere Liebe auch so groß,
darum bist du der Anfang und das Ende.
Wir glauben dir treu und bedingungslos,
und unser Werk des Geistes und der Hände
ist die Gestaltung unsres Dankes bloß.

Der Führer sagt:
Ich glaube an Deutschland
und ich kämpfe dafür heute und morgen und
in der Zukunft,
bis uns der Sieg komme!

Aus: F.-J. Heyen, Nationalsozialismus im Alltag, Quellen zur Geschichte des Nationalsozialismus, vornehmlich im Raum Mainz-Koblenz-Trier, Boppard 1967, S. 229 f.

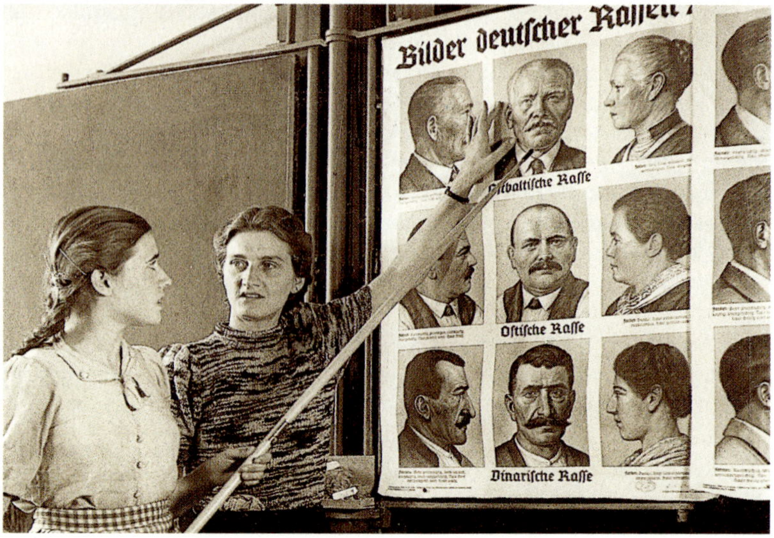

In einem Schulungslager für Schulhelferinnen in Nürtingen, 1943.

MATERIAL

26 Bericht der Reichssachbearbeiterin „Weibliche Erziehung" im NS-Lehrerbund (1936)

Die Revolution der weiblichen Erziehung ist größer als irgendwo sonst in der Erziehung. Die neue, uns vom Führer selbst gegebene Zielsetzung lässt sich nicht erreichen mit der Vielgeschäftigkeit allzu tüchtiger Pädagoginnen. Es gilt vorzustoßen in den innerseelischen Kräften weiblicher Wesensart, es gilt der Frau die Fähigkeit zu schenken, den tieferen Gehalt des Lebens zu erfühlen und den Wert der Dinge zu erkennen, sie zur „Hüterin des Unbewussten" zu formen.

Wenn wir die weibliche Jugend aus unseren Händen geben, dann muss dies „Unbewusste" in ihr liegen und aufbrechen zu seiner Zeit, wo sie zur Spenderin des Lebens wird unter ihr Muttersein in Tapferkeit und Fleiß und ewig stillem Dienst in Güte und Schenken sich verströmt.

Und daneben steht ihr Wirken im Volk. Wir Erzieherinnen haben darüber zu wachen, dass der Beruf der Frau immer irgendeinem weiblichen Schaffensbedürfnis genüge und dass der Dienst am Werk und am Ganzen der Frau vor den eigenen Nutzen gehe. Sonst wird sie nicht glücklich.

Wir Frauen wollen im Beruf nicht zeigen, was wir „sind" und was wir zu „beanspruchen haben", aber wir werden jede Arbeit angreifen und bezwingen, wo man uns braucht, und alle Arbeit soll wieder um ihrer selbst willen getan werden.

Aus: A. Kuhn/G. Schneider, (Hrsg.), Geschichtsunterricht 5 bis 10, München 1981, S. 308f.

1. M 22 bis 26 sowie die Abbildungen S. 347 bis 350 sind zeitgenössische Zeugnisse der nationalsozialistischen Jugendarbeit. Erläutern und beurteilen Sie die hier zum Ausdruck kommenden Leitbilder, Geschlechterrollen, Methoden und Ziele der Pädagogik.
2. Zeigen Sie, wie und womit die Nationalsozialisten die Jugend verführen konnten.
3. Wie das deutsche Reich, so die deutsche Jugend: Zeigen Sie anhand der Materialien Entsprechungen zwische der NS-Diktatur und der NS-Jugendpolitik. Berücksichtigen Sie dabei auch das amtliche Schaubild S. 345.

2.7 Die Wirtschaft im Dienst der nationalsozialistischen Politik

Eine Schlüsselfrage für die NSDAP vor und erst recht nach der Machtergreifung war ihr Verhältnis zur Wirtschaft. Wer bestimmte wen? Einzelne Großindustrielle hatten Geld an die NSDAP wie auch an andere Parteien gespendet, aber hätte Geld 1932/33 politische Macht kaufen können, so hätte es Papens autoritäre Regierung, nicht Hitlers Diktatur gekauft. Nach 1933 flossen allerdings ganz beträchtliche „Adolf-Hitler-Spenden" der deutschen Wirtschaft zur Finanzierung der NSDAP. Die wirtschaftspolitischen Leitziele im Programm der NSDAP waren sehr allgemein formuliert und versprachen vielen vieles:

Leitziele der NS-Wirtschaftspolitik

- der Staat solle die Erwerbs- und Lebensmöglichkeiten der Bevölkerung sichern
- die Arbeiter sollten in den Großbetrieben am Gewinn beteiligt werden
- die „kapitalistische" Zinsknechtschaft soll gebrochen werden
- einen „gesunden Mittelstand" (Handwerker, Einzelhändler, Beamte, Angestellte) gelte es zu schaffen und zu erhalten
- eine Bodenreform solle den nationalen Bedürfnissen angepasst werden
- die Gesellschaft solle in Ständen neu geordnet und die bisherige Klassenschichtung überwunden werden.

Nationale Aufbruchsstimmung

Nachdem die NSDAP in einem der modernsten Industriestaaten im Gefolge der Weltwirtschaftskrise an die Regierung gekommen war, erwarteten ihre Wähler und mit ihnen breite Schichten der Bevölkerung wirtschaftspolitische Entscheidungen, die die Arbeitslosigkeit bekämpfen und die Produktion wieder ankurbeln sollten. Um in der Öffentlichkeit eine Stimmung des nationalen Aufschwungs zu erzeugen, wurde in Film, Rundfunk und Illustrierten beispielsweise Hitlers erster Spatenstich zum Bau der Reichsautobahn als eine Maßnahme, „die Arbeitslosen von der Straße zu holen", werbewirksam gefeiert.

Es lassen sich im Überblick drei wirtschaftspolitische Phasen unterscheiden. Krisenbekämpfung und wirtschaftliche „Wehrhaftmachung" (Aufrüstung) waren dabei von Anfang an miteinander verbunden:

Beschäftigungsprogramme

- Die Jahre 1933–1936: Die neue Regierung leitete Arbeitsbeschaffungsmaßnahmen ein, öffentliche Aufträge und Konjunkturprogramme, die zum Teil von früheren Regierungen übernommen waren und die von der sich abzeichnenden weltwirtschaftlichen Wende profitierten. 1936 war bereits Vollbeschäftigung erreicht, während noch im Jahre 1938 die USA eine Arbeitslosigkeit von 18,9 % hatten. Allein im Jahr 1933 wurden zwei Milliarden Reichsmark investiert. Da die Beschäftigungsprogramme sehr arbeitsintensiv waren, ging die Arbeitslosigkeit schnell zurück; die 1935 wieder eingeführte allgemeine Wehrpflicht und die halbjährige Arbeitsdienstpflicht für Jugendliche zwischen 18 und 25 Jahren im Reichsarbeitsdienst beschleunigten den Rückgang.

DAF

Den Unternehmern fiel es nicht schwer, sich mit dem neuen Regime zu arrangieren. Es hatte schon am 2. Mai 1933 die freien Gewerkschaften verboten und diese in die Deutsche Arbeitsfront (DAF) überführt, das Recht auf Freizügigkeit, auf Arbeitsplatzwechsel, Streik und die Autonomie der Tarifpartner waren beschränkt oder gar aufgehoben worden. Einer Reichsanstalt wurde das Monopol der Arbeitsvermittlung übertragen. Vom Staat eingesetzte so genannte Treuhänder der Arbeit, staatliche Schlichter legten Arbeitsbedingungen fest und entschieden innerbetriebliche Konflikte. Ein Gesetz zur „Ordnung der nationalen Arbeit" von 1934 ordnete die Betriebe nach dem Prinzip von Führung und Gefolgschaft. Die „Betriebsführer" konnten fast unbeschränkt entscheiden.

Verhinderte soziale Revolution

Nach der „nationalen Revolution" von 1933 hatte die SA mit ihren 4,2 Millionen Mitgliedern auf eine „zweite", „eine soziale Revolution" gedrängt. Vom 30.6. bis 2.7. 1934 wurde die SA-Führung unter dem Vorwand, sie habe einen Staatsstreich geplant, ermordet. Damit demonstrierte die Reichsführung u. a., dass sie an den bestehenden Eigentums- und Produktionsverhältnissen nicht rütteln ließ.

Großindustrie und Landwirtschaft

Die Landwirtschaft wurde gemäß einer Blut- und Boden-Ideologie öffentlich aufgewertet und in einem so genannten Reichsnährstand organisiert, der Preise und Verteilung lenkte und eine nationale Selbstversorgung anstrebte. Die Großindustrie konnte dagegen nie so stark wie die Landwirtschaft gleichgeschaltet werden. Der Außenhandel litt an der Autarkiepolitik und an der staatlichen Devisenbewirtschaftung. Die Regierung steuerte angesichts der Rohstoffknappheit eine mitteleuropäische Großraumwirtschaft an.

Staatliche Kommandowirtschaft

• Die zweite wirtschaftspolitische Phase von 1936 – 1942 begann mit der Ankündigung des Vierjahresplans von 1936, der die Wirtschaft kriegsfähig und „blockadesicher" machen sollte. Eine staatliche Kommandowirtschaft bildete sich aus, und es zeigte sich bald, wie wenig privatwirtschaftliches Gewinnstreben und rassenideologische Vorgaben des Regimes vereinbar waren. Preise und Löhne wurden kontrolliert, aber die private Eigentumsordnung nicht angetastet, obwohl eigenständige Großunternehmen in der Hand des Staates, wie etwa die Reichswerke Hermann Göring, errichtet wurden. Auch die SS schuf ein verzweigtes Netz von Wirtschaftsunternehmen, u. a. aus dem Erlös der Zwangsarbeit von KZ-Häftlingen.

Blitzkriege

Seit Kriegsbeginn 1939 waren Lebensmittel, Kleidung, Brennmaterialen staatlich bewirtschaftet. Versorgungsengpässe bei Rohstoffen und Fetten sowie Arbeitskräftemängel in der Rüstungsindustrie zwangen die Führung zur Strategie der Blitzkriege; die eroberten Staaten wurden wirtschaftlich ausgeplündert. Eine großräumige Zentralverwaltungswirtschaft zeichnete sich ab.

Totale Kriegswirtschaft

• Nach dem Scheitern der Blitzkriegstrategie 1942 bildete sich im totalen Krieg eine totale Kriegswirtschaft heraus. Der Reichsminister für Rüstung und Kriegsproduktion, Albert Speer, verfügte über nahezu diktatorische Vollmachten für die gesamte zivile und militärische Produktion des Reiches. Eine zentrale Planungsinstanz verteilte jetzt Rohstoff- und Transportkapazitäten sowie Arbeitskräfte. Die Maßnahmen verlängerten den Krieg beträchtlich. Infolge rationellerer Massenfertigung und trotz alliierter Flächenbombardements stieg die Herstellung von Flugzeugen um das Dreifache und die von Panzern um das Siebenfache an. In großem Maße mussten jetzt ausländische

Zwangsarbeit

Zwangsarbeiter, Kriegsgefangene und KZ-Häftlinge für Industrie und Landwirtschaft arbeiten. Daher blieben anders als z. B. in Großbritannien selbst in dieser Phase Frauen von einer generellen Arbeitspflicht verschont. Bis zuletzt konnte auch die Großindustrie ihre Autonomie verteidigen – teilweise traf sie sogar mit Speers Wohlwollen und Unterstützung Vorkehrungen für die Nachkriegszeit – den Zerstörungsbefehlen Hitlers in den letzten Kriegsmonaten zum Trotz.

1939 hatten 300 000 Interessenten bereits 280 Mio. RM gespart, für die sie nie ein Auto erhielten. Im Werk bei Fallersleben wurde nun für den Krieg produziert.

Hans Toepper (1885–1956), Deutsche Symphonie, ca. 1938.

MATERIAL

Otto Strasser berichtet über eine Unterredung mit Hitler am 22. 5. 1930 27

Mit seinem Bruder Gregor Strasser (1892–1934) trat Otto Strasser (1897–1974) für eine „sozialistische" Ausrichtung der NSDAP ein. Nach einem Konflikt mit Hitler trat Strasser aus der NSDAP aus und gründete die „Kampfgemeinschaft revolutionärer Nationalsozialisten". 1933 emigrierte er, sein Bruder Gregor Strasser wurde 1934 erschossen.

Strasser: „Was würden Sie, wenn Sie morgen die Macht in Deutschland übernehmen würden, übermorgen tun, z. B. mit der Krupp-AG? Bliebe hier bei Aktionären und Arbeitern bezüglich Besitz, Gewinn und Leitung alles unverändert, so wie heute, oder nicht?"
Hitler: „Aber selbstverständlich. Glauben Sie denn, ich bin so wahnsinnig, die Wirtschaft zu zerstören? Nur wenn die Leute nicht im Interesse der Nation handeln würden, dann würde der Staat eingreifen. Dazu bedarf es aber keiner Einigung und keines Mitbestimmungsrechtes, sondern das macht der starke Staat, der allein in der Lage ist, ohne Rücksicht auf Interessen ausschließlich von großen Gesichtspunkten sich leiten zu lassen."
Strasser: „Ja, Herr Hitler, wenn Sie also das kapitalistische System aufrechterhalten wollen, dann dürfen Sie aber auch nicht von Sozialismus reden! Denn unsere Parteianhänger sind in erster Linie Sozialisten und sie berufen sich auf das Parteiprogramm, das ausdrücklich die Sozialisierung der vergesellschafteten Betriebe fordert […]"
Hitler: „Das ist ja alles Theorie. In Wirklichkeit gibt es in der Wirtschaft immer nur ein System: Verantwortung nach oben, Autorität nach unten. […] Das ist seit Jahrtausenden so gewesen und kann gar nicht anders sein."

Aus: H. Michaelis/E. Schraepler (Hrsg.), Ursachen und Folgen, Bd. 7, Berlin 1962, S. 391.

MATERIAL

28 Nationalsozialistische Betriebsverfassung

Aus dem Gesetz zur Ordnung der nationalen Arbeit vom 20. 1. 1934:

§ 1 Im Betriebe arbeiten der Unternehmer als Führer des Betriebes, die Angestellten und Arbeiter als Gefolgschaft gemeinsam zur Förderung der Betriebszwecke und zum gemeinsamen Nutzen von Volk und Staat.

§ 2 (1) Der Führer des Betriebes entscheidet der Gefolgschaft gegenüber in allen betrieblichen Angelegenheiten, soweit sie durch dieses Gesetz geregelt werden.

(2) Er hat für das Wohl der Gefolgschaft zu sorgen. Diese hat ihm die in der Betriebsgemeinschaft begründete Treue zu halten.

Aus: Ebd., Bd. 9, S. 648 f.

MATERIAL

Nationalsozialistische Sprachregelungen 29

Zwischen 1933 und 1945 veränderte sich, teils aufgrund offizieller Anordnungen, teils infolge massiver oder subtiler Propaganda, der Gebrauch einzelner Wörter. Einige Beispiele:

Arbeitsvermittlung: Arbeitseinsatz
Arbeitsbeschaffung: Arbeitsschlacht
Arbeiter: Soldat der Arbeit
Arbeit: Dienst an Führer und Volk
Unternehmer: Betriebsführer
Belegschaft: Gefolgschaft
Betriebsversammlung: Betriebsappell
Betriebsvereinbarung: Betriebsordnung
Verbände der Sozialpartner: Arbeitsfront
Produktion: Erzeugungsschlacht

Aus: B. Hey/J. Radkan, Nationalsozialismus und Faschismus, Stuttgart 1976, S. 79 f.

1. **Erläutern Sie die in der Unterredung (M 27) zum Ausdruck kommenden wirtschaftspolitischen Grundsätze Hitlers.**
2. **Grenzen Sie Hitlers wirtschaftspolitische Vorstellungen (M 27) von liberalen und sozialistischen Vorstellungen ab.**
3. **Charakterisieren Sie Funktion und Ideologie des Betriebsverfassungsgesetzes (M 28). Berücksichtigen Sie die Beispiele nationalsozialistischer Sprachregelungen in M 29.**

MATERIAL

30 Aus Hitlers geheimer Denkschrift vom August 1936 über die Aufgaben eines Vierjahresplanes (Schlussteil)

Kurz zusammengefasst: Ich halte es für notwendig, dass nunmehr mit eiserner Entschlossenheit auf all den Gebieten eine 100 %ige Selbstversorgung eintritt, auf denen diese möglich ist. […] Es sind jetzt fast vier kostbare Jahre vergangen. Es gibt keinen Zweifel, dass wir schon heute auf dem Gebiet der Brennstoff-, der Gummi- und zum Teil auch in der Eisenerzversorgung vom Ausland restlos unabhängig sein könnten. Genauso wie wir zurzeit 700 000 t oder 800 000 t Benzin produzieren. Genauso, wie wir heute einige tausend Tonnen Gummi fabrizieren, könnten wir schon jährlich 70 000 t oder 80 000 t erzeugen. Genauso, wie wir von 2 1/2 Millionen t Eisenerz-Erzeugung auf 7 Millionen t stiegen, könnten wir 20 oder 25 Millionen t deutsches Eisenerz verarbeiten und wenn notwendig auch 30. Man hat nun Zeit genug gehabt, in vier Jahren festzustellen, was wir nicht können. Es ist jetzt notwendig, auszuführen, das, was wir können.

Ich stelle damit folgende Aufgabe:
I. Die deutsche Armee muss in vier Jahren einsatzfähig sein.
II. Die deutsche Wirtschaft muss in vier Jahren kriegsfähig sein.

Aus: Vierteljahreshefte für Zeitgeschichte, Heft 3, 1955, S. 208 ff.

1. Erläutern und beurteilen Sie die Aufgaben, die Hitler im Jahr 1936 für den Vierjahresplan formuliert.

MATERIAL

Angaben zur wirtschaftlichen und sozialen Lage 31

a) Einem durchschnittlichen Vier-Personen-Arbeiterhaushalt standen zur Verfügung:

	1928	1937
Fleisch (kg)	146,5	118,5
Eier (Stück)	472,0	258,0
Milch (l)	481,0	358,0
Butter (kg)	17,9	19,1
Fette (kg)	55,4	37,3
Kartoffeln (kg)	507,8	530,3
Gemüse (kg)	127,3	117,8
Obst (kg)	96,2	64,9
Bohnenkaffee	–	–

b) Entwicklung der industriellen Produktions- und Verbrauchsgütererzeugung je Einwohner in Deutschland 1920–1945 (1928 = 100):

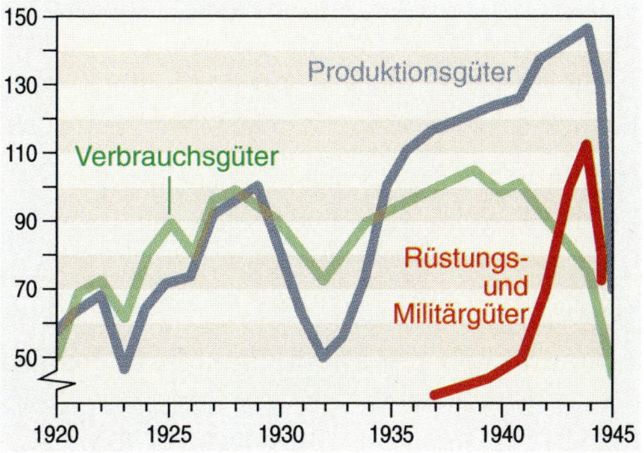

c) Arbeitszeit und Löhne

	1933	1934	1935	1936	1937	1938	1939	1940	1941	1942	1943	1944
Reallöhne je Woche (Arbeiter: 1928 = 100)	91,0	94,0	95,0	97,0	101,0	105,0	108,0	108,0	113,0	111,0	109,0	106,0
Durchschnittliche Wochenarbeitszeit (Verarbeitende Industrie)	42,9	44,6	44,4	45,6	46,1	46,5	47,0	–	–	49,2	–	–
Arbeitslose (in Prozent der abhängig Beschäftigten)	25,9	13,5	10,3	7,4	4,1	1,9	0,5	0,2	–	–	–	–

Aus: a) R. Erbe, Die nationalsozialistische Wirtschaftspolitik 1933–1939 im Lichte der modernen Theorie, Zürich 1958, S. 36 ff.;
b) E. Henning, Das industrialisierte Deutschland, Paderborn 1978, S. 104;
c) D. Petzina u. a. (Hrsg.), Sozialgeschichtliches Arbeitsbuch III, München 1978, S. 98.

1. Erschließen Sie aus den Tabellen und Schaubildern Informationen zur sozialen Lage der breiten Bevölkerung und zur Entwicklung der Wirtschaft im Nationalsozialismus.
2. Messen Sie die Gesellschafts- und Wirtschaftspolitik des Nationalsozialismus an dem Anspruch, der im Namen der „Nationalsozialistischen Deutschen Arbeiterpartei" zum Ausdruck kommt.

MATERIAL

32 Der Einsatz von Zwangsarbeitern in der deutschen Kriegswirtschaft, 1939–1945

Als sich Ende 1941 ein langer Abnutzungskrieg abzeichnete, kamen Millionen Kriegsgefangene sowie zwangsrekrutierte Ausländer in Deutschland zum Arbeitseinsatz. Ein moderner Historiker bemerkt:

Im Sommer 1944 befanden sich 7,8 Mio. ausländische Arbeitskräfte auf Arbeitsstellen im Reich: 5,7 Mio. Zivilarbeiter und knapp 2 Mio. Kriegsgefangene, 2,8 Mio. von ihnen stammten aus der Sowjetunion, 1,7 Mio. aus Polen, 1,3 Mio. aus Frankreich – insgesamt wurden zu dieser Zeit Menschen aus fast 20 europäischen Ländern im Reich zur Arbeit eingesetzt. Mehr als die Hälfte der polnischen und sowjetischen Zivilarbeiter waren Frauen, im Durchschnitt unter 20 Jahre alt. […] 26,5% aller Beschäftigten im Reich waren damit Ausländer. […]

Nur durch den Ausländereinsatz war es möglich, die Lebensmittelversorgung der deutschen Bevölkerung bis Ende 1944 auf dem höchsten Stand aller Krieg führenden europäischen Mächte zu halten. […] Die ausländischen Zwangsarbeiter trugen zu jenem gigantischen Wachstums- und Modernisierungsschub bei, den die deutsche Wirtschaft in den Jahren der Kriegs- und Rüstungskonjunktur erlebte und der eine der Grundlagen der so rapiden wirtschaftlichen Aufwärtsentwicklung nach 1948 darstellte.

Aus: U. Herbert, Der „Ausländer-Einsatz" in der deutschen Kriegswirtschaft 1939–1945, in: ders., Arbeit, Volkstum, Weltanschauung. Über Fremde und Deutsche im 20. Jahrhundert, Frankfurt 1995, S. 121–135.

MATERIAL

33 Erinnerungen der ehemaligen Zwangsarbeiterin Vera G., geb. 1926, aus Nikolajew, Ukraine

Als ich 17 Jahre alt war, wurde ich nach Deutschland verschleppt. Wir wurden in Güterwagen gebracht und kamen in Deutschland in eine Stadt, an deren Namen ich mich nicht erinnern kann. Da wurden wir schon von Vertretern der verschiedenen Firmen und Fabriken erwartet. Wir wurden wie Sklaven in einer Reihe aufgestellt und diesen Vertretern übergeben.

Fünf Mädchen mit mir zusammen wurden in die Chemiefabrik Oker-Braunschweig gebracht. In dieser Fabrik wurde chemisches Pulver hergestellt. Am Tag mussten wir zwölf Stunden arbeiten bei einer 1/2 Stunde Pause. Das Pulver kam wie bei einer Mühle in Säcke, diese Säcke musste ich auf die Loren stellen, ein Sack wog 20 kg. […] Die ganze Zeit musste ich den Pulverstaub einatmen. Und nach kurzer Zeit wurde der ganze Körper und das Gesicht von eitrigem Ausschlag befallen. Meine Füße, Beine und der ganze Körper schmerzten und mir wurde ständig schwindelig. Diese Furunkel sind erst ein Jahr nach Ende des Krieges weggegangen. […]

Morgens bekamen wir 300 g Brot für den ganzen Tag; später, als wir nach einem Jahr immer schwächer geworden waren, bekamen wir noch 100 g hinzu. Mittags und abends gab es gekochte Steckrüben, aber auch nicht genug, um satt zu werden. In diesen fast zwei Jahren haben wir keine Kartoffel, kein Körnchen und natürlich kein Fleisch gesehen. Wir haben nur überlebt, weil wir sehr jung waren. […]

Ich bin sehr dankbar, dass Sie versuchen, mir zu helfen. Das ist eine ehrenwerte Aufgabe, dass ihr die Schulden eurer Elterngeneration begleichen wollt. Und verzeih Gott eurer Elterngeneration für das, was sie unserem Land angetan hat.

Aus: Archiv Verein Spurensuche Goslar e. V. Ausstellung „Gebt uns unsere Würde wieder" – Kriegsproduktion und Zwangsarbeit in Goslar 1939–1945, Dr. Peter Schyga unter Mitarbeit von Frank Jacobs und Friedhart Knolle.

1. Informieren Sie sich über die Lebensbedingungen der Zwangsarbeiter sowie über die Entschädigungszahlungen der deutschen Wirtschaft.

3. Der zweite Weltkrieg

3.1 *Die nationalsozialistische Außenpolitik – ein Stufenplan zum Krieg*

Kriegspolitik

„Wer Hitler wählt, wählt den Krieg" – unter dieser Losung hatte die SPD ihren letzten Reichstagswahlkampf 1933 geführt. In ihrer Mehrheit hatten die vielen Hitlerwähler den Krieg wohl nicht gewollt oder gewählt, dennoch war ihre Wahlentscheidung von einer verhängnisvollen Tragweite in der internationalen Politik. Indem Hitler das Reich erst versteckt, dann immer offener aufrüstete, internationale Verträge und völkerrechtliche Verpflichtungen brach, bereitete er den Krieg vor. Außenpolitisch zeigte er sich gleichzeitig als Programmatiker und Opportunist, als Stratege und Taktiker.

Außenpolitische Ziele

Von den zwölf Jahren der NS-Diktatur waren die Hälfte Kriegsjahre. Der Krieg war aber nicht einfach der Krieg Hitlers, obwohl er Wegbereiter und Verursacher war. Hitlers zeitweilig überragende innen- wie außenpolitische Machtstellung war durch die deutsche, aber auch die europäische Geschichte begünstigt. In der Außenpolitik führte Hitler mit dem Wunsch nach Revision der Vertragsbestimmungen von Versailles Linien der Weimarer Republik fort. Ziele waren: die militärische und sicherheitspolitische Gleichberechtigung, die Wiederherstellung der Wehrhoheit des Reiches, die Offenhaltung der Grenzfragen im Osten, der Schutz der nationalen deutschen Minderheiten in Osteuropa. Hitlers Programm sprengte jedoch den Rahmen der Weimarer Außenpolitik (→ Material 5). Man kann vier sich überschneidende Schienen und Methoden der nationalsozialistischen Außenpolitik unterscheiden:

Phasen und Methoden

- Politik der Friedensbeteuerung nach innen und außen
- Fortführung der Revisionspolitik Weimars („Los von Versailles")
- Geheimpolitik der Wiederaufrüstung
- offene Gewaltpolitik, Politik der Eroberung und der „Lebensraumerweiterung".

Weltkrieg und Weltwirtschaftskrise

Der Machtaufstieg des Reiches von 1933 bis 1939 vollzog sich im Windschatten von Krisen, Konflikten und Machtverschiebungen in Europa und in Übersee. Die Weltwirtschaft hatte sich von ihrer Krise seit 1929 noch längst nicht erholt, und die nationalen Volkswirtschaften schotteten sich voneinander ab. Die Erfahrungen des Ersten Weltkrieges wirkten traumatisch nach: „Nur nie wieder Krieg!" war ein verbreiteter Wunsch. In dieser Situation räumten die einstigen Siegermächte des Ersten Weltkriegs dem nationalsozialistischen Deutschland nach 1933 außenpolitische Erfolge ein, die sie der um ihre Existenz ringenden Weimarer Republik hartnäckig verweigert hatten. Indirekt bestärkten sie durch ihre Nachgiebigkeit, ihre Beschwichtigungspolitik, den Machtwillen des Diktators, sie bauten ihn ungewollt auf, verleiteten ihn zu schwerwiegenden Fehleinschätzungen ihres Abwehrwillens und lähmten zugleich den sich zaghaft formierenden Wiederstandswillen im Reich.

Reaktion des Auslands

Vor allem Frankreich überschätzte das militärische Potenzial des Dritten Reiches und war daher in Ostmitteleuropa, dessen Schutzmacht es war, zu Zugeständnissen bereit.

Karikatur aus der amerikanischen Zeitschrift „The Nation", 1933.

Es verhielt sich rein defensiv im Vertrauen auf seine als uneinnehmbar geltende Verteidigungslinie des Generals Maginot an der Ostgrenze.

Großbritannien hatte weltweit Commonwealth-Verpflichtungen, es sah seine Macht in Zentraleuropa, im Mittelmeerraum, in Nah- und Fernost und in Indien zugleich bedroht. Nach dem Ersten Weltkrieg hatte es abgerüstet und war angesichts eines expansiven Deutschen Reiches, einer sich weltrevolutionär gebärdenden Sowjetunion und des wachsenden ökonomischen Potenzials der kommenden Weltmacht USA militärisch und politisch überfordert.

Der ostmitteleuropäische Staatengürtel, zum Teil Staaten, die 1919 neu oder wieder erstanden waren, bestand aus meist wenig industrialisierten und entwickelten Vielvölkerstaaten mit Minderheitenproblemen. Ost- und Südosteuropa wurden aufgrund ihrer eigenen Schwäche und des Desinteresses der Westmächte zur Einflusssphäre der Sowjetunion und Deutschlands.

Internationale Spannungen

1936 griff das faschistische Italien das unterentwickelte Kaiserreich Abessinien an. Im gleichen Jahr weitete sich in Spanien der Bürgerkrieg zwischen Republikanern und den faschistischen Truppen Francos aus, das Deutsche Reich und Italien intervenierten, sie unterstützten Francos Truppen, während die Sowjetunion und internationale Freiwilligenbrigaden die spanischen Republikaner unterstützten. In Indien organisierte Ghandi eine gewaltlose Freiheitsbewegung, und in Palästina schwelte der arabisch-jüdische Konflikt. In Asien zeichneten sich aus der Sicht der europäischen Kolonialmächte bedrohliche nationale Befreiungsbewegungen ab: Die 30er und 40er Jahre waren auch Epochenjahre des revolutionären chinesischen Bürgerkriegs und des Abwehrkampfes gegen die Expansion Japans in Ostasien.

Völkerbund

Der Völkerbund war ohnmächtig. Die neutralen USA standen lange abseits, Deutschland, Italien, und Japan waren ausgetreten, die Sowjetunion eingetreten. So war der Völkerbund seiner Rolle als Schiedsrichter, Krisenmanager und Garant des Völkerrechts nicht gewachsen: Als Hitler 1939 den Zweiten Weltkrieg entfesselte, wurde an vielen Stellen der Erde bereits gekämpft.

MATERIAL

1 Treppenstufen in den Krieg

- Am 3.2.1933 kündigte der neue Reichskanzler in einer geheimen *Ansprache vor Reichswehrgenerälen* den Wiederaufbau einer Wehrmacht, die Einführung der allgemeinen Wehrpflicht sowie die Stärkung des Wehrwillens der Jugend an. Bestimmend für die Außenpolitik solle der entschiedene Kampf gegen Versailles und für eine rüstungspolitische Gleichberechtigung sein.
- Am 17.5.1933 bekundete Hitler in einer Rede vor dem Reichstag den Friedenswillen des Rei-

ches und die Respektierung der eingegangenen internationalen Verträge; die SPD im Reichstag stimmte Hitlers *Friedensrede* zu.

- Am 20.7.1933 schloss das Reich mit dem Vatikan ein *Konkordat* ab, das die öffentliche Ausübung der katholischen Religion gewährleistete und das neue Regime international und national aufwertete.
- Am 14.10.1933 erklärte das Reich seinen *Austritt aus dem Völkerbund* und lehnte damit eine Politik kollektiver Sicherheit in Europa ab. Eine Volksabstimmung legitimierte propagandistisch wirkungsvoll diesen Schritt.
- Am 26.1.1934 schloss das Reich einen bilateralen *Nichtangriffs- und Gewaltverzichtspakt* mit der Republik Polen ab und erschütterte so den „Cordon sanitaire" (Sicherheitszone) Frankreichs in Osteuropa.
- Im Januar 1935 stimmten 91 % der Saarbevölkerung für die *Rückgliederung des Saarlands* an das Reich. Die NS-Führung wertete diese Abstimmung als ein Bekenntnis zum nationalsozialistischen Deutschland.
- Am 16.3.1935 erfolgte das Gesetz für den *Aufbau der Wehrmacht* auf der Grundlage der *allgemeinen Wehrpflicht*. Frankreich und Großbritannien protestierten gegen diesen offenen Bruch des Versailler Vertrages.
- Am 18.6.1935 schloss Großbritannien mit Deutschland ein *Flottenabkommen*. Großbritannien war entgegen den Bestimmungen des Vertrags von Versailles damit einverstanden, dass die deutsche Seerüstung bis zu 35 % der britischen Stärke erreichen durfte. In Großbritannien setzte sich die Appeasement-Politik, die Politik der Beschwichtigung Hitlers, durch.
- Am 7.3.1936 *marschierten deutsche Truppen* in das nach dem Versailler Vertrag entmilitarisierte Rheinland ein, nachdem das Reich zuvor den Vertrag von Locarno (1925) einseitig gekündigt hatte.
- Im August 1936 verfasste Hitler eine geheime *Denkschrift zum Vierjahresplan*. Darin forderte er, dass die deutsche Armee in vier Jahren einsatz- und die deutsche Wirtschaft kriegsfähig sein müssten. (→ S. 354, M 30)
- Am 25.10.1936 begründete eine deutsch-italienische Übereinkunft die „Achse Berlin-Rom". Die beiden Achsenmächte griffen zugunsten Francos in den spanischen Bürgerkrieg ein.
- Am 25.11.1936 schlossen Deutschland und Japan den *Antikomintern-Pakt*, eine Vereinbarung zur Bekämpfung der Kommunistischen Internationale. In einer Geheimklausel wurde wohlwollende Neutralität vereinbart für den Fall, dass einer der Vertragspartner in einen Krieg mit der Sowjetunion verwickelt würde. Am 6.3.1937 trat Italien dem Antikomintern-Pakt bei.
- Am 5.11.1937 fand in der Reichskanzlei eine vom Obersten Hoßbach aufgezeichnete *Geheimbesprechung Hitlers mit den Oberbefehlshabern der Wehrmacht statt*. Hitler zeigte sich als grundsätzlich entschlossen zur Anwendung kriegerischer Gewalt. Der Kriegsbeginn war für ihn nur noch eine Frage des günstigsten Zeitpunktes (→ M 5).
- Im März 1938 marschierten deutsche Truppen in die Republik Österreich ein (nach vorherigen ultimativen Drohungen) und erzwangen den *Anschluss Österreichs* an das Deutsche Reich. Die nachträgliche Volksabstimmung über die Vereinigung erzielte in Österreich angeblich 99% Ja-Stimmen.
- Am 26.9.1938 unterzeichneten die vier Mächte Deutschland, Frankreich, Großbritannien, Italien das *Münchner Abkommen*. Die Sowjetunion war nicht eingeladen worden. Es sah die Regelung der so genannten „sudetendeutschen Frage" vor (im zur Tschechischen Republik gehörenden Sudetenland lebten viele Deutsche). Die sudetendeutschen Gebiete sollten vertragsgemäß an das Reich angeschlossen werden. Hitler sprach von seiner letzten territorialen Forderung in Europa auf der Grundlage des nationalen Selbstbestimmungsrechts. München gilt seitdem als ein Symbol der Beschwichtigungspolitik (Appeasement-Politik).
- Am 15.3.1939 *besetzten deutsche Truppen Prag* und das Kerngebiet der Tschechoslowakei, diese wurde „zerschlagen": Der tschechische Teil wurde als „Reichsprotektorat Böhmen-Mähren" dem Deutschen Reich angegliedert, die Slowakei wurde zum formell unabhängigen Staat unter deutschem Einfluss. Der Einmarsch in Prag wurde zur Wende: Hitler brach das Münchner Abkommen und beendete damit auch die Appeasement-Politik der westeuropäischen Staaten.
- Am 3.4.1939 wies Hitler die deutsche Wehrmacht an, einen Angriffskrieg gegen Polen vorzubereiten.

MATERIAL

2 Karikatur von David Low im Evening Standard, 8. Juli 1936

„Stepping stones to glory".

Die rückgratlosen Führer der Demokratie.

MATERIAL

3 Lloyd George über Hitler im Daily Express, 17. September 1936

Ich bin eben von einem Besuch in Deutschland zurückgekehrt, ich habe jetzt den berühmten deutschen Führer gesehen und auch etliches von dem großen Wechsel, den er herbeigeführt hat.

Zum ersten Mal nach dem Krieg herrscht ein allgemeines Gefühl der Sicherheit, die Menschen sind fröhlicher. [...] Es ist ein glücklicheres Deutschland. Dieses Wunder hat ein Mann vollbracht, er ist der geborene Menschenführer. Eine magnetische dynamische Persönlichkeit mit einer ehrlichen Absicht, einem entschlossenen Willen und einem unerschrockenen Herzen. Er ist nicht nur dem Namen nach, sondern tatsächlich der nationale Führer. Er hat die Deutschen gegen potentielle Feinde, von denen sie umgeben waren, gesichert.
An seiner Popularität vor allem unter der deutschen Jugend besteht keinerlei Zweifel. Er ist der George Washington Deutschlands.

Die Aufrichtung einer deutschen Hegemonie in Europa, Ziel und Traum des alten Militarismus vor dem Kriege, liegt nicht einmal am Horizont des Nationalsozialismus. Deutschlands Bereitschaft zu einer Invasion in Russland ist nicht größer als die zu einer militärischen Expedition auf den Mond.

Aus: Ph. W. Fabry, Mutmaßungen über Hitler. Urteile von Zeitgenossen, Düsseldorf 1979, S. 216 f.

1. Erschließen Sie aus der Übersicht (M 1) „Treppenstufen in den Krieg" Ziele, Methoden, Phasen und Erfolgsbedingungen der nationalsozialistischen Außenpolitik.
2. Erläutern Sie das in der Karikatur von David Low und das im Zeitungsartikel von Lloyd George zum Ausdruck kommende Hitlerbild.

Karikatur anlässlich der Unterzeichnung des Münchner Abkommens in der Schweizer Zeitschrift „Nebelspalter".

Chamberlain bei seiner Rückkehr aus München, 1938; in der Hand hält er das dort geschlossene Abkommen.

MATERIAL 4

Kernsätze Hitlers zur Außenpolitik aus „Mein Kampf" 1925

Der Starke ist am mächtigsten allein.

Deutschland wird entweder Weltmacht oder überhaupt nicht sein.

Heute werde ich nur von der nüchternen Erkenntnis geleitet, dass man verlorene Gebiete nicht durch die Zungenfertigkeit geschliffen parlamentarischer Mäuler zurückgewinnt, sondern durch ein geschliffenes Schwert zu erobern hat, also durch einen blutigen Kampf.

Die Außenpolitik des völkischen Staates hat die Existenz der durch den Staat zusammengefassten Rasse auf diesem Planet sicherzustellen.

Damit ziehen wir Nationalsozialisten bewusst einen Strich unter die außenpolitische Richtung unserer Vorkriegszeit. Wir setzen dort an, wo man vor sechs Jahrhunderten endete. Wir stoppen den ewigen Germanenzug nach dem Süden und Westen Europas und weisen den Blick nach dem Land im Osten. Wir schließen endlich ab die Kolonial- und Handelspolitik der Vorkriegszeit und gehen über zur Bodenpolitik der Zukunft.

Das politische Testament der deutschen Nation für ihr Handeln nach außen aber soll und muss für immer sinngemäß lauten: Duldet niemals das Entstehen zweier Kontinentalmächte in Europa! Seht in jeglichem Versuch, an den deutschen Grenzen eine zweite Militärmacht zu organisieren, und sei es auch nur in Form der Bildung eines zur Militärmacht fähigen Staates, einen Angriff gegen Deutschland und erblickt darin nicht nur das Recht, sondern die Pflicht, mit allen Mitteln, bis zur Anwendung von Waffengewalt, die Entstehung eines solchen Staates zu verhindern, beziehungsweise einen solchen, wenn er schon entstanden, wieder zu zerschlagen! – Sorgt dafür, dass die Stärke unseres Volkes ihre Grundlagen nicht in Kolonien, sondern im Boden der Heimat in Europa erhält! [...]

Vergesst nie, dass das heiligste Recht auf dieser Welt, das Recht auf Erde ist, die man selbst bebauen will, und das heiligste Opfer das Blut, das man für diese Erde vergießt.

Aus: Adolf Hitler, Mein Kampf, München 1940, S. 568, 710, 728, 742, 754.

MATERIAL

5 Aus der Hoßbach-Niederschrift, November 1937

Oberst Friedrich Hoßbach war bis 1938 Wehrmachtsadjutant Hitlers. Wenige Tage nach der entscheidenden Besprechung in der Reichskanzlei verfasste er aufgrund seiner schriftlichen Notizen und aus dem Gedächtnis eine Niederschrift. Sie ist kein amtliches Protokoll, da Hitler sie nicht unterzeichnet hat. Das Schriftstück sollte Hitlers „testamentarische Hinterlassenschaft" für den Fall seines Ablebens dokumentieren. Im Nürnberger Hauptkriegsverbrecherprozess 1945/46 diente die Niederschrift der Anklage als wichtiges Beweismittel.
Die zeitweise erregten Reden und Gegenreden der Teilnehmer an der Besprechung sind darin nicht festgehalten. Es war ein engster Kreis der Reichsführung: der Kriegsminister (Werner von Blomberg), die Oberbefehlshaber des Heeres (Werner von Fritsch), der Kriegsmarine (Erich Raeder) und der Luftwaffe (Hermann Göring) und der Außenminister (Konstantin von Neurath).

Das Ziel der deutschen Politik sei die Sicherung und Erhaltung der Volksmasse und deren Vermehrung. [...]
Auf dem Gebiet der Lebensmittel sei die Frage der Autarkie mit einem glatten „nein" zu beantworten. [...]
Wir leben in einem Zeitalter wirtschaftlicher Imperien, in welchen der Trieb zur Kolonisierung sich wieder dem Urzustand nähere; bei Japan und Italien lägen dem Ausdehnungsdrang wirtschaftliche Motive zugrunde, ebenso wie auch für Deutschland die wirtschaftliche Not den Antrieb bilden würde.
Die einzige Abhilfe [...] läge in der Gewinnung eines größeren Lebensraumes. [...]

Es handele sich nicht um die Gewinnung von Menschen, sondern von landwirtschaftlich nutzbaren Raum. Auch die Rohstoffgebiete seien zweckmäßiger im unmittelbaren Anschluss an das Reich in Europa und nicht in Übersee zu suchen. [...] Weder früher noch heute habe es herrenlosen Raum gegeben. Der Angreifer stoße stets auf den Besitzer. [...]
Zur Lösung der Deutschen Frage könne es nur den Weg der Gewalt geben. Stelle man an die Spitze der nachfolgenden Ausführungen den Entschluss zur Anwendung von Gewalt unter Risiko, dann bleibe noch die Beantwortung der Fragen „wann" und „wie". [...]

Zeitpunkt 1943/45: Nach dieser Zeit sei nur noch eine Veränderung zu unseren Ungunsten zu erwarten. [...] So sei es sein unabänderlicher Entschluss, spätestens 1943 sprich 1945 die deutsche Raumfrage zu lösen. [...] Zur Verbesserung unserer militärisch-politischen Lage müsse in jedem Fall einer kriegerischen Verwicklung unser 1. Ziel sein, die Tschechei und gleichzeitig Österreich niederzuwerfen, um die Flankenbedrohung eines etwaigen Vorgehens nach Westen auszuschalten. [...] An sich glaube der Führer, dass mit hoher Wahrscheinlichkeit England, voraussichtlich aber auch Frankreich die Tschechei bereits im Stillen abgeschrieben hätten. Von der Seite Italiens seien gegen die Beseitigung der Tschechei keine Einwendungen zu erwarten. [...]

Gegen ein siegreiches Deutschland wird Polen – mit Russland im Rücken – wenig Neigung haben, in den Krieg einzutreten. Einem militärischen Eingreifen Russlands müsse durch die Schnelligkeit unserer Operationen begegnet werden. Ob ein solches überhaupt in Betracht kommen werde, sei angesichts der Haltung Japans mehr als fraglich.

Aus: J. Hohlfeld, Dokumente der deutschen Politik und Geschichte, Bd. 4, Berlin 1953, S. 366–375.

1. Erläutern und beurteilen Sie Hitlers in „Mein Kampf" geäußerten außenpolitische Grundsätze (M 4). Berücksichtigen Sie die Hoßbach-Niederschrift. (M 5)
2. Die Entfesserlung des Zweiten Weltkriegs: Stufenplan oder situationsbedingtes Kalkül? – Welche Antwort können Sie der Hoßbach-Niederschrift entnehmen?

3.2 Die Entfesselung des Zweiten Weltkriegs:
Langfristige Strategie, Ausweg aus der Krise, situative Taktik?

Die Aufteilung Polens, 1939/40.

Ursachen und Funktion des Krieges

Am 1. September 1939 begann Hitler den Krieg mit dem Überfall auf Polen. Warum wurde nun die Schwelle von der friedensmäßigen Aggression zur kriegerischen überschritten? – Der Krieg lässt sich als letzte Stufe eines langfristigen Stufenplans erklären, eines Stufenplans, der weltanschaulich begründete Endziele wie die Erweiterung des Lebensraums sowie die Erringung eines Kontinentalimperiums und letztlich einer Weltvormachtstellung verfolgte. Doch der Krieg lässt sich auch als Ausweg aus einer inneren Krise des Regimes erklären. Sachzwänge und innere Widersprüche trieben in den Krieg. Forcierte Aufrüstung, Devisenknappheit, Versorgungsengpässe und Arbeitskräftemangel erzeugten große Schwierigkeiten. Eine dirigistische Lohn- und Preispolitik, die Benachteiligung der Verbrauchsgüterindustrie und ein Abbau sozialer Leistungen schufen eine Vertrauenskrise, die in einer Flucht nach vorn aufgefangen werden sollte.

Widersprüche der Rüstungspolitik

In sozialen Fragen taktierte die NS-Führung jedoch äußerst vorsichtig. Um im Krieg eine Krise wie im November 1918 zu vermeiden, wollte die Führung Kanonen *und* Butter, Rüstungs- *und* Verbrauchsgüter gleichzeitig produzieren. Aus diesem Grund musste sich das Regime für eine sogenannte Breitenrüstung entscheiden, also für kurzfristig einsetzbare Rüstungsgüter auf Kosten einer sogenannten Tiefenrüstung mit einer langfristigen Versorgung. Für den am 1. September 1939 begonnenen „Blitzkrieg" reichten die Versorgungsgüter nur etwa 9–12 Monate.

Der Raubkrieg sollte die Versorgungskrise lösen oder zumindest aufschieben. Begann also Hitler den Krieg, weil er ihn wirtschaftspolitisch wollen musste? – Letztlich waren die machtpolitischen Motive wohl ausschlaggebend, denn die innere Krise war weitgehend selbst geschaffen als eine Folge der enormen Aufrüstung.

Deutsch-sowjetischer Nichtangriffspakt

Die „Korridorfrage", die fehlende Landverbindung zwischen dem Reichsgebiet und Ostpreußen, und die Frage der deutschen Minderheit in Polen wurden nach der Besetzung der Tschechoslowakei von Hitler zu einer neuen internationalen Krise hochgespielt. Am 31. 3. 1939 gaben Frankreich und Großbritannien eine Garantieerklärung für die Republik Polen ab. Es setzte ein Wettlauf um die Gunst der Sowjetunion ein, die von beiden Seiten als eine über Krieg und Frieden mitentscheidenden Großmacht anerkannt wurde. Aus Macht- und Sicherheitsinteresse schlug sie sich auf die ihr meistbietende Seite, das Deutsche Reich. Am 23. 8. 1939 wurde in Moskau, für die Westmächte überraschend, ein Nichtangriffspakt zwischen dem Reich und der Sowjetunion abgeschlossen. Er enthielt ein geheimes Zusatzprotokoll, das Osteuropa in eine deutsche und sowjetische Interessensphäre aufteilte (siehe M 6).

Kriegserklärung Großbritanniens und Frankreichs

Großbritannien durchkreuzte Hitlers Rechnung, den Krieg gegen Polen zu lokalisieren. Der englisch-polnische Bündnisvertrag vom 25.8.1939 trat nach dem deutschen Überfall in Kraft. Am 3.9.1939 erklärten Großbritannien und Frankreich Deutschland den Krieg, den die Franzosen bis zum deutschen Angriff am 10. Mai 1940 lediglich als „Sitzkrieg" im Schutze ihrer Befestigungslinie führten. Am 17. September 1939 marschierten sowjetische Truppen in Ostpolen bis zu der im Nichtangriffspakt vereinbarten Demarkationslinie ein und die UdSSR annektierte die eroberten Gebiete Ostpolens.

Aufteilung Polens

Damit wurde Polen zwischen Deutschland und der Sowjetunion aufgeteilt. Der westliche Teil Polens wurde als Warthegau an das Reich angeschlossen; obwohl mehrheitlich von Polen besiedelt, sollte das Gebiet eingedeutscht werden. Der übrige Teil Polens, zwischen dem Reich und der Sowjetunion gelegen, wurde als Generalgouvernement zu einem Nebenland des Reiches gemacht. Über eine halbe Million Polen wurden aus dem westlichen Teil Polens dorthin zwangsumgesiedelt, um für umgesiedelte Auslandsdeutsche aus dem Baltikum Platz zu machen.

Deutsche Besatzungspolitik in Polen

Im Generalgouvernement zeigte sich die besondere Brutalität der deutschen Besatzungsherrschaft. Die Sonderverwaltung des im Königsschloss von Krakau residierenden Generalgouverneurs Hans Frank ging 1943 an die Sicherheitspolizei der SS über. Die Bevölkerung sollte, sozial und kulturell herabgewürdigt, und als ein geschichtsloses und dienstbares „Fremdvolk", als Arbeitskräftereservoir der deutschen Wirtschaft dienen. Bis 1942 wurden etwa 1 Millionen Polen zur Zwangsarbeit ins Reich verschickt (→ S. 356). Zur Abschreckung wurden Razzien und öffentliche Massenexekutionen durchgeführt und die Elite zum Teil umgebracht. Als Reaktion entstand ein polnischer Untergrundstaat mit einer Heimatarmee und einer Exilregierung in London. Im August 1944, als die Rote Armee schon am rechten Weichselufer stand, erhoben sich die Polen in Warschau. SS und Wehrmacht schlugen mit grausamer Härte den Aufstand nieder und machten weite Teile der Stadt durch Sprengungen dem Erdboden gleich. Anders als die Polen gehofft hatten unterstützte die Rote Armee den polnischen Aufstand nicht. Nach der Befreiung Polens durch die Rote Armee bekam die deutsche Bevölkerung Ostpreußens, Pommerns, Brandenburgs und Schlesiens stellvertretend für alle Deutschen die Rache der polnischen Bevölkerung zu spüren.

MATERIAL

Deutsch-sowjetischer Nichtangriffspakt, vom 23. 8. 1939 6

Art. 1: Die beiden vertragschließenden Teile verpflichten sich, sich jeden Gewaltakts zu enthalten.

Art. 4: Keiner der beiden vertragschließenden Teile wird sich an irgendeiner Machtgruppierung beteiligen, die sich mittelbar oder unmittelbar gegen den anderen Teil richtet.

Geheimes Zusatzprotokoll

Aus Anlass der Unterzeichung des Nichtangriffsvertrages zwischen dem Deutschen Reich und der Union der Sozialistischen Sowjetrepubliken haben die unterzeichneten Bevollmächtigten der beiden Teile in streng vertraulicher Aussprache die Frage der Abgrenzung der beiderseitigen Interessensphären in Osteuropa erörtert. Diese Aussprache hat zu folgendem Ergebnis geführt:

1. Für den Fall einer territorial-politischen Umgestaltung in den zu den baltischen Staaten (Finnland, Estland, Lettland, Litauen) gehörenden Gebieten bildet die nördliche Grenze Litauens zugleich die Grenze der Interessensphäre Deutschlands und der UdSSR. Hierbei wird das Interesse Litauens am Wilnaer Gebiet beiderseits anerkannt.

2. Für den Fall einer territorial-politischen Umgestaltung der zum polnischen Staate gehörenden Gebiete werden die Interessensphären Deutschlands und der UdSSR ungefähr durch die Linie der Flüsse Narew, Weichsel und San abgegrenzt.Die Frage, ob die beiderseitigen Interessen die Erhaltung eines unabhängigen polnischen Staates erwünscht erscheinen lassen, und wie dieser Staat abzugrenzen wäre, kann endgültig erst im Laufe der weiteren politischen Entwicklung geklärt werden. In jedem Falle werden beide Regierungen diese Frage im Wege einer freundschaftlichen Verständigung lösen.

3. Hinsichtlich des Südostens Europas wird von sowjetischer Seite das Interesse an Bessarabien betont. Von deutscher Seite wird das völlige politsche Desinteresse an diesen Gebieten erklärt.

4. Dieses Protokoll wird von beiden Seiten streng geheim behandelt werden.

Aus: W. Hofer, Der Nationalsozialismus, Dokumente 1933–1945, Frankfurt 1957, S. 229 ff.

Karikatur von Partridge im „Punch", London 1939.

1. Verschaffen Sie sich mittels historischer Karten einen Überblick über das Staatsgebiet Polens in den Jahren 1920, 1939, 1941, 1945, 2000.
2. Beurteilen Sie die Bestimmungen des Vertrages und des Geheimen Zusatzprotokolls aus der Perspektive Hitlers, Stalins, Polens, der Westmächte und des Völkerbundes.
3. Zeigen Sie die Auswirkungen des Vertrags auf die heutige staatliche Ordnung Ostmitteleuropas.
4. Erläutern Sie die Intention der Karikatur. Ist Stalin im Krieg gegen Polen nur ein Handlanger Hitlers gewesen? Charakterisieren Sie seine Rolle.

3.3 Die weltpolitischen Entscheidungen vom 22. Juni bis zum 11. Dezember 1941

Am 22. Juni 1941 überfiel das Deutsche Reich ohne Kriegserklärung seinen Vertragspartner Sowjetunion. 3,8 Millionen Soldaten, gruppiert in 148 Divisionen, 600 000 motorisierte Fahrzeuge, 3 350 Panzer und über 2 000 Flugzeuge, 600 000 Pferde waren mit den Streitkräften der verbündeten Finnen, Rumänen, Ungarn, Slowaken und Italiener zusammengezogen worden. Fast vier Jahre dauerte der Krieg, der allein drei- bis viermal so viele Opfer auf den Schlachtfeldern forderte wie der ganze Erste Weltkrieg. Hinzu kamen Millionen von toten Zivilisten, Flüchtlingen, Verfolgten und Kriegsgefangenen.

Überfall auf die Sowjetunion

Drei Angriffskeile formierten sich auf die Großräume Moskau, Leningrad und das Donezbecken bei Rostow. Das Unternehmen „Barbarossa", als Präventivschlag ausgegeben und als Blitzkrieg geplant, sollte den Gegner möglichst noch in Grenznähe und in Kesselschlachten abwürgen, sodass ein Vorstoß bis auf die Linie Archangelsk-Astrachan erfolgen konnte. Hitler war entschlossen, Moskau und Leningrad dem Erdboden gleichzumachen. Noch bis fast zur letzten Stunde vor dem Angriff Hitlers hatte Stalin gehofft, wie zwei Jahre zuvor, zu einer Vereinbarung mit Hitler zu kommen und dem Krieg zu diesem Zeitpunkt ausweichen zu können. 2,5 Millionen Soldaten der Roten Armee standen an der Westfront, während im Kaukasus zum Schutz der Erdölquellen gegen Großbritannien, das die UdSSR im Süden bedrohte, und im fernen Osten gegen Japan, dessen Angriff die Sowjetunion fürchtete, 2,2 Millionen Mann zusammengezogen worden waren. Doch Hitler entschloss sich aus mehreren Überlegungen zu diesem Überfall:

„Kreuzzug gegen den Bolschewismus"

- Großbritannien war nach der Niederlage Frankreichs nicht für einen Sonderfrieden auf der Grundlage einer Abgrenzung von Interessenzonen in Europa und Übersee zu gewinnen. Es kämpfte trotz verschärften deutschen Luft- und U-Bootkrieges und trotz einer drohenden Invasion weiter, moralisch und materiell durch die USA unterstützt. Dennoch rechnete Hitler damit, dass die Briten und Amerikaner den Angriff auf die Sowjetunion stillschweigend billigen würden: Er deutete ihn zu einem gemeinsamen „Kreuzzug der europäischen Kultur" gegen den „gottlosen asiatischen Bolschewismus" um.

Vorbereitungen des Krieges im Westen

- Für den zukünftigen Krieg im Westen gegen Großbritannien und die USA wollte Hitler den Rücken im Osten freihaben und die als Machtfaktor immer gefährlicher werdende Sowjetunion ausschalten. Diese hatte unter Berufung auf den deutsch-sowjetischen Nichtangriffspakt ihr militärisches Vorfeld in einem Winterkrieg gegen Finnland sowie mit dem Einmarsch in die baltischen Staaten, in Bessarabien und in die Nordbukowina ausgebaut.

Basis für Offensive in Nordafrika

- Ein Sieg über die Sowjetunion sollte die Ausgangsbasis für eine weit reichende Offensive über den Kaukasus und die Türkei in den Nahen Osten, nach Ägypten und Nordafrika schaffen. Fernziel war ein deutsches Kolonialreich in Afrika und eine vorgeschobene Bastion gegen die USA nach der Eroberung von Gibraltar.

Geplante und durchgeführte deutsche Operationen von Juli 1940 bis Juni 1941.

Rolle Japans

Diese ausgreifende und phantastische Weltkriegsstrategie blieb jedoch schon im Ansatz stecken, weil der Partner Japan, der im Konflikt mit der Pazifikmacht USA stand, nicht, wie von Hitler gewollt, in den Krieg gegen die Sowjetunion eintrat. Japan stieß in den südostasiatischen Raum vor. Diese bereits am 2. Juli 1941 gefällte Entscheidung wurde vor dem Paktpartner Deutschland geheim gehalten. Japan strebte eine „Großasiatische Wohlstandssphäre" unter seiner Führung an. Ohne gemeinsame Absprachen führten die beiden Mächte ihre eigenen Kriege.

Deutsche Kriegserklärung an die USA

Dennoch erklärte das Deutsche Reich als Partner Japans am 11. Dezember 1941 den USA den Krieg, drei Tage nach der Kriegserklärung der USA an Japan. Vier Tage zuvor hatten japanische Bomber Pearl Harbor angegriffen und zehn Tage zuvor war der deutsche Vormarsch vor Moskau gescheitert. Vergeblich hoffte Hitler, dass Amerika möglichst lange im pazifischen Krieg gebunden bleiben und in den Krieg in Europa nicht militärisch eingreifen würde.

Vernichtungskrieg gegen die Sowjetunion

• Die strategischen Nah- und Fernziele Hitlers wurden überschattet von weltanschaulichen, rassenbiologischen Endzielen. Den Ostkrieg sah Hitler als seinen neuartigen Krieg im Unterschied zum „noch" normalen Westkrieg an. Er führte ihn als einen Krieg der Weltanschauungen, als einen Rassen- und Vernichtungskrieg. SS-Einsatzkommandos mordeten in den besetzten Gebieten. Von den mindestens 5,4 Millionen sowjetischen Kriegsgefangenen sind mindestens 2,5 Millionen umgekommen. Von deutscher und zum Teil auch von sowjetischer Seite wurde ein Krieg außerhalb des geltenden Kriegsrechts geführt. Deutsche Truppenführer durften über Straftaten „feindlicher Personen" urteilen; Vergehen von Soldaten gegen die Zivilbevölkerung wurden nicht verfolgt. Gefangene politische Kommissare der Roten Armee waren sofort zu erschießen. Massenhaft starben auf beiden Seiten Kriegsgefangene an Unterversorgung. Der Bereich der Wehrmacht und der SS war nicht mehr getrennt. So wurde auch die Wehrmacht in den verbrecherischen Weltanschauungskrieg verstrickt. Durch eine Politik der Verdrängung, der Dezimierung, der Verelendung und Ausrottung der slawischen Völker sollte der „germanischen Rasse" ein „Lebensraum" für die nächsten tausend Jahre erschlossen werden.

Ermordung der europäischen Juden als Kriegsziel

Der Vormarsch des Heeres schuf im Osten die Voraussetzung für die Vernichtung der europäischen Juden durch Einsatzkommandos der SS. Im Juli 1941, auf dem Höhepunkt der Siegesillusionen, hatte Hitler mit Himmler die grundsätzliche Entscheidung gefällt, in ganz Europa von West nach Ost die Juden umzubringen. Die im Osten angelaufene verschleierte Vernichtungsaktion wurde auf die jüdische Bevölkerung in Mittel-, West- und Südeuropa ausgedehnt. Eine Konferenz am Wannsee in Berlin vom 20. Januar 1942 regelte die organisatorische und technische Durchführung des Völkermords. Hitler hatte die in seine Gewalt gekommenen Juden Europas zunächst wohl noch als Geiseln für das Wohlverhalten der USA betrachtet; der Krieg gegen die USA lieferte sie schutzlos der Vernichtung aus.

Aufstieg der Sowjetunion

Doch Hitler, die Wehrmachtsführung und auch die britische und amerikanische Regierung unterschätzten die militärische Kraft der Sowjetunion und den Widerstandswillen ihrer Bevölkerung, der durch die menschenverachtende Besatzungspolitik geweckt wurde. Die Bevölkerung unterstützte den „Großen Vaterländischen Krieg" unter der Führung Stalins. Unter schweren Verlusten und auf sich allein gestellt hat die Sowjetunion 1941 die deutsche Offensive zum Stehen gebracht. Sie trug noch auf Jahre die Hauptlast des Krieges. Der Krieg stärkte das sowjetische System und seine Position in der „unnatürlichen" Anti-Hitler-Kriegskoalition; ihr Aufstieg zu einer Welt-

Vernichtungskrieg gegen die Sowjetunion: Das zerstörte Leningrad. Foto, 1942.

macht zeichnete sich ab. Stalin drängte immer heftiger auf die Errichtung einer zweiten Front im Westen zur Entlastung der Sowjetunion. Geschickt erpresste er die USA und Großbritannien mit der Möglichkeit sowjetisch-deutscher Friedensverhandlungen. Auf den Kriegskonferenzen der Alliierten in Teheran 1943 und Jalta im Februar 1945 erlangte er von den Westmächten die Anerkennung der sowjetischen Annexionen der Jahre 1939–40 in Osteuropa, obwohl diese in der Atlantikcharta vom August 1941 territoriale Veränderungen missbilligten, die nicht mit den frei geäußerten Wünschen der beteiligten Länder übereinstimmten. Vergeblich versuchte der britische Premierminister Churchill die Unabhängigkeit der ost- und mitteleuropäischen Staaten der Vorkriegszeit und das Mächtegleichgewicht in Europa zu retten.

MATERIAL

10 Britische Karikatur, 1941

1. Erläutern Sie die dargestellte Szene und die Wirkungsabsicht der Karikatur (M 10).
2. Versuchen Sie, aus den auf der Karte S. 369 dokumentierten Operationen und Operationsplänen auf Kriegsstrategie und Kriegsziele des Dritten Reiches zu schließen. Was wird auf der Karte nicht dargestellt?
3. Erschließen Sie aus den Angaben auch Ursachen der totalen deutschen Niederlage.

MATERIAL
11 Befehl des Armeeoberkommandos 6 über das „Verhalten der Truppe im Ostraum" vom 10. Oktober 1941

Geheim!
Hinsichtlich des Verhaltens der Truppe gegenüber dem bolschewistischen System bestehen vielfach noch unklare Vorstellungen.
Der Soldat ist im Ostraum nicht nur ein Kämpfer nach den Regeln der Kriegskunst, sondern auch Träger einer unerbittlichen völkischen Idee und der Rächer für alle Bestialitäten, die deutschem und artverwandtem Volkstum zugefügt wurden.
Deshalb muss der Soldat für die Notwendigkeit der harten, aber gerechten Sühne am jüdischen Untermenschentum volles Verständnis haben.
Der Kampf gegen den Feind hinter der Front wird noch nicht ernst genug genommen. Immer noch werden heimtückische, grausame Partisanen und entartete Weiber zu Kriegsgefangenen gemacht. Weder geschichtliche noch künstlerische Rücksichten spielen im Ostraum eine Rolle.

Fern von allen politischen Erwägungen der Zukunft hat der Soldat zweierlei zu erfüllen.
1. die völlige Vernichtung der bolschewistischen Irrlehre, des Sowjet-Staates und seiner Wehrmacht,
2. die erbarmungslose Ausrottung artfremder Heimtücke und Grausamkeit und damit die Sicherung des Lebens der deutschen Wehrmacht in Russland.

Nur so werden wir unserer geschichtlichen Aufgabe gerecht, das deutsche Volk von der asiatisch-jüdischen Gefahr ein für allemal zu befreien.

Aus: R. Kühnl, Der deutsche Faschismus in Quellen und Dokumenten, Köln 1977, S. 352 ff.

MATERIAL
12 Himmlers sogenannte erste Posener Rede vor SS-Gruppenführern am 4.10.1943

Ein Grundsatz muss für den SS-Mann absolut gelten: ehrlich, anständig, treu, und kameradschaftlich haben wir zu Angehörigen unseres eigenen Blutes zu sein und zu sonst niemandem. Wie es den Russen geht, wie es den Tschechen geht, ist mir total gleichgültig. Das, was in den Völkern an gutem Blut unserer Art vorhanden ist, werden wir uns holen, indem wir ihnen, die Kinder rauben und sie bei uns großziehen.

Erschießung sowjetischer Zivilisten. Foto, 1943.

Ob bei dem Bau eines Panzergrabens 10 000 russische Weiber an Entkräftung umfallen oder nicht, interessiert mich nur insoweit als der Panzergraben für Deutschland fertig wird.
[...] Wir Deutsche, die wir als einzige auf der Welt eine anständige Einstellung zum Tier haben, wir werden auch zu diesen Menschentieren eine anständige Einstellung einnehmen. [...] Wenn mir einer kommt und sagt: „Ich kann mit den Kindern oder den Frauen den Panzergraben nicht bauen. Das ist unmenschlich, denn dann sterben sie daran", – dann muss ich sagen: „Du bist ein Mörder an deinem eigenen Blut, denn wenn der Panzergraben nicht gebaut wird, dann sterben deutsche Soldaten und das sind Söhne deutscher Mütter. Das ist unser Blut".
Das ist das, was ich dieser SS einimpfen möchte und, wie ich glaube, eingeimpft habe als eines der heiligsten Gesetze der Zukunft. [...]
Alles andere ist Seifenschaum, ist Betrug an unserem eigenen Volk und ist ein Hemmnis zu einer früheren Gewinnung des Krieges.

Aus: R. Kühnl, Der deutsche Faschismus in Quellen und Dokumenten, Köln 1977, S. 352 ff.

„Tod den deutschen Eroberern!" Sowjetisches Plakat, 1942.

Deutsche Soldaten auf dem Weg in die sowjetische Kriegsgefangenschaft. Foto, 1943.

MATERIAL

Brief eines unbekannten Soldaten **13**

Stalingrad, Sonntag, 10. Januar 1943

Liebe Eltern.
Jeden Tag jede Stunde bin ich bei Euch in Gedanken und möchte so gerne mit Euch zumittesitzen. Danach sehne ich mich so sehr, ja so sehr. Ich wiege noch 92 Pfd. nur noch Haut mit Knochen der lebende Tot und dazu noch jede Nacht Tag für Tag bei Schnee und Eis bei Wind und großer Kälte vor der Infatrie schanzen laufgräben ziehen. Viele sind schon verwundet und zum Teil den Heldentot gefallen. Wir sind noch 32 Mann von der ganzen Kompanie und da sind jetzt schon zwei Kompanien zusammen. 6 Tage war ich im einsatz und in einem Tage hatten wir schon 36 Verwundete und 6 Tote. Liebe Eltern wie lange noch wird es mir so ergehen.

Auf ein frohes Wiedersehen. Schikt mir so vils geht. Schikt Briefe mit Süßstoff und zigaretten.

Aus: W. Kempowski, Das Echolot. Ein kollektives Tagebuch. Januar und Februar 1943, Bd. 1, München 1999, S. 431.

1. Erläutern Sie, welches Feindbild, Kriegsbild und welche Auffassung von soldatischer Pflicht sich in dem Befehl ausdrücken. (M 11).
2. Ziehen Sie Rückschlüsse auf das Verhältnis von Wehrmacht und nationalsozialistischer Kriegsführung.
3. Erläutern und beurteilen Sie Himmlers Auffassung vom Krieg, Rasse, Völkerrecht und „Menschlichkeit". Berücksichtigen Sie auch die Materialien 7 bis 9, S. 366–367, sowie Material 32, S. 356.
4. Erläutern Sie die Kriegserfahrungen des unbekannten Soldaten. Vergleichen Sie den Brief mit M 11.

3.4 Der Völkermord an den europäischen Juden – ein Zivilisationsbruch

Der aggressive Antisemitismus war eine zentrale Idee in Hitlers Weltanschauung. Schon 1919 forderte er „unverrückbar die Entfernung der Juden überhaupt". Am 31. Januar 1939 kündigte er ihnen ihre Vernichtung für den Fall eines neuen Weltkrieges an. Der nationalsozialistische Antisemitismus konnte sich auf eine traditionelle und religiös gespeiste Judenfeindschaft stützen. Die rechtliche Emanzipation ermöglichte der jüdischen Minderheit am Ende des 19. Jahrhunderts einen wirtschaftlichen und kulturellen Aufstieg in den bürgerlichen Gesellschaften. Antijüdische Vorurteile, sozialdarwinistisch angereichert, zeigten sich in Zeiten wirtschaftlicher Krisen. So trat im 19. Jahrhundert zur traditionellen Judenfeindschaft ein wirtschaftlich und sozial motivierter Antisemitismus, der sich politisch organisierte. Im Nationalsozialismus wurde er zu einer pseudowissenschaftlichen Weltanschauung mit rassenbiologischer Begründung. Als Staatsideologie wurde er öffentlich propagiert, in Schulen gelehrt, öffentlich praktiziert und im Krieg zum Massenmord gesteigert. Solche Konsequenz hätte die Mehrheit der Deutschen einer angeblich legal an die Macht gekommenen Regierung nicht zugetraut. Der Antisemitismus war, obwohl wesentlich für die NS-Ideologie, kein entscheidendes Motiv der NS-Wähler gewesen. Die Politik der Judenverfolgung war auch nicht populär, der Massenmord wurde geheimgehalten, obwohl vieles durchsickerte.

Antisemitismus im 19. Jahrhundert

rassenbiologischer Antisemitismus der NS

Boykott

Am 1. April 1933 führte die SA erstmals einen Boykott jüdischer Geschäfte, Arzt- und Rechtsanwaltpraxen durch. Kunden wurden am Betreten der Läden und Praxen gehindert. Am 7. April erging das Gesetz zur „Wiederherstellung des Berufsbeamtentums". Alle Beamten, die von jüdischen Eltern oder Großeltern abstammten, wurden vom Staatsdienst ausgeschlossen, ausgenommen waren nur Weltkriegsteilnehmer. Auf dem Nürnberger Parteitag 1935 wurden Gesetze verkündet, die die etwa 500 000 deutschen Juden einem Ausnahmerecht unterwarfen. Das „Gesetz zum Schutz des deutschen Blutes und der deutschen Ehre" verbot Eheschließungen zwischen „Juden und Staatsangehörigen deutschen und artverwandten Blutes". Ein Reichsbürgergesetz schloss die deutschen Juden aus dem „Schutzverband des deutschen Reiches" und aus der „Volksgemeinschaft" aus, sie waren nur noch geduldete Staatsangehörige. In der Nacht vom 9. und 10. November 1938 wurden Synagogen zerstört, tausende jüdischer Geschäfte verwüstet und 91 jüdische Mitbürger getötet. Als angebliche Sühneleistung für den entstandenen Schaden wurde den deutschen Juden eine eine Zahlung von einer Milliarde Reichsmark auferlegt. Das Pogrom war von Goebbels angestiftet, der Straßenterror gegen die jüdische Minderheit wurde offiziell als Ausdruck des Volkszorns und der Rache für das Attentat eines deutschen Juden an einem deutschen Botschaftsangehörigen in Paris gerechtfertigt.

Nürnberger Gesetze

Reichspogromnacht

Radikalisierung der Maßnahmen

Der Terror gegen die deutschen Juden wurde mit Kriegsbeginn auf die Juden in den eroberten Gebieten ausgedehnt. Die Maßnahmen radikalisierten sich:

- die Juden wurden diffamiert, boykottiert, entwürdigt, ausgegrenzt,
- sie wurden entrechtet und enteignet,
- sie wurden verfolgt und verhaftet,

- sie wurden zwangsumgesiedelt und vertrieben,
- sie wurden gettoisiert (auf Wohnviertel beschränkt), in Lager konzentriert, durch Arbeit, Seuchen und Unterversorgung dezimiert,
- sie wurden massenhaft erschossen, durch Gas umgebracht und verbrannt.

Rolle Hitlers

Ein schriftlicher Führerbefehl zur Ermordung der Juden Europas ist bislang nicht nachweisbar, ein solcher war im Führerstaat miteinander rivalisierender Ämter wohl gar nicht erforderlich (→ S. 340), ein „Kopfnicken" mag schon genügt haben. Damit soll die Rolle und die Verantwortung Hitlers nicht geschmälert werden. Er verfocht von Anfang an das ideologische Ziel der Judenverfolgung und -vernichtung. Er schuf und propagierte das Klima des Hasses und des Vernichtungswillens. Sein Wille war letztlich entscheidend.

Entscheidung zum Völkermord

Vor dem Völkermord wurden Pläne zur Zwangsumsiedlung und zur Abschiebung in „Judenreservate" nach Palästina, Madagaskar oder einfach in den Osten erwogen. Die Umsiedlung von einer halben Millionen Volksdeutscher aus dem Baltikum, aus Bessarabien, der Bukowina und sogar aus Südtirol nach Westpolen erzwang dort die Vertreibung der dort ansässigen Polen und Juden. Die Undurchführbarkeit einer Zwangsumsiedlung und das Scheitern des Blitzkrieges gegen die Sowjetunion radikalisierten die angelaufenen antijüdischen Maßnahmen im Gefolge der Deportation und öffneten die Schleuse zum Völkermord; die Entscheidung fiel wahrscheinlich im Sommer oder Herbst 1941.

Die bürokratisch und arbeitsteilig betriebene Massenvernichtung unterlief emotionale und moralische Hemmschwellen der Täter. Die Maschinerie schien gleichsam automatisch zu funktionieren. Hunger, Seuchen, Verelendung in den überfüllten Gettos schienen immer radikalere Maßnahmen zu erzwingen. Selbst auf Höhepunkten des Russlandfeldzuges, der alle Transportkapazitäten erforderte, rollten nach Fahrplan Eisenbahnzüge mit europäischen Juden quer durch Europa zu den Vernichtungslagern im Osten. Dienststellen der Wehrmacht und der SS stritten um die Kriegswichtigkeit von Transportkapazitäten. Nach dem jüdischen Historiker Saul Friedlaender war „der nationalsozialistische Mord an den Juden deswegen einzigartig, weil noch nie zuvor ein *Staat* mit der Autorität eines verantwortlichen Führers beschlossen und angekündigt hatte, eine bestimmte Menschengruppe einschließlich der Alten, der Frauen, der Kinder und der Säuglinge möglichst restlos zu töten, und diesen Beschluss mit allen möglichen staatlichen Machtmitteln in die Tat umsetzte."

Einzigartigkeit

Erklärungsversuche

Immer wieder versuchten Historiker zu erklären, welche Gründe Hitler zum Massenmord an den Juden bewegt haben könnten.

„Brückenverbrennung"

- Eine sogenannte Brückenverbrennungstheorie nimmt an, dass die Reichsführung die deutsche Bevölkerung in ein Kollektivverbrechen hineinziehen wollte, um sie unverbrüchlich an sich zu binden, sämtliche Brücken zu einer Verständigung mit den Alliierten abzureißen, zu verbrennen. – Warum aber dann die systematische Geheimhaltung?

Kriegszielersatz

- Nach der Wende des Krieges vor Moskau im Dezember 1941 sei die Judenvernichtung Kriegszielersatz geworden. – Aber der Rassenkampf war Kernbestand der NS–Ideologie. Fraglich ist auch, ob Hitler die steckengebliebene Offensive in Russland im Dezember 1941 als Kriegswende ansah. Gegen Schluss des Ostkrieges entstand gewissermaßen ein Wettlauf zwischen Kriegsverlängerung und Judenvernichtung.

Auf dem Weg in die Gaskammer: vier der millionenfach ermordeten Juden zwischen Block II C und II D in Auschwitz-Birkenau. Dieses Foto wurde 1944 von der SS aufgenommen.

„Improvisation"

- Der Historiker Martin Broszat vertritt eine sogenannte Improvisationsthese: Die Judenvernichtung entstand nicht nur aus vorgegebenem Vernichtungswillen, sondern auch als Ausweg aus einer Sackgasse, in die sich die Führung selbst manövriert hatte; man war nicht zuletzt Gefangener der eigenen Propaganda und der angelaufenen unkoordinierten Maßnahmen geworden. Die einmal begonnene und institutionalisierte Liquidierungspraxis habe faktisch zu einem umfassenden Programm geführt.
- Ausschlaggebend als Beweggrund war sicherlich der aggressive Antisemitismus, ein zentrales Element nationalsozialistischer Weltanschauung.

Täter

Die Einstellungen und Motivationen der Täter, der Organisatoren des Völkermords, der Ärzte, Ingenieure, der Lagerwächter, der Reichsbahnbeamten sind schwer zu durchschauen. Etliche entwürdigten ihrer Opfer um so ihre Vorurteile bestätigt zu finden. Der Kommandant von Auschwitz, Rudolf Höss, bezeichnete sich selbst als einen „ordentlichen, pflichtbewussten, innerlich veranlagten, naturliebenden Menschen". Seine Familie lebte auf einem Bauernhof in der Nähe des Lagers geborgen und wusste nichts Genaues von der Tätigkeit des Familienvaters.

Geheim oder verschwiegen?

Wie geheim war der Massenmord? – Wer wissen wollte, was geschah, konnte davon erfahren. Jüdische Mitbürger wurden in aller Öffentlichkeit deportiert. Zu viele haben weggeschaut aus Selbstschutz, aus dem Gefühl individueller Ohnmacht, aus Selbstmitleid, aus Scham, aber auch aus Gleichgültigkeit und Obrigkeitsglauben. „Feines Schweigen" wurde so nach Fritz Stern zum „feigen Verschweigen".

Der Völkermord an Sinti und Roma

Neben dem Völkermord an den Juden geschah zugleich ein zweiter an den Sinti und Roma. Eine sogenannte Rassenhygienische Forschungsstelle der SS hatte die Vernichtung vorbereitet. Etwa 22 600 deutsche Sinti und Roma wurden nach Ausschwitz-Birkenau deportiert. Über 19 300 kamen um. Mehr als 5 600 wurden im Gas erstickt und etwa 2 500 zwangssterilisiert. Die Zahl der im deutschbesetzten Europa ermordeten Roma und Sinti geht in die Hunderttausende.

MATERIAL
Juden als Mieter. Eine Urteilsbegründung 1938 14

Am 7. November 1938 entschied das Landgericht Berlin, 2 Monate bevor der Mieterschutz der Juden aufgehoben wurde:

Die Tatsache, dass ein Jude ein Fremdkörper innerhalb der deutschen Hausgemeinschaft darstellt und ihm die innere Einstellung zu einer Gemeinschaft mit Deutschen fehlt, beruht auf einer Eigenart der jüdischen Rasse, also einer erbbiologischen Tatsache, nicht jedoch auf einem Verschulden des jüdischen Volkes oder des einzelnen Juden.
Eine Gemeinschaft mit Juden wird von deutschen Volksgenossen grundsätzlich abgelehnt. Dies ist durch die nationalsozialistische Bewegung im deutschen Volk fest verankert und nicht nur ein Programmsatz, bei dem erst bestimmt wird, wann er durchgeführt wird, sondern ein Rechtssatz, der bereits jetzt gilt.

Aus: H. Mommsen, Herrschaftsalltag im Dritten Reich, Studien und Texte, Düsseldorf 1988, S. 359.

MATERIAL
Alltag eines überlebenden Juden, Tagebucheintrag vom 2. Juni 1942, Dresden 15

Victor Klemperer, Professor in Dresden, seit 1935 zwangspensioniert, führte unter Lebensgefahr von 1933–1945 ein verbotenes Tagebuch. Seine nicht-jüdische Frau hatte sich von ihrem „Mischehemann" nicht scheiden lassen und ihn so vorerst vor der Deportation bewahrt.

Neue Verordnungen. [...] Der Würger wird immer enger angezogen, die Zermürbung mit immer neuen Schikanen betrieben, [...] und der kleine Nadelstich ist manchmal quälender als der Keulenschlag. [...]

1) Nach 8 oder 9 Uhr abends zu Hause sein, Kontrolle!
2) Aus dem eigenen Haus vertrieben.
3) Radioverbot, Telefonverbot
4) Theater-Kino-Konzert-Museumsverbot
5) Verbot, Zeitschriften zu abonnieren oder zu kaufen
6) a) [...] Autobusse verboten, nur Vorderperron der Tram erlaubt, b) alles Fahren verboten c) auch zur Arbeit zu Fuß, sofern man nicht 7 km entfernt wohnt oder krank ist
7) [...] Verbot, „Mangelware" zu kaufen
8) Verbot, Zigarren zu kaufen
9) Verbot, Blumen zu kaufen
10) Entziehung der Milchkarte
11) Verbot, zum Barbier zu gehen
12) Jede Art Handwerker nur nach Antrag bei der Gemeinde bestellbar
13) Zwangsablieferung von Schreibmaschinen
14) von Pelzen und Wollsachen
15) von Fahrrädern [...]
16) von Liegestühlen
17) von Hunden, Katzen, Vögeln
18) Verbot, die Bannmeile Dresdens zu verlassen
19) den Bahnhof zu betreten
20) [...] die Parks zu betreten
21) die Bürgerwiese [...] zu benutzen
Auch das Betreten der Markthallen seit vorgestern verboten
22) seit dem 19. September der Judenstern
23) Verbot, [...] Esswaren im Hause zu haben
24) Verbot der Leihbibliotheken
25) durch den Stern sind uns alle Restaurants verschlossen [...]
26) keine Kleiderkarte
27) keine Fischkarte
28) keine Sonderzuteilung wie Kaffee, Schokolade, Obst, Kondensmilch
29) die Sondersteuern
30) die ständig verengte Freigrenze. Meine zuerst 600, dann 320, jetzt 185 Mark
31) Einkaufsbeschränkung auf eine Stunde (drei bis vier, Sonnabend zwölf bis eins).

Ich glaube, diese 31 Punkte sind alles. Sie sind aber alle zusammen gar nichts gegen die ständige Gefahr der Haussuchung, der Misshandlung, des Gefängnisses, Konzentrationslagers und gewaltsamen Todes. – Wir leben jetzt buchstäblich von milden Gaben.

Aus: V. Klemperer, Ich will Zeugnis ablegen bis zum Letzten. Tagebücher 1933–1945, 2. Bd., Berlin 1996, S. 107 f.

1. Erläutern Sie die Urteilsbegründung der Richter im Mietstreit. Setzen Sie sich mit der Rechtsauffassung der Richter auseinander.
2. Versuchen Sie anhand des Tagebucheintrags die Lebensverhältnisse jüdischer Mitbürger zu rekonstruieren.

Ausgebrannte Synagoge in Berlin-Wilmersdorf nach der Pogromnacht 1938.

MATERIAL
16 Rede Himmlers vor den Reichs- und Gauleitern in Posen am 6.10.1943

Der Satz „Die Juden müssen ausgerottet werden" mit seinen wenigen Worten, meine Herren, ist leicht ausgesprochen. Für den, der durchführen muss, was er fordert, ist er das Allerhärteste und Schwerste, was es gibt.
Ich bitte Sie, das, was ich Ihnen in diesem Kreise sage, wirklich nur zu hören und nie darüber zu sprechen. Es trat an uns die Frage heran: Wie ist es mit den Frauen und Kindern? – Ich habe mich entschlossen, auch hier eine ganz klare Lösung zu finden. Ich hielt mich nämlich nicht für berechtigt, die Männer auszurotten – sprich also, umzubringen oder umbringen zu lassen – und die Rächer in Gestalt der Kinder für unsere Söhne und Enkel groß werden zu lassen.
Es musste der schwere Entschluss gefasst werden, dieses Volk von der Erde verschwinden zu lassen. Für die Organisation, die den Auftrag durchführen musste, war es der schwerste, den wir bisher hatten. Er ist durchgeführt worden, ohne dass – wie ich glaube sagen zu können – unsere Männer und unsere Führer einen Schaden an Geist und Seele erlitten hätten. Diese Gefahr lag sehr nahe. Der Weg zwischen den beiden hier bestehenden Möglichkeiten, entweder roh zu werden, herzlos zu werden und menschliches Leben nicht mehr zu achten oder weich zu werden und durchzudrehen bis zu Nervenzusammenbrüchen – der Weg zwischen dieser Scylla und Charybdis ist entsetztlich schmal.
Damit möchte ich die Judenfrage abschließen. Sie wissen nun Bescheid und Sie behalten es für sich. Man wird vielleicht in ganz später Zeit sich einmal überlegen können, ob man dem deutschen Volke etwas mehr darüber sagt. Ich glaube, es ist besser, wir – wir insgesamt – haben das für unser Volk getragen, haben die Verantwortung auf uns genommen (die Verantwortung für eine Tat, nicht nur für eine Idee) und nehmen dann das Geheimnis mit in unser Grab.

Aus: B. F. Smith/A. F. Peterson (Hrsg.), Heinrich Himmler, Geheimreden 1933–1945 und andere Ansprachen, Berlin 1974, S. 169 ff.

1. Erläutern Sie, wie Himmler vor den Reichs- und Gauleitern über die „Lösung der Judenfrage" spricht. Warum dringt er auf strengste Geheimhaltung? Berücksichtigen Sie auch M 7, S. 366.

MATERIAL

Der Italiener Primo Levi: An der Grenze des Menschseins 17

Der italienische Schriftsteller Primo Levi wurde im Februar 1944 als Jude und Mitglied der italienischen Resistenza in Turin verhaftet und nach Auschwitz deportiert; er überlebte und berichtet in seinem Buch „Ist das ein Mensch?" distanziert, was für eine „riesige biologische und soziale Erfahrung" das Lager gewesen ist und „was in Auschwitz Menschen aus Menschen zu machen gewagt haben".

Eine Fanfare ertönt neben dem Lagertor, sie spielt Ro-sa-mun-de, den wohlbekannten sentimentalen Schlager und danach einen Marsch nach dem anderen, und nun erscheinen unsere Kameraden (Frauen und Kinder waren schon „sonderbehandelt" worden), die in Gruppen von der Arbeit zurückkommen (das Lagertor verkündet: „Arbeit macht frei"). Sie marschieren in Fünferreihen, in einer sonderbaren unnatürlichen harten Gangart wie steife Gliederpuppen, die nur aus Knochen bestehen. Aber ihr Gleichschritt hält sich streng an den Takt der Fanfare.
Wie wir, die Neuangekommenen, so treten auch sie in genau festgelegter Ordnung auf dem Platz an. Als dann die letzte Gruppe eingetroffen ist, werden wir gezählt, über eine Stunde lang; endlose Kontrollen werden vorgenommen. [...]
Weil das Lager ein großer Mechanismus ist, der uns zu Tieren herabwürdigen soll, dürfen wir keine Tiere werden; auch an diesem Ort kann man am Leben bleiben und muss deshalb auch den Willen dazu haben, schon um später zu berichten, Zeugnis abzulegen; und für unser Leben ist es wichtig, alles zu tun, um wenigstens das Gerippe, den Rohbau, die Form der Zivilisation zu bewahren. Wenn wir auch Sklaven sind, bar allen Rechts, jedweder Beleidigung ausgesetzt und dem sicheren Tod verschrieben, so ist uns doch noch eine Möglichkeit geblieben und die müssen wir, weil es die letzte ist, mit aller Energie verteidigen, die Möglichkeit nämlich, unser Einverständnis zu versagen.

Im Lager wird der Kampf ums Überleben ohne Erbarmen geführt, denn jeder ist verzweifelt und grausam allein.

Aus: P. Levi, Ist das ein Mensch? Ein autobiographischer Bericht, München 1992, S. 32, 46, 105, 206.

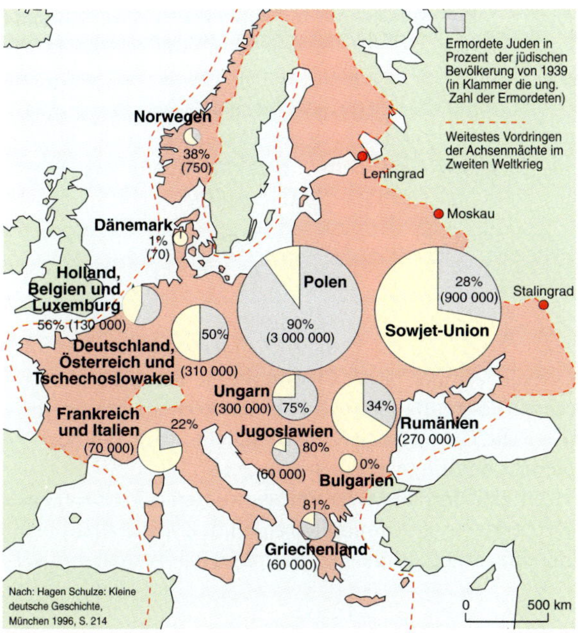

Die Vernichtung der Juden Europas.

1. „Die Würde des Menschen ist unantastbar." Wenden Sie Artikel 1 des Grundgesetzes auf Primo Levis Erfahrungen im Lager Auschwitz an und ziehen Sie Schlussfolgerungen. (→*Modul Menschenrechte*)

MATERIAL

18 Wie „ganz normale Männer" „berufsmäßige Mörder" werden konnten

Im Sommer 1942 kam das Bataillon 101 der Ordnungspolizei Hamburg, etwa fünfhundert Männer, die zum Dienst in der Wehrmacht zu alt waren, im besetzten Polen im Distrikt Lublin zum „Sondereinsatz". Am frühen Morgen des 13. Juli 1942 eröffnete der Kommandeur Major Trapp den Bataillonsangehörigen, dass sie „auf Befehl von ganz oben" die jüdische Bevölkerung in polnischen Dörfern aufzuspüren, die noch arbeitsfähigen Männer für Arbeitslager auszusondern und die Alten, Kranken, die Frauen und Kinder auf der Stelle zu erschießen hätten. Mit Tränen in den Augen machte der Kommandeur seinen vor ihm angetretenen Polizeisoldaten das Angebot, wer sich dieser Aufgabe nicht gewachsen fühle, könne sein Gewehr abgeben und würde dann zu einer anderen Aufgabe eingesetzt. Nur etwa 12 Männer von fast 500 traten vor. In ganz Polen und im besetzten Teil der Sowjetunion wüteten damals solche Polizeibataillone; sie erschossen Menschen oder verluden sie in „Todeszüge" zu den Vernichtungslagern.Das Polizeibataillon 101 erschoss mindestens 38 000 Juden und deportierte 45 200 in das KZ Treblinka.
Für seine Untersuchung der Geschichte des Polizeibataillons 101 wertete der Historiker Christopher Browning rund 125 gerichtliche Vernehmungsprotokolle aus den sechziger Jahren aus:

Warum entwickelten sich die meisten Männer des Reservepolizeibataillons 101 zu Mördern, während das nur bei einer Minderheit von vielleicht zehn oder allerhöchstens zwanzig Prozent nicht der Fall war?
Brutalisierung in Kriegszeiten, Rassismus, arbeitsteiliges Vorgehen verbunden mit wachsender Routine, besondere Selektion der Täter, Karrierismus, blinder Gehorsam und Autoritätsgläubigkeit, ideologische Indoktrinierung und Anpassung: Alle diese Faktoren spielen eine Rolle – allerdings in unterschiedlichem Maße.
Den Befehl, Juden zu töten, erhielt das Bataillon, nicht aber jeder einzelne Polizist. Dennoch machten sich 80 bis 90 der Bataillonsangehörigen ans Töten, obwohl es fast alle von ihnen – zumindest anfangs – entsetzte und anwiderte. Die meisten schafften es einfach nicht, aus dem Glied zu treten und offen nonkonformes Verhalten zu zeigen. Zu schießen fiel ihnen leichter.
Warum? Zunächst einmal hätten alle, die nicht mitgemacht hätten, die „Drecksarbeit" einfach den Kameraden überlassen. [...] Gegenüber den Kameraden war das ein unsozialer Akt. Wer nicht schoss, riskierte, von den anderen abgelehnt und geschnitten zu werden [...] und das inmitten einer feindselig eingestellten Bevölkerung.
Die Gefahr der persönlichen Isolierung wurde noch durch den Umstand verstärkt, dass das eigene „Nein" von den Kameraden auch als moralischer Vorwurf aufgefasst werden konnte – als halte sich der Verweigerer für zu „gut", um so etwas zu tun.
Nicht alle, aber die meisten Verweigerer versuchten instinktiv, die mit ihrer Haltung verbundene Kritik an den Kameraden herunter zu spielen. Sie behaupteten nicht, zum Töten zu „gut", vielmehr dafür zu „schwach" zu sein. Auf diese Weise wurde die Haltung der Kameraden nicht in Frage gestellt, sondern „Härte" als überlegene Eigenschaft legitimiert und bestätigt.

Aus: Ch. R. Browning, Ganz normale Männer. Das Reserve-Polizeibataillon 101 und die „Endlösung" in Polen, Hamburg 1993, S. 208 ff

1. Am Ende seines Buches „Ganz normale Männer" stellt Christopher R. Browning die Frage: „Wenn die Männer des Reserve-Polizei-Bataillons 101 unter solchen Umständen zu Mördern werden konnten, für welche Gruppe von Menschen ließe sich dann noch Ähnliches ausschließen? Setzen Sie sich mit dieser Frage auseinander.
2. Browning untersucht die Möglichkeit, das Verhalten der Polizeisoldaten mittels des sogenannten Milgram-Experiments zu erklären. Informieren Sie sich über dieses gruppendynamische Experiment und prüfen Sie, ob es auf die Situation und das Verhalten der Polizeisoldaten zutrifft.

3.5 Widerstand gegen den Nationalsozialismus

Formen von Widerstand

Auf Feiern von Staat und Partei erklang stets neben der ersten Strophe des Deutschlandlieds das Marschlied der SA aus der Kampfzeit: „Die Fahnen hoch! Die Reihen fest geschlossen!" – Und fest geschlossen sollten die Reihen des Volkes nach dem Willen der Führung zu dieser stehen. Einzelne Gruppen und Personen zeigten jedoch passiven Widerstand, ließen sich einfach nicht gleichschalten: Sie distanzierten sich, sie schämten sich, oder sie gingen in die innere Emigration, weigerten sich mitzumachen und wählten manchmal sogar den Freitod. Andere, noch wenigere, fanden zu einem aktiven Widerstand: Sie sabotierten Befehle und Weisungen, sie verbreiteten Anschläge und Handzettel, oder sie desertierten an der Front – in der Wehrmacht wurden etwa 15 000 Todesurteile gegen Deserteure vollstreckt. Ganz wenige Einzelne planten den Umsturz des Regimes und begingen somit Hochverrat.

Schwierigkeiten des deutschen Widerstands

In Deutschland war Widerstand viel schwieriger zu leisten als in den besetzten Ländern Europas, denn er konnte sich auf nur wenig Rückhalt in der Bevölkerung stützen, und galt zumal im Krieg den meisten als Landesverrat. Die, die Widerstand leisteten, mussten einen Sieg des eigenen Landes noch mehr fürchten als dessen Niederlage. Organisatorisch blieb der deutsche aktive Widerstand eine unverbundene Ansammlung kleiner Gruppen von Beamten, Diplomaten, Offizieren, Geistlichen, früheren Politikern. Polizeistaatliche Überwachungen, planmäßig verbreitete Angst und Misstrauen verhinderten eine breitere Opposition. So fanden nur kleine Minderheiten und Einzelne nach einsamen Gewissensentscheidungen zum für sie lebensgefährlichen Widerstand. Sie handelten aus religiösen, moralischen, auch ideologischen Motiven, aus amtlicher Verantwortung, aus Pflicht- und Traditionsbewusstsein und mitmenschlicher Solidarität.

Idealismus und christlicher Humanismus beseelten einen kleinen Kreis von Studenten an der Universität München, die „weiße Rose" um die Geschwister Scholl, ihre Mitglieder verbreiteten im Frühjahr 1943 Flugblätter und wurden dafür hingerichtet.

Ein Einzelgänger, der Schreinergeselle Georg Elser aus dem Kreis Heidenheim, hatte am 8. November 1939 im Münchner Bürgerbräukeller ein Attentat verübt, dem Hitler nur knapp entgangen war. Elser hatte eine „Höllenmaschine", einen Sprengsatz selbst gebastelt, in einer tragenden Säule nächtelang insgeheim eingebaut und während der Gedenkfeier der NSDAP für die Toten des Putschversuchs von 1923 zur Explosion gebracht. Beim Überqueren der Grenze zur Schweiz wurde er gefasst und im April 1945 zwanzig Tage vor Befreiung des Lagers auf Weisung „von höchster Stelle" im KZ Dachau hingerichtet.

Die Geschwister Hans und Sophie Scholl, 1942.

Arbeiterwiderstand

Noch während der Machtergreifung hatten Arbeiterorganisationen der SPD und der KPD Widerstand zu leisten versucht, aber die SPD-Führung und die der Gewerkschaften waren unentschlossen. Auch die Kommunisten hatten den Nationalsozialismus zunächst verkannt und verharmlost. Überdies lähmten über sechs Millionen Arbeitslose den Widerstandswillen der Arbeiterschaft. Dennoch gab es Ende Januar 1933 Massendemonstrationen; Einheiten des sozialdemokratischen Reichsbanners wollten losschlagen, „aber von oben, der Parteiführung, kam nichts": Diese befürchtete einen Bürgerkrieg, der blutig enden würde. Nach dem Reichstagsbrand und den ihm folgenden Verhaftungswellen bildeten sich im Untergrund erste Widerstandsgruppen. Infolge des Hitler-Stalin-Pakts vom August 1939 verlor der Widerstand der KPD aber jegliche Unterstützung aus Moskau; nach dem deutschen Überfall auf die Sowjetunion im Juni 1941 war die KPD von der Komintern-Zentrale in Moskau völlig abgeschnitten. Etwa 20 000 deutsche Kommunisten kamen um, unter ihnen ihr Parteiführer, Ernst Thälmann. Da kommunistische Arbeiter als Verbündete der Sowjetunion galten, bewerteten selbst die übrigen Widerstandsgruppen seit dem Russlandfeldzug ihr Handeln als Landesverrat.

Widerstand der Kirchen

Beide Kirchen hatten anfangs mit der Regierung Hitler zusammengearbeitet. Sie ermahnten ihre Gläubigen zu Gehorsam und Staatstreue und versuchten gleichzeitig, ihre institutionellen Handlungsmöglichkeiten zu behaupten. Nach einer Phase der Mitarbeit formierte sich seit 1934 in der evangelischen Kirche Widerstand. Auf Initiative des Pastors Niemöller von Berlin-Dahlem entstand als Gegenbewegung zu dem regimetreuen „Deutschen Christen" die Bekennende Kirche. Der Staat änderte seine Kirchenpolitik und sparte sich die „Lösung der Kirchenfrage" für die Zeit nach den „Endsieg" auf. Die katholische Kirche, institutionell geschlossener als die protestantischen Kirchen, stellte sich nach dem Reichskonkordat von 1933 auf die Seite des neuen Staates. So betrachteten katholische Bischöfe wie auch evangelische den Kriegsdienst als Pflicht zur Verteidigung des Vaterlandes; das Reich galt ihnen als ein Bollwerk gegen den aus dem Osten drohenden atheistischen Kommunismus. Judenfeindliche Aktionen wurden meist stillschweigend hingenommen. Doch der Bischof von Münster, Graf von Galen, predigte im Jahre 1941 gegen die Euthanasie, die staatlich angeordnete Ermordung geistig und psychisch Kranker.

Widerstand der Eliten

Auch Mitglieder der alten zivilen und militärischen Führungsschicht fanden nach anfänglicher Mitarbeit und Zustimmung zu Hitler vereinzelt zu aktivem Widerstand. Sie hofften zunächst auf eine gewaltfreie Änderung des Herrschaftssystems von innen. Je deutlicher sie den verbrecherischen Charakter des Regimes erkannten, desto bedrückender wurde die Gewissensnot, in die sie Pflichtbewusstsein und Obrigkeitstreue führten. Diese Erfahrung mussten Männer wie Carl Goerdeler, der ehemalige Oberbürgermeister von Leipzig und bis 1935 Reichskommissar für die Preisbildung, oder Generaloberst Ludwig Beck, Stabschef des Heeres bis 1938, machen, ehe sie sich zu gewaltsamer Gegenwehr und einem Staatsstreich entschlossen.

Der militärische Widerstand erwies sich als der für das System bedrohlichste und als der geschichtlich symbolträchtigste. 1938 versuchte Beck in der Sudetenkrise durch einen „Generalstreik der Generale", eine kollektive Rücktrittsdrohung der führenden Offiziere, Hitlers Kriegspolitik zu vereiteln. Aber die Münchner Konferenz entzog dem Plan den Boden. Nach Kriegsbeginn verhinderten militärische Anfangserfolge, Siegestaumel, Führerglaube, aber auch die Wehr- und Opferbereitschaft der Soldaten an der

Front und der Bevölkerung in der Heimat aussichtsreichen Widerstand. Seit 1943 überschattete die Forderung der alliierten Kriegsgegner nach bedingungsloser Kapitulation des Reiches den Widerstandswillen.

Besprechungsraum im Führerhauptquartier Wolfsschanze nach dem Attentat vom 20. Juli 1944.

Trotzdem trieb der kriegsversehrte Oberst Claus von Stauffenberg den militärischen Widerstand zu einem Staatsstreich voran. Stauffenberg fand Kontakt zu einem der führenden Vertreter der verbotenen SPD, zu Julius Leber, und zu anderen Angehörigen des zivilen und militärischen Widerstands. Stauffenberg wollte Hitler durch ein Attentat beseitigen, das Regime stürzen und für das Reich einen Verhandlungsfrieden mit den Alliierten erreichen. Anlässlich einer Lagebesprechung im Führerhauptquartier zu Rastenburg in Ostpreußen konnte er am 20. Juli 1944 eine Bombe unter dem Besprechungstisch zur Detonation bringen und unerkannt nach Berlin in die Kommandozentrale der Verschwörung zurückfliegen. Aber Hitler wurde bei der Explosion nur leicht verletzt. Die Verschwörung wurde niedergeschlagen und noch in der Nacht wurden die Hauptbeteiligten standrechtlich erschossen, mit ihnen auch Claus von Stauffenberg.

Staatsstreich vom 20. Juli 1944

Fragen an den 20. Juli 1944

Zwei Fragen werden häufig an den Widerstand der zivilen und militärischen Eliten gestellt, der im Staatsstreich vom 20. Juli 1944 gipfelte.

- Warum schlug das Attentat fehl? – Unentschlossenheit der Handelnden, fehlender Rückhalt in der Bevölkerung und der weit verbreitete Führerglaube spielten ihre Rolle. Goerdeler schreckte vor einem Tyrannenmord zurück. Er glaubte sogar, Hitler in einem öffentlichen Streitgespräch argumentativ überwinden und das Volk auf die Seite der Verschwörer reißen zu können. Das Volk müsse aber auch, so meinte er, „den bitteren Kelch bis zur Neige leeren", dürfte „nicht dem Handeln Gottes vorgreifen".
- Was sollte aus Deutschland nach einem gelungenen Attentat werden? Wie stellten sich die Verschwörer ihr anderes Deutschland vor? – Es sollte ständisch-restaurativ, obrigkeitsstaatlich-autoritär, sozial und demokratisch, hegemonial und europäisch-friedliebend zugleich sein. Solche Fragen wurden lange erörtert und in unzähligen Denkschriften abgehandelt. Viele der Besprechungen fanden auf dem oberschlesischen Gut Kreisau des Grafen Helmuth James von Moltke statt. In einigen ihrer innenpolitischen Pläne erscheint die Anti-Hitler-Opposition wie eine Fortsetzung der antidemokratischen Opposition von Weimar. Aber wir sollten uns hüten, auf die Widerstandsleistenden politische und soziale Vorstellungen von heute zu projizieren.

Nach dem Fehlschlag der Verschwörung schlug das Regime mit Verhaftungen, Folterungen, Sippenhaftung und einem Schauprozess vor dem Volksgerichtshof zurück. Etwa 200 Personen aus der militärischen und zivilen Führungsschicht wurden hingerichtet oder in den Tod getrieben. Es war wie ein grausiger Schlussstrich unter das Zweckbündnis einer Führungsschicht mit dem Nationalsozialismus. Die Folge war die nahezu völlige physische Beseitigung der alten preußischen Oberschicht.

MATERIAL

19 Letztes Flugblatt der Weißen Rose: Aufbruch und Durchbruch

Kommilitonen!
Kommilitoninnen!

Erschüttert steht unser Volk vor dem Untergang der Männer von Stalingrad. 330 000 deutsche Männer hat die geniale Strategie des Weltkriegsgefreiten sinn- und verantwortungslos in Tod und Verderben gehetzt. Führer, wir danken dir!

Der Tag der Abrechnung ist gekommen, der Abrechnung unserer deutschen Jugend mit der verabscheuungswürdigsten Tyrannei, die unser Volk je erduldet hat. Im Namen des ganzen deutschen Volkes fordern wir von dem Staat Adolf Hitlers die persönliche Freiheit, das kostbarste Gut der Deutschen, zurück, um das er uns in der erbärmlichsten Weise betrogen hat.

In einem Staat rücksichtsloser Knebelung jeder freien Meinungsäußerung sind wir aufgewachsen. HJ, SA und SS haben uns in den fruchtbarsten Bildungsjahren unseres Lebens zu uniformieren, zu revolutionieren, zu narkotisieren versucht. […]

EIN DEUTSCHES FLUGBLATT

DIES ist der Text eines deutschen Flugblatts, von dem ein Exemplar nach England gelangt ist. Studenten der Universität München haben es im Februar dieses Jahres verfasst und in der Universität verteilt. Sechs von ihnen sind dafür hingerichtet worden, andere wurden eingesperrt, andere strafweise an die Front geschickt. Seither werden auch an allen anderen deutschen Universitäten die Studenten „ausgesiebt". Das Flugblatt drückt also offenbar die Gesinnungen eines beträchtlichen Teils der deutschen Studenten aus.

Aber es sind nicht nur die Studenten. In allen Schichten gibt es Deutsche, die Deutschlands wirkliche Lage erkannt haben; Goebbels schimpft sie „die Objektiven". Ob Deutschland noch selber sein Schicksal wenden kann, hängt davon ab, dass diese Menschen sich zusammenfinden und handeln. Das weiss Goebbels, und deswegen beteuert er krampfhaft, „dass diese Sorte Mensch zahlenmässig nicht ins Gewicht fällt". Sie sollen nicht wissen, wie viele sie sind.

Wir werden den Krieg sowieso gewinnen. Aber wir sehen nicht ein, warum die Vernünftigen und Anständigen in Deutschland nicht zu Worte kommen sollen. Deswegen werfen die Flieger der RAF zugleich mit ihren Bomben jetzt dieses Flugblatt, für das sechs junge Deutsche gestorben sind, und das die Gestapo natürlich sofort konfisziert hat, in Millionen von Exemplaren über Deutschland ab.

Manifest der Münchner Studenten

Erschüttert steht unser Volk vor dem Untergang der Männer von Stalingrad. 330.000 deutsche Männer hat die geniale Strategie des Welt-kriegsgefreiten sinn- und verantwor-

Der Tag der Abrechnung ist gekommen, der Abrechnung unserer deutschen Jugend mit der verab-scheuungswürdigsten Tyrannei, die unser Volk je erduldet hat. Im Namen

Englisches Abwurfflugblatt, das den Aufruf der „Weißen Rose" verbreiten sollte, Juli 1943.

Eine Führerauslese, wie sie teuflischer und zugleich bornierter nicht gedacht werden kann, zieht ihre zukünftigen Parteibonzen auf Ordensburgen zu gottlosen, schamlosen und gewissenlosen Ausbeutern und Mordbuben heran, zur blinden, stupiden Führergefolgschaft. Wir „Arbeiter des Geistes" wären gerade recht, dieser neuen Herrenschicht den Knüppel zu machen.

Es gibt für uns nur eine Parole: Kampf gegen die Partei! Heraus aus den Parteigliederungen, in denen man uns politisch weiter mundtot machen will! Es geht uns um wahre Wissenschaft und echte Geistesfreiheit! Es gilt den Kampf jedes Einzelnen von uns um unsere Zukunft, unsere Freiheit und Ehre in einem seiner sittlichen Verantwortung bewussten Staatswesen.

Freiheit und Ehre! Zehn Jahre lang haben Hitler und seine Genossen die beiden herrlichen deutschen Worte bis zum Ekel ausgequetscht. […] Was ihnen Freiheit und Ehre gilt, das haben sie in zehn Jahren der Zerstörung aller materiellen und geistigen Freiheit, aller sittlichen Substanz im deutschen Volk genugsam gezeigt. Auch dem dümmsten Deutschen hat das furchtbare Blutbad die Augen geöffnet, das sie im Namen von Freiheit und Ehre der deutschen Nation in ganz Europa angerichtet haben und täglich neu anrichten. Der deutsche Name bleibt für immer geschändet, wenn nicht die deutsche Jugend endlich aufsteht, rächt und sühnt zugleich, seine Peiniger zerschmettert und ein neues, geistiges Europa aufrichtet.

Studentinnen! Studenten! Auf uns sieht das deutsche Volk. Von uns erwartet es, so wie in 1813 die Brechung des napoleonischen, so 1943 des nationalsozialistischen Terrors aus der Macht des Geistes.
Unser Volk steht im Aufbruch gegen die Verknechtung Europas durch den Nationalsozialismus, im neuen gläubigen Durchbruch von Freiheit und Ehre!

Aus: W. Hofer (Hrsg.), Nationalsozialismus. Dokumente 1933–1945, Frankfurt 1957, S. 328 ff.

Der Widerstand kleiner Gruppen: Aus einer in den 30er Jahren im Untergrund herausgegebenen Zeitung (links) und ein Flugblatt aus dem Jahr 1941 (rechts).

1. Erschließen Sie aus dem Manifest (M 19) Motive, Zielsetzungen, Aktionsformen und Erfolgschancen der studentischen Widerstandsgruppe von 1943.

MATERIAL 20

Aus der Predigt des Bischofs von Münster, Clemens August Graf von Galen, 3.8.1941

Seit einigen Monaten hören wir Berichte, dass aus Heil- und Pflegeanstalten für Geisteskranke auf Anordnung von Berlin Pfleglinge, die schon länger krank sind und vielleicht unheilbar erscheinen, zwangsweise abgeführt werden. Regelmäßig erhalten dann nach kurzer Zeit die Angehörigen die Mitteilung, der Kranke sei verstorben, die Leiche sei verbrannt, die Asche könne abgeliefert werden.

Allgemein herrscht der an Sicherheit grenzende Verdacht, dass diese zahlreichen, unerwarteten Todesfälle von Geisteskranken nicht von selbst eintreten, sondern absichtlich herbeigeführt werden, dass man dabei jener Lehre folgt, die behauptet, man dürfe so genanntes „lebensunwertes Leben" vernichten, also unschuldige Menschen töten, wenn man meint, ihr Leben sei für Volk und Staat nichts mehr wert. Eine furchtbare Lehre, die die Ermordung Unschuldiger rechtfertigen will, die die gewaltsame Tötung der nicht mehr arbeitsfähigen Invaliden, Krüppel, unheilbar Kranken, Altersschwachen grundsätzlich freigibt.

Deutsche Männer und Frauen! Noch hat Gesetzeskraft der § 211 des Reichsstrafgesetzbuches, der bestimmt: Wer vorsätzlich einen Menschen tötet, wird, wenn er die Tötung mit Überlegung ausgeführt hat, wegen Mordes mit dem Tode bestraft. Ich hatte bereits am 26. Juli bei der Provinzverwaltung der Provinz Westfalen schriftlich ernstesten Protest erhoben. Es hat nichts genutzt. Aus der Provinzial-Heilanstalt Warstein sind, wie ich höre, bereits 800 Kranke abtransportiert. [...]

Es ist die höchste Zeit, dass wir die göttlichen Gebote zur Richtschnur unseres Lebens machen und Ernst machen mit dem Wort: Lieber sterben als sündigen. Dass wir in Gebet und aufrichtiger Buße Gottes Verzeihung und Erbarmen auf uns herabflehen, auf unsere Stadt, auf unser Land, auf unser ganzes liebes deutsches Volk!

Aus: P. Steinbach/J. Tuchel (Hrsg.), Widerstand in Deutschland 1933–1945, Ein historisches Lesebuch, München 1994, S. 130 ff.

MATERIAL

21 Selbstzeugnisse des Widerstands

a) Dietrich Bonhoeffer, protestantischer Theologe, verfasste während seiner Haft 1943–1945 diesen Text unter der Überschrift „Wer hält stand?!"

Die große Maskerade des Bösen hat alle ethischen Begriffe durcheinander gewirbelt. Dass das Böse in der Gestalt des Lichts, der Wohltat, des geschichtlich Notwendigen, des sozial Gerechten erscheint, ist für den aus unserer tradierten ethischen Begriffswelt Kommenden schlechthin verwirrend; für den Christen, der aus der Bibel lebt, ist es gerade die Bestätigung der abgründigen Bosheit des Bösen.
Offenkundig ist das Versagen der „Vernünftigen", die in bester Absicht und naiver Verkennung der Wirklichkeit das aus den Fugen gegangene Gebälk mit etwas Vernunft wieder zusammenbiegen zu können meinen. [...]
Einsam erwehrt sich der Mann des Gewissens der Übermacht der Entscheidung fordernden Zwangslagen. Aber das Ausmaß der Konflikte, in denen er zu wählen hat – durch nichts beraten und getragen als durch sein eigenstes Gewissen –, zerreißt ihn. Die unzähligen ehrbaren und verführerischen Verkleidungen, in denen das Böse sich ihm nähert, machen sein Gewissen ängstlich und unsicher, bis er sich schließlich damit begnügt, statt eines guten ein salviertes Gewissen zu haben. [...]

Aus der verwirrenden Fülle der möglichen Entscheidungen scheint der sichere Weg der Pflicht herauszuführen. Hier wird das Befohlene als das Gewisseste ergriffen, die Verantwortung für den Befehl trägt der Befehlsgeber, nicht der Ausführende. [...] Der Mann der Pflicht wird schließlich auch noch dem Teufel gegenüber seine Pflicht erfüllen müssen.
Wer hält stand? Allein der, dem nicht seine Vernunft, sein Prinzip, sein Gewissen, seine Freiheit, seine Tugend der letzte Maßstab ist, sondern der dies alles zu opfern bereit ist, wenn er im Glauben und in alleiniger Bindung an Gott zu gehorsamer und verantwortlicher Tat gerufen ist, der Verantwortliche, dessen Leben nichts sein will als eine Antwort auf Gottes Frage und Ruf. Wo sind diese Verantwortlichen?

b) Helmuth J. Graf von Moltke, Mitglied des Kreisauer Kreises, in einem seiner letzten Briefe aus dem Gefängnis Tegel an seine Frau:

Mich fragte der Volksgerichtspräsident Freisler: „Sehen Sie ein, dass Sie schuldig sind?" Ich sagte im Wesentlichen nein. Darauf Freisler: „Sehen Sie, wenn Sie das immer noch nicht erkennen, wenn Sie immer noch darüber belehrt werden müssen, dann zeigt das eben, dass Sie anders denken und damit sich selbst aus der kämpfenden Volksgemeinschaft ausgeschlossen haben."
Das Schöne an dem so aufgezogenen Urteil ist Folgendes: Wir haben keine Gewalt anwenden wollen – ist festgestellt; wir haben keinen einzigen organisatorischen Schritt unternommen, mit keinem einzigen Mann über die Frage gesprochen, ob er einen Posten übernehmen wolle – ist festgestellt; in der Anklage stand es anders.

Wir haben nur gedacht. [...] Und vor den Gedanken [...], den bloßen Gedanken, hat der NS eine solche Angst, dass er alles, was damit infiziert ist, ausrotten will. Wenn das nicht ein Kompliment ist! [...] Wir sind aus jeder praktischen Handlung heraus. Wir werden gehenkt, weil wir zusammen gedacht haben. Freisler hat Recht, tausendmal Recht [...] Es ist ja nicht einmal ein Flugblatt hergestellt worden. Es sind eben nur Gedanken ohne die Absicht der Gewalt. [...] Und dadurch, dass festgestellt ist, dass ich keine Standesinteressen, überhaupt keine eigenen Interessen [...] vertrat, sondern menschheitliche, dadurch hat Freisler uns unbewusst einen ganz großen Dienst getan, sofern es gelingt, diese Geschichte zu verbreiten und auszunutzen, und zwar m.E. im Inland und draußen.

c) Generalmajor Henning von Tresckow, kurz vor dem Attentat auf Hitler (1) und am 21. Juli 1944 vor seinem selbst gewählten Tod (2):

(1) Das Attentat auf Hitler muss erfolgen um jeden Preis. Sollte es nicht gelingen, so muss trotzdem der Staatsstreich versucht werden. Denn es kommt nicht mehr auf den praktischen Zweck an,

Dietrich Bonhoeffer, Mitglied der Bekennenden Kirche. 1942 traf er sich heimlich mit dem englischen Bischof von Chichester, um die Bedingung einer Kapitulation zu erkunden. 1943 verhaftet, 1945 hingerichtet.

Helmuth James von Moltke vor dem Volksgerichtshof. Auf seinem Gut Kreisau trafen sich seit 1938 Männer und Frauen, die zu konservativen und sozialistischen Widerstandsgruppen Kontakt hatten und Pläne für ein europäisches und demokratisches Deutschland ausarbeiteten. Im Januar 1944 verhaftet, 1945 hingerichtet.

sondern darauf, dass die deutsche Widerstandsbewegung vor der Welt und der Geschichte unter Einsatz des Lebens den entscheidenden Wurf gewagt hat. Alles andere ist daneben gleichgültig.

(2) Jetzt wird die ganze Welt über uns herfallen und uns beschimpfen. Aber ich bin nach wie vor der felsenfesten Überzeugung, dass wir recht gehandelt haben. Ich halte Hitler nicht nur für den Erzfeind Deutschlands, sondern auch für den Erzfeind der Welt. Wenn ich in wenigen Stunden vor den Richterstuhl Gottes treten werde, um Rechenschaft abzulegen über mein Tun und Unterlassen, so glaube ich mit gutem Gewissen das vertreten zu können, was ich im Kampf gegen Hitler getan habe.
Wenn einst Gott Abraham verheißen hat, er werde Sodom nicht verderben, wenn auch nur zehn Gerechte darin seien, so hoffe ich, dass Gott auch Deutschland um unseretwillen nicht vernichten wird. Niemand von uns kann über seinen Tod Klage führen. Wer in unseren Kreis getreten ist, hat damit das Nessushemd angezogen. Der sittliche Wert eines Menschen beginnt erst dort, wo er bereit ist, für seine Überzeugung das Leben hinzugeben.

Aus: a) D. Bonhoeffer, Widerstand und Ergebung, Briefe und Aufzeichnungen aus der Haft, Gütersloh 1955, S. 10 ff;
b) H. J. v. Moltke, Letzte Briefe aus dem Gefängnis Tegel, München 1951, S. 39;
c) H. von Tresckow, „Das Attentat“, in: H. Rothfels, Die deutsche Opposition gegen Hitler, Frankfurt 1958, S. 88 f.

1. **„Lieber sterben als sündigen“. Erläutern Sie, was der Bischof von Galen damit den Gläubigen predigen will (M 21).**
2. **Erläutern Sie die in den vier Zeugnissen von Galen, Bonhoeffer, Moltke und Tresckow zum Ausdruck kommenden Motive, Chancen, Grenzsituationen und Sinndeutungen des deutschen Widerstands und nehmen Sie dazu Stellung. Berücksichtigen Sie auch die jeweilige Textsorte.**

MATERIAL

22 Betrachtungen des Publizisten Joachim Fest über den gescheiterten Staatsstreich vom 20. Juli 1944

Allein 20 der Angeklagten aus den verschiedenen Gruppen der zivilen und der militärischen, der national konservativen, bürgerlichen oder sozialistischen Richtung haben im Verhör oder vor dem Volksgerichtshof die Judenverfolgungen als den entscheidenden Anstoß zum aktiven Widerstand angeführt. Andere die Abschaffung der Bürgerrechte, das staatliche Willkürregiment, den Kampf gegen die Kirchen. [...]

Am schwersten hatten es sichtlich diejenigen, die ihre Gegnerschaft auf überwiegend nationale Motive stützten [...]. [Sie sahen sich in den Konflikt hineingerissen], die tiefe Kränkung des eigenen Landes und seines Namens durch ständig neue Unrechtsakte auf der einen sowie der Stolz auf seine zunehmende Größe und hegemoniale Macht auf der anderen Seite. Der Rückgriff auf Gewissen und Moral, in welchem sie einzig übereinstimmten, hat ihnen den Zug ins Unbedingte und die innere Stärke gegeben.

Die Brüder Stauffenberg waren entschlossen, sich am Ende nach gelungenem Attentat freiwillig dem Urteil eines Gerichts zu stellen. Der Hochverrat war überdies seit Beginn des Krieges vom Odium (*bösen Anschein*) des Landesverrats umgeben; aller Widerstand, in welchen Gruppen er sich auch sammelte [war] ein „Widerstand ohne Volk".

So ist der Entschluss zum Widerstand stets ein Entschluss zum Übertritt in ein gesellschaftliches Abseits und oft auch in die menschliche Einsamkeit gewesen.

Gerade die Aussichtslosigkeit, gegen die sie sich zur Tat entschlossen, hat dem Widerstand die eigene Größe gegeben. Er war „der Aufzug des verlorenen Postens". Ohne jeden Beistand im Innern und ohne Ermutigung von außen. [...] Es ging nur noch darum, ein Zeichen zu setzen und durch eine große verneinende Geste Widerspruch einzulegen gegen Hitler und alles, was er und seine Herrschaft bedeuteten.

Der Sinn des 20. Juli 1944 lag einzig in der Tat selber, sie trug ihre Rechtfertigung in sich. Das ist der Schlüssel, ohne den alles unverständlich bliebe. Ein Fehlschlag tat der Idee, die dahinter stand, keinen Abbruch. Historisch blieb der Widerstand folgenlos. Wenn es so etwas wie ein Vermächtnis des Widerstands gab, war es der antitotalitäre Konsens, der die politischen Lager der Bundesrepublik über alle Grundsatzkontroversen der Anfangsjahre hinweg verband. Zu den dauernden Lehren zählt, dass ein totalitäres Regime von innen her nicht zu stürzen ist. Was hätte ein erfolgreicher Verlauf des 20. Juli am Gang der Dinge geändert? – Die ernüchternde Antwort lautet: so viel wie nichts. Denn es hätte keinen Wechsel der Kriegsziele auf alliierter Seite gegeben.
Der Widerstand hat den Lauf der Dinge nicht beeinflusst und doch das Urteil über jene Jahre von Grund auf verändert. [...] denn es macht einen Unterschied für den Ruf des Landes und seine Rückkehr in die Welt, ob das Regime von außen zerschlagen oder von innen abzuschütteln unternommen wurde. Moralisch wiegt der Versuch so viel wie der Erfolg.

Aus: J. Fest, Staatsstreich. Der lange Weg zum 20. Juli, Berlin 1994, S. 326 f., 339 ff.

1. Erläutern Sie die Auffassungen und Urteile des Verfassers, und beziehen Sie diese auf Selbstzeugnisse von Vertretern des deutschen Widerstandes (Bonhoeffer, Tresckow, Moltke).
2. Setzen Sie sich mit den Prämissen von Fests Bewertung auseinander und beziehen Sie sich unter anderem auf die Präambel sowie die Artikel 1 und 21 des Grundgesetzes. Erörtern Sie dabei Fests These, ein totalitäres Regime sei von innen nicht zu stürzen.

3.6 Totaler Krieg und totale Niederlage: Folgen und Folgerungen

„Festung Europa"

Seit der Wende von Stalingrad (2. 2. 1943), seit der Kapitulation des deutschen Afrikaheeres in Tunis (13. 5. 1943) und seit dem Abbruch des deutschen U-Boot-Krieges im Atlantik (24. 5. 1943) beschränkte sich die deutsche Kriegsführung auf die Verteidigung der „Festung Europa". Dieser fehlte aber ein schützendes Dach gegen die Luftoffensive und die verheerenden Flächenbombardements der Briten und Amerikaner auf deutsche Großstädte. Deutsche Bomber hatten seit 1939 polnische und dann auch westeuropäische Städte angegriffen und dort immensen Schaden angerichtet. Trotz der Erklärung der USA und Großbritanniens vom 25. 1. 1943 in Casablanca, den Krieg gemeinsam mit der Sowjetunion bis zur bedingungslosen Kapitulation Deutschlands fortzuführen, erwartete Hitler immer noch einen Umschwung des Krieges infolge eines Auseinanderbrechens der „unnatürlichen" Kriegskoalition der liberalen Westmächte mit der kommunistischen Sowjetunion. Jahrelang hatte diese die Errichtung einer Zweiten Front im Westen gefordert, sie wurde mit der Landung der Westmächte in der Normandie am 6. Juni 1944 eröffnet.

Bedingungslose Kapitulation

Totaler Krieg

Auf die Forderung nach einer bedingungslosen Kapitulation hatte der Propagandaminister Goebbels am 18. 2. 1943 mit einer Rede im Berliner Sportpalast geantwortet. Er rief darin zum totalen Krieg auf. Damit hatte der Krieg für das Reich eine selbstzerstörerische Endstufe erreicht. In der Kriegsführung des Nationalsozialismus lassen sich mehrere Stufen und Ziele unterscheiden:

Zerstörte Kathedrale von Coventry, England.

Deutsche Fabrikbelegschaft bei Luftschutzübung.

Stufen und Ziele

- Die miltärische Gewalt wurde als Mittel der Drohpolitik eingesetzt; die von 1933 bis 1936 praktizierte Strategie der Selbstverharmlosung und der Friedensbeteuerung schlug seit 1938 in eine offene Expansion um.
- Seit 1939 diente der Krieg zur Erringung eines Kontinentalimperiums, der Vorstufe einer zukünftigen deutschen Weltvormacht. Der Blitzkrieg der Anfangsphase und der Krieg im Westen verwandelten sich seit dem Überfall auf die Sowjetunion in einen Weltanschauungs- und Vernichtungskrieg.
- Spätestens seit 1943 diente die deutsche Kriegsführung nur noch der Verlängerung der nationalsozialistischen Herrschaft und damit gleichzeitig der weiteren Vernichtung des europäischen Judentums, die zu einem Kriegszielersatz wurde. Für den Fall einer Niederlage drohte Hitler wiederholt dem deutschen Volk an, er werde dafür sorgen, „dass es diese Schmach nicht überleben werde". Er sprach dem Volk für diesen Fall sogar das Existenzrecht ab.

Nero-Befehle

Am 30. 4. 1945 beging Hitler im Bunker der Reichskanzlei Selbstmord. In den letzten Kriegsmonaten hatte er „Nero-Befehle" erlassen und darin die Armee aufgefordert, im Falle des Rückzugs nur „verbrannte Erde" zurückzulassen. Der Einsatz des ungeheuren Arsenals an chemischen Kampfstoffen, über die die Führung bis in den April 1945 noch verfügte, hätte den Untergang Deutschlands tatsächlich herbeiführen können.

Totale Niederlage

Am 8. Mai 1945 endete der Krieg mit der bedingungslosen Kapitulation der Wehrmacht. Britische, amerikanische, französische und sowjetische Truppen hatten das gesamte Reichsgebiet besetzt, bevor die Führung sich zur Kapitulation entschloss. Im Unterschied zum November 1918 war die militärische Niederlage eindeutig und für jeden erfahrbar. Deutschlands Großmachtstellung war verspielt und der Nationalsozialismus widerlegt.

Flucht und Vertreibung

Mit dem Vorrücken der Alliierten wurden die überlebenden Gefangenen aus den Konzentrationslagern befreit. Etwa 60 Prozent der deutschen Bevölkerung waren nun heimatlos unterwegs. 40 Prozent der wehrfähigen Männer waren als Kriegsgefangene außerhalb des Reichsgebiets. Ein Strom von Flüchtlingen und Vertriebenen, annähernd zwölf Millionen Menschen, wälzte sich nach Westen, über zwei Millionen kamen dabei ums Leben. Eine riesige Bevölkerungsverschiebung erfolgte und führte zu einer Umschichtung der deutschen Gesellschaft. 1950 war jeder fünfte Bewohner der Bundesrepublik Vertriebener oder Flüchtling.

Deutschland:	5,25 Mio., davon 500 000 Zivilisten	**Ungarn:**	420 000, davon 280 000 Zivilisten
Sowjetunion:	20,6 Mio., davon 7 Mio. Zivilisten (offizielle Angaben der Sowjetunion)	**Jugoslawien:**	1,69 Mio., davon 1 280 000 Zivilisten
		Finnland:	84 000
USA:	259 000	**Norwegen:**	10 000
Großbritannien:	386 000, davon 62 000 Zivilisten	**Dänemark:**	1 400
Frankreich:	810 000, davon 470 000 Zivilisten	**Bulgarien:**	20 000
Polen:	4,25 Mio., davon 4,2 Mio. Zivilisten; ferner 1,5 Mio. in den von der Sowjetunion 1939 annektierten polnischen Ostgebieten	**Griechenland:**	160 000, davon 140 000 Zivilisten
		Belgien:	88 000, davon 76 000 Zivilisten
		Niederlande:	210 000, davon 198 000 Zivilisten
		Japan:	1,8 Mio., davon 600 000 Zivilisten
Italien:	330 000	**China:**	unbekannt
Rumänien:	378 000	***Gesamtverluste:***	*rund 55 Millionen Tote*

Menschenverluste im Zweiten Weltkrieg.

Die nationalsozialistische Diktatur und in ihrem Gefolge der Zweite Weltkrieg haben die deutsche Gesellschaft revolutionär verändert. Große Teile der seit dem Kaiserreich tonangebenden, meist großagrarischen Führungselite, eine in Verwaltung, Justiz, Diplomatie und Militär einflussreiche Schicht, kamen im Krieg und auch im Widerstand um. Im östlichen Teil des Reiches verlor diese Schicht infolge von Eroberung, Flucht, Vertreibung und späterer Enteignung die bisherige Grundlage ihrer Stellung und ihres Vermögens.

Entmachtung der alten Eliten

Zum 40. Jahrestag des Kriegsendes hielt der Bundespräsident Richard von Weizsäcker eine Gedenkrede vor dem Bundestag. Darin mahnte er: „Wir dürfen nicht im Ende des Krieges die Ursache für Flucht, Vertreibung und Unfreiheit sehen, sie liegt vielmehr in seinem Anfang und dem Beginn jener Gewaltherrschaft, die zum Krieg führte. Wir dürfen den 8. Mai 1945 nicht vom 30. Januar 1933 trennen."

30. Januar 1933 als Ursache

MATERIAL

Joseph Goebbels im Berliner Sportpalast am 18. Februar 1943 **23**

Ihr also, meine Zuhörer, repräsentiert in diesem Augenblick die Nation und an euch möchte ich zehn Fragen richten, die ihr mir mit dem deutschen Volke vor der ganzen Welt, insbesondere vor unseren Feinden, die uns auch an ihrem Rundfunk hören, beantworten sollt: […]

Die Engländer behaupten, das deutsche Volk hat keine Lust mehr, sich der überhand nehmenden Kriegsarbeit, die die Regierung von ihm fordert, zu unterziehen.
Ich frage euch: Seid ihr und ist das deutsche Volk entschlossen, wenn der Führer es befiehlt, 10, 12, und wenn nötig 14 und 16 Stunden täglich zu arbeiten und das Letzte herzugeben für den Sieg? (*Zuhörer: Stürmisches „Ja"*)
Die Engländer behaupten, das deutsche Volk wehrt sich gegen die totalen Kriegsmaßnahmen der Regierung, es will nicht den totalen Krieg, sondern die Kapitulation (*Zuruf: Niemals, niemals, niemals*).
Ich frage euch: Wollt ihr den totalen Krieg? Wollt ihr ihn, wenn nötig, totaler und radikaler, als wir ihn uns heute überhaupt noch vorstellen können? (*Zuhörer: Stürmisches „Ja"*)
Die Engländer behaupten, das deutsche Volk hat sein Vertrauen zum Führer verloren – ich frage euch: Ist euer Vertrauen zum Führer heute größer, gläubiger, unerschütterlicher denn je? (*Die Menge erhebt sich wie ein Mann. Die Begeisterung der Masse entlädt sich in einer Kundgebung nicht da gewesenen Ausmaßes. Vieltausendstimmige Sprechchöre brausen durch die Halle: „Führer befiehl, wir folgen!" Eine nicht abebbende Woge von Heilrufen auf den Führer braust auf.*) […]
Ich habe euch gefragt, ihr habt mir eure Antwort gegeben. Ihr seid ein Stück Volk, durch euren Mund hat sich damit die Stellungnahme des deutschen Volkes manifestiert.
Nun Volk, steh auf, und Sturm brich los!

Völkischer Beobachter, Münchner Ausgabe vom 19.2.1943, S. 3.

Zuhörer der Goebbelsrede am 18. Februar 1943.

MATERIAL

24 Wie die Deutschen aus dem Führerstaat aussteigen – entnazifiziert durch die Wirklichkeit?

Ende März 1945 hat ein letzter erhalten gebliebener geheimer Bericht des SD (*Staatssicherheitsdienst der* SS) *Stimmung und Lage der Bevölkerung unbeschönigt wiedergegeben.*

Keiner glaubt mehr, dass wir siegen. Der bisher bewahrte Funken ist am Auslöschen. [...] Es breitet sich der Schrecken aus, dass wir auf dem letzten Loch pfeifen. [...] Bis in die letzten Tage hielt sich noch ein Rest an Wundergläubigkeit.

Die breiten Massen der einfachen Bevölkerung haben sich gegen die entsetzliche Hoffnungslosigkeit am längsten zur Wehr gesetzt. Die Vorstellung, dass alles keinen Sinn gehabt haben soll, bereitet Hunderttausenden deutscher Menschen geradezu körperlich spürbare Schmerzen. [...] „Das haben wir nicht verdient, dass es so um uns steht, [...] dass wir in eine solche Katastrophe geführt werden."

Der sechzehnjährige Flakhelfer Hans-Georg Henke in Berlin, 1945.

Das Volk hat kein Vertrauen zur Führung mehr. Es übt scharfe Kritik an der Partei, an bestimmten Führungspersonen und an der Propaganda. Bisher hat man sich immer wieder gesagt: Der Führer wird es schon machen. Erst wollen wir den Krieg gewinnen. [...] Typisch [...] sind unzählige Luftschutzkellerdebatten: „Wie ‚die' sich das nur denken ...!" Gegenüber Parolen [*oft an ausgebrannte Häuserfassaden geschrieben*] wie „Mauern können brechen, aber unsere Herzen nicht" oder „Alles können sie uns vernichten, nur nicht den Glauben an den Sieg" wird instinktiv Abstand gehalten.

Das deutsche Volk ist geduldig wie kein anderes. Der Großteil der Menschen steht zur Idee und zum Führer. Das deutsche Volk ist an Disziplin gewöhnt.

Erst die schweren Luftangriffe haben bewirkt, dass der angesammelte Unwille [...] herausplatzt bis zu Äußerungen wie: „Die Dickköpfe da oben kämpfen bis zum letzten Säugling." Oft führen die Frauen das Wort, z. B. in Wien in einer geradezu aufrührerischen Weise: „Von selber hören die nicht auf" oder „Wenn sich zwei Millionen das gefallen lassen, da kann man halt nichts machen" oder „Wenn sich nur einer trauen würde, anzufangen".

Aus: H. Boberach (Hrsg.), Meldungen aus dem Reich 1938–1945. Die geheimen Lageberichte der SS. Bd. 17, Herrsching 1984, S. 6734–6740.

1. Erläutern Sie den Redeauszug (M 23), beachten Sie Situation, rhetorische Mittel und Wirkungsabsicht des Redners und die Rolle des „Volkes". Wie können die Kriegsgegner im Krieg und nach dem Sieg darauf reagiert haben?
2. Zeigen Sie, wie die deutschen dem SD-Bericht (M 24) zufolge aus dem Führerstaat auszusteigen beginnen – und warum erst so spät.

MATERIAL

Die deutsche Katastrophe 1945 – Ursachen, Schuld, Veranwortung 25

a) Der Historiker Heinrich August Winkler, 2000:

Mit dem Dritten Reich ging am 8. Mai 1945 auch das Deutsche Reich unter.
Am Ende des Zweiten Weltkriegs war der preußische Mythos so verbraucht wie der sehr viel ältere Reichsmythos, der den Untergang des Heiligen Römischen Reiches Deutscher Nation im Jahre 1806 um 139 Jahre überlebt hatte.
Mehr zu sein als die anderen europäischen Nationen und Nationalstaaten: Nichts hatte die Deutschen vom Westen so getrennt wie der universalistische Anspruch, den sie mit dem Reich verbanden.
Manche [...] unter ihnen hatten noch im Zweiten Weltkrieg das Reich in der Rolle [...] der Kraft gesehen, die der Herrschaft des Antichrist [...] in Gestalt des Bolschewismus im Wege stand. Dass der Mann an der Spitze des Reiches dem mythischen Bild des Antichrist nicht weniger entsprach als Stalin, begannen sie erst zu ahnen, seit sich der Zusammenbruch von Hitlers Herrschaft abzeichnete. Am Ende des Krieges hatten die Deutschen nicht nur kein Reich mehr. Es war ungewiss, ob es je wieder einen deutschen Nationalstaat geben würde.
Die deutschen Mythen, aus denen Hitler schöpfte und die er sich dienstbar machte, wurden durch ihn gründlich zerstört. Darin lag die befreiende Wirkung seines Untergangs, deren sich die Deutschen erst allmählich bewusst wurden. In dem Maß, wie sie den Zusammenbruch als Befreiung zu begreifen lernten, wurden sie auch fähig, zu erkennen, dass Deutschland selbst die Schuld an seinem Schicksal trug.

b) Der Bundespräsident Richard v. Weizsäcker, Ansprache vor dem Deutschen Bundestag am 8. Mai 1985:

Wir haben allen Grund, den 8. Mai 1945 als das Ende eines Irrwegs deutscher Geschichte zu erkennen, das den Keim der Hoffnung auf eine bessere Zukunft barg. [...]
Schuld oder Unschuld eines ganzen Volkes gibt es nicht. Schuld ist wie Unschuld nicht kollektiv, sondern persönlich. [...] Der ganz überwiegende Teil unserer heutigen Bevölkerung war zur damaligen Zeit entweder im Kindesalter oder noch gar nicht geboren. Sie können nicht eine eigene Schuld bekennen, die sie gar nicht begangen haben. Kein fühlender Mensch erwartet von ihnen, ein Büßerhemd zu tragen, nur weil sie Deutsche sind. Aber die Vorfahren haben ihnen eine schwere Erblast hinterlassen. [...]
Wir alle, ob schuldig oder nicht, ob alt oder jung, müssen die Vergangenheit annehmen. Wir alle sind von ihren Folgen betroffen und für sie in Haftung genommen.
Die Jungen sind nicht verantwortlich für das, was damals geschah. Aber sie sind verantwortlich für das, was in der Geschichte daraus wird. Wir lernen aus unserer eigenen Geschichte, wozu der Mensch fähig ist. Deshalb dürfen wir uns nicht einbilden, wir seien nun als Menschen anders und besser geworden. [...]

Aus: a) H. A. Winkler, Der lange Weg nach Westen, 2. Band, Deutsche Geschichte vom „Dritten Reich" bis zur Wiedervereinigung, München 2000, S. 114 f.
b) R. v. Weizsäcker, Reden und Interviews, hrsg. vom Presse- und Informationsamt der Bundesregierung, Bonn 1986, S. 279 ff.

1. Vergleichen Sie die Äußerungen des Historikers Winkler und des Bundespräsidenten von Weizsäcker über die Schuld und die Verantwortung der Deutschen und nehmen Sie dazu Stellung.
2. Versuchen Sie zu zeigen, inwieweit die deutsche Geschichte vor 1945 im Sinne Winklers ein „langer Weg" zur politischen Kultur des Westens war, der von „Mythen" wie Reich, Volksgemeinschaft, Obrigkeitsstaat, Innerlichkeit behindert wurde.

MATERIAL
26 Amerikanische Grafik 1945

„Die Wurzeln müssen heraus!"

MATERIAL
27 Bertolt Brecht, Epilog auf das Dritte Reich, 1955

Bertolt Brecht, während der nationalsozialistischen Diktatur in der Emigration, verfasste 1955 in seiner „Kriegsfibel" folgenden „Epilog auf das Dritte Reich":

Ihr aber lernet, wie man sieht, statt stiert.
Und handelt, statt zu reden noch und noch.
So was hätt einmal fast die Welt regiert.
Die Völker wurden seiner Herr, jedoch
Daß keiner von uns zu früh da triumphiert –
Der Schoß ist fruchtbar noch, aus dem das kroch.

Aus: B. Brecht, Kriegsfibel, Berlin 1955.

1. Vergleichen Sie die amerikanische Grafik von 1945 mit Paul A. Webers Grafik von 1932 auf der Auftaktseite 315 und erläutern Sie die jeweiligen Botschaften.

ZEITTAFEL

30.1.1933: Hindenburg ernennt Hitler widerstrebend zum Reichskanzler.

1.2.1933: Auflösung des Reichstags.

27.2.1933: Der Brand des Reichstags wird propagandistisch zur Verfolgung der KPD ausgenutzt. Am 28.2.1933 wird die Verordnung „zum Schutz von Volk und Staat" in Kraft gesetzt. Damit wird der permanente Ausnahmezustand erklärt, der Abbau des Rechts- und Verfassungsstaats ist eingeleitet.

5.3.1933: Bei den Reichstagswahlen erlangt die NSDAP zwar 43,9% der Stimmen, jedoch keine absolute Mehrheit. Sie bildet eine Koalition mit der DNVP („Kabinett der nationalen Erhebung").

21.3.1933: Tag von Potsdam: Staatsakt in der Garnisonskirche.

23.3.1933: Im sog. Ermächtigungsgesetz stimmt der Reichstag der eigenen Entmachtung mit Zweidrittelmehrheit zu. Von nun an kann die Reichsregierung Gesetze, sogar verfassungsändernde, erlassen. Die SPD verweigert die Zustimmung, die KPD ist ausgeschlossen.

1.4.1933: Die SA organisiert einen mehrtägigen Boykott jüdischer Geschäfte.

2.5.1933: Auflösung der Gewerkschaften.

Juni/Juli 1933: Selbstauflösung der bürgerlichen Parteien, Verbot der SPD am 22.6.1933.

14.7.1933: Gesetz gegen die Neubildung von Parteien. Die NSDAP ist nun einzige Partei; ab dem 1.12.1933 ist sie Staatspartei.

14.10.1933: Austritt aus dem Völkerbund.

2.8.1934: Mit dem Tod Hindenburgs gehen die Befugnisse des Reichspräsidenten auf Hitler über, auf den auch die Wehrmacht vereidigt wird.

26.1.1934: Nichtangriffspakt mit Polen.

16.3.1935: Wiedereinführung der allgemeinen Wehrpflicht, verstärkter Aufbau der Wehrmacht.

18.6.1935: Flottenabkommen mit Großbritannien.

30.6–2.7.1935: Röhm, andere SA-Führer und 80 weitere Personen werden in einer Mordaktion von der Gestapo und SS umgebracht.

15.9.1935: Die Nürnberger Gesetze werden verkündet. Damit schreitet Ausgrenzung und Entrechtung jüdischer Menschen fort.

7.3.1936: Kündigung des Locarno-Vertrags durch das Deutsche Reich und vertragswidrige Besetzung des bis dahin entmilitarisierten Rheinlands.

August 1936: XI. Olympiade in Berlin.

Sept. 1936: Verkündung des 4-Jahres-Plans: Die Wirtschaft soll kriegsfähig gemacht werden.

25.10.1936: Deutsch-italienische Übereinkunft („Achse Berlin-Rom").

25.11.1936: Antikomintern-Pakt zwischen Deutschland und Japan.

5.11.1937: Hitler erläutert vor Generälen seinen Entschluss zum Krieg („Hoßbach-Niederschrift").

13.3.1938: Nach dem Einmarsch deutscher Truppen „Anschluss" Österreichs an das Reich.

29.9.1938: Die Münchner Konferenz (Großbritannien, Frankreich, Italien, Deutschland) beschließt die Abtretung des Sudetenlandes an Deutschland. Die Tschechoslowakei und die Sowjetunion sind nicht an der Konferenz beteiligt.

9./10.11.1938: Systematische Ausschreitungen gegen jüdische Menschen und Zerstörung ihrer Synagogen („Reichspogromnacht").

15. 3. 1939: Einmarsch deutscher Truppen in die Tschechoslowakei, die als „Reichsprotektorat Böhmen-Mähren" an das Reich angegliedert wird. Dies bedeutet unmittelbare Kriegsgefahr, denn Hitler bricht sein Versprechen, die 1938 in München vereinbarten Grenzen zu respektieren. Damit ist die Appeasement-Politik Englands und Frankreichs offensichtlich gescheitert.

31. 3. 1939: Englisch-französische Garantieerklärung für Polen.

23. 8. 1939: Deutsch-sowjetischer Nichtangriffspakt (Hitler-Stalin-Pakt). In einem geheimen Zusatzprotokoll wird die Aufteilung Ostmitteleuropas in eine deutsche und sowjetische Interessensphäre festgelegt.

25. 8. 1939: Britisch-polnischer Bündnisvertrag.

1.9.1939: Deutscher Überfall auf Polen, das bis zum 28. 9. 1939 besiegt und besetzt wird. Ab 17. 9. sowjetischer Einmarsch in Ostpolen.

3. 9. 1939: Britische und französische Kriegserklärung an das Reich.

9. 4. 1940: Kampflose Besetzung Dänemarks und Beginn der Eroberung Norwegens, das am 10. 6. 1940 kapituliert.

10. 5. 1940: Deutscher Angriff im Westen. Die Niederlande und Belgien werden besetzt, Frankreich wird besiegt und muss den Frieden von Compiègne am 22. 6. 1940 akzeptieren.

Seit Juli 1940: Deutsche Luftangriffe auf Großbritannien („Luftschlacht um England").

6. 4. 1941: Beginn des Krieges gegen Jugoslawien und Griechenland, die schnell besetzt werden.

22. 6. 1941: Deutscher Überfall auf die UdSSR. Der Krieg wird als Rassen- und Vernichtungskrieg geführt und ist mit Massenerschießungen verbunden.

7.12. 1941: Überfall Japans auf die US-Flotte in Pearl Harbor.

Dezember 1941: Nach dem Angriff auf Pearl Harbor erklären am 8.12. die USA und Großbritannien Japan den Krieg. Mit der darauf folgenden Kriegserklärung Deutschlands und Italiens an die USA am 11.12. wird der Krieg zum Weltkrieg. Zugleich kommt der Vormarsch der deutschen Truppen in Russland wegen des einbrechenden Winters zum Erliegen.

20.1.1942: Auf der „Wannsee-Konferenz" in Berlin werden Maßnahmen zur „Endlösung der Judenfrage" festgelegt. Die Deportation und Ermordung der jüdischen Bevölkerung in den besetzten Gebieten werden planmäßig organisiert und mit systematischer Brutalität durchgeführt.

Winter 1942/43: Die Schlacht um Stalingrad gilt als eine kriegsentscheidende Wende. Bis zum 2. 2. 1943 kapituliert die gesamte 6. deutsche Armee in Stalingrad. Die zunehmende Überlegenheit der Alliierten führt dazu, dass die Wehrmacht an allen Fronten massiv zurückgedrängt wird.

18. 2. 1943: Goebbels verkündet im Berliner Sportpalast als Antwort auf Stalingrad und die Forderung der Alliierten nach bedingungsloser Kapitulation Deutschlands den totalen Krieg bis zum Endsieg. Am selben Tag verteilt die „Weiße Rose" die ersten Flugblätter an der Universität München.

13. 5. 1943: Kapitulation der deutschen und italienischen Truppen in Nordafrika.

6. 6. 1944: Landung alliierter Truppen in der Normandie, schrittweise Rückeroberung Frankreichs, Befreiung von Paris am 25. 8. 1944. (Bereits im Juli 1943 waren alliierte Truppen in Sizilien gelandet.)

20. 7. 1944: Ein Attentat des Obersten Graf von Stauffenberg auf Hitler scheitert.

Februar 1945: Konferenz von Jalta, auf der die „Großen Drei" (Roosevelt, Stalin und Churchill) die Aufteilung Deutschlands und getrennte Einflusssphären in Europa beschließen.

8. 5. 1945: Nach Hitlers Selbstmord am 30. 4. 1945 bedingungslose Kapitulation des Deutschen Reiches.

REGISTER

BILDQUELLENVERZEICHNIS

Aus: Christopher Culpin, Making Modern Britain, Collins Educational, London 1987, S. 215 (Labour Party Library): 114. Aus: Klaus Goebel, Günther Voigt, Die kleine mühselige Welt des jungen Hermann Enters, S. 77, Borg Verlag, Wuppertal, 3. Aufl. 1979 (Privatbesitz Milwaukee): 95. AKG, Berlin: Umschlag (2), 6, 17, 20, 67, 69, 93, 96 r., 98 l., 109, 130, 137 r., 142, 143, 184, 211 o. r., 255, 263 r., 279 l., 289, 301, 315 o., 315 u., 336, 353 r., 358, 383 (Heinrich Hoffmann), 387 l., 387 r., 392. Archiv der sozialen Demokratie der Friedrich-Ebert-Stiftung: 267 r., 283 u. l. Archiv Gerstenberg, Wietze: 79, 84, 228, 240, 277, 279 r., 296, 297, 332, 365. Ernst und Hans Barlach GbR Lizenzverwaltung, Ratzeburg (Foto: Ernst Barlach Stiftung, Güstrow): 182 l. bpk, Berlin: 96 l., 98 r. (2001, Foto Dietmar Katz), 112 l. (2001), 126 o. r., 154 o., 158 u. (2001), 183 (2001), 193, 207, 215 (2002), 217 (1999), 226, 232, 253 r., 290, 342, 347 r., 353 l. (2002), 371 o. (2002, Foto: Hanns Hubmann), 373 r. (2002), 376, 378 (2002, Foto: Paulmann). Bridgeman Art Library, London: 13 (Museum of the City of New York, USA), 19 (Hall of Representatives, Washington D.C., USA), 31 l., 31 r., 59, 63 (Walker Art Gallery, Liverpool. Board of Trustees. National Musum and Gallerys on Merseyside), 64, 133 u.l. (National Gallery, London), 172 Crawford Municipal Art Gallery, Cork, Ireland). Bundesarchiv Koblenz: 112 r. (1/4/66), 145 (ZSg 8/151), 283 o. l. (Plak 2/37/17), 283 o. r. (Plak 2/20/55), 283 u. r. (Plak 2/42/67), 296 (146 – 70/50/13), 297 (146 – 70/50/13), 308 u. l. (Plak 2/20/89), 344 (Plak 3/2/46). Christoph & Friends (Foto: Markus Dlouhy): 10. Deutsche Bahn Museum, Nürnberg: 83. Deutsches Technikmuseum Berlin: 53. DHM, Berlin: 104 l., 104re, 158 l., 208, 243, 244, 245, 247, 271, 278, 282, 340 r., 350 (Foto: Lieselotte Orgel-Köhne), 372 (Foto: Keilhaus), 373 l., 384. dpa: 9, 42, 50, 151 (Foto: Vladimir Vetkin, EPA), 154 u. (Foto: Bernd Settnik), 165 (Foto: Roland Witschel), 179 o. r. (Foto: Bernd Settnik), 179 u. (Foto: Siegloff), 179 o. l. (Foto: Dimitri Messinis), 211 u. r. (Foto: Wieseler). Dr. Herbert Kraume, Freiburg: 211 o. l.. L'Asino, Satirische Zeitschrift: 319 r. Mary Evans Picture Library, London: 163. Mauritius: 199 o. (Benelux Press), 199 u., 133 u. r. Museum of Western Heritage, Los Angeles: 24. Museumsgesellschaft Schopfheim: 191. Niedersächsische Staats- und Universitätsbibliothek Göttingen: 239, 253 l., 258, 263 l., 273 l., 285, 302. Sächsische Landesbibliothek Staats- und Universitätsbibliothek Dresden, Abt. Deutsche Fotothek (D. Scholz): 158 r. Scala, Florenz: 126 o. l. Schweizerisches Landesmuseum Zürich, Inv.Nr. LM-10286, NEG-75464.: 133 o. r. Staatsarchiv Detmold (Foto: W. Müller): 211 u. l. Staatsgalerie Stuttgart: 156. Städtische Kunstsammlungen Ludwigshafen:198. SV Bilderdienst: 34 r. (deltapress), 34 l. (Foto: Scherl), 44 (UPI / United Press), 161, 331 r. (Foto: Scherl), 334 (Foto: Scherl), 347 l., 361 r. , 381, 389 r. Ullstein Bild: 71 (Reuters AG), 157, 256, 267 l., 329, 337, 366, 391.

Nicht in allen Fällen war es uns möglich, den Rechteinhaber der Abbildung ausfindig zu machen. Berechtigte Ansprüche werden im Rahmen der üblichen Vereinbarungen abgegolten.